中国林业发展之路

——从生态赤字到生态盈余

刘 珉 著

中国林業出版社

图书在版编目（CIP）数据

中国林业发展之路：从生态赤字到生态盈余/刘珉著. —北京：中国林业出版社，2017. 12

ISBN 978-7-5038-9515-9

Ⅰ. ①中…　Ⅱ. ①刘…　Ⅲ. ①林业经济—经济发展—研究—中国　Ⅳ. ①F326. 23

中国版本图书馆 CIP 数据核字（2018）第 069219 号

出版　中国林业出版社（100009　北京西城区刘海胡同 7 号）

网址　http：//lycb. forestry. gov. cn

发行　中国林业出版社

E-mail forestbook@ 163. com　**电　话**　010-83143543

印刷　三河市祥达印刷包装有限公司

版次　2018 年 5 月第 1 版

印次　2018 年 5 月第 1 次

开本　787mm×1092mm　1/16

印张　25. 75

字数　640 千字

定价　130. 00 元

序

是否有中国之路，什么是中国之路，中国之路是怎么形成的，它的历史轨迹是什么，发展动力是什么，一直是这些年我关注的重点领域。回顾中华人民共和国成立以来60多年的历史，我们把“中国之路”的基本含义定义为“中国特色社会主义现代化之路”，中国之路有其独特性、创新性、丰富性，第一个因素是不断增加的现代化因素，第二个因素是不断增加的社会主义因素，第三个因素是不断增加的中国文化因素，第四个因素是不断增加的绿色生态要素。这四大因素有机结合形成了四大优势：一是后发优势。二是社会主义优势。三是中国文化优势。四是绿色生态优势。

在追寻中国梦的过程中，中国人民实现了 从“站起来”“富起来”到“强起来”。经过沧海桑田，当代中国正以惊人的速度发生着历史巨变，正面临着前所未有的黄金发展机遇期，中国正从“落伍者”变为“追赶者”，从农业国到工业国，从传统农村社会到现代社会，从“一穷二白”到“世界强国”，从贫穷人口大国到“小康社会”，从“东亚病夫”到健康中国，从“文盲充斥之国”到“人力资源强国”，从自行车大国到汽车大国，从基础设施落后国到交通大国，从技术革命“落伍国”到“世界创新国”，从“生态赤字”到“生态盈余”，从封闭半封闭社会到全面开放社会，从“一盘散沙”到伟大民族复兴。中国利用后发优势、社会主义优势、绿色生态优势、中国文化优势，为世界做出了经济发展贡献、科技创新贡献、绿色生态贡献、文化文明贡献。

近些年，我带领清华大学国情研究院研究团队开展了中国道路系列研究，包括农业之路、国企之路、健康之路、交通之路、人才发展之路、水利之路等，欣喜地看到，我的博士后刘珉著作的《中国林业发展之路》即将出版，这将为中国道路系列增添新的内容，补充新的经验，推出新的示范。

中国在快速实现工业化、城镇化、现代化的过程中，取得了举世瞩目的成就，进入经济增长的黄金发展期，但同时我们也进入到了资源环境矛盾凸显期、人与自然之间差距扩大期。从中国国情来看，长期以来的“加速发展模式”，形成了过度工业化、过度重工业化、过度出口依赖、过度投资驱动、过度粗放增长模式，不断扩大人与自然之间的差距，不断加剧人口增长、经济发展、资源供给、资源承载、环境容量、生态基础的矛盾。这既是中国未来可持续发展最大约束条件，也是从“黑色发展”模式转向“绿色发展”模式的国情背景。当前，中国与世界发达国家的差距，主要体现在生态方面。生态差距是中国和发达国家之间的最大的差距，生态资本是中国最稀缺的资本，生态危机是中国最突出的危机，生态问题依然是中国可持续发展最突出的问题之一，生态产品已成为当今社会最短缺的产品之一。我们要建设的现代化是人与自然和谐共生的现代化，既要创造更多物质财富和精神财富以满足人民日益增长的美好生活需要，也要提供更多优质生态产品以满足人民日益增长的优美生态环境需要。因此，必须坚持节约优先、保护优先、自然恢复为主的方针，形成节约资源和保护环境的空间格局、产业结构、生产方式、生活方式，还自然以宁静、和谐、美丽。

森林是陆地生态系统的主体和维护生态安全的保障，在推动绿色增长中具有重要功能，对人类生存发展具有不可替代的作用。在贯彻可持续发展战略中林业具有重要地位，在生态建设中林业具有首要地位，在西部大开发中林业具有基础地位，在应对气候变化中林业具有特殊地位。

从毛泽东的“十年树木，百年树人”“大地园林化”，到邓小平倡导的“全民义务植树运动”，尽管国家领导人非常重视植树造林，然而由于现实需求所迫，长期以来的“以粮为纲”的思想还没有根本的转变，工业化初期生产建设也需要大量的木材作为原料来支撑。因此，中华人民共和国成立以后直到很长一段时期，林业走的还是一条“采伐为主、重采轻育”的道路，森林资源一度出现下滑局面。1998 年长江、嫩江流域特大洪水，给人民生命财产带来了巨大损失。在首肯战胜这场特大洪灾的前提条件下，领导人指出要自觉去认识和把握自然规律，学会按自然规律办事。发生这么大的洪水，主要原因是天灾造成的。同时也指出，生态破坏严重、江湖淤积、水利设施薄弱也是重要的原因。为此中央对进一步做好生态保护和水利建设提出了要求，国务院作出了部署，加速启动了一批林业重点生态工程。

2002 年，党的十六大报告首次提出，“推动整个社会走上生产发展、生活富裕、生态良好的文明发展道路。”2007 年，党的十七大报告，第一次把“生态文明”写入党代会报告。2012 年，党的十八大报告再次论述“生态文明”，并独立成篇。之后统筹推进“五位一体”总体布局，生态文明建设成效显著。2017 年，党的十九大确立了习近平新时代中国特色社会主义思想，更加完整的阐述了生态文明观，提出了加快生态文明体制改革，建设美丽中国的宏大目标，成为中国共产党生态文明宣言。

中国林业发展之路是一个不断探索之路、学习之路、创新之路，是一个符合挑战—应战模式的螺旋式上升之路，是一个没有完结、没有尽头之路。漫漫历史长河，中国林业到底走过了怎样的历程？取得了哪些成就？存在什么问题？新时期、新时代，面临着什么机遇和什么挑战？未来中国林业现代化道路，该如何推进和如何把握？《中国林业发展之路：从生态赤字到生态盈余》一书，分 26 章进行了论述，给出了合理解释。

本书的特点是：古今结合、贯穿东西、全面系统、数据量大，既是一本理论性很强的林业学术著作，又是一部比较全面的林业发展参考书，既有政策分析，也有实践应用，具有很强的理论指导和现实应用意义。

本书的创新是：一是历史分析翔实。梳理林业各组成部分的历史发展、重要节点。森林资源数据，从远古时代至今，涵盖历朝历代，既有森林变化数据，还有耕地和经济方面的估算数据；林业机构演变，从夏、商、周到近现代，再到当代，探究深远，考察细致；林业思想演进，从国际林业发展理论，到中华人民共和国成立前后的林业思想经典，尽在其中；林业发展节点，通过讨论影响林业进程的重大事件，把握林业历史发展脉络，理解林业重大政策法规的出台背景。二是比较分析得当。大多数章节都有国际和国内的比较，历史和现在的比较，通过比较，找出差异，寻找不同，用数据说话，用事实说话，分类别，作对比，摆事实，讲道理，在比较中了解真相，在比较中探寻趋势。并以比较为基础，发现了林业“绿色奇迹”，并总结了其背后的经验，进一步指出要处理好林业十大方面的关系。三是归纳分析全面，根据林业历史变迁、林业思想演进、林业投资、森林资源变动、国际比较5个维度，结合林业绿色生态空间研究及森林三大效益的变化，将新中国林业发展具体划分为3个时期、6个阶段。3个时期分别是林业体系初步形成期、开发利用时期、可持续发展时期；6个阶段分别是林业发展恢复阶段、林业发展波动阶段、林业发展改革阶段、林业发展调整阶段、第一次林业新政阶段、第二次绿色林业新政阶段。四是经济分析严谨。运用经济学分析的方法，分析林业投资、林业全要素生产率、森林资源增长的影响因素、预测中国森林资源增长潜力。通过投资分析，计算得出造林和林业总产值的投资弹性，投资对林业总产值的贡献率和拉动率；通过使用DEA-Malmquist方法，计算和分解第4~8次全国森林资源清查时期各省平均全要素生产率变化，并进一步分析其技术效率和规模效率变化；通过设计计量模型，分析森林资源变动的影响因素，验证中国森林库兹涅兹曲线是否存在；通过归纳林地利用潜力、资源增长潜力、市场需求潜力、科技进步潜力、政策推动潜力五方面因素，从供需的角度，预测中国森林资源总的增长潜力。

本书的结论是：短短的三十多年，中国已经改变了长期以来森林面积下降、天然林资源受损、生态赤字急剧扩大的局面，从“生态赤字”走向“生态盈余”，实现了中国的“绿色奇迹”。

中国在创造“经济奇迹”的同时，正在创造“绿色奇迹”。一是“奇”在逆全球趋势而动，在全球绝大多数国家，特别是发展中国家出现森林面积负增长之时，中国反而实现了森林面积的迅速增加；二是“奇”在超越了自身的经济发展阶段，作为世界最大发展中国家实现了比发达国家森林面积增长更快的“森林盈余”，在某种意义上形成对库兹涅茨曲线的“隧穿”；三是“奇”在经济发展速度与森林增长速度的“双高”，在经济增长速度位居世界前列的同时，森林面积增长速度同样名列前茅。

中国林业“绿色奇迹”的出现，得益于两次“林业绿色新政”。1998年天然林保护工程和1999年退耕还林工程的实施，是第一次绿色新政（1998~2008年）的标志性工程。林业第一次绿色新政，主要是完成了以木材生产为主向以生态建设为主的历史性转变，实现了由传统林业向现代林业的跨越式发展；第二次绿色新政（2009年至今），以2009年中央林业工作会议的召开及集体林权制度改革为标志，随后国家林业局出台了《应对气候变化林业行动计划》《推进生态文明建设规划纲要（2013~2020）》《全国森林经营规划（2016~2050）》等一系列法规与政策，加大生态保护与修复力度，有序停止天然林商业性采伐，重视森林经营，推出森林质量精准提升工程。

经过两次绿色新政，中国林业成功转型，创造出了巨大的绿色财富，正在引领中国和世界绿色发展潮流。中国林业“绿色奇迹”背后的动因，是有效实现了三个激励相容机制，正确处理了十个主要对应关系。三个激励相容的机制，即林业发展有效实现了中央、林业部门与地方之间、国家和社会之间、政府和林农之间的激励相容机制；十个主要对应关系，即人与自然的关系、生态与产业的关系、政府与市场的关系、中央与地方的关系、需求与供给的关系、部门与外部的关系、中国与世界的关系、改革与发展的关系、眼前与长远的关系、公有与非公有的关系。

本书最后指出：要坚持生态文明理念，坚持森林质量经营核心，坚持生态、产业和社会的和谐统一，坚持生态林业、民生林业和社会林业，坚持六大施政重点，坚持六大系统观念，坚持九大发展保障，推进林业现代化建设。

一般认为，生产力是人们征服自然、改造自然的能力。党的十九大报告对我国社会生产力作出了一个基本评价：我国社会生产力水平总体上显著提高，社会生产能力在很多方面进入世界前列，更加突出的问题是发展不平衡不充分，这已经成为满足人民日益增长的美好生活需要的主要制约因素。因此，发展我国社会生产力始终是党在社会主义初级阶段的基本任务。这就需要我们要统筹五大生产力，即经济生产力、科技生产力、社会生产力、文化生产力和生态生产力，并使这五大生产力相互关联、相互促进、相互融合，同向发展、同行发展、共赢发展，统一于以人民为中心的发展目标。

特别需要指出的是，根据党的十九大报告精神，国家林业局率先提出三大目标：一是力争到2020年，林业现代化水平明显提升，生态状况总体改善，生态安全屏障基本形成。森林覆盖率达到23. 04%，森林蓄积量达到165亿立方米。二是力争到2035年，初步实现林业现代化，生态状况根本好转，美丽中国目标基本实现。森林覆盖率达到26%，森林蓄积量达到210亿立方米。三是力争到本世纪中叶，全面实现林业现代化，迈入林业发达国家行列，生态文明全面提升，实现人与自然和谐共生。森林覆盖率达到世界平均水平，森林蓄积量达到265亿立方米，每公顷森林蓄积量达到120立方米。① 这标志着中国进入“生态盈余”新时代，也开启了人类生态文明新时代，不仅为全球提供生态产品，也将为人类贡献后工业时代人与自然矛盾的解决方案。

随着中国林业现代化不断推进，未来必将走出一条世界领先的、中国特色的、绿色发展之路，为中国及至世界绿色发展和生态文明做出更大贡献。不仅造福当代，而且造福后代，不仅造福中国，而且造福人类。中国未来将是一个天更蓝，水更清、森林更加茂密、草原更加广袤的美丽中国。世界将看到不断变得更美，不断变得更绿的全面发展的强大中国。

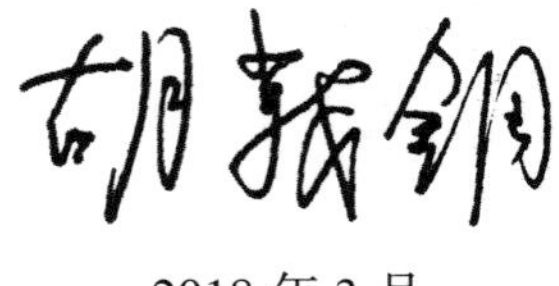

2018年3月

①张建龙：新时代林业发展要努力做到三个“力争”。来源：中国网，2018年1月8日。

目　　录

第二篇 部门林业与主要领域

第三篇 林业投资与工程

第四篇 林业规划与发展

第五篇　林业现代化与展望

导　论

纵观人类文明史，人类文明大致经历了原始文明、农业文明、传统工业文明、生态文明四个阶段，林业的发展与文明的演进息息相关。①

原始文明是人类文明发展的萌芽阶段，人类主要靠简单的采集和渔猎为生，森林是人类的摇篮，是人类社会文明得以产生和发展的基础。然而，火灾等自然灾害常给人类赖以生存的森林带来致命威胁，在这种自然中心主义的文明时期，人类尚无力自主地利用森林。

农业文明使人类进入了农耕为主的大农业时代，人类为了扩展农业用地，就必须有意识地毁灭森林和占用大量林地。尽管取得了农业的长足发展，使得人类真正走出森林，但并未脱离对森林的依赖。房屋建设、煮饭取暖、焙矿烘陶等，均需消耗大量木材，依当时的文明与技术，人类脱离木材而生存是难以想象的。

传统工业文明犹如人类文明的一道耀眼的闪电，打破了农耕文明的宁静和沉寂，以大机器生产代替农户耕作和手工作坊，生产方式日新月异，生产关系与时俱进，极大地促进了生产力的发展。但同时过度依赖自然资源、大量排污、过量消费的生产方式也引发了新的问题——环境污染和生态危机，由此带来的一系列矛盾，使人类又一次面临着前所未有的挑战。工业发展初期，木材或木炭被广泛应用于建筑业、造纸业、造船业、采掘业、家具制造业、木材化学工业等。同时，工业化和城镇化进程也占用了大量的林地资源。所以，工业文明同样也是以牺牲森林作为代价而发展起来的。

生态文明是一种全新的可持续发展理念，是以科学的发展观看待人与自然的关系和人与社会的关系，是人类在改造自然、利用自然的同时，又利于自然、益于自然，是自然—人—社会复合生态系统和谐统一、共存共荣的一种文明形态。② 林业是陆地生态系统的主体，是生态文明建设的主战场，森林生态系统、湿地生态系统和荒漠生态系统都与林业的发展息息相关。林业除了提供林产品供给人民基本的生活需求外，还提供生态产品和生态服务，而且还承担着重要的社会功能。

人类几千年文明史，充分论证了生态环境与人类相互依存、不可分割的亲密关系。回顾人类历史可以看到，良好的生态环境可以为人类文明带来繁荣，恶劣的生态环境也会把人类推向黑暗，甚至毁灭，两河文明、古埃及文明、古印度文明如此，古希腊文明、古罗马文明、古玛雅和印加文明如此，古黄河文明、古西域文明亦如此。

希腊语“美索不达米亚”，意为“河流之间的土地”，是古代希腊和罗马人对幼发拉底河和

---

①江泽慧. 中国可持续发展总纲（第 6 卷）：中国森林资源与可持续发展［M］. 北京：科学出版社，2007.

②胡鞍钢，鄢一龙. 中国：走向 2015［M］. 杭州：浙江人民出版社，2010.

底格里斯河流域地区的称呼。两河流域的中下游是平坦的冲积土地，大自然的眷顾使得两河流域的农牧业生产有了得天独厚的条件。北部三角洲地区，降雨充沛，农田和果园分布在河流、泉水和水井附近，而其周围的原野在春季长满青草成为发展畜牧业的天然场地。丘陵地区气候四季分明，山坡时有草地、橡树和松树林，河谷则易于种植小麦、大麦、果树、葡萄和蔬菜。这里曾是亚述帝国的核心地区。① 然而，由于上游小亚细亚南缘和伊朗高原森林和草地被开垦，水土流失加剧，风沙进逼，使沙漠向两河中下游扩展，河流变浊以后加速河道淤塞，两岸地下水位加高，土壤盐碱化。结果农业生产濒临绝境，巴比伦文明失去了发展的基础，使波斯王国轻而易举地把他收为臣虏。威廉·福格特在《生存之路》中写道："当年亚伯拉罕繁荣兴旺的大港城市乌尔现在竟坐落在离海岸150英里的荒漠之内。把流沙赶下海的山羊和斧头，远比征服波斯王居鲁士的马匹和标枪具有更大的毁灭性。因而巴比伦的崩溃并不仅仅因为波斯人的征伐。"也就是说，巴比伦文化是在大自然和波斯王国的两面夹击下衰亡的。②

希罗多德曾说："埃及是尼罗河的赠礼。"这句话高度概括了尼罗河对古埃及文明的重要意义。可以说，在这片干燥少雨的北非沙漠地区，如果没有尼罗河，就不会有埃及这个农业发达的文明古国。古代埃及文明发源于非洲北部一片广袤的地区，河谷与沙漠是古代埃及人生活环境的主要组成部分。尼罗河自南向北从这里流过，留下一条狭长的河谷，这就是古代埃及人的家乡，他们称之为"凯麦特"，意即黑土地。与河谷形成鲜明对比的是东西两边红色的沙漠地带，古埃及人称之为"红土地"，由于气候干燥，不能居住，因此被认为是异域和危险之地。史前时期，北非还是一个气候湿润、雨水充足的地方，后来成为沙漠的尼罗河西部地区在那时还是水草肥美的平原，早期人类就生活在这里。而那时的尼罗河谷却是蚊虫滋生，没有人烟。从公元前5000~前4000年起，气候转暖，史前人生活的平原地区日渐干燥，成为无法居住的沙漠，而原来潮湿的河谷地带则成了人们理想的家园。尼罗河的定期泛滥为河谷带来了大量的沃土——这种天然化肥，使得这个地区的农业发展有了得天独厚的条件。泛滥季结束后，农民只需将种子撒在潮湿、肥沃的土地上，就可以静等来年收获季节的到来。尼罗河赠给古埃及人的不仅是肥沃的农田，还有许多大大小小的沼泽地，这儿的野生动植物是古埃及人重要的食物来源。沼泽地中盛产纸草和芦苇，这两种植物有广泛的用途，尤其是纸草，不仅可用来作书写原料、织布、编席，还可以入食。尼罗河湿地是候鸟过冬的好地方，沼泽地里栖息着各种各样的鸟类，水中的鱼类、草类的嫩芽和谷物的种子是它们的主要食物，而它们又是食肉动物如河马、鳄鱼等的佳肴。考古资料发现，捕鱼、捉鸟、射杀河马是古埃及壁画中常见的主题，泛舟射猎是古埃及人理想生活的重要场景。③ 据考证，历史上由于尼罗河上游地区的森林不断地遭到砍伐，以及过度放牧、垦荒等，使水土流失日益加剧，尼罗河中的泥沙逐年增加，加上水位下降带来的自然灾害（加之对外商贸的中断、地方势力的发展、王权的衰微以及由于培比二世的长期统治引发的种种社会问题），使得这些古埃及的繁荣与文明一去不回，最能够见证这个古文明辉煌的是世界七大奇迹之一的金字塔，这个至今给人类留下许多不解之谜的雄伟建筑，现在除了供游人凭吊之外，更多的时候则是

①许海山. 亚洲历史［M］. 北京：线装书局，2006，9.

②傅治平. 生态文明建设导论［M］. 北京：国家行政学院出版社，2008.

③马克垚. 世界文明史（上）［M］. 北京：北京大学出版社，2004.

漫天风沙与之相伴。①

印度河与尼罗河及底格里斯河—幼发拉底河一样，也是一条发源于多水山区且不稳定的河流，它的多条支流从有充沛融雪水和夏季季风雨的喜马拉雅山区出发，流过旁遮普和干燥的拉贾斯坦低地，进入信德的沙漠后在今卡拉奇附近入海。印度河文明的居民以小麦、大麦为主食，也有水稻等作物。印度河文明的发达是建立在农业的基础之上的，摩亨左·达罗的大谷仓就是明证。尽管上游提供季节性水源，但是所有这些低地都缺雨，而印度河流域的下游部分实际上与苏美尔一样是沙漠，因而农业必须依靠灌溉。一年一度的洪水既提供了水又带来了极肥沃且容易耕种的冲积土壤，再加上长而温暖的生长期和终年不断的日照，构成了发展农业的优越条件，这些条件与促成埃及和苏美尔古代突出地位的条件是相同的。②印度河平原开发最早，是世界上最早的远古文明之一。大约在公元前3000年，印度河文化便开始兴起，印度河上游及以南地区，一直就是各个外来部族和各种文化的立足点。公元前9世纪，恒河中游开始迅猛发展，取代印度河，成为印度古代政治、经济、文化的中心，那里雨量充沛，光照时间长，树木参天，经冬不凋，自然界这种浓郁得过剩的生命力，也启发了土著民对生命不死轮回问题的思考，成就了众多神话故事和宗教传说。与起源同样陷入迷雾的是印度河文明为什么会衰落？学者们提出了“雅利安毁灭说”。中亚草原的原始雅利安人通过兴都库什山口进入“五河地区”（即今天的印度河上游地区），他们的到来伴随着烧杀和征服，最终毁灭了一度繁荣的印度河文明。过度开发导致地力下降，从而迫使印度河居民抛弃定居点，这颇含有“盛极而衰”的哲学味道。洪水为患也是一种被广泛接受的解释，哈拉巴等遗址有防御洪水的遗迹。公元前1900年左右，洛塔尔等地经历了几次漫长的洪水期，使河谷低地成为一个宽广的湖泊。信风的北移、过度开发引起的水土流失、地下水位的上升都在发生作用，疲惫的印度河流域居居民面对频繁的大水，不得不迁徙。哈拉巴文明诸遗址的位置，从今天的地图来看，并不位于印度河边，这一现象使得许多学者相信上述说法。另说，河流改道是导致该文明衰落的重要原因，小麦和大麦等谷物的种植需要水源，而那时的印度人并没有灌溉的技术，因此，必须靠近河流定居，一旦河流改道，定居点随之迁移。还有些学者提出了“地壳运动说”。总之，谷地南部因为各种天灾而不断贫困下去，而北部，因为山贼袭击，导致原始居民最终放弃定居点，哈拉巴文明从此衰落了。哈拉巴文明衰落后，印度历史进入“黑暗时代”，文字消失、城市消失、生产倒退。曾经辉煌近500年的印度河文明，遂默默无闻。③

古希腊文明被称为“蓝色的地中海文明”，然而古希腊文明最早却是在一片肥沃的土地上发展起来的。古希腊的故乡既包括横卧在爱琴海怀抱里的巴尔干半岛，也包括海洋周围的其他许多地区。希腊半岛上没有大平原，山地占80%。希腊半岛最丰富的自然资源就是森林。但是很早就被希腊人用作建造房屋和船只等采伐殆尽，后来他们只好从北方其他地区进口木材。③随着社会的发展，公元前8世纪中叶，希腊半岛大部分地区已经明显地呈现出人口压力的迹象（主要是指

---

①傅治平. 生态文明建设导论［M］. 北京：国家行政学院出版社，2008.

②许海山. 亚洲历史［M］. 北京：线装书局，2006.

③马克垚. 世界文明史（上）［M］. 北京：北京大学出版社，2004.

在食品供应方面的压力），此时，希腊大部分较好的土地均已开垦种植，有些坡地森林也已经被砍伐。随后的3个世纪中，人口继续增加，土地需求量越来越大，古希腊人就将他们的耕地逐渐向原先是林地或牧场的山坡上推进，然后，为了弥补牧场缩小所造成的损失，他们在剩余的牧场上进行过量放牧，进而砍去更多的森林以扩大草场，这种状况一直发展下去，直至所有的可耕地都种植了作物。于是，不幸也随之降临到古希腊人的头上，绝大多数的土地遭到冬季大雨的侵蚀，开垦的山坡地和砍伐过的林地表土层被迅速地冲蚀流失，草地、牧场也由于超载放牧而毁坏。面对生态环境的恶化，一些希腊人开始觉醒，公元前590年左右，梭伦已经意识到雅典城邦的土地正变得不适宜种谷物，就极力提倡不要继续在坡地上种植农作物，提倡栽种橄榄、葡萄。古希腊思想家柏拉图、亚里士多德等也曾发出告诫：人类的发展要与环境的承载能力相适应，人口应当保持适度的规模。柏拉图以其敏锐的洞察力，深刻地揭示出，如果生态环境受到破坏，那么今天的繁华之所到明天只将留下“荒芜了的古神殿”。他在其所著《对话》一文中，形象地描述了从希腊兴邦初期至他所生活的时代（公元前427~前347年）之间雅典土地所发生的变化：“先前富饶的土地现在只剩下一付病怏怏的骨架。所有肥沃松软的表土都被冲蚀殆尽了，剩下的只有光秃裸露的骨架。许多现在的荒山都是可耕作的土地，眼前的沼泽原为遍布沃土的平原；那些山丘上曾覆盖着森林，并生产出丰富的畜产品，而如今只有仅够供蜜蜂吃的食物；当年雨水滋润着土地，土壤不会流失，不会像现在这样从光秃的地上冲到海里；当年土层很厚，吸存着雨水，把水分存储在具有水稳性团粒结构的土壤里，这些吸存在土壤中的水分则在各地聚集，汇成湍急的山泉和潺潺的小溪。一些现在已经荒芜了的古神殿，就坐落在那些曾经涌出喷泉的地点，它们证实了我们关于土地状况描绘的真实性。”① 古代爱琴文明由克里特文明和迈锡尼文明组成，其中克里特文明发生较早。克里特岛曾经土地肥沃，草木繁盛，适于发展农业和畜牧业，早在新石器时期这里就有了最早的居民，“双斧之宫”的发掘，宫殿中最引人注目的地方之一是彩绘壁画，画中有姿态优美的人物，还有大量表现花卉、动物，洋溢着海洋民族自由生活的和平气息和喜爱、亲近大自然的心态。迈锡尼时期壁画的内容多表现狩猎、战争，充溢着北方游牧民族好勇斗狠的气息。《荷马史诗》的故事围绕希腊各邦与位于小亚细亚的特洛伊城之间所发生的冲突展开，而这些冲突所发生的时代大约就是迈锡尼文明的晚期。迈锡尼文明的衰落不是一个孤立的现象，同时期西亚、北非的许多大帝国如埃及、赫梯、亚述等都相继消亡。对此学术界有多种解释。19世纪晚期文化“颓废”论盛行时，许多人认为帝国发展到鼎盛期就会衰竭，失去生命力，在充满生命力的外族入侵下消亡。后来的学者多接受“海洋民族侵扰说”，认为使得赫梯帝国崩溃、埃及帝国动摇的“海洋民族”，在公元前1200年左右不但侵扰了地中海的东岸，也很可能扰乱了爱琴海世界的秩序，代表迈锡尼文明的希腊各小国在此时相继遭到毁灭。此外，还有人提出“气候变化说”，认为由于气候变化而使得西亚的农业出现危机，由此引发邻近地区的“多米诺骨牌”式的危机。此外，也有人认为，迈锡尼文明的衰亡可能与地震有着更为密切的关系。当然，自然灾害没有立刻结束该地区的文明，但却使之元气大伤。衰亡是一个漫长的过程，随之而来的是所谓的“黑暗时代”。②

---

①傅治平. 生态文明建设导论［M］. 北京：国家行政学院出版社，2008.

②马克垚. 世界文明史（上）［M］. 北京：北京大学出版社，2004.

紧随古希腊文明之后的古罗马文明覆灭，也是一段令人叹惜的历史。罗马人所建立的共和国与帝国政体，曾对古代欧洲乃至世界历史的发展产生深远的影响。罗马坐落在意大利半岛中部的第伯河谷，意大利则居于地中海周边地区的中心。地中海被罗马人称为“我们的海”，是罗马帝国重要的交通途径。充沛的日照和适宜的气候有利于橄榄、无花果和葡萄这三种当地主要果树的生长，农业和畜牧业较为发达。① 罗马的政治史以罗马征服意大利乃至整个地中海地区为其主导线索之一。在这一对外扩展的历程中，罗马从一个城邦发展为帝国，但是，这个庞大的帝国在战争与自然的双重进攻下，最终走向了衰亡。古罗马文明的覆灭，频繁的战争固然是直接的原因，但过度垦殖导致的土壤侵蚀严重、生态环境恶化也是一个不可忽视的重要原因。罗马人在进行掠夺式种植的过程中，也曾注意到水土保持工作。他们修建了积水坝、蓄水池来收集冬季的雨水以供夏季灌溉，还修筑了梯田和灌水工程。但是，这些水土保持工程由于种种原因或放弃不用，或缺乏维修而最终消失湮没了。在罗马共和国后期，公元前 60 年左右，哲学家兼诗人卢克莱修就已经认识到意大利的土壤侵蚀及地力耗竭的严重性。他指出：雨水与河流正在侵蚀耕地，冲蚀土壤，使土壤流失，随着水流入海洋，地力枯竭，大地正濒临死亡，农民们为了养活自己，不得不耕种更多的土地，进行更艰苦的劳动，国力也因此随之下降。公元前 146 年，罗马帝国攻破迦太基，设立北非行省，随着帝国对粮食越来越大的需求，迫使这里的农业深入到更遥远的山里，到那些脆弱的土地上去耕作。当森林被砍伐后，这种土地很容易被侵蚀。很难用一个确切的日期来指明北非行省衰败的时间，因为这是一个漫长的形成过程。但有一趋向是清晰地表现了出来，即对生态环境的压力越来越大，生态环境的退化越来越严重，土地被侵蚀，沙漠慢慢地从南边蚕食过来。尽管关于西罗马帝国衰亡的原因，历史学家意见不一，但是大多数人都同意，这是多种因素相互作用的结果，这些因素共同导致了罗马帝国内部的政治腐败、经济危机和抗击蛮族力量的减弱。所以如果把生态环境的恶化作为帝国衰亡的唯一，或者主要原因，那当然是过于简单了。但是，有一点应该肯定，那就是生态环境的恶化是一个起作用的重要因素。由于获得所需要的剩余粮食以养活罗马的人口和庞大的常备军是罗马帝国立国之本，在这方面遭遇的种种困难便是导致帝国虚弱的原因之一。②

美洲古文明包括玛雅文明、阿兹特克文明和印加文明。玛雅文明兴起于 4000 年前，是印第安人在原始森林中开辟出来的，被认为是中美洲文明乃至人类文明的始祖，也堪称世界文明史上的奇迹。四千年前，玛雅人建造了功能齐备的城市，建造出复杂周密的储水系统，知道一年约等于 365 天，并在中美洲的热带雨林中建起了巍峨的阶梯金字塔。然而这个文明几度迁移并于公元 1050 年前基本消亡。同一历史时期，中美洲太平洋沿岸却并没有出现大规模战争的迹象，也没有严重天灾的记录流传。最不可思议的是，玛雅城市遗址显示，所有的人似乎是“自发、和平”地离开家园的。而在人类社会早期阶段的玛雅人这样做，无疑面临着艰巨的生存压力，为何他们甘冒风险、集体背井离乡，让一个辉煌的文明神秘地消失？根据对大量史实的分析，研究人员判断，玛雅文明的大迁移、大断层，可能是起源于对热带森林挑战的结果。汤因比在《历史研究》中凭吊这个古文明时写道：那些经过彩饰的巨大华丽死亡建筑物，现在矗立在热带森林的深处，

①马克垚. 世界文明史（上）［M］. 北京：北京大学出版社，2004.

②傅治平. 生态文明建设导论［M］. 北京：国家行政学院出版社，2008.

远离开目前任何有人烟的地方。森林就像某种居于森林中的大蟒蛇，逐次逐次地把它们吞没掉了，而在今天，它更为悠闲地，将它们一一解体。有理由相信，对于那些在蔽日密林中惨淡经营的人们来说，清除大片森林将对他们的生活产生非常有利的影响。人类会想这种人力征服自然的胜利，似乎是完全稳固了。但人类这些短暂的成就和虚幻的愿望，被这些森林全部又回来的事实，严酷地暴露无遗。① 现在，那里还遗留下太阳金字塔、月亮金字塔。宏伟建筑的残骸上精美的雕刻，还依稀显示着这里曾经有过的繁荣昌盛，让人在欣赏自己改造自然的“丰功伟绩”的同时，不能不感叹大自然向人们“反抗”的那种韧劲。②

距离智利西海岸线3000公里的太平洋西部海域，屹立着一座神秘的小岛，这就是智利的复活节岛。说复活节岛神秘，是因为它的周围几乎没有岛屿，全是汪洋大海；另外，岛上还有巨大的神秘石像，几百年来人们始终无法解释这些石像是什么人雕凿的。复活节岛是荷兰航海家雅克布·罗格宾于1722年4月5日发现的，因为那天正好是复活节，所以就把它叫成了复活节岛。这些石像是怎么建造的？不管岛民用何种方式竖起这些雕像，他们都必须用绳索。可罗格宾却发现，这座小岛是一块不毛之地，岛上没有一棵树，只有一些灌木和杂草，根本就没有做绳索所需要的木料和坚韧树皮。如果是从外边运过来的，似乎也不可能，因为离它最近的陆地——皮特凯恩岛，距离也在2000公里以外。这不仅让罗格宾困惑不已，也让后来到过复活节岛的所有人感到不可思议。据考证：原来，在公元10世纪左右，一批波利尼西亚移民③乘着木筏来到复活节岛定居。此后，小岛上的人口逐渐增多，最多时达到上万人。这些人分成十二个氏族，把小岛划分为12块，这些氏族都有自己的酋长，各自有不同的阶层。起初，这些氏族还能和平相处，直到有一天，酋长们决定以令人敬畏的石刻雕像来荣耀自己，酋长们竞逐谁的石像更巨大更壮观，小岛从此开始走向毁灭。其实，复活节岛上原来是有树木的。科学家通过孢粉测试证明，复活节岛上曾有过高20多米、直径1米的智利酒松。即使人类定居岛上很长的一个时期，小岛也还是被高大树木和灌木覆盖着。然而，为了建造大石像，岛上的森林遭受到灭顶之灾。因为要用巨大的木材作为辅助，巨石才能被搬动。需要砍伐树木当搬运、吊装的工具，同时还要伐林造田以养活大量劳动力。于是，几百年间，岛上的石像一代比一代高大，砍伐树木的速度也越来越快。由于部落与部落间的竞争，导致岛上的树木被砍伐殆尽，终于，高大的智利酒松在1440年左右绝迹了，而到了1640年前后，岛上已经见不到木柴了。没有了巨木，人们也就无法造船，也就无法渔猎。但是人总要吃东西，于是只好把同胞作为食物来源，最惨烈的事情发生了。至今，岛民的口口相传的传说中仍充斥着人吃人的故事。④ 许多去过复活节岛的人恐怕会感到有些后悔，千辛万苦来到这里，看到的却远不如想象的，了解真相的人数量也非常有限。

---

①汤因比. 历史研究［M］. 上海：上海世纪出版集团，2005.

②傅治平. 生态文明建设导论［M］. 北京：国家行政学院出版社，2008.

③波利尼西亚人与其西面两大群岛的土著居民也有很多不同之处，而与其东面美洲大陆的印第安人却有很多相似之处。例如，在体形上，密克罗尼西亚和美拉尼西亚人都身材矮小，而波利尼西亚人则相对要魁伟些，这与印第安人更为相近。在血型上，波利尼西亚人和美洲印第安人都缺少B型和AB型血型。另外，人们还发现，波利尼西亚人的神话传说和传统习惯中，也有若干与印第安人相似之处。因此，有一些人类学家认为，波利尼西亚人的祖先是从东面的美洲迁来的。

④来源：《中国中学生报》，2009年7月3日。

黄河是中华民族的母亲河，它哺育了中华民族，同时，也给中华民族带来了很多的苦难。黄河近2000多年当中，改道一共1590多次，并且决口时有发生。例如，康熙二年（公元1662年），黄河上中游地区下了一夜的雨，造成了下游黄河多处决口，淹没的范围达到上百个县，整个黄淮平原几乎都受到了影响。一些学者研究发现这样的规律：在中国历史上，黄河泛滥期，与周边开发期是一致的。开发过度，导致水土大量流失，造成下游地区河道抬高，造成地上河的问题，水患亦接踵而至。在讨论“为什么黄河文明向长江文明转移”的话题时，有专家一针见血地指出：“原因很简单，黄河的生态破坏了，而长江的生态非常好，所以黄河文明向长江文明转移。”长江没有西北的黄土高原，所以很少灾难性淤塞和频繁摆动，而且她有两个重要的“保护神”：一是在长江的上游，有着大片的原始森林；再是在长江的中下游，有着许多湖泊和支流。暴雨来临时，森林、湖泊、河流可以起到阻滞、缓冲、调节的作用，很难形成特大的自然灾害。从历史中获得的大量事实证明：黄河流域曾经有着良好的生态环境，这是中华文明发源的自然前提，是因为后来人的过度开发才导致黄河成为灾患之源。从发现众多的史前文化遗址可以看到：黄河流域曾极适合人类生活的地区。从山西的丁村文化遗址、陕西的半坡文化遗址、河南的仰韶文化遗址到山东的龙山文化遗址，都可以作为鉴证。有历史学家说，秦汉以前黄河流域的森林覆盖率是60%~70%。从现存的地面各种建筑和历史遗存来看，这一带历史上自然资源非常丰富。黄河流经的山西、陕西、河南等地是华夏文明的发祥地，无论是寺庙、庭院、楼塔，还是别具一格、气势宏伟的都城，都是当地自然资源十分丰富的一种表现。因为建筑所需木材，必定要砍伐大片的森林，制作砖瓦、陶瓷、铜器、铁器等也需要耗费大量的能源，包括木材与煤炭。① 汉代文学家元结描述：“开元天宝之中，耕者益力，四海之内，高山绝壑，耒耜亦满。”② 连西北相对干旱的陇右地区在唐代前期也是“闾阎相望，桑麻翳野。”③ “长安回望绣成堆，山顶千门次第开”“九天阊阖开宫殿，万国衣冠拜冕旒”——古长安显露出的八百里关中的汉唐气象，确实宏大。但是，千年流转，古城遗迹早已被岁月销蚀。唐朝灭亡之后，长安四周环境的恶化，已经没有哪个强大的统治集团能凭借政治权力继续抵消这种生态经济影响，强行在关中维持其统治中心了。因此，到了五代的梁、周以及北宋，把都城迁到了开封。从此，开封开始演绎六朝都市的繁华。1000多年前，这里的“铁塔行云”“相国霜钟”“金池夜雨”“州桥明月”“隋堤烟柳”“繁台春色”“梁园雪霁”“汴水秋声”汴京八景极负盛名，北宋画家张择端的《清明上河图》更是绘尽古开封的繁华景象。只因千年旧史上的天灾人祸，黄河一次次地“不速而来”，使开封这个六朝古都失去昔日光彩。直到元代，王恽还在《山行杂诗》描写人们对山地开发的盛况：“山下良田苦不多，耕来山顶作旋螺。”一代接一代人对耕地的开发，排挤了原来山地丘陵的森林，加之居民采伐薪柴、统治者修建宫殿城堡以及冶炼烧炭也耗费了大量木材，加速了森林的破坏。结果是黄土高原失去植被保护、地表大多裸露、水土流失加剧，侵蚀比较严重的土地每平方公里每年损失土壤高达30000吨，地面平均每年蚀去1厘米多。曾经孕育灿烂文明的黄河成了世界上含沙量最多的河流，曾经灿烂辉煌的黄河流域的农业也成了十分脆弱的农业，并时常受到风沙黄泛

①唐锡阳. 黄河文明与黄河变迁［J］. 人与自然，2006，6.

②《元次山集》卷七（问进士）。

③《资治通鉴》卷二一六（汉纪十八）。

的骚扰。①

如果说中原大地上的历代朝廷建都有着其直接的政治军事原因，生态环境的影响只能算得上间接原因的话。那么，中国另外一些少数民族文明的衰落，则与自然的进攻有着较为直接的关系了。楼兰古国，位于今新疆维吾尔自治区罗布泊西北角，《史记·大宛列传》中记载："楼兰、姑师邑有城郭，临盐泽。"说明公元前2世纪楼兰已经是"城郭之国"了。据考证，楼兰古国大致形成于公元前3世纪，直到公元4世纪，发展迅速，十分繁华，是丝绸之路上的一个重要的中继站，也是古代丝绸之路要道上一个重要的绿洲城邦之国。据史书记载：当年的楼兰城内，胡杨森森，佛塔高耸，街巷纵横，行人如织。每年来往于楼兰城中的外国使团商队，多则两千余人，少者也有五六百之众，绵延几十公里的马帮、驼队将中国内地的名贵绢、丝、绸、陶瓷等特产运出，国外的宝石、毛纺品、安息香料等源源不断地运来。各色商品在这里集散交流，楼兰几乎承担了这条交通线的全部给养供应。史书称这里为"商吏倾城，无立足处矣"。然而到了公元330年之后楼兰急剧衰亡。似乎是一场突变改变了这个文明帝国的命运，城中居民纷纷远离国境。史书记载说，城区"多恶鬼热风，遇到皆死，无一全者。上无飞鸟，下无走兽，遍望及目，处求度处则莫所拟，唯以死人枯骨为标识"。一片繁荣了几个世纪的绿洲消失了，一个绵延了几个世纪的文明消退了。楼兰，变成了恐怖的荒漠，死亡之地。楼兰之国的突然消亡，成了不解之谜，为什么一座巍巍古城竟然消失得那样神秘？专家经过全面考察研究，对其消亡作出种种猜想：一为避外族侵袭说。古国楼兰曾经遭到匈奴的侵袭，逐渐向南迁移，于是楼兰人便开始流散而最后衰亡；一为气候变迁说。原本湖泊密布的楼兰，由于气候的变化，在风沙的摧残下，成为黄尘滚滚的不毛之地；一为水源枯竭说。据史书称，罗布泊为"盐泽"，可见楼兰周围的湖泊也多为咸水湖，只是那时有塔里木河、孔雀河、且末河、疏勒河等淡水河源源不断地注水入湖，才为人类生存提供了基本条件，位于这些河流交汇处的楼兰也此得以繁荣兴旺。后来由于上游自然的或人为的水源中断，耕地及人畜用水枯竭，迫使楼兰人大举迁徙，致使古城废灭。造成这种状况，最关键的就是河流的改道和气候的持续干旱，破坏了原来的生态系统，引发了该地环境的恶化。滋养沙漠绿洲的决定因素就是充裕的水源，一旦水源改流、田地干涸，脆弱的环境结构很容易发生灾难性的改变。随之而来的必将是绿洲的缩减和沙漠的扩张，沙漠热风刮来，茂盛的胡杨林大片的枯死，庄稼因干旱而无法播种，昔日丰茂肥美之地抵挡不住流沙的侵袭而逐渐变成了荒野。楼兰人当时很可能与恶化的自然环境进行了较长时期的顽强抗争，但最终还是选择了悲壮的撤离和迁徙，被迫放弃了他们的故土和家园。② 唐诗人王昌龄有诗曰"不破楼兰终不还"，描述汉大将军霍光为国杀敌的豪情，但霍大将军始终未能征服楼兰，征服楼兰的却是沙漠。①

纵观历史：这些文明的消失，除了争夺与战争带来的王权败落，自然气候、地质变化外，究其深层次的原因，少不了人类对自然的过分掠夺和不合理利用，如砍伐森林、大兴土木、过度狩猎、恣意杀掳等带来的生存环境变化。2004年，英国BBC公司出品四集纪录片，名为《古代启示录》，以精彩动画探寻四个闪耀的古代文明，重现大自然浩劫的无情与可怕的摧毁力量。片名叫《古代启示录》，其用意再明了不过，人与自然的关系是从古至今都在探讨的一个话题，我们

---

①傅治平. 生态文明建设导论［M］. 北京：国家行政学院出版社，2008.

②黄剑华. 丝路上的文明古国［M］. 成都：四川人民出版社，2002.

不能忽视那些曾经毁灭了许多人类文明的天灾再次发生的可能，更不要亲手去加速大自然报复的频率，虽然我们应对那些的能力提高了许多，但决不能自信！按照汤因比的观点，历史上早期的人类文明成果，是人类对大自然勇敢挑战回应的结果。而一些文明的衰落，则因为该文明缺乏对大自然挑战给予回应的力量所致。① 早在一百多年前，恩格斯就表明“我们不要过分陶醉于我们对自然界的胜利。对于每一次这样的胜利，自然界都报复了我们。每一次胜利，在第一步都确实取得了我们预期的结果，但是在第二步和第三步却有了完全不同的、出乎预料的影响，常常把第一个结果又取消了……因此我们必须时时记住：我们统治自然界，决不像征服者统治异民族一样，决不像站在自然界以外的人一样，——相反，我们连同我们的肉、血和头脑都是属于自然界，存在于自然界的。”并发出警告：“美索不达米亚、希腊、小亚细亚以及其他各地居民，为了得到耕地，毁灭了森林，但是他们做梦也想不到，这些地方今天因此而成为不毛之地。因为他们使这些地方失去了森林，也失去了积聚和贮存水分的中心。阿尔卑斯山的意大利人，在山南坡砍光了在北坡被十分细心保护的松林，他们没有预料到，这样一来，他们把他们区域里的高山畜牧业的基础给摧毁了；他们更没有预料到，他们这样做，竟使山泉在一年中的大部分时间内枯竭了，而在雨季又使更加凶猛的洪水倾泻到平原上。”② 古巴比伦、古埃及、古印度、古玛雅、古黄河文明也都衰落和消亡于大量砍伐森林之后，导致的河流泛滥、干涸、耕地的沙化、盐渍和废弃。一位哲学家所言：“人类文明从砍倒第一棵树开始，到砍倒最后一棵树结束。”无数的历史事实已经给出了这个十分沉重的结论。③

众所周知：当今世界普遍关注的全球生态问题，温室效应、荒漠化、大气污染、生物多样性危机等，都与森林、湿地、草地资源锐减有直接或间接的关系，解决好上述问题是解决生态问题的关键。生态退化和自然资源消耗的日增，会不断放大经济高速增长和社会发展中所面临的威胁，未来的国家安全，将越来越依赖于生态以及自然资源的安全。据联合国千年生态系统评估报告显示：在过去 50 年中，人类改变生态系统的速度和规模超过人类历史上任一时期的同一时段，而且其中大部分是不可逆转的。人类长期对生态的破坏，已经出现了森林锐减、土地沙漠化、湿地退化、水土流失、淡水短缺、洪涝灾害、物种灭绝、气候变暖、环境污染、臭氧层破坏十大全球性的生态危机，给人类生存与发展带来了前所未有的挑战。联合国指出，全球森林已减少 50%，难以支撑人类文明大厦；全球 60%的陆地淡水资源不足，100 多个国家严重缺水；全球沙漠化土地 3600 万平方公里，占地球陆地总面积的 1/4，有 25 亿人口遭受危害；物种的灭绝速度已是自然灭绝速度的 1000 倍；全球每年约 600 亿吨土壤流失，地力衰退和养分贫乏的耕地已达 450 亿亩；全球生态饥民已增加到 9. 25 亿人，占全球总人口的 13. 1%。④

良好的生态环境是一种基本需求，固然会被大众所接受，然而，民生福祉提高，则需要建立在一定的经济基础之上，经济增长与生态环境在一定程度上是一对矛盾体，既可以相互促进，又可能互相掣制，怎样在与物质世界紧密相关的经济增长和在与自然世界为本体的生态环境之间寻

①傅治平. 生态文明建设导论［M］. 北京：国家行政学院出版社，2008.

②中共中央马克思恩格斯列宁斯大林著作编译局. 马克思恩格斯选集（第 3 卷）［M］. 北京：人民出版社，1972.

③国家林业局. 发展现代林业 促进绿色增长［M］. 北京：中国林业出版社，2011.

④UNEP. Global Environment Outlook 2010. http：//www. unep. org，GEO，2000.

求一种动态平衡，就成为了一个很有意义的研究课题和人们乐闻津道的话题，由此引发出国际社会一直争论并持续升温的两个问题：

第一个问题是：以人为中心，还是以自然为中心？

从古至今，围绕人与自然的关系，思考与实践不曾停息。远到《易传》有云："立天之道曰阴与阳，立地之道曰柔与刚，立人之道曰仁与义。"天有天道、地有地道、人有人道，人道应当效法天道，正所谓"天生神物，圣人则之；天地变化，圣人效之。"近到人民公社时期的"大炼钢铁""围湖造田" "人定胜天"。就在前些年，围绕三峡大坝等热点焦点工程，人们还针对"人类是否应该敬畏大自然"展开了激烈争论。人类要进步，自然要平衡，不进步意味着落后、愚昧、原始，不平衡则会出现失调、波动、甚至灾难。进步很必要，平衡更不可少。

传统思想认同以人为中心的思考逻辑，往往被称为人类中心论。正如英国早期自由主义哲学家约翰·洛克所言，人类是"自然的主人和拥有者"，人类具有满足需要的道德优先权，自然仅仅被视为人类达到目的的手段。相比之下，环境思想则是以生态学原则为基础，强调所有生命形式的相互关联性。西方环境思想的兴起有着特定的历史背景，一是来自工业革命及争取权力时期的社会与环保压力，二是民众保护自然意识的觉醒。美国在19世纪中叶至20世纪中叶涌现了一批著名的生态与环保学者，他们的名字至今仍然被世界各国人民所熟知和怀念，亨利·戴维·梭罗、奥尔多·利奥波德、约翰·缪尔等。1962年蕾切尔·卡逊的《寂静的春天》在美国正式出版，书中阐明了杀虫剂对自然生物链的破坏，预言人类如果不转变观念并为之行动，全球将面临"寂静的春天"，其中的观点在当时社会并非主流。然而时过不久，减少人为干预与破坏，保护与尊重自然的观念很快在美国得到了社会的广泛认可。1973年，美国绿党成立，标志着环境保护活动逐渐进入政治议程。从"苦役踏车"理论到"生态现代化"理论，对西方环境运动产生重要影响的代表人物还有很多，阿兰·施耐博格、马丁·耶内克、约瑟夫·胡伯、严瑟·摩尔等。从功利主义观到自由主义观，再到批判主义观，西方环境思想一直在激烈争锋，功利主义忽视环境价值，强调人类的现实利益；自由主义主张在现有条件下进行环境改良；批判主义则一般比较激进，对社会制度进行批评，强调自然的休息生息和近乎苛刻的保护。就绿色施政措施而言，环境学派可以归纳为改良主义生态学派和激进主义生态学派。改良派认为环境损害是"外部性"或者"社会成本"，应该考虑到这些成本，试图建立现代化与可持续性之间的平衡。相比之下，激进派大多认为资本主义扩张性及其价值观、结构和制度是环境恶化的根源。如生态社会主义提出了对资本主义的环境批判，生态无政府主义提出了对等级制度和权威的环境批判，生态女性主义提出了对父权制度的环境批判。

"良好生态环境是最公平的公共产品，是最普惠的民生福祉。""保护生态环境就是保护生产力，改善生态环境就是发展生产力。""既要金山银山，又要绿水青山。"实际上，人与自然的关系是一个长期调适的过程，正确处理人与自然的关系，尊重自然、顺应自然、保护自然，既要牢固树立生态文明理念，又要努力不断付诸实践，最终在互动与磨合中，实现天人互益，人天互利，达到相辅相参，互养共生。

第二个问题是：先发展、后治理，还是边发展、边治理？

托马斯·弗里德曼在《世界又热又平又挤》一书中写道：进入21世纪后，人类不断面临各种挑战，石油危机、全球变暖、人口爆炸，种种问题让我们的地球变得又热又平又挤。人类正以前所未有的高速度建设起一个最低效的环境，在曾经走过的岁月中，美国有问题，世界有问题，中国该何去何从？是针对生态危机和环境问题，更新理念、重视审视、重开局面，还是继续延续工业化时期的发展模式，现实、功利、妥协。发展是硬道理，硬发展没道理，科学理性的做法是追求绿色发展、科学规划，前人种树、后人乘凉，而不是吃祖宗饭、造子孙孽。

一味追求经济产量忽视生态环境的承载力，对污染物排放不处理或简单处理所造成的惨痛教训，如今人们仍记忆犹新。20世纪世界环境八大公害至今使人心有余悸。让我们记住那些令人心痛的事件：马斯河谷烟雾事件、洛杉矶烟雾事件、美国多诺拉事件、伦敦烟雾事件、日本水俣病事件、四月市哮喘病事件、爱知县米糠油事件、富山痛痛病事件，一幕幕触目惊心，希望灾难不会再度发生。近些年发生在我国的水体污染事件颇多，如太湖蓝藻事件、阳宗海事件、沱江污染事件……这一切都让人们在享受工业文明带来的享受与便利时，不经意间付出了沉重的代价。随着工业化的过度开发，除了环境污染，资源短缺也成了可持续发展的短板。《增长的极限》一书预测的人类困境虽然由于农药、化肥等现代科技的出现而没有提前到来，《只有一个地球》报告也渐渐被民众所淡忘，然而，2012年《地球生命力报告》重新引起了人们的警觉：生物多样性丧失、生态足迹严重超标，1970年以来，地球生命力指数下降了28%，其中热带是重灾区——在不到40年中下降了61%。我们使用的资源量超过了地球供给的50%。世界自然基金会由此发出警告："全球金融危机是无法与即将崩溃的生态危机相比的，人类每年消耗掉的自然资源要多于地球本身再生资源的30%，其结果是每年的生态债务高达4万亿~4.5万亿美元"，如果不改变这一趋势，这个数字会增长得更快，到2030年，即使两个地球也不能满足我们的需求。如果人们都按美国人的生活方式，人类需要4个地球才能满足对自然资源的各种需求；① 此外，过度追求工业化的后果之一，便是酿成了当今世界的"头号难题"——气候变化，目前气候变化已成为全球不得不共同面对的严峻挑战，联合国政府间气候变化专门委员会《第五次评估报告》显示：过去130年全球升温0.85℃，人类导致气候变化可能性超过95%，21世纪末气温将比1850年至1900年间上升1.5~2℃以上，过去三十年，每十年地表温度的增暖幅度高于1850年以来的任何时期。气候变化可能进一步加剧冰山融化、致使海平面升高，大量生物将会面临生存威胁，一些小岛国不得不为将来另做打算。

危机四伏，高生产、高消费、高排放、高污染的生活方式难以为继，国际社会如何保持良好沟通与合作，维护持续繁荣与稳定发展？过去不复再来，将来弥足珍贵，过去留下宝贵经验和深刻教训，当前重点考虑现在和未来，现在如何决策，未来走向何方？（西方发达国家主流观点）然而问题并不那么简单，过去大家在同一起点，现在出现差异和分化，是不公平的攫取和占有的结果，历史账不能忘！经济发展是连续的，那么成本和收益也应该是连续的（贫困国家及新兴国家经济体）。数据显示：自1750年以来，全球累计排放1.1万亿吨二氧化碳，其中发达国家排放占80%观点，美国占26.9%居首位，就人均排放而论，发达国家排放比例可能更高。从1990年到2007年，全世界因为气候变化引起的自然灾害受灾人口平均每年大约2.1亿人，而中国占到了其中的1.1亿人，相当于全世界受灾人口的52.4%。形势如此严重，但为什么可持续发展大会相关环境公约却如此难以达成，为什么要坚持共同但有区别的责任？原因很简单：决策除了受

①WWF. Living Planet Report 2012，http：/www. /wwf. org.

到自然因素影响外，还要受到国家利益以及公平公正等社会因素的影响。人类社会发展的过程是一个经济、政治、社会、生态与环境的综合螺旋上升的过程，发展中面临的问题难以单独解决，需要系统观与协同论加以应对，而社会学意义上的模式构建，又是长期的权变的，因人因时而异的，因此就出现了所谓集体决策困境，两难选择、知行悖论。如果我们列一个方程说明，因变量是产出，自变量人力、科技、土地等，在一定假设条件下，不难给出最佳答案。而我们若把因变量换为经济发展或人类进步，自变量加入一些政治和社会变量，约束条件集为资源环境等，重新进行概念界定、可操作化处理，则复杂得多，有解可能会变成无解，有唯一解可能会变成多解。

从理论上讲，中国不乏生态文明历史渊源，我们甚至可以追溯到四五千年以前。《易经》《礼记》、先秦诸子学说都有记载，古代中国儒、道、佛思想理念也都有体现。《易传》说："天地之大德曰生……生生之谓也……天地感而万物化生，圣人感人心而天下太平……"。《礼记·祭义》记述："曾子曰：树木以时伐焉，禽兽以时杀焉；夫子曰：断一树，杀一兽不以其时，非孝也。"我们还可以举出很多近现代的例子，……孙中山在《实业计划》中的论述"多种森林便是防水灾的根本方法"……实际上以上所言，只能算是生态文明的萌芽，对当代生态文明理念影响重大的还是我们的国情背景：工业化、城镇化加速以后，所造成的资源约束、生态破坏、环境压力，以及由此带来的经济成本上升，社会矛盾与不满，人们对未来的不可知和恐惧，对可持续发展的期望是促使经济发展转型、生态文明理念形成的根本原因。现实国情：一方面是人均资源有限，生态环境脆弱，自然灾害频繁，另一方面是工业化、城镇化、国际化的加速推进和深化，有限的自然资源和脆弱的生态环境承受了空前、持久、巨大的人口压力和发展压力。在 20 世纪 50 年代全国每年因灾害造成的直接粮食减产是 380 万吨，相当于当时每年粮食总产量的 2.1%。到了 20 世纪 90 年代平均每年的直接粮食减产就达到了 3290 万吨，相当于同时期年均粮食总产量的 7.0%。从 2001 到 2008 年，中国年均经济增长率与前一个阶段（1996~2000 年）相比只提高了 1.6 个百分点，但是资源代价和污染代价都是巨大的，例如能源消费的增长率就比前一阶段提高了 8.3 个百分点，达到 9.4%。因此我们称之为"高代价的高增长"。

当我们站在社会发展选择的十字路口时，各种利益诱惑影响着我们的判断能力，沉痛的历史教训启迪着我们的智慧。是继续沿着传统的发展方式走下去，直至将自己逼入生态承载的极限，还是改弦易辙努力偿还生态欠债，走人与自然和谐的生态文明之路？一次正确的选择将引导我们走向新的文明，一次错误的选择引导我们走向衰亡。选择，考验着一个民族的智慧；选择，决定着人类共同的命运！①

林业是一项重要的公益事业，又是一项重要的基础产业，具有巨大的生态、经济和社会功能。党中央、国务院高度重视林业工作，赋予了林业部门建设和保护森林生态系统、管理和恢复湿地生态系统、改善和治理荒漠生态系统、维护和发展生物多样性的重大职能。①我国森林、湿地、荒漠化土地占国土面积的 51.12%，蕴藏的生物总量占陆地生态系统的 90%以上。在"三个系统一个多样性"中，森林生态系统和湿地生态系统起着主导和决定的作用，荒漠化主要是因

①贾治邦. 生态文明建设的基石——三个系统一个多样性［M］. 北京：中国林业出版社，2011.

为森林植被不断遭受破坏而造成的，生物多样性主要是依赖森林生态系统和湿地生态系统而存在的。森林被喻为“地球之肺”，湿地被喻为“地球之肾”，荒漠化被喻为“地球之癌症”，生物多样性被喻为“地球的免疫系统”。这“三个系统一个多样性”共同决定着地球的生态状况，维护着地球生态平衡。无论哪一个系统被损害或破坏，都会影响地球的生态平衡，影响地球的健康长寿，危及人类的生存根基。①

森林拥有最大的生物贮量，可提供清洁安全、可再生、可降解的林产品。森林产品和服务维持着逾 10 亿人的主要经济生计，为 80%的陆地物种提供着无法替代的环境服务。森林作为空气的净化物、天然制氧厂、天然的消声器、控制全球变暖的缓冲器，有固碳增氧、自然防疫以及除尘和除噪的过滤作用。此外，森林有防止风沙和减轻洪灾、涵养水源、保持水土的作用，森林也是地球生物繁衍最为活跃的区域。目前在以生态建设为主的指导方针下，我国森林资源正逐步由赤字迈进入盈余时期。据全国第八次森林资源清查结果显示：我国森林覆盖率由上次清查的 20. 36%提高到 21. 63%，森林面积达到 31. 15 亿亩，增加 1. 84 亿亩；森林蓄积达到 151. 37 亿立方米，增长 14. 16 亿立方米。当前我们用全球 5%的森林面积和 3%的森林蓄积，支撑着全球 23%的人口对木材的需求。② 我国现有森林资源存在的主要问题，包括“总量不足、人均数量少，森林资源地理分布不均匀，林地生产力低下、质量低下，增长缓慢、破坏严重等，可持续森林经营仍然任重道远。”

湿地作为地球上独有的生态系统，是蓄水库，是储碳库，是基因库，是水质净化器和气候调节器，具有鲜明的多功能性，不仅为人类提供食物以及工农业生产原料，更重要的是它具有独特的生态功能，在调节气候、调蓄洪水、净化污染和保持生物多样性、维护生态平衡方面有着不可替代的作用。据 2013 年公布的全国第二次湿地资源调查显示：我国湿地总面积 5360. 26 万公顷（另有水稻田面积 3005. 70 万公顷未计入），湿地率 5. 58%。自然湿地面积占 87. 37%，人工湿地面积占 12. 63%。我国已初步建立了以湿地自然保护区为主体，湿地公园和自然保护小区并存，其他保护形式为补充的湿地保护体系。纳入保护体系的湿地面积 2324. 32 万公顷，湿地保护率 43. 51%。其中，自然湿地保护面积 2115. 68 万公顷，自然湿地保护率 45. 33%。与第一次调查同口径比较，自然湿地面积减少了 337. 62 万公顷，减少率为 9. 33%。我国的湿地生态状况总体上处于中等水平。参照国际分类标准，评级为“好”的湿地仅为湿地总面积的 15%，生态状况评级获得中等档次的湿地占到湿地面积的 53%，生态状况评级获得“差”的这个等级的湿地面积占到全国湿地面积的 32%；③ 目前湿地面临的问题是面积缩小、生态退化的趋势仍在继续，开垦与改造、污染、泥沙淤积和水资源不合理利用依然严重。20 世纪后半期，我国已有 50%的滨海滩涂湿地不复存在，13%的湖泊已经消失，④ 江湖湿地鱼类由 20 世纪 50 年代的 100 多种，减少到目前的 50 多种。在一些重要湿地区域及生态环境脆弱地区，由于湿地资源的过度开发和不合理利用，已经导致了湿地的严重萎缩和生态退化。同时湿地在土地利用方式的竞争中始终处于劣

①贾治邦. 生态文明建设的基石——三个系统一个多样性［M］. 北京：中国林业出版社，2011.

②赵树丛：2014 年厅局长会议发言报告。

③来源：第二次全国湿地资源调查结果。

④李世东，陈幸良，马凡龙，成铁龙. 新中国生态演变 60 年［M］. 北京：科学出版社，2010.

势的地位没有改变。

荒漠生态系统是地球生态系统中一个独特的子系统，由荒漠地区各类生物和环境构成，是荒漠区全部生物（生物群落）和物理环境相互作用的统一体，是地带性干旱气候，或高寒地区地表仅有稀疏植被覆盖或没有植被覆盖，栖息的生物种群和荒漠环境组成的一个独特的陆地生态系统。全球荒漠化面积为3600万平方公里，占陆地面积1/4，110个国家、10亿人口受荒漠化影响。根据地表覆盖物质和地貌特征的不同，荒漠可进一步可以分为：沙漠、沙化土地、戈壁、岩漠、盐漠等。我国荒漠化土地总面积为262.37万平方公里，占国土面积的27.33%，占区域总面积的80.6%，远高于全球69.0%的平均水平。①我国沙化土地达174万平方公里，占国土面积的18.1%，有31万平方公里的土地具有明显沙化趋势，有近2亿亩耕地不同程度沙化。石漠化土地和潜在石漠化土地分别达到12万和13.3万平方公里，6亿多人的生产生活受到危害；我国水土流失面积达295万平方公里，占国土面积的30.7%，年均土壤侵蚀总量达50亿吨。②近些年通过治理，我国沙化土地减少8587平方公里，石漠化土地减少9600平方公里③，全国沙化土地面积由20世纪末的年均扩展3436平方公里变为目前的年均缩减1717平方公里，总体上实现了沙化土地面积净减少，土地沙化总体上得到初步遏制。④然而目前仍然面临着治沙技术落后，难度大、条件差，返沙可能性大等问题，总体形势不容乐观。

生物多样性对生物圈的生命维持系统和保持进化至关重要，为世界日益增长的人口的粮食需求、健康和其他需求非常关键。⑤生物多样性的免疫功能在于维持生态系统的稳定性。这里的稳定性主要包括两个方面，一个是抵抗力，另一个是恢复力。抵抗力是指生态系统免受外界干扰而保持原状的能力。而恢复力是受到外界干扰后回到原来状态的能力。生物多样性的免疫系统功能具体体现在其抵御病虫害火等自然灾害的能力。此外，生物多样性具有消耗性利用价值、生产性利用价值、工业上价值、艺术价值、科研价值、娱乐和旅游价值等多种功能价值。据科学家们推断，全世界大约有5000万~10000万个物种，但是科学家目前发现和已命名的物种大约有175万种，还有很多未知的物种有待人类发现。在已经被命名的物种中，昆虫种类占了一半，有75万种之多，其他动物约有28万种；高等植物约40多万种；藻类2万多种；微生物约7万多种。中国地域辽阔，气候多样，地形复杂，南北跨越热、温、寒三带，物种多样性极为丰富。高等植物约有34000多种，仅次于巴西和哥伦比亚，居世界第三位，约占全世界植物物种的十分之一。中国也是动物物种非常丰富的国家之一。现已记录的脊椎动物共6588种，约占世界总种数的14%。另外，无脊椎动物、真菌、细菌、放线菌等种类也极为繁多，尚无法精确统计。中国特有植物估计有15000~18000种，约占维管植物总数的50%~60%，在世界上处于第7位，特有高等脊椎动物在世界上处于第8位。[①]联合国《千年生态环境评估报告》显示：过去50年，由于人类对自然环境的大肆破坏，自然物种的消失速度为单纯自然状态下的100~1000倍，近1/8的鸟类、近1/4

①贾治邦. 生态文明建设的基石——三个系统一个多样性［M］. 北京：中国林业出版社.

②国家林业局：《中国荒漠化和沙化状况公报》，2011。

③国家林业局：《中国石漠化状况公报》，2012。

④来源：《国家林业十二五规划》（第二章）。

⑤来源：《生物多样性公约》。

的哺乳动物、近 1/3 的两栖动物正濒临灭绝。目前全世界每天有 75 个物种灭绝，每小时有 3 个物种灭绝。我国已有 233 种脊椎动物濒临灭绝，55 种野生植物的野外种群低于稳定存活界限。①近些年我国在生物多样性保护方面也做了大量工作，截至 2014 年年底，全国共建立各种类型、不同级别的自然保护区 2729 处，其中林业系统自然保护区达到 2174 处，总面积 1.24 亿公顷，约占国土面积的 13%，② 涵盖了我国 90%的陆地生态系统类型、85%的野生动植物种类、65%高等植物群落以及 300 多种重点保护的野生动物和 130 多种重点保护的野生植物的栖息地。③ 然而生物多样性保护还面临着栖息地破坏，过度利用，外来物种入侵，气候变化的潜在影响，保护工作尚需要长期的坚持与守护。

林业作为陆地生态系统的主体，是生态文明建设的主战场，森林生态系统、湿地生态系统和荒漠生态系统都与林业的发展息息相关，林业除了提供林产品供给人民基本的经济生活需求外，还承担着提供生态产品和生态服务的重要使命，同时还具有一定的社会和文化功能。新的时期林业的多功能性更加突出，体现在林业具有巨大的生态功能，在实现生态良好、维护生态安全中发挥着决定性作用；林业具有巨大的经济功能，在推动经济发展、维护经济安全中发挥着重要作用；林业具有巨大的固碳功能，在应对气候变化、维护气候安全中发挥着特殊作用；林业具有巨大的保健功能，在调节人体生理机能、促进人的身心健康方面发挥着重要作用；林业具有巨大的美化功能，在树立地方形象、改善投资环境中发挥着主导作用。④ 林业既是一项以改善生态环境、实现生态良好为主要目的公益事业，又是一项以培育森林资源、发展循环经济为主要目的基础产业，在解决制约经济社会发展的生态环境、资源能源等诸多问题中，发挥着不可替代的重要作用。加快林业发展，改善生态环境，增加森林资源，是建设生态文明、实现可持续发展的关键所在。⑤

中华人民共和国成立以来，在社会各界大力支持下，经过中国几代“务林人”的不懈努力，中国林业在曲折中、在摸索中不断前进，经过几十年的发展，最终实现了林业当前比较繁荣的景象，不仅在世界范围内创造了绿色奇迹，而且还实现了国内及至国际上的五个最大，即最大的新增造林面积、最大的新增林业碳汇、最大的林业公共投资、最大的林业产业产值、最大的林业的行业就业。

中国林业发展之路是一个不断探索之路、学习之路、创新之路，是一个符合挑战——应战模式的螺旋式上升之路，是一个没有完结、没有尽头之路。⑥ 当今世界，科技发展不断加速，经济融合不断加快，全球治理不断提升，林业既面临着黄金发展期，也面临着结构调整期，未来中国林业发展，路在何方？中国“务林人”在迈向林业现代化的过程中，如何立足林情、与时俱进，如何立身林业，服务大局，期待着我们去探讨、去研究、去总结。

---

①贾治邦. 生态文明建设的基石——三个系统一个多样性［M］. 北京：中国林业出版社，2011.

②国家林业局. 2015 年林业发展报告［M］. 北京：中国林业出版社，2015.

③国家林业局：《林业发展“十二五”规划》（第二章）。

④贾治邦：在云南省委林业工作会议上的讲话，2009 年 11 月。

⑤国家林业局：生态文明与可持续发展林业专题研究报告（讨论稿），2009。

⑥胡鞍钢.“中国之路”的讨论和总结［R］. 北京：清华大学国情研究院，2010.

第一篇

林业资源与历史

第 1 章　林业资源状况

1.1　资源现状

1.1.1　森　林

根据第八次全国森林资源清查（1999~2013）结果：全国森林覆盖率 21.63%，森林蓄积 151.37 亿立方米，乔木林平均每公顷蓄积量为 89.79 立方米。

1.1.1.1　林　地

全国林地面积 31046 万公顷。其中：

· 有林地 19117 万公顷；

· 疏林地 401 万公顷；

· 灌木林地 5590 万公顷；

· 未成林地 711 万公顷；

· 宜林地 3958 万公顷；

· 其他林地（包括苗圃地、无立木林地和林业辅助生产用地）面积 1269 万公顷。

林地按土地权属分为国有和集体，其中：

· 国有林地 1.24 亿公顷，占 40%；

· 集体林地 1.86 亿公顷，占 60%。

1.1.1.2　森　林

全国森林面积 2.08 亿公顷。根据林龄不同，全国乔木林划分为、幼龄林、中龄林、近熟林、过熟林、成熟林。其中：

· 幼龄林面积 5332 万公顷，蓄积 16.30 亿立方米；

· 中龄林面积 5311 万公顷，蓄积 41.06 亿立方米；

· 近熟林面积 2583 万公顷，蓄积 30.34 亿立方米；

· 成熟林面积 2176 万公顷，蓄积 35.64 亿立方米；

· 过熟林面积 1058 万公顷，蓄积 24.45 亿立方米。

根据主导功能不同，全国森林划分为防护林、特用林、用材林、薪炭林、经济林五大林种。其中：

· 防护林面积 9967 万公顷，蓄积 79.48 亿立方米；

· 特用林面积 1631 万公顷，蓄积 21.70 亿立方米；

· 用材林面积 6724 万公顷，蓄积 46.02 亿立方米；

· 薪炭林面积 177 万公顷，蓄积 0. 59 亿立方米；
· 经济林面积 2056 万公顷。

根据来源不同，全国森林划分为天然林和人工林。其中：

天然林面积 12184 万公顷，蓄积 122. 96 亿立方米；

人工林面积 6933 万公顷，蓄积 24. 83 亿立方米。

竹林：全国竹林面积 601 万公顷。其中：

· 毛竹林 443 万公顷，占 74%，株数 90. 97 亿株，占 81%；
· 其他竹林 158 万公顷，占 26%。

灌木林：全国灌木林面积 5590 万公顷，占全国林地面积的 18%。

1.1.2 湿　地

根据 2014 年 1 月公布的第二次全国湿地资源调查结果，全国现有湿地 5360. 26 万公顷，占国土总面积的 5. 58%。其中，自然湿地 4667. 47 万公顷，占全国湿地总面积的 87. 08%；人工湿地 674. 59 万公顷，占 12. 63%。

在自然湿地中有：

· 近海与海岸湿地 579. 59 万公顷，占 12. 42%；
· 河流湿地 1055. 21 万公顷，占 22. 61%；
· 湖泊湿地 859. 38 万公顷，占 18. 41%；
· 沼泽湿地 2173. 29 万公顷，占 46. 56%。

全国共有国际重要湿地 46 处，湿地自然保护区 570 多处，湿地公园 900 多处，其中：国家湿地公园（含试点）569 处，自然湿地保护率 46. 06%。

1.1.3 荒　漠

第五次全国荒漠化和沙化监测结果显示：截至 2014 年，全国现有荒漠化土地面积 261. 16 万平方公里，沙化土地面积 172. 12 万平方公里。与 2009 年相比，5 年间荒漠化土地面积净减少 12120 平方公里，年均减少 2424 平方公里；沙化土地面积净减少 9902 平方公里，年均减少 1980 平方公里。荒漠化和沙化状况连续 3 个监测期“双缩减”，呈现整体遏制、持续缩减、功能增强、成效明显的良好态势，但防治形势依然严峻。

第二次全国岩溶地区石漠化监测结果显示：截至 2011 年年底，岩溶地区石漠化土地总面积为 1200. 2 万公顷，占岩溶土地面积的 26. 5%，占区域国土面积的 11. 2%。与 2005 年（第一次石漠化监测信息基准年）相比，石漠化土地面积减少 96 万公顷，减少了 7. 4%，年均减少面积 16 万公顷，年均缩减率为 1. 27%；岩溶地区潜在石漠化土地总面积为 1331. 8 万公顷，占岩溶土地面积的 29. 4%，占区域国土面积的 12. 4%。

1.1.4 野生动植物

中国地域辽阔，气候多样，地形复杂，南北跨越热、温、寒三带，生态系统类型齐全，几乎囊括了全世界主要生态系统类型，物种多样性极为丰富。高等植物约有 34000 多种，其中，苔藓植物 117 科（苔类 52 科，藓类 65 科），506 属（苔类 144 属，藓类 362 属），2541 种，种数约占全世界总种数的 11.25%；蕨类 64 科，221 属，2275 种，约占世界蕨类总种数的 19.25%；中国是世界上裸子植物最丰富的国家，有 12 科 42 属 245 种，分别为世界现存裸子植物科、属、种总数的 80%、51.22%和 28.82%。被子植物 243 科、3182 属、29230 种，科、属、种数目分别占世界被子植物的 61%、31%和 12%。

中国也是动物物种非常丰富的国家，现已记录的脊椎动物共 6588 种，约占世界总种数的 14%。其中，哺乳动物 607 种，约占世界总种数的 14.1%；鸟类 1332 种，约占世界总种数 14.6%，是世界鸟类种类最丰富国家之一，其中湿地水鸟 271 种，属国家重点保护的水鸟有 56 种。爬行动物 452 种，约占世界总种数 4.6%；两栖类 335 种，约占世界总种数 6.1%；鱼类 3862 种，其中内陆湿地鱼类已记录的种类有 1118 种，约占世界鱼类总种数的 17.5%。

中国特有植物估计有 15000~18000 种，约占维管植物综述的 50%~60%，在世界上处于第 7 位，特有高等脊椎动物在世界上处于第 8 位。

1.2　中华人民共和国成立前①

1.2.1　国家森林史

远古时期，中华大地处于未开发状态，人烟稀少，森林处于自生自灭状态。距今 8000~7000 年前，原始农业出现，人们开始砍伐森林，开辟农田，但采集和渔猎仍然占有重要位置，与此同时出现了木结构的原始建筑物。该时期，中国人口不足 140 万人，总体而言，林木丰茂，生态环境优美，森林覆盖率曾高达 60%~64%。

夏商周时期，农业和建筑都有较大发展，随着黄河流域文明发育与成长，人口开始缓慢增长，到战乱纷争的战国末期，中国人口达到了 2000 万人，森林覆盖率下降到 46%，此时森林以天然林为主，虽然人们已开始种植一些树木，但数量不很多。此外森林火灾也很多，引起森林火灾的主要原因是火猎、烧荒开垦和战争中的火攻，森林火灾使得大面积森林化为乌有。总之，战国以前这一时期，森林减少的主要原因包括开垦农田、建筑房屋、火猎烧毁森林、森林逐渐被砍伐利用。②

随后出现了第一次生态环境恶化时期，秦汉时期，秦国兼并其余六国，实行中央集权，严刑

---

①本部分重点参考文献：王长富．中国林业经济史［M］．哈尔滨：东北林业大学出版社，1990；胡鞍钢．中国：创新绿色发展［M］．北京：中国人民大学出版社，2012；林业部《中国森林》编纂委员会．中国森林［M］．北京：中国林业出版社，1997；雷加富．中国森林资源［M］．北京：中国林业出版社，2005.

②古生代时期，泥盆纪早期是以裸蕨类为主的草丛。晚期在中国南方和西北、内蒙古等地的滨海地带出现了一些小型的森林，当时森林里已经有了裸子植物。石炭纪、二叠纪是蕨类大发展的时代，也是地史上的主要成煤阶段，由于造山运动的发生，使中国南北大地普遍发生了地质的沉降，促使在广阔大地上生长的茂密森林在一些地区被深埋地下，于是出现了中华大地上的主要造煤期；中生代时期，经过古生代末期的造山运动，陆地面积扩大，湿地范围缩小，地形分异显著，气候亦趋于炎热干燥，促使森林植被向旱生发展。于是蕨类森林逐渐萎缩退化，代之以裸子植物的崛起；新生代时期，是被子植物大发展的时代，中国新生代植物群大致可分三个发展阶段，即木本植物大发展的阶段，草本植物大发展的阶段和杂种与多倍体植物大发展的阶段。到了全新世期间中国境内的林木种类、自然植被的水平地带和区系组成与现今基本一致。

苛法，租役繁重，鼓励农业、手工业的发展，同时大兴土木，大建宫殿，大量森林被砍伐。汉代基本上也采取重农政策，并且轻徭薄赋，让百姓休养生息。汉文帝和汉景帝都曾劝民务农商和种树，农林生产大有起色。汉代中后期开始大兴土木，除皇帝建宫苑外，更有王公贵族和富商巨贾大造宅邸，有的规模可与皇室宫苑比美。由于开辟农田和建造宫室，致使大量森林消失。此外，战乱也使许多森林被损毁。这时中国出现了第一次人口倍增台阶，由先秦时期（包括春秋战国时代）的1000~2000万人陡升到封建社会前期西汉平帝元始二年（公元2年）的6000万人；此时国家GDP大致为268.20亿元，人均GDP为450元，占世界GDP的份额约为26.2%，该时期，统治者实行“奖励耕战”和“移民戍边”的政策，开始大规模开垦荒地，兴修水利，农耕区向西北方面有了新的延伸，使内地成为了广大农耕区与游牧区之间的过渡地带，当时国家耕地面积大约为5.06亿亩，人均8.57亩。对黄河中游的大规模开垦，破坏了森林草原等自然植被，森林大量减少，水土流失趋于严重，由此黄河支流变浊，干流由浑变黄，下游河床淤积抬高，成为高出地面的悬河，河水频繁泛滥。秦汉时期，大量的砍伐与开垦使中国森林覆盖率下降到41%。森林减少的主要原因包括：帝王为修建宫殿而滥伐森林、大规模毁林垦殖、滥伐乱砍森林、战争毁林。

三国以后，两晋、南北朝时期，黄河流域仍然处于战乱和分裂状态。从这时起，北方居民大批南迁，长江以南大面积森林逐渐被开垦为农田。与此同时，朝廷劝民种树，并制定了鼓励种树的具体政策和措施。该时期三百多年间，人口大为减少，生态环境压力相对减少，森林虽有破坏，也有所恢复，总体呈下降趋势但并不严重。

隋代结束了南北朝的分立局面，统一了全国。其政局稳定，经济繁荣的程度超过汉代，但后期因隋炀帝的暴政引起农民起义，朝廷终于被推翻。继隋代之后，唐代进行了一系列改革，出现了大唐盛世，社会秩序安定，农业、手工业空前繁荣。结果安史之乱以后，又出现了藩镇割据的局面，从此开始了五代十国时代 。这一时期，北方战乱不停，南方则相对稳定，隋唐统一时期中国人口仍在6000万左右，随着北方人口大量南迁，经济文化的重心和农业的中心区也从黄河流域转移到了长江流域，农耕区不断得到扩展。宋代以后，又开始大量开垦农田，兴修水利。北宋时期，全国耕地面积约为4.15亿亩，人均6.7亩；此时国家GDP大致为247.50亿元，人均GDP为450元，占世界GDP的份额约为22.7%。虽然隋、唐、宋朝都提倡植树，但同时开垦了不少农田，被毁森林数量不在少数。事实上，唐至元的700多年中，总人口从未低于3000万，到了元代，国家GDP大致为600亿元，人均GDP为600元。随着经济增长和人口增长，自然承载力减弱，水土流失加重，沙漠化速度加快，湖泊缩小，黄河泛滥频繁，这是中国生态环境第二次恶化时期。到唐朝末年，我国的森林覆盖率的已经只有30%，不及远古时期的一半。隋唐时期，社会秩序基本安定，人口增加，农业、手工业有较大发展，因而砍伐森林达到前所未有的规模，大大超过新植和恢复的森林，在全国范围内，森林仍然是日益减少。主要原因是：开垦农田、帝王为大兴土木而砍伐森林、各种手工业发展森林被伐作燃料、森林火灾烧毁大量森林 。

明代以后，黄河中游森林受到毁灭性的破坏，其含沙量达到60%~70%，中国生态环境进入急剧恶化期。明朝时期，全国耕地面积约为4.65亿亩，人均6.3亩；国家GDP大致为780亿元，人均GDP为600元，占世界GDP的份额约为27%。清朝时期是中国人口出现了第二次大的倍增台阶，由明末清初不足1亿人，经“康乾”时期，骤增到3亿人，1840年清后期后突破4亿人，由此，一场大规模的开垦运动开始了。当时全国耕地面积约为12.02亿亩，人均2.82亩；国家

GDP 大致为 2300 亿元，人均 GDP 为 570 元，占世界 GDP 的份额约为 17.2%。由于人口增长，垦殖规模不断扩大，种植业的发展大大推向边疆地区。首先是向东北地区转移，其次是青藏高原的半农半牧区，再次是有农有牧的西北天山南北，并和内地农区连成一体。此时森林大面积破坏，黄土高原大多数山岭成了濯濯铜山，水土流失日益加剧。黄河泥沙含量由明代的 60%，增至清代的 70%，黄河决溢频度也超过了历史上各个时期，旱涝灾害频频出现，自然生态受到前所未有的严重破坏。明清时期，人工造林、森林更新都有较大发展。但是，被砍伐和损毁的森林增加更多，总的说来，全国范围内森林面积和蓄积急剧减少。主要原因是：朝廷采办“皇木”、毁林垦种、民间滥伐森林、森林火灾焚毁森林、过量取柴，以及清朝晚期一系列不平等条约的签订与外国侵略者滥伐与掠夺森林资源等。①②

中华民国时期，始自 1912 年孙中山领导辛亥革命推翻清王朝，建立中华民国，终到 1949 年国民党政权在中国大陆的统治结束为止。这一时期又可分为北洋政府时期（1912~1927）和国民政府时期（1927~1949）。北洋政府时期，较之前代，林业有所发展，但滥伐森林和森林火灾严重，而造林面积有限，因而森林资源持续减少。国民政府时期，情况相似。虽然造林比北洋政府时期多，滥伐森林和森林火灾等损失的森林也大为增加，森林资源仍呈急剧减少趋势。这一时期，全国耕地面积约为 13.5 亿亩，人均 2.95 亩；国家 GDP 大致为 2800 亿元，人均 GDP 为 560 元，占世界 GDP 的份额约为 8.9%。林业发展有起有伏，有些地区封禁山林，林木得到保护，被采伐的林地得以天然更新。除森林天然更新以外，植树造林也有所发展。据统计资料，从中华民国初年到中华民国 35 年（1946），全国各省植树造林共计 13.79 亿株，因此，全国森林面积逐年有所扩大。但是由于乱砍滥伐、毁林垦种、木材燃料以及森林火灾等原因，损毁的森林还是大大超过天然更新和新造林，因此就全国来说，森林仍然越来越少，如表 1-1。③④⑤

---

①明清时期（1279~1911）的森林分布格局与唐宋时期相比，东北的森林已被大规模砍伐，华北、西北地区森林比前期减少更多，原始森林已所剩无几，仅深山区还有一些，华东、华中和西南森林也遭到大规模砍伐，全国森林覆盖率约 15%左右。

②中英鸦片战争，在中国战败后，产生了中国近代史上第一个不平等的《中英南京条约》，用武力打开了长期实行“闭关自守”的清朝大门，暴露了清朝的极端腐败，自此以后，接二连三的不平等条约，强加在中国人民头上。其中直接与林业相关的有：《中俄瑷珲条约》《中法天津条约》《中俄北京续增条约》《中俄伊犁条约》《中日马关条约》《中俄密约》及东省铁路公司，《北京中日会议东三省事宜条约》及鸭绿江采木公司，以及《中德胶澳租界条约》等。

③到了中华民国时期（1912~1949），全国森林越少，森林分布的基本格局是：东北地区森林最多，树种、材质最好，多为原生针叶林和针阔混交林，交通便利处则原始林被砍伐而演变为天然次生林，树种以阔叶树为主。其次是西南地区，森林面积和林木蓄积量均占全国第 2 位，仍保存较多的原始针叶林和针阔叶混交林，林相较好，其中滇南林区为热带气候，蕴藏着大量的热带森林，林木高大，材质优良，生长迅速，树种极为丰富。雅鲁藏布江林区仍有高大的以云杉为主的原始针叶林，单位面积蓄积量很高。东南地区和华中地区为亚热带气候，多常绿阔叶林。台湾森林覆盖率高达 60%。这时期，全国森林已经不多，且分布不均衡，全国森林覆盖率约为 8%~12%。

④根据高田俊雄氏（兴亚院华北联络部）的报告，抗日战争前的民国 25 年（1936 年）的调查，华北木材总需要量约为 150 万石，其中：铁路枕木为 15 万石，但是抗日战争后急剧增加，民国 29 年（1940 年）木材总需要量达 628.1 万石，一般用材为 275 万石。

⑤日本侵略军进入华北地区以后，开始对自然资源疯狂掠夺。华北的煤矿，星罗棋布到处均是，这就需要大量的坑木，以及与开矿、建矿有关的木材；其次是铁路枕木，更换的枕木与修复铁路所需的枕木，还有修复桥梁的桩木和板材等。

表 1-1 中国历代经济社会发展水平与森林资源状况

年　代①②	人口数量（万人）③④	耕地面积（亿亩）	人均耕地数（亩/人）⑤	GDP（亿元，1990 年国际元计算）	人均 GDP（元，1990 年国际元计算）	占世界 GDP 份额（%）	森林覆盖率（%）
远古时代（约 180 万年前~前 2070 年）	低于 140						64~60
上古时代（前 2069~前 221 年）	140~2000						60~46
其中西周初期（约前 1100 年）	550~1372						
西周末期（约前 771 年）	1000						
东周时期（约前 684 年）	1184						
战国中期（约前 340 年）	300						
秦代（前 221~220 年）	2000~6500						46~41
汉代（前 202~公元 157 年）	1310~7200						
其中西汉（前 202~公元 2 年）	1310~6300	5. 06（公元 2 年）	8. 57	268. 20（公元 1 年）	450	26. 2	

①时代调整：所列朝代年限为数据产生年，非实际朝代历经年。

②地域调整：本部分时间范围，上起古生代，下迄 20 世纪，中国历史上各朝代疆域不同，为便于对比，如缩小汉代、唐代、元代疆域范围，扩大夏商周疆域范围于九州之外，地域调整大致与今相同，大体划分范围参照今中华人民共和国疆域。

③人口调整：西周初期、西周末期人口大致在黄河长江流域中下游地区及燕代辽东地区。战国中期人口大致为今中华人民共和国版图之内。汉代人口西汉大致为原秦统治区，还包括河西走廊地区，东汉末期大致在今中华人民共和国版图之内。三国两晋在今中华人民共和国版图之内。南朝初期大体由秦岭向东，至河南淅川、许昌，山东菏泽、平阴、禹城、惠民以南及整个南方地区；北朝初期南以淮河、秦岭为界，北有今内蒙古中西部以南，西有河西走廊地区，南北朝末期在今中国版图之内。隋、唐、五代十国大致在今在今中国版图范围。辽在河套东部、雁门至海河以北地区。北宋大致在黄河长江流域中下游地区、北界辽朝，南至岭南，西南界大理，括号内数字为末年，包括今中国版图之内，包括辽、西夏、大理等很多宋统治区以外的地区。金朝南以淮河秦岭为界，西由兰州至横山以南，河套五原以东之内蒙中部以及大兴安岭以东地区。南宋北以淮河、秦岭与金朝分界，其西部边界与北宋南方同，括号内数字为末年，包括今中国版图之内，包括西夏、大理及其他不在金与南宋管辖之内的地区。

④综观中国历史人口增长的数据链，中国人口的发展是沿着一条崎岖不平的道路走过来的，它呈现出上升、下降、再上升、再下降、再上升的波浪起伏缓慢增长的态势，只是到了近代才有所变化。在中国人口发展历史的过程中，大体出现过人口增长的四个高峰期。中国人口增长的第一个高峰在两汉时期，第二个高峰在两宋时期，第三个高峰在清乾、嘉、道时期，第四个高峰期是在中华人民共和国成立后的 50 年。

⑤人均耕地和人均 GDP，均以各自估计的人口数为基数，与前面所列人口分布大致相同，有一定误差。

（续）

年　代	人口数量（万人）	耕地面积（亿亩）	人均耕地数（亩/人）	GDP（亿元，1990 年国际元计算）	人均 GDP(元，1990 年国际元计算)	占世界 GDP 份额（%）	森林覆盖率（%）
东汉（30~157 年）	2253~7200	5.35(105 年)，5.06(146 年)	10.09 10.76				
三国时期（220~263~265 年）	1900~400~2754						
魏晋南北朝（220~589 年）	3800~5000						41~37
其中西晋（280~300 年）	1616~3479						
东晋（376~407 年）	1240~3228						
南朝（464 年）	1740						
北朝（520 年）	3420						
南北朝中期（520 年）	4940						
南北朝末期（581 年）	4530						
隋唐（589~907 年）	5000~8300	2.11					37~33
其中隋朝（581~609 年）	3250~5542						
唐朝（624~907 年）	1537~2500						
五代宋辽金夏（907~1279 年）	3000~13000	4.15（其中 976 年 2.55，1072 年 6.6）	7.96 5.45	247.50（960 年）	450	22.7（1000 年）	33~27
其中五代十国（923~960 年）	800~4598						
辽（1054 年）	1050						
北宋（960~1110 年）	2888~9996（12066）						
金（1141~1207 年）	3280~3625						
南宋（1162~1223 年）	4986~6154						
元（1279~1368 年）	6000~10400			600（1300 年）	600		27~26
明（1368~1644 年）	6500~15000	4.65（其中 139 年 5.22，158 年 7.93）	8.70 3.96	618(1500 年)，960(1600 年)	600 600	25.0（1500 年），29.2（1600 年）	26~21

（续）

年　代	人口数量（万人）	耕地面积（亿亩）	人均耕地数（亩/人）	GDP（亿元，1990年国际元计算）	人均GDP（元，1990年国际元计算）	占世界GDP份额（%）	森林覆盖率（%）
清前期（1644~1840年）	8164~41281	7.13（166年） 9.89（178年） 10.25（181年）	8.59 3.69 3.47	828（1700年），2286（1820年）	600 600	22.3（1700年） 32.9（1820年）	21~17
清后期（1840~1911）	37200~43189	12.02（188年）	2.82	2472（1850年），2181.54（1890年）	600 540	17.2（1870年）	17~15
民国时期（1911~1949年）	37408~54167	13.5	2.95	2414.31（1913年），3034.33（1936年）2886.53（1938年）	552 597 562	8.9（1913年）	15~12.5
中华人民共和国（1949~2010年）	54167~134100	13.2~18.18	2.44（1949年）	2449.85（1950年），61879.83（2003年）	448 4803	4.5（1050年），11.5（1998年）	12.5~20.36

资料来源：森林（及部分人口数据）数据："中国可持续发展林业战略研究"项目组. 中国可持续发展林业战略研究·总论卷［M］. 北京：中国林业出版社，2002. 耕地数据：吴慧. 中国历代粮食亩产研究［M］. 北京：中国农业出版社，1985；赵冈，陈钟毅. 中国土地制度史［M］. 北京：新星出版社，2006. 人口数据：路遇，滕泽之. 中国人口通史［M］. 北京：中国社会科学出版社，2000. GDP：安格斯·麦迪森. 中国经济的长期表现［M］. 上海：上海人民出版社，2008.

1.2.2 各地域森林史①

人类历史时期森林的变迁，除受自然因素作用外，人类活动是主导因素。人类的出现，标志着森林纯自然发展阶段的结束，开始朝着利用与破坏森林的阶段迈进。由于人类的进化，人口的增加，社会经济的不断发展，人类向森林索取越来越多，再加上战争等因素的破坏，导致森林从

①本部分主要参考文献：马忠良，宋朝枢，张清华. 中国森林的变迁［M］. 北京：中国林业出版社，1997.

多到少，从好到坏的演变过程。因此，一部森林变迁史，在一定条件下，可以说是人类与森林的关系史。

专栏 1-1　华北地区森林的变迁

从《孟子》《邢台县志》《尉州志》等书曾描述：华北平原和太行山一带的森林景观是“草木繁茂，禽兽繁殖”，“桃花山遍山皆野桃无异种”，“地幽人迹少，树密鸟声多，绿树绿翠壁，松林撼晨风”，说明史前华北平原和山河大川到处密布着繁茂昌盛的原始大森林。根据各种历史史料考证和推算，史前山西、河北、北京的森林覆盖率约在 60%~70%，内蒙古的森林覆盖率也在 40%以上。

早在七八千年以前，人类步入原始社会后就已经开始定居生活，并且有了原始农业和家禽。但是，那时由于人口稀少，毁林垦荒有限，加之森林的生长量大于消耗量，人类对森林的破坏甚微。到了奴隶社会时期，夏商、西周、春秋时代，人口增加，人们出于生产、生活的需要，毁林开荒、发展农业，华北平原的森林遭到大量毁坏，但丘陵和山区的森林仍然完好。战国时期，封建社会代替了奴隶社会，由于社会生产方式的改变，农业获得进一步发展，一些陶瓷业、冶炼业、制盐业、造纸业等都相继兴起，随之开始兴修水利工程，皇室大造宫殿、庙宇以及诸侯各国长期战争等，使大片森林被毁。到战国后期华北平原的森林已经基本消失，一些丘陵的森林也遭受轻微的破坏。秦始皇统一中国后，不仅大修长城，还动员大量人力、物力大造“阿房宫”，这是中国历史上第一次对森林大规模的破坏，如内蒙古鄂尔多斯高原上的森林和阴山上的森林就是为了修筑长城取材而破坏的。继秦始皇之后，到北齐时又修筑东自幽州夏口（居庸关），北至恒州（大同），长达 450 公里的长城，使长城沿线周围地区数百里的森林被毁。到隋代开始开凿大运河，修御道，建宫殿，继而又三伐高丽，到了唐、宋、辽、金、元时期，华北平原和丘陵地区几乎无原始森林了。到了明清时期，特别是清代，由于人口大增，土地兼并严重，以及大规模的修筑长城，除贺兰山森林在明末已被砍光外，又开始进军大青山、燕山、太行山、鄂尔多斯山、吕梁山等山地，使这些山区原始森林有的变成森林草原，有的变成灌丛。中华民国时期，华北的大小山区森林继续遭到摧残，1937~1945 年日本帝国主义入侵华北期间，大肆烧杀掠夺，致使山区森林尽毁，到中华人民和国成立前，华北仅残留一些天然次生林，森林覆盖率已下降到 5%左右。中华人民共和国成立后，由于重视林业的建设和发展，对华北地区的林业采取了保护政策，并大力营造人工林，使华北森林的复苏有了较大的发展。

专栏 1-2　东北地区森林的变迁

早在 5000 年以前，东北地区布满茂密的原始森林，其森林覆盖率达 90%以上。但是，几千年来，东北森林由于历史的各种原因，特别是沙皇俄国和日本帝国主义从 17 世纪以来对东北的侵略性掠夺，使东北森林遭到最严重的破坏。到 1949 年中华人民共和国成立前，东北森林覆盖率从原来的 90%以上下降至 45%。其大致情况如下：

东北地区人类的活动最早起始于 4 万年前的“榆树人”与 2 万年前的“安图人”，他们生活在长白山、松花山和黑龙江一带广大山区以放牧群猎为主。古代肃慎族早在西周以前就与中原发生了密切联系，使中原文化逐渐传入东北，到西汉时期，肃慎族开始由放牧转向农业，并开始制作麻布和陶器，这是古代人在东北利用森林开垦农田的起始。东北地区的森林，最早受到大量破坏的是靠近中原的辽宁省西部和辽东半岛一带。在公元前3世纪，燕王率兵进入辽东和辽西，大力垦殖农田；汉朝施行移民戍边政策，曾大量移民至东北，主要是辽西和辽东，在辽东为屯田设置四郡，加之战争和逃避天灾而逃亡东北的汉人日渐增多，到汉平帝元始二年（公元2年），已垦耕地1102万亩，此时辽宁省，特别是辽西地区的森林植被已大量破坏，辽西平原地区基本无林可采。到了唐代，肃慎族后裔在今黑龙江省宁安市渤海镇建都成立了渤海国，开始大兴土木修建宫殿，农业也日益发展，同时又兴起造船业，因而毁坏了大量森林，这是长白山一带森林最早的一次破坏。辽天显元年（公元926年），契丹灭渤海国建立辽国，形成了与宋朝对峙局面，双方战争频繁，此时辽宁省除山区外，平原和丘陵地区的森林均已消失，这一历史时期东北森林的覆盖率由原来的90%以上降至80%，从公元1115年女真族建立金国至元朝到明朝初期东北森林没有大量砍伐，森林得以休养生息。但到明朝末年，满族兴起，大举用兵，对东北南部森林又一次较大破坏。16世纪初，清朝定都北京，顺治六年（1649年），颁布移民垦荒政策，一些关内汉人大批迁入东北垦荒。1668年康熙皇帝为维护清王朝统治地位并保护其长白山发祥地，实行“四禁制度”，即禁止采伐森林、禁止农垦、禁止渔猎、禁止采矿，使东北林区得以保护，到清咸丰八年（1858年）这近200年中东北森林获得养息时间，那时东北森林覆盖率仍保持在70%左右。

东北林区开始大量被毁，始于咸丰八年（1858年），沙俄与清政府签订《中俄瑷珲条约》割去黑龙江以北，外兴安岭以南60多万平方公里土地之日起，东北森林的采伐权操纵在沙俄手中，沙俄是东北森林主要掠夺者之一。日俄战争后，日本帝国主义逐渐取代了沙俄在东北的地位，先后成立“鸭绿江采木公司”“大化组合”“三井物产”等机构，大肆对东北森林全面砍伐，到1949年中华人民共和国成立前夕，东北森林覆盖率由19世纪的70%，下降到45%左右。

中华人民共和国成立后，出于重建家园、加速恢复国民经济、加快建设社会主义步伐的需要，对东北的森林资源进一步开发，忽视了对原有森林资源的保护，致使东北林区资源进一步减少。

专栏1-3　华东地区森林的变迁

华东地区各省，由于其地理位置和气候环境的特点，很适宜于植物的生长，故在史前华东地区各省，除江苏省受地貌特点的影响其原始林呈断续的小面积分布以外，其他各省的原始森林均有大面积成片分布。根据历史资料的记载和土样的孢粉分析考证和推算，史前时期，华东的森林资源是十分丰富的，几乎到处生长着繁茂的原始森林。在五千年前的原始社会时期，山东的森林覆盖率约46%，台湾森林覆盖率达80%以上，福建、浙江、江西、安徽4省森林覆盖率约在60%~75%，江苏省森林覆盖率约在30%~40%。

原始社会以后，人类社会活动多在黄河、长江、淮河沿江平原河谷一带。人类为了生活和生存的需要，除垦殖以外，还放火焚林驱兽，使这一带森林最早遭到破坏。到了奴隶社会，各原始部落冲突迭起，相互争战，加之农业的兴起，开始大规模垦殖以及陶器、冶炼、制盐业的发展，均需消耗大量燃料，皆取之于森林，这是原始森林遭到破坏的直接因素，但此时对森林的破坏还是局部的，轻微的。

从公元前 11 世纪起，汉族由奴隶社会进入封建社会，人口逐渐增加，广辟农田，此外，各朝各代战争不断，导致了对森林的大规模的、持续性的破坏。从东周起至秦朝统一六国之前，诸侯兴起，列国并存，战争频繁，山东、安徽、江苏一带成为古代政治、经济交往要冲，属兵家必争之地，这一地区的森林受到了严重的摧残。春秋时期，吴、楚之间在江淮一带争战百余年，致使争战地区的江淮沿岸附近森林摧残殆尽。秦统一六国后，开始在经安徽、江苏到浙江驿道两侧植树。汉朝统一中国后，到汉景帝三年（公元前 154 年），人口大增，垦田 8 亿亩，并大量砍伐森林取材用于大造宫殿，各行手工业兴起所需燃料也均取之于森林。山东史实记载资料得知，到汉代山东平原地区已无森林，全省森林覆盖率到汉末时已降到 13%（原始时为 60%~70%）。隋唐元明这一历史时期，有两个特点：一是由于农业、手工业的进一步发展，华东地区一些丘陵山地原始林面积减少了，但另一方面，某些平原丘陵地区通过人工造林，人工林面积增加了，如在隋朝，除发展用材林、经济林以外，在隋炀帝大业年间，在运河、水渠两岸种植树木，这是我国历史上防护林较早的记录。明初时，江西、福建仍有大量原始森林。明朝天启年间（1621~1627），进入台湾的汉人渐多，森林开始被毁，台湾森林覆盖率由 80%降至 70%。从明末至清代末期，除康熙、乾隆时期对森林的破坏程度较轻以外，总的趋势是森林在不断减少。

辛亥革命成功后的民国时期到 1949 年中华人民共和国成立前这一历史时期，由于经过了北伐战争、土地革命、抗日战争、解放战争等多次战争破坏，华东地区森林又大面积被毁，到 1949 年中华人民共和国成立前夕，华东平原丘陵和低山的原始森林已经消失，远山林区也遭到严重破坏，仅在深山和交通十分不便的山区保存有一定面积的原始森林。到中华人民共和国成立前各省森林覆盖率分别降到：江苏约 26%，浙江约 39%，福建约 48%，江西约 35%，台湾约 55%。1949 年中华人民共和国成立后，积极开展人工造林，主要是在平原地区和丘陵地带和浅山附近，一些省份森林覆盖率开始提高。

专栏 1-4　中南地区森林的变迁

中南地区属亚热带季风气候（河南省北部地区除外），气温高，雨量充沛，适于植物生长。在原始社会以前，中南大地无论高山峻岭或山川平地到处生长着茂密的原始森林，且物种十分丰富。据考证分析，早先时期中南地区的森林覆盖率约在 80%以上，其中海南、广东、广西可达 80%~90%左右，河南森林覆盖率在 63%左右。但是由于中国经过几千年的历史变迁，在人类干预下逐代、逐年的遭到严重的破坏，到 1949 年中华人民共和国成立前夕，中南地区的森林覆盖率已降到 17%左右，较几千年前减少 40%以上。

从原始社会到奴隶社会，人类即开始以森林为主要生活来源和繁衍后代的物质基础，开始以狩猎和采集野果为生，后来在不断地进化中，发明了手工工具，并开始构筑房屋，开垦土地务农，而所需原材料皆取之于森林。人类进入到奴隶时代以后，生产力有了一定的发展，人口也相继的增加，加之一些手工业也不断兴起（冶炼、制陶、烧炭）都需要大量木材，此时森林已受到一定程度的破坏。而首当其冲的是在中原河南一带，河南是春秋时期诸侯争霸的主战场，砍伐和火烧森林经常发生，到春秋末年，河南平原已难见到天然林，与此同时，湖北汉水及长江两岸森林也被大量砍伐利用，使中南一些地区的森林面积开始减少。

封建社会时期，即公元前475~公元1911年这2000多年来，森林被人类不断地开发利用和大量破坏。这2000多年是中南森林迅速减少和消失的最重要的历史时期，只是在某一短期历史阶段，一些统治者一面破坏森林，另一方面又提倡在驿道、某些平原地区和风景区进行植树造林，但总的趋势仍是破坏的多，恢复的少。战国时期（公元前475~公元前221年），汉水及长江中游沿岸的森林多是毁于战火。秦朝统一六国后，实行移民开荒，扩大耕地，加之大兴土木，继而又修建兴安运河，把长江流域和珠江流域用水路联结起来，这就加速了沿江流域森林的消失。汉到东汉（公元前206~公元220年），又进行了多年战争，到东汉时人口增加3倍，又大量以平川丘陵山地为主要垦殖对象，同时又兴起修建大型汉墓，森林破坏较西汉更为严重。汉武帝平定越南后，汉军相继进入两广一带，开始对沿海森林进行采伐利用。自三国到魏晋南北朝时期，河南、湖北、湖南又相继成为古战场，这一带森林均遭破坏。到唐、宋、元、明、清时期(618~1911年)，中南天然林已大为减少，平原地区已基本没有原始森林，其中破坏最重地区是河南、湖北和湖南，而广东和广西由于社会经济尚不发达，刚刚进入开发阶段，破坏较轻，但随着宋朝经济的发展，广东、广西和海南的开发速度也在加快。到宋末，交通方便和人口集中地区森林减少最多。蒙古族兴起后，战火已遍布中南大地，而到了明朝又大造宫殿，中南森林面积明显减少。清朝以后，人口又增长了1倍多，同时手工业、造船业、造纸业等有了较大的发展，对中南森林采取掠夺式采伐，清朝后期，帝国主义入侵中国，对森林破坏更加严重，到清朝末年，中南除深山和偏远地区有原始林外，其余皆为荒山秃岭。

民国时期，因军阀连年混战，加之日本帝国主义侵华战争的破坏，使中南森林又一次受到严重破坏，直到1949年前，广西森林覆盖率从公元前2700年的91%到1935年降到40%，中华人民共和国成立前夕又降到8.5%，广东降到8.1%,. 海南降到26%，湖南降到22%，湖北降到27%，河南降3%。

中华人民共和国成立后，我国政府加强了林业管理，大力提倡造林和保护原有森林，经几十年努力，一些省份森林面积开始复苏。

专栏1-5 西南地区森林的变迁

西南地区（西藏大部地区除外）属于亚热带地区，气候温暖湿润，雨量充足，适宜植物生长。但西南地区全境多是高山高原地带，有其独特的地质地貌。据考证和推算，西南地区在历史时期，大部地区都生长着茂密的原始森林，在公元前4000年左右，四川、云南的森林覆盖率约在80%以上，贵州约在45%~50%，而西藏地区的原始森林面积较少，只在西藏东南部的喜马拉雅山脉、横断山脉和念青唐古拉山脉的湿润坡地和山谷中生长着成的原始森林。

西南森林的变迁，也和其他地区森林变迁一样，从古代到近代，由于人类社会的进步，工农业生产水平的逐渐提高，人口的大量增长，加上历代、历朝战火不断 以及帝国主义在中国的侵略和掠夺，使西南森林面积在不断地减少和消失。

从原始社会开始，到奴隶社会末期。四川的森林虽有人类的开发利用，但破坏轻微，而且由于其自然环境好，破坏后很快又恢复，所以到春秋战国时期四川森林覆盖率仍保持在 80%左右，其他三省也未遭受大的破坏。

但自秦朝以后，西南森林逐渐遭到严重破坏，秦朝初期，秦将司马错率十万大军灭巴蜀，造战船万艘，对四川森林是一次大的破坏。秦汉时期工农业都较发达，人口又大量增加，到西汉四川人口增至 300 万，垦田 2000 万亩，秦始皇修建“阿房宫”的木材就是由四川砍伐后运到陕西咸阳的。汉代以后，鼓励汉族入黔开荒务农，垦殖多集中于贵州的丘陵河谷盆地，此时贵州森林开始大面积被毁。唐、宋、元、明、清时期，西南森林面积加速缩小。其一，人口快速增长，到明洪武年间，四川人口已达千万，到清朝时西南地区人口已达 8000 万，这必然要大量毁林开荒，使大面积森林变为农田，到清末，西南平原以及一些丘陵地带基本无林；其二，工业兴起，并获得较快发展，这需要采伐大量森林作为能源，同时。8000 万人口的烧材也取之于森林；其三，历代王朝均不断发动战争，清朝乾隆两次出兵大小金川，致使当地森林在战火中尽毁。据考证，到清朝末年四川森林覆盖率降为 40%（原始林为 12%，次生林为 28%）。

中华民国时期（1911~1949 年）森林破坏更加严重，其表现是，不仅盆地周围河谷两岸、低山丘陵及部分山区森林快速消失，而且远山、深山的原始林也遭到大量采伐。据统计，四川森林覆盖率由清末的 40%，到 20 世纪 30 年代下降至 34%，而到 1949 年又降到 20%；云南森林覆盖率由民国初期的 52%，到 1949 年降到 40%；贵州民国初森林覆盖率为 21%，到 1949 年前降为 9%；西藏地区 1949 年时森林覆盖率在 5.1%左右。

1949 年中华人民共和国成立以后，开展了大规模造林活动和采取一系列保护原有森林的措施，西南林业有较大发展。

专栏 1-6　西北地区森林的变迁

西北地区是我国六大地区中森林面积最少的。森林覆盖率仅为 5%左右，然而在历史早期，原始社会以前西北各地若干区域却生长着茂密的森林，根据现存的历史资料考证和分析，在史前西北地区森林覆盖率约在 20%左右。其分布情况大致如下：

陕西高原南部，铜川、洛川地区，关中平原，长城沿线，萨拉乌苏地区以及秦岭山脉和其附近谷地，河川沿岸，其森林覆盖率约在 40%~45%。

甘肃省从地势上由东向西北可划分为森林、草原和荒漠 3 个地带。其森林地带集中分布在甘肃东南部，即今庆阳、会宁、清水、徽县、甘谷、天水、礼县、西和、漳县、康县、临泽、秦安、宁县等广大地区，即在渭河上游、西秦岭山地，洮河中上游，白龙江上游和下游，西汉水水域以及燕子河流域，属山地森林的则分布在子午岭、六盘山、陇山、祁连山东部余脉和大夏河两岸。另外，在太白梁、景山、回中山、笔峰山、大流山、山洞山、良原、五龙山等也有成片森林，即使是在荒漠地带的连城、古城、朱岔、东西大河、童子坝河、洪水河以及张掖一带也有零星分布。据此推算，历史初期甘肃省森林面积约占全省 1/3 左右（即 30%左右）。

青海境内的森林在历史早期，主要分布在与甘肃接壤的祁连山区，青川边界以及从玉树到果洛的南境，其森林面积约占全省面积的 20%~25%。

宁夏的森林集中在六盘山南侧，西华山及其两翼的阴湿半阴湿区域，基本为高大针叶林所覆盖；西海固半干旱黄土区是中矮阔叶林、灌丛和草原相间分布；盐池、同心、六盘山和银川平原悉为干旱荒漠草原，稀树、灌丛错落其中，但高山之上有大片灌丛，中矮针阔叶以及高大云杉、油松林。据此推算在2700年前，宁夏原始林总面积约占全自治区的29%。

新疆的森林主要集中在天山山区，天山的林业用地面积占全疆山区林业用地面积的62.5%，森林植被以针叶树为主。其次是阿尔泰山、准噶尔西部山区、南疆莎车南部山区和昆仑山等地均有成片原始林分布。此外，从乌鲁木齐—精河三台、乌鲁木齐—吉昌，吉昌—绥来（今玛纳斯），绥来—乌苏，乌苏—精河三台，吐鲁番—巴楚一带平原地区历史上均有成片森林。除此以外，新疆其他若干地区还有面积大小不等的胡杨林。史前期，新疆森林覆盖率约为10%~15%。

西北地区森林的变迁，是一部农区不断扩大，农业人口不断增长的历史，其破坏程度，愈是近代，破坏愈快、愈彻底。西北地区森林受害最早的是陕西省，从原始社会开始，人类即首先在关中平原开垦土地。因而，关中森林屡遭破坏。青海省那时仍是戎、狄、匈奴等少数民族的游牧场所，森林基本没有破坏。秦统一六国后，大量人口进入关中，垦殖面积不断增大，同时秦始皇又大兴土木，关中南北二山森林开始第一次遭受大量砍伐。西汉王朝时期，也积极实行屯边政策，多次向边疆移民垦荒，扩大农田，其开垦范围从黄土高原、河西走廊、黄河河套、青海湟水流域一直扩展至甘肃中部地区，包括山区森林也在砍伐之列。与此同时，西汉又开发引黄灌区工程，涉及宁夏和内蒙古的贺兰山林区。这是西北地区森林第一次大规模的破坏。

西北森林第二次大破坏起始唐宋时代。唐建国后，为恢复经济，不仅继续开垦土地，还在陇西、天水、兰州 等地建立军马场。安史之乱后，军队也毁林开荒，面积达三四百万亩。到宋代砍伐森林的范围除陕西外，又扩展到宁夏的贺兰山、六盘山、甘肃的洮河、陇南山地。到明末清初时期，西北浅山区已无巨木可采。清朝入关后，经几十年休养生息之后，经济繁荣，人口大增，从康熙三十六年（公元1697年）起至清朝末年，是西北森林第三次大破坏阶段。康熙时准许汉人过长城垦种，长城以外草滩地区开垦规模甚大，使该地方很快变成碱滩。到乾隆帝以后，黄土高原的关山、黄龙山、桥山原始林已消失，仅残存小面积次生林。同治三年（1864年）沙皇俄国通过《中俄勘分西北界约记》，割占中国44万多平方公里土地，其中包括天山山脉西部大面积森林。新疆开发晚，是从清代开始开发利用森林的，直到19世纪末，天山北坡东部巴里坤松树唐一带仍是原始森林状态。新疆的平原森林是从1884年开始遭到破坏的。民国时期，盛世才统治新疆，首先砍光乌鲁木齐一带森林，继而开采伊犁等地森林，到1949年中华人民共和国成立前夕，新疆森林所剩无几。清末时新疆森林覆盖率约在2%，到1949年中华人民共和国成立前降至1.7%；宁夏森林覆盖率由原来的29%降至1.79%。

总之，中国的开发历史越接近现代，人类活动的规模和强度就越大，呈现出某种非线性增长的趋势，它对于本来脆弱的生态环境带来了附加的压力。在原始社会（公元前2000年），中国森林覆盖率高达64%，到清代开始时（1644年），森林覆盖率下降到21%左右，但经过300年后的1949年，森林覆盖率已下降到8.6%。

中华人民共和国成立后，在党中央和国务院领导下，经过全国人民几十年的艰苦奋斗，森林资源逐渐恢复。

1.3　中华人民共和国成立后①

中华人民共和国成立 60 年来，特别是改革开放以来，中国林业发展取得了举世瞩目的成就，森林资源明显增长。第八次全国森林资源清查（2009~2013）结果显示②：全国林地总面积 3.10 亿公顷，活立木总蓄积 164.33 亿立方米，全国森林面积 2.08 亿公顷，森林覆盖率 21.63%，森林蓄积 151.37 亿立方米。与全面森林盈余开始的第五次清查期（1994~1998 年）相比，森林面积增加 4906 万公顷，森林蓄积增加 38 亿立方米，人均森林面积增加 0.023 公顷，人均森林蓄积增加 1.8 立方米；与改革开放之初（1977~1981 年）相比，森林覆盖率已从 12% 提高到 21.63%，提高了 9.6 个百分点，森林蓄积量由 90.28 亿立方米增长到 151.37 亿立方米，增加 61.09 亿立方米，增长了大约 68%；与中华人民共和国成立之初相比，全国人口增长了近 2.45 倍，经济总量增长了近 52 倍（按现价计算），森林覆盖率提高了大约 7.86 个百分点，森林面积增长了大约 62.87%，森林蓄积量增加了大约 27%，如表 1-2。

表 1-2　历次全国森林资源清查状况

时　期	森林面积（万公顷）	人均森林面积（公顷）	森林蓄积量（万立方米）	人均森林蓄积（立方米）	森林覆盖率（%）
中华人民共和国初期	12000.00	0.221	1080000.00	19.9	12.5
20 世纪 60 年代初	11335.56	0.184	1081100.00	16.3	11.81
第 1 次全国森林资源清查（1973~1976）	12186.00	0.130	865579.00	9.3	12.7
第 2 次全国森林资源清查（1977~1981）	11527.74	0.120	902795.33	9.1	12
第 3 次全国森林资源清查（1984~1988）	12465.28	0.115	914107.64	8.4	12.98
第 4 次全国森林资源清查（1989~1993）	13370.35	0.114	1013700.00	8.6	13.92
第 5 次全国森林资源清查（1994~1998）	15894.09	0.128	1126659.14	9.1	16.55
第 6 次全国森林资源清查（1999~2003）	17490.92	0.132	1245584.58	9.4	18.21

①本部分主要参考文献：林业部《中国森林》编纂委员会. 中国森林［M］. 北京：中国林业出版社，1997；雷加富. 中国森林资源［M］. 北京：中国林业出版社，2005；中国可持续发展林业战略研究项目组. 中国可持续发展林业战略研究·总论卷［M］. 北京：中国林业出版社，2002；肖兴威. 中国森林资源清查［M］. 北京：中国林业出版社，2005；李文华，李飞. 中国森林资源研究［M］. 北京：中国林业出版社，1996；林业部资源和林政管理司. 当代中国森林资源概况（1949~1993）. 1997；国家林业局. 中国森林资源报告：第七次全国森林资源清查［M］. 北京：中国林业出版社，2009；国家林业局. 中国森林资源报告（2009~2013）［M］. 北京：中国林业出版社，2014.

②文中有关森林直接数据，除特殊说明外，均来自“第八次全国森林资源清查结果新闻发布会”和国家林业局网站。

（续）

时　期	森林面积（万公顷）	人均森林面积（公顷）	森林蓄积量（万立方米）	人均森林蓄积（立方米）	森林覆盖率（%）
第7次全国森林资源清查（2004~2008）	19545.22	0.145	1372080.36	10.2	20.36
第8次全国森林资源清查（2009~2013）	20800.00	0.151	1513729.72	10.9	21.63

资料来源：中华人民共和国成立初期和60年代数据，由林业部资源和林政管理司《当代中国森林资源概况（1949~1963）》和中国统计出版社《中国六十年统计资料汇编》计算整理而得；第1~8次森林清查森林面积、森林蓄积、森林覆盖率数据来自国家林业局《中国森林资源清查报告——第八次全国森林资源清查》；人均森林蓄积参考历次森林清查报告（将历年有林地面积、蓄积近似为森林面积、蓄积，本表中其他数据也做此近似处理，暂不考虑各次森林清查期间技术规程的变化）。

中华人民共和国成立初期：我国森林面积1.2亿公顷，人均森林面积0.221公顷，活立木总蓄积116亿立方米，森林蓄积108亿立方米，人均森林蓄积19.9立方米，森林覆盖率12.5%。① 60年代初：我国有林地面积11335.06万公顷。其中林分面积占91.16%，经济林面积占6.58%，竹林面积占2.26%；活立木总蓄积110.24亿立方米。其中林分蓄积占92.67%，全国森林覆盖率为11.81%。② 在所调查的森林资源中，原始林区森林面积比重小，蓄积量比重大，次生林区则森林面积比重大，蓄积量比重小。有林地面积，原始林区占44.5%，次生林区占45.4%，非林区占10.1%；有林地蓄积，原始林区占76.1%，次生林区占22.6%，非林区占1.3%；幼、中、近、成过熟林面积比重大致为3∶2∶1∶4；蓄积比重为1∶1∶1∶7，幼龄林面积大于近、成过熟林面积，蓄积则是近成过熟林大于幼、中龄林。③ 从针叶树阔叶树优势林分蓄积看，针叶林蓄积占林分蓄积的62.5%，阔叶林蓄积占33.9%，其他还有未分树种的蓄积（如台湾省等）不足4%；清查期间每年约消耗森林面积176万公顷，年均增长森林面积近90万公顷，消长相抵，每年消耗面积大于增长面积。森林蓄积年生长量12600万立方米，年均消耗量8800万立方米，消长相

①中华人民共和国成立初期（1949年）全国的森林资源数据，是分析和研究中华人民共和国成立以来，中国森林资源发展与变化的基点。1949年新中国成立时，全国究竟有多少森林资源，一直是大家比较关心，而又未能得到圆满解决的问题。从1950年5月原林垦部组织了甘肃姚河林区开始，50年代陆续在小兴安岭，西南、西北部分林区，东北、内蒙古部分林区开展了调查，由于我国森林资源调查是根据当时的需要，逐年分片进行的，各地调查方法多样，调查质量不一，调查涉及的范围也不完整，又限于当时统计计算手段较差，所以也无法提出全国森林资源数。林业部于80年代中期，组织全国各省（自治区、直辖市）林业部门，开展了“森林资源前期整理分析”工作，对1949年时的森林资源状况进行分析研究和论证工作。并测算出森林面积、蓄积和森林覆盖率三项主要指标，其成果由林业主管部门组织专家审议后上报林业部，林业部据此进行了全国统计汇总。有林地包括郁闭度0.3以上的防护林、用材林、薪炭林和特种用途林，以及经济林和竹林。

②20世纪60年代初期全国森林资源整理核定工作，是在各省（自治区、直辖市）全范围内进行的，其数据是以各省（自治区、直辖市）1950~1962年期间调查统计资料为基础，经复原、整理、分析、核定的结果，是对原调查统计成果的补充和调整。这期间，进行的森林资源调查总面积为295万平方公里，约占全国土地总面积的30.7%。

③其分布特点为：近成过熟林主要分布在东北、内蒙古东部，西南和西北高山林区；幼、中龄林主要分布在华北、华东和中南地区。

抵，每年生长量大于消耗量。

专栏 1-7 第一次全国森林资源清查（1973~1976 年）①

全国林业用地面积 25760 万公顷，占国土总面积 26.8%，在林业用地中，有林地面积占 47.4%，在有林地面积中，林分面积占 90.4%；全国活立木总蓄积 95.32 亿立方米，其中有林地蓄积 865579 万立方米，占 90.8%；林分面积 10501 万公顷，林分蓄积 764705 万立方米，在林分面积中，用材林面积占 88.4%，防护林面积占 7.5%，薪炭林面积占 3.5%，特用林面积占 0.6%。在林分蓄积中，用材林蓄积占 88.0%，防护林蓄积占 10.5%，薪炭林蓄积占 0.6%，特用林蓄积占 0.9%；在林分资源中，幼、中、过熟林面积比重大致为 4∶3∶3（所占比例 40.2%，27.1%，30.6%），蓄积比重为 1∶3∶6（所占比例 7.4%，25.2%，65.0%）；

人工林面积 2369 万公顷，占全国有林地面积 19.4%,，其中人工林林分面积 1781 万公顷，占全国林分面积 16.2%，林分蓄积为 16437 万立方米，仅占全国林分蓄积的 1.9%；全国有林地年生长量为 19317 万立方米，年生长率为 2.66%，林木蓄积年消耗量为 19653 万立方米，年消耗率 2.31%，其中计划内占 31%，计划外消耗占 69%，用作燃料的烧柴年消耗约占计划外消耗量的一半，占全国总消耗量的 33.2%，高于计划内消耗量。

全国各省（自治区、直辖市）年消耗水平极不均衡，其中大都集中在东北、西南和南方十个主要木材生产较集中省份，这十个省份年总消耗量占全国年总消耗量的 82.3%；总体而言，森林资源的特点表现为：森林资源少，分布不均；林地利用率小，单位面积蓄积量低；用材林成过熟林蓄积比重大；人工林面积大，但蓄积量低；与 60 年代森林资源清查结果相比，森林资源总体上呈现面积有所增加，有林地面积增加 851 万公顷，净增率为 7.5%，森林覆盖率回升，蓄积有所下降的变化趋势，活立木总蓄积减少 15 亿立方米。② 人工林资源有较大幅度增加，其面积已占世界人工面积的近 1/5，从当时大多数木材生产重点省森林面积减少的情况分析，全国天然林面积趋于下降。③

---

①根据原农林部“农林（林）字第 3 号”（1973）文件关于“在第四个五年计划期间内，准确查清我国森林资源状况，为制定林业方针、政策和各种计划、规划提供依据”的要求，于 1973~1976 年，在全国范围（不包括台湾），在比较统一的时间内，第一次组织开展了一次较全面森林资源清查，即第一次全国森林资源清查。本次清查主要是侧重于查清全国森林资源现状，由于时值国家经济建设第四个五年计划期，故一般称这次资源清查为“四五”清查。

②由于 70 年代中期调查有遗漏部分，测树用表有差异，调查、统计方法不一致以及部分地区人为干预等原因，致使活立木总蓄积统计数偏低约 8 亿立方米左右，同时由于西藏自治区调查方法及其他原因偏低了 3 亿~5 亿立方米，综合以上因素，70 年代中期全国活立木总蓄积实际应超过 105 亿立方米，或接近 110 亿立方米。

③70 年代中期全国森林资源清查与 60 年代初期全国森林资源统计汇总成果，两次资源清查的调查方法、调查范围、技术要求、测树数表等均不一致，尤其是 60 年代森林资源是各省份经整理分析、补充并核定的数据。两次统计结果缺乏连续性和可比性，因此，其成果不能作直接的、科学的比较。现仅能根据两次统计数据，对这期间森林资源变化情况，做简略的趋势性分析，以供参考。

专栏1-8 第二次全国森林资源清查（1977~1981年）①

全国林业用地面积26713.02万公顷，其中有林地面积11527.74万公顷，占43.2%；活立木总蓄积量102.61亿立方米，其中有林地蓄积量90.28亿立方米；森林覆盖率为12.0%。经过进一步细化调整，全国除台湾省和西藏自治区控制线外，森林资源状况如下：林业用地面积26101.57万公顷，其中有林地面积1101 0.17万公顷，占42.2%；活立木总蓄积量为92.11亿立方米，其中有林地蓄积量79.78亿立方米，占86.6%；有林地资源中，防护林面积占的9.1%，蓄积量占11.1%；用材林面积占73.2%，蓄积量占86.9%；薪炭林面积占3.4%，蓄积量占0.9%；特用林面积占1.2%，蓄积量占1.8%；经济林面积占10.2%；竹林面积占2.9%；森林资源林龄结构：幼龄林面积占35.05%，蓄积量占8.8%；中龄林面积占36.2%，蓄积量占33.7%；成过熟林面积占28.7%，蓄积量占57.5%；针、阔叶林比重：针叶林面积占52.9%，蓄积量占57.5%；阔叶林面积占47.1%，蓄积量占42.5%；人工林总面积2781.15万公顷。② 总体而言，森林资源的特点表现为：森林资源少、覆盖率低，扩大森林资源有较大潜力；森林资源地理分布极不均衡，东南部多，西北部少；森林资源结构不够合理；林地生产力低，残次林相比重大；用材林可采资源比重小；“五五”清查期间，全国森林资源年总消耗量是大于总生长量，③ 全国活立木年总生长量为27532万立方米，林分生长率为2.88%，消耗量约29410万立方米，资源消耗率为3.19%，其中计划内（统配材）消耗资源约占总消耗量的23%，计划外占77%，在计划外消耗中，燃料（包括民用烧柴）消耗资源占总消耗量的30%。与“四五”清查相比,，森林面积趋于减少，森林覆盖率下降；林木总蓄积量基本持平，部分地区减少；用材林资源减少，可采资源前景严峻；森林质量下降，包括林龄结构比例失调，用材材林成过熟林比重下降，中龄林比重增加，针叶林比重下降，主要用材树种资源减少，林木的大径木比重下降，小径木比重增长，残次林、稀疏林面积增长。

专栏1-9 第三次全国森林资源清查（1984~1988年）

全国林业用地面积26742.89万公顷，有林地面积12465.28万公顷，占46.61%；森林覆盖率为12.98%；活立木总蓄积105.72亿立方米，其中森林蓄积91.41亿立方米，占86.46%。除台湾省及西藏自治区控制线外，林业用地面积26131.44万公顷，其中有林地面积11947.71万公

---

①为了进一步掌握全国森林资源的动态变化，1977年原农林部在江西省组织了全国森林资源连续清查试点工作，随后于1978年开始，先后在全国各省、自治区、直辖市建立了以省、自治区、直辖市为总体的森林资源连续清查体系。全国共设置了十几万个调查样地，其中固定样地14万余个，全部清查工作于1981年结束，此次清查系第二次全国森林资源清查，又简称“五五”清查。

②沿用上次清查惯例，包括西藏自治区和台湾省森林资源数据，由于台湾省森林资源统计内容及格式和祖国大陆不一致，以及西藏自治区实际控制线外的森林资源统计仅有宏观数据，缺少分析统计资料，为了便于进行森林资源消长变化分析，因此，对全国除台湾省和西藏自治区控制线外部分的森林资源状况另行进行了统计。

③森林资源消耗量的调查，是采用局部调查和典型材料综合分析推算，其结果仅供参考。

顷，占林业用地面积的45.72%，在有林地面积中，林分面积10218.70万公顷，占有林地面积85.53%；活立木总蓄积95.22亿立方米，其中森林蓄积80.91亿立方米，占84.97%；按林种划分：用材林面积占67.02%；蓄积占76.29%。防护林面积占12.18%，蓄积占17.30%。薪炭林面积占3.72%，蓄积占0.81%；特用林面积占2.61%，蓄积占5.60%。按各龄组划分：林分面积10218.70万公顷，蓄积80.91亿立方米，其中幼龄林面积占38.73%；蓄积占12.71%；中龄林面积占31.89%，蓄积占28.88%；近熟林面积占8.93%，蓄积占12.20%；成熟林面积占14.95%，蓄积占30.83%；过熟林面积占5.50%，蓄积占15.38%；按针叶、阔叶林划分：针叶林面积占49.27%，蓄积占54.28%；阔叶林面积占50.73%，蓄积占45.72%。人工林林分面积1874.27万公顷，占全国林分面积18.34%，人工林林分蓄积52984.90万立方米，占全国林分蓄积6.55%。全国林业用地每公顷平均蓄积量为36.44立方米，林分每公顷平均蓄积量为79.18立方米。清查期间，全国林木年平均总生长量为36497万立方米，年平均总生长率为3.90%，全国林木年平均枯损量为3551万立方米，年平均枯损率为0.38%，全国林木年平均净生长量为32946万立方米，年平均净生长率为3.52%。全国林木年平均消耗量（不含枯损量）为34483万立方米，年平均消耗率为3.68%。① 总体而言，森林资源的特点表现为：单位面积林木蓄积量较低，用材林林木的径级分布偏小，出材等级不高等方面。此外，我国人工林质量较差，特别是在80年代以前，成活率低、成林率少、生长量不高。与上次清查相比：两次清查间隔期内，全国有林地面积共增加385.95万公顷，年均增长44.50万公顷，年均净增率0.39 %。如果按前后两次调查相同范围（包括台湾省及西藏自治区控制线外）计算，则森林覆盖率提高了0.40%。用材林面积减少，间隔期内共减少284.72万公顷，年均减少34.92万公顷，年均净减率为0.42%，各类型省区的用材林成过熟林面积都在锐减。无林地面积逐渐减少，全国人工林面积有明显增长，间隔期内共净增加1048.78万公顷，年均净增率4.75%。全国活立木总蓄积量继续锐减，间隔期内共减少15299万立方米，净减率1.60%，林分蓄积以年均0.49%的净减速度在下降。全国所有类型省区的用材林资源都在锐减，尤其是用材林成过熟林的蓄积锐减更快。

专栏1-10 第四次全国森林资源清查（1989~1993年）

全国林业用地面积26288.85万公顷，森林面积13370.35万公顷，占50.59%，活立木总蓄积量117.85亿立方米，森林蓄积量101.37亿立方米，森林覆盖率13.92%。不包括台湾及西藏控制线外的全国林业用地面积25677.40万公顷，其中有林地面积12852.78万公顷，占林业用地面积的50.06%；在有林地中林分面积10863.82万公顷，占有林地面积的84.52%；活立木总蓄

①根据林业部1984~1988年组织进行的各省（自治区、直辖市）森林资源清查，考虑到这次未对西藏自治区作清查，以及台湾省林务局1977年森林资源统计资料的内容和格式与大陆其他省（自治区、直辖市）不完全一致，为便于统计和使用，在汇总全国森林资源清查成果时，西藏自治区仍沿用上次清查的数据；台湾省森林资源数据，仍沿用1977年公布的资料；并分别全国范围和全国除台湾省及西藏自治区控制线外两部分的森林资源进行统计和分析。人工林标准由“人工林是指人工造林（南方3年、北方5年）以后，或飞播（南方5年、北方7年）以后，凡生长稳定，每亩成活保存株数不低于合理造林株数70%，或郁闭度达0. 4以上的人工起源林分。”改为“人工林是指凡生长稳定（一般造林3~5年后或飞机播种5~7年后）每亩成活保存株数大于或等于合理造林株数85%或郁闭度0. 3以上的人工起源的林分”。

积量 107.36 亿立方米，其中森林蓄积 908716.71 万立方米，占活立木总蓄积量的 84.64%；林分面积为 10863.82 万公顷，蓄积 908716.71 万立方米。按林种划分：用材林面积占 78.18%，蓄积占 74.20%。防护林面积占 14.79%，蓄积量占 19.57%。薪炭林占 3.95%，蓄积量占 0.76%。特用林面积占 3.08%，蓄积占 5.47%。按龄组划分：幼龄林面积占 38.05%；蓄积占 1.26%；中龄林占 33.26%，蓄积占 29，28%；近熟林面积占 10.18%，蓄积占 3.44%；成熟林面积占 11.68%，蓄积占 24.25%；过熟林面积占 6.83%，蓄积占 21.77%。全国天然林林面积占林分总面积的 80.3%，天然林分蓄积占林分总蓄积的 92.2%，天然林平均单位蓄积量 96 立方米。人工林林分面积占全国林分的 19.67%，人工林林分蓄积占林分总蓄积的 7.84%。全国活立木总蓄积年均总生长量 47503.78 万立方米，总生长率 4.51%，年均总消耗量 37583.80 万立方米，总消耗率 3.57%，长期消大于长的局面得到控制。① 总体而言，森林资源的特点表现为：人均资源占有量少，且分布不均；结构不尽合理，多资源利用程度低；林地利用率低、森林质量较差；人工林和宜林地多，扩大森林资源潜力较大。与上期相比：有林地面积净增 802.69 万公顷，增长率为 6.66%，人工林面积增加 277.54 万公顷，增长率为 3.96%。森林蓄积量增加 31458.63 万立方米，增长率为 3.59%，其中以南方集体林十省（自治区）的增长速度最快，达 8.99%。林分单位面积蓄积量由 75.84 立方米减少到 75.05 立方米，用材林由 72.59 立方米下降到 71.26 立方米。林分平均郁闭度两次清查结果均为 0.60。用材林成过熟林资源持续减少，面积比重由上次清查的 15.29%下降到 13.59%，蓄积比重由 34.34%下降到 33.40%。

专栏 1-11　第五次全国森林资源清查（1994~1998 年）

全国林业用地面积为 26329.5 万公顷，森林面积 15894 万公顷，活立木蓄积量 124.88 亿立方米，森林蓄积量 112.67 亿立方米。②③ 森林资源的特点表现为：绝对量大，相对量小，森林资源分布不平衡，东部地区高于西部地区，南方高于北方。林地被改变用途或征占用现象依然严重，且数量巨大。林木蓄积消耗量呈上升趋势，超限额采伐问题十分严重。与上次清查相比：我国森林面积净增 2523.74 万公顷，森林覆盖率由前期的 15.12%（按原森林郁闭度标准是 13.92%）增加到 16.55%，净增了 1.43 个百分点；人工林面积净增 1025.2 万公顷，年均净值 205 万公顷；天然林面积净增 345.08 万公顷，年均净增 68.34 万公顷。全国活立木总蓄积量净增 7.03 亿立方米，森林蓄积量净增 11.3 亿立方米，用材林蓄积净增 2.4 亿立方米，继续保持增长势头。两次清查间隔期内，林木年均净生长量为 45752.5 万立方米，年均净消耗量为 37075.2 万立方米，林木蓄积生长量继续大于消耗量。

专栏 1-12　第六次全国森林资源清查（1999~2003 年）

全国森林面积 17490.92 万公顷，森林覆盖率 18.21%，活立木总蓄积 136.18 亿立方米，森

①台湾省和西藏自治区控制线外的森林资源主要数据，仍沿用了上期全国森林资源统计资料。为了便于统计分析，对不包括台湾省和西藏自治区控制线外部分进行了分类讨论。

②在全国森林资源统计汇总分析中，新疆、甘肃、青海、四川等省（自治区、直辖市）样地未覆盖的少林地区的森林资源数据采用了统计数据。西藏我国实际控制线内部分采用数学模型更新数据，实际控制线外部分仍沿用 1977 年公布的数据；台湾省采用 1993 年完成的台湾第三次森林资源及土地利用调查数据；香港特别行政区和澳门特别行政区数据暂缺。

③技术标准变化主要有：森林郁闭度标准由郁闭度 0.3（不含 0.3）改为 0.20 以上（含 0.20）；按保存株数判定为人工林的标准，由每公顷保存株数大于或等于造林设计株数的 85%改为 80%；灌木林地的覆盖度标准由大于 40%改为大于 30%（含 30%）。

林蓄积 124.56 亿立方米。① 若不包括香港特别行政区、澳门特别行政区和台湾省，全国林业用地面积 28280.34 万公顷，其中有林地面积 16901.93 万公顷，占林业用地面积 59.77%，森林面积 17278.70 万公顷，其中有林地面积 16901.93，有林地中林分面积 14278.67 万公顷；全国活立木总蓄积为 132.59 亿立方米，其中森林蓄积 l20.98 亿立方米，占活立木总蓄积量的 91.24%；林分按林种分，防护林与特用林的面积蓄积合计分别占林分面积、蓄积的 42.81%和 53.97%；用材林面积分别占林分面积、蓄积的 55.07%和 45.57%；薪炭林面积、蓄积分别占林分面积、蓄积的 2.12%和 0.46%；林分按龄组划分，幼龄林面积占 33.08%，蓄积占 11.73%；中龄林面积占 34.76%，蓄积占 31.30%；近熟林面积占 13.99%，蓄积占 20.52%；成熟林面积占 12.03%，蓄积占 27.57%；过熟林面积占 6.14%，蓄积占 19.41%。林分针叶林、阔叶林、针阔混交林的面积比为 47∶50∶3。林分单位面积年均生长量为 3.55 立方米/公顷，平均郁闭度 0.54，平均胸径 13.8 厘米。林分单位面积蓄积量为 84.73 立方米/公顷，其中天然林分 95.87 立方米/公顷，人工林分 46.59 立方米/公顷。天然林面积 11576.20 万公顷，占有林地面积的 68.49%。天然林蓄积 105.93 亿立方米，占森林蓄积的 87.56%。人工林面积 5325.73 万公顷，占有林地面积的 31.51%，蓄积占森林蓄积的 12.44%。总体而言，森林资源的特点表现为：森林资源绝对量大，但森林覆盖率低，人均占有量小；森林类型多样，树种资源丰富，但地域分布不均衡；森林质量有所提高，但总体上质量仍然偏低；林种结构有较大的改善，但林龄结构低龄化，可利用资源不足；人工林面积大，但经营水平不高，树种结构单一的现象十分普遍。与上次清查相比：森林面积增加 1596.83 万公顷，森林覆盖率由上次清查的 16.55%增加到本次的 18.21%，增长了 1.66 个百分点；森林蓄积稳步增加，全国森林蓄积比上次清查净增 8.89 亿立方米，特别是人工林蓄积增长明显加快，净增 4.90 亿立方米，占森林蓄积净增量的 55%。森林生产力逐步提高，林分每公顷蓄积量由降转升，同比增加了 2.59 立方米，达 84.73 立方米/公顷，林分单位面积年均生长量增加，达 3.55 立方米/公顷；林分郁闭度 0.2~0.4 的面积比例下降 1.61 个百分点，郁闭度 0.6 以上的面积比例提高 2.67 个百分点；林龄结构有所改善，幼龄林面积比例下降了 3.19 个百分点，中龄林和近熟林提高了 2.99 个百分点；，树种结构趋向多样化，阔叶林和针阔混交林面积比例增加了 3 个百分点。防护林和特用林面积大幅增加，防护林和特用林面积比例已由上次清查的 20%增加到本次清查的 41%，上升了 21 个百分点。

专栏 1-13　第七次全国森林资源清查（2004~2008 年）

全国森林面积 19545.22 万公顷，森林覆盖率 20.36%。活立木总蓄积 149.13 亿立方米，森

---

①本次清查全国汇总结果中，台湾省采用了《第三次台湾森林资源及土地利用调查（1993）》中的数据，香港特别行政区采用了《香港 2003 年统计年鉴》和《陆上栖息地保护价值评级及地图制作（2003）》中的数据，澳门特别行政区采用了《澳门 2002 年统计年鉴》中的数据。清查范围覆盖了全国除台湾省、香港和澳门特别行政区外 31 个省（自治区、直辖市）。本次清查面积 956.70 万平方公里，是上次清查面积的 1.66 倍，对前几次清查未覆盖区域全部布设了样地。

林蓄积137.21亿立方米。① 若不包括香港特别行政区、澳门特别行政区和台湾省，全国林地面积30378.19万公顷，其中：有林地18138.09万公顷，有林地面积中，乔木林15558.99万公顷，占85.78%；全国活立木总蓄积145.54亿立方米。其中，森林蓄积133.63亿立方米，占91.81%。有林地面积18138.09万公顷，公益林和商品林各占52.41%和47.59%，其中用材林占35.38%，防护林占45.81%，经济林占11.25%，薪炭林占0.96%，特用林占6.60%。龄组结构：幼龄林面积占33.82%，蓄积占11.13%；中龄林面积占33.43%，蓄积占28.90%；近熟林面积占14.82%，蓄积占19.83%；成熟林面积占12.03%，蓄积占23.64%；过熟林面积占5.90%，蓄积占16.50%。全国乔木林每公顷蓄积量为85.88立方米，每公顷年均生长量为3.85立方米，每公顷株数为916株，平均郁闭度为0.56，平均胸径为13.3厘米。乔木林质量等级好的面积占16.66%，中等的面积占60.96%，差的面积占22.38%。全国天然林面积11969.25万公顷，占有林地面积的65.99%；蓄积114.02亿立方米，占森林蓄积的85.33%。天然疏林面积367.31万公顷，蓄积0.99亿立方米。全国人工林面积6168.84万公顷，占有林地面积的34.01%；蓄积19.61亿立方米，占森林蓄积的14.67%。总体而言，森林资源的特点表现为：森林面积蓄积持续增长，森林覆盖率稳步提高；天然林面积蓄积继续增长，天保工程区增幅明显；人工林面积蓄积快速增长，后备森林资源呈增加趋势；林木生长量增幅较大，森林采伐逐步向人工林转移；森林质量有所提高，森林生态功能不断增强；个体经营比例明显上升，集体林权制度改革成效显现。但同时也存在一些问题：森林资源总量不足，生态脆弱状况没有根本扭转；森林资源质量不高，木材供需矛盾继续加剧；林地转为非林地数量大，林地保护管理压力增加；营造林难度将越来越大，成本明显增加。与上次清查相比：森林面积净增2054.30万公顷，森林覆盖率由18.21%提高到20.36%，上升了2.15个百分点。活立木总蓄积净增11.28亿立方米，森林蓄积净增11.23亿立方米，其中天然林蓄积净增量6.76亿立方米，占总净增量60.22%，天然林面积净增393.05万公顷，其中天然林保护工程区天然林面积净增211.30万公顷，占全国净增量的53.76%。人工林面积净增843.11万公顷，占总净增量39.78%，人工林采伐量占全国森林采伐量的39.44%，上升12.27个百分点；林木蓄积年净生长量5.72亿立方米，增加15.06%，年采伐消耗量3.79亿立方米，增加3.76%。林木蓄积年均生长量大于消耗量1.93亿立方米，增加46.51%，森林资源长消盈余进一步扩大；乔木林每公顷蓄积量增加1.15立方米，每公顷年均生长量增加0.30立方米，每公顷株数增加57株，近成熟林比例上升0.84个百分点，混交林比例上升9.17个百分点，公益林与商品林的面积比例由37:63变为52:48，个体经营的比例上升11.39个百分点，达到32.08%，集体林地转为非林地的面积虽然有所减少，但依然有831.73万公顷；其中有林地转为非林地面积377.00万公顷，增加1.98%，征占用林地面积增加17.72%。

---

①本次清查涉及的全国森林含国家特别规定的灌木林新增面积，台湾省数据来源于《第三次台湾森林资源及土地利用调查（1993年）》，香港特别行政区的森林面积来源于香港环境资源顾问有限公司2003年在香港特区政府持续发展组的委托下编写的《陆上栖息地保护价值评级及地图制作（2003）》，澳门特别行政区的数据来源于《澳门2006年统计年鉴》，森林面积为总绿化面积，森林覆盖率指绿化面积占土地面积的己的比例。本次清查实际调查范围与第六次清查调查范围一致。

专栏 1-14　第八次全国森林资源清查（2009~2013 年）

全国森林面积 20769 万公顷，森林覆盖率 21.63%。活立木总蓄积 164.33 亿立方米，森林蓄积 151.37 亿立方米。① 全国林地面积 31046 万公顷，其中有林地 19117 万公顷，有林地面积中，乔木林面积 16460 万公顷，占 86.10%。全国活立木总蓄积 164.33 亿立方米，其中森林蓄积 151.37 亿立方米，占 92.11%，森林蓄积主要分布在西南高山林区和东北、内蒙古林区，其中西藏、云南、四川、黑龙江、内蒙古、吉林等省（自治区）森林蓄积较多，6 省（自治区）合计占全国的 64.60%。森林面积按林种分，防护林占 48.49%，特用林占 7.94%，用材林占 32.71%，薪炭林占 0.86%，经济林占 10.00%。森林蓄积按林种分，防护林占 53.78%，特用林占 14.68%，用材林占 31.14%，薪炭林占 0.40%。公益林与商品林的面积之比为 56：44，蓄积之比为 68：32。龄组结构：幼龄林面积占 32.39%，蓄积占 11.03%；中龄林面积占 32.27%，蓄积占 27.78%；近熟林面积占 15.69%，蓄积占 20.53%；成熟林面积占 13.22%，蓄积占 24.12%；过熟林面积占 6.43%，蓄积占 16.54%。乔木林按优势树种（组）统计，面积比重排名前 10 位的有栎树、桦木、杉木、落叶松、马尾松、杨树、云南松、桉树、云杉、柏木，面积合计 8649 万公顷，占全国的 52.54%，蓄积合计 70.15 亿立方米，占全国的 47.47%。全国乔木林每公顷蓄积量为 89.79 立方米，每公顷年均生长量为 4.23 立方米，每公顷株数为 953 株，平均胸径为 13.6 厘米，平均郁闭度为 0.57。乔木林面积中，群落结构完整的占 63.46%，结构较完整的占 33.96%，结构简单的占 2.58%；纯林占 61.01%，混交林占 38.99%；人为干扰较小、处于原始和接近原始状态的占 4.08%，人为干扰较大、处于次生状态或人工类型的占 95.92%。乔木林质量等级好的占 I8.51%，中等的占 68.45%，差的占 13.04%。天然林占有林地面积的 63.73%；占森林蓄积的 83.20%。人工林面积占有林地面积的 36.27%，占森林蓄积的 16.80%。总体而言，森林资源的特点表现为：森林总量持续增长，森林质量不断提高，天然林稳步增加，人工林快速发展，林木采伐中人工林比重继续上升。我国森林资源进入了数量增长、质量提升的稳步发展时期，但是森林资源总量不足、质量不高、分布不均的问题依然存在。与上期相比：森林面积由 1.95 亿公顷增加到 2.08 亿公顷，净增 1223 万公顷；森林覆盖率由 20.36%提高到 21.63%，提高 1.27 个百分点；森林蓄积由 137.21 亿立方米增加到 151.37 亿立方米，净增 14.16 亿立方米，其中天然林蓄积增加量占 63%，人工林蓄积增加量占 37%。森林每公顷蓄积量增加 3.91 立方米，达到 89.79 立方米；每公顷年均生长量增加 0.28 立方米，达到 4.23 立方米。每公顷株数增加 30 株，平均胸径增加 0.1 厘米，近成过熟林面积比例上升 3 个百分点，混交林面积比例提高 2 个百分点。天然林面积增加 215 万公顷，蓄积增加 8.94 亿立方米。人工林面积增加 764 万公顷，蓄积增加 5.22 亿立方米。森林年均采伐量 3.34 亿立方米，人工林采伐量占森林采伐量的 46%，上升了 7 个百分点。

---

①本清查所涉及的全国性数据，除全国森林面积、森林覆盖率、森林蓄积和活立木总蓄积以及全国人均森林面积、人均森林蓄积外，其他数据均不含香港、澳门特别行政区和台湾省森林资源数据。

专栏 1-15 第九次全国森林资源清查（2014~2016 年）

第九次全国森林资源清查于 2014 年启动。吉林、浙江、安徽、湖北、湖南、陕西、上海 7 省（直辖市）及吉林森工集团于 2014 年完成了清查任务；山西、辽宁、黑龙江、江苏、广西、宁夏、贵州 7 省（自治区）及龙江森工集团、大兴安岭林业集团公司于 2015 年完成了清查任务；北京、河北、江西、西藏、甘肃、新疆等 6 省（自治区、直辖市）及新疆生产建设兵团将于 2016 年完成了新一轮森林资源清查工作。

（一）吉林等 7 省（直辖市）主要清查结果

吉林省：森林面积 785 万公顷，森林覆盖率 41.49%，提高（与第八次全国森林资源清查相比，下同）1.11 个百分点。活立木总蓄积 105368 万立方米，森林蓄积 101296 万立方米，增加 9038 万立方米。天然林面积 609 万公顷，天然林蓄积 89574 万立方米；人工林面积 174 万公顷，人工林蓄积 11722 万立方米。

上海市：森林面积 9 万公顷，森林覆盖率 14.04%，提高 1.46 个百分点。活立木总蓄积 664 万立方米，森林蓄积 450 万立方米，增加 264 万立方米。上海市的森林均属于人工林。

浙江省：森林面积 605 万公顷，森林覆盖率 59.43%，提高 0.36 个百分点。活立木总蓄积 31385 万立方米，森林蓄积 28115 万立方米，增加 6435 万立方米。天然林面积 360 万公顷，天然林蓄积 19773 万立方米；人工林面积 245 万公顷，人工林蓄积 8342 万立方米。

安徽省：森林面积 396 万公顷，森林覆盖率 28.65%，提高 1.12 个百分点。活立木总蓄积 26145 万立方米，森林蓄积 22187 万立方米，增加 4112 万立方米。天然林面积 163 万公顷，天然林蓄积 10500 万立方米；人工林面积 233 万公顷，人工林蓄积 11687 万立方米。

湖北省：森林面积 736 万公顷，森林覆盖率 39.61%，提高 1.21 个百分点。活立木总蓄积 39580 万立方米，森林蓄积 36508 万立方米，增加 7855 万立方米。天然林面积 486 万公顷，天然林蓄积 28671 万立方米；人工林面积 197 万公顷，人工林蓄积 7837 万立方米。

湖南省：森林面积 1053 万公顷，森林覆盖率 49.69%，提高 1.92 个百分点。活立木总蓄积 46141 万立方米，森林蓄积 40716 万立方米，增加 7616 万立方米。天然林面积 500 万公顷，天然林蓄积 22651 万立方米；人工林面积 502 万公顷，人工林蓄积 18065 万立方米。

陕西省：森林面积 887 万公顷，森林覆盖率 43.06%，提高 1.64 个百分点。活立木总蓄积 51023 万立方米，森林蓄积 47867 万立方米，增加 8274 万立方米。天然林面积 562 万公顷，天然林蓄积 43454 万立方米；人工林面积 247 万公顷，人工林蓄积 4413 万立方米。

（二）山西等 6 省（自治区）主要清查结果

山西省：森林面积 321 万公顷，森林覆盖率 20.50%，提高 2.47 个百分点。活立木总蓄积 14779 万立方米，森林蓄积 12923 万立方米，增加 3184 万立方米。天然林面积 140 万公顷，天然林蓄积 8838 万立方米；人工林面积 156 万公顷，人工林蓄积 4085 万立方米。

辽宁省：森林面积 572 万公顷，森林覆盖率 39.24%，提高 1.00 个百分点。活立木总蓄积 30889 万立方米，森林蓄积 29749 万立方米，增加 4703 万立方米。天然林面积 220 万公顷，天然林蓄积 18263 万立方米；人工林面积 309 万公顷，人工林蓄积 11486 万立方米。

黑龙江省：森林面积 1990 万公顷，森林覆盖率 43.78%，提高 0.62 个百分点。活立木总蓄积 199999 万立方米，森林蓄积 184704 万立方米，增加 20217 万立方米。天然林面积 1747 万公顷，天然林蓄积 164338 万立方米；人工林面积 243 万公顷，人工林蓄积 20366 万立方米。

广西壮族自治区：森林面积 1430 万公顷，森林覆盖率 60. 17%，提高 3. 66 个百分点。活立木总蓄积 74433 万立方米，森林蓄积 67752 万立方米，增加 16816 万立方米。天然林面积 465 万公顷，天然林蓄积 33236 万立方米；人工林面积 734 万公顷，人工林蓄积 34516 万立方米。

贵州省：森林面积 771 万公顷，森林覆盖率 43. 77%，提高 6. 68 个百分点。活立木总蓄积 44465 万立方米，森林蓄积 39183 万立方米，增加 9106 万立方米。天然林面积 336 万公顷，天然林蓄积 22597 万立方米；人工林面积 315 万公顷，人工林蓄积 16586 万立方米。

宁夏回族自治区：森林面积 66 万公顷，森林覆盖率 12. 63%，提高 0. 74 个百分点。活立木总蓄积 1111 万立方米，森林蓄积 835 万立方米，增加 175 万立方米。天然林面积 6 万公顷，天然林蓄积 384 万立方米；人工林面积 15 万公顷，人工林蓄积 451 万立方米。

龙江森林工业（集团）总公司：森林面积为 816 万公顷，森林覆盖率 81. 16%，提高 1. 15 个百分点。活立木总蓄积 94788 万立方米，森林蓄积 85107 万立方米，增加 8649 万立方米。天然林面积 766 万公顷，天然林蓄积 80009 万立方米；人工林面积 50 万公顷，人工林蓄积 5098 万立方米。

大兴安岭林业集团公司：森林面积 679 万公顷，森林覆盖率 81. 35%，提高 2. 99 个百分点。活立木总蓄积 58735 万立方米，森林蓄积 54739 万立方米，增加 4042 万立方米。天然林面积 662 万公顷，天然林蓄积 54038 万立方米；人工林面积 17 万公顷，人工林蓄积 701 万立方米。

（三）河北等 6 省（自治区、直辖市）森林资源清查结果

北京市：森林面积 72 万公顷，相较于第八次森林资源清查增加 13 万公顷。森林覆盖率 43. 77%，提高 7. 93 个百分点。森林蓄积 2437 万立方米，增加 1012 万立方米。森林面积中，天然林 28 万公顷、人工林 44 万公顷，其中天然乔木林 28 万公顷、人工乔木林 34 万公顷。森林蓄积中，天然乔木林 1092 万立方米、人工乔木林 1345 万立方米。

河北省：森林面积 503 万公顷，相较于第八次森林资源清查增加 63 万公顷。森林覆盖率 26. 78%，提高 3. 37 个百分点。森林蓄积 13738 万立方米，增加 2963 万立方米。森林面积中，天然林 239 万公顷、人工林 264 万公顷，其中天然乔木林 180 万公顷、人工乔木林 186 万公顷。森林蓄积中，天然乔木林 6475 万立方米、人工乔木林 7263 万立方米。

江西省：森林面积 1021 万公顷，相较于第八次森林资源清查增加 19 万公顷。森林覆盖率 61. 16%，提高 1. 15 个百分点。森林蓄积 50666 万立方米，增加 9825 万立方米。森林面积中，天然林 652 万公顷、人工林 369 万公顷，其中天然乔木林 520 万公顷、人工乔木林 288 万公顷。森林蓄积中，天然乔木林 36772 万立方米、人工乔木林 13894 万立方米。

西藏自治区：森林面积 1491 万公顷，相较于第八次森林资源清查增加 19 万公顷。森林覆盖率 12. 14%，提高 0. 16 个百分点。森林蓄积 228254 万立方米，增加 2047 万立方米。森林面积中，天然林 1483 万公顷、人工林 8 万公顷，其中天然乔木林 878 万公顷、人工乔木林 6 万公顷。森林蓄积中，天然乔木林 228012 万立方米、人工乔木林 242 万立方米。

甘肃省：森林面积 510 万公顷，相较于第八次森林资源清查增加 2 万公顷。森林覆盖率 11. 33%，提高 0. 05 个百分点。森林蓄积 25189 万立方米，增加 3735 万立方米。森林面积中，天然林 383 万公顷、人工林 127 万公顷，其中天然乔木林 178 万公顷、人工乔木林 86 万公顷。森林蓄积中，天然乔木林 20875 万立方米、人工乔木林 4314 万立方米。

新疆维吾尔自治区：森林面积 802 万公顷，相较于第八次森林资源清查增加 104 万公顷。森林覆盖率 4.78%，提高 0.63 个百分点。森林蓄积 39222 万立方米，增加 5567 万立方米。森林面积中，天然林 681 万公顷、人工林 121 万公顷，其中天然乔木林 164 万公顷、人工乔木林 51 万公顷。森林蓄积中，天然乔木林 31094 万立方米、人工乔木林 8128 万立方米。

1.4 多角度解读第八次全国森林资源清查

森林资源关系国计民生，涉及生态安全、木材安全、木本粮油安全、生物质能源安全等国家重大战略，保护和利用森林资源是绿色经济与可持续发展的基础和关键，也是美丽中国和生态文明建设的主要阵地和重要内容。因此森林资源清查备受瞩目，清查结果也是众目企盼。第八次全国森林资源清查结果显示：我国的森林资源数量增长明显，质量也在不断提升，顺利地完成了国家“十一五”规划森林指标，为国家“十二五”规划森林指标和林业“双增”目标的全面实现积累了条件。

森林资源绿色增长为生态林业、民生林业做出了巨大贡献。然而，在发展过程中也存在着不平均、不平衡、不同步的问题，与国际发达国家相比，还存在着一定差距。成就的取得，资源的增长得益于制度和政策的推动，同样，森林资源的进一步提升也需要改革的不断深化和制度创新。

第八次全国森林资源清查（以下简称八次清查）结果显示①：全国林地总面积 3.10 亿公顷，活立木总蓄积 164.33 亿立方米，全国森林面积 2.08 亿公顷，森林覆盖率 21.63%，森林蓄积 151.37 亿立方米。2009~2013 年（以下简称 5 年间）森林面积增加 1223 万公顷，森林蓄积增加 14.16 亿立方米。与改革开放之初（1977~1981 年）相比，森林覆盖率已从 12%提高到 21.63%，提高了 9.6 个百分点；森林蓄积量由 90.28 亿立方米增长到 151.37 亿立方米，增加 61.09 亿立方米，增长了大约 68%。

多角度解读森林清查成果，可以使我们切实了解林业发展取得的新成就，也可以让我们明白林业进一步发展面临的困难和挑战，更好地促进森林可持续经营，实现绿色增长。

1.4.1 从应对气候变化角度

气候变化是当前世界关注度最高和最为棘手的全球性问题之一，关乎人类的生存基础和前途命运。近百年来，全球气温在不断缓缓升高，中国年平均气温升高了 0.5~0.8℃，略高于同期全球增温平均值，近 50 年变暖尤其明显。气候变暖主要是由温室气体造成，遏制以二氧化碳为主的温室气体排放已成为全球普遍共识。早在 1994 年国际社会就通过了《联合国气候变化框架公约》，为全球应对气候变化提供了基本框架。为了缓解生态危机与债务危机等压力，1997 年，由 189 个缔约国在艰难谈判后最终达成共识，表决通过了《京都议定书》，形成了清洁发展机制（CDM），包括发达国家可以在一定程度上通过森林碳汇来抵消其工业和能源排放，这使得造林

①文中有关森林清查的数据，除特殊说明外，均来自“第八次全国森林资源清查结果新闻发布会”和国家林业局网站。

再造林项目日益受到各国的重视。之后《巴厘岛路线图》的制定,《哥本哈根协议》的签署，再到《坎昆协议》的通过（就“减少毁林和森林退化降低碳排放以及加强管护和森林经营增加碳储量”以应对气候变化达成共识），从 2011 年德班确定的“新平台”，到 2012 年多哈实现的“气候通关”，再到 2013 年华沙会议的“延期闭幕”，世界各国一直在寻找共识，探索解决气候变化危急的新途径。

林业是减缓和适应气候变化的有效途径和重要手段，在应对气候变化中的特殊地位已经得到了国际社会的充分肯定。森林通过光合作用，吸收大气中的二氧化碳，放出氧气，维护着地球碳平衡和人类生存。2007 年中国首次超过美国，成为世界第一大（与能源相关的）二氧化碳排放国，占世界排放总量的 22%左右。为了减缓和适应温室气体排放产生的消极影响，同年我国发布了《中国应对气候变化国家方案》，把林业纳入重点施政领域。2009 年，中国领导人在联合国气候变化峰会上做了“携手应对气候变化挑战”的报告，提出今后中国将进一步把应对气候变化纳入经济社会发展大局，并继续采取强有力的措施应对，措施之一就是增加森林碳汇。同年召开的中央林业工作会议提出，在应对气候变化中林业具有特殊地位，并强调“应对气候变化，必须把发展林业作为战略选择”。随后制定的《应对气候变化林业行动计划》更是确定了林业减缓和适应气候变化的五项基本原则、三个阶段性目标和要实施的 22 项主要行动。

八次清查结果显示：目前全国森林植被总碳储量 84. 27 亿吨，与第七次森清相比，5 年间森林植被总碳储量增加了 6. 15 亿吨，等同于增加二氧化碳吸收 22. 55 亿吨，相当于吸收了同期与能源相关的中国二氧化碳排放总量（约为 380 亿~400 亿吨）的大约 5. 8%。① 森林的碳汇能力得到了新提升，林业应对气候变化有了新贡献。

1. 4. 2　从木材安全角度

木材作为重要的原材料之一，与钢材、水泥等相比具有可再生、可降解、可循环利用的独特优势，据国外研究项目“雅典计划”分析，钢材、水泥在生产阶段的能源消耗分别是木材的 1. 9 倍和 1. 5 倍，造成的水污染分别为 120 倍和 1. 9 倍，空气污染分别为 1. 44 倍和 1. 69 倍，固体废弃物数量分别为 1. 37 倍和 1. 95 倍。② 木材作为国民经济发展的基础原材料，环境友好型的绿色原材料，正在重新受到越来越多的国家青睐，各国开始渐渐重新审视自己的木材安全战略。在以生态建设为主的发展战略下，我国林业启动了一批重点生态工程，在天然林保护的同时，大力发展人工林种植，而且在商品林采伐政策改革的引导下，森林采伐正在逐步由天然林向人工林转移。目前我国的木材（包括原木、板材刨花板、纤维板等纸浆综合折合）的年消耗量将近 5 亿立方米，随着国内民众生态意识的增强和国家森林保护力度的加大，在木材刚性需求增加的压力下，木材的对外依赖度达到了近 50%。据测算，到 2020 年，我国木材年需求量可能要达到 8 亿立方米，对大径材林木和珍贵用材树种需求也会大幅增加，木材供需的总量与结构性矛盾会更加突出。

八次清查结果显示：①有关人工林：我国人工林面积 6933 万公顷，占有林地面积的 36%；蓄积 24. 83 亿立方米，占森林蓄积的 17%。在人工林用材林中，近成过熟林面积比例接近 30%，

①根据国际能源署提供的与能源相关二氧化碳排放量数据，结合林业碳汇数据计算所得。

②刘东生. 经济社会发展转型与林业［J］. 绿色中国，2010，5：60-63.

蓄积比例达到48%，大规模造林有效促进了人工林资源增长，实现了森林培育资产的增加与增值；②增长方面：5年间人工林面积增加764万公顷、蓄积增加5.22亿立方米，分别占有林地面积增量的78%和森林蓄积增量的37%，人工林近成过熟林面积比例上升4个百分点，蓄积上升10个百分点，人工林对森林资源总量增加的贡献显著，提高了木材的总体供给能力；③木材采伐方面：人工林年均采伐量1.55亿立方米，增加0.32亿立方米，人工林采伐消耗上升了7个百分点，所占比重由39%提高到46%，接近天然林（天然林年均采伐量1.79亿立方米，有所减少），可以预测终将超过天然林，成为我国木材采伐利用的主力军。

当前我国已经制定《全国木材战略储备生产基地建设规划（2013~2020年）》和《国家重点林木良种基地管理办法》，规划到2020年，全国完成营造用材林1400万公顷（折合2.1亿亩），加强国家重点林木良种基地建设及生产，并在政策和资金上予以扶持，加大人工林、工业原料林、用材林的培育，力求不断提高木材供给以满足国内日益增长的木材需求。

1.4.3 从生态安全与公益林角度

生态林业是以生态建设为主的林业发展战略的具体体现，良好的生态是一个国家或地区的核心竞争力之一，是实现绿色增长、科学发展的最主要标志。森林是陆地生态系统的主体，具有释氧固碳、减少土壤侵蚀、调节径流、防止水土流失、缓洪补枯和净化水质、维护生物多样性等多种生态功能，是维护生态安全的保障，在生态建设中肩负着首要任务，对于维护生存空间和保护生物多样性、传承人类文明具有重要作用。

生态建设政策方面：2003年6月，中共中央、国务院下发9号文件《中共中央 国务院关于加快林业发展的决定》，以中央文件形式明确了林业“三地位”和“三生态”的战略思想，确立了以生态建设为主的林业发展战略。2009年6月，首次召开的中央林业工作会议进一步明确了林业“四大地位”，赋予林业“四大使命”，指出林业在生态建设中居首要地位，是生态文明建设的首要任务。为了加强生态保护，维护国土生态安全，国家林业局制定了《推进生态文明建设规划纲要（2013~2020年）》，设定了林地和森林生态红线：全国林地面积不低于46.8亿亩，森林面积不低于37.4亿亩，森林蓄积量不低于200亿立方米。

生态建设实践方面：早在20世纪90年代末，国家就开始陆续开展了以天然林保护工程、退耕还林工程等为主的重点生态工程，工程取得了明显的成效。①从1997年底到2010年底天保工程一期工程实施以来，工程区森林面积和蓄积净增1.5亿亩和约7.25亿立方米，森林覆盖率增加3.7个百分点，[①] 天保工程实施后，天保区开始逐步发展转型，大力发展持续替代产业，对当地民生改善、经济发展起到了重要作用；②1999~2012年，退耕还林工程共完成造林任务4.41亿亩，其中退耕地造林1.39亿亩，宜林荒山荒地造林和封山育林3.02亿亩，退耕还林工程造林相当于再造了一个东北、内蒙古国有林区，工程区森林覆盖率平均提高3个多百分点。[②] 当前，天保工程二期正在顺利实施，新一轮退耕还林工程也有望在今年启动。

---

①国务院常务会议决定实施天然林资源保护二期工程，http：//www. gov. cn/ldhd/2010-12/29/content_ 1775235. htm，2010年12月29日。

②我国今年有望启动新一轮退耕还林，http：//www. env. people. com. cn/n/2014/0109/c1010（人民网），2014年1月9日。

八次清查结果显示：全国乔木林生态功能总体处于中等水平，生态功能等级好的占 13%，主要分布在东北和西南等主要林区。①有关公益林：我国公益林面积 1.16 亿公顷，占森林面积的 56%，其中防护林 9967 万公顷占 48%，特用林 1631 万公顷占 8%；②增长方面：5 年间，公益林面积增加 654 万公顷，占森林面积的总体比例有所增大。生态公益林的增长，对国土生态安全、生物多样性保护和经济社会可持续发展具有重要作用，特别是对国家重要的生态区位或生态状况极为脆弱的地区。天然林保护工程、退耕还林工程等重点生态工程的实施，增加了生态公益林的资源总量，降低了天然林的损耗，增强了森林的防护、固土、涵养水源等多种生态功能，为我国生态文明建设做出了巨大贡献。

1.4.4　从民生福祉与商品林角度

民生林业是以提高民生福祉为宗旨的林业发展战略的综合表达，满足人们日益增长的对林业的多样化需求，是林业改善民生的核心。真正把生态建设好，除了实施林业重点生态工程，加强森林资源保护，还要大力发展林业产业，只有产业发展好了，人们从保护生态中得到了实际的经济利益和物质成果，才能实现生态保护、经济发展和民生改善的协调联动。① 森林所提供的大量木质和非木质林产品维持着全球逾 10 亿人的生计，森林和林业在维护粮油安全中具有重要作用，林业食物是人类食物的重要组成部分，以油茶、核桃、板栗等为代表的木本粮油树种素有“铁杆庄稼”之称；森林和林业在维护能源安全中具有特殊作用，作为一种重要的生物质能源，森林是仅次于煤、石油、天然气的第四大能源，而且具有低污染、可再生等优点。此外，在我国，森林及相关产业吸纳的就业人数高达几千万人，对解决“三农”问题、消除贫困发挥着重要作用。

八次清查结果显示：①有关商品林：我国商品林面积 8958 万公顷，占森林面积的 44%，其中用材林、薪炭林、经济林分别占森林面积的 33%、1%、10%；②增长方面：5 年间，商品林增加量为 326 万公顷，占森林面积的总体比例略有下降；③林业产业方面：统计结果表明，2012 年林业总产值共计 3.95 万亿元，第一产业产值 1.38 万亿元，第二产业 2.09 万亿元，第三产业 0.48 万亿元，其中竹产业产值 0.12 万亿元，油茶产业产值 0.04 亿元，林下经济产值 0.21 万亿元。② 商品林及林业产业的发展提高了森林的经济效益，增加了山区林区人民的林业收入，对国民经济增长做出了贡献，为社会和谐稳定发挥了作用。

经济林是生态林业、民生林业的最佳结合展现。近几年，我国每年新造经济林以百余万公顷的速度增长，约占当年新增造林面积的 20%，且呈继续扩大趋势，对森林面积增长，特别是对林业产业的贡献突出。截至 2012 年年底，全国经济林种植面积达 3560 万公顷，经济林种植与采集产值达 7752 亿元，占林业第一产业产值的 56.4%。③ 生态的贡献、富民增收的成效，重启了人们对经济的高度关注，尤其是在经济不发达地区，能帮助人们在保护生态的同时脱贫致富，使得中国经济林的发展更加令人期待。

---

①2014 年全国林业厅局长会议。

②国家林业局. 2012 年中国林业统计年鉴［M］. 北京：中国林业出版社，2013.

③梅青，杨淑艳. 借力发力中国经济林走在聚光灯下［EB/OL］. http://www.greentimes.com，2013-08-13.

薪炭林也兼有生态林业和民生林业的特性，薪炭林作为一种可再生的绿色能源，对改善民生，推动绿色能源建设有着积极的作用。在农村生活用能源结构中，薪材占39.8%，目前农村每人平均年需薪材675公斤，而实际提供46公斤，全国1.7亿农户中，约有47.7%严重缺柴，① 这种不合理、不可持续的状况亟待改善。

特别值得一提的是竹林，竹林具有典型的经济、社会文化功能和生态功能，当前全国竹林面积601万公顷，约占森林面积的3%，其中毛竹林占我国竹林面积的74%，毛竹既可以是经济林，又可以作为用材林和防护林，福建、江西、湖南、浙江四省的毛竹面积约占全国的78%。竹林在我国一些地区是重要的传统产业，同时也是我国传统生态文化不可分割的一部分。目前，全国竹藤产业年总产值近200亿美元，已经成为许多地方的支柱产业和农民就业增收的主要依靠。

1.4.5 从深化改革与林下经济角度

林业的发展，要正确处理好市场与政府的关系，要充分利用好政府的“有形之手”与市场的“无形之手”。怎么调动市场的力量，怎么把握好政府作用的分寸，厘清政府与市场作用的边界，从而建立起适应市场规律和林业特点的现代林业管理体制，是深化林业改革的重大问题。② 党的十八大提出全面建成小康社会和全面深化改革开放的目标，十八届三中全会，通过《中共中央关于全面深化改革若干重大问题的决定》，再次强调完善包括产权保护制度等在内的基本经济制度，并指出，产权是所有制的核心，需要健全归属清晰、权责明确、保护严格、流转顺畅的现代产权制度。

2008年《中共中央 国务院关于全面推进集体林权制度改革的意见》要求：用5年左右时间，基本完成明晰产权、承包到户的改革任务，放活经营权、落实处置权、保障收益权，并通过完善林木采伐管理制度、规范林地、林木流转、建立支持集体林业发展的公共财政机制、推进林业投融资改革、加强林业社会化服务等措施，实现“资源增长、农民增收、生态良好、林区和谐”四大改革目标。到2013年，全国已确权集体林地27亿亩，占集体林地总面积的97.7%；发证面积26亿亩，占确权林地的96.4%，明晰产权、承包到户的主体改革任务基本完成。近5亿农民拥有了真正意义上的财产权，户均获得森林资产约10万元，使广大农民成为林木资产的法人，为他们订立契约、积累资本创造了条件。③ 林农林业收入的比重也在逐步提高，由于林业经营水平的提高，全国林地的亩均产出率由2003年的139元增加到2011年的445元④。集体林权制度改革从集体林地的产权问题出发，明晰了林地林木的承包经营权，确立了承包经营权长期不变，“守着金山没饭吃”的局面开始被打破，在林地所有权不变的前提下，林农增收致富、林区经济迅速发展成为可能。

八次清查结果显示：林地的权属，国有1.24亿公顷，占40%，集体1.86亿公顷，占60%；

---

①国家林业局. 中国森林可持续经营国家报告［M］. 北京：中国林业出版社，2013.

②2014年全国林业厅局长会议。

③赵树丛. 认真学习贯彻十八届三中全会精神　把生态林业民生林业推向更高水平［EB/OL］. http://www.forestry.gov.cn，2013-12-02。

④2012年全国深化集体林权制度改革工作会议暨林下经济现场会。

林木的权属，国有林面积占 39%，集体林占 19%，个体林占 42%；5 年间，集体林面积比例下降近 10%，个体林比例上升近 10%，人工林中的个体林比重提高显著，占总量的 70%。说明个体在人工林增长中发挥着主体作用，集体林权制度改革是导致这种变化的主要原因，林权改革初见成效。

林下经济对于增加农民收入、巩固集体林权制度改革和生态建设成果、加快林业产业结构调整发挥着重要作用，《国务院办公厅关于加快林下经济发展的意见》（国办发〔2012〕42 号）指出，要努力建成一批规模大、效益好、带动力强的林下经济示范基地，重点扶持一批龙头企业和农民林业专业合作社，增强农民持续增收能力。林下经济的发展，为农民就业增收开辟了新的空间，对促进消费、拉动经济增长具有特殊重要的意义。统计数据表明：2012 年全国林下经济产值达 3601.24 亿元，其中，林下种植 1668.42 亿元，林下养殖 829.70 亿元，森林景观利用 524.29 亿元，林下产品采集加工 578.83 亿元，参与林下经济的农户 4550.13 万户。① 发展林下经济提高了农民经营森林的动力，提高了林地利用率和产出率，实现了林农不砍树也能致富，不出乡也能致富的愿望。② 进一步发展林下经济，除了制度创新外，还要进行组织创新，因地制宜，发展灵活多样的经营模式，鼓励合作，促进集约化与规模化，逐步建立科学高效的现代林业经营体系。

1.4.6　从目标实现与规划完成角度

双增目标：2009 年，中国领导人在联合国气候变化峰会开幕式上郑重承诺，为了应对气候变化，争取到 2020 年我国森林面积比 2005 年增加 4000 万公顷，森林蓄积量比 2005 年增加 13 亿立方米（即“双增”目标）。2011 年在北京举行的首届亚太经合组织林业部长级会议上领导人再次提到：中国将继续加快林业发展，力争实现“双增”目标，为绿色增长和可持续发展做出新的贡献。从八次清查结果看，森林“双增”目标前一阶段完成良好，森林蓄积增长目标已经完成，森林面积增加目标也有很大进展。

国家十一五规划：“十一五”时期经济社会发展的主要指标包括 22 个，包括有 8 个约束性指标，其中在人口资源环境类的 8 个指标中，森林覆盖率就是约束性指标之一，按照规划到 2010 年森林覆盖率要达到 20%（2005 年为 18.2%），累积增长 1.8%。实际上，早在七次清查期间（2004~2008 年），森林覆盖率已达到 20.36%，累积增长达到了 2.16%，超额完成了“十一五”规划目标。

国家十二五规划：“十二五”时期经济社会发展的主要指标包括 28 个，包括有 12 个约束性指标，其中在人口资源环境类的 12 年指标中，林业占了 2 个指标，森林覆盖率和森林蓄积量，而且都是约束性指标。按照规划到 2015 年森林覆盖率要达到 21.66%（2010 年为 20.36%），累积增长 1.3%；森林蓄积量要达到 143 亿立方米（2010 年为 137 亿立方米），累计增长 6 亿立方米。八次清查（2009~2013 年）结果显示，森林覆盖率达到 21.63%，累计增长 1.27%；森林蓄

①焦玉海. 林下经济对促进经济转型低碳发展意义重大［EB/OL］. http：//www. forestry. gov. cn，2013-04-22.

②发展林下经济 扩大改革红利（厉以宁，林下经济对实现低碳发展意义重大）［EB/OL］. http：//www. forestry. gov. cn，2013-05-29.

积量达到151.37亿立方米，累积增长14.16亿立方米，目前森林蓄积量增量目标已超额完成，并且超出了8亿立方米，森林覆盖率已达到设定目标的99%，完成增量目标的近98%，到2015年完成“十二五”规划目标已无悬念。

1.4.7 从科学经营和森林健康角度

森林科学经营是森林可持续发展的基础，直接决定着森林数量增长和质量提升，关系着双增目标的实现及国家“十二五”规划目标的完成。森林科学经营是实现林业发展方式转变的重要途径，是现代林业建设的永恒主题，要高度重视森林经营，一手抓造林绿化，一手抓抚育经营，才能最终实现森林资源的双增长，即数量增长与质量提升的统一。森林科学经营，需要正确处理人与自然的关系，发挥森林的多种功能与作用。当前，我国森林经营虽然取得了一些成就，但是仍然存着很多问题，一些地方营林造林只追求高产出、易管理，忽视了科学规划与可持续经营，这将对林种稳定性、物种多样性产生长远影响，还会降低林木对病虫害、极端气候等自然灾害的抵抗能力，一旦有大规模灾害发生，后果不堪设想。

八次清查结果显示：林地质量好的占40%，主要分布在南方和东北东部，中等的占38%，主要分布在中部和东北西部，差的占22%；森林质量好的占19%，中等的占68%，差的占13%；处于健康状态的乔木林面积占75%，受火灾、病虫害等各类灾害影响的乔木林面积占17%。①关于质量结构：群落结构方面，群落结构完整的森林面积1.05亿公顷约占63%，群落结构较完整与简单结构的面积共计0.60亿公顷约占37%；林龄结构方面，按年龄大小划分，幼龄林、中龄林、近熟林、成熟林、过熟林分别占乔木林面积（1.65亿公顷）的32%、33%、15%、13%、7%；树种结构方面，乔木林中，混交林的比例较低，不到40%。整体而言，我国森林的质量结构都还存在着不合理、不尽科学的方面；②关于自然力：森林每公顷蓄积量为89.79立方米，每公顷年均生长量为4.23立方米，每公顷株数为953株，平均郁闭度为0.57，平均胸径为13.6厘米，森林生长量总体偏低；③关于生长采伐：我国林木蓄积年均净生长量6.44亿立方米，林木蓄积年均采伐量3.92亿立方米，林木蓄积生长量大于消耗量2.52亿立方米，并且森林采伐正在逐渐转向以人工林为主，森林资源长消盈余继续扩大。然而值得关注的是，成过熟林采伐量过低，中幼龄林超强度采伐面积比例高等问题还比较突出；④增长方面：5年间，近成过熟林面积比例上升3个百分点（为36%），蓄积比例提高了1个百分点（为61%），龄组结构不合理的状况有所改善。混交林面积比例上升2个百分点，森林处于健康等级的面积比例增加了3个百分点（由72%上升到75%），森林健康状况总体有所提高。5年间，森林每公顷蓄积量增加3.91立方米，人工林采伐量提高7个百分点（为46%），森林质量及经营状况有所好转。

《全国造林绿化规划纲要（2011~2020年）》要求，到2020年，森林面积、蓄积稳步增加，区域分布更加合理，林种树种结构趋于优化，森林质量明显提高，森林碳汇显著增加，森林功能大大增强，草原退化趋势得到遏制，全国生态状况明显改善；《全国林地保护利用规划纲要（2010~2020年）》提出：要引导全社会严格保护林地、节约集约利用林地、优化林地资源配置，提高林地保护利用效率，以科学经营为核心，大力提高森林质量和综合效益，挖掘林地增产增收潜力，大幅度提高森林质量和林地生产力，构建健康稳定的森林生态系统。目前，国家林业局正在启动《全国森林经营规划（2015~2030年）》编制工作，拟定了全面加强森林经营工作的政策意见。全面修订国家标准《森林抚育规程》，组织制定华北、东北东部山地、大兴安岭等3个区域性森林抚育技术规程，不断完善森林经营技术标准体系。批复15个全国森林经营样板基地、6个《国际森林文书》履约示范单位建设实施方案，确定首批15个国有林场森林经营方案实施示范林场，开展典型示范，探索新形势下森林经营管理体制、运行机制、组织形式和配套政策。①

总体而言，近些年我国的森林质量水平正在逐步提升，林地利用结构也在不断完善，然而森林资源总量提升与森林粗放经营依然并存，提高森林质量潜力巨大，继续加强森林经营势在必行。

1.4.8　从区域平衡与协调发展角度

区域平衡与协调发展是国家宏观战略的一个重要组成部分，良好的发展规划与布局符合经济发展的梯度转移规律和要素分工理论，也符合社会进步及发展的系统观和科学观，区域政策能在区域间产生激励相容和竞争协作机制，利于全国性、区域性、流域性生态公共产品供给和服务，调整收入分配与改善公平和效率。区域整体布局与规划，有助于各区域发挥自身优势，加强区域分工合作，总体上服务国家发展大局，推动现代化、工业化、城镇化、信息化、生态化的平衡发展和综合提升。然而，就森林资源而言，我国目前还存在着森林数量质量省域间的表现不平均，森林起源结构省域间的分布不平衡，森林生长量省域间的长势不同步等问题。

森林数量质量省域间的表现不平均。①森林数量方面：西部地区土地面积约占国土面积的七成，森林覆盖率平均不足20%，东北地区土地面积约占国土面积的一成，森林覆盖率平均在40%以上。森林覆盖率较高的福建、江西超过了60%，较低的青海、新疆在6%以下；②森林质量方面：森林质量较好的主要分布在东北、内蒙古、四川、云南、西藏、新疆、福建、海南的部分地区；③增长方面：西部地区森林资源增长速度相对较快，无论是森林面积，还是森林蓄积增加都高于全国其他地区。

森林起源结构省域间的分布不平衡。①天然林方面：5年间，天然林面积增加215万公顷，蓄积增加8.94亿立方米，天保工程区对天然林资源增长贡献较大。天然林主要分布在东北、西南各省（自治区），其中黑龙江、内蒙古、云南、四川、西藏、江西、吉林等7省（自治区）天然林面积占全国的61%，蓄积占全国的75%；②人工林方面：5年间，人工林面积增加764万公顷，蓄积增加5.22亿立方米。人工林面积较多的省有广西、广东、湖南、四川、云南、福建6省（自治区），人工林面积与蓄积均占全国的42%；③增长方面：西部12省是我国人工林增长的重点区域，人工林面积增加占全国增加总量的一半以上，蓄积增加占全国增加总量的四成左右 。

森林生长量省域间的长势不同步。①公顷蓄积量：全国平均为89.79立方米，西藏最高，接近全国平均值的3倍，新疆次之，而北京、河北较低；②森林公顷蓄积年均生长量：全国平均4.23立方米，江苏、天津等远高于全国平均值，而西藏、青海等偏低。

区域和省域间的差异和不同，一方面，是由于立地条件与气候状况等自然因此造成的；另一

---

①2013中国国土绿化状况公报。

方面，是由于投资经营、保护利用等社会条件引起的。也就是说，差异和不同有些是人为造成的，是消极的；有些是现实存在的，是合理的。消除消极的不均衡状况，要树立全国各地一盘棋的思想，既要因地制宜有分别，又要统筹规划有统一，按照国家区域政策和主体功能区规划，①不断健全生态保护与建设的法律法规，完善财政收入和支付转移制度，重视区域投资和梯度产业政策，建立激励相容机制，最终这种局面将会不断改善和好转。

1.4.9 从国际视野及贸易投资角度

从森林资源的历史变化看，从 1990 到 2010 年，世界森林面积的增长率为-3.25%，中国为 31.64%，如果不包括中国，世界的森林增长率会下降的更多，为-4.61%，中国对世界森林增长速度的贡献率为 1.36%；② 1990～2010 年世界年均森林面积减少 830 万公顷，年均增长率为-0.2%，而中国森林面积则持续增加，其中，1990～2000 年增长率为 1.2%（同期低收入和中等收入国家-0.3%，高收入国家为 0.1%），2000～2005 年增长率为 2.2%③（同期低收入和中等收入国家-0.3%，高收入国家为 0.1%），在所有森林增加国家中是增长率最快的国家，2005～2010 年增长率为 1.39%（世界同期为-0.14%）。在 1990～2000 年和 2000～2010 年两个时期，森林面积和蓄积的增长，与世界主要大国相比，中国都是名列前茅。

当前我国森林面积位居世界第 5 位，森林蓄积位居世界第 6 位，人工林面积继续保持世界首位，约占世界人工林面积的 70%。我国森林资源保护和发展成效显著，林业建设取得了巨大成就。但是，整体而言，我国仍然是一个缺林少绿、生态脆弱的国家，森林资源总量相对不足、质量不高、分布不均的状况仍未得到根本性改变，全国森林覆盖率 21.63%，远远低于全球 31%的平均水平，特别是人均森林面积我国只有 0.15 公顷，仅为世界人均（0.6 公顷）的 1/4，人均森林蓄积（10.98 立方米）只有世界人均水平（78 立方米）的 1/7（变化），森林公顷蓄积量我国仅为 89.79 立方米，只有世界平均水平（131 立方米）的 70%左右，④ 人工林的公顷蓄积更低，为 52.76 立方米，人民群众期盼山更绿、水更清、环境更宜居，造林绿化、改善生态任重而道远。

认清差距，才能时刻警醒，不断追赶，不断进步。当前我国未成林造林地面积减少，林地转为建设用地时有发生，全国宜林地质量好的比例较低，森林经营水平不高，违规采伐等问题依然存在。我国的森林面积，无论是天然林还是人工林，增速都有所放缓，森林资源增长压力依然很大。

充分利用两个市场两种资源，是维护我国木材安全的补充措施，也是满足我国绿色消费的可行之举。根据世情、国情、林情，统筹利用国内外两个市场两种资源，既能保障林产品需求，也能为合作区域的生态建设和生态保护营造良好环境。⑤ 在符合 WTO 规则的前提下，加大对林业

---

①国务院于 2010 年底印发了《全国主体功能区规划》，这是中国第一个国土空间开发规划，是战略性、基础性、约束性的规划。按开发方式，分为优化开发区域、重点开发区域、限制开发区域和禁止开发区域。

②胡鞍钢，刘珉. 从森林赤字到森林盈余：林业发展转型与绿色新政 [J]. 林业经济，2011，3：7～13.

③2009 世界发展指标。

④相关国际数据，均来自《Global Forest Resources Assessment 2010》，按 FAO 定义，森林为面积在 0. 5 公顷以上、树木高于 5 米、林冠覆盖率超过 10%，或树木在原生境能够达到这一阈值的土地。不包括主要为农业和城市用途的土地。如果按同一同一时间标准比较，相对指标可能会有不同。

⑤2014 年全国林业厅局长会议。

企业开拓国际市场的政策扶持，充分利用国际合作平台，为林产品对外贸易创造良好的国际环境。①木材贸易方面：统计数据表明，2012 年我国出口原木 3569 立方米，进口原木 3789. 27 万立方米，主要林产品出口额 586. 91 亿美元，进口额 619. 48 亿美元（国家林业局，2013）。要重点实施多元化进出口战略，在巩固俄、美、欧等传统国际市场基础上，开拓新兴市场。同时促进国内林业产业结构优化调整，产品附加值不断增加。① ②对外投资方面：我国主要是在国外租用、购买林地，目前林业对外项目投资额有 150 多亿美元，在国外经营林地 4 千多万公顷。在国外植树造林、科学抚育、合理采伐，既能增加我国的木材来源，也能给当地的民生及生态带来好处。当然，我国企业境外从事森林培育及相关业务时，应该遵守我国和所在国签署的相关国际公约、协议、法律与法规，按照可持续森林培育指南，处理好与合作国、经营林区所在地及周边居民的关系，力争取得生态、社会和经济效益的统一，实现各利益攸关方互惠互利、多方共赢的目标。

今后一段时期，保持森林的可持续增长，要立足国内，放眼国际，一方面，要依靠自身科技力量、科学经营、合理布局，加大投资；另一方面，要紧随国际林业发展潮流，加强国际合作与交流，引进国际先进森林经营技术与管理方法，关注森林领域国际谈判，重视林业相关国际参与，与世界同呼吸、共命运，最终逐步缩小与世界平均水平的差距，并在优势资源上依然保持领先地位，为世界林业增长，全球绿色发展做出贡献。

改革开放以来，为了加快林业发展，促进森林资源增长，林业部门制定了一批重大发展规划，推动了一些重要制度变革，颁布了一系列涉林法规，开展了关键领域的重点生态工程和战略行动，林业经营管理思想也实现了由森林采伐、森林利用为主向生态保护、生态建设为主的转变，由统管统收、强化征收向简政放权、维护经营者权益的转变，以生态建设与保护为目的，以重大发展规划为指引，以产权制度改革和管理体制改革为手段，以法律法规制定为保障的现代林业发展制度体系已基本形成。

当前绿色经济大潮风起云涌，全面深化改革号角响彻全国，林业又迎来了一个新的黄金发展期，如何在林业上体现市场发挥决定性作用和更好发挥政府作用，如何在保护生态的同时发展林业产业，如何充分发挥两个市场两种资源的作用？只有探索，只能前进，没有最好，没有终点。以八次清查为契机，推动森林可持续经营，要紧紧围绕保护生态与改善民生，紧紧围绕打造美丽中国与建设生态文明，不断完善集体林权制度改革，健全国有林区经营管理体制，不断强化生态修复与生态效益补偿制度，改进森林资源核算与统计制度，不断扩大林业国际合作交流平台与加强人才培养制度，探索林业科技创新与兴林富民的产业制度，改革无止境，脚步不停息。

1.5　总体趋势

中国五千年文明史的最大在生态代价：从“多林大国”成为“少林之国”。如表 1-1 所示，中国大陆曾经森林茂盛，资源充沛，经过几千年来人类的不断砍伐和大规模破坏，到中华人民共和国成立前已经成为世界上的少林国家，民国时期（1911~1949）降至中国历史上的最低点，仅为 12. 5%~15. 9%。除了自然因素、战争破坏、修建宫殿外，面对人口的持续增长、耕地少、粮食产量提高缓慢的国情，重农政策和鼓励开荒是中国历代统治者所推崇的。清中叶与战国相比，

①林业产业振兴规划（2010~2012 年）。

两千年间，全国人口增长了近20倍，而农业生产率只上升了70%，为了解决这一矛盾，大多采取鼓励毁林开荒、毁草开荒、围湖造田等破坏生态的办法，来扩大耕地面积，提高粮食产量。这是中国演变为少林国家的根本原因，也是生态破坏的根本原因。

从历史上看，随着人口总量的不断增长，总的耕地面积呈不断增加趋势，人均耕地面积却是在不断减少，森林面积呈现不断下降趋势。GDP总量一直攀升（清朝中期有一个飞跃），而人均GDP则是先升高再降低（相对比较平稳），GDP占世界份额基本上与人均GDP保持同样趁势。清中期后，GDP总量的增加，并没有带来其占世界份额的增加，说明传统农业社会的发展模式已不能领先世界潮流，与世界发达国家的差距正在表现为经济发展结构的差异。新中国成立后，开始逐步追赶，当然林业发展也曾走过一些弯路，先砍树、后种树，由起初追求单一经济增长的发展目标到最终寻找经济、社会、生态平衡发展的发展目标。

整体而言，中国的森林覆盖率呈“U”型曲线变化，如图1-1所示，先下降后上升。森林覆盖率在远古时代（约180万年前~前2070年）为为64%~60%，上古时代（公元前2069~前221年）为60%~46%，秦汉时期为46%~41%，从远古时代到中国第一个统一王权建立前后，长达200万年的时间内，森林覆盖率下降了约20个百分点。之后，森林资源数量下降开始加速，到了隋唐时期，森林覆盖率进一步下降为37%~33%，从秦汉到隋唐，近千年的时间，下降了近10个百分点。到了明代，森林覆盖率继续下降为26%~21%，又是一个一千年，同样又下降了近10个百分点。经历了清朝之后，森林覆盖率降到了17%~15%，从明末到清初，同样是降低了10个百分点，这次却用了仅300年左右的时间。民国时期为15%~12.5%，中华人民共和国成立初期，森林覆盖率为8.6%~12.5%，从民国初期到中华人民共和国成立初期，现实结果令我们惊讶，不到50年的时间，森林覆盖率下降了约5个百分点。①②

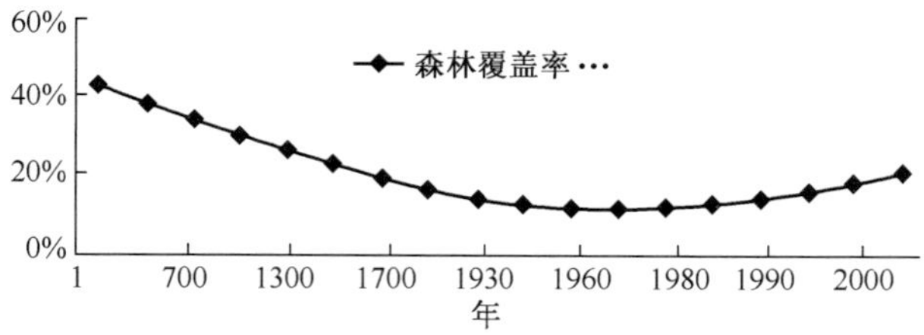

图1-1　森林覆盖率（秦代~当代）的时点对应关系

中华人民共和国成立后，到60年代初期，由于经济发展和国防需要，国家总体上以开采森林为主，导致森林面积、森林覆盖率进一步快速下降，由于树木的自然生长作用较快，才得以使森林蓄积维持基本不变，但是随着人口的不断增长，人均森林蓄积呈下降趋势，60年代初森林覆盖率只有11.81%，降到了历史最低点；与60年代初相比，第一次全国森林资源清查（1973~

①本部分数据参考：中国可持续发展林业战略研究项目组. 中国可持续发展林业战略研究·总论卷［M］. 北京：中国林业出版社，2002.

②1947年旧中国农林部曾提供全国森林覆盖率8.7%的数据，这也仅是依据部分地区森林资源数据进行推算分析所得，并非当时全国实际的森林覆盖率。林业部于80年代中期，组织全国各省、自治区、直辖市林业部门，开展了“森林资源前期整理分析”，并通过对资源数据产生影响的几个主要因素的分析，认为全国实际汇总统计数的偏差大致在3%~5%左右，最终认定中华人民共和国成立初期（1949年）我国森林覆盖率为12.5%。

1976 年）期间，森林面积和森林覆盖率有所恢复，森林蓄积量却下降了 19. 94%，说明该时期实施森林“采育结合”的方针起到了一定的作用，但是总体上还是采大于育，森林资源存量为净损失而且下降的很快，这是森林赤字扩大时期，人均森林蓄积继续下降；与上一次森林清查相比，1977～1981 年，森林面积、森林覆盖率均呈下降态势，森林蓄积量则有所恢复；1984～1988 年期间，森林面积、森林覆盖率和森林蓄积量 3 个指标同时出现了增长趋势，人均森林蓄积量仍然继续下降；从 20 世纪 90 年代之后，第四次全国森林资源清查（1989～1993 年）期间，森林面积、森林覆盖率、森林蓄积量和人均森林蓄积量 4 个指标显示增长，但是由于森林增长水平没有赶上人口增长速度，人均森林面积还是有了一定程度的下降。直到 1994～1998 年，包括森林面积、人均森林面积、森林覆盖率、森林蓄积量和人均森林蓄积量 5 个指标才同时出现增长的趋势，直到这时，森林蓄积（112 亿立方米）才刚刚恢复并赶超了中华人民共和国成立初期的水平（108 亿立方米），改变了长期以来森林赤字的局面，森林赤字扩大的趋势有所遏制，开始出现森林资产盈余的情形；1998 年大洪水之后，针对人与自然的关系，生态保护与经济发展的逻辑，引发了全国上下的大讨论，得出结论：天灾不可避免，人祸则需要反思。从此天然林保护、退耕还林等一批国家重点生态工程建设开始启动和加速，森林资源也开始稳步增长。到了 1999～2003 年，森林覆盖率达到 18. 21%，森林蓄积量为 124 亿立方米。2004～2008 年，森林覆盖率 20. 36%，森林蓄积量 137 亿立方米，如图 1-2。世界银行的数据也基本支持我国林业发展转型后资源逐步增长恢复的观点，世界银行关注“调整后的储蓄”，计算得出森林资源的消耗及其对国民财富造成的影响，从中国 1970 年以来森林资源净损耗的情况看，经历了一个接近“库兹涅茨曲线”的先上升、后下降之变化趋势。随后森林资源的净损耗一度出现快速增长，并在 20 世纪 80 年代左右达到顶点。从 90 年代中期以后开始有下降趋势。从 2004 年开始，中国的森林资源净损耗下降至 0，之后（经推断）中国的森林资源净损耗下降至负值，如图 1-2。

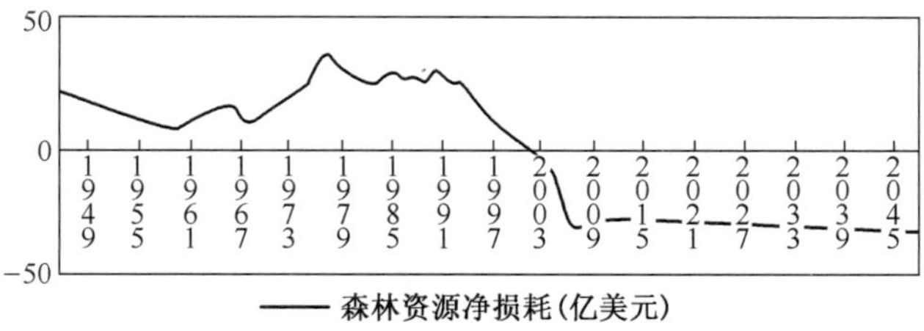

图 1-2　1949～2050 中国森林资源净损耗变化情况①

①资料来源：清华大学国情研究院“绿色发展与林业转型”项目。数据来自世界银行公开数据库，为现价美元，其中，1970～2003 年数据由世行人员根据 Arundhati Kunte 等合著的《评估国民财富：方法与结果》（1998）中的资料和方法进行估算，其中森林资源净损耗的计算方法为单位资源租金与圆木采伐量相对于自然增长量的超出量的乘积；2004～2010 年数据由作者按照世行数据及其估算方法，考虑各年份全国造林面积、林业产值以及 CPI 指数等，建立回归方程估算得出；1949～1969 年，以及 2011～2050 年数据由作者根据《2030 中国》中估算的森林蓄积量数据，利用时间序列估计中的 ARIMA 模型计算得出。需要注意的是，在按现有条件推算及按方程模拟时，未过多考虑林地资源数量的限制和质量的变化，仅为研判发展趋势提供参考。按照我国历次森林资源清查数据，从第四次清查（1989～1993）起，我国就进入了森林面积和蓄积量的“双增长”时期，比世界银行数据中从“赤字”到“盈余”的转折点提前了十年，这可能是因为，全国森林资源清查数据是根据固定样地在一定时期内连续清查得出，是对森林存量的测算，世界银行则是根据中国森林生长量和森林损耗量基本数据，利用一定方法进行估算，是对森林流量的估算。

到2013年末，全国第八次森林资源清查（2009~2013）结束时，森林资源增长达到了一个新的水平，森林面积2.08亿公顷，人均森林面积0.151公顷，森林蓄积量151.37亿立方米，人均森林蓄积量10.9立方米，森林覆盖率21.63%。从中华人民共和国成立初期到第八次森林资源清查，60年的时间，森林覆盖率提高了近10个百分点。相当于弥补了从秦汉到隋唐近千年的时间，或者说是从明末到清初近300年时间的森林资源“赤字”，同样是五六十年的时间，从民国初期到中华人民共和国成立初期，从生态角度看，森林被看做是牺牲了5%覆盖率为代价的负“资产”，而中华人民共和国成立以来，林业不断发展前进，取得了以增长10%森林覆盖率（两倍于负资产）为成就的正“盈余”，不能不说是创造了“绿色奇迹”。

1.6 森林资源变动的影响因素①

森林与人类存在相互依存、不可分割的亲密关系。森林的繁茂曾为人类文明带来光明，森林的衰亡也曾把人类推向黑暗（江泽慧，2002）。中华人民共和国成立以来我国林业发展大致经历了3个时期，从林粮并举、毁林开荒，到采育结合、永续利用，再到生态建设、绿色发展（胡鞍钢等，2010）。研究森林资源增长及其影响因素，可以为森林资源培育指明着力方向，为林业持续发展提供智力支持，具有重要的实践及理论意义。

1.6.1 文献回顾及研究内容

学者们对森林资源的影响因素做了一定研究，取得了不少成就。一些研究利用自然科学研究手段，对森林生产力进行计算和确定（曾伟生等，2011；周洁敏等，2011）；一些研究分析立地条件、气候因素对森林、树木生长的影响（何永涛等，2004；肖兴威，2004；雷静品等，2011）；一些研究从历史观察的视角，探讨森林资源变化的制约条件（樊宝敏等，2010；刘珊等，2010；葛全胜等，2001）；一些研究从森林可持续经营的高度，对森林经营进行评价（侯元兆，2002；

①曹玉昆，吕田，陈宁静. 天然林保护工程政策对中国现行林业政策的影响分析［J］. 林业经济问题，2011（5）：377~391；陈永富，陈幸良，陈 巧. 新集体林权制度改革对森林资源影响研究［J］. 科技创新导报，2011（7）：2~4；葛全胜，赵名茶，张雪芹，等. 过去50年中国森林资源和降水变化的统计分析［J］. 自然资源学报，2001（5）：413~419；樊宝敏，李智勇. 过去4000年中国降水与森林变化的数量关系［J］. 生态学报，2010（20）：5666~567；何永涛，闵庆文，李文华，等. 森林植被生态需水量的确定和计算［J］. 水土保持学报，2004（6）：152~155；侯元兆. 中国林业发展背景的千年剧变和设计新型林业制度的历史使命［J］. 世界林业研究，2002（15）：74~79；胡鞍钢，刘珉. 保护天然林资源 为子孙积累生态资产［J］. 林业经济，2011（1）：18~24；贾治邦. 生态文明之旅：坚持走中国特色的生态文明发展之路［M］. 北京：中国言实出版社，2008；江泽慧. 中国可持续发展林业战略研究调研报告（下）［M］. 北京：中国林业出版社，2002；姜雪梅，徐晋涛. 国有林区森林资源变化趋势及影响因素分析［J］. 林业经济，2007（4）：23~26；雷静品，肖文发，黄志霖，等. 云阳县柏木生长与气候变化和虫害发生的关系［J］. 林业科学，2011（11）：88~92；刘璨，吕金芝. 中国森林资源环境的库兹涅兹曲线问题研究［J］. 制度经济学研究，2010（2）：138~161；刘珊，闵庆文. 清代黔东南地区森林资源变化及其社会区域响应的初步研究［J］. 资源科学，2010（6）：1065~1071；盛炜彤. 人工林的生物学稳定性与可持续经营［J］. 世界林业研究，2001（6）：14~21；肖兴威. 影响亚热带东部森林结构的因子分析［J］. 东北林业大学学报，2004（5）：19~34；曾伟生，唐守正. 立木生物量方程的优度评价和精度分析［J］. 林业科学，2011（11）：106~113；张大华，刘金龙，张敏新. 社区参与森林管理及对天然林保护工程的启示［J］. 南京林业大学学报：人文社会科学版，2002（3）：28~32；周洁敏，寇文正. 区域森林生产力评价的分析［J］. 南京林业大学学报：自然科学版，2011（1）：1~5.

盛炜彤，2001）；一些研究从制度、工程和管理方面入手，分析森林资源的主要影响因子（曹玉昆等，2011；张大华等，2002；陈永富等，2011）；一些研究综合多种影响要素，对森林资源变化进行讨论（姜雪梅等，2007；李璐等，2009；刘璨等，2010）。已有文献的研究对象和数据来源多是建立在国家宏观层面上，结合时间序列进行省际面板数据分析还比较少；多是集中在对森林面积的影响因素分析，对森林覆盖率和森林蓄积量影响因素进行比较分析的还比较少。本文主要从实证研究出发，以中国森林资源变动长期历史数据为依据，以各省面板数据回归为基础，从森林覆盖率和森林蓄积量 2 个角度探索森林资源增长及其变化规律。

文章从 3 方面对森林资源展开研究：首先，对森林资源变动进行历史分析并进行国际比较；其次，对森林资源变动（森林覆盖率、森林蓄积量）影响因素进行分析，进一步对它们进行比较分析；最后，给出结论和建议。

1.6.2　森林资源变动影响因素分析

1.6.2.1　数据来源与变量选取

为了进一步探讨森林资源变动的影响因素，本文以森林覆盖率（作为森林资源数量的代表变量）和森林蓄积量（作为森林资源质量的代表变量）作为因变量，对它们建立回归方程进行计量分析，借鉴前人的研究和本文的分析，自变量（影响因素）设计包括自然因素、经济社会因素和前期基础条件。

数据来源：森林资源数据，以 1949 年，20 世纪 60 年代初森林普查和全国森林资源清查（第 1~7 次）数据为基础，1949 年森林数据来自中国科学院系统数据库，20 世纪 60 年代初森林数据来自林业部 1962 年组织开展的各省、自治区、直辖市全国森林资源整理统计工作和以后的核定统计汇总，第 1~7 次森林数据来自国家林业局组织开展的全国森林资源二类清查。森林覆盖率由上述数据源直接给出；森林蓄积量由上述数据源间接给出（为了数据的一致性和误差的最小化，第 1~6 次清查期森林蓄积由有林地蓄积做近似代替，第 7 次清查期森林蓄积为实际值）；制度（林业产权变动）、工程（林业十大工程）数据参考历年林业统计年鉴；人口、经济、日照、温度、降雨数据参考历年中国统计年鉴。

变量选取：因变量分别选取森林覆盖率（FGL）、森林蓄积量（SLXJ）；自变量选取覆盖率滞后一期（FGL_{t-1}）、森林蓄积滞后一期（$SLXJ_{t-1}$）、人口密度（RKMD，每平方公里国土面积多少万人）、经济密度（JJMD，每平方公里国内生产总值）、日照（RZ，年平均日照时数）、温度（WD，年平均温度）、降雨（JY，年平均降水量）、制度（ZD，定类变量，即林权制度变动，一般文献认为林权制度变动出现在 1949 年前后（解放初期及土改时期）、20 世纪 60 年代初（合作化及人民公社后的政策恢复期）、20 世纪 70 年代末至 80 年代初（改革开放时期及林业“三定”时期），以及 2008 年 10 号文件后的新一轮林权制度改革时期，所在年份有林权制度改革取 1，否则取 0，本文对几次改革效应做近似等同处理）、工程（定序变量，主要是指国家林业局指导实施的“林业十大重点工程”，所选时间区间内每参与一次林业重大工程取 1，依次累加）、滞后一期（参考前人文献及森林资源的实际生长状况，选取森林覆盖率和森林蓄积量的滞后一期也作为自变量）。

需要说明的是，本文回归方程的形式并非来自类似 C-D 生产函数等经济学模型的推导，难以采用类似 C-D 函数的形式对方程进行回归，是因为就森林覆盖率而言，本身就是包含有林地面积和土地面积信息的比率形式，某种程度上是对特殊林地面积大小的另一种表述；就森林蓄积量而言，由于全社会统计口径的林业劳动力数量、林业投资数据不易获得且估算误差较大。

回归方程自变量选取的整体思路是：首先，除了自然条件外，考虑到一般情况下，外部环境所带来的制度效应、政策效应与具体实施措施具有一致性，用定类变量代替定距变量，即用林业工程、林业产权制度变动作为近似工具变量，反映全社会统计口径的林业投资、林业劳动力数量等经济社会变量；其次，自变量选取前期基础条件，是因为考虑到森林资源生长的渐进性、长期性，前期的资源存量对本期资源总量会产生直接影响，因变量森林覆盖率和森林蓄积回归方程中都含有一期滞后，会避免遗漏变量的情况；第三，在各省面板数据处理时，由于时间跨度较大，省区行政划分前后有所变化，为了统一统计口径，经过比照和对应计算，将重庆数据纳入四川省，海南数据纳入广东省，计量回归不包括台湾和香港数据；

1.6.2.2 森林覆盖率影响因素分析

结合上述分析和前人研究成果，设计森林覆盖率影响因素的回归方程如下：

$FGL=\alpha_{it}+\beta_0 FGL_{t-1}+\beta_i RKMD+\beta_2 JJMD+\beta_3 JY+\beta_4 WD+\beta_5 RZ+\beta_6 ZD+\beta_7 GC+u_{it}$。

首先，为了使方程整体表现平稳及消除异方差等的不利影响，采用对数到线性的回归方程形式进行回归，因变量森林覆盖率本身就是比率形式，自变量人口密度、经济密度、日照、温度、降雨分别取对数形式，自变量制度、工程是定类变量不取对数；其次，对个体进行变量间相关性分析和怀特检验，不存在严重的共线性问题和异方差问题；再者，根据变量情况，通过固定效应和随机效应的比较（随机效应及 Hausman 检验略），选定变截距固定效应更加有效（R^2 显著提高，其他指标也多有改善）；然后，进行单位根的检验（检验结果略），结果显示，人口密度、经济密度存在自相关，所以用 EGLS 方法进行个体固定效应模型的校正（校正前结果略）；最后，对固定效应最终方程模型进行检验，如表 1-3。

表 1-3 森林覆盖率固定效应检验（EGLS）

固定效应检验 Fixed effects（cross）：pooled EGLS（cross-section weights）				
变量 Variable	系数 Coefficient	标准差 Std. error	*T* 值 *T*	*P* 值 *P*
常数 *C*	11.15550	11.69398	0.953953	0.3413
森林覆盖率滞后一期 FGLt-1 First-order lag of forest coverage	0.676601	0.050207	13.47634	0.0000
人口密度 LOGRKMD Population density	0.008374	0.644134	0.013000	0.9896
经济密度 LOGJJMD Economy density	0.196039	0.133893	1.464154	0.1448
降雨 LOGJY Rain	0.346227	0.484983	0.713896	0.4761
温度 LOGWD Temperature	2.333957	2.014261	1.158716	0.2480
日照 LOGRZ Sun	0.018347	1.093776	0.016774	0.9866
制度 ZD System	0.313644	0.321725	0.974882	0.3308
工程 GC Program	1.120412	0.144414	7.758315	0.0000

（续）

经过加权的统计量 Weighted statistics				
R^2	0. 982938	因变量均值 Mean dependent var	23. 85288	
校正 R^2 Adjusted R-squared	0. 979788	因变量标准差 S. D. dependent var	17. 81741	
回归标准误 S. E. of regression	2. 819276	残差平方和 Sum squared residual error	1549. 922	
F	312. 0453	D-W 值 Durbin-Watson stat	2. 180436	
P	0. 000000			
未经加权的统计量 Unweighted statistics				
R^2	0. 969869	因变量均值 Mean dependent var	21. 09853	
残差平方和 Sum squared residual error	1677. 779	D-W 值 Durbin-Watson stat	2. 253772	

固定效应方程检验			
检验效应 Effectstest	统计值 Statistic	自由度 D. f.	P
截面 F 值 Cross-section F	2. 907792	（28，195）	0. 0000

表 1-3 结果显示：在其他条件不变时，森林覆盖率滞后一期、工程对森林覆盖率在 $P=0.01$ 的水平上影响显著，即森林的前期基础条件和林业十大工程的实施会对森林覆盖率产生显著影响。影响的程度具体体现为，在其他条件不变时，上一期森林覆盖率平均每增加 1%，本期森林覆盖率会提高 0. 67%；在林业十大工程中，平均每增加 1 项林业工程，森林覆盖率都会显著提高；人口密度、经济密度、降雨、温度、日照、制度对森林覆盖率的影响不显著。

结果分析：森林的增长是建立在前期的资源基础之上的，森林生长需要一定的周期，因此森林的滞后一期对森林覆盖率影响是至关重要的，滞后一期变量显著也就不足为奇；林业十大工程由政府主导，实施大规模植树造林和植被恢复，它们对森林覆盖率的影响显著也是不言而喻的；自然条件如降雨、温度、日照对森林覆盖率没有产生显著影响，可能的原因，一是某种程度上回归方程是对资源的相对增量进行分析，增量分析已经大大缓解了长期不变固定因素的影响；二是虽然南方和北方地区立地条件和气候条件不同，对森林的生长影响自然也不同，但是大部分地区也正是本着适地适树、以乡土树种为主的原则进行林木的种植和引进，森林的生长和不同地区的立地条件是匹配的，这也在一定程度上削减了自然条件差异对森林覆盖率的影响；经济社会条件如人口密度、经济密度对森林覆盖率没有产生显著影响，可能的原因，一是虽然随着人口的增长对森林会产生一定的增长需求，但是从现实的角度看，钢材、水泥制品显然会对林木产生很大的替代效应；二是随着人们保护森林、爱护自然意识的增强，也会在一定程度上减缓森林的消耗量，虽然木材相比其他化石材料更具备生态绿色产品的特征；三是经济水平的增长所产生的对森林的多功能的认识和需求，其木材消费能力还不足以影响森林的供需变化；制度对森林覆盖率没有产生显著影响，可能的原因，一是制度的影响是间接的，制度要想发挥作用，需要和其他生产要素如资金、技术等结合共同产生合力，才能有所成效；二是鉴于我国的特有体制和制度变迁路径，就全国而言，林权制度变动对各地的森林增长影响可以近似认为是同步和类似的。

方程回归结果参数显示，通过标准化校正，拟合优度与各种检验量标准都得到了优化，R^2 高达98%，说明方程所选自变量能够很好地解释对森林覆盖率的影响。固定效应方程检验显示，似然比（LR）检验显著，说明原假设（固定效应是多余的）不成立，固定效应模型检验通过，方程成立，回归结果有效。

1.6.2.3 森林蓄积量影响因素分析

结合上述分析和前人研究成果，设计森林蓄积量的影响因素回归方程如下：

$SLXJ=\alpha_{it}+\beta_0 SLXJ_{t-1}+\beta_i RKMD+\beta_2 JJMD+\beta_3 JY+\beta_4 WD+\beta_5 RZ+\beta_6 ZD+\beta_7 GC+u_{it}$。

首先，为了使方程整体表现平稳及消除异方差等的不利影响，采用对数到对数的回归方程形式进行回归；其次，对个体进行变量间相关性分析和怀特检验，不存在严重的共线性问题和异方差问题；再者，根据变量情况，通过固定效应和随机效应的比较（随机效应及 Hausman 检验略），选定变截距固定效应更加有效；然后，进行单位根的检验（检验结果略），结果显示，人口密度、经济密度存在自相关，所以用 EGLS 方法进行个体固定效应模型的校正（校正前结果略）；最后，对固定效应最终方程模型进行检验，如表 1-4。

表 1-4 森林蓄积量固定效应检验（EGLS）

固定效应检验 Fixed effects（cross）：pooled EGLS（cross-section weights）				
变量 Variable	系数 Coefficient	标准差 Std. error	*T*	*P*
常数 C	27. 92444	10. 40580	2. 683545	0. 0079
森林蓄积量滞后一期 SLXJt-1 First-order lag of forest coverage	0. 116442	0. 067542	1. 723992	0. 0463
人口密度 LOGRKMD Population density	3. 525430	0. 727048	4. 848962	0. 0000
经济密度 LOGJJMD Economy density	0. 440551	0. 137506	3. 203879	0. 0016
降雨 LOGJY Rain	0. 055923	0. 486096	0. 115044	0. 9085
温度 LOGWD Temperature	1. 797954	2. 075639	0. 866217	0. 3874
日照 LOGRZ Sun	0. 583921	0. 813957	0. 717385	0. 4740
工程 GC Program	0. 797922	0. 125635	6. 351128	0. 0000
制度 ZD System	-1. 549340	0. 309344	-5. 008462	0. 0000

（续）

经过加权的统计量 Weighted statistics				
R^2	0.683512	因变量均值 Mean dependent var	11.07555	
校正 R^2 Adjusted R-squared	0.625083	因变量标准差 S. D. dependent var	3.983175	
回归标准误 S. E. of regression	1.920881	残差平方和 Sum squared residual error	719.5078	
F	11.69823	D-W 值 Durbin-Watson stat	1.773601	
P	0.000000			
未经加权的统计量 Unweighted statistics				
R^2	0.672988	因变量均值 Mean dependent var	10.19129	
残差平方和 Sum squared residual error	772.6046	D-W 值 Durbin-Watson stat	1.571032	

固定效应方程检验			
检验效应 Effects test	统计值 Statistic	自由度 D. f.	P
截面 F 值 Cross-section F	3.240047	（28，195）	0.0000

表 1-4 结果显示：在其他条件不变时，森林蓄积量滞后一期在 $P=0.05$ 的水平上对森林蓄积量影响显著；人口密度、经济密度、工程、制度在 $P=0.01$ 水平上对森林蓄积量影响显著，即森林的前期基础条件、经济社会条件和制度工程的实施会对森林蓄积量产生显著影响。影响的程度具体体现为，在其他条件不变时，上一期森林蓄积量平均每增加 1%，本期森林蓄积量会提高 0.11%；人口密度平均每增加 1%，森林蓄积量会提高 3.52%；经济密度平均每增加 1%，森林蓄积量会提高 0.44%；在林业十大工程中，平均每增加 1 项林业工程，森林蓄积量都会显著提高；林权制度变动与森林蓄积量（该时期）增长呈负相关关系，每经历一次产权制度变动，森林蓄积量都会显著下降；降雨、温度、日照对森林蓄积量的影响不显著。

结果分析：森林蓄积量滞后一期对森林蓄积量影响显著自然在情理之中，但是这种影响是有一定限度的，因为森林蓄积量的变化除了前期资源基础外，还要受到森林采伐量和自然枯损量的调整和限制，而森林采伐量每个时期变动较大，特别是在 20 世纪 90 年代前变动更大；经济社会条件如人口密度、经济密度对森林蓄积量影响显著，可能的原因，是随着人口的增长和经济水平的提高，人们对木材等林产品的潜在需求和消费愿望在增加，国家的生态保护、生态恢复、生态安全意识也在强化，一定程度上会带来森林投资的增加，然而鉴于我国（低成本）可利用林地面积和增长潜力有限，对森林资源抚育管护的重视也就顺理成章，森林（健康）经营工程的启动和森林可持续经营呼声的不断高涨就是佐证；林业工程对森林蓄积量影响显著，是因为林业工程本身就会对森林蓄积量增长提供现实基础和生长潜力，林业十大工程中还包含着天然林保护工程等与森林抚育和提高森林质量直接相关的措施；制度对森林蓄积量影响显著，且呈负相关，可能的原因，一是是因为制度变量的效应是间接的、滞后的和长期的，本文制度变量选取与林业产权变动相应的时期作为虚拟变量，从而对产权变动年份和其他年份制度的影响进行比较，是一种短期效应的分析，与制度效应的长期性和滞后性有所相背，这也是方程设计的一种缺憾；二是制度需要和其他生产要素的有效结合才能产生良好的效益，虽然产权制度设计是为了调动林业生产的积极性，但是这是有一定前提的，比如产权的稳定性和收益的可靠性，林业生产具有周期长、见效慢等特点，制度的绩效短期内还无法完全体现，而短期来说林权主体可能受市场利益驱动，出现乱砍滥伐，或者是采伐力度的加大，出现“种小拔大”的状况，结果是林木采伐量大于生长量，蓄积量减少。改革开放之初的林业“三定”制度，本来是要放活产权，激发林权主体造林护林的积极性，结果部分地区却出现了事与愿违（森林蓄积量快速下降）的结果；自然条件如降雨、温度、日照对森林覆盖率没有产生显著影响，与上节的分析一样，可能的原因，一方面是森林的生长与自然立地条件相匹配，缓解了不同地区自然条件差异对森林蓄积量的影响，另一方面是回归方程是对资源增量进行分析，在一定程度上削减了固定因素对因变量的影响。

方程回归结果参数显示，通过标准化校正，拟合优度与各种检验量标准都得到了优化，R^2 达到68%，说明方程所选自变量能较好地解释对森林蓄积量的影响。当然，R^2 还要受到其他因素影响，单从 R^2 也不能完全说明方程的有效性。固定效应方程检验显示，似然比（LR）检验显著，说明原假设（固定效应是多余的）不成立，固定效应模型检验通过，方程成立，回归结果有效。

1.6.3　森林覆盖率和森林蓄积量影响因素的比较

比较结果：通过对森林覆盖率和森林蓄积量的影响因素分析可知，滞后一期变量、工程变量对上述二者的影响都显著；自然条件变量（降雨、温度、日照）对二者的影响都不显著；制度变量、经济社会条件变量（人口密度、经济密度）对森林蓄积量的影响显著，对森林覆盖率的影响不显著。

结果解释：滞后一期变量、工程变量对上述二者的影响都显著，自然条件变量（降雨、温度、日照）对二者的影响都不显著，通过上述分析可知，有着一定理论基础和现实的必然性。相比森林蓄积量而言，滞后一期对森林覆盖率的影响更显著，对森林蓄积量的影响是在一定限度内的。这也可以从历年森林蓄积量的统计变化规律看出，中华人民共和国成立以来，我国森林覆盖率基本是稳中有升，而森林蓄积量则有所波动。可能的原因是我国大规模的植树造林活动可以弥补森林资源数量的不足，提高森林覆盖率，但是森林资源质量的改善，森林蓄积量的提高则需要有一个过程，不是一蹴而就的；二是鉴于我国森林经营的实际状况，林业工程一般采用荒山荒地造林、迹地更新造林形式，大多苗木在造林四五年后才统计蓄积量，森林蓄积增长的效应会慢一些。工程造林密度一般比较大，而森林覆盖率的统计则满足达到郁闭度20%等指标后就列入统计,① 覆盖率增长的效应相对更快一些；三是全国森林二类清查对森林的定义，前后有所调整，加入了特灌林，降低了郁闭度标准，这会对森林覆盖率产生直接影响，而对森林蓄积量影响有限；制度变量对森林蓄积的影响显著且呈负相关，对森林覆盖率的影响不显著。正如上述分析，就森林覆盖率而言，林权变动无明显影响的原因可能是：林权变动前后，原有林地的总面积和原有林木的数量是基本固定的，新增造林只是其中一部分，而且造林和森林采伐是一般是互为前提、平衡经营的，对森林覆盖率的影响有限；就森林蓄积量而言，林权变动有负向影响的原因

---

①按照常规的造林方式，南方省份的成林年限一般为3年。竹林和经济林不计入蓄积。

可能是：本文回归方程对制度变量的设计，是局限在对短期效应进行分析，考察其短期效应，制度的长期影响还未显现。另外制度的影响是间接的，需要和其他生产要素的有效结合才能发挥效用。产权制度变动，可能会调动林农生产的积极性，增加林农的生产性投入，带来森林蓄积的增长。也可能会产生抵减作用，林木所有者由于对未来收益存在不稳定性预期，受到短期市场利益的驱动，出现乱砍滥伐和大规模采伐，从而造成森林蓄积量减少。实证研究结果表明，正是在这些综合作用下，产权制度变动对森林蓄积量短期内呈现了负向显著影响。从实际情况看，产权私有化产生的积极效应，在市场和制度预期稳定的前提下，是逐步释放的，要经过一定年限才能见效；人口密度变量、经济密度变量对森林蓄积的影响显著，对森林覆盖率的影响不显著。在某种程度上和现实条件下，这反映了经济社会状况对森林资源的供需是有方向和针对性的，伴随着我国的经济发展和人口增长，人们更注重森林质量的提高和森林蓄积量的增长。

1.6.4　研究不足和进一步研究方向

本书针对森林资源影响因素的研究，回归方程设计及变量选取并非完全理想，只是起到抛砖引玉的作用，是在有限理性和现实条件下的次优选择。回归方程因变量选取森林覆盖率和森林蓄积量，用它们作为代表变量分析森林资源数量变动和质量变动，森林覆盖率是森林数量的主要表现形式，当然森林质量的表现形式除了森林蓄积量之外，还有森林生态系统健康、森林资产价值增加等，本文根据研究的可行性，只是选择其中主要变量作为代表近似处理而已。

正如上述分析而言，回归方程设计和变量选取，有一定局限和不足，存在进一步改进和提高的空间。具体而言：一方面，自变量选取的自然因素，除了日照、温度、降雨外，土壤状况等立地条件也可能是重要的影响因素，一般情况下，土壤等立地因子和上述气候代表变量（日照、温度、降雨）具有时空的一致性，由于数据的可得性与土壤分布的复杂性，此处作简化省略处理，由相关变量作为替代变量；另一方面，自变量选取的经济社会因素，除了林业工程、制度外，外部经济社会环境如市场、国家相关法律法规、地方领导人的决策等也会对因变量产生重要影响，本着经济学简约化和模型化的假设前提，本文认为同一时期各地区上述外部环境因素近似相同，作简化处理没有加入过多变量；另外，通过回归方程进行计量分析，得出的结果可能与现实一般的认识不完全一致。换种角度考虑，这也正是说明通过实证计量分析，研究还有进一步改善的必要，除了选取变量和方程设计的问题外，对方程回归结果的解释和可能原因的判断本身就是一种科学的逻辑推理，有利于对现象事实的剖析比较和研究设计的补充完善。

1.6.5　结论及政策建议

根据森林资源历史回顾与国际比较，森林覆盖率与蓄积量变动及其影响因素的计量分析，得出如下结论：

（1）从历史视角看，我国森林覆盖率呈“U”形曲线变化，先下降后上升；从世界范围看，近些年来，我国森林资源增长明显。

（2）统计分析显示，我国森林覆盖率和森林蓄积量有着不同的变化趋势，二者变化规律没有明显的相关关系。在数据观测周期内（1949~2008 年），森林覆盖率在 20 世纪 60 年代初降到最低点，森林蓄积量则在 70 年代初达到最低点，70 年代以后，二者都呈稳定上升趋势。

（3）森林覆盖率影响因素实证分析表明，在其他条件不变时，森林覆盖率滞后一期、工程变量对森林覆盖率的影响显著，且都呈正向相关。制度变量、经济社会条件（人口密度、经济密度）、自然条件（降雨、温度、日照）对森林覆盖率无显著影响。

（4）森林蓄积量影响因素实证分析表明，在其他条件不变时，森林蓄积量滞后一期、人口密度、经济密度、工程变量、制度变量对森林蓄积量影响显著，其中制度变量和因变量呈负相关，其他变量和因变量呈正相关。自然条件（降雨、温度、日照）对森林蓄积量无显著影响。

（5）森林覆盖率、森林蓄积量影响因素回归结果比较表明，滞后一期变量、工程变量对上述二者的影响都显著；自然条件变量（降雨、温度、日照）对二者的影响都不显著；制度变量、经济社会条件变量（人口密度、经济密度）对森林蓄积量的影响显著，对森林覆盖率的影响不显著。

根据本文的研究成果和基本结论，提出如下建议：

（1）森林覆盖率和森林蓄积量的影响因素不同，应关注二者不同的增长规律，区别对待，加以利用。除了重视造林及森林面积增长外，还要充分认识到森林的多功能性，积极推动森林健康经营，提高森林的单位面积蓄积量，增强森林质量。

（2）继续加大林业工程的实施力度，发挥其对森林资源增长产生的积极推动作用，促进林业的可持续发展。要继续实施好现有的天然林保护、退耕还林等重大工程，谋划启动国家木材战略储备基地建设、森林健康经营等一批新的重大工程。

（3）尽量保持林业产权制度的稳定，增加收益的稳定性预期，避免制度的频繁变动给森林质量下降带来的负面影响。除了要继续深化集体林权制度改革外，还要积极推动国有林区和国有林场的改革，化解“三危”困境，实现兴林富民。

（4）进一步提高和优化社会经济状况，随着人口增长对森林资源需求的增加，要保证对森林资源的投入力度随经济增长而同步增长，让山区、林区的人民群众同样享受到改革开放的成果，确保林业“双增”目标实现和国家生态安全稳固。

1.7 国际比较

从世界范围看，目前世界森林面积约为 40 亿公顷，相当于人均约 0.6 公顷，森林覆盖率约为 30.6%，森林蓄积量 4310 亿立方米，中国森林面积约占世界的 1/20，森林蓄积约为世界的 3.5%。从森林资源的历史变化看，1990 年，全世界共有 41.28 亿公顷的森林，到 2015 年森林面积已减少到 39.99 亿万公顷，占全球土地面积则由 1990 年的 31.6%减少到 2015 年的 30.6%①。在过去的 25 年里，森林面积从 41 亿公顷变成略少于 40 亿公顷，减少了 3.1%，而中国森林面积则持续增加。其中，1990~2000 年增长率为 1.2%②（同期低收入和中等收入国家-0.3%，高收入国家为 0.1%）；2000~2005 年增长率为 2.2%（同期低收入和中等收入国家-0.3%，高收入国家为 0.1%），在所有森林增加国家中是增长率最快的国家；2005~2010 年增长率为 1.39%（世界同期为-0.14%）；2010~2015 年增长率为 0.14%（世界同期为-0.08%），仍然是该时期森林面积增长最快的国家，如表 1-5。

---

①根据 2015 年土地面积计算。

②世界银行《2010 世界发展指标》。

森林面积排名全球前十的国家，俄罗斯联邦、巴西、加拿大、美国、中国、刚果民主共和国、澳大利亚、印尼、秘鲁、印度，排名第一的俄罗斯联邦森林面积 814931 千公顷，占全球森林面积的 20%，排名第十的印度森林面积 70682 千公顷，占全球森林面积的 2%。排名前十的国家森林面积合计 26. 87 亿公顷，占全球森林面积的 67%。其中中国排名第 5，占全球森林面积的 5%，如表 1-6。

全球主要国家①的森林面积变化，在 1990～2000 年和 2000～2010 年两个时期，森林面积的增长，与世界主要大国相比，中国稳居第一。就森林结构而言，世界原始林面积占 36%，次生林面积占 57%，人工林面积占 7%，中国人工林面积达 5333 万公顷，居世界首位，占全球人工林面积的 1/3，而原始天然林面积则不在世界前 10 位（FAO，2006），如表 1-7。

表 1-5　中国森林资源及占全球森林资源比例（1949～2010）

年　份	中国（千公顷）	世界（千公顷）	中国占世界（%）	中国排序
1949	120000	2612000	4. 6	
1963	96380	3779000	2. 6	
1980	115270	4500000	2. 6	
1990	157141	4128269	3. 8	6
2000	177000	4055602	4. 4	5
2005	193044	4032743	4. 8	5
2010	206861	4015673	5. 1	5
2015	208321	3999134	5. 2	5

资料来源：世界数据由《全球森林资源评估（2005、2010、2015）》整理计算而得，中国数据 1949 年采用国内统计数据，1963 年采用《全球森林资源评估数据》（国内统计数据为 113350 千公顷）、1980 年采用中国森林清查数据，1990、2000、2005、2005 年均采用《全球森林资源评估》数据。

表 1-6　森林面积排名全球前十的国家

排　序	国　家	森林面积（千公顷）	占国土面积比例	占全球森林面积百分比
1	俄罗斯联邦	814931	48	20
2	巴　西	493538	58	12
3	加拿大	347069	35	9
4	美　国	310095	32	8
5	中　国	208321	22	5
6	刚果民主共和国	152578	65	4
7	澳大利亚	124751	16	3
8	印　尼	91010	50	2
9	秘　鲁	73973	58	2
10	印　度	70682	22	2

资料来源：《全球森林资源评估 2015》。

①世界主要国家为联合国 5 个常任理事国，日本、澳大利亚及金砖四国中其他二国。

表 1-7 世界主要国家森林资源状况及变化（1990~2015）

国 家	森林面积（千公顷）				年均森林面积增减量（%）		
	1990	200	2010	2015	1990~2000	2000~2010	2010~2015
世 界	4168399	4085168	4060964	3999134	-0.20	-0.06	-0.08
中 国	157141	177000	193044	208321	1.20	0.87	0.8
美 国	296335	300195	302108	310095	0.13	0.06	0.1
英 国	2611	2793	2845	3144	0.68	0.18	0.5
德 国	10741	11076	11076	11419	0.31	0.00	0
法 国	14537	15353	15714	16999	0.55	0.23	0.7
日 本	24950	24876	24935	24958	-0.03	0.02	0
俄罗斯	808950	809269	808790	814931	0.00	-0.01	0
巴 西	574839	545943	530494	493538	-0.51	-0.29	-0.2
印 度	63939	65390	67709	70682	0.22	0.35	0.3
澳大利亚	128541	128841	127641	124751	0	-0.4	0.2

资料来源：1990~2010 年数据，《世界银行发展指标（2005，2010）》；2015 年数据，《全球森林资源评估 2015》。

1.8 森林库兹涅兹曲线：中国验证

1.8.1 研究背景

Grossman 和 Krueger（1991）对 66 个国家和地区的 14 种空气污染物（1979~1990 年）和水污染物质（1977~1988 年）的变动情况进行了研究，他们发现，大多数污染物的变动趋势与人均国民收入的变动趋势间呈倒“U ”形关系。Panayotou（1993）借用 1955 年 Kuznets 界定的人均收入水平与收入不均等之间的倒” U”型曲线，首次将这种环境质量与人均收入水平间的关系称为环境库兹涅茨曲线（EKC），并于 1995 年提出环境库兹涅茨曲线假说（Grossman 和 Krueger，1997）。一般意义上的 EKC 是指，在经济发展的初期，环境污染或环境破坏会随经济的增长而加重，当经济发展到某一水平时环境污染程度达到最大，而后经济继续发展，环境污染程度却随之下降，环境质量逐渐变好，即污染物排放量与人均 GDP 之间的变化趋势呈现倒 U 形的曲线关系（Selden 和 Song ，1995）。①

国际方面：国际上有关 EKC 的研究主要集中于四个领域。首先，讨论经济增长与环境质量的演变是否存在 EKC 假说；其次，从不同角度研究 EKC 的政策；第三，环境库兹涅茨曲线形成的理论解释；第四，关注 EKC 假说成立的条件，从不同研究方向指出 EKC 假说的缺陷，提出修正建议。实证研究方面：有基于截面数据的实证研究（Stern ，2002；Cropper，2008）；基于面板数据的实证研究，（Song Tao，2008 ；Harris、Chambers 和 Kahn，2009）；基于时间序列的实证研

①Grossman G M，Krueger A B. Environmental Impacts of a North American Free Trade Agreement［R］. National Bureau of Economic Research Working Paper，Cambridge MA. 1991：3914；Panayotou T. Empirical Tests and Policy Analysis of Environmental Degradation at Different Stages of Economic Development［C］. Working Paper. WP238，Technology and Employment Programme，International Labor Office ，Geneva，1993；Grossman G M，Krueger A B. Economic growth and the environmental［J］. Quarterly Journal of Economics ，1997 ，110（2）：353~377；Selden T M，Song D. Neoclassical growth ，The curve for abatement and the inverted U curve for pollution［J］. Journal of Environmental Economics and management ，1995 ，29（2）：161~168.

究（Bruyn et al.，1998）。①

国内方面：中国学者也从不同区域和层次开展了许多有关 EKC 的研究。李周、包晓斌（2002）对我国东部、中部和西部分区验证“三废”排放量的 EKC，认为我国尚未到达“三废”排放量的 EKC 转折点。包群等（2005）利用 1996~2002 年期间我国 30 个省（自治区、直辖市）六类污染物排放指标的面板数据来检验 EKC 假设，发现倒“U”EKC 曲线关系存在，很大程度上取决于污染指标以及计量方法的选取。许士春等（2007）、庄宇等（2007）也用面板数据做了类似研究。杨凯、叶茂、徐启（2003）证明在城市一级上，上海城区废弃物排放量与人均 GDP 之间倒 U 形关系明显。邢秀凤、曹洪军、胡世明（2005）则发现青岛市的“三废”排放量不符合典型的 EKC 假设。已有文献从不同角度对环境库兹涅兹曲线进行了研究，得出了很多有益的结论，但也存在一定不足：一是环境污染指标的选取上不够宽泛，广义上的环境质量，不仅包括环境污染，还包括生态资源破坏，如湿地减少、草场退化、毁坏森林等。因此 EKC 的研究不能局限于环境污染，选取生态资源方面的指标也很有意义；二是不存在适合所有地区、所有污染物的单一关系模式，甚至对同一污染物，在同一地区，采用的计量方法或选用指标不同，都有可能得到不同的曲线形状。也就是说不同的数据、不同的模型会有不同的结果，有时在相同或相近的条件下，研究结论也会有很大差异甚至互相矛盾，常常使人对从外部考察“经济—环境”系统的“黑箱”（black box）方法提出质疑。②

---

①Selden T M, Song D. Environmental Quality and Development：is there a Kuznets Curve for air pollution emissions［J］Journal of Environmental Economics and management，1994，27：147~162；Marzio Galeotti，Alessandro Lanza. Desperately Seeking Environmental Kuznets［J］. Environmental Modelling &Software，2005，20（11）：1379~1388；Suri V，Chapman D. Economic growth，trade and the environmental：implications for the environmental Kuznets curve［J］. Ecological Economics，1998，25：192~208；Johnes L E，Manuelli R E. A positive model of Growth and pollution controls. NBER［R］，Working paper，1995：5205；Markus P. Technical Progress Structural Change and the Environmental Kuznets Curve［J］. Ecological Economics，2002（42）：381~389；Coondoo D，et al. Causality between Income and Emission：A Country Group Specific Econometric Analysis［J］. Ecological Economics，2002，40：351~367；Copeland B R，Taylor M S. Trade，Growth and the Environment［J］. Journal of Economic Literature，2004（42）：7~71；Perman. Evidence from Panel Unit Root and Cointegration Tests That the Environmental Kuznets Curve Does Not Exist［J］. Australian Journal of Agricultural，2003，47：325~347；Matthew A Cole. Trade，the Pollution Haven Hypothesis and the Environmental Kuznets Curve：Examining the Linkages［J］. Ecological Economics，2004，48（1）：71~81；Stern David I. Explaining Changes in Global Sulfur Emissions：An Econometric Decomposition App roach［J］. Ecological Economics，2002，42（2）：201~220；Cropper M，C Griffiths. The Interaction of Population Growth and Environmental Quality［J］. American Economic Review，1994，84：250~254；Song Tao，Zheng Tingguo，et al. An Empirical Test of the Environmental Kuznets Curve in China：A Panel Cointegration Approach. China Economic Review，2008，19：381~392；Harris Jill L，Chambers Dustin，et al. Taking the“U” Out of Kuznets：A Comprehensive Analysis of the EKC and Environmental Degradation［J］. Ecological Economics，2009，68：1149~1159；Bruyn S，Op schoor J，et al. Economic Growth and Emissions：Reconsidering the Empirical Basis of Environmental Kuznets Curves［J］. Ecological Economics，1998，25：161~175.

②李玉文，徐中民，王勇，等. 环境库兹涅茨曲线研究进展［J］. 中国人口·资源与环境，2005（5）：7~12. 包群，彭水军，阳小晓. 是否存在环境库兹涅茨倒 U 型曲线——基于六类污染指标的经验研究［J］. 上海经济研究，2005（12）：3~13；许士春，何正霞. 中国经济增长与环境污染关系的实证分析：来自 1990~2005 年省级面板数据［J］. 经济体制改革，2007（4）：22~26；庄宇，张敏，郭鹏. 西部地区经济发展与水文环境质量的相关分析［J］. 环境科学与技术，2007（4）：50-52；杨凯，叶茂，徐启新. 上海城市废弃物增长的环境库兹涅茨特征研究［J］. 地理研究，2003（1）：60~66；邢秀凤，曹洪军，胡世明. 青岛市“三废”排放的环境库兹涅茨特征分析［J］. 城市环境与城市生态，2005（5）：33~37.

本节从森林资源角度，研究森林覆盖率和人均经济总量的关系，从而从侧面揭示并验证 EKC 的正确性和适用性，为中国经济发展与资源环境的关系提供理论和实证支持；分析数据包含截面、时点和面板数据三类，数据跨度大，既有近、现代的数据，还有古代（秦~清）的数据，力求全面、科学；本文分析方法采用图形描述，相关分析，面板回归分析；面板回归模型通过对固定效应、随机效应进行比较，并进行单位根检验，对固定效应的几种形式进行反复比较，选取最优。

为了研究方便，这里直接用森林覆盖率消长类比环境质量的变化，森林资源是可再生资源，对可再生资源的破坏，不能完全反映生态环境的恶化状况，更科学的方法是对可再生资源的存量进行研究，即综合考虑破坏与修复和重建的平衡，重点考虑存量而非流量。因此，本文不再将资源的存量转换为环境质量（资源）的破坏量，而是通过验证资源存量和人均经济收入之间的关系，从而间接验证 EKC 曲线。如果说经典 EKC 曲线存在“倒 U”关系，那么用森林覆盖率做变量替代后是否存在“正 U”型曲线关系？首先，用森林资源存量（森林覆盖率）类比环境污染水平，人均经济总量代替人均收入，就森林资源存量和人均经济总量之间的关系进行研究；其次，用森林覆盖率作为森林资源存量的代表变量，对 EKC 曲线进行间接验证。

本节研究内容分为以下几个方面：首先，运用全国历年人均经济总量和森林覆盖率数据进行曲线拟合；再用固定年份各省份截面数据，作散点图进行拟合；其次，运用相关分析，研究森林资源和人均经济总量之间的静态和动态相关关系，并进行相关关系验证；再次，取各省份不同时点的全国森林清查数据，用森林覆盖率作因变量，用人均经济总量作自变量，构造方程，检验相关关系，间接验证 EKC 曲线是否成立。

1.8.2 森林覆盖率与人均经济总量对应关系描述性分析

历年森林覆盖率及相关经济社会指标的变化，见图 1-3 和图 1-4。

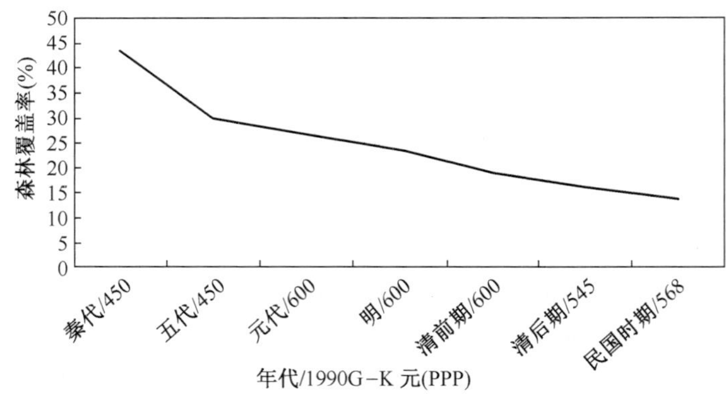

图 1-3 森林覆盖率与人均经济总量与（秦代至民国时期）的时点对应关系

数据来源：人均经济总量数据和森林覆盖率数据参照表 1-1，其中森林覆盖率数据取期间平均值。

1.8.3 森林资源与人均经济总量相关性分析

1.8.3.1 静态相关性分析

选用森林覆盖率作为研究对象，分析森林面积与人均经济总量的截面（2005 年的截面数据）

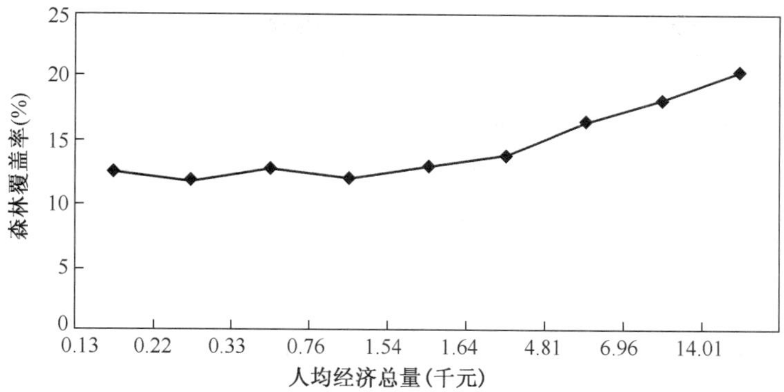

图 1-4　森林覆盖率与人均经济总量与（1949~2008 年）的时点对应关系

数据来源：森林覆盖率数据参照全国历次森林资源清查，人均经济总量数据参照对应年份中国统计年鉴，对应年份按森林清查期间中间年份确定。由于数据的可得性和研究需要，人均经济总量和森林数据选取全国数据，年份分别是 1949、1960、1975、1980、1985、1990、1995、2000。

相关关系，人均经济总量选用各省（自治区、直辖市）人均 GDP，本文利用我国（除香港、澳门外）31 省（自治区、直辖市）的数据进行相关关系分析，见表 1-8。

表 1-8　人均经济与森林覆盖率的相关分析

		人均经济	森林覆盖率
人均经济	Pearson Correlation	1	-0. 384（*）
	Sig.（2-tailed）		0. 033
	N	31	31
森林覆盖率	Pearson Correlation	-0. 384（*）	1
	Sig.（2-tailed）	0. 033	
	N	31	31

由表 1-8 可知，人均经济与森林覆盖率之间存在显著负相关关系（显著性水平 0. 05），即人均经济总量越高，森林覆盖率越低。即森林面积与人均经济总量呈负相关关系。

1. 8. 3. 2　动态相关性分析

由于数据的可得性，选用全国各省份 1985、1995、2005 年的森林面积数据，分析森林面积变化与人均经济增长的时点相关关系。森增长 1 表示森林面积（1985~1995 年）的增长率，人均经济增长 1 表示人均 GDP（1985~1995 年）的增长率；森增长 2 表示森林（1995~2005 年）的增长率，人均经济增长 2 表示人均 GDP（1995~2005 年）的增长率。为了验证人均经济总量增长率和作为自然资源代表变量的森林增长率的相互关系，利用我国（除香港、澳门）31 省份的数据进行相关分析，见表 1-9。

表 1-9　人均经济增长率与森林面积增长率的相关分析

		森增长 1	森增长 2	人均经济增长 1	人均经济增长 2
森增长 1	Pearson Correlation	1	-0. 082	-0. 068	-0. 011
	Sig.（2-tailed）		0. 674	0. 725	0. 956
	N	29	29	29	29
森增长 2	Pearson Correlation	-0. 082	1	-0. 071	-0. 079

（续）

		森增长 1	森增长 2	人均经济增长 1	人均经济增长 2
	Sig. (2-tailed)	0.674		0.714	0.684
	N	29	29	29	29
人均经济增长 1	Pearson Correlation	-0.068	-0.071	1	0.898（＊＊）
	Sig. (2-tailed)	0.725	0.714		
	N	29	29	29	29
人均经济增长 2	Pearson Correlation	-0.011	-0.079	0.898（＊＊）	1
	Sig. (2-tailed)	0.956	0.684	0.000	
	N	29	29	29	29

由表 1-9 可知，就一二阶段的联系而言，在经济总量增加的前提下，人均经济增长率第一、二阶段存在正相关关系，符合经济增长规律，前期的经济基础是后期发展的资本和动力；在森林总面积增加的前提下，森林面积增长率第一、二阶段不存在相关关系，意味着林地面积增加尚有较大开发潜力。

就一二阶段分别而言，第一阶段，第二阶段森林面积增长率和人均经济增长率之间都不存在相关关系。说明经济增长对森林的影响较小，即人均经济增长率增长高的省份，其森林增长率并不相应就高。

与表 1-8 相比，表 1-9 是人均经济增长速度与生态空间增长速度在两个时期的比较，表 1-8 可以认为是静态分析，存量分析，即在外部环境近似不变情况下的截面比较；表 1-9 可以认为是动态分析，增量分析，即在外部环境变化情况下的时点比较。动态分析和静态分析不同的是：加入了时间变量，并且加大了截面样本信息；增量分析和存量分析不同的是，存量是现有人均经济总量高的省份是否相应森林资源也多，增量是过去到现在人均经济增长率高的省份是否相应森林面积增长率也高，增长率的比较分析与起始状态有关。

1.8.4 森林覆盖率与人均经济总量回归关系的面板数据分析

本节将对生态空间的代表变量（森林覆盖率，FGL）和人均经济总量之间进行回归分析，以便确定其中的真实因果关系，是否符合二次型变化，进而从绿色生态空间的角度，间接验证环境库兹涅兹曲线。以 1949 年，20 世纪 60 年代初森林普查和全国森林清查（第 1~7 次）数据为基础，全国森林覆盖率及相关数据见表 。以全国各省份七次森林清查面板数据为基础，选用森林覆盖率作为因变量，自变量为人均经济总量（万元/人）及其平方项，数据选取年代同生态空间时点分析。

首先，结合题意（森林覆盖率本身就是比率形式）和前人的研究成果，本文采用线性到对数的回归方程形式进行回归，在方程右边加入自变量人均经济总量的平方项进行回归，从森林覆盖率入手，对环境库兹涅兹曲线进行间接验证，通过固定效应和随机效应的比较（随机效应及 Hausman 检验略），选定固定效应更加有效；然后进行单位根的检验（检验结果略），结果显示，人均经济总量存在自相关，所以用 EGLS 方法进行个体固定效应模型的校正（校正前结果略）；

最后，对固定效应最终方程模型进行检验，如表 1-10。

表 1-10　固定效应检验（EGLS）

固定效应检验				
变　量	系　数	标准差	t 统计量	*P* 值
常数项	27. 42605	0. 300316	91. 32399	0. 0000
人均收入	4. 885452	0. 253410	19. 27885	0. 0000
人均收入平方	0. 471980	0. 047819	9. 870050	0. 0000
经过加权的统计量				
R^2	0. 970675	因变量均值	26. 83380	
校正 R^2	0. 966851	因变量标准差	26. 90323	
回归标准误	4. 031052	残差平方和	3737. 357	
F 统计量	253. 7753	D-W 值	1. 011392	
P 值	0. 000000			
未经加权的统计量				
R^2	0. 938913	因变量均值	20. 48280	
残差平方和	3749. 832	D-W 值	0. 793716	

固定效应方程检验			
检验效应	统计量	自由度	*P* 值
截面 *F* 值	246. 198831	（28，230）	0. 0000

表 1-10 结果显示，人均经济总量及其平方项对森林覆盖率影响显著，且成正相关关系，自变量人均收入与因变量森林覆盖率呈开口向上的抛物线关系，即验证了本研究自然资源的代表变量森林覆盖率和人均经济之间存在“U”型曲线对应关系，即间接验证了人均收入与环境水平成倒“U”关系。通过标准化校正，拟合优度与各种检验量标准都得到了优化，R^2 高达 97%，固定效应检验结果显示：似然比（LR）检验显著，说明原假设固定效应是多余的不成立，固定效应模型检验通过。

1. 8. 5　结论与讨论

森林资源与人均经济总量的静态截面分析显示：人均经济与森林覆盖率之间存在显著负相关关系（显著性水平 0. 05），即人均经济总量越高的地区，森林覆盖率越小。动态截面分析显示：整体而言，森林面积前后期的相关性较低，经济增长对森林的影响较小。生态空间的时点分析显示：1949～1980 年，森林覆盖率随着人均经济总量增长呈现一定波动关系，1980 年后，随着人均经济总量的增长森林覆盖率是一直增长的；人均经济总量和森林覆盖率之间历年（秦代～当代）总体呈现“U”型曲线关系，随着人均经济总量的增长森林覆盖率先下降后上升，森林覆盖率最低点出现在 20 世纪 50 年代末至 60 年代初，经过大约 20 年的波动，从第三次全国森林清查时期（1977～1981 年）后，森林覆盖率开始稳步上升。生态空间的面板分析显示：人均经济总量及其平方项对森林覆盖率影响显著，自变量二次项关系式成立，通过标准化校正，拟合优度与各种检验量标准都得到了优化，R^2 高达 97%，再次验证了森林覆盖率和人均经济之间存在“U”

型曲线对应关系，即间接验证了人均收入与环境水平成倒“U”关系。

研究的不足主要体现在数据方面和结论解释力两个方面。数据方面：全国第二次湿地清查数据目前还没有公布，只有20世纪90年代初的第一次湿地清查数据，因此在做动态截面分析时，只能用森林数据和草地数据作为生态空间的代表变量；目前统计年鉴草地统计数据比较混乱，不同部门统计口径不一致，而且全国性的草地清查数据年份有限，森林历史数据1949年以前各省有记载得不多，统计口径也不一致，全国七次森林清查（1949~2008年）资料较为详细，而且从图形描述可以看出，20世纪50年代末至60年代初是“U”型曲线的拐点，因此在做面板分析时，选用1949、1963年及以后的七次森林清查数据作为生态空间的代表变量是在一定局限条件下的次优选择。结论方面：从静态截面数据看（2005年），人均经济总量和森林覆盖率存在负相关关系；从长期数据描述和面板数据分析看，该时期人均经济总量和森林覆盖率存在正向因果关系。这似乎存在矛盾，可能的原因：一是截面数据样本量太小，不足以说明问题；二是面板数据中，森林数据清查的时间间隔不同，对应的是不同的时期，本文取的是近似值，而截面数据则是选取2005年一年的数据；从森林资源的变化来看，我国经济发展过程中存在环境库兹涅兹曲线，经过某个时间段后人均经济总量和森林覆盖率呈现正相关关系。但是我们也不能忽视，这种正相关关系并不完全一定是不可逆转的，也可能出现反复。今后经济发展过程中，人均经济增长和环境破坏（生态空间的缩减）还可能存在正相关关系，这一点从生态空间静态截面数据和森林覆盖率长期数据的矛盾，森林增长率和人均经济总量的增长率不相关也可以得到佐证。下一步研究研究重点：搜集更全面的研究数据，并统一数据标准，对我国经济发展过程中是否存在环境库兹涅兹曲线，从湿地、草地等更宽泛的生态空间范围进行研究。

1.9 问题挑战

中华人民共和国成立后，中国森林资源保护、修复与建设取得了骄人成就，各项指标总体大势不断增长，然而，中国仍然是一个缺林少绿、生态脆弱的国家，实现2020年森林“双增”目标任务艰巨，严守林业生态红线面临的压力巨大，加强森林经营的要求非常迫切，森林有效供给与日益增长的社会需求的矛盾依然突出，森林资源总量不足、质量不高、分布不均的状况仍未彻底改变。

一是总量不足。全国森林覆盖率远低于全球31%的平均水平，只有世界平均水平的70%；人均森林面积0.15公顷，仅为世界人均水平的1/4；人均森林蓄积10.98立方米，只有世界人均水平的1/7。用仅占全球5%的森林资源来支撑占全球23%的人口对生态和林产品的巨大需求，中国森林资源总量明显不足；

二是质量不高。森林每公顷蓄积量89.79立方米，只有世界平均水平131立方米的69%，人工林每公顷蓄积量只有52.76立方米；林木平均胸径只有13.6厘米，中幼龄林面积 占65070，纯林面积占61%，平均郁闭度只有不足0.6；质量好的森林仅占19%，生态功能好的森林只有13%。森林质量和林地生产力还处于较低的水平，提升森林质量的潜力很大；

三是分布不均。东北地区森林覆盖率41.59%，东部地区为37.66%，中部地区为36.53%，西部地区18.13%。中国东北西部、华北北部、西北大部和青藏高原西部的干旱半干旱地区，国土面积占全国的近一半（47%），森林面积仅占全国森林面积的13%；森林覆盖率只有6.70%，不足全国平均水平的1/3，森林资源十分稀少。

第 2 章　林业文化渊源

2.1　各家宗学

中国古代文明源远流长，朴素的人与自然观在璀璨绚烂的历史长河中熠熠发光，森林作为大自然的一部分，当然也是古代先哲启发思想和迸发灵感的源泉。

儒家“天人合一”哲学思想，诸如“天何言哉？四时行焉，百物生焉”,① 讲的就是自然万物与人的和谐相处，主张“仁及草木”，“德及鸟兽”。②③ 道家遵从“道法自然”、“无为而治”④ 的思想，诸如“天地者，万物之父母也，合则成体，散则成始”，认为“道”是生化万物的前提。⑤⑥ 佛家有“爱”与“慈悲”的博爱观，诸如“大慈与一切众生乐，大悲拔一切众生苦”⑦，教导人们要对所有生命大慈大悲，不杀生意味对所有生物不加伤害。⑧ 其他各家学派，如法家、墨家、名家和阴阳家、兵家在其经典著作中，论述阴阳观念 、人文精神、崇德尚群、中和之境、整体思维等中华传统思维时，也都或多或少会论及人与自然的关系。管仲指出：“山泽不救于火，草木不植成，国之贫也”“山林虽广，草木虽美，宫室必有度，禁发必有时”（《管子·立政》）。荀子认为：“天有常道矣，地有常数矣”“草木荣华滋硕之时，则斧斤不入山林，不夭其生，不绝其长也。鼋鼍鱼鳖鳅鳣孕别之时，罔罟毒药不入泽，不夭其生，不绝其长也。春耕、夏耘、秋收、冬藏，四时不失其时，故五谷不绝，而百姓有余食也。汙池渊沼川泽，谨其时

---

①袁祖社. 尚书·周书·召诰//四书五经［M］. 第 1 册. 北京：线装书局，2000.

②袁祖社. 论语（阳货第十七）//四书五经［M］. 第 1 册. 北京：线装书局，2000.

③儒家思想体系中主要表现为“天人一体”“天人一气”“天人一物”“天人一道”“三才一道”等观点。天人和谐是它的思想精华。诸如“君子有三畏：畏天命，畏大人，畏圣人言。”“诚者天之道也，诚之者人之道也。”“大人与天地合其德。”“牛山之木尝美矣，以其郊于大国也，斧斤伐之，可以为美乎？是其日夜之所息，雨露之所润，非无萌蘖之生焉，牛羊又从而牧之，是以若彼濯濯也。人见其濯濯也，以为未尝有材焉，此岂山之性也哉？”“不违农时，谷不可胜食也。数罟不入洿池，鱼鳖不可胜食也。斧斤以时入山林，材木不可胜用也。谷与鱼鳖不可胜食，材木不可胜用，是使民养生丧死无憾也。”概括地说，天人和谐是它的思想精华。见《论语》《孟子》《中庸》《易传》等。

④崔仲平. 老子译注·道德经［M］. 哈尔滨：黑龙江人民出版社，2003.

⑤孟庆祥，关德民，等. 庄子译注·外篇·达生［M］. 哈尔滨：黑龙江人民出版社，2003.

⑥道家思想体系主要表现为，诸如“道可道，非常道。名可名，非常名。无名天地之始，有名万物之母。”“万物所出，造于太一，化于阴阳。”概括地讲，顺其自然、无为而治、无为而无不为是它的表述核心。见《道德经》《庄子》等。

⑦赵向阳，张兴全. 大智慧论［M］. 珠海：珠海出版社，1998.

⑧佛家思想体系以“佛”为最高教主，要求“一不杀生。二不偷盗。三不邪淫。四不妄言。五不绮语。六不两舌。七不恶口。八不悭贪。九不嗔恚。十不邪见”。概括地讲，佛家以静心修性、超脱轮回、投身净土（即入天国）为最高目的。见《大藏经》等。

禁，故鱼鳖优多而百姓有余用也。斩伐养长不失其时，故山林不童而百姓有余材也”（《荀子》）。刘安主持编著的《淮南子》，将道、阴阳、墨、法和一部分儒家思想糅合起来，尽论世间诡奇之事，治乱存亡之道，指出“构木为台，焚林而田，竭泽而渔”是使“万物不繁”的重要原因，而且把“焚林而猎”，“烧燎大木”等与亡国联系到一起。

2.2 自然崇拜①

在世界各个民族的自然观丛书中，曾普遍存在自然崇拜现象。1871 年英国人类学家泰勒（Edward B. Tylor）出版《原始文化》（Primitive Culture），主题为“万物有灵论”（animism），这种自然宗教意识逐渐发展为自然宗教。美国民族学家摩尔根（Lewis Genry Morcan）1877 年在《古代社会》一书中提到：北美洲辛尼加部落就有狼、熊、龟、鹿等 8 种动物图腾，澳大利亚卡来拉罗依部落 6 个氏族就有袋鼠、负鼠、袋狸、黑蛇等 6 种图腾。蒙古史学家策・达木丁苏隆在自己的力作《蒙古秘史》中记载，成吉思汗的祖先是奉天命而生，其一生事业无一事不归于天，蒙古人曾经有对天地、太阳、星宿、山水、火把等极度崇拜的历史。中国古代有五行文化（金、木、水、火、土）之说，可见五种自然物质在人们生活中影响重大。② 中国古代的帝王自称“天子”，他们对天地非常崇敬，北京的天坛曾经是明清两代皇帝每年祭天和祈祷五谷丰登的地方，也是自然崇拜的最好见证。③ 在古代，人类无论狩猎采集、农耕牧畜，天时地利都起着决定性作用，当时生产力较低缺乏认识和征服自然的力量，因此在人们对自然的感悟中，萌生了把自然物和自然力视作具有生命、意志和伟大能力的对象加以崇拜，某种程度上也是一种原始的宗教形式。在中华 5000 年文明发展史中，远古先民们把某种动物作为图腾崇拜，产生了最早的神。“黄帝族以熊为图腾”“夏族以鱼为图腾”“商族以玄鸟为图腾”。先民们获得自然恩惠，逐渐积累顺应自然的理性认知。与此同时，又抵御不了水、火、雷、电等自然灾害的威胁，便以崇拜图腾的方式乞求大自然的恩赐与保护。④ 后来，由自然崇拜发展而来的自然宗教逐渐演变成了一种国家制度，重大活动和用兵之前必先祭拜已成为一种惯例，历史文献和文学传记中多有记载。《左传・成公十三年》有云：“国之大事，在祀与戎。”《山海经》一书，也记载当时多个邦国中的崇拜与图腾文化。⑤ 对植物图腾的崇拜则稍晚于对其他自然现象的图腾崇拜，这与生产的发展有关。中国百家姓中与植物有关者，如梅、花、李、叶、林等都是由图腾演变而来。古代以树木为国名或地名者颇多，如春秋时“杞”“棠”“北杏”“桃”“栎”“桂”等均为当时之国名或地名，这些名称亦多为该地树种，这些树木代表土地之神，神圣不可侵犯。⑥ 古代对树木的崇拜还

---

①此部分内容引用：张钧成．中国林业传统引论［M］．北京：中国林业出版社，1992.

②《尚书・洪范》：“五行：一日水，二日火，三日木，四日金，五日土。水日润下，火日炎上，木日曲直，金日从革，土爰稼穑。润下作咸，炎上作苦，曲直作酸，从革作辛，稼穑作甘。”

③嘉靖九年（1530 年）嘉靖皇帝听大臣言：“古者祀天于圜丘，祀地于方丘。圜丘者，南郊地上之丘，丘圜而高，以象天也。方丘者，北郊泽中之丘，丘方而下，以象地也。”于是决定天地分祭，在大祀殿南建圜丘祭天，在北城安定门外另建方泽坛祭地。嘉靖十三年（1534 年）圜丘改名天坛，方泽改名地坛。

④贾治邦．生态文明的基石——三个系统一个多样性［M］．北京：中国林业出版社，2011.

⑤《山海经．大荒东经》：“东海之外大壑，少昊之国，少昊儒帝颛顼，弃其琴瑟。有甘山者，生甘渊，甘水出焉。”“东南海之外，甘水之间，有羲和之国。有女子曰羲和，帝俊之妻，生十日，方浴日于甘渊。”

⑥张钧成．中国林业传统引论［M］．北京：中国林业出版社，1992.

表现在从皇帝到臣民对一些古树的崇拜。如秦始皇二十八年（公元前 219 年）秦始皇于泰山所封之“五大夫松”，汉代元封元年（公元前 110 年）汉武帝于河南嵩山册封的“将军柏”，北京潭柘寺清代乾隆皇帝册封的“帝王树”“配王树”（银杏）等。古树名木往往与名胜古迹和历史名人联系在一起，见证着某一段历史，因此有不少古树名木冠以朝代或名人姓名。如陕西黄帝陵的轩辕柏，太原晋祠的周柏、隋槐，湖北黄梅县的晋梅，甘肃天水南郭寺的唐槐、汉柏，甘肃河西走廊和新疆一带的左公（左宗棠）柳等。① 在中国民俗中不少地方将古树奉为“神树”，顶礼膜拜。至今民间还流传着“桑林祈雨”“桃木避邪”等传说，中国古老的神话“夸父追日”也与桃林有关。② 在我国南方山区自古民间就有认树为母（干爹、干娘）的风俗，一般多选择茂密高大、冠幅宽阔、树龄千年以上的常绿阔叶乔木“樟树”为祭拜对象，以此祈求子女无病无灾，成器成才。③

2.3　植物情愫④

《诗经》是中国最古老的诗歌集，也是世界上硕果仅存的古老诗集。战国以前，称“诗”或“诗三百”，实际有诗 305 首，汉始被尊为经。《诗经》记述动植物种类繁多，因此古人说读《诗经》可以“多识草木虫鱼之名”。以植物而言，《诗经》记载许多与古人生活相关的作物，也描绘不少当时分布在华北地区的天然植被。在所有的《诗经》植物中，出现篇章数最多者为桑，共有 20 篇；黍类次之，共出现 17 篇；枣又次之，出现 12 篇；小麦 9 篇；葛藤、芦苇、柏类、葫芦瓜、松、大豆及柞木等各 7 篇；黄荆、棠梨、大麻、稻、粟、枸杞各 6 篇。这些出现篇数较多的植物，都是诗经时代和人类关系密切的植物。⑤

《楚辞》由西汉的大学者刘向校订皇宫的藏书，编辑屈原等人的作品成为专书。《楚辞》对后世文学的影响和《诗经》相同。《楚辞》中的植物种类近百种，《楚辞》各篇章中，出现植物种类较多的有《离骚》《九歌》《九章》《七谏》《九叹》《九思》等，在所有的植物之中，《楚辞》诗文中出现次数最多的是“白芷”和“泽兰”。白芷自古即为重要药材，全株具香味。泽兰为有名的香草，可做香料，并用来驱邪；另一种出现次数很多的植物是薰草（蕙）；其他出现次数较多的植物有：芎䓖、花椒、肉桂、荷花、菖蒲。这些在《楚辞》出现次数较多的植物，大部分为香草或香木，可以看出《楚辞》诗文中最常以香草香木作为隐喻对象，在“览其昌辞”之外，正可领会古人“竭忠尽节”之意。⑥

①蔡登谷. 森林文化与生态文明［M］. 北京：中国林业出版社，2011.

②《山海经. 海外北经》：“夸父与日逐走，入日。渴欲得饮，饮于河、渭，河、渭不足，北饮大泽，来至，道渴而死。弃其杖，化为邓林”，邓林即桃林。

③蔡登谷. 森林文化与生态文明［M］. 北京：中国林业出版社，2011.

④此部分内容引用：潘富俊. 草木缘情［M］. 北京：商务印书社，2015.

⑤《小雅 · 小弁》：“维桑与梓，必恭敬止。”《邶风 · 谷风》：“谁谓荼苦？其甘如荠。”《周南 · 桃夭》：“桃之夭夭，灼灼其华。”《郑风，溱洧》“溱与洧，方涣涣兮。士与女，方秉蕳兮。”

⑥《七谏 · 怨思》：“江离弃于穷巷兮，蒺藜蔓乎东厢。”《离骚》：“扈江离与辟芷兮，纫秋兰以为佩。”《九叹，怨思》“鸣鸠栖于桑榆。”《七谏 · 自悲》：“杂橘柚以为囿兮，列新夷与椒桢。”《九叹 · 思古》“甘棠枯于丰草兮，藜棘树于中庭。”

《唐诗三百首》是大家熟悉的一本诗选，由清朝蘅塘退士（孙洙）选辑，人选的诗作只有310首，都是经过千年洗练淘汰、历代公认的好诗。在310首诗中，有136首诗提到植物，占全书的43.9%，出现植物有81种。《宋诗钞》共选出宋诗16033首，其中8449首有植物名称，占52.7%，出现植物共260种。《元诗选》选诗10071首，5507首有植物，占54.7%，植物301种。《明诗综》选诗10132首，5087首出现植物，占50.2%，植物334种。《清诗汇》有诗27420首，出现植物的诗篇有15145首，占55.2%，植物种类427种。

中文成语数量庞大，根据已出版的成语词典、辞海，成语总数约有37000条。其中在三万多条成语之中，有八百多条以特定的植物为组成内容，共使用120种植物名称。这些植物成语中，出现最多的植物为桃，共组成桃李门墙、门墙桃李、桃李成荫、桃李满门、投桃报李、夭桃秾李、桃源避寿、人面桃花、桃之夭夭等20条成语。其次为柳，组成18条成语，有颂人成语，如陶潜五柳、人柳三眠、柳如张绪；有颂景的成语，如傍花随柳、花光柳影、花红柳绿、柳暗花明；有伤别的成语，如灞桥折柳；也有讥讽的成语，如残花败柳、寻花问柳。其余常出现在成语中的植物，依次为李15条、兰（泽兰）15条、竹13条、桑12条、蓬（飞蓬）11条、粟（小米）10条，以及茅（白茅）、棘（酸枣）、荆（黄荆）、豆、匏、瓜等均出现9条。比较常见的成语植物，还有荷，组成出水芙蓉、步步莲花、并蒂芙蓉、藕断丝连、轻薄莲花等成语；豆，组成不辨菽麦、煮豆燃萁、目光如豆、种豆南山等成语；经济林木桑、樟、槐、榆等也经常出现在成语中，如：如指桑骂槐、敬恭桑梓、桑榆暮景等。

专栏2-1 竹文化

竹文化在森林文化中独树一帜。在人类文明发展的历史长河中，竹子与华夏儿女结下了不解之缘。千百年来，人们种竹、赏竹、用竹、爱竹、画竹、咏竹，借竹寓意，以竹抒情，留下了许多以竹为题的诗词丹青。人们赞美竹子，是因为它有青翠洒脱的风姿，昂首挺拔的气势，虚心有节的情操，刚柔相济的品德。体现在竹文化中的竹子，不再是一般纯生物意义上的一种植物，而是人格化了的自然，沉淀着中华民族情感、观念、思维和理想等深厚的文化底蕴。在悠悠几千年的历史长河中，竹子与人民的生产生活息息相关，我国悠久的历史文化也与竹结下了不解之缘，形成了丰富多彩、独具特色的中国竹文化。自古以来，历代文人墨客赏竹咏竹，“宁可食无肉，不可居无竹。无肉令人瘦，无竹令人俗”，竹子成为激发高尚情操，弘扬民族气节，传播中华民族优秀文化的重要载体。①

中国素有“竹子王国”之美誉。据考证，距今1万年前的长江中下游和珠江流域的原始人就已经开始利用和栽培竹子。距今约7000年前的新石器时代，浙江河姆渡文化遗址中就发现竹席等竹制品。殷周时期，不仅竹制品日益增多，而且在最早的中国语言文字——甲骨文中就有“竹”字和竹部文字。从西周到汉代，简策作为当时书籍和文字记载的主要形式，至今留下了诸多传世之作。随着竹文化的发展，现代竹产业正方兴未艾，竹食品、竹建筑、竹服饰、竹器物、

①国家林业局党组成员谭光明在第九届中国竹文化节开幕式上的致辞，http：//www. scqs. gov. cn/info/9459/36905. htm2016-10-14。

竹文房、竹工具、竹乐器、竹园林、竹盆景等，不仅荟萃了诸多文化艺术精品、服饰、竹器物、竹文房、竹工具、竹乐器、竹园林、竹盆景等，而且有力地推动了山区经济发展和农民增收。

改革开放以来，我国竹产业发展迅速，产业规模不断扩大，产业结构日趋合理，利用领域逐步拓宽，工艺和技术不断改善，产品种类和数量不断增加，品位和质量不断提高，一个从资源培育、加工利用、出口贸易到竹林文化旅游的新兴竹产业体系正在形成。

据考古发掘，距今 5000 年前良渚文化遗址发现了丰富的竹器利用资料，仅钱山漾一地即发现完整的和残缺的竹编器物 200 多件，有竹篓、竹篮、箅子、谷箩、刀節、簸箕、倒梢（捕鱼用具）、竹席、篷盖、门扉、竹绳等。“竹”字的象形符号和文字，不仅表现在五六千年前仰韶文化时期的陶器上，也大量地出现在殷周之后的甲骨文、金文和竹简上。

先秦古籍中不乏关于竹类的记载，《尚书·禹贡》记载了扬州的“筱、簜”；《尔雅》中记载：“东南之奚誓，有会稽之竹箭焉”；《山海经》记述了各地的竹产品；《诗经·卫风·淇奥》有“瞻彼淇奥，绿竹漪漪”之句；《诗·小雅·斯干》，有“下莞上簟，乃安斯寝”之句；《礼记·月令》规定了“仲冬之月日短，至则伐木取箭”。竹器的利用至汉代已大为盛行，从《说文解字》中可见用于各种目的的竹器 90 多种。中国文字书写材料在发明造纸前，经历了甲骨、金石、竹简、丝帛的使用过程。唐宋以来，以笕竹为水管，普遍应用于农业生产。晋人戴凯之所著之《竹谱》，将竹之品类分为 61 种。此后历代不仅出现了不少《竹谱》《笋谱》之类专著，并且在历代农书、本草和植物专谱中均辟有竹类专论。

除上述用于工艺品制造及造纸外，由于竹类本固、性直、中空、有节，被人们赋予高尚的品格，取其“未出土时便有节，及凌云处尚虚心”的高尚情操，爱竹、写竹、颂竹、画竹成为一些文人的嗜好，是中国古代诗歌、音乐、绘画中的重要题材。从西晋嵇康等竹林七贤的竹林之游，王徽之的“何可一日无此君耶?”的啸咏，到宋代文同的“可使食无肉，不可使居无竹”的名句，历代文人留下了大量的关于竹类的诗词歌赋和绘画，清代郑板桥的画竹艺术堪称绝品。中国古代园林以竹为题材者更是数不胜数。著称者如汉代甘泉祠宫之竹宫、梁孝王东苑之修竹园、唐王维辋川别业之竹里馆、宋司马光独乐园之种竹斋、王禹偁之黄岗竹楼等，都是中国竹文化的代表作。

专栏 2-2　花文化

花是美的象征，是人类在大自然中最早和最常见的审美对象。它不仅集形、色、香于一体，更以其通灵人性、依附人格、充满无限生机而博得人们的喜爱。从古到今，从东方到西方，花已经成为人类亲密无间的伴侣，融入了生活，融入了文化，在自然科学与人文科学中占据着重要的位置。中国最早的文字——甲骨文中就有花叶倒垂的象形文字，与后来的“花”字有直接的关联。据古文字学家解读，这个象形文字是商代人以花木祭祀的见证。这个传统历经数千年，一直延续至今。

人类对花木最早的价值取向是观赏性，逐步发展到以花拟人、以花喻事、以花寄情。在中国最早的文学经典著作《诗经》《离骚》中可见一斑，到后来的唐诗、宋词、元曲中，将花木人格化的名篇佳句更是不胜枚举。可以说，中华民族在对花卉的赞赏、比拟、审美、关照之中，赋予花卉以活的灵魂和无限的生命力，它所体现出来的感悟方式，构成了世界文化视野中别具一格的极具东方色彩的文化景观。

中华花文化植根于森林文化之中，源于自然，美在自然，是与人文精神结合的集中体现，是人格与花格的完美融合。将人格寄托于花格，以花格依附于人格。人生的盛衰荣辱，人情的喜怒哀乐，无不可寄寓于花，象征于花、移情于花。千百年来，人们栽花、赏花、爱花、咏花、绘花、写花，孕育出万紫千红、丰富多彩的花文化。因此，中华花文化的核心精神就是花的人格化，赋花以人格，赋人以花格，乃至我们对于花文化基本内涵的理解，已经超出了花自身所固有的观赏价值，而是追求人花相融、心物相通的境界。

我国花卉资源丰富，栽培历史悠久，是许多名贵花卉的故乡，素有“世界花卉宝库”的美誉，其所依托的观赏植物的种质资源和多样性非常突出，我国原产的观赏植物约10000~20000种，其中较常用的有2000种以上。观赏植物杜鹃花，全世界共有800余种，我国就有600余种，占75%；报春花属，我国有390种，占世界的87%；木兰科我国有73种，占世界的81%；百合花我国有60余种，占世界的60%以上；龙胆属我国有230种，占世界的50%以上；世界15种金粟兰和6种蜡梅都原产于我国。一些花卉主要产区和大城市相继建成了大型花卉批发市场和集散地，随着城镇化步伐的加快和人民物质文化生活水平的提高，花卉业必将高速增长，成为我国林业产业中的特色产业之一。

《诗经》《楚辞》等很多篇章中，有以花草为对象的“比”“兴”手法修辞，如屈原的《离骚》：“何所独无芳草兮，尔何怀乎故宇?”“何昔日之芳草兮，今直为此萧艾也。”这里“芳草”喻善良的人，“萧艾”是蒿草，喻坏人，这种比喻沿用至今。《孔子家语》记述孔子看见芝兰而联想到为人处世之道，“芝兰生于深谷，不为无人而不芳，君子修道立德，不为穷困而改节歹。”所以芝兰成为坚贞不屈、孤芳自赏的象征。清代康熙有一段话：“玩芝兰则爱德行，睹松竹则思贞操，临清流则贵廉洁，览蔓草则贱贪秽”，此亦古人因物而比兴的修辞手法。

北魏贾思勰所著《齐民要术》一书，对花卉和自域外引进的植物不以为然，嗤之以“浮伪”，他认为花卉和商业一样，属于末业。该书序言提到：“舍本逐末，贤哲所非，日富岁贫，饥寒之渐，故商贾之事，阙而不录。花草之流，可以悦目，徒有春花，而无秋实，匹诸浮，盖不足存”。南北朝时期花卉专著流传不多，《魏王花木志》一书，为我国较早的植物花卉专著。隋代诸葛颖著有《种植法》。唐代有关花卉的专著有：杜师仁之《栽植经》、王方庆之《庭园草木疏》、王曼之《山居要术》、贾耽之《百花谱》、李德裕之《平泉山居草木记》等。宋代花卉专著开始增多，仅据王毓瑚先生所编《中国农学书录》所载，宋代的芍药专谱有：刘攽、孔武仲、王观各自撰写之《芍药谱》，刘蒙、史正志、范成大、马揖各自撰写的《菊谱》，牡丹方面的专著有欧阳修的《牡丹记》等。南宋时期陈景沂更创花卉之综合谱书《全芳备祖》，此书分前后两集，前集为花，后集为果、卉、草、木、桑、蔬、药等，各种植物主又分事实祖、赋咏祖、乐赋祖，此书为后世《群芳谱》之蓝本。

明代流传的菊谱和兰谱多，如姚绶的《菊月令》、黄省曾的《菊》、卢壁的《东篱品汇录》、冯京第《兰易》《兰史》。影响较大者为王象晋之《群芳谱》，全书28卷，仿《全芳备祖》体例，成书于天启年间。

清代传世的花卉专著较多者亦为菊类，有徐京《艺菊简易》、陆廷灿《艺菊志》等。著称于世者为康熙四十七年（公元 1708 年）汪灏主持编纂之《御定佩文斋广群芳谱》，此书是奉命集体编纂的官书，系在《群芳谱》的基础上编纂而成的大型花卉类书。

专栏 2-3 茶文化

中国是茶的故乡，是世界上最早种植茶、利用茶的国家。相传神农氏尝百草，发现了茶的功用。然而，真正让茶文化流光溢彩的始祖，要数被世人誉为茶圣的唐代人陆羽。他一生嗜茶，精于茶道，工于诗词，呕心沥血 30 年，完成世界上第一部茶叶专著《茶经》。据历史考证，茶源于晋，而盛于唐，至今 1700 多年的历史。茶文化的特点集中表现为雅俗共赏。其雅，可与琴棋书画相伴；其俗，可进茶馆饭庄和寻常百姓之家。茶文化内涵包括：茶史、茶诗、茶词、茶道、茶艺、茶树栽培学、茶叶制作学等，其中最核心的是茶道和茶艺。

中国茶道汲取儒、佛、道三教文化中的精华，讲究“和、静、怡、真”四谛。其中“和”是中国茶道的哲学思想核心，是茶道的灵魂；“静”是中国茶道修习的不二法门；“怡”是中国茶道实践中的心灵感受；“真”是中国茶道的终极追求。如果在茶事活动中融入哲理、伦理、道德，通过品茗饮茶修身养性、陶冶情操、品味人生、参禅悟道，得到精神上的享受和人格上的洗礼，这就是中国饮茶的理想境界——茶道。

茶艺是在茶道精神指导下的茶事实践，它包括茶艺的技能、品茶的艺术，以及在茶事过程中，以茶为物质媒介去沟通自然、内省自性、完善自我的心理体验。茶艺讲究人、茶、水、器、境、艺 6 个要素。这 6 个要素齐头并进，才能使茶艺在种茶、制茶、赏茶、泡茶、敬茶、品茶等一系列茶事活动中，以艺示道，弘扬茶德，表达茶理，揭示茶文化的深刻内涵，达到尽善尽美的境界。

茶于中国有悠久的历史。长期以来，人们认为茶有止渴、消食、除痰、利水、明目、益思、除烦、去腻的良品，所谓“滋饭蔬之精素，攻肉食之膻腻：发当暑之清吟，涤通宵之昏昧”（顾况《茶赋》）。

关于茶事可靠的记载为汉代，公元前 59 年王褒《僮约》有：“奴当从百役使，不得有二言，晨起早扫，食了洗涤……烹茶尽具，铺已盖藏……。”三国时期也有饮茶的记载，见于《三国志·吴书·韦曜传》：“（孙）皓每飨宴，无不竟日，坐席无能否率以七升为晨，虽不悉入口，皆浇灌取尽。曜素饮酒不过二升，初见，异时，常为裁减，或密赐茶荈以当酒，至于宠衰，更见…疆，辄以为罪。”晋代关于茶辜事的记载更多，《华阳国志·巴志》载：“巴之南鄙。无蚕桑，少文学，惟出茶。”南北朝时期茶已作为祭祀之用，茶文化至唐代，大为发展，茶事风靡全国，茶之种植、茶技术，皆超越前代。特别是出现了陆羽著之《茶经》，由于茶业在全国的盛行，出现了茶法、茶政，茶已成为国家财政税收的来源和商品流通中的重要商品。宋代茶道更为盛行，《南窗纪谈》称：“客至则设茶，欲则设汤。不知始于何时？上白宫府，下至闽里，莫之或。”清代茶业依然兴盛，据《清朝续文献通考·卷三百八十二·实业五》称：“有英人调查华茶，谓中国全国茶园面积为三百万亩，每年产量为六万万磅。《百科全书》则谓华人人年费茶五磅，以人口四万二千七百万计，国内每年茶费廿一万三千五百万磅。”从唐朝陆羽《茶经》算起，至清末程雨亭的《整饬皖茶文牍》为止，我国历史上刊印的各类茶书有近百余种。

专栏 2-4 桑蚕文化

杭嘉湖平原得天独厚的地理环境和气候条件，使之成为一方富庶之地。早在 4700 年前先民们就开始种桑养蚕。旧俗浙江男女定亲时，女方通常送一张蚕种或几条蚕作为定亲信物，称“送蚕花”；男方母亲须着红色丝棉袄去接，称“接蚕花”。女儿出嫁时用两棵小桑树和一枝万年青陪嫁。新娘进男家门时，喜娘要向四周撒一些钱币供众人拾取，称“撒蚕花铜钿”，同时唱民歌《撒蚕花》：“今年要交蚕花运，蚕花茂盛廿四分，茧子堆来碰屋顶。”新娘子嫁到婆家第一年，要独立养好一张蚕种的蚕，称“看花蚕”。青年男女新婚时，女家邻居向女家讨蚕花蜡烛，点燃蜡烛后回家，可保蚕花兴旺。新婚次日，堂屋中用椅子围成一圈，喜娘领新娘围椅子转圈，将红色丝棉线缠于椅背，寓新娘缫丝手巧之意。“蚕花”相传为西施所创，蚕乡女子将头戴“蚕花”视为时尚。清朱恒《武原竹枝词》云：“小年朝过便焚香，礼罢观音渡海航，剪得纸花双鬓插，满头春色压蚕娘。”

中国人是世界上最早养蚕、织丝的国家。蚕丝文化是汉文化的主体文化，与稻田文化一起标志着东亚农耕文明的成熟。中国古籍中常有“农桑并举”的记载。“一妇不蚕，或受之寒”反映了古代人民对蚕业的高度认识。传说黄帝的妃子螺，教人民种桑树、养蚕、抽丝、织布。2000 多年前，中国人制造的丝织品传到欧洲，开辟了举世闻名的“丝绸之路”。殷墟出土的甲骨文中，有“桑、蚕、丝、帛”等文字。在周朝（公元前 1046~256 年）蚕桑生产已成为专业化，并受到官方督察管理。到战国时期（公元前 476~221 年）达到高度发展，中国各地出土的战国时期的丝织品很多，有罗、绫、纨、纱、绉、绮、锦、绣等产品。宋、元时期（公元 960~1368 年）的蚕丝生产和丝织业达到另一高峰，宋朝年产丝绸达 340 万匹，不仅有“十亩粮田一亩桑，男耕女织谷满仓”，“江淮蚕桑甲金沙”的名句，还有了丝河、茧巷、桑园村、浣纱里等地名。①

①专栏 2-3 主要引用：江泽慧. 中国现代林业［M］. 北京：中国林业出版社，2008；张钧成. 中国林业传统引论［M］. 北京：中国林业出版社，1992；蔡登谷. 森林文化与生态文明［M］. 北京：中国林业出版社，2011.

第 3 章　林业上层关注[①]

3.1　中华人民共和国成立前

殷末周文王（姬昌）在征伐崇国时（今河南省嵩县北）曾下令："无杀人，无坏室，无塞井，无伐木，无掠六畜，不如令者不赦"，这是我国较早反对战争毁林的军令。[②]其子姬发（周武王））用兵推翻了殷王朝，建立了周王朝，在姬发死后，其弟姬旦（周公），辅佐其子姬诵（周成王）平息叛乱、制定政策，奠定了周朝大业。周朝自立国之前，几代人都是以农业为本，重视农林生产，对自然生态和森林采取保护的政策。[③]比较著称的史料除《诗·豳风》外，还载于《逸周书》，这也是中国较早的关于保护自然生态和森林的论述。

秦统一全国后，在修建阿房宫建造亭台楼榭以及修建自己的陵墓时砍伐了大量林木，致使森林资源曾一度锐减．然而在利用的同时，秦始皇也有着保护森林、植树造林的意识。公元前 220 年，统一六国的战争刚结束，秦始皇巡视泰山、邹峄山等地时，发现毁林开荒、乱砍滥伐现象比较严重，便立即下令："勿伐林木。"（公元前 213～前 212 年）焚书坑儒期间，秦始皇为加强控制，下令烧毁了大量秦国以外的历史书和民间收藏的儒家诗书以及诸子百家书，但对传播林业知识的书籍，却传谕旨"不去种树之书"。修筑万里长城时，他下了一道圣旨："累古为城，树榆为塞。"这里的"城"指万里长城，"塞"即为建立绿色屏障。意思是说，在修筑万里长城的同时，必须大力栽植榆树，营造一条依附于长城内外的绿色屏障。[④]秦始皇在统一车轨、开辟驿道的同时，曾授谕旨："广植驿道林。"[⑤]

汉代经过"文景之治"，天下殷富，库藏盈满。汉文帝十二年（公元前 168 年）诏曰："道

---

①此部分内容主要参考：张敬增，赵顷霖．名人与林业［M］．郑州：黄河水利出版社，2003；张钧成．中国林业传统引论［M］．北京：中国林业出版社，1992.

②见于《通志·卷三·三王纪》。《诗·大雅·皇矣》，记述了周文王开发周原时注意保护森林的方法："作之屏之，其茁其翳。修之平之，其灌其栵。启之辟之，其柽其椐。攘之剔之，其檿其柘"，其意为将枯木伐倒，将灌木铲平，将有用之材进行修枝抚育，实际是记述我国较早的清理林地和抚育采伐。

③"山林非旷不升斤斧，以成草木之长；川泽非时不入网罟，以成鱼鳖之长，不卵不蹕，以成鸟兽之长"。（《逸周书·卷二·文传》）。

④据考证，这条绿色长城由现在的甘肃省岷县顺洮河而下，经永靖转沿黄河往东，绵延达 2500 余公里。林带宽度远远超过长城，规模虽不能与今日的"三北"防护林工程比美，但对于当时全国只有 2000 万人来说，确实是一项了不起的壮举。这些林带虽早已毁尽，但沿线留下的榆中、榆林、榆树湾、榆树寨等大量县名、地名、寨名，作为历史见证。

⑤《至言》："秦为驰道于天下，东穷燕齐（辽宁、河北、山东等地），南极吴楚（浙江及两湖一带），江湖之六濒海之观毕至，道广五十步，三丈而树，厚筑其外，隐以金椎，树以青松。"

民之路，在于务本，……吾诏书数下，岁劝民种树，而功未兴，是吏奉吾诏不勤，而劝民不明也。"① 汉景帝后元三年（公元前141年）诏曰："农，天下本也，……其令郡国务劝农桑，益种树，可得衣食物。"② 汉武帝在这一基础上，大兴土木，修建了许多宫观园林，史称"汉苑"，文献有"帝初修上林苑，群臣远方各献名果异卉三千余种植其中"的记载。③

三国两晋时期，对毁林开荒就有了一定认识。三国时，曹操的军令亦有"军行，不得斫伐田中五果桑柘棘枣"。④ 公元276年（咸宁二年），西晋杜预上疏晋武帝，详述毁林之恶果。他指出：东南地区，由于火田，不少地方的植物被破坏，水土流失非常严重，人工水利设施陂塘亦遭泥沙淤积而损坏，"故每有雨水，辄复横流，延及陆田"，给那里的农业生产带来巨大的损失，非但"五谷不收"，而且"居业并损"。

隋初文帝（杨坚）曾诏令："自诸王以下，至于都督，皆给永业田，各有差。多者至一百亩，少者四十亩。其丁男、中男，皆遵后齐之制。并课树以桑榆及枣。"开皇元年（581年）并诏令："弛山泽之禁。"⑤ 唐初继续实行定日均田的永业田籍制度规定："丁及男年十八以上者人一顷，其八十亩为口分，二十亩为永业，……永业之田树以榆、枣、桑及所宜之木，皆有数。"⑥

唐高宗李治咸亨四年（674年）闰五月，禁止使用竹木编成的捕鱼工具"簺"捕鱼和筑栅栏尽捕禽兽，体现了自然资源持续利用的思想和对动物的仁爱之心。⑦ 贞观四年诏令："禁刍牧于古明君、贤臣、烈士之墓。"按唐制"凡郊祠神坛，五岳名山，采樵、刍牧皆有禁，距墙三十步外得耕种，春夏不伐木。京兆、河南府三百里内，正月、五月、九月禁弋猎。"⑧

宋太祖赵匡胤统一中原之后，把植树造林是发展经济的重要途径之一。建国第二年，就颁布诏书"课民种树"，采取提倡植树、聘请专家、推广经验、制定政策、实行奖励到颁布保护林木的法律等一系列措施发展林业生产。⑨ 据史书记载，当时"两京、关陕、秦风诸路（今河南、关中及甘肃东部）树木相望成荫"。

辽道宗耶律洪基清宁二年（1056年）夏四月下诏，鸟兽孳育时，不得在郊外用放火的方式

①《汉书·文帝纪》。

②《汉书·景帝纪》。

③这三千多种"名果异卉"，现已无从考据，仅在司马相如名篇《上林赋》以及《西京杂记》《三辅黄图》等古籍中见有部分树名。《西京杂记》介绍的有枣树、栗树、桃树、漆树、胡桃树、李树、柰树、石榴树、枇杷树、楠树、枫树等共37种。《上林赋》列有橘树、橙树、柿树、葡萄、荔枝、桦树、棕树、女贞树等共32种。《三辅黄图》列有桂树、龙眼树、橄榄树等共8种。以上这些树木，往往又有若干个品种，如李树就有紫李、绿李、朱李、黄李等15个品种。

④《曹操集·军令》。

⑤《隋书·食货志》，《隋书·高祖本纪》。

⑥《旧唐书·食货志》。

⑦《唐书·高宗本纪》中载："咸亨四年闰五月丁卯禁作簺捕鱼、营圈取兽者。"

⑧《新唐书·太宗本纪》，《新唐书·百官志》。

⑨《课民种树》："诸州、县各随风土所宜，量地广窄，除不宜种艺之地外，均须种树"，"凡百姓均依家口之多寡分五等，一等种各种杂树百株，二等八十……五等二十株。如种枣、梨等树者可减半。"还要求十岁以上之民，必有宽一步、长十步蔬菜一畦。同时还规定，所开垦用来种树的山泽荒野，永远归开垦者所有，官府不征赋税；无强壮劳力或无水井之家，由"邻伍"（基层村民组织）进行协助，完成种树任务。另外，地方官如能"召集流亡"开荒种树，使辖区没有荒废之地者"有司议赏"或提前"升迁"。

来捕杀；并在清宁五年（1060年）冬十一月实行禁猎。①

元代不同统治时期，曾不断划定禁猎的区域和时间，如世祖至元二年（1265年）“申京畿禁畋猎”；至元三年（1266年）“申严陕西、河南竹禁”；成宗大德元年（1297年）“禁正月至七月捕猎，大都八百里内亦如之”。② 元世祖忽必烈至元二十五年（1288年）辽阳、江淮部分地区的渔猎禁令，仍不许捕杀天鹅、鹿羔。③

朱元璋即位后，为使久经战乱、生产凋敝的农村经济得到迅速恢复和发展，实行了许多有利于农村经济复苏的政策，他号召天下：“农桑为衣食之本”，并亲拟榜文倡导百姓种树。规定：种树可由公家给耕牛，送给树种，免征土地税，并把种树多少和好坏作为地方官考绩内容之一。为让百姓掌握嫁接技术，他把嫁接技术写成通俗易懂的歌，在百姓中广为传诵。④

清代雍正、乾隆二位皇帝，在执政时期，勤于政务，治国有方，对于植树亦十分重视。雍正继位后，就提出在全国范围内广植树木，并要求对已栽植的树木要加以保护。⑤ 乾隆继其父雍正之位，倡导植树胜于先人。他除了普遍倡导民众植树造林外，尤其重视堤防植柳，防御洪水灾害。⑥

孙中山先生在其所制定的《建国方略（实业计划）》中，提出“于中国北部及中部建造森林”的计划，提出测量各省荒废未耕之地，进行全面规划，“或宜种植，或宜放牧，或宜造林，或宜开矿”。其重要著作《三民主义（民生主义）》，对造林抗御自然灾害的问题有很好阐述，他指出：“近来的水灾为什么是一年多过一年呢？古时的水灾为什么是很少呢？这个原因就是由于古代有很多森林，现在采伐木料过多，采伐之后又不行补种，所以森林便很少。许多山岭都是童山，一遇大雨，山上没有森林来吸收雨水和阻止雨水，山上的水便马上流到河里去，河水便马上泛涨起来，即成水灾”，“研究防止水灾与旱灾的根本方法，要造森林，要造全国大规模的森林”。

---

①《辽史·道宗本纪》：“清宁二年夏四月甲子诏曰：‘方复长养鸟兽孳育之时，不得纵火于郊。’清宁五年冬十一月禁猎。”

②《元史·世祖纪》，《元史·仁宗纪》，《元史·成宗纪》。

③《元史·世祖本纪》：“二十五年春正月戊戌敕弛辽阳渔猎之禁。二月壬戌敕江淮勿捕天鹅，弛鱼泺禁，三月甲午禁捕鹿羔……”

④榜文如下：“今天下太平，百姓除差粮之外，别无差遣，各宜用心生理，以足衣食，如法栽种桑、麻、枣、柿、棉花。每岁养蚕，所得丝棉可供衣服；枣、柿丰年可以卖钱，赚钱可当粮食，里老尝督，违者治罪。”当时百姓唱道：“山市晴，山鸟鸣，商旅行，农夫耕，老瓦盆中洌酒盈，呼器堕突不闻声。”种树歌曰：“老枝收柯伐去烧，重新接起新枝条。虽然未经风雨苦，自是先沾雨露浇。四五锹土牢护足，二三皮篾紧缠腰。奉君看顾回家后，吩咐儿孙莫去摇。”

⑤雍正二年二月初九，雍正曾发布一道上谕。谕中写道：“舍旁田畔以及荒山不可耕种之处，度量土宜，种树木。桑柘可以饲蚕，枣栗可以佐食，柏桐可以资用。”上谕中告诫地方官吏要“各体朕拳拳忧民之意，实必奉行”，“严禁非时之斧斤，牛羊之践踏，奸徒之盗窃，以为民利”。

⑥北京西郊的永定河，历史上是一条常有洪水泛滥的害河，素有“小黄河”之称。清代从康熙三十七年（公元1698年）在永定河两岸大筑堤防之后，清政府十分重视堤防植柳用以巩固堤防，根治永定河水害。乾隆皇帝对永定河堤防植柳尤为重视，倡导最力，措施具体。据《永定河志》记载，乾隆时期曾规定：凡是河兵（即国家服役的巡堤土兵，是清代长期实行的堤防巡守制度），每人每年要种柳100株。树苗的规格是“长八尺，径三寸”，栽种时间和标准是“惊蛰后地气通，于附堤内外十丈柳隙，刨坑深三尺栽种”，“栽种后要保浇保活。不时灌溉，至夏秋之交，点查成活数目，以七成为率，岁终报部”。

3.2 中华人民共和国成立后

毛泽东同志无论是在革命战争年代还是在社会主义建设时期，都一直十分关心和重视林业建设。早在1932年由毛泽东同志等联名签署的《中华苏维埃共和国临时中央政府人民委员会对于植树运动的决议案》中指出："为了保障田地生产，不受水旱灾祸之摧残以减低农村生产影响群众生活起见，最便利而有力的方法，只有广植树木来保障河坝，防止水灾天旱灾之发生，并且这一办法还能保护道路，有益卫生。至于解决日常需用燃料（如木柴、木炭）之困难，增加果物生产，那更是与农民群众有很大的利益，况中央苏区内空山荒地到处都有，若任其荒废则不甚好。因此决定实行普遍的植树运动，这既有利于土地的建设，又可增加群众之利益。"1934年在《中华苏维埃共和国中央执行委员会与人民委员会对第二次全国苏维埃代表大会的报告》中号召："应当发起植树运动，号召农村中每人植树十株。"1942年在陕甘宁边区高级干部会议《经济问题与财政问题》的报告中提到："发动群众种柳树、沙柳、柠条，其枝叶可供骆驼及羊子吃，亦是解决牧草一法。同时可供燃料，群众是欢迎的。政府的任务是调剂树种，劝令种植。"在1944年延安大学开学典礼上讲话中举例："我们在延安、在边区做工作，办延大，如果使得三十五万家农民都有一年余粮，那么我们共产党就了不得。还有陕北的山头都是光的，像个和尚头，我们要种树，使它长上头发。种树要订一个计划，如果每家种一百棵树，三十五万家就种三千五百万棵树。搞他个十年八年，'十年树木，百年树人'。"中华人民共和国成立后，毛泽东同志对发展林业更加关心和重视，从多方面深刻阐述了林业的重要地位、农林牧三者的关系、林业与水利的关系、发展林业的政策措施，提出了绿化祖国的宏伟目标。1954年在给东北森林工业劳动模范大会的贺电中写道："希望你们继续保持不骄傲自满与虚心学习的精神，团结全体职工，创造和推广先进经验，发挥潜在力量，劳动生产率，降低成本，坚持合理采伐，做好木材运输与运输设备的建设工作，为完成和超额完成国家计划而努力。"1955年在中共七届六中全会讲道："我看特别是北方的荒山应当绿化，也完全可以绿化。北方的同志有这个勇气没有？南方的许多地方也还要绿化。南北各地在多少年以内，我们能够看到绿化就好。这件事情对农业，对工业，对各方面都有利。"同年在《征询对农业十七条的意见》中要求："在十二年内，基本上消灭荒地荒山，在一切宅旁、村旁、路旁、水旁，以及荒地上荒山上，即在一切可能的地方，均要按规格种起树来，实行绿化。"1956年，他在听取中共林业部党组副书记、林业部副部长李范五汇报林业工作时指出："林业真是一个大事业，每年为国家创造这么多的财富，你们可得好好办哪！"1958年，他针对有关部门的同志在林业作用和地位上存在的认识偏差，语重心长地告诫："要发展林业，林业是个很了不起的事业。同志们，你们不要看不起林业。"同年，他又以敏锐的眼光预见性地指出："林业将变成根本问题之一"，并精辟地指出"没有林，也不成其为世界。"1958年在在审阅农业部部长廖鲁言的发言稿《关于农业方面的几点意见》时加写的一段话："农业、畜牧业的经营，还一定和各地大、中、小片各种类型的（用材林、薪炭林、其他各种经济林、防风防沙防潮林和风景林）林业经营相结合。总之农、林、牧三业要结合。"1958年在中共中央政治局扩大会会议上讲道："真正绿化，要在飞机上看见一片绿。种下去还未活，就叫绿化？活了未一片绿，也不能叫绿化。"1958年在北戴河召开的中共中央政治局扩大会议上讲到："要使我们祖国的河山全部绿化起来，要达到园林化，到处都很美丽，自然面貌要改变过来……农村、城市统统要园林化，好像一个个花园一样，都是颐和园、中山公园。现在中国刚建设，我们要想到怎样建设得更合理、更好一些。”1959年在修改《中共中央关于在大中城市郊区发展副食品生产的指示》中加写了一段话：“所谓农者，指的农林牧副渔五业综合平衡。蔬菜是农，猪牛羊鸡鸭鹅兔等是牧，水产是渔，畜类禽类要吃饱，才能长起来，于是需要生产大量精粗两类饲料，这又是农业，牧放牲口需要林地、草地，又要注重林业、草业。由此观之，为了副食品，农林牧副渔五大业都牵动了，互相联系，缺一不可。”1964年在听取陕西、河南、安徽三省负责人汇报工作时指出：“前几年你们说一两年绿化，一两年怎么能绿化了？用二百年绿化了，就是马克思主义。先做十年、十五年规划，‘愚公移山’，这一代人死了，下一代人再搞。”①

1981年，邓小平同志在谈及当年发生的水灾时指出：“最近的洪灾涉及林业，涉及木材的采伐。看来中国的林业要上去，不采取一些有力措施不行。是否可以建议全国人民代表大会通过一项议案，规定凡是有劳动能力的中国公民，每人每年都要种几株树，比如三至五株，包栽包活，多者受奖，无故不履行此项义务者受罚。总之，要有进一步的办法。”之后，中央书记处连续两次召开会议，讨论贯彻邓小平同志关于植树造林的谈话精神，一致同意小平同志的意见，并向国务院和全国人大常委会提交了决议草案。12月13日，在五届全国人大四次会议上，审议通过了《关于开展全民义务植树运动的决议》，在法律上规定每个适龄公民每年植树3至5株的义务。1983年植树节，邓小平同志在北京十三陵植树时说：“植树造林，绿化祖国，是建设社会主义，造福子孙的伟大事业，要坚持二十年，坚持一百年，坚持一千年，要一代一代永远干下去。”②

1997年8月，江泽民同志在《再造一个山川秀美的西北地区》的批示中指出：“历史遗留下来的这种恶劣的生态环境，要靠我们发挥社会主义制度的优越性，发扬艰苦创业的精神，齐心协力地大抓植树造林，绿化荒漠，建设生态农业去加以根本的改观。经过一代一代人长期地、持续地奋斗，再造一个山川秀美的西北地区，应该是可以实现的。”2001年4月，江泽民在北京奥林匹克公园参加植树活动时指出：“我们要大力开展植树逢林，通过植树造林解决两大心腹之患。一是解决长江，黄河上游植被稀少，泥沙俱下，给我们国家带来的巨大水患。二是加大沙漠化的治理力度，实现人进沙退而不是沙进人退。通过植树造林，保持水土和防风治沙，一直是党和政府非常关心的一个重大问题。只有全民动员，锲而不舍，年复一年地把植树造林工作搞下去，才能有效地遏制水土流失，防止土地沙漠化，为人民造福。这是关系到中华民族下个世纪发展和千秋万代的大事，必须充分重视，抓紧抓好。”

2011年9月，胡锦涛同志在首届亚太经合组织林业部长级会议上致辞：“森林在推动绿色增长中具有重要功能。森林是陆地生态系统的主体和维护生态安全的保障，对人类生存发展具有不可替代的作用。森林是重要而独特的战略资源，具有可再生性、多样性、多功能性，承载着潜力巨大的生态产业、可循环的林产工业、内容丰富的生物产业。森林是陆地上最大的碳储库，减少森林损毁、增加森林资源是应对气候变化的有效途径。”

2013年4月，习近平同志在海南考察时指出：良好生态环境是最公平的公共产品，是最普惠的民生福祉。5月，在中央政治局第六次集体学习时指出：“要正确处理好经济发展同生态环

---

①中共中央文献研究室. 毛泽东论林业［M］. 北京：中央文献出版社，2003.

②张敬增，赵顷霖. 名人与林业［M］. 郑州：黄河水利出版社，2003.

境保护的关系，牢固树立保护生态环境就是保护生产力、改善生态环境就是发展生产力的理念，更加自觉地推动绿色发展、循环发展、低碳发展，决不以牺牲环境为代价去换取一时的经济增长。”9月，在哈萨克斯坦纳扎尔巴耶夫大学发表演讲时指出：“中国明确把生态环境保护摆在更加突出的位置。我们既要绿水青山，也要金山银山。宁要绿水青山，不要金山银山，而且绿水青山就是金山银山。我们绝不能以牺牲生态环境为代价换取经济的一时发展。我们提出了建设生态文明、建设美丽中国的战略任务，给子孙留下天蓝、地绿、水净的美好家园。”11月，在对《中共中央关于全面深化改革若干重大问题的决定》作说明时指出：“山水林田湖是一个生命共同体，人的命脉在田，田的命脉在水，水的命脉在山，山的命脉在土，土的命脉在树。用途管制和生态修复必须遵循自然规律，由一个部门负责领土范围内所有国土空间用途管制职责，对山水林田湖进行统一保护、统一修复是十分必要的。”2016年4月，在参加首都义务植树活动时强调：“中华民族伟大复兴要靠全体中华儿女共同奋斗。“十三五”时期既是全面建成小康社会的决胜阶段，也是生态文明建设的重要时期。发展林业是全面建成小康社会的重要内容，是生态文明建设的重要举措。各级领导干部要带头参加义务植树，身体力行在全社会宣传新发展理念，发扬前人栽树、后人乘凉精神，多种树、种好树、管好树，让大地山川绿起来，让人民群众生活环境美起来”。

第 4 章　林业机构演变

历史上很多朝代曾设置专门机构、颁布法律法令等措施，管理山川河流、森林草原等自然资源，以此来调整人与自然的关系，协调生态环境与经济社会的发展。总体来说，林业管理机构经历了由最初的权力没有分化，管理比较宽泛，到管理全国性事务和管理皇家事务的机构出现，再到管理机构更加完善，分工更加具体的一个演变。中华人民共和国成立后的前 10 多年，我国林业快速发展，为国民经济恢复做出了历史性贡献，当时不仅设立了林业部，而且在 1956 年又增设了森工部。中华人民共和国成立后，中央林业管理部门在六十多年间先后经历了林垦部、林业部、林业部与森工部分立、林业部、农林部、林业部、国家林业局等七个主要时期。既有行业内部森林工业与森林培育职能的分立（历时 2 年），又有与农业部门的合并（历时 9 年）。2003 年，中共中央、国务院《关于加快林业发展的决定》明确要求："根据加快林业发展的需要，强化林业行政管理体系，加强各级政府林业行政机构建设。"按照中央机构调整合并的决议，林业系统上下合力，通力配合，逐渐打造并形成了当前完整的行政管理系统和事业组织架构。实践证明：完备林业管理机构，有利于森林的可持续利用。是生态保护和生态文明建设的重要组织基础。2018 年 3 月，根据中共中央印发的《深化党和国家机构改革方案》，组建自然资源部，国家林业局的森林，湿地等资源调查和确权登记管理职责划入自然资源部。组建国家林业和草原局，由自然资源部管理，加挂国家公园管理局牌子，不再保留国家林业局。

4.1　机构现状

我国林业机构的主要职能是：保护和发展森林资源、保护和监管湿地资源、保护和拯救野生动植物资源、预防和治理土地沙漠化，向社会提供生态服务和林产品。当前国家林业局设 11 个内设机构，分别为：办公室、政策法规司、造林绿化管理司（全国绿化委员会办公室）、森林资源管理司（木材行业管理办公室）、野生动植物保护与自然保护区管理司、农村林业改革发展司、森林公安局（国家森林防火指挥部办公室）、发展规划与资金管理司、科学技术司、国际合作司（港澳台办公室）、人事司。另外，还有濒危物种进出口管理办公室、天然林保护工程管理办公室、"三北"防护林工程管理办公室、退耕还林工程管理办公室、防沙治沙办公室、速生丰产用材林基础建设工程管理办公室、科技发展中心、经济发展研究中心、人才开发交流中心、对外合作项目中心、森林防火预警管理办公室、森林资源监督管理办公室、湿地保护管理中心、中国林业科学院、调查规划设计院等事业单位。有经国务院批准、国家林业局牵头、多个相关部门参加的常规性协调议事机构，如全国绿化委员会、国家森林防火指挥部、全国防治荒漠化协调小组、全国山区综合开发协调领导小组等综合管理机构 7 个；还有国际竹藤组织、亚太网络组织等国际合作机构。

中国林业行政管理机构按照从上到下分为四级管理体系，分别是国家林业局、省（自治区、直辖市）林业厅（局）、市林业局以及县林业局。国家林业局，是国务院的直属机构，负责全国林业经济方针、政策、计划、重大建设项目和经济业务的指导组织、监督和控制。各省（自治区、直辖市）、市、县成立林业管理部门，领导和组织林业基层单位的生产建设。重点国有林区，由国家批准、省政府成立独立的国有林管理机构对国有林进行管理，这些机构有的与省林业厅同级，有的隶属于当地林业厅管理。① 以集体林为主的地方造林、经营活动则由各省林业厅进行管理。② 此外，2003 年以来成立了国家林业局森林资源监督管理办公室和 15 个派驻地方的森林资源监督专员办，形成了覆盖全国的森林资源监督体系。目前，除中央、省、市、县四级林业行政管理机构外，全国有乡镇林业站 23638 个，县级林业站 2024 个，地级林业站 211 个；全国有 4855 个国有林场［涉及的 1702 个县（市、区）］，3394 处森林公园，有 135 个国有森工企业和 20 个重点营林局（包括 87 个重点国有林区森工企业）。全国林业系统有各类经济单位 42314 个，按单位性质分，企业单位 2299 个，事业单位 34880 个，机关单位 5135 个。③

4.2 机构演变历史

4.2.1 古　代④

最早的林业管理机构——虞的出现，是在 4000 年前的尧舜时期，基本职能是管理山林川泽。⑤ 虞的出现对历代政府机构设置产生了深远的影响，直至清朝末年仍被沿用。因朝代不同，这个机构的名称、级别、职责也略有不同。以名称而言，虞有山虞、泽虞、野虞、兽虞、水虞，其职官有虞师、虞侯、虞人等；衡有林衡、川衡、鹿衡等。就其级别来看，有的相当于现在的部级，有的相当于司局级，因朝而异，还有的更低。⑥

夏代设有司徒、司马、司空三公，其中司空主管“水土之事”。《传》曰：“虞人，官也。梁者，主设网罟者也。”⑦ 由此可知，夏代也设置有虞官，主要是管理设网罟，捕鱼打猎事宜。

商代天子设“五官”（司徒、司马、司空、司士、司寇）、“六府”（司土、司木、司水、司草、司器、司货），其中司空为五官之一，“掌水土事”“殷汤以咎单为司空”⑧ “六府”中的

①国家林业局通过在东北、内蒙古重点国有林区建立的内蒙古、吉林、黑龙江、大兴安岭等 4 个森林工业（林业）集团公司对其所属的林业企业实施行业管理。

②国家林业局. 2014 年林业重大问题调查研究报告［M］. 北京：中国林业出版社，2015.

③2016 年中国林业发展报告。

④此部分内容主要参考：贾治邦. 生态文明建设的基石——三个系统一个多样性［M］. 北京：中国林业出版社，2011；江泽慧，等. 中国现代林业［M］. 北京：中国林业出版社，2008；张钧成. 中国林业传统引论［M］. 北京：中国林业出版社，1992；尹伟伦，严耕. 中国林业与生态史研究［M］. 北京：中国经济出版社，2012；赵安启，胡柱志. 中国古代环境文化概论［M］. 北京：中国环境科学出版社，2008.

⑤《孟子·滕文公上》记载“舜使益掌火，益烈山泽而焚之，禽兽逃匿”。张钧成. 中国林业传统引论［M］. 北京：中国林业出版社，1992.

⑥贾治邦. 生态文明建设的基石——三个系统一个多样性［M］. 北京：中国林业出版社，2011.

⑦（清）付泽洪：《行水金鉴·官司》，卷一百六十四。来源：《四库全书》。

⑧（汉）郑玄注，（唐）陆德明音义，孔颖达疏：《礼记注疏·曲礼下》，卷四。来源：《四库全书》。

“司木”相当于西周的“山虞”，“司水”相当于西周的“川衡”。

周代成王时期周公（姬旦）实行官制并制定了各项典章制度，林业管理机构有“山虞”、“林衡”等诸多职位。① 据《周礼》记载，周王朝“象天立官”，中央政府设置六大办事机构，分别是天官、地官、春官、夏官、秋官、冬官，其中地官大司徒是周王朝的六卿之一。地官“所掌者教，所经理者天下土地，故正名之日地官。”，在地官之下设有山虞、林衡、川衡、迹人、廿（矿）人等作为管理山川、森林、湖泊沼泽、渔猎、矿产资源的下属机构。

春秋时期管子主张建立山林川泽的管理机构，设置官员，提出“泽立三虞，山立三衡。”“山虞掌山林之政令，物为之厉而为之守禁。”“泽虞掌握国泽之政令，为之厉禁，使其地之人守其财物，以时人之于玉府，颁其余于万民。”“川衡掌巡川泽之禁令而平其守，以时舍其守，犯禁者执而诛罚之。”“林衡掌巡林麓之禁令而平其守。以时计林麓而赏罚之。若斩木材，则受法于山虞，而掌其政令。”② 有云：“山林之木衡鹿守之，泽之萑蒲舟鲛守之，薮之薪蒸虞候守之，海之盐蜃祈望守之。”③ 衡鹿、舟鲛、虞候、祈望都是齐国的官名。衡鹿管理山林，舟鲛管理湖泊，虞候管理沼泽的薪柴，祈望管理海盐和鱼类。

秦朝的国有土地由田啬夫管理，苑囿园池由苑啬夫管理，分别为秦代的畴官和苑官。还设有林官、湖官、陂官，是管理山林川泽的啬夫。④

汉承秦制，秦汉时期官制大体相同。涉林官职有少府、大司农、水衡都尉、将作大匠、都水长丞。“少府，秦官，掌山海池泽之税，以给共养，有六丞。王莽改少府日共工。”“大司农，掌诸钱谷金帛诸货币。郡国四时上月旦见钱谷簿，其逋未毕，各具别之。”“水衡都尉掌上林苑，有五丞。属官有上林、均输、御羞、禁圃、缉濯、钟官、技巧、六厩、辨铜九官令丞。”“将作大匠掌修作宗庙、路寝、宫室、陵园木土之功，并树桐梓之类列于道侧。”“都水长丞，主陂池灌溉，保守河渠，自太常、少府及三辅等，皆有其官。”⑤⑥

三国曹魏政权开始设置虞曹和水曹（部）等管理机构。虞曹是掌管苑池及山泽政令的办事机构。⑦

---

①据《周礼》记载：有掌山林政令的“山虞”，巡视平原林木的“林衡”，主边境造林的“封人”和“遂人”、管理林木贡赋的“载师”和“闾师”，管理皇家园囿的“囿人”，管理王室场圃的“场人”，管理陵墓植树的“冢人”，负责城廊造林的“掌固”，负责道路造林的“司险”，管理山林资源的“山师”，负责春季山林防火事官的“司恒”，管理行道树的“野庐氏”等。这种较细的分工既反映了林业的进步，也为此后历代林业管理体制提供了成功的模式。中国可持续发展林业战略研究组：《中国可持续发展林业战略研究总论》，中国林业出版社，2002，149；江泽慧等：《中国现代林业》，中国林业出版社，2008，10，15。

②《周礼·地官·司徒》。

③（清）付泽洪：《行水金鉴·官司》卷一百六十四，来源：《四库全书》。

④袁清林. 中国环境保护史话［M］. 北京：中国环境科学出版社，1990.

⑤《汉书》卷十九《百官公卿表》，《后汉书》志第二十六《百官志》。

⑥少府下设很多官职，其中上林苑令和钩盾令管理动物资源和森林资源。东汉时期，少府的管辖范围缩小，一些职能及属官转隶于司农。大司农在秦朝的时候叫治粟内史，景帝时改名为大农令，武帝太初时改称大司农。它统摄与农业有关的各种事务，掌管农田、土地、林业等资源。水衡都尉是为皇室服务的机构，其上林苑管辖范围一度大到可与少府并论，衔都尉存在时间非常短暂，罢黜后相关事务也重新归少府管理。将作大匠主管包括皇宫、宗庙、陵园等土木之事，还兼管林木管理，也是为皇室服务的机构。

⑦据唐张九龄等撰《唐六典. 尚书工部》记载：“魏始有虞曹郎中……。”

西晋、东晋时期因袭曹魏时期的官制，也设有虞曹和水部等政府部门。

南北朝时期一些政权也比较重视生态保护和环境管理，特别是南朝宋明帝刘彧崇尚周代虞衡制度，制定了严厉的法律保护自然资源。一些政权也设置了虞曹和水部等管理机构，但其机构和官员的名称不尽相同。

魏晋南北朝时期①：①三公九卿系统，包括少府、大司农、都水台和太舟卿、将作大匠和材官将军。②尚书台系统，主要是度支尚书及其所属的起部、右户曹、度支曹和屯田、水部、农部、虞曹。这时的少府已逐渐淡出原有的生态环境管理领域，只有其下的材官校尉还掌管木材相关事务；大司农自曹魏时开始淡出财政领域，但仍负责农田、粮食、苑囿、林业等方面的管理工作，其生态环境管理的功能仍不容小觑；都水台没有完全因袭水衡都尉的职责，涉及航运、灌溉、水利等多方面事务，也从事部分的生态管理工作；将作大匠和材官将军，魏晋以后，其职能虽然变化不大，但处于“有事则置，无事则罢”的地位。②③

隋朝设置尚书、门下、内史、秘书、内侍等五省，其中尚书省掌管天下庶务。尚书省下设吏部、户部、礼部、兵部、刑部、工部六部。工部的主官称为“工部尚书”，掌管屯田、水利、土木、交通、管办工业等事务。

唐朝的官制与隋朝大体相同，唐朝中央政府设置尚书、门下、中书等六省，其中尚书省统领百官“凡庶务皆会而决之。”尚书省下设吏部、户部、礼部、兵部、刑部、工部六部。工部有“工部尚书一人，侍郎一人，郎中一人，主事三人”“工部尚书、侍郎之职掌天下百工、屯田、山泽之政，其属有四：一曰工部，二曰屯田，三曰虞部，四曰水部”。

隋唐时期④：①六部系统：包括户部、工部。②寺监系统：包括司农寺、将作监与少府监、都水监。户部：户部掌管四司。户部司掌管户口、土地、赋税等方面的事务，度支“掌判天下租赋多少之数，物产丰约之宜，水陆道途之利”；金部掌管全国库藏钱帛方面的事务；仓部掌管天下仓库、租税和禄廪方面的事务。四者共掌全国的农业和土地资源，征收赋税。工部：工部辖四司，工部司的主要职能是掌管城池土木工程；屯田“掌天下屯田之政令”；虞部是掌管全国的山林川泽；对生物资源实行时禁等管理；水部主要管理全国的航运和水利设施，对水域的生态环

---

①《晋书》卷二十四等（职官志），《宋书》卷三十九等（百官志），《隋书》卷二十六等（百官志）。

②少府“统材官校尉、中左右三尚方、中黄左右藏、左校、甄官、平准、奚官等令，左校坊、邺中黄左右藏、油官等丞。及渡江，哀帝省并丹阳尹，孝武复置。自渡江唯置一尚方，又省御府。”大司农，在魏晋时，“统太仓、籍田、导官三令，襄国都水长，东西南北部护漕掾。”在刘宋时，“掌九谷六畜之供膳羞者。”在萧梁时，“主农功仓廪。统太仓、导官、籍田、上林令，又管乐游、北苑丞、左右中部三仓丞，荚库、荻库、箬库丞，湖西诸屯主。”在北齐时，“掌仓市薪菜，园池果实。统平准、太仓、钩盾、典农、导官、梁州水次仓、石济水次仓、藉田等署令、丞。而钩盾又别领大囿、上林、游猎、柴草、池薮、苜蓿等六部丞。”都水使者，一人。掌舟航及运部。秦、汉有都水长、丞，主陂池灌。梁初时，都水台又演变为太舟卿，有“使者一人，参军事二人，河堤谒者八人。主舟航堤渠”。

③曹魏时期设置材官校尉一职，隶属于少府，东晋时改为材官将军“主工匠土木之事。”南朝宋、齐时隶属于尚书起部及领军，梁陈时隶属于少府卿。将作大匠和材官将军管理土木事宜，涉及生态环境管理度支尚书初设于魏文帝时期，当时主要主持军事方面的支出和军粮事务。从晋朝开始，其职责范围开始涉及重建籍田、规定谷物定价等，甚至超过了大司农的职责范围，成为全国负责财政管理的总机构。魏晋南北朝处于从“三公九卿”到“三省六部制”演变的关键时期。

④《旧唐书》卷四十七等（职官志），《新唐书》卷五十一（百官志），《唐六典》卷四十七（职官志）。

境也有管理责任。①

宋代②：①宋承唐制：包括户部、工部、司农寺和仓部。②变革机构：包括三司及散布在各地的各种使司，如提点刑狱司、提举常平司、发运司、劝农司、河渠司、疏濬黄河司和四排岸司。③

辽王朝设置有虞部，虞部主宫仍称作郎中。④

金王朝初期设置尚书、中书、门下三省，正隆元年（1156 年）取消中书、门下省，只设尚书省。尚书省下设吏、户、礼、兵、刑、工六部。工部有一定的生态环境管理和保护功能。

元朝未设置虞部，只设置有“打捕鹰房总管府”和“上林署”。

元代⑤：①户部。②工部和兵部。③大都留守司。户部“掌天下户口、钱粮、田土之政令。”工部掌天下营造百工之政令。”兵部“凡城池废置之故，山川险易之图，兵站屯田之籍，远方归化之人，官私刍牧之地，悉以任之。”元世祖时，设置大都留守司，内设修内司、上都采山提领所、凡山采木提举司、木场、诸色库、上林署等机构。⑥

明朝初期设置中书省、都督府、御史台等内阁机构，洪武十三年（1380 年）罢丞相，废除中书省，仿古六卿之制，国家政务直接由吏、户、礼、兵、刑、工六部掌管。其中工部“掌天下百工营作、山泽采捕、窑冶、屯种、榷税、河渠、织造之政令。”工部下设置营膳、虞衡、都水、屯、四清吏司。虞衡清吏司和都水清吏司是管理山水的主要机构。

清朝沿袭了明朝的官制。也设置六部。工部下设营缮、虞衡、都水、屯田四清吏司。⑦⑧⑨此外，清朝设有内务府⑩，内务府有下设广储司，主管银库、磁库、缎库、皮库、茶库、衣库。验收各地庄园的地租钱粮：同时，它还负责整个皇族的衣食全厅等事务，是内务府中的财政总管机构。内务府中有会稽、都虞、慎刑、掌礼、庆丰和营造六司，会稽司管理土地资源，都虞司负

---

①户部“掌天下田户、均输、钱谷之政令”户部下设四司，包括户部司、度支、金部、仓部。工部“掌天下百工、屯田、山泽之政令”，其下有四司：工部、屯田、虞部和水部；司农寺“掌邦国仓储委积之事，总上林、太仓、钩盾、导官四署与诸监之官属，谨其出纳”；将作监自秦朝设立以来，其职责历代不改，都是掌营缮官室。少府监“掌冶五署之官属，庀其工徒，谨其缮作”，与将作监一块配合工部工作。都水监“掌川泽津梁之政令。总舟楫河渠二署之官属，辨其速近而归其利害”。

②见《宋史》卷一百六十三（职官志），《宋会要辑稿》卷一百四十四（职官志）。

③建炎三年，罢司农寺，以事务并隶仓部。

④(元）托克托《辽史・百官志三》：“库部、虞部、仓部员外出使，则知备郎官。”辽还设有“监鸟兽祥衮司”，其职责为“监养鸟兽”。

⑤《元史》卷八十五等（百官志）。

⑥修内司领十四局，管理修建宫殿和大都造作等事情，下属有大小木局、山场、竹作局等；上都采山提领所负责管理采伐材木、练石为灰的匠户；凡山采木提举司“掌采伐车辆等杂作木植，及造只孙系腰刀把诸物。”木场则是专门掌管营造宫殿的木材；上林署令职责同隋唐一样掌管宫苑栽植花卉，其下属有养种园，花园、苜滑园，各设提领、管勾等；诸色库“掌修内材木，及江南征索异样木植”。

⑦江泽慧，等. 中国现代林业［M］. 北京：中国林业出版社，2008.

⑧赵安启，胡柱志. 中国古代环境文化概论［M］. 北京：中国环境科学出版社，2008.

⑨尹伟伦，严耕. 中国林业与生态史研究［M］. 北京：中国经济出版社，2012.

⑩《明史》卷七十二等（职官志），《大清会典》卷十三等（职官志），《清史稿》卷一百十四等（职官志），《清通典》卷二十九等（职官志）。

责渔猎猎采捕，营造司掌管缮修工作和薪炭陶冶方面的事务，庆丰司负责牛羊等牲畜牧场的管理。①

辛亥革命后，有人做出如下总结："自山虞林衡之制废，斧斤不以时入山林，中国内地之大森林摧残殆尽。……（民国元年）设农林部于南京，专设一司，办理全国林务。自周秦以来，中国林政衰微已数千年之久，至此乃为之一振。"②

4.2.2 近现代③

4.2.2.1 北洋政府林业行政机构

1912 年 1 月 1 日中华民国临时政府成立于南京，设实业部，张謇任总长，下分农务、矿务、工务、商务 4 司。林业由农务司分管。4 月，迁都北京后，实业部分为农林、工商两部。农林部以宋教仁任总长，设农务、山林、垦牧、水产 4 司。林业由山林司主管。农林部下设直属的林业机构。12 月，在吉林设立林务总局，其下设沈阳、哈尔滨两个林务分局。1918 年，设立由农商部直辖的吉林、黑龙江两个森林局，管理林务。1913 年 10 月，农林、工商 2 部合并为农商部，仍由张謇任总长，设农林、工商、渔牧 3 司和矿政局。林业由农林司主管。1916 年 1 月，农商部设置林务处，掌管全国森林事务。10 月，农商部以整理林务行政、精简官制为理由，裁撤林务处。各省行政区域，划作林区，各设林务专员 1 人，由农商部会同该省巡按使（相当于省长）奏派，以有林科学识和行政经验的人担任。12 月，农商部制定《林业公会规则》，在广大农村设置林业公会，发展乡村自治林业。

4.2.2.2 国民政府的林业机构与行政管理

（1）农矿部时期（1928 年 3 月～1930 年 12 月）。1927 年 4 月，国民政府在南京成立。1928 年 3 月，成立农矿部，下设农务、农民、矿业三司和总务处，林业由农务司掌管。同年 10 月，改设总务、林政、农政、矿政四司。林业行政由林政司负责。④ 部下面设有直属的林业机构。1929 年 1 月，设立东三省国有林整理委员会。

（2）实业部时期（1930 年 12 月～1937 年 12 月）。1930 年 12 月，农矿、工商两部合并为实业部。实业部内设林垦署管理全国林业。1931 年 10 月，实业部设置中央农业实验所，开展林业技术研究。各省林业由建设厅、实业厅主管，厅下设林务局或造林场。

（3）经济部时期（1938 年 1 月～1940 年 5 月）。1938 年 1 月，为适应抗日战争形势，实业部改为经济部，林垦署被裁撤，林业由经济部农林司管理。

（4）农林部时期（1940 年 5 月～1949 年 4 月）。1940 年 5 月成立农林部，内设林业司，主管林业行政。抗日战争期间，在中国西部相继成立一些林业机构。1941 年，农林部在重庆成立中央林业试验所。1941～1944 年，先后成立一批国有林区管理处，如洮河流域、大渡河流域、秦岭

---

①由于六部地位提升，职能加强。原寺、监等机构在明清中央行政系统中已没有太大分量，但史料中仍有零星的记载。

②陈雪尘. 中山先生之森林政策［J］. 林学，1929（创刊号）.

③此部分内容主要参考：樊宝敏. 中国林业思想与政策史［M］. 北京：科学出版社，2009.

④吴金赞. 中华民国林业法制史［M］. 台北：正中书局，1991.

等国有林区管理处，成立农林部直辖的经济林场 4 处设立直辖的水源林机构。①

4.2.2.3 革命根据地政府的林政管理

1929 年，中国工农红军开辟赣南和闽西两个根据地。1931 年 9 月，中央革命根据地建立。11 月，在江西瑞金召开第一次全国工农兵代表大会，成立中华苏维埃共和国临时中央政府，简称中央工农民主政府。1933 年 4 月，设国民经济委员部，林业由该部主管。

1937 年，成立陕甘宁边区政府。初期林业由边区政府建设厅主管。1940 年初，在延安杜甫川成立光华农场，下分农艺、园艺、林业和畜牧兽医 4 组。

1941 年，晋冀鲁豫边区政府设农林局，所辖各行政公署和专员公署也都设有农林局。晋绥边区行政公署设林业管理委员会，下设吕梁山、方山、管涔山三个林委会，各县设林业管理所和护林委员会。1943 年，晋察冀边区政府成立农林牧殖局，各专员公署和县政府设实业科，管理林业。1946 年，晋察冀边区政府设农林处，各行政公署设农林科，各专员公署仅设农林视察员，各县政府也设农林科。1948 年，北岳行政公署设农林厅，并设北岳区林牧场。林牧场分总务、林业、畜牧 3 股，下设五台山、骆梁、恒山、殿子山、白羊峪、大营六个林区。1948 年，晋察冀和晋冀鲁豫两个边区政府合并，成立华北人民政府，设农林部，下设林牧处和冀西沙荒造林局。原北岳区林牧场改为五台山林牧局，归华北人民政府领导。

1948 年，东北行政委员会成立林务总局，各省、各县设林务局。如松江省林务局设带岭分局，黑龙江省林务局设铁力、绥棱、圣浪分局，安东省林务局设临江、三岔子、抚松分局，内蒙古自治区林务局设阿尔山、扎兰屯、牙克石、巴彦淖尔分局。

4.2.3 当代②

4.2.3.1 林垦部时期（1949 年 10 月 ~1951 年 11 月）

1949 年 10 月，中华人民共和国成立后，根据中央人民政府组织法，设立了中央人民政府林垦部，管理全国林业经营和林政工作。国家任命著名林学家梁希为林垦部部长。林垦部内设林政司、造林司、森林经营司、森林利用司和办公厅。1950 年 2 月 28 日 ~3 月 8 日，林垦部在北京召开第一次全国林业业务会议，确定了“普遍护林，重点造林，合理采伐和合理利用”的林业建设总方针，并对建设林业组织机构和管理体制提出明确要求。1950 年 5 月，政务院在《关于全国林业工作的指示》中，指示全国解决林业组织机构和领导问题。按照指示：①大行政区林业占重要地位者，农林部下设立林业总局。②省人民政府农业厅，应按中央规定，改为农林厅。业务上有必要时，得在农林厅下设林业局。③专署及市县人民政府，视业务之需要，可改农业科为农林科，并在农林科内指定一至二人，专管林业工作。④区公所农业助理员改为农林助理员，兼管林业，村（乡）政府或农会视工作需要得设林业委员一人（不脱离生产），管理村（乡）中有关林业建设的事项。⑤国营森林企业机构（如伐木公司、森林铁道、木材加工等），由中央人

---

①熊大桐. 中国近代林业史［M］. 北京：中国林业出版社，1989.

②此部分内容主要参考：樊宝敏. 中国林业思想与政策史［M］. 北京：科学出版社，2009；国家林业局网站. http：//www. forestry. gov. cn。

民政府委托大行政区或省林业机关直接统一经营管理。地方人民政府有监督检查与协助完成之责。①

在东北大区设立林业部，其他大区设农林部，省区设立林业厅或农林厅。到1951年，全国已经建立林业专业机构550多处。此外，各类林业教育和科研机构纷纷建立。

4.2.3.2 中华人民共和国成立之初的林业部时期（1951年11月～1956年5月）

1951年11月，中央人民政府决定将林垦部改为林业部。林业经济管理权主要集中在大行政区的林业主管部门。1954年11月，中央人民政府林业部改为中华人民共和国林业部，撤销大行政区，梁希任部长。林业经济管理权集中到林业部以及各省（自治区、直辖市）的林业管理部门。

从中华人民共和国成立到林业部成立，正值国民经济恢复时期，林业经济管理权主要集中在几个大行政区的林业主管部门。第一个五年计划（1953～1957年）开始，1954年撤销大行政区后，东北、内蒙古、西南、西北等国有林区和南方集体林区的森林工业局、木材加工厂、林产化工厂和木材公司分别由林业部和各省、自治区、直辖市林业厅（局）领导。随着大行政区的撤销，进一步加强了中央的集中统一，主要权力集中在中央林业部，逐渐形成一套苏联型的中央集权的经济管理体制，实行以中央部门为主的垂直管理。林业及基本建设计划，基本上采取指令形式自上下达。林业基本建设项目由国家统一安排，林业生产所需的投资和生产技术装备、器材由国家统一分配，林业企业和各地的生产任务由国家统一下达，木材和主要林产品由国家统一调拨，下达指令计划指标；林业财务方面，包括资金和利润，则由国家实行统收统支。

4.2.3.3 林业部与森林工业部分立时期（1956年5月～1958年2月）

为适应国家经济建设迅速发展对木材的需要，1956年5月12日经全国人大常委会决定，成立中华人民共和国森林工业部，主管全国的森林工业，内设10个司局。森林工业部由罗隆基任部长。同时保留林业部，主管全国造林营林和林产品生产，林业部内设7个司局，由梁希任部长。直到1958年2月森林工业部和林业部合并为林业部。

1957年按照中央发布的《关于企业下放的几项规定》，除一些重要的、特殊的和试验性质的企业仍归中央继续管理以外，其余企业一律下放给地方管理。同年12月，森林工业部将哈尔滨森林工业管理局及其所属14个森工局、伊春森林工业管理局及其所属11个森工局、吉林森林工业管理局及其所属6个森工局、内蒙古森林工业管理局及其所属7个森工局、甘肃省2个森工局，全部下放给各省、自治区领导，原分设各地的木材公司也一起全部下放。

4.2.3.4 林业部和森林工业部合并后的林业部时期（1958年2月～1970年5月）

1958年2月第一届全国人大常委会第五次会议决定，森林工业部和林业部合并为林业部。梁希部长于1958年12月逝世后，由刘文辉任部长。1967年10月，国家对林业部实行军事管制后，任命王云为军管会主任。

1958～1960年为“大跃进”时期，全国经济陷入严重困境。此时期，国营林场和社队林场蓬勃兴起。1959年国营林场发展到3959处，是1957年（418处）的近10倍。到1965年，全国国营林场的经营面积已达到6800万公顷，其中森林面积2930多万公顷，林场职工28.1万人。同时，农村农业合作社以林业专业组为基础，仿照国营林场的经营管理办法办起了社队林场。

①中国林业编辑委员会。《中国林业论文辑（1950～1951）》，1952。

1957 年春，湖北省黄梅县永安乡办起了中国第一个社队林场。1958 年初，林业部开始推广社队办林场的经验，到 1960 年 9 月，全国建立社队林场 8 万多个，拥有劳动力 100 万人，具备了相当的生产规模，成为造林绿化事业的一支生力军。

1961 年，中央对国民经济实行“调整、巩固、充实、提高”方针，加强国民经济的综合平衡。为适应国民经济调整的需要，中央重申经济管理大权必须集中到中央、中央局。过去在企业、计划、人财物权力方面下放不当的一律上收，基本上恢复到 1957 年前的做法，有些方面甚至比那时更为集中。有些国营林场、木材管理机构又收回集中管理。这次上收对迅速恢复被破坏了的国民经济起了重要作用。但随着经济形势的好转，原来经济管理体制中存在的老问题又突出起来，中央和地方的矛盾再次尖锐化。从 1964 年中央又陆续下放给地方一些权限，生产逐步在恢复。

1962 年 11 月，中共中央、国务院做出《关于成立东北林业总局的决定》，由林业部通过东北林业总局直接管理东北、内蒙古森工企业。1963 年 3 月，国家经济委员会、林业部、商业部发出《关于成立木材公司的通知》，成立了木材公司，对全国木材实行统一经营管理。以后又将木材公司和林业部木材销售局一并划归国家物资管理总局领导，但南方集体林区各省、自治区、直辖市的木材公司仍然由林业部领导。1964 年 1 月，中共中央、国务院批准成立大兴安岭林业特区，由林业部领导。同年 6 月 23 日，中共中央、国务院决定撤销伊春市，成立伊春特区，其林业企业工作以林业部领导为主，地方工作以黑龙江省领导为主。

1964 年 2 月，中共中央、国务院批转林业部、铁道兵《关于开发大兴安岭林区的报告》，批准成立开发大兴安岭林区会战指挥部，开始开发大兴安岭林区，8 月批准成立大兴安岭特区。该特区规划建设 15 个林业局，计划年木材产量 820 万立方米。同时，金沙江林区的会战也于 1964 年开始筹备，1965 年 9 月，国务院批准成立开发金沙江林区会战指挥部。但由于后来受到“文化大革命”的冲击，会战中途夭折。林区大会战，仍然是重采轻育，“大木头主义”占主导地位，教训极其深刻。

1966 年“文化大革命”开始后，林业管理机构被撤销，专业干部和技术人员大量流失。1967 年 2 月，中共中央、国务院做出关于黑龙江省林业领导问题的批复，决定将林业部在黑龙江的伊春森林工业管理局、哈尔滨森林工业管理局、牡丹江森林工业管理局、完达山林业局、带岭林业试验局下放交由黑龙江省革命委员会领导。林业部于 1967 年 10 月实行军事管制，原有的行政管理机构和生产指挥系统被打乱，工作基本停滞。各省、自治区、直辖市大都撤销了林业厅(局)，林业干部和技术人员也下放到农村基层和“五七”干校劳动锻炼，中华人民共和国成立以来打下的基础被严重摧残。经国务院同意，中国人民解放军林业部军事管制委员会于 1969 年 1 月 9 日发出通知，将林业部下属的吉林林业管理局、内蒙古林业管理局下放给地方统一领导，对木材等产品实行“地区平衡，差额调拨”的办法管理。与此同时，全国的国营林场除山西省外，都被层层下放，83%的国营林场下放到县或公社管理，管理机构全部撤销，人员也被陆续下放。林业的行政手段被削弱，经济手段被否定，林业经济生活既乱又死。直至 1970 年 5 月，林业部和农业部合并成立农林部，林业行政管理工作才开始有所转机。

4.2.3.5　农林部时期（1970 年 5 月 ~ 1979 年 2 月）

1970 年 5 月，林业部和农业部合并成立了农林部，1972 年罗玉玉川任农林部副部长。这一时期林业行政管理工作开始有所转机。“文化大革命”期间，由于林业行政机构动荡，管理混乱，造成森林资源发生最严重的赤字，森工企业两危严重暴发。仅1976～1981年，全国森林覆盖率就由12.7%下降到12%，森工企业集中的八省份每年出现4394万立方米的森林资源赤字，三分之二的森工局出现可采森林资源危机，森林火灾也十分严重。1966～1977年，全国共发生森林火灾11万多次，平均每年受害森林面积达67万公顷。因火灾、乱砍滥伐等造成全国有林地减少660多万公顷；用材林蓄积减少8.5亿立方米；东北、内蒙古和西南国有林区131个国有林业局，有25个可采资源枯竭，资源危机和经济危困开始出现。在广大农村，由于执行“以粮为纲”的方针，大面积开荒种粮，大批林木被毁；同时搞“穷过渡”和“割资本主义尾巴”，平调森林资源，搞乱了林权，引起了乱砍滥伐，严重挫伤了广大群众发展林业的积极性。

“文化大革命”期间，在1971～1973年和1975年，邓小平同志主持国务院工作期间，进行了两次整顿和调整，一批老干部和管理、技术人员陆续恢复工作，给林业建设带来了转机。用材林基地建设得到恢复。1971年9月，全国林业会议通过了《全国林业发展规划（草案）》，提出“南方9省、自治区……自然条件好，林木生长快，是扩大我国森林资源的重要战略基地，要充分利用有利条件，大造速生丰产林，加强用材林基地建设”。1972、1974年，农林部对南方9省（自治区）营造以杉木为主的速生丰产用材林基地进行了具体部署。按照这一部署，南方各省份兴建了一批用材林基地，为国家蓄备了后备资源。与此同时，各地大力发展社队集体林场。到1975年底，全国社队林场发展到26万个，拥有劳动力252万个。平原绿化有了新的进展。1971和1973年全国造林工作会议提出，人均“四旁”植树100株的县为林业上《纲要》县。这个标准的制定大大推动了全国各地的平原绿化工作，并由此使平原绿化也逐步从“四旁”发展到建设方田林网，初步形成以农田林网为主体，网、带、片相结合的平原防护林体系。

4.2.3.6 改革开放后的林业部时期（1979年2月～1998年3月）

1978年4月，中央政府成立了国家林业总局。接着在1979年2月，中共中央、国务院决定撤销农林部，成立农业部、林业部。同时，各省（自治区、直辖市）的林业、农林厅（局）也相继恢复或者重建。从中央到地方，林业行政管理体系逐渐形成。1982年2月，中央绿化委员会成立。此后，各级绿化委员会也相继成立。按国务院《关于开展全民义务植树运动实施办法》的规定，县以上各级人民政府均应成立绿化委员会，统一领导本地区义务植树运动和整个造林绿化工作。各级绿化委员会由当地政府的主要领导同志，以及有关部门和团体的负责同志组成。委员会的办公室设在同级政府的主管部门，不另增加编制。经历了1986、1988和1993年三次国家机构改革，至1998年3月，根据国家机构改革的统一部署，林业部改为国务院直属的国家林业局。

在此时期，历任林业部部长为：罗玉川（1979～1980年）、雍文涛（1980年8月～1982年4月）、杨钟（1982年4月～1987年6月）、高德占（1987年6月～1993年3月）、徐有芳（1993年3月～1997年7月）、陈耀邦（1997年7月～1998年3月）。

在行政管理方面，除恢复和重建林业机构外，国家和林业部主要抓了以下工作：①加强林业法制建设。②林业“三定”与森林资源管理。③大力推行植树造林，加快造林绿化步伐。④实行承包经营责任制，推进森工企业改革。

4.2.3.7　国家林业局时期（1998年3月~2018年3月）

1998年，为了适应“建立社会主义市场经济体制”的要求，国家进行了国务院机构改革，撤销了所有计划经济体制下产生的“专业经济部门”。1998年3月，九届全国人大一次会议通过国务院机构改革方案，将林业部改为国家林业局，为国务院直属机构。虽然中国在2003、2008以及2013年，先后经历了三次大的政府机构改革，但都没有对林业机构再做调整。

国家林业局的主要职责是：

（1）负责全国林业及其生态建设的监督管理。拟订林业及其生态建设的方针政策、发展战略、中长期规划和起草相关法律法规并监督实施。制定部门规章、参与拟订有关国家标准和规程并指导实施。组织开展森林资源、陆生野生动植物资源、湿地和荒漠的调查、动态监测和评估，并统一发布相关信息。承担林业生态文明建设的有关工作。

（2）组织、协调、指导和监督全国造林绿化工作。制定全国造林绿化的指导性计划，拟订相关国家标准和规程并监督执行，指导各类公益林和商品林的培育，指导植树造林、封山育林和以植树种草等生物措施防治水土流失工作，指导、监督全民义务植树、造林绿化工作。承担林业应对气候变化的相关工作。承担全国绿化委员会的具体工作。

（3）承担森林资源保护发展监督管理的责任。组织编制并监督执行全国森林采伐限额，监督检查林木凭证采伐、运输，组织、指导林地、林权管理，组织实施林权登记、发证工作，拟订林地保护利用规划并指导实施，依法承担应由国务院批准的林地征用、占用的初审工作，管理重点国有林区的国有森林资源，承担重点国有林区的国有森林资源资产产权变动的审批工作。

（4）组织、协调、指导和监督全国湿地保护工作。拟订全国性、区域性湿地保护规划，拟订湿地保护的有关国家标准和规定，组织实施建立湿地保护小区、湿地公园等保护管理工作，监督湿地的合理利用，组织、协调有关国际湿地公约的履约工作。

（5）组织、协调、指导和监督全国荒漠化防治工作。组织拟订全国防沙治沙、石漠化防治及沙化土地封禁保护区建设规划，参与拟订相关国家标准和规定并监督实施，监督沙化土地的合理利用，组织、指导建设项目对土地沙化影响的审核，组织、指导沙尘暴灾害预测预报和应急处置，组织、协调有关国际荒漠化公约的履约工作。

（6）组织、指导陆生野生动植物资源的保护和合理开发利用。拟订及调整国家重点保护的陆生野生动物、植物名录，报国务院批准后发布，依法组织、指导陆生野生动植物的救护繁育、栖息地恢复发展、疫源疫病监测，监督管理全国陆生野生动植物猎捕或采集、驯养繁殖或培植、经营利用，监督管理野生动植物进出口。承担濒危物种进出口和国家保护的野生动物、珍稀树种、珍稀野生植物及其产品出口的审批工作。

（7）负责林业系统自然保护区的监督管理。在国家自然保护区区划、规划原则的指导下，依法指导森林、湿地、荒漠化和陆生野生动物类型自然保护区的建设和管理，监督管理林业生物种质资源、转基因生物安全、植物新品种保护，组织协调有关国际公约的履约工作。按分工负责生物多样性保护的有关工作。

（8）承担推进林业改革，维护农民经营林业合法权益的责任。拟订集体林权制度、重点国有林区、国有林场等重大林业改革意见并指导监督实施。拟订农村林业发展、维护农民经营林业合法权益的政策措施，指导、监督农村林地承包经营和林权流转，指导林权纠纷调处和林地承包合同纠纷仲裁。依法负责退耕还林工作。指导国有林场（苗圃）、森林公园和基层林业工作机构的建设和管理。

（9）监督检查各产业对森林、湿地、荒漠和陆生野生动植物资源的开发利用。制定林业资源优化配置政策，按照国家有关规定，拟订林业产业国家标准并监督实施，组织指导林产品质量监督，指导赴境外森林资源开发的有关工作。指导山区综合开发。

（10）承担组织、协调、指导、监督全国森林防火工作的责任，组织、协调、指导武装森林警察部队和专业森林扑火队伍的防扑火工作，承担国家森林防火指挥部的具体工作。承担林业行政执法监管的责任，指导全国森林公安工作，监督管理森林公安队伍，指导全国林业重大违法案件的查处。指导林业有害生物的防治、检疫工作。

（11）参与拟订林业及其生态建设的财政、金融、价格、贸易等经济调节政策，组织、指导林业及其生态建设的生态补偿制度的建立和实施。编制部门预算并组织实施，提出中央财政林业专项转移支付资金的预算建议，管理监督中央级林业资金，管理中央级林业国有资产，负责提出林业固定资产投资规模和方向、国家财政性资金安排意见，按国务院规定权限，审批、核准国家规划内和年度计划内固定资产投资项目。编制林业及其生态建设的年度生产计划。

（12）组织指导林业及其生态建设的科技、教育和外事工作，指导全国林业队伍的建设。

（13）承办国务院交办的其他事项。

4.2.3.8 国家林业和草原局（2018年3月至今）

国家林业和草原局主要职责：监督管理森林、草原、湿地、荒漠和陆生野生动植物资源开发利用和保护、组织生态保护和修复，开展造林绿化工作，管理国家公园等各类自然保护地等。

4.3 比较研究

从世界范围看，发达国家单独设立林业部的不是很多，美国内政部下设林务局，① 日本是农林水产省，德国是农业与食品部、加拿大是自然资源部…根据联合国粮农组织（FAO）《2010年全球森林资源评估》及各国报告汇总：全球233个国家中存有森林的国家有217个，其中单设林业部（委、局）的国家有13个，合设部的国家有46个，从属其他部（委）的国家有113个，尚未建立全国性林业管理机构的国家有57个，另有4个国家林业工作直接由国家元首或国务大臣领导。②③《2015年全球森林资源评估》提到了234个国家和地区的报告，这些报告中的155个

①实际上，除了美国内政部林务局，其他内政部下属的美国国家公园管理局、土地管理局、渔业及野生动物管理局、开垦局等也与（与我国对应的）林业管理职能有着交叉重叠。此外，美国农业部（自然资源保护局）、商务部（国家海洋与大气管理局）、国防部（陆军工程兵团）等也与林业领域有着紧密联系。

②国家林业局研究报告。

③联邦制国家实行分权制，林业主管部门大多为其他部委的组成部门，联邦林与州有林产权关系十分清晰。单一制国家的中央林业管理机构负责全国林业的管理，与地方林业管理机构形成层级领导关系。加拿大是世界上第三大森林资源丰富国家，联邦林务局隶属于自然资源部，仅管理占全国23%的联邦林，71%的省有林由各省管理；德国森林总面积96%属州和私人所有，由州林业部门负责管理和业务指导，联邦农业和食品部第六司作为全国最高林业行政机构，负责制定全国林业发展战略和国际合作。印度尼西亚是世界上第七大森林资源丰富国家，91%的森林为国家所有，中央、省、地方分设林业部、林业厅、林业局实行三级管理，此外在中央还设置了部际林业委员会，协调制定与森林管理的相关政策。

是由政府林业部门指定的国家通讯员所撰写。

各国林业发展阶段是由其国情和林情决定的。发达国家林业已经完成了工业化初期原始积累的使命，森林资源承载的经济发展压力较小，民众保护森林、湿地、野生动植物的自觉性较高，需要政府直接管理的事情大为减少，政府主要承担“守夜人”的角色；发展中国家基本处在提供资源、生产初级产品的发展阶段，经济发展和生态保护的矛盾突出，协调与监督任务极其艰巨，需要一个强有力的政府林业机构。如果疏于管理或管理不当，则会造成自然资源的重大损失。据对74个发展中国家统计，近些年有2/3以上的国家森林资源持续下降，①② 这些现实例证时时刻刻给我们以警示。③

从国内比较看，环保部门、水利部门、土地部门、建设部门、农业部门的部分管理职能与林业部门管理职能存在交叉重叠现象。然而，从生态建设与环境保护看，环境保护主要是监督管理，具体防治工作是谁污染、谁防治。而林业生态建设则不一样，既是生态建设的管理和监督者，又是组织实施者，要规划和组织实施一系列重大生态工程建设。从与水利工作比较来看，水利工作除设水利部外，还设长江、黄河、淮河三个副部级机构以及南水北调、三峡两大正部级工程建设办公室。而林业管理和建设任务不比水利轻，仅重大工程就有天然林保护、退耕还林、三北防护林、防沙治沙、石漠化治理等世界级生态工程，其中仅退耕还林工程，无论投资规模、协调难度，均超过南水北调和三峡工程。从土地管理的角度看，土地工作主要是土地测量与产权管理，而林业管理则除了林地产权管理外，更重要的是林地利用，解决如何利用专业技术和立地条件，科学提高林地生产力。与建设部门相比，住房城乡建设部管理风景名胜区和城市绿化等，然而无论是风景名胜区，还是城市园林，资源的基础都还是林业部门管辖的范围内，基础工作也大都是建立在林业基层组织的工作成果之上。从与农业工作比较来看，传统意义上来讲，农林牧副渔，农林不分家，林业属于大农业的范畴。然而现实层面上，林业具有较强的独特的专业技能和专业知识，特别是在新时期，林业在应对气候变化和生态保护方面起着至关重要的作用，这与农业关注的重点领域也不完全一致。

我国林业管理体制实行双重模式的管理体系，从中央到地方设立了不同级别的林业行政管理

---

①国家林业局. 2014年林业重大问题调查研究报告［M］. 北京：中国林业出版社，2015.

②俄罗斯是经济转型国家的典型代表，森林资源和面积居世界第一，91%属国有，其林业管理机构设置走过很多弯路。前苏联林业管理机构为国家森林委员会和森林工业部，1992年苏联解体后成立俄罗斯联邦林业部，同时将森林工业职能划归俄罗斯联邦工业部。此后1992年至1997年期间，还成立过俄罗斯森林工业公司和俄罗斯国家森林工业委员会，以发挥林业的经济效益。2000年起俄罗斯联邦林务局划归俄联邦自然资源部，2008年又划归俄联邦农业部，属二级局。但经历了2010年夏天的特大森林火灾后，俄罗斯政府于2011年决定联邦林务局由中央政府直接管辖，强化了联邦林业部门统一协调管理的职能。巴西是世界第二大森林资源丰富国家，有着世界上最大的热带雨林——亚马孙雨林，2006年以前环境部下设环境与可更新资源署负责林业。近20年来，亚马孙流域雨林毁林严重，1990年至2010年毁林面积超过5532万公顷。为扭转毁林趋势，巴西于2006年成立独立的巴西联邦林务局，强化政府管理协调的职能，同时设立全国森林发展资金专门用于恢复森林、减少毁林。

③中国林科院科信所对样本国家的林业管理机构研究表明：各国林业机构设置的变化情况分成以下几个大类：第一类，由中央集权的管理方式逐步向简政放权、权力下放到地方的管理方式转变。第二类，由政府集权的管理方式逐步转向权力向社会放开，走向民主化。第三类，由经营管理一体化模式向分类经营转变。第四类，由单一的林业管理机构融入国家自然资源与生态保护机构。第五类，管理内容由以采伐审批利用为主转向以保护更新和可持续经营为主。

机构，下级林业行政管理机构既受到上级林业部门的管理，同时也受到同级人民政府的统一领导，地方各级林业行政机构分别作为同级人民政府的组成部门，在人事、编制、经费上受同级人民政府的安排，受到各级人民政府的领导。

当前我国林业，已经不是传统上挖坑种树、砍林取材的林业，而是成为以生态建设为主，涵盖三个系统一个多样性，维护国家生态安全、经济安全，促进可持续发展和实现绿色增长的现代林业。我国林业部门主要负责保护和发展森林资源、湿地资源、野生动植物资源、预防和治理土地沙漠化，应急处置有关灾害，向社会提供生态服务和林副产品。林业作为一项重要的公益事业，具有很强的外部性、社会性和公益性，这种公益性事业只能由政府承担，而且必须靠强有力的政府行为去组织、动员、推动并进行严格的管理和规范。同时，林业作为一项重要的基础产业，树木生长周期长，投入与产出比率低，统筹协调好群众的基本生计与生态保护的关系，这不是靠群众的自觉行为能做到的，也不是靠市场力量能解决的，必须依靠政府通过行政的、经济的和法律的综合手段才能实现。①②③

因此结合以上分析可知：我国林业行政管理机构设置，既不能简单照搬国外的模式，分管分

---

①历史经验也一再证明：林业健康发展需要一个强有力的政府部门来支撑。中华人民共和国成立后的前10多年，我国林业快速发展，为国民经济恢复做出了历史性贡献，主要得益于不仅设立了林业部，而且在1956年又增设了森工部。“文化大革命”期间，林业行政管理机构一度陷入瘫痪，特别是1970~1978年，林业部和农业部被合并为农林部，我国林业急剧下滑，森林覆盖率由12.7%下降到12%。改革开放后，国家恢复了林业部，林业事业又进入了快速发展的新阶段，从1979~1998年恢复林业部的20年间，全国森林覆盖率从12%上升到16.55%。1998年，林业部被改组为国家林业局，中央林业机构受到削弱，幸好得益于两方面原因，林业没有受到大的影响。一是国家加大了对林业的投入。“十五”期间中央林业投入大幅增加，年均310多亿元，相当于前50年投入的总和，促进和保障了这一时间的林业发展。二是地方林业机构保持了稳定并得到了加强。在1998年地方机构改革中，各地都吸取机构降格林业滑坡的历史教训，努力维护省级林业机构不降格，有的不但不降格反而升格。目前，全国30个省份林业机构是正厅级架构，其中28个省（自治区、直辖市）已经成为政府组成部门。

②为了确保完成林业的目标任务，2008年国务院机构改革中，明确国家林业局负责全国林业及其生态建设的监督管理职能，包括造林绿化、防沙治沙、湿地保护、野生动植物保护等，并负责指导农村林业改革，进一步充实和完善了林业部门的职能，覆盖到除草原外的整个陆地自然生态系统，承担着改善生态、改善民生的重任。

③当前林业的任务越来越重，职能越来越多。林业保护和监管着占国土面积一半以上的林地、湿地、沙地，任务非常繁重。由林业部门牵头执行或参与的法律有16部、行政法规21部、负责的行政审批项目144项。由国家林业局牵头、分别有10~20个正部级部门参加的协调议事机构达7个（截至2012年）。自1998年7月我国长江等流域发生特大洪灾后，党中央、国务院更加重视林业和生态建设事业，提出了以生态建设为主的林业发展战略。特别是党的十六大以后，中央作出贯彻落实科学发展观、建设生态文明、解决“三农”问题、应对气候变化、实现绿色增长等一系列战略决策，并把林业摆到国家和全球战略高度，态度鲜明地赋予林业“在贯彻可持续发展战略中具有重要地位，在生态建设中具有首要地位，在西部大开发中具有基础地位，在应对气候变化中具有特殊地位”等“四个地位”，提出“实现科学发展必须把发展林业作为重大举措，建设生态文明必须把发展林业作为首要任务，应对气候变化必须把发展林业作为战略选择，解决‘三农’问题必须把发展林业作为重要途径”等“四个使命”。胡锦涛同志在2009年联合国气候变化峰会上作出“争取到2020年森林面积比2005年增加4000万公顷，森林蓄积量比2005年增加13亿立方米”的“双增”承诺。在2011年亚太经合组织林业部长级会议上，胡锦涛同志进一步提出“要把发展林业作为实现科学发展的重大举措、建设生态文明的首要任务、应对气候变化的战略选择”和“森林在促进绿色增长具有重要功能”的重要论述。习近平同志更是高瞻远瞩，提出了“生态兴则文明兴”“绿水青山就是金山银山”“山水林田湖是一个有机的统一体”等伟大论断，并且在“巴黎气候变化大会”上再一次郑重承诺，履行国际义务，承担国际责任，到2030年我国森林蓄积量要比2005年增加45亿立方米左右。

治，也不能盲目地关停并转、一合了之，要立足我国国情，因地制宜，因势而动，科学论证、服务大局。①

①稳定完善、保障有力的林业组织管理体系，既是林业治理体系的重要内容，也是林业治理能力的坚实基础。一要健全各级林业行政机构。优化内部结构，使之适应创新林业治理体系的要求。要强化林业议事协调机构功能，充分发挥各部门的优势和作用。明确基层林业站所公益性职能，切实提升政策执行力。二要转变政府职能、创新管理方式。进一步减少行政审批事项，建立权力清单，公开权力运行流程。加强取消和下放事项的事后监督，提升管理水平。三要发挥事业单位功能。加快事业单位分类改革，健全事业单位法人治理结构，强化林业事业单位公益属性，充分发挥公共服务职能。四要完善林业社会组织。鼓励发展专业性林业社会组织，加快推进社会组织与行政机关脱钩，支持社会组织承接政府转移职能，充分激发社会组织活力。五要完善基层林业治理机制。加快发展新型林业微观组织，鼓励林业合作组织进行工商登记，享受小微企业优惠政策。允许财政资金直接投向林业合作组织。赵树丛：加快林业治理体系和治理能力现代化充分发挥生态林业民生林业强大功能——在全国推进林业改革座谈会上的讲话。中国林业网，http：//www. forestry. gov. cn，2014 年 7 月 29 日。

第 5 章　林业思想演进①

5.1　林业发展理论②

随着世界各国林业实践的不断发展，在 17 世纪德国创立的森林永续利用理论基础上，又先后出现了森林多功能论、林业分工论、新林业理论、近自然林业理论、生态林业理论及森林可持续经营理论。

5.1.1　森林永续利用理论与木材培育论—针叶人工纯林

17 世纪中期，德国因制盐、矿冶、玻璃、造船业的发展，大规模采伐森林，森林资源过量消耗，到 18 世纪初就出现了震动全国的“木材危机”。1713 年，鉴于德国出现了第一次“木材危机”，原始林被过量采伐利用，德国森林永续利用思想的创始人卡洛维茨（C. V. Carlowits）提出了人工造林思想。他指出：“努力组织营造和保持能被持久地、不断地、永续地利用的森林，是一项必不可少的事业，是这个国家最伟大的一门艺术和科学。”他还提出了“顺应自然”的思想，指出了造林树种的立地要求。卡洛维茨也因而被德国人奉为“森林永续利用理论”的创始人，永续的目的是追求最高木材产量的持续性和稳定性。

德国林学家哈尔蒂希（G. L. Hartig，1764～1837 年）早在 18 世纪就提出了“木材培育论”。他的中心思想是以追求纯经济利益，为获得木材为目的的森林永续经营。主张经营针叶纯林，鼓励选择生长量高的树种营造郁闭林，旨在获得更大的经济效益。1795 年哈尔蒂希进一步提出：“每一个明智的林业领导人必须不失时机地对森林进行估价，尽可能合理地利用森林，使后人至少也能得到像当代人所得到的同样多的利益。从国家森林所采伐的木材，不能多于也不能少于在良好经营条件下永续经营所能提供的数量。”他的理论中所包含的森林永续经营思想，一直被后人高度评价。哈尔蒂希在明确提出森林永续经营思想的同时，还提出了“木材培育”一词。1811 年，他出任普鲁士国家林业局局长，提倡营造针叶人工纯林，鼓励选择材积生长量高的树

---

①本部分主要参考文献：江泽慧. 中国现代林业［M］. 北京：中国林业出版社，2008；中国可持续发展林业战略研究项目组. 中国可持续发展林业战略研究（总论卷）［M］. 北京：中国林业出版社，2002；江泽慧. 中国可持续发展总纲：中国森林资源与可持续发展［M］：北京：科学出版社，2007；许新桥. 西方近自然林业理论研究及其应用问题探讨［D］：北京：中国林科院博士论文，2007；美国林业管理模式对我国林业发展的五大启示［J］. 绿色中国，8：59～61；杨小科，杨斌. 国外的林业［M］：北京：中国社会出版社，2006.

②此部分内容主要参考：周生贤. 中国林业的历史性转变［M］. 北京：中国林业出版社，2002；中国可持续发展林业战略研究项目组. 中国可持续发展林业战略研究（总论卷）［M］. 北京：中国林业出版社，2002；董瑞龙. 北京园林绿化发展战略——生态园林、科技园林、人文园林［M］. 北京：中国林业出版社，2011；吴振新. 加拿大林业可持续发展研究［D］. 长春：吉林大学硕士论文，2003；董智勇. 世界林业发展道路［M］. 北京：中国林业出版社，1991.

种，建立生产力高的林分以获得短时间内的大量产出。该理论在德国大规模造林运动中起着主导作用。德国另一位著名林学家哥塔（H. Gotta，1763~1844年）把“木材培育”一词延伸为“森林建设”。他对森林永续利用的解释已不再局限于木材生产，而且扩大到森林能为人类提供一切需要，并提倡营造混交林，在德国林学界享有盛名。①

1826年，洪德斯哈根（J. C. Hundeschangen）著名的“法正林”学说问世，后经海耶尔（C. Heyer，1841）补充和发展。法正林是具有理想结构和理想状态的抽象化的森林，当时成为森林永续和均衡利用的经典理论。法正林是由同一作业法、同一轮伐期所构成的经营整体。它应满足以下4项要求：①它的林分具有最高的平均生长量，即具有法正生长量；②在轮伐期范围内所有的龄级都是法正林分，且面积相等；③法正林分的空间配置应该是满足在执行各项营林措施时，经营上不受任何损害，即林分法正空间排列；④在投入营林资本获得满意利润条件下，法正生长量的质量和法正蓄积组成应保证固定的最高林业收入。当经营总体的4项法正条件全部实现时，结果必然具有法正蓄积量（即在轮伐期范围内全部龄级的同等面积上，法正林分所获得的木材数量）。

1849年弗斯曼（M. Faustmann）发表了“土地纯收益理论”，主张从每一块林分获取尽可能高的地租，对当时纯针叶速生用材林的形成也产生了很大作用。到19世纪中期，德国形成了人工林占99%、天然林只剩1%的尴尬局面。在木材培育论指导下的这场造林运动实质上是人类一次大规模恢复森林的实践。当时为追求经济利益而营造的大批同龄针叶纯林，经历了第二、第三代之后，造成了地力和森林抗灾能力的衰退，改造起来很困难。同时，集约经营人工林见效快、效益高，诱使人们把所剩不多的原始林也砍光改为人工林，使宝贵的原始森林丧失殆尽。这是木材培育论带来的两点深刻教训。

5.1.2　森林多功能论与多效益经营模式

1867年哈根（O. F. Hargen）在国有林管理总经营方针中提出了被誉为经典的“森林效益永续经营理论”。继他之后恩特雷斯（Endres）于1905年又提出了森林多效益问题，进一步发展了森林效益永续经营理论。该理论在第二次世界大战前对世界各国林业经营指导思想产生重大的影响，并为现代林业经营奠定了基础。第二次世界大战以后，德国著名林学家第特利希（Dieterich）提出了著名的林业政策效益论，首次对森林与其他经济和社会状况的关系做了系统的阐述，以后逐渐演变成森林多功能理论。20世纪50年代，德国根据林业政策效益论和森林效益永续经营理论，确定了林业为木材生产和社会效益服务的双重战略目标。60年代，德国开始推行“森林多功能理论”。这一理论很快被美国、瑞典、奥地利、日本、印度等许多国家所接受，在全球掀起一个“森林多功能经营”的浪潮。

森林多功能理论强调：在继承森林永续利用理论的前提下，在同一块林地上既发挥木材生产功能，同时又发挥生态、社会、文化等多种功能，努力实现林地综合功能的最大化。要求改变传统的以木材生产为主的经营方式，变单一树种纯林为乡土多树种混交林，变皆伐为择伐，使采伐量低于生长量，从而使林分的生长量和蓄积量都不断增长，进而为木材生产提供更大的潜力。同

①陈柳钦：林业经营发展理论的历史演变，http：//3y. uu456. com。

时森林质量逐渐提高，生物多样性日益丰富，生态功能稳步提升，相应的森林游憩、美学等价值也得到改善，形成永久性、多用途、可持续利用的森林。把林业追求经济单一的经营方式，转变为生态保护、木材和其他森林产品生产、森林旅游等相结合的经营方式，为社会提供更全面、更高效的服务。

5.1.2.1 森林多效益永续经营——阔叶林

早在 1811 年，德国林学家哥塔（H. Gotta）就将主张营造混交林，但是并未引起重视。1833 年德国科学家利尔曾经尖锐地指出："近来由于灾害或目光短浅等原因，德国一直把健康和永续的阔叶林变为针叶林，这与大规模开发森林一样，至少使森林失去了应有的特征。"

1867 年，时任德国国有林局局长的哈根（Hargen）提出了著名的"森林多效益永续经营理论"，即经营国有林不能逃避对公众利益应尽的义务，必须兼顾持久地满足对木材和其他林产品的需要，以及森林在其他方面的服务目标。

1888 年，波尔格瓦（Borggeve）创立了"森林纯收益理论"，他指出：森林总体比林分大得多，应该争取的是森林总体效益的最高收益，而不是林分的最高收益。随后，恩特雷斯（Endres）于 1905 年在《林业政策》中又全面阐述了"森林的福利效益"，即森林对气候、水分、土壤和防止自然灾害的影响，以及在卫生和伦理方面对人类健康的影响，进一步发展了森林多效益永续经营理论。1922 年莫勒（Moller）提出了恒续林经营法则，要使森林所有成分（乔木、鸟类、哺乳动物、昆虫、蚯蚓、微生物等）均处于均衡状态，必须保持森林复层混交的特点。因而应以低强度择伐取代皆伐，在针叶纯林中引种阔叶树和下木。

1933 年，帝国《森林法》中明确规定：永续地、有计划地经营森林，既以生产最大量的用材为目的，又必须保持和提高森林的生产能力；经营森林要尽可能地考虑森林的美观、景观特点和保护野生动物；必须划定休憩林和防护林。后来因为战争爆发，此法未能正式颁布实施，但对以后的影响是深远的，为木材生产、自然保护和游憩三大效益一体化经营奠定了基础。

第二次世界大战后，原联邦德国的林业经营明显地向总体效益转化，被誉为现代德国最杰出林业政策学家的第特利希提出了林业应服务于整个国民经济和社会福利的理论。认为林业研究应重视森林与人类的复杂关系，森林的作用不只是物质利益，更应重视它对伦理、精神、心理的价值。同时，"拯救阔叶林委员会"出版的《未来属于混交林》一书，集中了 200 多位科学家的观点、言论。他们称"以经济为目标的人工林发展方针已经成为一个退化的纲领。"并向政府提出了"高额资助营造阔叶林和混交林；把针叶林改造为阔叶林和混交林；对阔叶林至少取消 50 年地产税"等具体意见，促进了联邦政府林业政策转向以森林的多种效益为目标。

在如何实现森林多效益永续经营的具体技术路线上，德国林业科技界出现了两种不同的主张，即"船迹理论"与"协同（和谐化）理论"。"船迹理论"认为应以木材生产为首，并能带动其他效益发展（如同行船两侧扩展开的痕迹）；"协同理论"认为应坚持永续的原则及经济、生态、游憩效益协同发展，把木材生产和其他效益同等对待。经过多年争论，协同论得到公认。20 世纪 60 年代以来，协同（和谐化）理论已成为德国处理森林各种效益矛盾冲突的指导思想和技术原则。到 1975 年，联邦德国《森林法》规定了林业同时要兼顾三大目标：生产木材、保护自然生态和向人民提供游憩场所。从此，德国成为三大效益一体化林业经营模式的代表。

5.1.2.2　林业分工论——人工针叶林、自然保护林、兼用林

进入 20 世纪 70 年代，“林业分工论”向“森林永续经营理论”提出了挑战。美国的 M・克劳森和 R・塞乔博士等人进行了深入研究，提出了森林多效益主导利用的经营指导思想。他们认为未来世界森林经营是朝着各种功能不同的专用森林方向发展，而不是走向森林三大效益一体化。工业人工林的崛起将使世界林产品贸易市场结构发生变化，到 20 世纪末或 21 世纪初将出现“森林资源向南移，木材向北流”的格局。“林业分工论”越来越引起许多国家的关注，并在林业实践中得到应用。

20 世纪 70 年代后期，W・海蒂对各种不同理论做了分析，对分工协同论进一步进行了科学验证。他根据“效益标准”提出，对所有林地的经营水平不应该相同，只能在优质林地上进行集约经营。他认为，木材将会短缺的预测是建立在以往那种陈旧、低效的森林经营活动基础上的简单推测；随着森林经营从现行的生物学标准转向市场效率标准，美国的森林不仅可增产更多的木材，而且还会提供更多的环境与游憩价值。“永续收获”思想大大限制了森林生物学的潜力，是发挥森林最佳经济效益的“枷锁”。

80 年代，美国林业分工论的研究向微观和宏观双方向发展。所谓“微观”研究，即通过集约林业——工业人工林的比较经济优势的评估，展示出它不仅对世界未来的木材供应，而且对环境改善和自然保护可能将发挥作用。所谓“宏观”研究，即把世界林业纳入其研究的范围，对全球森林资源的动态演变和时空调整及林产品国际贸易格局的变化等问题做出具有预见性的回答。20 世纪 80 年代美国林业分工论的研究结果表明：人工林具有良好的经济效益，特别是热带和南半球地区，人工林将对世界木材长期供应产生强大的影响。只有提高森林的产量，木材供应才有良好的前景。许多国家都在致力于营造工业人工林，现代林业正从采伐天然林走向培育人工林。按照林业分工论的主张，全部森林朝着各种功能不同的专用森林——森林多效益主导利用的方向发展，一部分是提供游憩和环境保护的自然保护林，另一部分是高度集约经营的工业人工林，大部分则是多效益兼用的森林。在此理论指导下，出现了森林多功能主导利用的森林经营模式。

5.1.2.3　新林业理论——既保护又出木材，升级版的兼用林

20 世纪 80 年代，美国林学家 J・F・富兰克林又提出了“新林业”理论。它是以森林生态学和景观生态学的原理为基础，以实现森林的经济价值、生态价值和社会价值相统一为经营目标，建成不但能永续生产木材和其他林产品、而且也能持久发挥保护生物多样性及改善生态环境等多种效益的林业。(1) 林分层次的经营目标是：保护和重建不仅能够永续生产各种林产品，而且也能够持续发挥森林生态系统多种效益的森林生态系统。在生产实践中，要坚持以下几项原则：①采伐迹地应永久保留一定数量的站杆和倒木，满足野生动物和其他生物对一些特殊生境的要求，以达到维持林地生产力和生物多样性的目的；②采伐迹地应保留适当数量的单株或团状分布的活立木，为一些野生动物和微生物提供必要的生境，为森林更新提供种源和维持林地小气候；③营造混交异龄林，以改良土壤和改善生物多样性；④延长轮伐期，增加大径木的数量和林分结构的复杂性。(2) 景观层次的经营目标是：创造森林镶嵌体数量多、分布合理、并能永续提供多种林产品和其他各种价值的森林景观。在生产实践中，应坚持以下几项原则：①在景观设计上，应把自然保护区和林业生产用地有机结合起来，进行统一规划；②在进行林业生产用地和森林保护区划时，应仔细确定其面积大小和分布，以保证众多的森林野生动物有足够的生存环境；③采取合理的采伐方式，降低景观破碎的程度，以减少森林采伐对保护区的不利影响，切实发挥

自然保护区的作用。新林业理论是一种新的森林经营哲学，它避免了传统林业生产与纯粹自然保护之间的矛盾，找到了一条发展林业的合理道路。森林经营者必须承认，森林不仅仅是木材生产基地，而且还发挥其他公益效能。同时，环境保护者也应抛弃那种单纯保护的观点。

新林业理论的主要特点：把所有森林资源视为一个不可分割的整体，不但强调木材生产，而且极为重视森林生态效益和社会效益。因此，在林业生产实践中，主张把生产和保护融为一体，既要真正满足社会对木材等林产品的需要，又要满足对改善生态环境和保护生物多样性的要求，特别是要保持和改善林分和景观结构的多样性。

5.1.3 近自然林业——乡土树种、自然力量、抚育更新

早在1886年，德国林学家盖耶（Gayer）就针对德国当时盛行的砍阔叶林造针叶林的做法提出了质疑：“50年前有谁敢向我们预告今日的山毛榉会发生价值损失，谁又能保证我们的子孙还会肯定我们根据今天的情况视为必要的森林经营计划?”1898年他又明确提出：“生产的奥秘在于一切在森林内起作用的力量的和谐”，并指出人类要尽可能按照上述原则从事林业活动，他提出的理论被称为“近自然林业理论”。1916年克列门茨（Clements）提出森林演替理论。1947~1956年，凡克（Week）提出了“森林动态结构类型理论”，为接近自然的林业提供了经营原理。他将干扰后的森林恢复演替进程划分为先锋林、中间林及顶极林。顶极林虽然有最大的蓄积量，但因为它的生长量和枯损量相等，因此，它是没有收获的。但是，“如果人们在用材林中始终以择伐方式为顶极林开路，那么任意大的采伐量总被生长量所补充。”1986年，瓦尔腾斯普尔（Waldensphul）指出：“接近自然是在经营目的类型计划中使地区群落中本源树种得到明显表现。”1987年施伦克尔（Schlenker）指出：“作为森林建设的一个高级目标，‘接近自然’是针对地区群落来选择树种，地区群落是冰河纪后最早的原始森林。”莱波恩德古特（Lerbundgut）在1989年明确区分了“接近自然”与“顺应自然”两种概念。“顺应自然”表示在各方面都与自然相适应，即免除人类的影响；而“接近自然”则表示一片森林只是在保存自然结构关系所允许的情况下偏离自然前提的。乡土树种的比例及其在林分中的分布、抚育和更新，以及为了经济利益而混交外来树种，是在确保其结构关系自我保存能力的前提下遵循自然条件。只有经营方式中的接近自然的森林才能发挥其效益，利用不需要费用的天然生产因素，努力达到经营的合理化。近自然理论逐渐被德国和欧洲以及世界其他一些国家所接受，作为林业发展的指导思想、方针和目标。

所谓“近自然林业”，即是在经营中使地区群的主要本源树种得到明显表现，它不是回归到天然的森林类型，而是尽可能使林分建立、抚育、采伐的方式同潜在的天然森林植被的自然关系相接近；要使林分能够进行接近生态的自然发生，达到森林生物群落的动态平衡，并在人工辅助下，使天然物质得到复苏。“近自然林业理论”基于利用森林的自然动力，也就是生态机制。其操作原则是尽量不违背自然的发展规律。德国不把近自然林业作为林业的自身目标，而是把它作为建设健康森林的一种手段，根本的目的是通过近自然林业建设成为一种生态、经济稳定性良好的多功能森林。

5.1.4 森林可持续经营理论——顺应潮流随大流

20世纪60年代，由于经济无节制地发展，森林资源遭受严重破坏，大气被污染，全球生态

环境恶化。联合国成立了环境与发展委员会，发表了《我们共同的未来》报告，全面阐述了可持续发展的概念、定义、标准和对策。可持续发展的核心内涵是，既能满足当代人的需要，又不损害满足后代需求的能力，强调经济发展和保护环境两者缺一不可。1992 年，联合国环境与发展大会针对可持续发展进行了热烈的讨论，并取得了共识，强调森林可持续发展是经济可持续发展的重要组成部分。森林可持续经营理论主要是指森林生态系统的生产力、物种、遗传多样性及再生能力的持续发展。它是以当代可持续发展和生态经济理论为基础，结合林业的特点和特殊经营规律形成的林业经营指导思想。美国的杰夫·克姆（Jeff Komm）教授指出林业可持续发展应包括以下几点：①创造好的外部环境不断提高森林质量；②森林经济效益和生态效益协调统一；③在林业不同层次及规模的管理部门进行相互补充；④为将来森林进行投资；⑤创新意识。中国学者认为林业可持续发展有更广泛的内涵，比较有代表性的概括是：林业可持续发展既要保持林业物质生产的持续增长，又要维持并不断改善社会对森林生态环境不断增加的福利性的要求，既要满足当代人和经济增长对林业的需求，更要考虑到子孙后代对森林环境和林业物质生产需要的延续。①

专栏 5-1 德国：从法正林理论到近自然林业理论

从 18 世纪末到 19 世纪中叶，欧洲爆发了产业革命，对木材需求的刺激导致森林资源的大量破坏。资本家为不断追求高额利润，纷纷寻找采伐木材量入为出的方法，以保证均衡利用。围绕森林资源的永续利用，许多学者从不同的角度提出森林经营思想。德国从 18 世纪开始展开大规模的恢复森林运动，大规模的人工造林逐步扭转了森林持续锐减的局面，森林数量不断增加。“在森林面积逐步恢复的过程中，如何在人工造林中获得木材的持久不断永续的供给，是当时经济发展中面临的一个课题。18 世纪的大部分时间内，森林的永续经营风靡了整个德国。”为了获得木材的永续供给，营造针叶纯林成为当时林业经营的主流，以至于在短时期内营造了大量生长快且以用材为目的的针叶林纯林。18 世纪德国提出“木材培育论”，主张经营针叶单纯林，选择生长量高的树种营造。以获得更大的经济效益。19 世纪初，洪德斯哈根通过其《森林调查》的早期林业经典专著，创立了著名的“法正林”学说。但是，这些理论都局限于木材生产上，其中心思想是追求纯经济利益。

德国 18 世纪后期以来营造的大面积纯林带来了一系列经营性和生态性的问题，特别是酸性雨造成大面积的针叶林生长灾害，引起了德国民众和林业专家对森林经营的反思和探索。但到 19 世纪中后期，大面积的针叶纯林给当地的林业经营带来了严重的问题，大面积的针叶纯林遭受风害、病虫入侵，损失很大；连作针叶林的土地，因土壤灰化而使地力不断衰退，林分的生产力逐代衰减，要改良土壤需花费大量资金。为了避免这些后果，自 19 世纪末期开始，在下萨克森州的 Neubruchhausen 林业局开始了以营造混交林为特征的试验，近自然林业在这里出现，但近自然林业经营理念直到 20 世纪中后期才真正得到推广并得以广泛实践。从 1898 年慕尼黑大学森林培育学教授盖耶尔在其所著《森林培育学》的经典林业著作中提出了带有自然主义色彩的“恒续林”思想。至此，兼顾经济和生态效益的近自然林业逐步在德国发展起来。1949 年德国成立了适应自然林业协会，系统地提出了适树、混交、异龄、择伐等为特征的近自然森林经营理

①赵景柱. 可持续发展分析［J］. 生态学报，1999（3）：3.

论。1975年德国联邦《森林法》正式确定了木材生产、自然保护和游憩三大效益一体化的森林多功能经营战略，在多功能森林经营理论和目标的指导下，近自然经营手段从20世纪90年代后成为德国国家林业发展政策和实现途径。为实现多功能可持续林业目标，近自然林业提出的基本技术原则可简要归纳为：①确保所有林地在生态和经济方面的效益和持续的木材产量同时发挥；②实用技术知识和科学探索兼顾地经营森林，保持森林健康、稳定和混交的状态；③适地适树的选择树种并保护所有本土植物、动物和其他遗传变异种，除小块的特殊地区外不做皆伐而要让林木自然枯死和再生，④保持土壤肥力并避免各类有害物质在土壤中高富集的可能性，在森林作业设计中应用可能的技术来保护土地、固定样地和自然环境；⑤维持森林产出与人口增长水平的适应关系。德国通过长期不懈的近自然经营技术研究和实用模式探索，总结出了一套行之有效的方法，享有了林业强国的美誉，也使其森林资源成为国家发达和人民富裕的重要标志。①

专栏5-2 美国：新林业思想与生态系统经营

美国是个森林资源丰富的国度，早期的欧洲移民在这里为满足农业土地需求而大量开采森林，为城市建设提供了木材同时又将“荒野”转化为私有财产。到19世纪初，一些自然保护主义者认识到自然资源的可持续利用问题，提出了至少应该保留一部分森林为公有资产的思想。20世纪最后的20年公众社会开始对自然资源经营产生影响，美国林业界开始提出一个新的模式：“生态系统经营”。

生态系统经营模式的第一个标志是：1985年富兰克林（Franklin）提出的“新林业”（New Forestry）理论，强调“森林的生产、保护和游憩功能不会自然、均衡地出现。一方面，森林的木材生产以外的其他功能不会自然地满足社会的需求；另一方面，未经营的森林也不能自动地满足其他环境保护的需求，所以需要转变为多目标经营的新林业。”“新林业”理论核心是“生态系统经营”思想，提出森林具有持续提供多种林产品和森林生态服务功能，以满足社会各种需求。该思想认为：森林是不同等级、功能复杂并和非生物成分密切关联的生物体系，木材等林业产品的永续经营仅是森林生态系统经营的一部分，森林能提供一系列价值，应该维持整个系统的完整状态和全部公众价值，最终保证经济和社会的长期发展并满足人类对森林的各种需求。基于此，美国的林业不仅着眼于森林面积、蓄积量、生产量等指标，还把空气、水体、土壤、森林状态、物种多样性等放在重要地位。②

---

①许新桥. 西方近自然林业理论研究及其应用问题探讨［D］. 北京：中国林科院博士论文，2007.

②何谓森林生态系统经营理论，归纳起来有以下几种：森林生态系统经营是一种新型的林业生产模式；森林生态系统经营是一种经营利用制度；森林生态系统经营是一种林业生态体系；森林生态系统经营是一种系统工程；森林生态系统经营是一种林业的类型。德国林学家哈茨费尔德认为，森林生态系统经营与近自然林业的内容是一致的，可以互换交替使用，不必拘泥某个名词，现在多用于森林生态系统经营一词。的确，我国林学家多数也是采用森林生态系统经营一词。森林生态系统经营是运用生态经济学的原理，充分利用当地自然条件和自然资源，在促进林产品发展的同时，为人类自下而上发展创造最佳状态的环境。森林生态系统经营的本质特征是自然和人工森林生态系统的生态平衡。生态平衡是指在一定时间内，生态系统中生物与环境，以及各种群相互制约，维护某种协调，并由于系统内在的调节机制而遵循动态平衡法则，使能量活动、物质循环、信息传递达到一种动态结构相对稳定状态。森林达到演替顶极时期，也是一种最佳平衡状态，并有较高的生物量。森林生态系统经营是完全符合现代林业所肩负的保护森林资源和林产品生产的双重职能。

生态系统经营导致的一个主要的批评是：在对经营的结果和相关影响缺乏充分认识的情况下，要在大的范围内按生态系统经营的概念来设计和实施森林经营计划显然是不理智的。生态系统经营的另一个存在问题是：缺乏具体有效的林学技术措施来落实其美好的理想。与欧洲的近自然森林经理体系相比，生态系统经营体系在计划的逻辑程序、森林培育、木材生产和投入产出经济分析等方面的具体技术都还是缺乏的。

专栏5-3　法国：木材培育理论与接近自然的林业理论

第二次世界大战后，随着工业迅速发展和人民生活水平不断提高，公众对森林公益效能的要求越来越高，法国林业经营思想和经营模式也发生了很大的变化。

法国育林的方法基本是按照天然林的生长规律和生态法则，进行定向培育。它的理论基础是19世纪末出现的龄级法森林经营学说。到20世纪60年代以后，随着大气污染的加剧，生态环境日趋恶化，人们对森林生态效益和社会效益的要求越来越高，法国根据“木材培育”论又提出来森林多效益主导利用的林业经营思想。它的指导思想是：主张森林多效益结合，满足人们和社会的多种需要，但对不同地区、不同林分、不同树种，则突出其主导功能。按照这一经营思想，法国把森林分成不同类型的森林，即有的森林是以生产木材为主导功能，兼顾其他功能；而有的森林是以某种森林生态效益或社会效益为主导功能，兼顾生产木材的功能。

“木材培育”论是法国林学家马丁（B. Martin）等人总结了各国森林资源管理理论提出来的。他们认为，人类应该从传统林业的桎梏下解脱出来，建立一个专门培育木材的企业，在面积不大，但在立地条件优越、交通方便的林地，采用科学的营林方法，营造速生丰产林，追求木材高产、高效和高利润，而让其他类型的森林充分发挥森林生态效益和社会效益。

20世纪70年代，“木材培育”论对法国林业经营思想的转变起了很大的作用，林业经营方式逐渐向木材培育、公益森林和多功能森林这三大块模式演变。80年代，法国又出现了以蒂尔凯姆（B. de Turclheim）等人为代表的“人工林天然化经营”学派，与“木材培育”论大相径庭。他们认为，人工林与天然林相比，稳定性差，多样性低，抗性差，特别是人工林使土壤肥力迅速降低，因此主张按“模仿自然法则，加速培育森林进程”的原则经营森林，即所谓“人工林天然化经营理论”。德国林学家把这种经营理论称为“接近自然的林业理论”。1989年，这个学派在南斯拉夫组成了欧洲林学家联盟，它的影响正在扩大。①

专栏5-4　俄罗斯：森林分类经营

俄罗斯是世界第一森林资源大国。作为森林资源丰富的国度，目前俄罗斯林业经营模式还是

①通过无性繁殖育苗技术起源于欧洲，无性系林业理论是在无性繁殖和育种学的基础上发展起来的，它是一个新兴学科和人工林体系。即在现代遗传育种学理论指导下，以无性系育种为基础，把经选择、测定的优良材料大量繁殖成为无性系，组成一种人工林的经营体系。20世纪70年代后，无性系林业理论越来越被世界各国所重视。当今，林木无性系繁殖的机理和技术的研究已获得了重大进展，无性系林业前途广阔，因此，无性系林业理论研究引人注目。

采用了原苏联的调节森林利用理论。计划性特征的森林永续均衡利用原则是其理论基础。

前苏联以森林多种效益永续利用理论作为林业的指导思想，并根据森林分布状况及其在国民经济中的作用，实施了森林分类经营方针。为此，将森林按其功能进行分类，分别实行不同的经营方针和利用制度。原苏联解体后，俄罗斯政府继续坚持这一方针。根据森林的经营目标和主要功能，将森林划分为三大类：

第一类森林为公益性生态林。包括水源涵养林、各种防护林、卫生保健林、文化古迹林，以及自然保护区、国家公园、自然公园和森林公园在内的能满足人类健康功能需求的森林。这类森林的面积约占全国森林面积的1/5。主要经营目的是发挥森林的防护、环境和社会效益，不允许进行主伐利用。其经营方针是维护和加强森林的生态功能和社会功能，只允许进行森林更新伐，限制或禁止副产利用。

第二类森林为多功能利用的集约经营森林。森林所占面积比较少，但由于其主要分布在人口稠密、交通方便的地区以及一些少林地区，因此，这类森林既具有环境和防护功能，同时也具有一定的可利用价值。对于这类森林，在不损害其防护功能的前提下，可以对其进行一定程度的工业性采伐，但采伐量不得超过年生长量和计划采伐量。

第三类为开发利用森林。主要包括开发林和储备林，主要分布在多林地区，具有开发利用价值，可在不影响其防护功能的前提下不断满足国民经济对木材的需求。其中，储备林主要由于交通或其他原因，而导致目前尚不能开发利用的森林。这类森林面积最大，约占全国森林面积的70%左右。①

5.2 中华人民共和国成立前②

春秋时期管子建议桓公设“都匠水工”，兴修水利工程，“令之行水道、城郭、堤川、沟池”。而且提出在堤防上“树以荆棘，以固其地，杂之以柏杨，以备决水。”（《管子，度地》）这是将植树造林与巩固堤防、水土保持联系起来的较早论述。《礼记》是一部先秦重要典籍，《礼记·月令》规定了“四时教令”，强调“以时禁发”，其中包括对森林采伐的限制。同时，提出了“土会之法”与“土宜之法”，涵盖了林业“适地适树”的原则，体现了合理经营森林、合理造林的重要思想。吕不韦主持编著的《吕氏春秋》曾提到：“然后制四时之禁：山不敢伐材下木，泽不敢灰僇，缳网罝不敢出于门，罛罟不敢入于渊，泽非舟虞，不敢缘绝，为害其时也。”意思是要制定四季的禁令：山林中不得随时砍伐木材，湖泽地带不得随时火耕水耨，不得随时将罗网等猎具带出城门打猎，不得随时将罟网放入水渊捕鱼，在湖泽中若不是管理舟船的官员，不得任意绕泽横渡，因为这些都会妨害农时。到了汉代，人们已经认识到森林具有防止旱涝灾害的功能，知道破坏森林会导致自然灾害。贡禹认为“斩伐林木亡有时禁，水旱之灾未必不繇此也”（《汉书·贡禹传》）。③ 宋代学者魏岘，通过调查研究，进一步阐明了森林破坏与洪水泛滥的关

①杨小科，杨斌. 国外的林业［M］. 北京：中国社会出版社，2006.

②本部分主要参考：周生贤. 中国林业的历史性转变［M］. 北京：中国林业出版社，2002；蔡登谷. 森林文化与生态文明［M］. 北京：中国林业出版社，2011；江泽慧. 中国现代林业［M］. 北京：中国林业出版社，2008；江泽慧. 中国可持续发展总纲：中国森林资源与可持续发展［M］. 北京：科学出版社，2007；董瑞龙. 北京园林绿化发展战略——生态园林、科技园林、人文园林［M］. 北京：中国林业出版社，2011；李世东，樊宝敏，林震，陈应发. 现代林业与生态文明［M］. 北京：科学出版社，2011.

③江泽慧，等. 中国现代林业［M］. 北京：中国林业出版社，2008.

系。在《四明它山水利便览》一书中描述：四明（即宁波）它山原来“巨木高森，沿溪平地竹木蔚然茂密”“虽遭暴水湍激”，但“沙土为根盘固”，因此“流下不多”。后来由于木材价高，大家竞相砍伐，结果“无山不童，而平地竹木亦为之一空”，一旦下起大雨来，“既无林木少抑奔湍之势，又之无根缆以固沙土之留，致使沙浮随流而下，淤塞溪流，至高三四丈，绵亘二三里”。到了明代，甚至连百姓都已认识到森林涵养水源的作用，并自觉保护水源林。

清代前期，对森林的防护、固土治沙等生态效益已经有一定认识，① 并且已经有了森林多功能性②和资源永续利用的意识，③ 但大多还是把森林纳入大农业的农本思想。④ 明清之际的学者顾炎武在其著作中写道：“流溪地方，深山绵亘，林木翳茂，居民以为润水山场，二百年斧斤不入。”⑤

民国时期，林业发展更受关注，各种思想也层出不穷，具有代表性的是：孙中山“森林防灾”的思想，⑥ 凌道扬“振兴林政”的思想，⑦ 陈嵘“造林为要”的林业思想，⑧ 姚传法的“以法治林”思想，⑨ 郝景盛的“森林万能论”，⑩ 梁希的“多形式营林”和“永续利用”思想。⑪

---

①康熙、乾隆诸帝都相当重视河堤植树，发挥防护作用。诸如“查黄运两河所栽之柳，每岁果能如该督疏内所定之数成活者，其栽柳之人三年后……授以巡检录用……”（《行水金鉴》卷134）；“举天下之田地皆为公有，偏植草树，将多雨泽，渐可使沙漠化为壤土”。（康有为《大同书》）

②“余闻之，百岁树德，十岁树木。余尝计种树之效，其利有八。”（荒政丛书《种树说》）

③“欧罗巴一州，地临北方者多，近赤道者寡。故凡热域之草木，实为难得。”“弥利坚其始地旷人稀，树木丛茂，人只取木而不取则煤，今则烟火日繁，树木不减于前，而煤炭愈旺于昔。”（魏源《海国图志》）

④“为天下万世筹赡足之计者，不独以农事为先，而兼修园圃、虞衡、薮牧之政。故因地之利任圃以树事，任牧以畜事，任衡以山事，使山林川泽丘陵之民得享山林川泽丘陵之利。”（《清高宗实录》，卷169）；中曰：“农非一端，耕、桑、树、畜，四者备而农道全矣；若缺其一，终属不足。”（杨屾《豳风广义》）

⑤江泽慧，等.《中国现代林业》[M]. 北京：中国林业出版社，2008.

⑥“近来的水灾，为什么是一年多过一年呢？古时代有很多森林，现在人民采伐木料过多，采伐之后又不行补种，我们讲到要种植全国的森林的问题，归到结果，还是要靠国家经营。”（孙中山《实业计划》）

⑦“吾国为东亚膏腴大陆，环球各国，啧啧称誉。独是荒山之多，触目皆是。”“中国不知林政。已有之处，任意斩伐……无林之地，不知种造。”“吾国生之者寡，食之者众。民穷财尽，危象日臻。使林政振兴，生计必呈活泼之象。”（凌道扬《森林与国家之关系》）

⑧“我国荒山遍地，极应兼重林业，以利用荒地造林，增加生产，而为复兴农村之一大助力焉。”（陈嵘《造林学概要》）

⑨“造林之宣传，应为《森林法》实施之宣传；植树之运动，应为《森林法》实施之运动。”“唯有实施《森林法》方可挽救中国之林业。”（姚传法：《森林法》之重要性》）

⑩“森林可以调节水源”“凡森林可以防止水患，可以阻止旱灾，治理长江、黄河在上游各支流流域内大规模造林。”（郝景盛《森林万能论》）

⑪民国37年（1948年）梁希（林业部长）视察台湾省林业以后，指出：台湾除经营经济林以外，“治水林、保安林、海岸防沙林，均宜并重，不可偏废”。在《对于浙江旧泉唐道属创设林场之管见》一文指出：经营林业可以采取如下四种形式：①公家直接经营由官办林场征收、平价收购私有荒山（因浙西无大面积官有荒山）进行造林。②督促民间经营。通过办贫民学校、半日制学校、演讲会等，向山区农民进行爱林教育。禁止滥伐林木。督促、指导山区农民培育森林。③“民地官营”。由官办林场与荒山之地主订约，公家出资金，在民有山地上造林。收成之日，主伐间伐，十分之若干归地主，十分之若干归林场。④指导民间合作造林。政府“指导乡民，使其共同设立苗圃，共同雇用管理人，共同造林，共同保护，其经费之分担，以所有地之多寡为准”。梁希认为，决不可忽视采伐后的更新造林问题。他指出：一个采伐林场“伐木之后，继即造林，每年须造一定年伐量之幼林，如以年伐量10万立方米，则年须造林1000公顷（针叶树造林经40年后每公顷约可收材积100立方米计），至40年时，须领有4万公顷之地，方能周转。”张敬增，赵顷霖. 名人与林业[M]. 郑州：黄河水利出版社，2003.

5.3 中华人民共和国成立后[①]

中华人民共和国成立以来，林业发展大致经历了三个时期，从林粮并举、毁林开荒，到采育结合、永续利用，再到生态建设、绿色发展。

这期间，林业部（局）领导集思广益，提出了一些颇有影响的林业思想，一些林业专家出书论著，为林业发展贡献智慧，献计献策。官方比较有代表性的是：梁希“青山碧水”,[②] 罗玉川“采育兼顾”,[③] 雍文涛“分类经营”,[④] 高德占“以发展森林资源为核心”，徐有芳林业“两大体系”,[⑤] 陈耀邦“高举生态建设大旗”，王志宝“林业分类经营、分区突破”，周生贤“林业

---

①本部分主要参考：周生贤. 中国林业的历史性转变［M］. 北京：中国林业出版社，2002；蔡登谷. 森林文化与生态文明［M］. 北京：中国林业出版社，2011；江泽慧. 中国现代林业［M］. 北京：中国林业出版社，2008；江泽慧. 中国可持续发展总纲：中国森林资源与可持续发展［M］. 北京：科学出版社，2007；樊宝敏. 中国林业思想与政策史［M］. 北京：科学出版社，2008；董瑞龙. 北京园林绿化发展战略——生态园林、科技园林、人文园林［M］. 北京：中国林业出版社，2011；李世东，樊宝敏，林震，陈应发. 现代林业与生态文明［M］. 北京：科学出版社，2011.

②梁希提出，中国林人的奋斗目标是：“黄河流碧水，赤地变青山”。主张发挥森林的多种效益；用国家力量来经营森林；推动和奖励民营造林；发挥优势，发展特种林木；节约木材，合理利用木材；按照施业案合理经营森林，护林造林育林并举。见《梁希文集》《梁希纪念集》（1983 年）

③1960 年罗玉川在《关于大兴安岭林区几个问题的报告》中说：“今后必须坚决贯彻以木材生产为主，适当发展综合利用、多种经营的方针，不能几条战线齐头并进，不能因为搞综合利用多种经营而削弱木材生产战线。”后来，又讲道：“开发大兴安岭林区，不但要把铁路修好，把木材采运出来，还要把育林工作搞好。林木的更新是一个重要问题，要吸取过去的经验教训，采伐方式，应以渐伐为主。”积极提倡“实行采育兼顾伐”，认为其好处很多。

④1992 年，雍文涛在《林业分工论》一书的序言中写道：“在总结、把握中国林情的基础上，提出了以‘林业分工论’为核心的中国林业发展的经营思想和与之相应的发展战略，其要点就是通过深化改革，紧紧抓住解放和提高林业生产力这个中心环节，突出效益原则，强调结构效益，对林业进行分类指导，按照专业化分工的原则对林业经营格局进行大调整，集中力量重点突破，以重点部分林业的高效益带动林业全局的发展。”

⑤徐有芳（1995）基于林业分工论，提出林业“两大体系”理论。两大体系是指建立比较完备的林业生态体系和比较发达的林业产业体系。“所谓比较完备的林业生态体系，就是要突破目前我国林业生态环境建设局部、分散、整体效益不高的状况，实现我国林业生态体系的系统化、配套化，做到覆盖普及，布局合理，结构稳定，功能齐全，整体效益最佳”；“所谓比较发达的林业产业，必须是产业门类和产品数量与森林资源的多样性和丰富程度相称的；产业规模和产业素质并重的；与市场紧密联结，对内对外高度开放的；坚持多产业、多渠道、多形式、多成分开发，一、二、三产业全面发展的；以林产工业为龙头的，以科技为依托的，以效益为前提的；能够持续发展的，富有生命力和竞争力的林业产业体系。”

跨越式发展”①，贾治邦“现代林业、三个系统一个多样性”,② 赵树丛“生态林业民生林业”等思想;③ 专家学者比较有代表性的：郑万钧“科学造林”,④ 吴中伦“全面规划”,⑤ 黄秉维与

①周生贤（2002）在《中国林业的历史性转变》书中指出：以工程方式推进林业建设，是我国林业发展的一条成功经验。六大工程的实施必然导致林业的历史性转变。变革的核心，就是由以木材生产为主向以生态建设为主的历史性转变，同时，在这个阶段里，林业还在加速实现由以采伐天然林为主向以采伐人工林为主、由毁林开荒向退耕还林、由无偿使用森林生态效益向有偿使用森林生态效益、由部门办林业向全社会办林业的重要转变。六大工程的启动揭开了林业跨越式发展的序幕，五大转变孕育于六大工程的筹划之中，实施六大工程、推进五大转变、实现跨越式发展，是新世纪中国林业的历史性任务。

②贾治邦（2009）：现代林业建设主要有三大目标：一是构建完善的林业生态体系。构建完善的林业生态体系，就是要建设和保护好“三个系统一个多样性”，努力构建以森林植被为主体、林草结合的国土生态安全体系。二是构建发达的林业产业体系。切实加强第一产业，全面提升第二产业，大力发展第三产业，不断培育新的增长点，积极转变增长方式，着力建立起以森林培育、木本油料、木材加工、林下经济、竹藤花卉、森林旅游、生物质能源、林产化工、木雕根艺、野生动物驯养繁育利用等十大产业为支柱的林业产业体系，全面提升林业对现代化建设的经济贡献率。三是构建繁荣的生态文化体系。贾治邦在中央党校全体学员大会上的报告《发展现代林业 建设生态文明推动科学发展》。

③赵树丛：保护生态、改善民生是林业转型升级的最基本、最重要、最核心的任务和职责。我们必须科学认识并正确处理两者之间的关系，把改善生态和改善民生放在同等重要的位置，协同推进，互动双赢。一要始终坚持抓生态就是抓民生的思想。真正把生态建设放在林业的核心位置，努力为祖国大地披上美丽绿装，为科学发展提供生态保障，为人民群众提供良好的生产生活环境。二要牢固树立服务民生抓生态、改善生态惠民生的思想。既要把改善民生作为林业工作的出发点和落脚点，让人民群众充分享受林业建设成果，也要让绿色发展的理念深入人心，激发广大人民群众投身林业生态建设的热情。三要牢固树立以人为本、统筹兼顾、全面协调可持续发展的思想。坚决反对吃祖宗饭、断子孙路的野蛮掠夺式开发和生产，坚决反对漠视群众生活、损害群众利益的行为。（国家林业局政府网，http：//www.forestry. gov. cn/“生态和民生：现代林业科学发展的使命”，2012 年 09 月 04 日）

④郑万钧认为：“一个国家离不开作为第一生产力的科学技术，也同样离不开科学地开发利用自身拥有的自然资源。”加速实现林业现代化，关键是实现林业科学技术现代化。为此，在他组织全国 27 个省（自治区、直辖市）的 500 多名专业人员主编的《中国主要树种造林技术》中，论述了全国各地 210 个主要造林树种，其中绝大多数是我国乡土速生和珍贵优良树种。

⑤1974 年，吴中伦在《介绍国内外林业情况》一文中，对我国林业建设提出意见。他说：“我国的林业生产建设已经取得了巨大的成绩，但我国是一个少林缺材的国家，林业生产的基础较差，有些地区的植树绿化条件也是比较困难的，所以摆在我们面前的绿化造林任务仍然是十分艰巨的。”为此，他提出的第一条意见是：全面规划，加强领导。林木一般生长年代比较长，林业生产一方面要与其他生产及基本建设统一妥善安排，另一方面林业生产内部的林种及各个工序（如育苗、造林、采伐）也要有合理的比例。

汪振儒"关于森林作用的大辩论",① 董智勇"生态林业论",② 张建国、吴静和"现代林业论",③ 沈国舫"现代高效持续林业",④ 江泽慧"中国现代林业"理论。⑤⑥

中华人民共和国成立之初，百废待兴，加快经济建设和国防建设对木材的大量刚性需求与当时的木材有效供给能力有限形成了矛盾。1950年《中华人民共和国土地改革法》确立了国有林和农民个体所有林两种林业所有制，根据"法正林理论"和"森林永续利用"的原则，同年第一次全国林业业务会议确定了"普遍护林、重点造林、合理采伐和合理利用"的方针，此后一段时期林业为国家经济快速恢复与发展做出了巨大贡献。从1953年开始中国进入有计划的经济建设时期，在广大农村，对非社会主义的生产关系的改造也经历了由互助组、初级社、高级社再向人民公社的转化，经过生产关系的社会主义改造和"大跃进运动"，林地、林木产权的变化和为"大炼钢铁"而进行的林木（做燃料）的"一平二调"、乱砍滥伐使林业遭受了前所未有的破坏。

从1963年开始国家经济建设进入了"三年调整时期"，《农村人民公社工作条例修正草案》也对林地和林木权属以及利益分配进行了合理的调整。为了恢复林业生产，使森林资源能够永续利用，1964年提出了"以营林为基础，采育结合、造管并举、综合利用、多种经营"的林业建设方针。通过贯彻中央方针政策，林业经营上采育失调的情况有了明显好转，但是此后的政治运动（"文化大革

①地理学家黄秉维在1981年《地理知识》杂志第1期发表题为《确切地估计森林的作用》的文章，主要观点是：反过森林万能论，强调要确切地估计而不是夸大森林的作用。他承认森林的某些作用，如防止土壤侵蚀、调节河流水量、提供木材和其他林产品的作用，而否认森林的另一些作用，如森林绝对有利于水文、对农业稳产高产有决定作用、森林对林外广大地区气候有很大影响，能增加林区及毗邻地域的降水等。汪振儒、黄伯璇在1981年《地理知识》第8期上撰文《确切地认识森林的作用——与黄秉维先生商榷》文章集中论述了森林的间接作用。认为：建立农田防护林是克服作物生长气候逆境的有效措施，森林对农业以至对整个国土起保障作用。对于中国，无论国土保安、供应木材靠别人都不成，具有中等水平的森林覆盖率（20%~33%）是必要的。关于森林与降水，更多地倾向于森林可增加降水，举了不少国内外研究成果作为佐证，还论述了森林的存在与维持大气二氧化碳平衡以及调节热平衡的关系。

②"生态林业是以生态经济学原理为指导，遵循生态经济复合系统的规律，实施林业综合经营，以发挥森林的多种功能，使生态效益、经济效益、社会效益同步发展，提高林业生产力，达到生态经济总体效益最高，实现资源永续利用的林业。"（董智勇等，1998）；关于森林分类经营问题，董智勇反对"经济分类经营"，主张"自然分类经营"，并认为森林立地分类理论是自然分类经营的理论依据（董智勇等，1997）。

③张建国（福建林学院）和吴静和（浙江林学院），1996年提出"现代林业论"思想。所谓现代林业，是在现代科学认识的基础上，用现代技术装备武装和用现代工艺方法生产以及用现代科学管理方法经营管理的并可持续发展的林业。中国林业正处于由传统林业向现代林业过渡的历史阶段。把林业建立在科技创新和制度创新的基础上是改变我国林业发展态势的根本出路（张建国，2001）。

④针对中国的国情和林情，沈国舫认为中国现代林业必须做到以下几个方面：保护原有森林，扩建新的森林和全面提高森林生产力相结合；护存林业、自然化林业和集约化培育林业相结合的发展路线；多林种的合理配置和多功能的综合经营的结合；高新科学技术与有效的传统科技相结合，把现代林业发展成知识密型的产业和事业。

⑤现代林业的基本内涵是以建设生态文明为最高目标，以科学发展观为指导，用多目标经营做大林业，用现代科学技术提升林业，用现代物质条件装备林业用现代信息手段管理林业，用现代市场机制发展林业，用现代法律制度保障林业，用扩大对外开放拓展林业，用高素质的新型务林人推进林业，努力提高林科学化、机械化和信息化水平，提高林地产出率、资源利用率和劳动生产率，提高林业发展的质量、素质和效益，建设完善的林业生态体系、发达的林业产业体系和繁荣的生态文化体系。现代林业的主要任务是建立以森林生态系统为主体的完备的国土生态安全保障体系，以林业资源节约利用、高效利用、综合利用、循环利用为内容的发达的产业体系，以生态文明为主要价值取向的繁荣的林业生态文化体系（江泽慧，2008）。

⑥樊宝敏. 中国林业思想与政策史［M］. 北京：科学出版社，2009.

命”）使林业经营受到巨大冲击，林地大面积减少，这项具有科学发展思想萌芽的林业发展战略没有得到有效执行，在当时国内政治背景下也被迫让位于现实的破坏性的木材生产需求。

改革开放以后，农村实行家庭承包责任制，冲破了束缚生产力发展的制度束缚，大大地提高农民生产的积极性，但由于改革推行之初，市场经济的冲击和制度制定的滞后，全国很多地方出现了毁林造田和乱砍滥伐的现象，经历了短时间的调整之后，林业迈入了加速发展的快车道。1978 年“三北”防护林体系建设工程，开创了我国生态建设的先河，在此之前的林业发展思想都是以经济建设为主，保护生态只是被动的选择。1979 年，全国人大常委会会议通过了《中华人民共和国森林法（试行）》，并将每年的 3 月 12 日定为植树节。1981 年《中共中央　国务院关于保护森林发展林业若干问题的决定》，提出要稳定山权林权，落实林业生产责任制，为农村集体林业和个体林业快速发展提供了制度保障。20 世纪 80 年代，我国提出综合经营森林战略，“生态林业”思想逐步显现，其实质是把森林提供的木材与林副产品以及生态效益放在同等重要的位置上。

90 年代初期，结合森林生长特点和市场需求情况，产生了林业分区发展和分工发展的思想，随着我国的生态环境恶化速度的加快，1998 年大洪水后，全国上下才真正意识到森林生态作用的重要，大力发展林业重点公共工程，以大工程带动大发展。1998 年天然林保护工程和 1999 年退耕还林工程的实施，是“第一次林业新政”的标志性工程，开始了林业发展战略全面以木材生产为主向以生态建设为主的历史性转变。

2003 年 6 月中共中央、国务院以中发 9 号文件《中共中央 国务院关于加快林业发展的决定》，以中央文件形式明确了林业“三地位”和“三生态”的战略思想，确立了以生态建设为主的林业发展战略。

2008 年 6 月中共中央、国务院颁发的《关于全面推进集体林权制度改革的意见》（中发［2008］10 号），指出集体林权制度改革是建设生态文明的重要内容，首次提出了建设生态文明、维护生态安全是林业发展的首要任务。

2009 年 6 月，首次召开的中央林业工作会议进一步明确了林业“四大地位”,① 赋予林业“四大使命”,② 明确提出了林业在生态建设中居首要地位，是生态文明建设的首要任务。标志着林业迈入了新的时期，该时期林业多功能性更加凸显，在应对全球气候变化、增加碳汇和扩大内需、增加就业等方面具在特殊和重要作用。

适应新的形势，国家林业局当前的工作定位是：林业要承担起保护自然生态系统的重大职责；要承担起实施重大生态修复工程的重大职责；要承担起构建生态安全格局的重大职责；要承担起促进绿色发展的重大职责；要承担起建设美丽中国的重大职责；要承担起为全球生态安全作

①温家宝在林业工作大会上指出：林业在贯彻可持续发展战略中林业具有重要地位，在生态建设中林业具有首要地位，在西部大开发中林业具有基础地位。这 3 句话我始终没有忘记。我还想加一句，就是在应对气候变化中林业具有特殊地位。

②回良玉在林业工作大会指出：我国正处于继续全面建设小康社会、加快推进社会主义现代化的关键时期，建设生态文明，已成为我国现代化建设的战略任务，林业工作肩负着更加重大的历史使命。一是实现科学发展，必须把发展林业作为重大举措。二是建设生态文明，必须把发展林业作为首要任务。三是应对气候变化，必须把发展林业作为战略选择。四是解决“三农”问题，必须把发展林业作为重要途径。

贡献的重大职责。[①]

---

①在走向生态文明新时代的征程中，必须进一步认识森林在人类生存与发展中不可替代的特殊地位，充分发挥林业在生态文明建设中的重要作用。①发展林业是建设生态文明的重要基础。森林是陆地生态系统的主体，处于主导和支撑地位。要处理好人与自然的关系，必须处理好人与森林的关系。②发展林业是建设生态文明的重要途径。联合国指出，森林这一主题对经济发展和维持各种形式的生命是必不可少的。要拯救地球的生态环境，必须拯救地球的森林。③发展林业是建设生态文明的重要任务。党中央、国务院一直以历史和世界眼光审视着我国的林业建设，把发展林业列为建设生态文明的重中之重。

建设生态文明是时代赋予林业的新的历史使命，迫切要求林业发挥更大的作用。各级林业部门一定要切实承担起我们的重大职责，不折不扣地完成建设生态文明的重要任务。①要承担起保护自然生态系统的重大职责。十八大报告指出，"必须树立尊重自然、顺应自然、保护自然的生态文明理念"，加大自然生态系统保护力度。生态文明，核心是人对自然的文明。保护自然生态系统，就是保护生态文明的本源基础。森林是地球之肺，湿地是地球之肾，生物多样性是地球的免疫系统。林业承担着保护和建设森林生态系统、保护和恢复湿地生态系统、治理和改善荒漠生态系统、维护和发展生物多样性的重要职责，肩负着保护自然生态系统的重大任务。各级林业部门一定要坚持节约优先、保护优先、自然恢复为主的方针，以保护自然生态系统为己任，努力恢复自然生态系统，为建设生态文明奠定坚实的本源基础。②要承担起实施重大生态修复工程的重大职责。十八大报告提出要实施重大生态修复工程，增强生态产品生产能力，推进荒漠化、石漠化、水土流失综合治理，扩大森林、湖泊、湿地面积。这是党中央主要针对林业建设作出的具体部署，也是一直以来林业建设的重点。目前，我国正在实施天然林资源保护、退耕还林、京津风沙源治理、三北防护林、沿海防护林、湿地保护与恢复、石漠化综合治理等16项世界级重点生态修复工程。各级林业部门必须继续深入推进重大生态修复工程建设，努力增加森林资源总量，全面提升生态产品生产能力，推进生态状况全面好转。③要承担起构建生态安全格局的重大职责。十八大报告提出要加快实施主体功能区战略，推动各地区严格按照主体功能定位发展，构建科学合理的生态安全格局。国家主体功能区战略明确要求，要加快构建青藏高原生态屏障、黄土高原—川滇生态屏障和东北森林带、北方防沙带、南方丘陵山地带"两屏三带"为主体的生态安全战略格局。各级林业部门要认真落实国家主体功能区战略，努力扩大森林、湿地和沙区植被的面积，保护和恢复野生动植物资源，加快构建国土生态安全战略格局，不断优化和拓展中华民族的生存空间。④要承担起促进绿色发展的重大职责。十八大报告提出要着力推进绿色发展、循环发展、低碳发展。绿色发展的特征是低消耗、低排放、可循环，重点是形成有利于生态安全、绿色增长的产业结构。林业既是改善生态的公益事业，又是改善民生的基础产业；既是生态产业、绿色产业，又是碳汇产业、循环产业。胡锦涛同志在首届亚太经合组织林业部长级会议上明确指出，森林在推动绿色增长中具有重要功能，对人类生存发展具有不可替代的作用。各级林业部门要遵循自然规律和经济规律，加快发展林业富民产业，大力提升林业传统产业，着力培育林业战略性新兴产业，形成十大主导产业和新的经济增长点，为促进绿色发展作出应有贡献。⑤要承担起建设美丽中国的重大职责。十八大首次提出了"努力建设美丽中国"的宏伟蓝图。这对林业部门提出了更高的要求。建设美丽中国，必须实现生态优美、山川秀美。早在1997年，江泽民同志就向全国人民发出了再造秀美山川的伟大号召，2003年党中央、国务院又将"建设山川秀美的生态文明社会"确定为林业发展的战略目标。2011年胡锦涛同志进一步要求，要加快绿化美化步伐，为祖国大地披上美丽绿装，为科学发展提供生态保障。各级林业部门要深入推进生态省和森林城市、森林乡村、森林矿区、森林校园创建活动，让祖国山川更加秀美。⑥要承担起为全球生态安全作贡献的重大职责。十八大报告不仅对我国生态文明建设提出了新的要求，而且明确提出要"为全球生态安全作出贡献"。经过长期不懈的努力，在世界森林资源总体下降的情况下，在经济持续高速增长对生态的巨大压力下，我国实现了森林面积和森林蓄积量双增长，成为森林资源增长最快的国家，成为世界防沙治沙和湿地保护的成功典范，受到国际社会的高度赞誉。各级林业部门一定要再接再厉，把建设生态文明的战略任务落到实处，为实现中华民族永续发展和维护全球生态安全发挥不可替代的作用，作出无愧于时代的贡献。

当前，林业部门要以建设生态文明、促进绿色增长、实现科学发展为主题，以改善生态、改善民生为主线，加快发展现代林业，着力构建生态文明建设五大体系。①着力构建国土生态空间规划体系。科学规划是事业科学发展的基础。

要围绕建设生态文明，针对保护和改善森林生态系统、湿地生态系统、荒漠生态系统、草原生态系统、农田生态系统、城市生态系统和维护生物多样性以及发展生态产业、生态文化，完善林业规划体系，拓展生态利用空间，优化生态建设布局，增加生态资源总量，为建设生态文明、维护生态安全、促进绿色增长奠定科学的规划基础。②着力构建重大生态修复工程建设体系。深入实施党中央、国务院确定的以生态建设为主的林业发展战略，以保护建设森林、湿地、荒漠生态系统和维护生物多样性为重点，实施好天然林资源保护、退耕还林、京津风沙源治理、三北防护林等重大生态修复工程，并谋划一批新的生态保护与建设工程，完善重大生态工程建设布局，在东北地区、西北风沙区、沿海区、西部高原区、长江、黄河、珠江、中小河流及库区、平原农区、城市区等生态区位重要和脆弱地区，加快构筑十大国土生态安全屏障。③着力构建生态文明建设的政策支持体系。建立与社会主义市场经济体制相适应的生态文明建设投入保障制度，完善林业改革支持政策，为深化集体林权制度改革和全面推进国有林场、国有林区改革提供有力保障。进一步健全森林生态效益补偿制度，增加湿地保护补助资金规模，完善林木良种、造林、森林抚育等补贴政策。加大重点生态工程和基础设施建设投入力度。建立健全生态产业的金融和税收扶持政策，加快建立林权抵押贷款管理制度，完善生态产业贷款的财政贴息、保险保费财政补贴、税收优惠和减免等政策。④着力构建维护生态安全的法制体系。当前，林地、湿地、沙地被侵占和破坏的现象十分严重。对生态安全根基的破坏，有的需要几代甚至几十代人才能恢复，有的不可逆转。要按照生态文明建设的要求，完善林业法律法规体系，健全林业行政执法体系，强化林业普法体系，真正形成有法可依、有法必依、执法必严、违法必究的维护生态安全的法制体系，切实维护生态正义，保障生态文明建设。⑤着力构建生态文化体系。大力发展森林公园、湿地公园、自然保护区和森林文化、竹文化、花文化、茶文化、生态旅游文化。切实完善生态文化基础设施，建设一批生态文化博物馆、科技馆、标本馆，推进生态文明教育示范基地建设。创建森林城镇、森林村庄和生态文明示范县，改善人居环境。加强生态文化创作与宣传，普及生态知识，弘扬生态文化，倡导人与自然和谐的价值观，引导全社会牢固树立生态道德观、生态价值观、生态政绩观、生态消费观等生态文明观念，切实增强建设生态文明的主动性和自觉性。

建设生态文明，关系人民福祉，关乎民族未来。全体务林人一定要深入学习贯彻党的十八大精神，把实现中华民族永续发展、为全球生态安全作贡献作为我们始终不渝的奋斗目标，更加自觉地珍爱自然，更加积极地保护生态，以发展现代林业、建设生态文明、推动科学发展的实际成果，走向社会主义生态文明新时代。

引自赵树丛：发挥林业作用建设生态文明，国家林业局政府网 http：//www. forestry. gov. cn/2012年11月26日，来源：人民日报。

历史和现实反复证明，森林兴则生态兴，生态兴则文明兴。新时期，在推进生态文明建设的历史进程中，林业肩负着更加光荣的使命，承担着更加重大的任务。林业是生态建设和保护的主体，承担着保护自然生态系统的重大职责。党的十八大要求加大自然生态系统和环境保护力度，实施重大生态修复工程，推进荒漠化、石漠化、水土流失综合治理，扩大森林、湖泊、湿地面积，保护生物多样性。这些都是林业部门的重要职责和任务。地球上的陆地生态系统主要包括森林、湿地、荒漠、农田、草原和城市6个子系统。森林是陆地生态系统的主体。研究表明，陆地生态系统的生物量占地球生物量的99%，森林生态系统的生物量又占陆地生态系统生物量的90%以上。改革开放以来，党中央、国务院高度重视现代林业科学发展，作出了实施16项重点生态修复工程等一系列重大战略举措，充分发挥了林业在生态建设与环境保护中的主体作用，为生态文明建设奠定了坚实基础。林业是实施主体功能区战略的重点，承担着构建生态安全格局的重大职责。党的十八大明确提出要加快实施主体功能区战略，推动各地区严格按照主体功能定位发展，构建科学合理的城市化格局、农业发展格局、生态安全格局。国家主体功能区战略明确要求，要加快构建以“两屏三带”（青藏高原生态屏障、黄土高原—川滇生态屏障，东北森林带、北方防沙带和南方丘陵山地带）为主体的生态安全格局。国家限制或禁止对“两屏三带”、国家重点生态功能区、国家级自然保护区和国家森林公园等区域的开发，就是为了保护林地、湿地、沙地的森林植被，充分发挥它们的生态功能，并为人们提供更多更好的生态产品。林业是自然美生态美的核心，承担着建设美丽中国的重大职责。林业是自然资源、生态景观、生物多样的集大成者，拥有大自然中最美的色调，是美丽中国的核心元素。“无山不绿，有水皆清，四时花香，万壑鸟鸣，替河山装成锦绣，把国土绘成丹青”，一直是中国务林人的不懈追求和光荣使命。九寨沟、张家界、武夷山、西双版纳等，都因森林、湿地而美，因森林、湿地而秀。林业是重要的绿色经济体，承担着促进绿色发展的重大职责。党的十八大强调要着力推进绿色发展、循环发展、低碳发展，形成

5.4 小 结

回顾世界林业发展历程，[①]一些发达国家经历了从农业破坏森林资源——工业破坏森林资源——恢复和发展森林资源等几个阶段。总趋势是单效益林业向多效益林业战略转移。[②]世界林业的发展是由第一产业占主导的林业——第二产业占主导的林业——第三产业占主导的林业发展。[③]

中国20世纪50年代，根据“法正林理论”和森林永续利用的原则提出了普遍护林、重点造

节约资源和保护环境的空间格局、产业结构、生产方式、生活方式。绿色发展的特征是低消耗、低排放、可循环，重点是形成有利于生态安全、绿色增长的产业结构。林业既是改善生态的公益事业，又是改善民生的基础产业；既是增加森林碳汇、应对气候变化的战略支撑，又是规模最大的绿色产业和循环经济体；既是增加农民收入的潜力所在，又是拉动内需的主战场。依托林业发展绿色经济、实现绿色增长，是建设生态文明的重要内容。

引自赵树丛：发挥林业主体作用推进生态文明建设国家林业局政府网 http：//www. forestry. gov. cn/2012 年 12 月 25 日来源：学习时报。

①西方林业经营战略经历了以下几个发展阶段：①忽视森林资源价值，视森林为农业发展障碍的阶段。在很长一段历史时期内，为了发展农业，人类甚至将森林视为发展农业生产的障碍，但是随着森林资源的长期持续减少，其稀缺性特征越来越明显，新的林业发展战略也就应运而生。②追求森林资源的木材生产经济效益最大化阶段。随着城市、道路、各种工业相继发展，导致对林产品的需求呈现跳跃式增加，以木材生产为中心对原始林的开发利用便成为这个时期的林业经济的根本特征。导致工业化年代初期大肆乱砍滥伐，森林资源遭受严重破坏，在这样的背景下，“森林永续利用理论”“木材培育论”“法正林理论”相继出现，法正林亦译“标准林”“模式林”“正规林”，指实现永续利用的一种古典理想森林。按照法正林学说的基本要求，在一个作业级内的森林，必须具备幼龄林、中龄林、成熟林三种类型，符合林学技术要求，实现森林的永续经营利用。③追求林业生态、经济和社会效益综合发展阶段。“法正林理论”忽视了森林的生态效益，导致森林的生态保障功能退化，对生态环境安全和森林自身再生长产生了很大的影响。对于如何发挥森林的生态和经济效益，人们有着不同的观点，先后产生了德国的森林多效益永续经营理论、美国的林业分工理论和美国的新林业理论。“森林多效益永续经营理论”提倡森林不仅要有经济效益、而且要能保持自然平衡和提供休憩场所（即林业三大效益）。20 世纪 50 年代还出现了“船迹论”与“和谐论”的争论，前者代表木材生产者的利益，提出木材生产自然会带动整个林业的发展，从而使森林资源的生态效益自动得到实现，而后者认为应该尊重自然规律，发展以森林生态保护为主的“近自然林业”理论。这种模式曾被誉为林业标准经营模式，被许多国家青睐。但困难在于，该模式成功实施必须具备一定的条件，比如气候立地条件要适宜、森林资源分布要均匀、国家经济实力要强等，因此当前实行这种模式的国家甚少。“林业分工理论”（林业多效益理论）即“森林多效益主导利用”经营思想，他们认为不同的森林分别提供不同的林产品，实现不同的功能，而不是走向森林的三大效益一体化。在森林多效益主导利用的经营体制下，一端是提供环境和游憩的自然保护森林，另一端是集约经营的工业人工林。这种经营模式以林业分工论和多效益理论为指导，分类经营，同时侧重发挥某些效益和经营模式，也即以某一林种发挥某一种效益为主，兼顾其他方面效益的经营模式。法国、新西兰、澳大利亚、前苏联、中国等林业经营模式皆属此模式。法国森林经营分为木材培育、公益森林和多功能森林。新西兰把国有林分为商业性林和非商业性林两种经营方式。澳大利亚则对天然林和人工林分类经营。④可持续发展林业阶段。在各种的经营思想的不断相互碰撞中，在各种经营理论被森林经营的不断检验后，人们的思路当前正慢慢统一在“可持续发展”的总体思路中。1992 年联合国环境与发展大会第一次把可持续发展推向行动，如今已成为当今世界各国经济发展的共同指导思想。森林的可持续发展主要是指森林生态系统的生产力、物种、遗传多样性及再生产能力的持续发展，以保证丰富的森林资源与健康的环境，满足当代和子孙后代的需要。

②杨小科，杨斌. 国外的林业［M］. 北京：中国社会出版社，2006.

③祝列克. 林业经济论［M］. 北京：中国林业出版社，2006.

林、合理采伐和合理利用的方针；随着林业建设的发展，提出了以营林为基础，采育结合、造管井举、综合利用、多种经营的林业建设方针。1976 年以后，又提出以营林为基础，普遍护林、大力造林、采育结合、永续利用的方针。在这段时间中，中国林业发展经历了采掘、护林、造林合理采伐（1949~1978）和“文化大革命”（1966~1978），政治运动使林业经营受到巨大冲击，林地大面积减少的阶段（在此之前的林业发展思想都是以经济为主，保护生态只是被动的选择）。20 世纪 80 年代，提出生态林业的思想。大力植树造林，编制造林绿化规划，实行承包制（没有真正实施，1998 年大洪水后才真正意识到森林生态的重要）。20 世纪 90 年代中国提出林业发展的可持续思想，启动了退耕还林工程，天然林保护工程等重点生态工程，从而把中国林业发展推向了新的发展阶段。

中国的林业发展思想是在学习和借鉴国外先进经验的基础上发展起来的，20 世纪 80 年代后基本与世界林业发展潮流同步推进，然而与世界发达国家林业发展思想比，更多是体现在理念上，行动上较为迟缓，目前很难说有清晰的林业发展思想或用一种模式来概括，林业经营思想从形式上更像森林多效益综合经营思想，是森林三大效益统一论和分工论的结合。按森林功能划分为生态公益林和商品林，又细分为防护林、用材林、经济林、薪炭林和特种用途林五大类，采取分类经营。当前，以生态保护和建设为中心，发展生态林业和民生林业努力实现林业现代化，是中国林业的主要特征，从国家对生态工程的大力支持和各地如火如荼的生态省建设可见一斑。绿色发展和生态文明已经被纳入国家发展理系和国家重大战略，生态保护、修复及相关制度的制定提到了优先的议事日程。

第6章　林业发展标志

6.1　全国会议

自1950年以来，林业部（林垦部、森林工业部、农林部、国家林业局）每年组织召开一次到几次全国性的林业工作会议，通报全国性或区域性的林业重大问题，总结上一年度林业工作进展，展望下一年度林业发展方向，部署下一阶段重大安排。

专栏6-1　全国林业工作会议（1950~1958）

关注国有林区和林木采伐

1950年2月28日至3月8日，林垦部在北京召开第一次全国林业业务会议，确定林业工作的方针和任务是：普遍护林，重点造林，合理采伐和合理利用。

1951年2月14日至24日，林垦部在北京召开全国林业会议，会议决定：实行普遍护林护山；选择重点进行封山育林，典型示范，逐渐推广。

1952年11月22日至28日，林业部在北京召开全国林业会议，确定今后除继续贯彻普遍护林、重点造林、合理采伐利用的方针外，应有目的、有计划地造林和开发新林区。

1953年12月22日至1954年1月14日，林业部在北京召开全国林业工作会议，提出：①对国有林逐步实行合理经营管理，即经过调查设计和通盘规划，作出长期的、科学的、合理的经营管理方案，按方案进行经营；②在林业工作中，促进群众的互助合作；③划分农村经济区，明确山区生产方针，把领导林业生产作为当地党政的任务。

1954年12月27日至1955年1月15日，林业部在北京召开第五次全国林业会议，确定今后三年内抓紧三项带有关键性的中心工作：①继续进行林业区划与山区生产规划；②经过国家规划设计，确定林业重点建设项目，并开始施工；③依靠和促进农村的互助合作，把林业生产纳入互助合作运动中去。

1955年10月22日至11月10日，林业部在北京召开第六次全国林业会议，确定1956年的两大任务是：保护、经营和管理好现有森林；加强造林工作，提高造林质量。并且要求抓住三个中心环节，即积极参加和支持农业合作化运动，以合作化运动为中心进行山区生产规划和开展林业工作；进行林业重点建设项目的勘测设计；搞好干部训练。

1956年10月15日至11月1日，林业部在北京召开第七次全国林业会议，决定：认真贯彻政策，保持群众对林业生产的积极性；作好国营造林工作；在国有林区贯彻主伐规程和进行抚育更新；搞好山区生产规划和绿化规划；整顿机构，训练干部；改善职工生活福利。

1957年9月5日至12日，林业部、森林工业部在北京联合召开国有林区林业厅长和森林工业局长座谈会。会议研究了林业和森林工业体制问题，并以两部党组名义向中央提出了《关于我国林业与森林工业体制的意见》。

1958年5月20日至6月15日，林业部在北京召开全国林业厅局长会议。会议认为，当前林业工作的任务是：大力贯彻实现党的社会主义建设总路线，鼓足干劲，力争上游，多快好省地发展我国林业建设。做到：①全党动手，全民动员，抓紧时机，大量造林；②依靠群众，依靠地方，点多面广，大搞林区基本建设，修路修河，全面展开森林经营利用工作，更多地增产木材和林副产品；③做好规划，积极发展木材加工和林产化学工业，推选综合利用，迅速提高木材利用率。

专栏6-2 全国林业工作会议（1959~1977）
国有林区与其他林区并重，国有林场起步

1959年6月25日至7月14日，林业部在北京召开全国林业厅局长会议，着重研究了林区生产方针、人民公社发展林业的各项政策、如何解决缺材地区的用材问题。

1961年1月25日至2月6日，林业部在北京召开黄河流域各省、自治区林业厅局长会议，决定紧紧围绕生产度灾，以抚育、补植、管理好现有幼林为中心，大搞林粮间作；积极开展森林保护、更新和次生林的改造利用，并根据可能条件积极发展造林；做好准备，迎接第三个五年计划期间林业建设的更大发展。

9月1日至20日，林业部在北京召开南方11省、自治区林业厅局长会议，根据中共中央关于《农村人民公社六十条》《林业政策十八条》规定，总结几年来林业工作的经验和教训，着重研究人民公社的林业生产问题。会议指出：必须迅速确定林权，调动社队和群众发展林业的积极性；在林区既保证粮食生产，又搞好林业生产和多种经营；普遍加强山林管理，积极恢复和扩大森林资源，依靠群众造林，并积极发展国营造林；木材生产实行社队经营和国家经营同时并举的方针；加快林区基本建设，保证木材生产稳定增长。

1962年6月16日至7月5日，林业部在北京召开华东、中南、西南三大区所属各省、直辖市、自治区的林业工作会议，讨论南方各省、自治区森林遭到严重破坏的问题，提出了制止破坏，扭转局面，发展林业的具体措施；并决定各省林业厅建立国营林场管理机构，直接管理大型林场。

1964年12月10日至30日，林业部在北京召开全国国营林场工作会议，决定：国营林场贯彻执行“以林为主，林副结合，综合经营，永续作业”的方针，今后逐步发展为采、育、造综合经营，永续作业的林业企业。

1966年2月1日至22日，林业部在北京召开全国林业工作会议，总结了16年来林业建设的经验，讨论了第三个五年计划期间林业建设的方针任务。

1973年8月10日至23日，农林部在山西省运城地区召开全国造林工作会议，讨论了进一步加快绿化步伐，提高造林质量等问题。认为当前要特别注意解决以下问题：①坚决维护国家和集体的山林、树木所有权；②坚决执行现阶段农村人民公社“三级所有，队为基础”的基本政策；③鼓励社员在房前屋后或生产队指定的地方种树，自种自有；④对竹木集中产区的社队，按《六十条》规定，实行“以经营竹木为主，竹木生产和粮食生产相结合”。

1977年3月12日至30日，农林部在北京召开全国林业、水产会议，研究发展林业、水产的方针、任务，讨论规划，制定措施，表彰林业、水产战线的先进典型单位和先进集体。

专栏6-3　全国林业工作会议（1978~1987）
改革开放、生产责任制与调整期

1978年9月23日至10月12日，国家林业总局在北京昌平县召开全国林业局长会议。会议总结了中华人民共和国成立以来林业建设的经验教训，讨论了《中华人民共和国森林法（草案）》和林业发展规划，研究了加快发展林业的措施。

1979年12月28日至1980年1月15日，林业部在北京召开南方9省、自治区林业工作座谈会，提出：调整林业经济结构，正确处理农林牧的相互关系，真正建立起农林牧相结合的大农业；重点林区县和林区社队要落实“以林为主，全面发展”的生产方针；林业内部要调整好森工和营林的关系，改变重采轻造的错误做法，改变目前单一经营的片面做法，把整个林业经济搞活。

1981年10月26日至31日，林业部在北京召开13省、自治区林业“三定”工作座谈会，总结交流经验，研究进一步搞好林业“三定”问题。

1981年12月28日至1982年1月2日，林业部在北京召开全国林业厅（局）长会议，传达中共中央书记处关于开展全民义务植树运动的指示精神，就如何贯彻五届人大四次会议通过的《关于开展全民义务植树运动的决议》进行深入讨论，研究代国务院草拟的《关于开展全民义务植树运动的实施办法》草案，安排1982年全民义务植树的工作。

1983年6月21日至7月1日，林业部在北京召开全国林业厅局长会议，着重研究建立和完善林业生产负责制问题。

1984年8月25日至9月1日，林业部在山东省烟台市召开全国林业厅、局长会议，研究国营林场、社队林场的改革，巩固和发展林业专业户、林业经济联合体等问题。10月26日至31日，林业部在北京召开林业厅、局长座谈会，讨论《中华人民共和国森林法》实施办法草稿。

1985年4月18日至24日，林业部在北京召开南方11省林业厅长会议，讨论研究南方集体林区木材开放以后的情况和问题。

1987年5月5日至11日，林业部在北京召开南方九省区林业厅长和部分地县负责人座谈会，学习国务院领导同志的批示，分析当前南方集体林区的林业形势和存在的问题，重点围绕南方集体林区乱砍滥伐严重、资源消耗失控等问题研究对策。7月12日至18日，林业部在京召开南方十一省（自治区）林业厅局长紧急会议。与会代表认真学习了中发［1987］20号文件，就如何贯彻中共中央、国务院《关于加强南方集体林区森林资源管理坚决制止乱砍滥伐的指示》，进行了认真的讨论研究。

专栏6-4　全国林业工作会议（1988~1991）
承包责任制与国有森工企业改革

1988年10月11日至13日，林业部在京召开黑龙江、吉林、内蒙古三省（自治区）森工企业承包经营责任制座谈会。会议就黑龙江省森工总局、吉林省林业厅、内蒙古大兴安岭林管局、大兴安岭林业公司实行投入产出承包经营责任制问题进行了讨论，并提出了投入产出承包经营责任制初步方案要点。

12月19日至25日，林业部在北京召开全国林业厅局长会议，研究深化林业改革问题，安排1988年林业计划，会议提出六项深化改革措施。

1989年5月5日至9日，林业部在北京召开东北、内蒙古重点森工企业负责人会议，决定林业部向黑龙江省森工总局、吉林省林业厅、内蒙古大兴安岭林业管理局和大兴安岭林业公司派驻厅级森林资源监督员和处级监督员。

12月18日至23日，林业部在北京召开全国林业厅局长会议。会议研究了搞好治理整顿，深化林业改革，加快林业建设和加强行业思想政治工作的措施和办法。

1990年10月10日至13日，林业部在吉林省长春市召开东北、内蒙古国有林区森工企业深化改革、强化管理工作座谈会。会议讨论研究了森工企业深化改革、强化管理、治危兴林的措施，并明确提出了1991年的工作要点和“八五”期间的主要奋斗目标。

1991年1月11日至16日，全国林业厅局长会议在陕西省西安市召开。会议着重研究林业发展十年规划和“八五”计划的基本思路，同时部署安排了1991年的林业改革和林业工作。

专栏6-5 全国林业工作会议（1992~1997）
深化市场经济与林业特色分类经营

1992年1月6日至9日，在北京召开了全国林业厅局长会议。会议研究进一步深化林业改革、加快林业发展问题，对林业改革和建设工作作了全面部署。会议宣布：据全国森林资源清查和消耗量调查，我国已实现全国森林资源总生长量和总消耗量持平，消灭了森林资源“赤字”，扭转了长期以来森林蓄积量持续下降的局面，开始走向森林面积和蓄积量“双增长”。

1993年1月5日至9日，全国林业厅局长会议在京召开。会议系统地总结了改革开放14年来我国林业工作的基本经验，阐述了走有中国特色社会主义林业建设道路的内涵，提出在建立社会主义市场经济的新形势下，做好林业工作要做到该放的真正放开，该抓的继续抓紧，该管的坚持管好。提出进一步做好林业工作，更快地“绿起来、活起来、富起来”的号召。

7月24日至28日，全国林业厅局长座谈会在河北省北戴河召开。会议深入学习中共中央关于加强宏观经济调控的精神，认真分析了新形势下林业面临的新情况、新矛盾和新问题，研究提出了进一步采取对策，贯彻中央指示精神，加强林业发展的宏观调控，促进林业更好更快地发展的意见和措施。徐有芳部长主持会议并作重要讲话，针对当前林业出现的新情况和新问题，提出要从全局和长远出发，进一步处理好六个方面的关系。

12月20日至23日，全国林业厅局长会议在湖南省长沙市召开。会议的主要任务是研究在建立社会主义市场经济体制的过程中，进一步深化林业改革，加强林业的基础地位，加快林业发展问题。

1994年8月2至6日，林业部在云南省昆明市召开全国林业厅局长座谈会，研究讨论林业的总体改革和森林法修改问题。会议提出：林业改革必须外拓空间，内建机制、辅之以法律推动，即积极抓好林业的外部改革，为林业发展创造一个比较宽松的体制条件和外部环境；重点抓好林业的自身改革为林业建设创造一个有利于内部活力充分发挥和自我发展的运行机制；加强林业立法，使林业改革得到及时、有力的法律保障。

12 月 20 日至 25 日，林业部在安徽省合肥市召开全国林业厅局长会议。会议全面总结了近年来林业改革、建设的成功经验和基本做法，客观地分析了当前林业面临的形势，明确了“九五”林业发展的基本思路，提出了建立比较完备的林业生态体系和比较发达的林业产业体系的林业奋斗目标。

1995 年 12 月 22 至 27 日，林业部在广东省广州市召开全国林业厅局长会议。会议重点研究部署了分类经营改革工作，进一步明确了建立比较完备的林业生态体系和比较发达的林业产业体系的目标，总结了“八五”期间林业建设取得的主要成就和基本经验，对林业“九五”计划和 2010 年远景目标进行了深入讨论。

1996 年 5 月 30 日至 31 日，林业部在广东省广州市召开南方部分省（自治区）林业分类经营改革座谈会，通报南方各省分类经营改革工作进展情况，研究在推进分类经营改革中应把握的工作重点和应坚持的基本原则，以及生态公益林的投入机制和补偿机制等问题。

12 月 11 日至 14 日，全国林业厅局长会议在北京召开。会议要求林业行业抓住环境保护和经济发展对林业提出更高要求的有利时机，解放思想，转变作风，艰苦奋斗，扎实工作，力争使我国林业有一个较大发展。

专栏 6-6　全国林业工作会议（1998~2002）

生态建设与六大林业重点工程

1998 年 4 月 9 日，全国林业厅局长座谈会在北京召开。会议指出：在林业部改组为国家林业局的新形势下，各级林业部门一定要按照温家宝副总理的讲话要求，进一步振奋精神，团结一致，克服困难，开拓进取，保证林业战线的队伍不散，人心不乱，工作不间断，开创林业事业的新局面。

10 月 28 日，国家林业局在北京召开全国林业厅局长座谈会。会议认真学习了党的十五届三中全会关于农业和农村工作的决定，传达了中共中央、国务院关于灾后重建工作的若干意见和朱镕基总理视察鄂、赣、湘、渝、川五省（直辖市）时关于“封山植树，退耕还林”工作的重要指示，并就当前的林业形势、林业发展思路和主要工作进行了部署和安排。

2000 年 2 月 19 日至 20 日，全国林业厅局长会议在浙江省杭州市召开。会议分析了林业面临的形势，部署安排了当前及今后一个时期的林业工作。国家林业局局长王志宝在会上作了题为《分类经营，分区突破，全面开创新世纪林业建设新局面》的重要讲话。

2001 年 2 月 15 日至 17 日，全国林业厅局长会议在北京召开。会议的主要任务是：以“三个代表”重要思想为指导，贯彻落实党的十五届五中全会和中央经济工作会议精神，总结“九五”工作，规划“十五”工作，研究今后十年工作，部署 2001 年工作。国家林业局局长周生贤作了题为《突出布局调整，加速生态建设，努力实现新世纪林业的跨越式发展》的重要讲话。

2002 年 1 月 23 至 24 日，全国林业厅局长会议在北京召开。会议的主要任务是：以“三个代表”重要思想为指导，贯彻落实党的十五届五中全会和中央经济工作会议精神，总结分析 2001

年的工作，研究部署2002年的工作，努力开创新世纪林业建设的新局面。国家林业局局长周生贤作了题为《总结经验，开拓进取，全面推进林业跨越式发展》的重要讲话。

7月31日至8月1日，全国林业厅局长座谈会在北戴河召开。国家林业局局长周生贤作了《抓好六大工程，推进五大转变，不断开创林业跨越式发展新局面》的重要讲话。

专栏6-7 全国林业工作会议（2003~2005）
主动谋划与林业可持续发展

2003年7月29~31日，全国林业厅局长座谈会在北京召开。会议的主要任务是：认真学习《中共中央 国务院关于加快林业发展的决定》精神，统一思想认识，培训骨干，部署工作，研究贯彻落实《决定》的具体措施，为召开全国林业工作会议做准备。

2004年6月8日，国家林业局召开中央林业决定和全国林业工作会议贯彻落实情况大型调研活动动员部署电视电话会议。局长周生贤作了题为《弘扬求真务实精神，大兴调查研究之风，努力延长林业发展的高峰期》的讲话，并宣布将在6月的“调查研究月”里，派出百余名干部组成31个调研组赴全国开展大型调研活动，及时掌握当前出现的问题，寻求解决问题的办法，向中央进一步提出完善政策措施的建议。

2005年1月19日~20日，全国林业厅局长会议在北京召开。国家林业局局长周生贤作了题为《当前林业的形势与任务》的重要讲话。

7月21日，全国林业厅局长电视会话会议在北京召开，国家林业局局长贾治邦作了题为《把握形势，加强领导，狠抓落实》的重要讲话。

专栏6-8 全国林业工作会议（2006~2011）
集体林权制度改革与绿色增长

2006年2月21日，全国林业厅局长会议在北京召开，贾治邦局长作了《坚持以科学发展观统领工作全局努力把我国林业推向又快又好发展的新阶段》的讲话，会议主要任务是：贯彻林业决定精神，回顾总结“十五”、研究部署“十一五”特别是2006年的林业工作，将我国林业推向又快又好发展的新阶段。

2007年5月29日，国家林业局在陕西省西安市召开西北五省（自治区）及西藏自治区林业厅（局）负责同志集体林权制度改革座谈会。国家林业局局长贾治邦出席会议并讲话，副局长李育材主持座谈会，副局长张建龙传达胡锦涛总书记、温家宝总理、回良玉副总理对集体林权制度改革所作的重要指示和批示精神。

2008年1月14~15日，全国林业厅局长会议在北京召开。会议的主要任务是以党的十七大精神为指导，贯彻落实中央经济工作会议、中央农村工作会议部署，围绕履行建设生态文明的重大使命，回顾总结林业工作，研究分析林业形势，安排部署林业工作，推进现代林业又好又快发展。国家林业局党组书记、局长贾治邦作了题为《履行建设生态文明重大使命，推进现代林业又好又快发展》的主题报告。

2009 年 1 月 8 日，全国林业厅局长会议在北京召开。会议传达了国务院副总理回良玉对林业工作的重要批示，分析了当前林业形势，总结了 2008 年林业工作，安排部署了 2009 年林业工作。国家林业局局长贾治邦作题为《认清新形势，抓住新机遇，把现代林业建设全面推向科学发展新阶段》的工作报告。

7 月 14 日，全国集体林权制度改革厅局长座谈会在北京举行。国家林业局局长贾治邦指出，要抓住机遇，千方百计推进集体林权制度改革。

2010 年 1 月 21~22 日，全国林业厅局长会议在广州市召开。会议的主要任务是：深入贯彻落实中央决策部署，总结 2009 年林业工作，分析林业面临的新形势，谋划林业发展思路，研究部署 2010 年林业工作。国家林业局局长贾治邦作了题为《深入贯彻落实中央决策部署，努力实现林业发展宏伟目标》的主题报告。

1 月 23 日，全国集体林权制度改革厅局长座谈会在广州市召开。国家林业局局长贾治邦主持会议并讲话，福建、浙江、陕西、湖南、安徽、湖北、河北、广西、江西、广东、辽宁、云南等 12 个省区林业厅（局）长参加会议。

2011 年 1 月 5~6 日，全国林业厅局长会议在北京召开，全面总结“十一五”林业工作，认真谋划“十二五”发展思路，安排部署 2011 年重点工作。国家林业局局长贾治邦作了题为《抓住战略机遇，转变发展方式，全面开创现代林业科学发展新局面》的主题报告。

12 月 29~30 日，全国林业厅局长会议在北京召开，对 2011 年的林业工作进行了全面总结，对当前的林业形势与任务进行了深入分析，安排部署了 2012 年林业工作。国家林业局局长贾治邦作了题为《提升多种功能，促进绿色增长，把现代林业建设不断推向前进》的主题报告。

专栏 6-9　全国林业工作会议（2012~2017）

从生态林业与民生林业到林业现代化

2012 年 7 月 20~22 日，全国林业厅局长会议在福建省长汀县召开。会议主要任务是贯彻落实党的十七大和十七届三中、四中、五中、六中全会精神，以及中央领导同志近期对林业工作的重要指示精神，总结推广福建长汀生态建设经验，回顾上半年全国林业工作，安排部署下半年林业工作。国家林业局党组书记、局长赵树丛作了题为《弘扬长汀精神，发展现代林业，为改善生态改善民生作出更大贡献》的主题报告。

12 月 27~28 日，全国林业厅局长会议在北京召开。国家林业局党组书记、局长赵树丛作题为《全面提升生态林业和民生林业发展水平，为建设生态文明和美丽中国贡献力量》的重要讲话。

2013 年 7 月 23~24 日，全国林业厅局长座谈会在安徽省合肥市召开，局长赵树丛作会议主报告。会议的主要内容是：学习贯彻习近平总书记和国务院领导同志一系列重要讲话精神，交流学习各地创新林业发展的好做法、好经验，总结上半年工作，部署下半年任务，进一步转变职能转变作风，确保全面完成 2013 年各项工作任务，提升生态林业和民生林业发展水平，为建设生态文明和美丽中国作出新的更大贡献。

2014 年 1 月 9 日，全国林业厅局长会议在京开幕。国家林业局党组书记、局长赵树丛主持会议。会议首先传达学习了中共中央政治局委员、国务院副总理汪洋同志关于林业工作的重要讲话。国家林业局党组副书记、副局长张建龙代表局党组作《2013年工作完成情况和2014年安排意见》的讲话。

7月29，全国推进林业改革座谈会在湖北省宜昌市召开，赵树丛局长作了《加快林业治理体系和治理能力现代化，充分发挥生态林业民生林业强大功能》的讲话。①深入学习领会习近平总书记关于生态文明建设和林业改革发展的重大战略思想，牢固树立中国特色社会主义生态观；②建立健全适应生态文明建设的林业制度，创新和完善生态林业民生林业治理体系；③全面提升生态林业民生林业治理能力，确保林业治理体系充分发挥效能；④认真做好各项重点工作，全面完成今年林业改革发展任务。

2015年1月5日，全国林业厅局长会议在京召开。赵树丛局长作了《主动适应新常态，实现林业新发展，为改善生态改善民生作出更大贡献》的讲话。会议的主要内容是，深入学习领会习近平总书记系列重要讲话精神，全面贯彻落实党的十八大和十八届二中、三中、四中全会及中央经济工作会议、中央农村工作会议精神，总结2014年工作，部署2015年和今后一个时期林业工作，座谈交流生态林业民生林业发展经验，认真分析经济发展新常态下林业面临的新形势新任务，研究解决林业改革发展中的重大问题，更好地推动生态林业民生林业建设。

7月23日，全国林业厅局长电视电话会议召开，局长张建龙作了《振奋精神，狠抓落实，全面完成今年林业改革发展任务》的讲话。会议的主要任务是：深入学习领会习近平总书记系列重要讲话精神，认真贯彻落实党的十八大和十八届二中、三中、四中全会精神，总结上半年工作，部署下半年工作，确保全面完成全年工作任务，实现“十二五”圆满收官，同时谋划好“十三五”林业发展蓝图。

2016年1月10日，2016年全国林业厅局长会议在湖南省长沙市召开。局长张建龙在作会议主题报告。会议的主要任务是：全面贯彻党的十八大和十八届三中、四中、五中全会精神，深入贯彻习近平总书记系列重要讲话精神，认真落实中央扶贫开发工作、中央经济工作、中央农村工作等会议精神，总结“十二五”林业工作，谋划“十三五”总体思路，部署2016年重点工作，大力推进林业现代化建设。

2017年1月4~5日，全国林业厅局长会议在福建省三明市召开，张建龙作了《把握新形势抓住新机遇 推动林业现代化建设上新水平》的讲话。会议的主要任务是：深入学习领会习近平总书记系列重要讲话精神，认真贯彻落实党的十八大和十八届三中、四中、五中、六中全会，以及中央经济工作会议、中央农村工作会议精神，总结2016年林业工作，分析当前林业形势，部署2017年重点任务，切实用习近平总书记重大战略思想指导林业现代化建设，不断提升我国林业改革发展水平。

6.2　重要节点

6.2.1　土地改革与林地初始分配

《中华人民共和国土地改革法》（1950年6月28日，中央人民政府委员会第八次会议通过）是为了废除地主阶级封建剥削的土地所有制，实行农民的土地所有制，借以解放农村生产力，发展农业生产，为中国的工业化开辟道路而制定的法规。

第十六条　没收和征收的山林、鱼塘、茶山、桐山、桑田、竹林、果园、芦苇地、荒地及其他可分土地，应按适当比例，折合普通土地统一分配之。为利于生产，应尽先分给原来从事此项生产的农民。分得此项土地者，可少分或不分普通耕地。其分配不利于经营者，得由当地人民政府根据原有习惯，予以民主管理，并合理经营之。

第十八条　大森林、大水利工程、大荒地、大荒山、大盐田和矿山及湖、沼、河、港等，均归国家所有，由人民政府管理经营之。其原由私人投资经营者，仍由原经营者按照人民政府颁布之法令继续经营之。

1951 年 4 月 21 日，中央人民政府政务院颁布了《关于适当处理林权明确保护责任的指示》，对土地改革进展不同的地区，提出了分门别类的山林处理原则，要求各地尽快明确山林的产权以达到保护山林之目的。“在现正进行土地改革的地区，应结合土地改革工作，将地主的森林和一般的大森林，按照土地改革法第十六、十八两条分别处理之。”“在暂不进行土地改革的地区，一切较大的森林应提前收归国有，由专署以上政府设置林业专管机关，协同地方政府实行管理保护”。“在已经完成土地改革的地区，尚未明确划定林权的森林其较大者，应明令公布为国家财产由当地人民政府和林业专管机关切实负责管理保护。零星分散的山林，由当地人民政府根据实际情况，按土地改革法第十六条之规定，分别进行清理，或确定林权由县人民政府发给林权证明”。

这一法律，形成了个体农民林地所有制的产权制度安排。平原地区的农民，除了耕地以外，还获得了一些零散的活立木和可造林用的荒地。一些农民开始自发地在房前屋后、耕地四周及荒地上造林。这一时期，除农民自发的零星造林外，各地政府还组织了大规模的沙荒造林，沙荒造林采取了国家投资、农民投劳的合作造林。

中华人民共和国成立初期，我国成立了林垦部，其中下设林政、森林经济、造林、森林利用四个司。通过建立林业主管机构，进一步对全国林业进行宏观管理。国家对不同的山林采取了不同的分配方法。对大森林、大荒山长期植林、育林的各种山林等收归国有。对于没收征收的山林除收归国有者外，凡宜于分配或分配后有利于保护、经营和发展者，均进行了分配，确立了农民的私有产权。① 但与土改中没收征收农村中地主、族产（祠产）、庙产、义冢等土地完全分配给无地少地的农民不同，在处理山林时，土改前有相当一部分的山林（包括林地与林木）是公有，土改后原公有的继续转为公有。而由农民经营。原来私有的，即地主所有的山林，除部分分给农民外，一定面积以上的也收为国有或公有。由此确立了山林国有、公有及私有多种产权形式，同时形成了国有国营、国有民营、公有民营、私有私营等多种山林经营方式。

各地颁布实施的山林处理办法，遵循中央提出的基本原则，并结合当地实际进行了补充完善，进一步明确了山林的处理方法，从而使其更具操作性。即除按照规定收归国有的山林外，其

①福建省解放之初，全省山地占土地面积的 80%以上，林地占全省土地面积的 17. 7%，是中国三大林区之一。杉木产区的山林占有情况：据该省建瓯县 3 个乡的统计，地主及公山占有 59%，工商业家占有 10. 5%，富农占有 4%，中农占有 12. 5%，贫雇农占有 11%，小商贩占有 3%。地主和工商业家占有的多为大片、靠河近的山林。据南靖县 6 个村的调查，地主、富农及公山占有约 50%左右。龙溪专区占有集中度略差，龙岩专区因是老红色区占有分散。地主占有的杉木山，（之前）主要是在春荒季节以等于平常一半的工资雇短工经营。

他山林尊重原有的所有权和经营权，原来属于地主出租经营者而收归国有的，可以由原经营者继续经营，即国有私营。原来属于乡有、村有、族产而由农民公用或轮作经营的，则在转为乡、村公产的条件下，保持原有习惯，即公有私营。原为私有而又分配给私人的才是私有私营。①②③

6.2.2 森工企业

中华人民共和国成立后百废待兴，国家建工厂、开矿山、建机关、边防战事④等需要大量木材，为适应国家建设的长远需要和贯彻保护林木的政策，国家分别在东北、内蒙古、西南、西北森林资源丰富的地区建立的。黑、吉、滇、川、青、陕、甘、新疆、内蒙古等9省（自治区）建立了138个国有林业局，其中内蒙古、黑龙江所辖87个国有林业局组成了重点国有林区。⑤⑥⑦

---

①1951年6月10日，中共中央华东局在《对浙江省在土地改革中山林处理办法的意见》中明确指出：“山林的分配应依照山田统一分配的原则，照顾山乡与既有山林又有平原的乡两者不同的特点。田多的多补山，山多的多补田，采取靠山近并习惯经营山者多分山，靠田近并习惯经营田者多分田的办法分配。分配时以原经营山林之乡、村、户为基础，依照山田多少比例，乡与乡之间、村与村之间及农民与农民之间的适当抽补与调剂。”各种不同的山林要采取不同的分配办法，某些需要较多劳力经营的，每年都有收益的山林，如苞谷山、茶山、果山等，与土地基本相同可分给农民个人所有。竹山也是大体如此。一般的林山其经营需要的劳力虽少，但需培育十年至几十年才有收成，并需要在较大面积上集体地进行经营。原为一乡、一村、一族所有，由农民公用的柴草山，除在乡与乡、村与村之间作某些必要的调剂外，应保持原有习惯，以便利贫困农民冬闲时砍柴生产，不应割裂或小块分给个人所有。地主经营造纸的竹山，应加以分配，但应分给地主与农民同样的一份竹山，纸槽可不动。

②1950年12月和1951年12月，西南军政委员会分别颁布了《西南区大森林收归国有实施办法》和《西南土地改革中山林处理办法》，对山林的没收、征收和分配提出了较为具体的方案。1952年7月川北区党委根据《西南军政委员会公布的办法》原则精神，结合自身实际情况，在某些方面又做了具体补充规定。如根据《西南区大森林收归国有实施办法》第二条规定的原则，补充规定“非经人工抚育之天然林其面积在100市亩以上者，一律收归国有。在收归国有林附近之天然林其面积在100市亩以下，而适合国家管理经营者，亦收归国有。地主森林两家以上相连100市亩者，收归国有。森林中之有关国防、保安者其面积达到100市亩者，收归国有，以下者收归公有。”根据《西南土地改革中山林处理办法》第十条“凡义冢山林一律不动”之规定，补充规定为“凡义冢山林在100亩以上者，收归国有。以下者，一律不动。地主之耳塘及经济林木，其面积在100市亩以上者，一律收归国有。”川北区在分配山林时，还提出要根据山林的不同性质，分别规定办法处理，不能一律采用一个办法处理。为了因地制宜确实贯彻保护与发展山林的原则，如达县、剑阁二专区，在土改中根据当地山林较多、面积较大、性质较复杂的实际情况作了进一步的具体规定。

③“土地改革中的山林分配”，http：//www. ccrs. org. cn/List/D。

④1950年10月至1953年7月抗美援朝期间，东北森工企业在木材供给方面做出了很大贡献。同样，战争也影响了东北森工企业的建设。伊春森工早期的开发建设者，不乏准备赴朝鲜战场的官兵，由于战事变化，中途留下，支援祖国边疆建设。

⑤黑龙江国有林区：自中华人民共和国成立以来，逐步在小兴安岭林区建立伊春林业管理局，在长白山北部林区建立松花江、合江、牡丹江3个林业管理局，在大兴安岭林区加格达奇建立大兴安岭林业管理局。

⑥伊春：1949年10月设置伊春镇。1950年建立伊春森林工业管理局，下设南岔等5个森工分局。为了适应森林工业生产发展的需要，松江省人民政府于1952年7月报请设置伊春县。同年9月29日，东北人民政府民政部函告：“经中央内务部批示，同意将汤原县伊春林区划出，成立伊春县，县府设在伊春街。”全县共7. 5万人，为丁等县。12月1日，伊春县政府正式成立，由松江省直辖。1954年7月，将小白、朗乡两镇划归铁力县管辖。同年8月，松、黑两省合并后，由黑龙江省直辖。1957年7月26日，国务院批准，撤销伊春县，设置伊春市（地级）。

⑦黑龙江大兴安岭国有林区：中华人民共和国成立后，分别于1955年至1956年、1958年至1959年、1964年先后三次开发建设大兴安岭。1964年，党中央、国务院决定以会战的方式开发大兴安岭林区，1965年，林业部和国家经委批准成立大兴安岭林业管理局，林业管理局与特区人民委员会实行政企合一。

自1952年起，就是这些老一辈的林区开发建设者，在国家经济建设急需木材的时候作出了卓越贡献，不仅有力支援了国家工业化建设，而且将昔日人迹罕至的林海雪原变成了美丽新林区，形成了突破高寒禁区的拓荒奋斗精神。① 63年来，内蒙古大兴安岭林区累计为国家提供商品材和林副产品2亿多立方米，上缴各项税费200多亿元，是国家同期投入的3.8倍。20世纪五六十年代，林区最高年份财政上缴曾占自治区财政的50%以上。长期持续的采伐使东北重点森林区的森林资源锐减，黑龙江大兴安岭的可采成熟林资源由开发初期的4.6亿立方米下降到第七次清查的0.21亿立方米。生态功能大幅下降。与开发初期相比，大兴安岭林区林缘向北退缩了140多公里，湿地面积减少了一半以上。多年冻土退缩，土壤侵蚀加剧，地表径流时间缩短，水土流失严重，局部地区出现了沙化现象，洪涝、干旱、森林火灾和病虫害等自然灾害频发。长白山林区由于长期的过度采伐、居民不断增多，致使林地面积缩小，生物多样性减少，涵养水源能力大大降低。② 国家森工企业所在的重点国有林区，出现了“资源危机、林区危困、职工危急”的三危局面。

2000年以来实施的“天然林保护工程”（简称天保工程），以及2015年开始实施的“国有林区改革”，使得东北、内蒙古重点林区的森林资源得以休养生息，职工生活得到不断改善，林区逐渐展现出了勃勃生机和发展活力。

根据天保工程一期实施方案，东北、内蒙古等重点国有林区5个省（自治区）木材产量分三年调减到位，即到2003年末调减到1101.70万立方米，相比1997年（1853.20万立方米）下调了41%。全面停止长江上游、黄河上中游天保工程区内3040万公顷天然林采伐，到2000年将森林资源消耗量调减到2650万立方米，相比1997年（8758万立方米）调减70%，商品材产量调减到112.80万立方米，相比1997年（1351.80万立方米）调减91.70%。

2011年天保工程二期启动，东北、内蒙古等重点国有林区木材产量进一步调减，2013年调减到位后，东北、内蒙古国有林区年木材产量为402.50万立方米，海南和新疆全部停止天然林商品性采伐；长江上游、黄河上中游天保工程区继续停止天然林商品性采伐，不再进一步下调森林资源采伐消耗量。

2014年4月1日起，黑龙江重点国有林区50个林业局全面停止天然林商业性采伐，年森林采伐量减少373.90万立方米，年木材产量减少145.90万。

2015年4月1日起，全面停止吉林森工集团、长白山森工集团、内蒙古大兴安岭森工集团以及吉林营林4局、内蒙古岭南8局和内蒙古大兴安岭山脉100个国营林场的天然林商业性采伐。③

---

①毛泽东在给东北森林工业劳动模范大会的贺电（1954年3月27日）写道：东北森林工业管理局转东北森林工业劳动模范大会全体代表同志们：你们3月26日信收到了，我祝贺你们在森林工业生产中所获得的成就。几年来，你们在恢复与发展东北的森林工业和供应国家与人民需要的木材工作中，起了巨大作用。希望你们继续保持不骄傲自满与虚心学习的精神，团结全体职工，创造和推广先进经验，发挥潜在力量，劳动生产率，降低成本，坚持合理采伐，做好木材运输与运输设备的建设工作，为完成和超额完成国家计划而努力。祝你们在今后工作中获得新的胜利！（根据1954年4月20日出版的《东北森林工业》第八期刊印）。

②中国林业信息网，http：//www. forestry. gov. cn/。

③国家林业局研究报告。

6.2.3　合作社、人民公社等与山林入股

我国非社会主义生产关系的改造是在 1952 年到 1956 年期间内实施的。经历了“互助组”“合作社”“高级社”三个阶段，在全国范围内基本上完成了对农业个人经营者的社会主义造改。起先，农民个人仅保有自留山上的林木及房前屋后的零星树木的所有权，山权及成片林木所有权通过折价入社转为合作社集体所有。紧接着，农村土地调整，从互助组发展到初级社再到高级社，将原合作社的山林全部划归公社所有。①

1958 年 8 月 17 日至 30 日，中共中央政治局在河北省北戴河召开扩大会议，会议通过《中共中央号召全党全民为生产 1070 万吨钢而奋斗》和《关于在农村建立人民公社问题的决议》等文件，表明“大跃进运动”正式兴起，而作为大跃进主要标志的大炼钢铁运动和公社化运动便如黄河决堤一般轰轰烈烈席卷全国各地。②③④

由于激进的“人民公社化”“大跃进”等“共产主义化”运动，从 1959 年到 1961 年国民经济陷入了困境，农业生产连续三年下降，轻工业生产也从 1960 年开始连续三年下降，国家财政连续 4 年赤字，人民生活处于极端贫困的状态。在这种形势下，中共中央 1960 年 11 月下达了《关于人民公社政策问题的紧急指示》、同年林业部提出贯彻“以林为主，林粮并举，综合利用，

---

①方国华. 林业产权制度改革对森林资源保护影响分析［J］. 林业科学，2011，15：148-149.

②1958 年 9 月 1 日，在北戴河会议公报发表的同一天，《人民日报》发表社论《立即行动起来，完成把钢产量翻一番的伟大任务》指出：全力保证钢产量翻一番，是全党全民当前最重要的政治任务，面对我国工农业进一步大发展的庞大需要，我国钢铁工业今年显然必须有一个飞跃的发展。完成了这个任务，不但在国内而且在国际上都有伟大的政治意义，全民炼钢的热潮是实现钢产量翻番的最重要的条件。社论最后说：“从今天起到年底只有 122 天了，1070 万吨钢的任务必须完成，一吨也不能少。任务是繁重的，时间是紧迫的。古语说得对，‘一寸光阴一寸金’。为了完成钢产量翻一番的任务，1 小时也不能浪费。全党全民必须同时间赛跑，从现在起立即行动起来，鼓足干劲，苦战四个月。”9 月 5 日，《人民日报》又发表社论《全力保证钢铁生产》，号召与钢铁生产无直接关系的部门停车让路。社论说，“要保证 1070 万吨钢的任务，必须具有停车让路、首先为钢的全局观点。当钢铁工业的发展与其他工业的发展，在设备、材料、动力、人才等方面发生矛盾的时候，其他工业应该主动放弃或降低自己的要求，让路给钢铁工业先行。”“不管哪一个地方哪一个部门，有材料、有设备、有交通运输工具，必须首先让给钢铁工业；有制造能力的，必须首先为钢铁工业而生产；电力必须首先输送给钢铁工业；煤炭及其他燃料必须首先满足钢铁工业的需要；有劳动力和技术力量的，必须首先调给钢铁工业。”

③1958 年 9 月，中国全民大炼钢铁的“大跃进”开始了。于是，无数的小高炉遍地而起，人民群众积极参加。有人统计，9 月份参加人数近 5000 万，10 月份参加人数近 1 亿。1958 年 12 月 31 日，经过全国的努力，1958 年全年生产的钢为 1108 万吨，其中钢为 800 万吨，土钢为 308 万吨。完成了 1100 万吨的目标。全民大炼钢铁这一仗算是“打赢”了。但是，代价也是十分巨大的。事实上，不光是炼了 308 万吨土钢，还炼了 1000 万吨土铁。让人难以想象的是，炼出这么多的土钢土铁，用的竟然不是焦炭，而是木炭。因为当时焦炭供应大钢厂尚有不足，小高炉根本得不到供应。有一些煤炭，但量也不大，主要用的还是木炭。炼出这么多的土钢铁，得需要多少木炭呢？那就是：15969 万棵大树，即 1 亿多棵 30 厘米粗，9 米高的大树。摘自：“1958 年全民大炼钢铁：神州遍地高炉 得不偿失”，http：//news. china. com/history/all/11025807/20140816/18715101. html。

④1958~1960 年，毛泽东先后多次发表与林业相关的讲话：“绿化要大搞”，“林业是个很了不起的事业”，“要园林化，还有个园田化。园田化就是耕作地，园林化就是耕作地和林业地合起来”，“要使整个农村园林化”，“实行大地园林化”，“要努力发展粮、棉、油、麻、丝、茶、糖、菜、烟、果、药、杂等十二项生产，要实行农、林、牧、副、渔 五业并举的方针”。

多种经营”的国营林场办场方针。1961年颁布了《关于确定林权、保护山林和发展林业的若干政策规定》，纠正了左倾错误，承认农民的“自留山”“自留滩”、房前屋后的林木所有权，明确规定“农民个人造林归农民个人所有”。①

专栏6-10 1952~1976年间河南林业发展变化

1956年完成高级合作社时，河南省林业用地基本实现了公有化，其中国有占11%，集体所有占81.4%，个体所有占7.6%。同年进行山区生产规划，开展“绿化祖国、绿化河南、绿化家乡”活动，出现了遍布各地的“全省开始少年林”“青年林”“三八妇女林”“幸福林”“社会主义建设林”。

1956~1957年2年造林17万多公顷，为1949年以后造林总面积的42%。1956年山林火灾面积比1953年前减少80%。这一时期，首先在豫东地区建造大型防护林，共建5条基干林带，1956年全部建成，总长520多公里，使开封、商丘、许昌、周口4个专区10县53.3万公顷的农田得到防护。同时在水土流失严重的地方，以大中型水库上游为重点，营造水源涵养林。

从1956年到1960年，由“高级社”向“人民公社化”迈进、开展“大炼钢铁”“大跃进”运动，将几个高级社合并，在更广大的范围内，实行土地和生产手段的共同所有，统一生产，统一分配。随着《农村人民公社六十条》的贯彻执行，“一大二公”运动将原来合作社的山林全部划归公社所有，取消了私有林，森林、林木和林地归国家和集体所有。加之为“大炼钢铁”而进行的林木（做燃料）的“一平二调”、乱砍滥伐，平原地区的森林资源遭到严重破坏。

1958年“大跃进”开始后，河南省在“实行大地园林化”的号召下，增设国营林场，大办社队林场，动员各行各业开展植树造林运动。同时开始进行林业科学研究，举办农村林业职业教育，开创林业化工生产。在此期间，因缺乏经验，急于求成，出现高指标、瞎指挥和浮夸风，造林虚报成绩，成活保存率低，办厂办校多数有名无实。无偿把社员林木收归集体，把队办林场收归社有、国有，挫伤了群众造林营林积极性。大办钢铁中，对林木实行大砍大伐，1959年3月22日《河南日报》披露，1958年一年采伐的木材相当于1953~1957年收购木材总量（67.8万立方米）22倍，即1491.6万立方米。再者山区砍伐的木材因运输不畅，不少成为“困山材”，这一时期，平原地区成材树木砍伐殆尽。林木受到破坏后，山区水土流失加剧，平原风沙危害又起。

1962年，河南在纠正“左”的错误，贯彻“调整、巩固、充实、提高”的方针中，对各级无偿平调的林木，一律退还并赔偿经济损失。重申“谁造谁有”的政策，颁发林权证，对林木所有权给予法律保护。林产化工厂和林业中学，经过整顿，把不合格的撤销，办得好的保留并充实提高。1962年中共河南省委要求沙区要把林业生产作为一项重大任务，做到以林保农，以农

---

①《中共中央关于确定林权、保护由林和发展林业的若干政策规定（试行草案，1961年6月28日）》：天然的森林资源，和在人民公社化以前已经划归国有的山林，仍然归国家所有。高级合作社时期，划归合作社、生产队集体所有的山林和社员个人所有的山林，应该仍然归生产大队、生产队集体所有和社员个人所有。除此以外，人民公社化以来和今后新造的各种林木，都必须坚持“谁种谁有”的原则，国造国有，社造社有，队造队有，社员个人种植的零星树木，归社员个人所有。

养林，农林密切结合；以营造防护林为主，积极发展用材林，适当发展经济林和薪炭林。从此造林重点转向平原地区。兰考县委书记焦裕禄领导群众治理沙丘1.5万个，植树742万株。

1964年在全国展开了“清思想、清政治、清组织、清经济”的“四清”运动，收入多的勤劳农民也被视为“资产阶级”遭到了批判，自留地和农民房前屋后等的“四旁”树木也作为资本主义的东西被否定，林业生产再次处于徘徊不前状态。1965年沙区10几个国营林场，在政府号召下，营造防护林带5600条，防护农田20万公顷。《1956到1967年全国农业发展纲要（草案）》中规定“在一切宅旁、村旁、路旁、水旁，只要有可能，都要有计划地种起树来。”1965年2月在林业部召开的北方十三省林业厅（局）长座谈会上，河南代表提出：“河南粮食困难，烧柴奇缺……今后打算大力发展‘四旁’植树和木本粮食。造林重点放在平原和沙区，平均每人在“四旁”要种树15~20棵树。截至1966年全省‘四旁’植树已达2亿株，每户平均20株”。

1966年下半年起由于“文化大革命”的冲击，林业行政工作基本停止。全省林地纠纷迭起，许多国营林场大片林地被社队侵占，林木遭受乱砍滥伐，原有的森林资源遭到很大破坏。如1969年，中牟县防护林被破坏，导致风沙再起，当年种植的4.3万公顷受灾，1万公顷绝收。刚刚起步的林业建设又陷于困境。1966~1976年，由于在农村推行了“以阶段斗争为纲”的左倾路线和政策，农民的四旁植树、多种经营等都被作为“资本主义的尾巴”割掉了。这一时期，各地无政府主义状况严重，林业机构也相继瘫痪，各地再次掀起了乱砍滥伐林木的歪风，一些地区农田防护林带和四旁树木受到了严重的破坏，平原地区森林资源再次遭到了劫难。这一时期国有森林资源明显减少，只有集体造林有较大发展，平原地区南阳、新乡的农田林网和用材林基地发展很快，信阳部分丘陵和山区大力发展经济林，取得了一定的效益。一些地方在“基地建林场，林场建基地”的指导思想下，提出“治一架山，造一片林，留一批人，建一个场，办一个绿色银行”，大力发展社队林场。

6.2.4　林业生态工程启动——三北工程

为了从根本上改变我国西北、华北、东北地区风沙危害和水土流失的状况，国务院批准开展三北防护林防护工程。至此，拉开了我国林业生态工程的大幕。

1978年11月3日，国家计划委员会以（计［1978］808号）文件批准国家林业总局《西北、华北、东北防护林体系建设计划任务书》。11月25日，国务院以国发（1978）244号文件批准国家林业总局《关于在西北、华北、东北风沙危害和水土流失重点地区建设大型防护林的规划》，至此，三北防护林工程正式启动实施。目前看，三北防护林工程是我国完成造林面积最大的生态建设工程。截至2015年底完成造林3601.89万公顷，实际完成投资401.61亿元。

随着生态文明理念的深入和国家投资的不断增加，以林业十大生态工程为标志的林业生态工程体系已经逐步完善，林业十大生态工程包括天然林资源保护工程、退耕还林工程、京津风沙源治理工程、三北及长江流域等重点防护林体系工程（三北防护林工程、长江流域防护林工程沿海防护林工程、珠江流域防护林工程、太行山绿化工程、平原绿化工程）。截至2015年年底，十大生态工程共完成造林面积9805.26万公顷，共实际完成投资6832.91亿元，其中国家投资5695.99亿元。

2016年，林业重点生态工程完成投资675.41亿元，林业重点生态工程投资占全国林业投资的比重为14.98%，各工程共完成造林面积250.55万公顷，占全部造林面积的34.78%，其中，天然林资源保护工程、退耕还林工程、京津风沙源治理工程和三北及长江流域等防护林体系建设工程分别为48.73万公顷、68.32万公顷、23.00万公顷和110.50万公顷。

6.2.5 第一部森林法

我国第一部森林法①②始于20世纪70年代，1979年2月23日第五届全国人民代表大会常务委员会第六次会议原则通过，成为改革开放以来我国第一部单项经济法律。在《中华人民共和国森林法（试行）》施行5年的基础上，1984年9月20日第六届全国人大常委会第七次会议通过了《中华人民共和国森林法》，于1985年1月1日起正式实施。1998年4月29日第九届全国人民代表大会常务委员会第二次会议，通过了《关于修改〈中华人民共和国森林法〉的决定》，并重新颁布经过修改的《中华人民共和国森林法》，即现行的《中华人民共和国森林法》。2016年，国家林业局网站③公布了关于公开征求《中华人民共和国森林法（2016年修改征求意见稿）》意见的公告。

专栏6-11 《中华人民共和国森林法（试行）（1979）》

总 则

第一条 森林是国家的重要资源，能够提供木材和各种林产品，满足国家经济建设和人民生活的需要；能够调节气候、涵养水源、保持水土、防风固沙，保障农业、牧业的发展；能够防治空气污染，保护和美化环境，增强人民身心健康。为了加快造林速度，加强森林保护管理，合理开发利用森林资源，特制定森林法。

第二条 森林资源包括林木、竹子和林地，以及林区范围内的植物和动物。根据森林的不同效益，将森林划分为以下五类：

（一）防护林；

（二）用材林；

（三）经济林；

（四）薪炭林；

（五）特种用途林；

---

①我国近代历史上，第一部专门规定森林的培育、管理和保护的森林法规，是1912年辛亥革命成功后，民国政府制定的《林政纲要》。在《林政纲要》的基础上，民国政府于1914年颁布了《森林法》（这是我国第一部现代意义的森林法），共六章三十二条；1915年颁布了《森林法施行细则》和《造林奖励条例》。1932年民国政府又重新颁布了修订后的《森林法》，共十章七十七条。

②中华人民共和国第一部森林法规，是1963年制定的《森林保护条例》。1979年全国人大常委会六次会议通过了《中华人民共和国森林法（试行）》。森林保护条例 第一章 总则 第一条 为了保护森林，防止火灾、滥伐和防治病虫害，以促进林业生产，特制定本条例。第二条 国家、集体所有的森林和个人所有的林木，都适用本条例的规定予以保护。第三条 各级人民委员会，应当加强爱林、护林的宣传教育，发动群众保护好森林和林木。

③中国林业网，http：//www. forestry. gov. cn/2016年09月29日，来源：国家林业局。

第三条　根据宪法关于现阶段生产资料所有制的规定，森林属于社会主义全民所有和社会主义劳动群众集体所有。人民公社社员在房前屋后和生产队指定的地方种植的树木，归社员个人所有。机关、团体、部队、学校、厂矿、农场、牧场等单位，在当地革命委员会指定的地方种植的林木，归本单位所有。保障国家、集体和个人的林木所有权不受侵犯。不准将国有林划归集体和非林业单位，不准将集体所有林划归个人，不准平调社队的林木和社员个人的树木。

第五条　林业建设实行以营林为基础、造管并举、造多于伐、采育结合、综合利用的方针。

第六条　林业建设的基本任务：大力植树造林，不断增加森林覆盖面积和林木蓄积量；加强森林保护，坚持合理采伐，及时更新迹地；加速林区的开发建设，改善森林经营管理，提高森林生长量，合理利用森林资源；加强林业科学教育，培养林业技术人才，加强林业科学研究，加速林业生产现代化。

第七条　植树造林、爱林护林，是全国人民的光荣义务和权利。各地都要在每年植树节和各个适宜植树的时候，组织广大群众植树造林。

各级革命委员会要经常开展爱林护林宣传教育，发动广大群众保护森林和树木。

6.2.6　从林业“三定”到“三权”分离

1981 年 6 月 5 日至 11 日　林业部在北京召开 8 省、直辖市林业“三定”（稳定山权林权、划定自留山、确定林业生产责任制）工作座谈会，研究林业“三定”有关政策问题。7 月 11 日，国务院办公厅转发《林业部关于稳定山权林权落实林业生产责任制情况简报的通知》，通知要求：确定山权林权，落实林业生产责任制，是党的农村经济政策的重要组成部分，是保护森林发展林业的一项根本措施，同时也是关系到山区、村区安定团结的一件大事。至此，一场轰轰烈烈的林业“三定”改革在全国迅速展开，“三定”改革是我国森林资源权属多元化的开端。

专栏 6-12　国务院办公厅转发林业部关于稳定山权林权落实林业生产责任制情况简报的通知（节选）

（1981 年 07 月 11 日）

各地在稳定山权林权、落实林业生产责任制工作中，对有关政策问题的解决办法，归纳起来主要有以下几点：

一、确定山权林权，坚持以现在的权属为基础，凡是没有争议的，都予承认，稳定下来，不再变动。避免牵动面过大，引起混乱。

山林权属有争议的，充分协商，合理解决。林权，坚持谁造谁有、合造共有的政策，维护国家和集体造林成果，防止借口山林纠纷，乱砍滥伐，拆场毁林。集体的山权，一般以“四固定”时确定的权属为准；“四固定”时未确定权属的，参考合作化或土改时确定的权属。

二、集体所有的山林，过去按规定或协议划归国营林场、伐木场的，凡是已按协议付给了报酬，或后来作过清理的，都予承认，不再重新处理。当时未经协议，后来也未作过清理的，通过协商，采取联营或收益分成的办法，给社队以合理报酬。

由公社、大队筹集土地、劳力、资金兴办的社队林场，要明确山林权属和收益分成办法，已有协议的按协议兑现，没有协议的协商确定。

三、许多地方把划定自留山（平原地区划定自留荒滩荒地），鼓励社员植树造林，看成是利用农村剩余劳力，加快绿化，解决社员烧柴用材，发展多种经营的一项重大政策。强调要提高认识，解放思想，适当放宽。

凡是有条件的地方，都根据群众烧柴、用材的实际需要、经营能力的大小和荒山荒地的多少，就近给社员划一定数量的自留山。新划的自留山上有零星树木的，有的折价归社员个人，有的规定收益以后按比例分成。近处没有荒山荒地的社队，组织社员在远山造林，然后调换。

自留山的面积，一般都是荒山荒地多的多划，少的少划。有些地方按亩计算，规定每户三至五亩，多的每户达到十亩。有些地方按百分比计算，规定自留山面积占社队林业用地总面积的5%至15%，个别的达到20%至30%。

过去划定的自留山，社员已经营多年，就是面积多一些，也予以承认，不再调整。

四、有些地方，还把稳定山权林权、划定自留山和落实林业生产责任制作为一个整体，与完善农业生产责任制结合起来，一起进行。建立林业生产责任制，既借鉴于农业生产责任制的做法，又充分注意林业本身具有的公益性、社会性强和生产周期长、破坏容易恢复难的特点，形式多种多样。

大面积的林木和大型防护林，一般都建立林场或专业队（组），实行专业承包责任制。小片林木、农田林网和零星树木，一般包到组、到户、到劳，实行联产计酬，或收益分成。田间地边的树木，采取“树随地走”的办法，由农业承包者统一负责。

林木生产周期长，承包年限，一般规定五年、十年、二十年不变。随着“三定”改革的深入，广大农民分到了自留山，承包了责任山，出现了承包荒山造林的专业户、重点户。但是一些地方在山权林权的确定过程中，存在着一些矛盾和混乱，林业责任制尚未完全建立，有些地方林木分户管理，但没有明确责、权、利关系。1985年，在集体林区实行开放市场，分林到户的政策，使农民拥有较充分的林地经营权和林木所有权。由于树木生长周期长风险高，市场本身存在不确定性，一些农民对政策的不稳定性预期也比较高，在“现金为王”的思维下，很多地方一度出现乱砍滥伐，形成仅次于1958年的森林资源破坏。1987年，国家执行年森林采伐限额制度，停止了分林到户。

专栏6-13 中共中央 国务院关于加强南方集体林区森林资源管理坚决制止乱砍滥伐的指示（节选）

（1987年06月30日）

党的十一届三中全会以来，我国南方集体林区进行了一些改革，林区经济进一步活跃，林农生活有所改善。但是，长期存在的林木超量采伐仍难以控制，森林资源持续下降。近一、二年来，超量采伐普遍存在，乱砍滥伐屡禁不止，愈演愈烈。一些国营林场和自然保护区的林木，也遭到盗伐哄抢。造成这种状况的直接原因，主要是林业改革中某些具体政策失调和存在漏洞，林政和资源管理不严，对犯罪分子打击不力。为了坚决刹住这股歪风，进一步从政策和制度上堵塞漏洞，严格和加强森林资源管理，特作如下指示：

一、严格执行年森林采伐限额制度。

二、坚决依法保护国有山林权属不受侵犯。

三、要完善林业生产责任制。

四、整顿木材流通渠道。

五、预留森林资源更新费。

六、合理调整林业税收负担。

七、整顿和调整林业费用负担。

八、充实林业基层管理机构，强化林业管理职能。

九、实行领导干部保护、发展森林资源任期目标责任制。

1992 年，开始对责任山实行折股联营的林业股份合作制试点，在选择西南地区和吕梁地区的部分县市进行了宜林荒山使用权拍卖试点。1998 年 10 月 4 日党的十一届三中全会《中共中央关于农业和农村工作若干重大问题的决定》提出在黄河、长江上中游地区、风沙区和草原区有计划、有步骤地还林、还草、还湖。11 月 7 日，国务院发布了《全国生态环境建设规划》，提出治理水土流失，荒漠化土地，退耕还林，建立自然保护区等宏伟目标。于是，荒山拍卖工作在全国各地大面积推行。2003 年《农村土地承包法》实施，全国开始了新一轮林业产权制度改革。林地的承包期可以延长到 70 年，并允许使用权和经营权转让。① 根据 2014 年印发的《中央财政林业补助资金管理办法》，对国有林场、农民和林业职工（含林区人员，下同）、农民专业合作社等造林主体在宜林荒山荒地、沙荒地、迹地、低产低效林地进行人工造林、更新和改造，面积不小于 1 亩的给予适当的补贴。

专栏 6-14　中华人民共和国农村土地承包法（节选）
（2002 年 8 月 29 日通过，自 2003 年 3 月 1 日起施行）

第二十条　耕地的承包期为三十年。草地的承包期为三十年至五十年。林地的承包期为三十年至七十年；特殊林木的林地承包期，经国务院林业行政主管部门批准可以延长。

第四十四条　不宜采取家庭承包方式的荒山、荒沟、荒丘、荒滩等农村土地，通过招标、拍卖、公开协商等方式承包的，适用本章规定。

第四十六条　荒山、荒沟、荒丘、荒滩等可以直接通过招标、拍卖、公开协商等方式实行承包经营，也可以将土地承包经营权折股分给本集体经济组织成员后，再实行承包经营或者股份合作经营。承包荒山、荒沟、荒丘、荒滩的，应当遵守有关法律、行政法规的规定，防止水土流失，保护生态环境。

集体林权制度虽经数次变革，但产权不明晰、经营主体不落实、经营机制不灵活、利益分配不合理等问题仍普遍存在，制约了林业的发展。为进一步解放和发展林业生产力，发展现代林

①方国华. 林业产权制度改革对森林资源保护影响分析［J］. 林业科学 2011，15：148-149。

业，增加农民收入，建设生态文明。2008 年 7 月 14 日，《中共中央 国务院关于全面推进集体林权制度改革的意见》指出：要全面贯彻党的十七大精神，深入贯彻落实科学发展观，大力实施以生态建设为主的林业发展战略，不断创新集体林业经营的体制机制，依法明晰产权、放活经营、规范流转、减轻税费，进一步解放和发展林业生产力，促进传统林业向现代林业转变。《意见》指出：将用 5 年左右时间基本完成明晰产权、承包到户的改革任务。在此基础上，通过深化改革，完善政策，形成集体林业的良性发展机制，实现资源增长、农民增收、生态良好、林区和谐的目标。在坚持集体林地所有权不变的前提下，依法将林地承包经营权和林木所有权，通过家庭承包方式落实到本集体经济组织的农户，确立农民作为林地承包经营权人的主体地位。林地的承包期为 70 年，承包期满，可以按照国家有关规定继续承包。《意见》还提出：要完善林木采伐管理机制，规范林地、林木流转，建立支持集体林业发展的公共财政制度，推进林业投融资改革，加强林业社会化服务。

2013 年 11 月 9 日至 12 日，十八届三中全会在北京召开，提出构建新型农业经营体系，其核心就是将农地的所有权、承包权、经营权三权并行分置，实行“三权分离”，即尊重原有的集体所有权，划定农民的承包权，确保经营者的经营权，赋予农民对承包地占有、使用、收益、流转及承包经营权抵押、担保权能，鼓励发展多种形式规模经营。这次经营制度改革是对农村家庭联产承包责任制改革的进一步深化和升级，也是解决改革开放之初农地改革遗留问题和应对激励钝化的一剂良药，更是让广大农民享受几十年中国改革开放成果和红利的公正之举。实行所有、承包、经营“三权分离”，明确“三权”特别是承包权、经营权不同的制度内涵，具有重要的现实意义，必将在多方面对农村市场产生深远的影响。① 承包权主要体现为给承包农户带来财产收益，实现土地承包经营权的财产价值；经营权则通过在更大范围内流动，提高有限资源的配置效率，并由此衍生出新型经营主体和多元化的土地经营方式。“三权分置”创新了农村土地产权制度，拓展了农村土地集体所有制的有效实现形式；丰富了双层经营体制内涵，展现了我国农村基本经营制度的持久活力；顺应了发展适度规模经营的时代要求，为中国特色新型农业现代化开辟了新路径；是中国特色“三农”理论的重大创新，为实现城乡协调发展、全面建成小康社会提供了新的理论支撑。②

6.2.7 植树节与义务植树

中华人民共和国成立后，1979 年 2 月在第五届全国人民代表大会常务委员会第六次会议上，林业部③在提请审议《中华人民共和国森林法（试行草案）》和对“决定以每年 3 月 12 日为我国植树节”进行说明后，大会予以通过。1981 年 12 月 13 日，五届全国人大四次会议讨论通过了《关于开展全民义务植树运动的决议》。从此，全民义务植树运动作为一项法律开始在全国实

①张红宇. 从“两权分离”到“三权分离”[N]. 人民日报，2014-01-14

②韩长赋：土地“三权分置”是中国农村改革的又一次重大创新，http：//cpc. people. com. cn/n1/2016/0126/c64102-28085494. html

③时任林业部部长罗玉川代表林业部提交审议。

施。次年，国务院颁布了《关于开展全民义务植树运动的实施办法》。①②

专栏 6-15　一棵树的价值③

---

①孙中山是中国近代史上最早意识到森林的重要意义和倡导植树造林的人。辛亥革命后，民国 4 年（1915 年），在孙中山的倡议下，由农商部总长周自齐呈准大总统，以每年清明节为植树节，指定地点，选择树种，全国各级政府、机关、学校如期参加，举行植树节典礼并从事植树。经当年 7 月 21 日批准后，通令全国如期遵照办理。民国 17 年（1928 年）北伐完成后，4 月 7 日由国民党政府通令全国："嗣后旧历清明植树节应改为总理逝世纪念植树式"，民国 18 年（1929 年）2 月 9 日农矿部又以部令公布《总理逝世纪念植树式各省植树暂行条例》16 条。而国民政府行政院农矿部长易培基遵照孙中山先生遗训，积极提倡造林，于民国 19 年（1930 年）2 月呈准行政院及国民政府，自 3 月 9 日至 15 日一周间为"造林运动宣传周"，于 12 日孙中山先生逝世纪念日举行植树式。北方地区以 3 月初旬，寒气未消，还不适于栽树之故，特规定植树式仍于 3 月 12 日举行外，造林宣传运动周延至清明节行之。并由该部公布《各省各特别市各县造林运动宣传周办大纲》7 条，以便全国照办。文献来源：中国林业信息网。

②1981 年夏天，四川、陕西等地遭受了历史上罕见的水灾，长江、黄河上游发生了特大洪峰，给国家和人民生命财产造成了重大损失。水灾发生后，邓小平惦记着国家和人民生命财产的安危。9 月，他特地找到万里说，最近的洪灾涉及林业，涉及木材的采伐。看来中国的林业要上去，不采取一些有力措施不行。是否可以建议全国人民代表大会通过一项议案，规定凡是有劳动能力的中国公民，每人每年都要种几株树，比如三至五株，包栽包活，多者受奖，无故不履行此项义务者受罚。总之，要有进一步的办法。10 月 19 日和 11 月 9 日，中央书记处连续两次召开会议，讨论并通过了邓小平同志关于植树造林的谈话精神，一致同意小平同志的意见，并向国务院和全国人大常委会提交了决议草案。12 月 13 日，在五届全国人大四次会议上，审议通过了《关于开展全民义务植树运动的决议》，在法律上为每个适龄公民规定了每年植树 3 至 5 株的义务。文献来源：张敬增，赵顷霖. 名人与林业［M］. 郑州：黄河水利出版社，2003.

③数据来源：http：//www. sohu. com/a/65646798_ 349213

专栏 6-16 《关于开展全民义务植树运动的决议（节选）》

植树造林，绿化祖国，是建设社会主义，造福子孙后代的伟大事业，是治理山河，维护和改善生态环境的一项重大战略措施。为了加速实现绿化祖国的宏伟目标，发扬中华民族植树爱林的优良传统，进一步树立集体主义、共产主义的道德风尚，会议决定开展全民性的义务植树运动。

凡是条件具备的地方，年满 11 岁的中华人民共和国公民，除老弱病残者外，因地制宜，每人每年义务植树 3~5 棵，或者完成相应劳动量的育苗、管护和其他绿化任务。会议责成国务院根据决议精神制订关于开展全民义务植树运动的实施办法，并公布施行。会议号召，勤劳智慧的全国各族人民，在中国共产党和各级人民政府的领导下，以高度的爱国热忱，人人动手，年年植树，愚公移山，坚持不懈，为建设我们伟大的社会主义祖国而共同奋斗！

专栏 6-17 国务院关于开展全民义务植树运动的实施办法
（1982 年 2 月 27 日国务院常务会议通过 国发［1982］36 号）

为了切实贯彻执行第五届全国人民代表大会第四次会议《关于开展全民义务植树运动的决议》，特制定如下实施办法。

（1）县以上各级人民政府均应成立绿化委员会，统一领导本地区的义务植树运动和整个造林绿化工作。各级绿化委员会由当地政府的主要领导同志，以及有关部门和人民团体的负责同志组成。委员会的办公室设在同级政府的主管部门，不另增加编制。

个别地方，由于气候、土地等条件限制确实难以开展植树运动的，经省、自治区，直辖市绿化委员会批准，可以不开展全民义务植树运动，不成立绿化委员会。

（2）各级绿化委员会应当组织和推动本地区各部门、各单位，通过各种形式，广泛深入地宣传《关于开展全民义务植树运动的决议》和本实施办法，宣传全民植树，绿化祖国的重大意义，认真做好思想动员，提高认识，造成声势，做到家喻户晓，人人皆知。同时，要努力做好调查研究、规划安排、苗木培育、技术训练等准备工作，有计划有步骤地开展植树运动，要扎扎实实，讲求实效，不搞形式主义和“一刀切”。

（3）凡是中华人民共和国公民，男 11 岁至 60 岁，女 11 岁至 55 岁，除丧失劳动能力者外，均应承担义务植树任务，各单位要将人数据实统计上报当地绿化委员会，作为分配具体任务的依据。

县级绿化委员会在分配义务植树任务时，要按照每人每年植树 3~5 棵的要求，确定具体指标，因地制宜地进行灵活多样的安排。可以按单位划分责任地段，承担整地、育苗、栽植和管护任务，也可以按相应劳动量，分配承担造林绿化的某一单项和几个单项的任务。此项任务，可以一年一定，也可以一定几年。

对 11 岁至 17 岁的青少年，应当根据他们的实际情况，就近安排力所能及的劳动。

（4）此项义务劳动。限于用在本县、本市所辖范围，营造国和集体林。义务植树的地段或参加绿化劳动的项目，各地要周密的调查研究，作出统一规划和安排。城市要优先搞好风景游览区、名胜古迹和主要街道等公共场所的绿化。农村要尽快“四旁”绿化和农田防护林建设。机关，团体、企业、学校位和居民区，都要大力植树、种草、栽花，美化环境。

(5) 使用义务劳动，在国有土地上栽植的树木，林权归现在管理这些土地的单位所有，没有明确经营管理单位的，由当府指定的部门，单位所有。在集体土地上义务栽植的树木，归集体单位所有。如果情况特殊，另有协议或合同，按协议同的规定办理。对林权所有单位，县以上人民政府要发给证书，切实保障其合法权益。

(6) 为确保义务植树所需苗木，各地应当努力办好现有的国营苗圃和集体苗圃，并安排必需数量的土地和专业人员，扩建和苗木基地，培育良种壮苗，凡是有条件的单位，都要积极自办苗圃。提倡城镇家庭和农村社员开展营养钵育苗。

(7) 对义务栽植的树木和现有的林木，必须大力加强培育管护，确保成活成林，不受破坏。林木所有的单位或承担管护义务的单位，应当根据情况组织林场、专业队或确定专人负责管护。要严肃法制和纪律，建立爱林护林的乡规民约。采伐更新，必须按照森林法的规定，经过林业或园林部门批准。城市绿地要严加保护，不得侵占破坏。违者要给予经济处罚或法律制裁。

(8) 植树绿化，要讲究科学，注重实效。要培训技术骨干，加强技术指导，普及植树绿化的技术知识，严格按照技术规程办事，保证质量。

(9) 对义务植树，各单位每年都要进行检查，并将完成情况据实上报。绿化委员会应当定期组织评比，成绩优异的，要给予表扬和奖励，年满18岁的成年公民无故不暖行此项义务的，所在单位要进行批评教育，责令限期补栽，或者给予经济处罚。整个单位没有完成任务的，要追究领导责任，并由当地绿化委员会收缴一定数额的绿化费。

(10) 各级林业和园林部门，应当在绿化委员会领导下，会同有关部门，努力搞好规划设计和苗木培育等各项具体工作。基层机构不健全的，应当充实和加强。

(11) 义务植树所需的苗木费、管护费，应当根据自力更生勤俭节约的原则，一般由林权所有单位负责解决。有的单位因绿化任务大，资金困难，确实无力承担全部费用的，按单位隶属关系，由各级财政酌情解决。参加义务植树的单位和个人所需交通等费用，由参加单位自理。

(12) 开展全民义务植树运动是促进整个造林绿化的一个重大措施。各地在开展此项运动时，必须同加快整个造林绿化工作结合起来，在苗木、经费，技术力量的使用和林木管护等方面进行统筹安排，既要搞好义务植树，又要完成年度造林绿化计划。对于一个地方来说，完成了义务植树任务，但整个造林绿化工作没有做好，不能给予表扬和奖励。

(13) 根据《关于开展全民义务植树运动的决议》和本实施办法的规定，各省、自治区，直辖市人民政府可以结合实际情况，制定实施细则。

人民解放军指战员参加营区外义务植树的办法，按国务院、中央军委“关于军队参加营区外义务植树的指示”([1982] 3号) 的规定执行，营区内植树办法，由解放军总部另定。但各地人民政府必须密切合作，合理规划，帮助军队解决应解决的实际问题。

截至2014年年底，全国参加义务植树人数累计149.2亿人次，植树688.4亿株。在全部造林面积中，用材林、经济林、防护林、薪炭林和特种用途林分别占19.68%、20.53%、58.36%、0.66%和0.77%，生态公益林的比重为59.13%。① 2016年，全国以各类尽责形式参加义务植树人数达5.7亿人次，共植树20.3亿株（含折算株数）。

---

①2015年中国林业发展报告。

6.2.8　特大森林火灾与森林防火条例

1987 年 5 月 6 日至 6 月 2 日，大兴安岭林区发生特大森林火灾，这是中华人民共和国成立以来毁林面积最大、伤亡人员最多、损失最为惨重的一次。据统计，直接损失为：过火有林地和疏林地面积 114 万公顷，其中受害面积 87 万公顷。烧毁贮木场存材 85 万立方米；各种设备 2488 台，其中汽车、拖拉机等大型设备 617 台；桥涵 67 座，总长 1340 米；铁路专用线 9.2 公里；通讯线路 483 公里；输变电线路 284 公里；粮食 325 万公斤；房屋 61.4 万平方米，其中民房 40 万平方米。受灾群众 10807 户，56092 人。死亡 193 人，受伤 226 人。这场大火直接损失达 4.5 亿元，间接损失达 80 多亿元，还未包括重建费用和林木再生资源的损失，以及多年后林木减产，林区人员重新安置的费用，综合损失总计约 200 亿元。参加这次扑火的军民共 58800 多人，其中解放军官兵 34000 多人。①②③

1987 年 7 月 18 日，经国务院、中央军委批准，中央森林防火总指挥部成立，总指挥部办公室设在林业部。10 月 9 日，国务院批转林业部《关于加强森林防火工作的报告》，要求各级人民政府和各有关部门要把森林防火工作摆到非常重要的位置上，切实加强领导，实行省长、市长、县长、乡长负责制；加强预防，采取有效措施，防止重大森林火灾的发生。1998 年 1 月 16 日，国务院发布《森林防火条例》。④ 同日，国务院、中央军委以国发［1988］4 号文批准森林警察列入武警序列，全部实行现役。2004 年 4 月 14 日，国务院办公厅下发了《关于进一步加强森林防火工作的通知》，对森林防火工作的组织体系、队伍建设、经费保障、消防监督、领导责任等方面作出明确规定，为今后一个时期森林防火工作提供了重要政策依据。2006 年 5 月 29 日，经国务院领导同意，国务院办公厅印发《关于成立国家森林防火指挥部的通知》，批准成立国家森林防火指挥部，主要职责是：指导全国森林防火工作和重特大森林火灾扑救工作，协调有关部门解决森林防火中的问题，检查各地区、各部门贯彻执行森林防火的方针政策、法律法规和重大措施的情况等。

专栏 6-18　中华人民共和国森林防火条例（节选）

（1988 年 1 月 16 日国务院第 541 号令发布 2008 年 11 月 19 日国务院第 36 次常务会议修订通过自 2009 年 1 月 1 日起施行）

第一章　总　则

第一条　为了有效预防和扑救森林火灾，保障人民生命财产安全，保护森林资源，维护生态

①1987 年 5 月 12 日，林业部扑火领导小组救灾办公室开始收集全国各地向大兴安岭灾区人民捐献的资金、物资，并立即送往灾区。到 9 月 15 日，共收集捐献的人民币 241.3 万元，粮票 32.84 万斤，救灾物品 36.5 万件。

②数据来源：国务院秘书长陈俊生，1987 年 6 月 16 日在第六届全国人民代表大会常务委员会第二十一次会议上，关于大兴安岭特大森林火灾事故和处理情况的汇报，https://baike.baidu.com/。

③1987 年 5 月 12 日，李鹏副总理、陈俊生副秘书长等领导同志前往大兴安岭火灾区慰问受灾情况，指挥扑火救灾工作。5 月 26 日，国家主席李先念致电慰问大兴安岭扑火救灾的全体同志。6 月 6 日，国务院召开全体会议，讨论关于大兴安岭特大森林火灾事故的处理问题。

④(现行)《森林防火条例》于 2008 年 11 月 19 日国务院第 36 次常务会议修订通过，自 2009 年 1 月 1 日起施行。

安全，根据《中华人民共和国森林法》，制定本条例。

第二条 本条例适用于中华人民共和国境内森林火灾的预防和扑救。但是，城市市区的除外。

第三条 森林防火工作实行预防为主、积极消灭的方针。

第四条 国家森林防火指挥机构负责组织、协调和指导全国的森林防火工作。

国务院林业主管部门负责全国森林防火的监督和管理工作，承担国家森林防火指挥机构的日常工作。

国务院其他有关部门按照职责分工，负责有关的森林防火工作。

第五条 森林防火工作实行地方各级人民政府行政首长负责制。

县级以上地方人民政府根据实际需要设立的森林防火指挥机构，负责组织、协调和指导本行政区域的森林防火工作。

县级以上地方人民政府林业主管部门负责本行政区域森林防火的监督和管理工作，承担本级人民政府森林防火指挥机构的日常工作。

县级以上地方人民政府其他有关部门按照职责分工，负责有关的森林防火工作。

第六条 森林、林木、林地的经营单位和个人，在其经营范围内承担森林防火责任。

第七条 森林防火工作涉及两个以上行政区域的，有关地方人民政府应当建立森林防火联防机制，确定联防区域，建立联防制度，实行信息共享，并加强监督检查。

第八条 县级以上人民政府应当将森林防火基础设施建设纳入国民经济和社会发展规划，将森林防火经费纳入本级财政预算。

第九条 国家支持森林防火科学研究，推广和应用先进的科学技术，提高森林防火科技水平。

第十条 各级人民政府、有关部门应当组织经常性的森林防火宣传活动，普及森林防火知识，做好森林火灾预防工作。

第十一条 国家鼓励通过保险形式转移森林火灾风险，提高林业防灾减灾能力和灾后自我救助能力。

第十二条 对在森林防火工作中作出突出成绩的单位和个人，按照国家有关规定，给予表彰和奖励。

对在扑救重大、特别重大森林火灾中表现突出的单位和个人，可以由森林防火指挥机构当场给予表彰和奖励。

6.2.9 特大洪水与天保、退耕工程

1998年夏，长江、嫩江流域发生特大洪水灾害。统计数字显示①：全国受灾面积2578万公顷，成灾面积1585万公顷，受灾人口2.3亿人，死亡3656人，其中因山地灾害死亡1557人，倒塌房屋566万间，各地申报的直接经济损失2484亿元，受害范围之广，水势之猛，灾害之烈，损失之惨重，均创历史记录。

---

①1998年10月7日水利部长钮茂生公布。

洪水过后，一些专家认为洪灾与森林关系密切，① 也有一些专家研究了森林的防洪减灾机理。②

1998 年 8 月 5 日 国务院发出《国务院关于保护森林资源制止毁林开垦和乱占林地的通知》。通知要求必须采取严厉措施，坚决制止毁林开垦和乱占林地的行为，抢救和保护森林资源，并提出 7 项具体要求。8 月 23 日，我国天然林资源保护工程在四川省率先启动。四川省委、省政府决定从 1998 年 9 月 1 日起，阿坝、甘孜、凉山三州，攀枝花、乐山两市和雅安地区，计 57 个县 460 万公顷的原始森林全面停止采伐，实行长期管护。9 月 3 日，云南省委、省政府发出《关于全面停止金沙江流域和西双版纳州天然林采伐的紧急通知》，宣布从 1198 年 10 月 1 日起，云南省全面停止金沙江流域和西双版纳州 73 个县的天然林采伐，并同时启动实施天然林资源保护工程。9 月 22 日，山西省人民政府发出通知，要求全省所有天然林，不论是国有、集体，还是部门、个人所属，从 1998 年 9 月 22 日起一律停止采伐，实行保护措施。9 月 29 日，四川省人民政府发出紧急通知，决定从 1998 年 10 月 1 日起，全省范围内所有天然林一律停止采伐。9 月 30 日，甘肃省委、省政府作出决定，从 1998 年 10 月 1 日起，在白龙江、洮河、小陇山等 10 个国有天然林区，全面停止采伐，并关闭林区及林缘地区的所有木材市场。11 月 9 日，青海省人民政府发布通告，决定自 1998 年 11 月 9 日起全省停止一切天然林采伐。③

1999 年 3 月 5 日，朱镕基在九届全国人大二次会议上的《政府工作报告》中指出：坚决实行最严格的土地管理制度和保护森林、草原的措施。停止长江、黄河上中游天然林采伐，东北、内蒙古和其他天然林区要限量采伐或者停止采伐。坚决制止新的毁林开荒、围湖造田，对过度开垦、围垦的土地，有步骤地退耕还林、还草、还湖。开展大规模植树造林种草，抓好重点生态工程建设，治理水土流失，为子孙后代留下青山绿水。同日，中央文明办、教育部、建设部、铁道部、交通部、水利部、环保总局、国家林业局、全国绿委办、共青团中央、全国妇联联合决定，在全国开展“保护生态环境、倡导文明新风”主题活动，动员广大群众和社会各界，积极参与保护和改善环境的实践活动，推动我国生态环境建设。6 月 17 日，江泽民在西安召开的国有企业改革和发展座谈会上指出：由于千百年来多少次战乱、多少次自然灾害和各种人为的原因，西

---

①1998 年长江大水先来自江西和湖南，既造成两省洪水，又使鄱阳湖、洞庭湖水位极高，这时长江上游的四川和云南又降几次大暴雨，由于森林覆盖率低，尤其水库总库容太小，大水倾泻而下，几股水汇合，造成荆江段、岳阳、武汉和九江等地水位猛涨，洞庭湖湖底已明显高于湖南沅江市，更高于湖北的监利、洪湖等等县市。庆幸的是中央的决心，强有力的指挥和解放军等军民的严防死守。否则长江北岸一旦决口，可能是不可恢复的破坏，后果不堪设想。沈亨理：“生态建设与水资源”，22~23. 摘自：从特大洪灾看中国跨世纪——生态环境发展高级论坛会议文集［M］. 北京：中国改革出版社，1998.

②森林的防洪减灾机理：防止雨滴击溅土壤，维护土壤的结构性和抗蚀力；拦蓄和渗透降水的能力强，可减免地表径流；分散、滞缓地表径流，变地表径流为地下径流；过滤地表径流，减免山坡崩坍、土壤滑坡等灾害；在抗洪救灾过程，森林和树木对保护人民的生命财产有直接作用。周长瑞. 森林的防洪减灾机理［J］. 山东林业科技，1998，6：37~40.

③1998 年 8 月 18 日，朱镕基总理主持召开国务院总理办公会议，提出了我国根治水患的 32 字综合治理措施：“封山育林，退耕还林，退田还湖，平垸泄洪，以工代赈，移民建镇，加固堤坝，疏浚河道。”强调要把林业生态建设放在首位，全面停止长江、黄河流域天然林采伐，实施天然林资源保护。8 月 31 日，朱镕基在东北洪涝灾区考察灾后重建工作时指出：要下最大的决心，封山植树，退耕还林，恢复植被，保护生态。他号召学习马永顺生命不息、造林不止的精神，大搞植树造林，绿化祖国，为我们的子孙后代留下一个青山绿水的锦绣河山。

部地区自然环境不断恶化，特别是水资源短缺，水土流失严重，生态环境越来越恶劣，荒漠化年复一年地加剧，并不断向东推进。这不仅对西部地区，而且对其他地区的经济社会发展也带来不利影响。改善生态环境，是西部地区的开发建设必须首先研究和解决的一个重大课题。如果不从现在起，努力使生态环境有一个明显的改善，在西部地区实现可持续发展的战略就会落空。同日，中央机构编制委员会办公室以中编办字［1999］53 号文下发《关于国家林业局所属事业单位调整更名的批复》，成立国家林业局天然林保护工程管理中心。8 月 12 日至 16 日，朱镕基在云南省考察工作时强调：保护天然林是改善生态环境，实施可持续发展战略的重大举措，必须以更坚定的决心，更严格的要求，更有力的措施，切实抓紧抓好。8 月 25 日，朱镕基主持召开国务院第 46 次总理办公会议，听取国家林业局关于重点地区天然林资源保护工程实施方案的汇报。会议议定对全国天然林资源都要实施有效保护，但要抓住重点，并把停止天然林砍伐同退耕还林还草、治理荒山荒坡等工作结合进行。9 月 6 日至 12 日，朱镕基在四川省考察工作时指出：实施天然林保护工程，加强生态环境建设，是贯彻执行可持续发展战略的重大部署。要下决心在长江、黄河上中游地区恢复植被、绿化荒山、保持水土、保护生态，力争五年初见成效、十年大见成效。保护天然林资源，加强生态环境建设，是刻不容缓的任务，也是长期艰巨的事业，必须全面规划，综合治理。要把停止天然林砍伐同退耕还林还草、治理荒山荒地结合起来进行。长江、黄河上中游地区的天然林一律全面禁伐，实施封山管护，关闭木材交易市场。同时，对农民毁林开荒种植的坡耕地要采取“退耕还林（草）、封山绿化、以粮代赈、个体承包”的措施，恢复林草植被。9 月 17 日至 18 日，国家林业局在北京召开长江上游及黄河上中游天然林保护工程省级规划方案编制工作会议，传达了国务院第 46 次总理办公会议精神，对长江上游及黄河上中游天然林保护工程规划方案的编制工作进行了具体部署和安排。10 月 3 日，朱镕基在中央民族工作会议上指出：切实抓好天然林保护工程与生态环境建设，这是中央从我国现代化建设全局和实施可持续发展战略出发作出的一项重大战略决策，也是实施西部大开发，加快民族地区发展的重大步骤。一定要全面规划，综合治理，标本兼治。长江、黄河上中游治理水土流失和实施天然林保护工程，要采取“退耕还林（草）、封山绿化、以粮代赈、个人承包”的措施，恢复林草植被。半农半牧地区要以水定耕，没有水源保证的必须退耕还草。禁止天然林砍伐、退耕还林还草之后，中央和省级财政对有关地区与群众要给予应有的补偿或补助。现在粮食总量供过于求，是以粮食换森林、换草地的极好时机。一定要抓住而不能错过这个历史机遇。有关部门和地区一定要下更大的决心，抓紧制定和实行有效的政策措施，持之以恒地把实施天然林保护工程这项工作抓紧、抓实、抓好。10 月 21 日至 30 日，朱镕基在甘肃、青海、宁夏考察工作时指出，切实加强生态环境保护和建设，这是实施西部地区大开发的根本。只有大力改善生态环境，西部地区的丰富资源才能得到很好的开发和利用，也才能改善投资环境，引进资金、技术和人才，加快西部地区发展步伐。他说，现在全国粮食供应充裕、库存多，是以粮食换林草的极好时机，我们要紧紧抓住而不能错过这个难得的机遇。这样，既可以改善生态环境，又可以缓解目前粮食总量相对过剩造成的一些矛盾，还能带动整个经济结构的调整。同时，把以粮食换林草同扶贫工作结合起来，也是加快贫困地区脱贫致富的有效途径。

2000 年 3 月 9 日，国家林业局、国家计委、财政部印发《关于开展 2000 年长江上游、黄河上中游地区退耕还林（草）试点示范工作的通知》，确定在长江上游的云南、四川、贵州、重庆、湖北和黄河上中游的陕西、甘肃、青海、宁夏、内蒙古、山西、河南、新疆等13个省（区、市）的174个县（团、场），开展退耕还林（草）试点示范工作。9月10日，国务院以国发［2000］24号发出《国务院关于进一步做好退耕还林还草试点工作的若干意见》，要求试点区各级政府认真做好退耕还林还草试点工作。12月1日，国家林业局、国家计委、财政部、劳动和社会保障部印发《长江上游、黄河上中游地区天然林资源保护工程实施方案》和《东北、内蒙古等重点国有林区天然林资源保护工程实施方案》。12月6日至8日，天然林资源保护工程工作会议在北京召开。会议总结了1998年以来工程试点的经验，研究解决试点工作中出现的问题，全面部署工程实施工作。①

专栏6-19　中共中央　国务院关于灾后重建、整治江湖、兴修水利的若干意见（节选）
中发［1998］15号

今年我国遭受罕见洪水灾害，主要原因是气候异常，降雨集中，同时也与生态环境遭受破坏有很大关系。

在调查研究和充分听取意见的基础上，党中央、国务院就灾后重建、整治江湖、兴修水利提出以下意见：

一、实行封山植树、退耕还林，防治水土流失，改善生态环境

我国水患频繁的一个重要原因，是国土生态环境遭到严重破坏。长江流域洞庭湖、鄱阳湖等几大湖泊的泥沙淤积不断增加，泥沙的60%以上来自上中游开垦的坡地，仅四川、重庆每年流入长江的泥沙就达5.33亿吨。陕西每年流入黄河的泥沙达5亿吨以上。云南、贵州、山西、内蒙古、甘肃、宁夏的水土流失也相当严重。不解决长江、黄河流域上中游水土流失问题，不仅水患难以防治，而且也会因泥沙淤积，影响湖泊、水库的调蓄洪能力。森林植被是陆地生物圈的主体，是维持水、土、大气等生态环境的屏障。积极推行封山植树，对过度开垦的土地，有步骤地退耕还林，加快林草植被的恢复建设，是改善生态环境、防治江河水患的重大措施。

（1）停止长江、黄河流域上中游天然林采伐。从现在起，全面停止长江、黄河流域上中游的天然林采伐，森工企业转向营林管护。各级党委、政府要采取措施，坚决制止国有和集体单位及个人对天然林的砍伐。同时，妥善安置林业分流转产职工。除利用人工培育的工业原料林和利用枝丫材、间伐材外，停止建设消耗天然林资源的木材加工项目。关闭采伐区域内的木材交易市场。为了解决国内木材的需要，要在适合种植的地区，因地制宜选择速生树种，大力营造速生丰产林基地。同时，要抓好木材节约代用，努力稳定木材市场价格。

（2）大力实施营造林工程。重点治理长江、黄河流域生态环境严重恶化的地区。用20年左右的时间，将长江流域三峡库区及嘉陵江流域、川西林区、云南金沙江流域3个重点治理区森林覆盖率由目前的22.1%提高到45%以上；用30年左右的时间，使黄河中游水土流失区、黄土高原风沙区、青海江河源头3个重点治理区森林覆盖率由目前的10.1%提高到27%以上。初步规

①天保工程，作为天字号工程，目前在林业重点生态工程中，完成造林面积第三大，实际投资第二大，截至2015年年底，完成造林面积1207.04万公顷，实际完成投资2100亿元，其中国家投资1872.93亿元。

划，这些治理区的总造林任务为3400万公顷。第一阶段（1998~2010年）造林2431万公顷，其中2000年以前造林205万公顷，1998年计划造林34.4万公顷。第二段（2011~2030年）造林969万公顷。在生态环境脆弱地区，要采取以封山育林为主，结合人工造林、飞播造林、人工补植等方式，建设水土保持林。

（3）扩大和恢复草地植被，开展小流域综合治理。草地建设包括川东、鄂西、湘西、云贵高原、江西、青藏高原、内蒙古中西部、甘肃河西走廊及甘南、四川甘孜及阿坝、黄土高原等10个治理区。用10年左右时间建成高标准人工草场、改良草场和围栏退化草场约2000万公顷。其中到2000年改良长江、黄河上中游草场130万公顷。要以草定畜，扭转草场超载过牧的状况。通过增加植被，使这些区域60%的水土流失及荒漠化土地得到治理，从总体上扭转这些区域生态环境恶化的状况，有效控制输入江河的泥沙量。要提高和改善飞播造林种草能力。

（4）加大退耕还林和“坡改梯”力度。水土流失的主要原因是毁林开荒，陡坡种植。据不完全统计，长江、黄河流域上中游12个省、自治区、直辖市现有坡耕地约2.8万亩，其中25度以上的坡耕地7000多万亩。从现在起，坚决制止毁林开荒，积极创造条件，逐步实施25度以上坡地的退耕还林；加快25度以下坡地“坡改梯”。以生物措施与工程措施相结合，提高土壤的水分涵养能力，拦蓄泥沙下泄。在退耕还林过程中，要注意解决好退耕农民的口粮、烧柴问题，并因地制宜，采取以工代赈、贴息贷款，发展经济林和其他经济作物，以增加农民收入。在加大“坡改梯”力度的同时，要应用农业科学技术，发展旱作农业，努力提高生产水平，以弥补耕地减少的损失。

（5）种植薪炭林，大力推广节柴灶。长江、黄河流域上中游地区薪柴消费约占毁林的30%。要有计划地种植速生薪炭林，大力推广节柴灶、沼气、秸秆气化等，鼓励有条件的地方烧煤炭，采取多种方式减少薪柴消耗，使土地植被得到保护。

（6）依法开展森林植被保护工作，强化生态环境管理。认真贯彻落实新颁布的《中华人民共和国森林法》和国务院的有关规定，加大执法力度。要依法管理和推进退耕还林工作。国家林业局要尽快拟制《重点地区天然林资源保护工程实施方案》和《天然林保护条例》，报国务院审定。

对长江、黄河流域上中游地区封山植树、退耕还林、“坡改梯”工程，主要靠当地党委、政府和广大群众投工投劳，采取包种包活、荒山承包等多种激励机制和政策措施来解决。所需资金要多渠道筹措，中央财政予以适当支持。重点国有林区天然林保护和人员转产资金，由中央和地方共同解决。其余的天然林保护和人员转产资金，原则上由地方负责解决。

二、坚持“蓄泄兼筹、以泄为主”的防洪方针，建设好干支流控制工程，有计划、有步骤地平垸行洪、退田还湖。

三、统一规划，合理布局，搞好以工代赈、移民建镇。

四、抓紧加固干堤，建设高标准堤防，清淤除障、疏浚河湖。

五、抓好当前灾后重建和长远规划的衔接，安排好灾民的生活。

6.2.10 加快林业发展的决定与可持续发展战略

2003年6月25日，《中共中央 国务院关于加快林业发展的决定（9号文件）》发布。决定指出：森林是陆地生态系统的主体，林业是一项重要的公益事业和基础产业，承担着生态建设和林产品供给的重要任务，做好林业工作意义十分重大。为加快林业发展，实现山川秀美的宏伟目标，促进国民经济和社会发展，现作出如下决定。指导思想：以邓小平理论和“三个代表”重要思想为指导，深入贯彻十六大精神，确立以生态建设为主的林业可持续发展道路，建立以森林植被为主体、林草结合的国土生态安全体系，建设山川秀美的生态文明社会，大力保护、培育和合理利用森林资源，实现林业跨越式发展，使林业更好地为国民经济和社会发展服务；主要任务：通过管好现有林，扩大新造林，抓好退耕还林，优化林业结构，增加森林资源，增强森林生态系统的整体功能，增加林产品有效供给，增加林业职工和农民收入。力争到 2010 年，使我国森林覆盖率达到 19%以上，大江大河流域的水土流失和主要风沙区的沙漠化有所缓解，全国生态状况整体恶化的趋势得到初步遏制，林业产业结构趋于合理；到 2020 年，使森林覆盖率达到 23%以上，重点地区的生态问题基本解决，全国的生态状况明显改善，林业产业实力显著增强；到 2050 年，使森林覆盖率达到并稳定在 26%以上，基本实现山川秀美，生态状况步入良性循环，林产品供需矛盾得到缓解，建成比较完备的森林生态体系和比较发达的林业产业体系。

2003 年 7 月 25 日 ，“中国可持续发展林业战略研究” 总结大会在京召开，提出了新时期中国可持续发展林业战略。总体战略思想：确立以生态建设为主的林业可持续发展道路；建立以森林植被为主体的国土生态安全体系；建设山川秀美的生态文明社会。核心是“生态建设、生态安全、生态文明”。这三者之间相互关联、相辅相成。生态建设是生态安全的前提，生态安全是生态文明的基础和保障，生态文明是生态建设和生态安全所追求的最终目标；指导方针是：“严格保护，积极发展，科学经营，持续利用。”总体布局：根据不同地区林业发展的现状和影响林业发展的因素，形成以生态建设为主线、重点工程为载体、发展与保护相协调的林业发展新态势，在全国形成“东扩、西治、南用、北休”的林业发展基本格局。战略目标：到 2010 年，净增森林面积 3668 万公顷（比 1998 年第五次全国森林资源清查结果），森林覆盖率达到 20. 3%，人工林供材率 50% （占国产材）；全国自然保 护区面积 1. 55 亿公顷，占国土面积的 16. 14%，90%的典型生态系统类型得到有效保护，治理荒漠化土地面积 2200 万公顷；全国 70%的城市林木绿化率达到 30%；我国人工林良种率达到 40%，科技进步对林业经济增长的贡献率达 45%。到 2020 年，比 2010 年新增森林面积 2960 万公顷，森林覆盖率达到达到 23. 4%，全国自然保护区面积 1. 612 亿公顷，占国土面积的 16. 8%，95%的典型生态系统类型得到有效保护，治理荒漠化土地面积 2000 万公顷；全国 70%的城市林木绿化率达到 35%，我国人工林良种率达到 65%，科技进步对林业经济增长的贡献率达 50%。到 2050 年，比 2020 年净增森林面积 4696 万公顷，森林覆盖率达到并稳 定在 28%以上，全国自然保护区面积 1. 728 亿公顷，占国土面积的 18% （林业自然保护区总面积占国土面积的 16%），典型生态系统类型得到良好保护，适宜治理的荒漠化土地基本得到治理；全国 70%的城市林木绿化率达到 45%；我国人工造林基本实现良种化，科技进步对林业经济增长的贡献率达 60%以上。

6. 2. 11 中央林业工作会议

2009 年 6 月 22~23 日，中央林业工作会议在北京举行。温家宝在讲话中明确指出：林业在贯彻可持续发展战略中具有重要地位，在生态建设中具有首要地位，在西部大开发中具有基础地位，在应对气候变化中具有特殊地位（四大地位）。回良玉在讲话中指出：当前，我国正处于继续全面建设小康社会、加快推进社会主义现代化的关键时期，建设生态文明，已成为我国现代化建设的战略任务，林业工作肩负着更加重大的历史使命。一是实现科学发展，必须把发展林业作为重大举措。二是建设生态文明，必须把发展林业作为首要任务。三是应对气候变化，必须把发展林业作为战略选择。四是解决“三农”问题，必须把发展林业作为重要途径。

以中央名义召开林业工作会议，是中华人民共和国成立以来的第一次，也是我党历史上的第一次，这确实不同寻常，意义非凡。2008 年，在研究中央 10 号文件的政治局常委会议和政治局会议上，中央决定在文件出台以后，择机召开中央林业工作会议，对集体林权制度改革进行专门部署。林权改革不仅关系到林业，也关系到整个农村发展，还关系到我们国家整个经济和社会的发展，所以中央决定召开中央林业工作会议。

6.2.12　气候变化与林业双增目标

气候变化问题是当今人类社会面临的严峻挑战。世界各国合作应对气候变化是大势所趋。中国是世界上最大的发展中国家，人口众多、人均资源禀赋不足，在完成工业化、现代化任务的过程中减排压力很大。中国也是一个易受气候变化影响的国家，近些年来，自然灾害频发。寻求减缓和适应气候变化的途径，是我们当前面临的重要任务。林业与气候变化关系密切：一方面，通过光合作用将太阳能转化为化学能，将大气中的二氧化碳转化成有机物，形成森林的固碳效应。根据科学研究，森林每生长 1 立方米木材大约可以吸收 1.83 吨二氧化碳、释放 1.62 吨氧气。随着森林年龄的增加，固定二氧化碳的效率也在提高，长寿命的树种可以将这些固定的碳保持几百年；另一方面，森林会造成碳排放，森林成为碳源。据研究热带地区森林砍伐所排放的温室气体占全球总排放量的 12%~15%。已成为引发全球气候变暖的重要原因。2008 年波兹南气候大会正式提出了减少毁林和森林退化而降低碳排放及通过森林保护、可持续管理、增加碳储量（REDD+）机制。作为一种低成本应对气候变化的机制，该机制已经成为当前最主要和最受欢迎的碳交易模式。

2009 年，胡锦涛在联合国气候变化峰会开幕式上郑重承诺：为了应对气候变化，争取到 2020 年中国森林面积比 2005 年增加 4000 万公顷，森林蓄积量比 2005 年增加 13 亿立方米（即“双增”目标）。

2015 年，习近平在联合国气候变化巴黎大会上庄严承诺：为了应对气候变化，做出“国家自主贡献”，到 2030 年中国森林蓄积量要比 2005 年增加 45 亿立方米左右。

专栏 6-20

携手应对气候变化挑战

——在联合国气候变化峰会开幕式上的讲话（节选）

（2009 年 9 月 22 日，美国纽约）

中华人民共和国主席 胡锦涛

全球气候变化深刻影响着人类生存和发展，是各国共同面临的重大挑战。37 年来，从斯德哥尔摩到里约热内卢，从京都到巴厘岛，我们为保护全球环境、应对气候变化共同努力，取得显著成就。这是世界各国不断加深认知、不断凝聚共识、不断应对挑战的历史进程。《联合国气候变化框架公约》及其《京都议定书》已成为各方公认的应对气候变化主渠道，共同但有区别的责任原则已成为各方加强合作的基础，走可持续发展道路、实现人与自然相和谐已成为各方共同追求的目标。

气候变化是人类发展进程中出现的问题，既受自然因素影响，也受人类活动影响，既是环境问题，更是发展问题，同各国发展阶段、生活方式、人口规模、资源禀赋以及国际产业分工等因素密切相关。归根到底，应对气候变化问题应该也只能在发展过程中推进，应该也只能靠共同发展来解决。

今后，中国将进一步把应对气候变化纳入经济社会发展规划，并继续采取强有力的措施。一是加强节能、提高能效工作，争取到2020年单位国内生产总值二氧化碳排放比2005年有显著下降。二是大力发展可再生能源和核能，争取到2020年非化石能源占一次能源消费比重达到15%左右。三是大力增加森林碳汇，争取到2020年森林面积比2005年增加4000万公顷，森林蓄积量比2005年增加13亿立方米。四是大力发展绿色经济，积极发展低碳经济和循环经济，研发和推广气候友好技术。

专栏 6-21

携手构建合作共赢、公平合理的气候变化治理机制

——在气候变化巴黎大会开幕式上的讲话（节选）

（2015年11月30日，巴黎）

中华人民共和国主席　习近平

中国一直是全球应对气候变化事业的积极参与者，有诚意、有决心为巴黎大会成功作出自己的贡献。

过去几十年来，中国经济快速发展，人民生活发生了深刻变化，但也承担了资源环境方面的代价。鉴往知来，中国正在大力推进生态文明建设，推动绿色循环低碳发展。中国把应对气候变化融入国家经济社会发展中长期规划，坚持减缓和适应气候变化并重，通过法律、行政、技术、市场等多种手段，全力推进各项工作。中国可再生能源装机容量占全球总量的24%，新增装机占全球增量的42%。中国是世界节能和利用新能源、可再生能源第一大国。

“万物各得其和以生，各得其养以成。”中华文明历来强调天人合一、尊重自然。面向未来，中国将把生态文明建设作为“十三五”规划重要内容，落实创新、协调、绿色、开放、共享的发展理念，通过科技创新和体制机制创新，实施优化产业结构、构建低碳能源体系、发展绿色建筑和低碳交通、建立全国碳排放交易市场等一系列政策措施，形成人和自然和谐发展现代化建设新格局。中国在“国家自主贡献”中提出将于2030年左右使二氧化碳排放达到峰值并争取尽早实现，2030年单位国内生产总值二氧化碳排放比2005年下降60%~65%，非化石能源占一次能源消费比重达到20%左右，森林蓄积量比2005年增加45亿立方米左右。虽然需要付出艰苦的努力，但我们有信心和决心实现我们的承诺。

6.2.13 林业与生态文明建设

生态文明是人类文明发展史上的一种新型文明形态，是经济、社会与国家生态建设全面协调可持续发展的现代文明。生态文明是一种全新的可持续发展理念，是以科学的发展观看待人与自然的关系和人与社会的关系，是人类在改造自然、利用自然的同时，又利于自然、益于自然，是自然——人——社会复合生态系统和谐统一、共存共荣的一种文明形态。生态文明的基础是建立良好的自然生态系统，生态文明的核心是确立人与自然和谐、平等的关系，反对人类破坏自然、征服自然、主宰自然的理念和行动，创导尊重自然、保护自然、合理利用自然并主动开展生态建设的理念和行动。①

党的十七大报告指出：要建设生态文明，基本形成节约能源资源和保护生态环境的产业结构、增长方式、消费模式，发展循环经济，使可再生能源比重显著上升，主要污染物排放得到有效控制，生态环境质量明显改善，生态文明观念在社会牢固树立。

国家“十二五”规划提出：要全面开创中国特色的“五大建设”（指社会主义的经济建设、政治建设、社会建设、文化建设、生态建设）新局面，为建成经济发展、政治文明、社会和谐、文化繁荣、生态安全的社会主义强国而努力。

国家“十三五”规划强调：坚持稳中求进，统筹推进经济建设、政治建设、文化建设、社会建设、生态文明建设和党的建设，确保如期全面建成小康社会，为实现第二个百年奋斗目标、实现中华民族伟大复兴的中国梦奠定更加坚实的基础。

林业是陆地生态系统的主体，是生态文明建设的主战场，森林生态系统、湿地生态系统和荒漠生态系统都与林业的发展息息相关。林业除了提供林产品供给人民基本的生活需求外，还承担着社会最主要的生态产品和生态服务，而且还具有明显的社会功能。新的时期林业的多功能性更加突出，即林业具有巨大的生态功能，在实现生态良好、维护生态安全中发挥着决定性作用；林业具有巨大的经济功能，在推动经济发展、维护经济安全中发挥着重要作用；林业具有巨大的固碳功能，在应对气候变化、维护气候安全中发挥着特殊作用；林业具有巨大的保健功能，在调节人体生理机能、促进人的身心健康方面发挥着重要作用；林业具有巨大的美化功能，在树立地方形象、改善投资环境中发挥着主导作用。林业既是一项以改善生态环境、实现生态良好为主要目的公益事业，又是一项以培育森林资源、发展循环经济为主要目的基础产业，在解决制约经济社会发展的生态环境、资源能源等诸多问题中，发挥着不可替代的重要作用。

以生态建设为主，加快林业的发展符合中国国情，是一个认识逐步深化的过程，是与经济和社会发展密切相关、相伴而行的。

2003年6月，中共中央、国务院下发9号文件《中共中央 国务院关于加快林业发展的决定》，以中央文件形式明确了林业“三地位”和“三生态”的战略思想，确立了以生态建设为主的林业发展战略。“决定”指出，林业不仅要满足社会对木材等林产品的多样化需求，更要满足改善生态状况、保障国土生态安全的需要，生态需求已成为社会对林业的第一需求。在贯彻可持续发展战略中，要赋予林业以重要地位；在生态建设中，要赋予林业以首要地位；在西部大开发

①贾治邦. 履行建设生态文明重大使命推进现代林业又好又快发展［J］. 林业经济，2008（1）：3~7。

中，要赋予林业以基础地位。要确立以生态建设为主的林业可持续发展道路，建立以森林植被为主体、林草结合的国土生态安全体系，建设山川秀美的生态文明社会，大力保护、培育和合理利用森林资源，实现林业跨越式发展，使林业更好地为国民经济和社会发展服务。

2008 年 6 月，中共中央、国务院颁发《关于全面推进集体林权制度改革的意见》（中发［2008］10 号），指出集体林权制度改革是建设生态文明的重要内容，首次提出了建设生态文明、维护生态安全是林业发展的首要任务。

2009 年 6 月，首次召开的中央林业工作会议进一步明确了林业“四大地位”，赋予林业“四大使命”，明确提出了林业在生态建设中居首要地位，是生态文明建设的首要任务。

2011 年 9 月，在北京召开的首届亚太经合组织林业部长级会议，胡锦涛指出，森林是陆地生态系统的主体和维护生态安全的保障，对人类生存发展具有不可替代的作用，在推动绿色增长中具有重要功能。建议深化区域合作，加强林业建设，发挥森林多种功能。

2012 年 11 月，党的十八大召开，在“坚定不移沿着中国特色社会主义道路前进、为全面建成小康社会而奋斗”的报告中强调：建设生态文明，是关系人民福祉、关乎民族未来的长远大计。面对资源约束趋紧、环境污染严重、生态系统退化的严峻形势，必须树立尊重自然、顺应自然、保护自然的生态文明理念，把生态文明建设放在突出地位，融入经济建设、政治建设、文化建设、社会建设各方面和全过程，努力建设美丽中国，实现中华民族永续发展。

2013 年 4 月，习近平在海南考察时强调，良好生态环境是最公平的公共产品，是最普惠的民生福祉，希望海南处理好发展与保护的关系，着力在“增绿”、“护蓝”上下工夫，为全国生态文明建设当个表率，为子孙后代留下可持续发展的“绿色银行”。

2013 年 5 月，习近平在主持中共中央政治局第六次集体学习时指出：“生态兴则文明兴，生态衰则文明衰，生态环境保护是功在当代、利在千秋的事业。要清晰认识保护生态环境、治理环境污染的紧迫性和艰巨性，以对人民群众、对子孙后代高度负责的态度和责任，为人民创造良好的生产生活环境。”

2013 年 11 月，为贯彻落实党的十八大关于全面深化改革的战略部署，十八届中央委员会第三次全体会议研究了全面深化改革的若干重大问题，出台了《中共中央关于全面深化改革若干重大问题的决定》，在“加快生态文明制度建设”章节指出：建设生态文明，必须建立系统完整的生态文明制度体系，实行最严格的源头保护制度、损害赔偿制度、责任追究制度，完善环境治理和生态修复制度，用制度保护生态环境。具体内容包括：健全自然资源资产产权制度和用途管制制度，划定生态保护红线，实行资源有偿使用制度和生态补偿制度，改革生态环境保护管理体制。

2014 年 12 月，中央政治局常委会会议上，在谈到森林的重要性时，习近平指出，“森林是我们从祖宗继承来的，要留传给子孙后代，上对得起祖宗，下对得起子孙。森林是陆地生态的主体，是国家、民族最大的生存资本，是人类生存的根基，关系生存安全、淡水安全、国土安全、物种安全、气候安全和国家外交大局。必须从中华民族历史发展的高度来看待这个问题，为子孙后代留下美丽家园，让历史的春秋之笔为当代中国人留下正能量的记录”。

2015 年 4 月，出台的《中共中央 国务院关于加快推进生态文明建设的意见》指出：“（当前）生态文明建设水平仍滞后于经济社会发展，资源约束趋紧，环境污染严重，生态系统退化，发展与人口资源环境之间的矛盾日益突出，已成为经济社会可持续发展的重大瓶颈制约。（为此）要充分认识加快推进生态文明建设的极端重要性和紧迫性，切实增强责任感和使命感，牢固树立尊重自然、顺应自然、保护自然的理念，坚持绿水青山就是金山银山，动员全党、全社会积极行动、深入持久地推进生态文明建设，加快形成人与自然和谐发展的现代化建设新格局，开创社会主义生态文明新时代”。

2015年9月，为了加快建立系统完整的生态文明制度体系，加快推进生态文明建设，增强生态文明体制改革的系统性、整体性、协同性。中共中央、国务院印发了《生态文明体制改革总体方案》，提出了“到2020年，构建起由自然资源资产产权制度、国土空间开发保护制度、空间规划体系、资源总量管理和全面节约制度、资源有偿使用和生态补偿制度、环境治理体系、环境治理和生态保护市场体系、生态文明绩效评价考核和责任追究制度等八项制度构成的产权清晰、多元参与、激励约束并重、系统完整的生态文明制度体系，推进生态文明领域国家治理体系和治理能力现代化，努力走向社会主义生态文明新时代。”的生态文明体制改革目标。

2015年11月，《中共中央关于制定国民经济和社会发展第十三个五年规划的建议》，指出“实现‘十三五’时期发展目标，破解发展难题，厚植发展优势，必须牢固树立创新、协调、绿色、开放、共享的发展理念。绿色是永续发展的必要条件和人民对美好生活追求的重要体现。必须坚持节约资源和保护环境的基本国策，坚持可持续发展，坚定走生产发展、生活富裕、生态良好的文明发展道路，加快建设资源节约型、环境友好型社会，形成人与自然和谐发展现代化建设新格局，推进美丽中国建设，为全球生态安全作出新贡献”。

6.2.14 林业与绿色发展

国家十三五规划指出：坚持创新发展、协调发展、绿色发展、开放发展、共享发展，是关系我国发展全局的一场深刻变革。创新、协调、绿色、开放、共享的新发展理念是具有内在联系的集合体，是“十三五”乃至更长时期我国发展思路、发展方向、发展着力点的集中体现，必须贯穿于“十三五”经济社会发展的各领域各环节。

林业是绿色发展的基础和关键，一是林业是绿色发展的重要生态基础。森林是“地球之肺”，湿地是“地球之肾”，土地沙化是“地球的癌症”，生物多样性是“地球的免疫系统”。林业承担着保护和建设森林生态系统、保护和恢复湿地生态系统、治理和修复荒漠生态系统、维护和发展生物多样性的重要职责。林业在实现绿色转型中发挥着重要作用，特别是林业对生态安全、粮油安全、能源安全、气候安全、淡水安全贡献突出，将对实现可持续发展和千年发展目标做出重要贡献。二是林业是绿色发展的重要着力点。绿色发展和全面建成小康社会的关键任务之一就是扶贫，林业在增加就业和减轻贫困中发挥着重要作用。林业是一个涉及国民经济第一、第二和第三产业多个门类，涵盖范围广、产业链条长、产品种类多的复合产业群体。林业部门植树造林、森林管理和发展森林旅游等活动，创造了大量的绿色就业岗位。据2010年全球森林资源评估显示：当前全世界大约1000万人在森林管理和保护岗位就业，但更多人则直接靠森林为生。林业的发展带动了山区和林区的经济发展，大大促进了农民增收减贫。三是林业是绿色发展的重要物质基础。林业提供木材等木质原材料、产品和能源产品，具有清洁安全、可再生、可降解等优点。林业提供果实、油料、香料、中草药等非木质林产品，对于维持逾全球10亿人的生计有重要作用。同时森林也是重要的“绿色能源库”，是生产生物质源的“绿色油田”、“绿色电厂”，对实施替代能源战略意义重大。①

绿色发展带动绿色投资并促进林业绿色转型。绿色发展所倡导诸多理念都为林业发展提供了独特的发展机会和良好的发展途径。在消除贫困和饥饿、水资源缺乏、就业需求、可再生能源、资源效率和低碳经济、气候变化和生物多样性损失等方面，林业大有作为。根据千年研究所绿色经济报告：2011~2015 年间，绿色投资前景看好，即将全球 GDP 的 0.034%用于再造林和相关激励措施，即可避免毁林，保护森林，促进绿色增长。而且在包括像林业等一些重要的部门投资，会比常规模式提供更多的就业机会，从而在生态系统服务得到保护的同时，提高农村贫困社区的安保网和家庭收入。我国林业在实施绿色新政的过程中重视绿色投资，为应对当前全球金融危机发挥了不可低估的作用。经专家初步估计，已有林业投资的投资回报率达到了数倍甚至数十倍，而且投资本身还可以扩大内需和增加就业，刺激生产和消费，并增加林业在应对气候变化等方面的能力，促使环境节约型、资源友好型的绿色经济再上新台阶。

6.3 国家决策②

中共中央、国务院发布《关于加强护林防火工作的紧急指示》(1956 年 4 月 18 日)。

中共中央、国务院发布《关于在全国大规模造林的指示》。内容包括：①做好规划；②坚持依靠合作社造林为主，同时积极发展国营林场的方针；③努力提高造林质量；④做好更新和护林工作（1958 年 4 月 7 日)。

中共中央、国务院发布《关于解决农村烧柴问题的指示》(1965 年 8 月 31 日)。

中共中央、国务院发出《关于加强山林保护管理，制止破坏山林、树木的通知》，指出：“要认真执行国务院发布的《森林保护条例》，积极做好护林宣传教育工作，加强山林管理，同一切破坏森林的行为作斗争。”(1967 年 9 月 23 日)

中共中央、国务院发布《关于大力开展植树造林的指示》。主要内容：①在实现四个现代化的历史进程中，大规模地开展植树造林，加速绿化祖国，是摆在我们面前的一项重大战略任务；②实行大地园林化，把森林覆盖率提高到 30%，是全国人民一项建设社会主义、造福子孙后代的长期奋斗目标，力争到本世纪末使全国森林覆盖率达到 20%；③坚持贯彻社队集体造林为主，积极发展国营造林，并鼓励社员个人植树的方针，国家、集体、个人都来兴办林业；④办好社队林场，实行经营管理，积极巩固和发展造林成果；⑤实行科学造林、育林，切实加强技术指导，纠正植树造林只求数量，不顾质量的偏向；⑥各级党委和人民政府都要把林业建设列入自己的议事日程，认真加强领导，主要领导同志要亲自抓（1980 年 3 月 5 日)。

中共中央、国务院等发布《关于对林业部实行军事管制的决定（试行草案）》(1967 年 10 月 6 日)。

中共中央、国务院发布《关于大力开展植树造林的指示》(1980 年 3 月 5 日)。

中共中央、国务院发布《关于保护森林发展林业若干问题的决定》。明确规定：保护森林发

①贾治邦. 把握林业基本属性推动林业科学发展［J]. 求是，2011（3)：53~55.

②贾治邦. 新中国成立 60 周年重要林业文献选编［M]. 北京：光明日报出版社，2009.

展林业的方针、政策，提出当前林业调整和今后林业发展的战略任务（1981 年 3 月 8 日，中发［1981］12 号）。

中共中央、国务院《关于制止乱砍滥伐森林的紧急指示》。要求：各地省委、县委和县人民政府采取果断措施，限期制止乱砍滥伐森林的事件（1982 年 10 月 20 日，中发［1982］45 号）。

中共中央、国务院《关于深入扎实地开展绿化祖国运动的指示》（1984 年 3 月 1 日，中发［1984］3 号）。

中共中央、国务院颁发《关于进一步活跃农村经济的十项政策》。决定：进一步放宽山区、林区政策。山区 25 度以上的坡耕地要有计划有步骤地退耕还林还牧；集体林区取消牧场统购，开放牧场市场，允许林农和集体的牧场自由上市，实行议购议销；国营林场，也可实行职工家庭承包或与附近农民联营（1985 年 1 月 1 日 ）。

中共中央、国务院《关于加强南方集体林区森林资源管理 坚决制止乱砍滥伐的指示》（1987 年 6 月 30 日，中发［1987］20 号）。

中共中央、国务院《关于加快林业发展的决定》（2003 年 6 月 25 日 中发［2003］9 号）。

中共中央、国务院《关于全面推进集体林权制度改革的意见》（2008 年 6 月 8 日，中发［2008］10 号）。

中共中央、国务院《关于国有林场改革方案和国有林区改革指导意见》（2015 年 2 月 8 日，中发〔2015〕6 号）。

专栏 6-22　重大政策①

1949 年 9 月 29 日，中国人民政治协商会议第一届全体会议上通过《中国人民政治协商会议共同纲领》。第三十四条规定：“保护森林，并有计划地发展林业。”

1950 年 5 月 16 日，中央人民政府政务院发布《关于全国林业工作的指示》。明确规定林业建设的方针是：普遍护林，选择重点有计划地造林，并大量采种育苗；合理采伐，节约木材，进行重点的林野调查；及时培养干部。此外，还对全国林业机构设置等问题作了规定。

6 月 30 日，中央人民政府正式颁布《中华人民共和国土地改革法》。该法第十八条规定：“大森林、大水利工程，大荒地、大荒山、大盐田和矿山及湖、沼、河、港等均收归国有，由人民政府管理经营之，其原由私人投资经营者，仍由原经营者按照人民政府颁布之法令继续经营之。”

1951 年 2 月 2 日，政务院发布《关于一九五一年农林生产的决定》。指出：“实行山林管理，严禁烧山和滥伐，划定樵牧区域，发动植树种果，推行合作造林……公有荒山荒地，鼓励群众承领造林。造林后，林权归造林者所有。”

4 月 21 日，政务院发布《关于适当处理林权，明确管理保护责任的指示》。规定：正进行土地改革地区，地主的森林和一般大森林，按《中华人民共和国土地改革法》分别处理；暂不进

①参考文献：“林业大事记”，http：//www. forestry. gov. cn；贾治邦. 新中国成立 60 周年重要林业文献选编［M］. 北京：光明日报出版社，2009.

行土地改革地区，一切较大的森林提前收归国有，设林业机关协同地方政府管理保护；未明确划定林权的森林，其较大者应明令公布为国有财产，由当地人民政府和林业机关管理保护；零块分散的山林，按《中华人民共和国土地改革法》规定分别进行清理和确定林权，由县人民政府发给林权证明；西北、西南、中南等少数民族地区的森林，一般仍按其旧有的管理习惯不变。

8月13日，政务院发布《关于节约木材的指示》，对木材的采伐、使用、节约、代用、经营、管理等方面作了详细规定。

1952年3月4日，中共中央发布《关于防止森林火灾问题给各级党委的指示》；政务院发布《关于严防森林火灾的指示》。要求各地实行按级负责制，发动群众，结合农业生产，搞好护林防火。

12月19日，政务院通过《关于发动群众继续开展防旱抗旱运动并大力推动水土保持工作的指示》。提出：首先应在山区丘陵和高原地带有计划地封山、造林、种草和禁开陡坡……

12月31日，政务院财政经济委员会决定由林业部统一领导全国国营木材生产和木材管理工作。指出：林业部按照国家计划，统一布置全国国营木材生产；统一资金和财政管理；实行全国统一的木材规格、木材检尺办法与木材材积表；根据国家木材分配计划，组织统一调拨；对私有林区进行统一收购与管理。各省设森林工业局或森林工业管理局，直接受林业部领导。

1953年7月12日，政务院财政经济委员会、林业部、商业部发出联合指示。决定从7月1日起，把木材业务划归林业部统一经营管理，煤建公司经营木材的业务、资金、干部和上缴利润任务全部移交给林业部。

9月30日，政务院发布《关于发动群众开展造林、育林、护林工作的指示》。确定开展造林、育林、护林工作应成为各级人民政府，特别是山区各级人民政府的主要任务之一，应成为各级人民代表大会的重要议题之一。各级人民政府在布置农村工作时，应将林业工作列为应有内容，并作统一计划和统一安排。

1954年12月10日，国务院发布《关于进一步加强木材市场管理工作的指示》。

1956年1月23日，中共中央提出《1956年到1967年全国农业发展纲要草案》。第十八条规定："发展林业，绿化一切可能绿化的荒地荒山"。

11月20日，国务院发布《关于新辟和移植桑园、茶园、果园和其他经济林木减免农业税的规定》。

1957年1月14日，国务院山区规划办公室发出《山区生产规划纲要》。

7月25日，国务院颁发《中华人民共和国水土保持暂行纲要》。第六条规定：各地应该在合理规划山区生产的基础上，有计划地进行封山育林、育草，保护林木和野生树、草等护山护坡植物；第七条规定：25度以上的陡坡，一般应该禁止开荒。

10月22日，全国人民代表大会常务委员会基本通过《1956年到1957年全国农业发展纲要（修正草案）》。第十八条规定：从1956年起，在12年内，在自然条件许可和人力可能经营的范围内，绿化荒山荒地。在一切宅旁、村旁、路旁、水旁，只要有可能，都要有计划地种起树来。

11月1日至28日，中共中央农村工作部在北京召开山区生产座谈会。11月28日朱德副主席到会作《全国支援山区，山区支援全国》的讲话；邓子恢副总理作总结报告，阐述发展山区生产的方向、任务和措施。

1958年9月13日，中共中央发布《关于采集植物种子绿化沙漠的指示》。

1960年1月7日，国务院转发商业部、林业部《关于由林业部统一归口安排和管理全国木材市场的报告》。

1961年6月26日，中共中央颁布《关于确定林权、保护山林和发展林业的若干政策规定（试行草案）》。《规定》分18条，对山林所有权、山林的经营管理和收益分配、木材的采伐和收购，以及群众造林等有关政策作出了明确规定。

1962年2月17日，国务院发出《关于开荒、挖矿、修筑水利和交通工程应注意水土保持的通知》。要求：严禁破坏森林和牧场，严禁乱垦乱牧。水土流失严重地区的水土保持林、农田防护林、固沙林、大水库周围和大江河及其主要支流两岸规定范围以内的森林，山区和水土流失地区铁路两侧的森林，一般规定为禁垦区，并应造林护岸和防沙。

4月15日，国务院发布《关于节约木材的指示》。

6月7日，中共中央发布《关于南方五省区林业问题的指示》，并转发中共中央办公厅南方五省（自治区）调查组《关于福建等五省（自治区）的林业情况和八项建议的报告》。

8月17日，中共中央转发中央办公厅整理的森林破坏材料，要求各地采取有效措施，制止森林破坏，争取3年或5年改变这种不利的局面。材料指出：①部分地区农林牧矛盾比较尖锐，农挤牧，牧挤林，或者农直接破坏林，急需统一安排农林牧的生产和基建工作；②有些地方林业从员精简太多，工作无法进行，营林和更新问题很大；③造林经营层层下拨，许多地方随便挪用，使造林工作遇到很大困难；④防护林遭到相当严重的破坏，必须积极保护和继续营造。

9月14日，国务院发出《关于积极保护和合理利用野生动物资源的指示》。

1963年5月27日，国务院颁发《森林保护条例》，分为总则、护林组织、森林管理、预防和扑救火灾、防治病虫害、奖励和惩罚、附则等7章43条。

1971年8月12日至9月19日，国务院在北京召开全国林业工作会议，讨论研究发展林业的方针、政策、规划和1972年计划。

11月29日，国务院批转商业部、外贸部、农林部《关于发展狩猎生产的报告》。

1978年8月20日，国务院批转国家林业总局关于在“三北”风沙危害和水土流失重点地区建设大型防护林的规划（国发［1978年］244号）。

1979年1月15日，国务院发布《关于保护森林，制止乱砍滥伐的布告》。在维护森林所有权、严禁乱砍滥伐、严禁毁林开荒、加强木材市场管理、健全护林防火组织和制度、大力提倡植树造林、开展爱林护林教育，以及加强对林业工作的领导等方面，作了十条规定。

2月17日至23日，第五届全国人民代表大会常务委员会第六次会议原则通过《中华人民共和国森林法（试行）》。根据国务院的提议，决定3月12日为我国的植树节。

1980年12月5日，国务院发布《关于坚决制止乱砍滥伐森林的紧急通知》。

1981年2月16日至3月7日，国务院在北京召开全国林业会议，讨论林业调整问题。

12月13日，第五届全国人民代表大会第四次会议通过《关于开展全民义务植树运动的决议》。

1982年2月27日，国务院颁发《关于开展全民义务植树运动的实施办法》。

2月28日，中央绿化委员会成立。

3月11日，中共中央办公厅发出通知，号召各地开展文明礼貌月和植树节活动。

6月4日，国务院发布《中华人民共和国进出口动植物检疫条例》。

1983年1月3日，国务院颁发《植物检疫条例》。

1984年1月13日，国务院常务委员会议审议通过《中华人民共和国森林法（修改草案）》。

9月20日，第六届全国人民代表大会常务委员会第七次会议通过《中华人民共和国森林法》，自一九八五年一月一日起施行。

1987年6月6日，国务院召开全体会议，讨论关于大兴安岭特大森林火灾事故（1987年5月6日至6月2日）的处理问题，会议作出《国务院关于大兴安岭特大森林火灾事故的处理决定》。

7月18日，经国务院、中央军委批准，中央森林防火总指挥部成立，

8月15日，国务院发出《关于坚决制止乱捕滥猎和倒买走私珍稀野生动物的紧急通知》。

1988年1月16日，国务院、中央军委以国发［1988］4号文批准森林警察列入武警序列，全部实行现役。

1991年1月16日，国务院发布《森林防火条例》。

1月17日，国务院下发《关于研究解决森工企业困难问题的会议纪要》。决定在增加投入、调整经济政策、减免税收、理顺管理体制等方面对国有林区森工企业实行重大扶持政策。

7月29日至8月2日，国务院在兰州召开全国治沙工作会议。

12月14日，国务院正式批准在东北、内蒙古国有林区组建四个企业集团。

1992年3月1日，经国务院批准、林业部发布实施《中华人民共和国陆生野生动物保护实施条例》。

1993年2月24日，国务院决定，适当调整农林特产税税率，以适应农村社会主义经济发展的需求。调整后，原木的农林特产税税率由8%降为7%。对国有林区的森工企业，凡是上交计划木材和利润任务的，仍暂缓征收。对新开发的荒山、荒地、滩涂、水面从事农林特产生产的，一至三年给予免税照顾。

2月26日，国务院发出《关于进一步加强造林绿化工作的通知》。提出在加快改革开放和经济发展的新形势下，进一步加强造林绿化工作的十条重要措施和要求。强调要充分认识加快造林绿化、发展林业的重要性和紧迫性，坚持全社会办林业、全民搞绿化，坚持和完善各级领导任期造林绿化目标责任制，增加造林绿化投入，抓好重点工程，总体推进造林绿化水平。

6月20日，国务院召开电话会议，宣布第一批取消中央国家机关各有关部门涉及农民负担的37个集资、基金、收费项目。其中，取消向农村集体和农民收取林政管理费、林区管理建设费、绿化费，取消预留森林资源更新费。

1994年5月16日，国务院办公厅发出《关于加强森林资源保护管理工作的通知》，要求各级政府和有关部门正确处理改革开放、经济发展与森林资源保护管理的关系，严格执行森林采伐限额制度和木材凭证运输制度，强化林地利用监督管理，切实加强对野生动物和珍稀植物的保护，打击破坏森林资源的违法犯罪活动。

1998年8月5日，国务院发出《国务院关于保护森林资源制止毁林开垦和乱占林地的通知》。要求必须采取严厉措施，坚决制止毁林开垦和乱占林地的行为，抢救和保护森林资源，并

提出 7 项具体要求。

2000 年，国务院发布《国务院关于进一步做好退耕还林还草试点工作的若干意见》（国发［2000］24 号）。10 月 11~24 日，国务院批准了《长江上游、黄河上中游地区天然林资源保护工程实施方案》和《东北、内蒙古等重点国有林区天然林资源保护工程实施方案》，天保工程由此进入全面实施期。12 月 1 日，国家林业局、国家计委、财政部、劳动和社会保障部联合下发文件《关于组织实施长江上游、黄河上中游地区和东北内蒙古等重点国有林区天然林资源保护工程的通知》。2001 年 5 月 8 日，国家林业局印发《天然林资源保护工程管理办法》和《天然林资源保护工程核查验收办法》。

2001 年 10 月 11 日，国务院以国发［2000］31 号发出《国务院关于进一步推进全国绿色通道建设的通知》。要求各地、各部门进一步推进全国绿色通道建设。

2002 年 1 月 10 日，国务院西部地区开发领导小组办公室和国家林业局联合召开退耕还林工作电视电话会议。宣布 2002 年全面启动退耕还林工程，并对启动后的工程建设工作作出了部署和安排。

3 月 3 日，国务院批准《京津风沙源治理工程规划》。

4 月 11 日，国务院以国发［2002］10 号印发《国务院关于进一步完善退耕还林政策措施的若干意见》。

12 月 6 日，国务院 66 次常务会议通过《退耕还林条例》自 2013 年 1 月 20 日施行。

2004 年 6 月 5 日，《国务院办公厅关于加强湿地保护管理的通知》（国办发［2004］50 号）。

2005 年 4 月 17 日，国务院办公厅下发《关于切实搞好“五个结合”进一步巩固退耕还林成果的通知》（国办发［2005］25 号）。

7 月 28 日，国务院办公厅下发《关于解决森林公安及林业检法编制和经费问题的通知》（国办发［2005］42 号）。

9 月 8 日，国务院下发《关于进一步加强防沙治沙工作的决定》（国发［2005］29 号）。

2006 年 3 月 4 日，国务院办公厅下发《关于进一步加强美国白蛾防治工作的通知 》（国办发明电［2006］6 号）。

2007 年 8 月 9 日，国务院印发《关于完善退耕还林政策的通知》（国发［2007］25 号）。

2008 年 6 月 8 日，中共中央以中发〔2008〕10 号印发《中共中央　国务院关于全面推进集体林权制度改革的意见》。

2009 年 3 月 23 日，国务院办公厅下发《关于转发林业局等部门省级政府防沙治沙目标责任考核办法的通知》（国办发［2009］29 号）。

6 月 22~23 日，中央林业工作会议在北京举行。确定了林业的“四大地位”对集体林权制度改进进行了重大部署。

8 月 15 日，国务院办公厅下发《关于进一步推进三北防护林体系建设的意见》（国办发［2009］52 号）。

2010 年 12 月 29 日，国务院常务会议决定实施天然林资源保护二期工程（2011~2020 年）。二期工程总投入 2440 亿元，其中中央资金 2195 亿元。2011 年 2 月 10 日，国家林业局、国家发改委、财政部、人力资源和社会保障部联合下发文件《关于继续组织实施长江上游、黄河上中游地区和东北内蒙古等重点国有林区天然林资源保护工程的通知》（林规发［2011］21 号）。

2011 年 5 月 20 日，国务院在京召开的全国天然林资源保护工程工作会议，标志着国家天保二期工程的正式启动。国家林业局、国家发展改革委、财政部、人力资源社会保障部联合下发《关于编制天然林保护工程二期省级实施方案有关事宜的通知》及财政部、国家林业局联合下发《天然林资源保护工程财政专项资金管理办法》。

2012 年 7 月 30 日，国务院办公厅下发《关于加快林下经济发展的意见》（国办发〔2012〕42 号）。

2013 年 3 月 27 日，国务院召开全国森林草原防火和造林绿化工作电视电话会议。

11 月 12 日，中国共产党第十八届中央委员会第三次全体会议通过《中共中央关于全面深化改革若干重大问题的决定》。《决定》指出：建设生态文明，必须建立系统完整的生态文明制度体系，实行最严格的源头保护制度、损害赔偿制度、责任追究制度，完善环境治理和生态修复制度，用制度保护生态环境。

2014 年，国务院批准实施《新一轮退耕还林还草总体方案》，标志着我国退耕还林工作再启征程，成为我国全面深化改革的又一重大突破。8 月 20 日，国家发改委、财政部、林业部、农业部、国土资源部联合印发了《关于印发新一轮退耕还林还草总体方案的通知》。

2016 年 11 月 30 日，国务院办公厅印发《关于印发湿地保护修复制度方案的通知》（国办发〔2016〕89 号）。

专栏 6-23 林业大事①

1949 年 10 月 1 日，中华人民共和国中央人民政府林垦部成立。

1951 年 2 月 26 日，中国林学会在北京成立。

11 月 5 日，中央人民政府决定，将林垦部改为林业部，垦务工作交农业部主管。

1954 年 11 月 30 日，中央人民政府林业部改称为中华人民共和国林业部。

3 月 31 日，林业部颁发《育林基金管理办法》。

1970 年 5 月 1 日，农业部、林业部合并，成立农林部。

1973 年 10 月 10 日，农林部颁发《森林采伐更新规程》。规程分总则、森林采伐、森林更新、采伐更新管理、附则共 5 章 24 条。

1978 年 4 月 24 日，国家林业总局成立。

1978 年 11 月 3 日，国家计划委员会以计［1978］808 号文件批准国家林业总局《西北、华北、东北防护林体系建设计划任务书》。1978 年 11 月 25 日，国务院以国发（1978）244 号文件批准国家林业总局《关于在西北、华北、东北风沙危害和水土流失重点地区建设大型防护林的规划》，至此，三北防护林工程正式启动实施。

1979 年 2 月 16 日，中共中央、国务院决定撤销农林部，成立农业部、林业部。

---

①国家林业局. 生态文明之旅——中国林业改革开放 30 年［M］. 北京：中国言实出版社，2008.

1981年6月5日至11日，林业部在北京召开8省、直辖市林业“三定”（稳定山权林权、划定自留山、确定林业生产责任制）工作座谈会，研究林业“三定”有关政策问题。

1982年6月26日至7月6日，林业部在北京召开全国林业“三定”工作会议，研究完成这项任务的措施和有关政策问题。

1985年1月1日，《中华人民共和国森林法》开始施行。

6月8日，林业部颁发《制定年森林采伐限额暂行规定》。

1987年5月6日至6月2日，大兴安岭林区发生特大森林火灾。

5月18日，林业部成立统筹国外援助工作小组。

7月1日，《中国林业报》正式创刊。

1989年5月31日，林业部印发《关于加强林木采伐许可证管理的通知》，开始实行全国统一的林木采伐许可证制度。

1990年6月12日，林业部成立环境保护工作领导小组。环境保护工作领导小组下设办公室，对外称野生动物和森林植物保护司环保处。

7月12日，林业部印发《林业部科技兴林方案（1990~1995）》和《林业部关于加强林业科学技术工作的若干政策性意见》。

11月19日，林业部颁布《林木种子检验管理办法》。

1991年7月11日，林业部印发《关于进一步加强林地管理工作的通知》，就切实加强林地管理，坚决制止随意侵占林地提出了七条要求。

12月16日，林业部发布《长江中上游防护林体系建设工程管理办法》，对“长防林”工程的计划、资金和组织管理等作出了具体规定。

1993年9月7日，林业部印发《沿海防护林体系建设“八五”计划》《1992~2000年全国沿海防护林体系建设达标规划》《沿海防护林体系建设达标检查验收办法》。

1995年10月12至14日，林业部在北京召开全国林业科学技术大会。

1996年5月8日，林业部发出《关于开展林业分类经营改革试点工作的通知》。要求各地进一步提高对实行林业分类经营改革重要性的认识，坚持统筹规划、分类指导、稳步推进的原则，大胆实践，勇于探索，努力为全国实施林业分类经营改革积累经验。

1997年4月18日至19日，全国山区综合开发示范暨林业对口扶贫工作会议在贵阳市召开。

11月7日，国际竹藤组织在京举行成立大会，宣告该组织正式成立。

12月26日，《中国绿色时报》创刊新闻发布会在京举行。

1998年2月18日，林业部印发《林业部森林病虫害工程治理管理暂行办法》。

6月25日，国家林业局决定从1998年开始，在全国范围内组织开展“跨世纪保卫绿色行动”，宣传林业法律法规，打击毁林犯罪行为，唤起全社会的爱林护林意识。

8月23日，我国天然林资源保护工程在四川省率先启动。

1999年6月29日，国家林业局印发《关于开展全国森林分类区划界定工作的通知》。

8月4日，武警森林指挥部成立大会在北京举行。

9月9日，国家林业局、农业部第4号令发布《国家重点保护野生植物名录（第一批）》。

9月18日，国家林业局决定实行全国统一林权证式样。

12月5日，国家林业局发布《公益林与商品林分类技术指标》。

12月29日，第一部中国林业白皮书《2000年中国林业发展报告》出版发行。

2001年2月20日，教育部、国家林业局决定共建北京、东北两所林业大学。

12月21~22日，全国野生动植物保护及自然保护区建设工程正式启动。

2002年4月19日，国家林业局决定在国有林场和林木种苗工作总站加挂“国家林业局森林公园管理办公室”牌子，加强森林公园和森林旅游行业管理工作。

12月28日，国家林业局决定在植树造林司设立“国家林业局防止外来有害生物入侵管理办公室”，加强对外来林业有害生物管理工作。

2003年6月25日，《中共中央 国务院关于加快林业发展的决定》。

7月25日，“中国可持续发展林业战略研究”总结大会在京召开。

2004年11月5日，国家林业局印发《全国推进依法治林实施纲要》。

12月10日，财政部、国家林业局联合印发《中央森林生态效益补偿基金管理办法》。

2006年11月1日至12月31日，国家林业局开展以打击破坏林地和野生动物资源违法犯罪活动为主要内容的专项行动——“绿盾行动”。

7月18日，国家林业局印发《全国林业自然保护区发展规划（2006~2030年）》。

11月28日，全国林业血防工程正式启动。

12月27日，国家林业局印发《关于发展油茶产业的意见》。

2007年3月15日，财政部、国家林业局联合出台新修订的《中央财政森林生态效益补偿基金管理办法》。

4月3日，中华人民共和国国际湿地公约履约办公室在北京挂牌成立。

5月2日，国家林业局印发《中国森林防火科学技术研究中长期发展纲要（2006~2020年）》。

8月14日，国家林业局、国家发改委、财政部、商务部、国家税务总局、中国银监会、中国证监会七部门联合印发《林业产业政策要点》。

8月27日，国家林业局、商务部联合编制的《中国企业境外可持续森林培育指南》正式发布。

2008年2月12日，国家林业局发布《南方雨雪冰冻灾害地区林业科技救灾减灾技术要点》。3月24日经国务院同意，国家发展改革委、国家林业局等6部委局联合印发《岩溶地区石漠化综合治理规划大纲》，并启动岩溶地区石漠化综合治理试点项目。同日，国家林业局以林护发〔2008〕63号印发《促进野生动植物资源和自然保护区生态系统灾后恢复的指导意见》。

3月31日，国家林业局发布2008年第6号公告，公布《森林生态系统服务功能评估规范》等48项林业行业标准目录。

4月30日，国家林业局以林办发〔2008〕95号印发《国家林业局政府信息公开指南》。

10月29日《中国应对气候变化的政策与行动》白皮书正式对外发布。白皮书全面介绍了气候变化对中国的影响、中国减缓和适应气候变化的政策与行动，以及中国对此进行的体制机制建设，充分肯定了植树造林对控制温室气体排放、提高适应气候变化能力的作用。

12月1日，新修订的《森林防火条例》以国务院令第541号公布，自2009年1月1日起施行。

2009年2月3日，国家林业局印发《全国林业信息化建设纲要》和《全国林业信息化建设技术指南》。

5月25日，财政部、国家林业局联合发出《财政部、国家林业局关于印发〈育林基金征收使用管理办法〉的通知》。

5月26日，中国人民银行、财政部、银监会、保监会和国家林业局联合发布《关于做好集体林权制度改革和林业发展金融服务工作的指导意见》。

6月18日，国家林业局发布2009年第4号公告，发布《林地分类》等58项林业行业标准。

7月16日，国家林业局印发《关于改革和完善集体林采伐管理的意见》。

8月7日，国家林业局驻各地方森林资源监督专员办与国家林业局濒危物种进出口管理中心各办事处正式合署办公。

10月19日，经国务院批准，国家林业局和国家发展改革委员会联合印发《全国森林防火中长期发展规划》。

10月29日，国家林业局、国家发改委、财政部、商务部、国家税务总局联合印发《林业产业振兴规划（2010~2012年）》。

10月30日，国家林业局、财政部印发《国家级公益林区划界定办法》。

11月6日，国家林业局发布《应对气候变化林业行动计划》。国家发展改革委、财政部、国家林业局联合发布《全国油茶产业发展规划（2009~2020年）》。

2010年1月1日，农业部、国家林业局发布《农村土地承包经营仲裁规则》，自2010年1月1日起施行。

1月1日，农业部、国家林业局发布《农村土地承包仲裁委员会示范章程》，自2010年1月1日起施行。

8月26日，国家林业局召开贯彻落实《全国林地保护利用规划纲要》工作会议。

10月22日，国家林业局林业碳汇计量监测中心揭牌仪式在北京举行。

2011年1月26日，财政部、国家林业局印发《中央财政林业科技推广示范资金绩效评价暂行办法》。

2月14日，国家林业局印发《全国木材（林业）检查站建设规划（2011~2015年）》。

2月15日，国家林业局发布《能源林可持续培育指南》及《小桐子可持续培育指南》。

3月9日，国家林业局印发《全国防沙治沙综合示范区建设规划（2011~2020年）》。

3月25日，国家林业局印发《全国林业信息化发展“十二五”规划（2011~2015年）》。

5月30日，国家林业局印发《国家重点林木良种基地管理办法》。

7月29日，国家林业局发布《中国野生虎恢复计划》。

8月15日，国家林业局印发《国家林业局关于进一步加强林业有害生物防治工作的意见》。

8月30日，国家林业局印发《林业发展“十二五”规划》。

11月15日，国家林业局石漠化监测中心在长沙市挂牌成立。

12月28日，国家林业局印发《全国林业人才发展“十二五”规划》和《全国林业教育培训“十二五”规划》。

2012年1月4日，国家林业局发布《关于开展森林经营样板基地建设的指导意见》。

1月14日，国家林业局以林造发〔2012〕9号印发《中央财政造林补贴检查验收管理办法（试行）》。

5 月 31 日，国家林业局印发《全国林业工作站“十二五”建设规划》

7 月 5 日，国家林业局印发《林业科学和技术“十二五”发展规划》。

2013 年 1 月 28 日，国家林业局印发《全国林业机械发展规划（2011～2020 年）》。

1 月 31 日，国家林业局印发《全国林业科技推广体系建设规划（2011～2020 年）》。

2 月 5 日，国家林业局印发《全国木材战略储备生产基地建设规划（2013～2020 年）》。

2 月 17 日，国家林业局印发《太行山绿化三期工程规划（2011～2020 年）》，《珠江流域防护林体系建设三期工程规划（2011～2020 年）》。

2 月 25 日，国家林业局印发《国家珍贵树种培育示范县管理办法（试行）》。

3 月 1 日，新版林木采伐许可证正式启用。同日，《全国林业检疫性有害生物疫区管理办法》开始执行。

3 月 5 日，国家发展改革委、国家林业局、农业部、水利部联合印发《京津风沙源治理二期工程规划（2013～2022 年）》，标志着为期 10 年的京津风沙源治理二期工程正式启动。

3 月 15 日，国家林业局公布《全国营造林综合核查技术规程》等 101 项林业行业标准。

3 月 20 日，经国务院批准，《全国防沙治沙规划（2011～2020 年）》正式发布实施。

3 月 28 日，国家林业局公布《湿地保护管理规定》。

4 月 8 日，国家林业局印发《长江流域防护林体系建设三期工程规划（2011～2020 年）》。

4 月 23 日，国家林业局印发《全国平原绿化三期工程规划（2011～2020 年）》。

4 月 27 日，国家林业局、财政部联合印发《国家级公益林管理办法》。

5 月 28 日，国家林业局印发《全国林业生物质能源发展规划（2011～2020 年）》。

8 月 12 日，国家林业局印发《关于进一步加快林业信息化发展的指导意见》。同日，国家林业局启动国家储备林试点划定工作。

9 月 6 日，国家林业局印发《推进生态文明建设规划纲要》。

11 月 20 日，国家林业局印发《林业专业合作社示范章程（示范文本）》。

12 月 31 日，国家林业局印发《国家沙漠公园试点建设管理办法》。

2014 年 1 月 15 日，国家林业局、国家标准化管理委员会联合印发《国家林业标准化示范企业管理办法》。

1 月 16 日，国家林业局印发《国家林业局高端科技人才引进管理办法》。

1 月 30 日，全国绿化委员会、国家林业局印发《关于进一步规范树木移植管理的通知》。

8 月 1 日，国家林业局印发《陆生野生动物收容救护管理规定》。

同日，国家林业局印发《林业植物新品种保护行政执法办法》。

9 月 29 日，国家林业局印发《森林抚育作业设计规定》和《森林抚育检查验收办法》。

12 月 18 日，国家林业局印发《关于做好东北内蒙古重点国有林区 2015 年度森林采伐管理工作的通知》。

12 月 25 日，国家林业局印发《全国集体林地林下经济发展规划纲要（2014～2020 年）》。

12 月 26 日，国务院办公厅印发《关于加快木本油料产业发展的指导意见》。

2015 年 1 月 27 日，国家林业局公布《森林资源资产评估技术规范》等 90 项林业行业标准目录。

2月13日，国家林业局印发《关于集体林业综合改革试验示范区的通知》。

2月27日，国家林业局印发《林业植物新品种测试管理规定》。

3月30日，国家林业局，公布《林业固定资产投资建设项目管理办法》。

9月17日，国家林业局印发《关于进一步加强林业标准化工作的意见》。

11月12日，国家林业局印发《关于进一步加强乡镇林业工作站建设的意见》。

12月29日，国家林业局印发《林业植物新品种保护行政执法办法》。

12月31日，国家林业局印发《国家储备林制度方案》。

6.4 小　结

通过梳理林业发展的标志性事件，包括全国林业会议、影响林业的重要节点、国家有关林业的重大决策，可以帮助我们把握林业发展的脉络，了解林业发展、林业政策、林业事件的相互关系。林业是国家事业的重要组成部分，国家经济社会发展大局直接决定着林业的发展方向，林业也通过自身的变迁影响着国家政策。从1950年到2017年，林业系统召开了68年全国性的会议，总结经验，布置任务，使林业工作得以顺利延续。从土地改革到绿色发展，14个林业发展节点，对林业发展至关重要，与国家涉林政策息息相关。中华人民共和国成立以来，针对林业问题，以中共中央、国务院联合发文达15次之多，以国务院办公厅或综合部委发文则有几十次，林业部门及联合其他部门发文则更多。这些都是林业发展的重要标志。

第二篇

部门林业与主要领域

第 7 章　林业植树造林

7.1　新增造林

表 7-1　历年新增造林面积与森林抚育面积

年　份	新增造林面积（千公顷）	其中人工造林（千公顷）	飞播造林（千公顷）	新封山育林（千公顷）	更新造林（千公顷）	森林抚育（千公顷）
1949~1952 三年恢复时期	1707.33	1707.33			22.53	
1953~1957 一五时期	14068.00	14068.33			244.46	
1958~1962 二五时期	18332.33	18299.33	33.00		1698.59	
1963~1965 三年调整时期	7866.79	7812.49	54.30		628.46	
1966~1970 三五时期	19213.99	16481.42	2732.57		1422.00	
1971~1975 四五时期	24119.93	19355.60	4764.33		1767.30	
1976~1980 五五时期	23256.60	20517.60	2739.00		2126.86	
1981~1985 六五时期	31520.54	27639.47	3881.07	26889.87	2580.47	
1986~1990 七五时期	26453.27	21403.14	5050.13	25277.07	3308.40	
1991~1995 八五时期	28735.54	24699.49	4036.05	26273.10	3550.56	15178.89
1996~2000 九五时期	24091.21	20760.57	3330.64	30059.24	4362.06	24054.10
2001~2005 十五时期	31078.66	27546.03	3532.64	13160.15	1907.14	24251.00
2006~2010 十一五时期	25272.49	16897.96	966.82	7407.71	1874.12	31266.90
2011~2015 十二五时期	29886.00	20511.60	724.20	8650.20	1527.75	39680.80
1949~2015	305602.70	257700.0	31844.7	16057.90	27020.65	134431.80

注：统计指标以前迹地更新变为更新造林，为了保持数据的一致性，新增造林面积合计包括人工造林、飞播造林、封山育林，不含更新造林。

表 7-2 1981~2005 年新增造林面积及森林抚育面积

年 份	森林抚育面积（万公顷）	造林面积合计（千公顷）	按造林方式分			按林种用途分				
			人工造林	飞播造林	无林地和疏林地新封	用材林	经济林	防护林	薪炭林	特种用途林
1981		4110.07	3681.00	429.07		2531.20	630.47	636.87	192.00	119.53
1982		4495.60	4115.80	379.80		2630.60	652.80	860.93	222.33	128.94
1983		6324.40	5603.13	721.27		3804.60	819.53	1098.40	451.07	150.80
1984		8253.67	7290.74	962.93		5065.67	939.07	1476.40	585.47	187.06
1985		8336.80	6948.80	1388.00		5291.40	793.07	1472.80	598.67	180.86
1986		5274.00	4158.20	1115.80		3326.67	689.20	768.93	392.47	96.73
1987		5414.20	4207.27	1206.93		3338.46	865.27	752.47	373.80	84.20
1988		5533.27	4574.80	958.47		3302.93	913.67	823.33	392.53	100.81
1989		5023.33	4109.53	913.80		3015.33	752.20	817.07	364.67	74.06
1990		5208.47	4353.34	855.13		3156.47	644.53	1029.73	340.07	37.67
1991	262.27	5594.47	4751.80	842.67		3343.67	669.53	1243.67	311.67	25.93
1992	262.68	6030.40	5083.70	946.70		3355.10	973.20	1442.10	235.30	24.70
1993	297.59	5903.40	5044.40	859.00		2812.50	1563.60	1314.60	191.10	21.60
1994	328.75	5992.66	5190.24	802.42		2504.47	2063.94	1253.31	152.07	18.87
1995	366.60	5214.61	4629.35	585.26		1844.25	1969.85	1240.44	145.26	14.81
1996	418.76	4919.38	4314.96	604.42		1710.85	1672.02	1368.61	150.04	17.86
1997	432.04	4354.93	3737.75	617.18		1465.05	1371.31	1366.23	135.49	16.85
1998	441.30	4811.05	4086.00	725.05		1459.68	1394.82	1772.02	167.03	17.50
1999	612.01	4900.71	4276.85	623.86		1418.01	1403.88	1948.54	115.30	14.98
2000	501.30	5105.14	4345.01	760.13		1218.46	1350.28	2430.83	82.34	23.23
2001	457.44	4953.04	3977.32	975.72		905.52	1068.54	2913.54	45.61	19.83
2002	481.68	7770.97	6896.04	874.93		898.74	964.21	5828.81	59.14	20.07
2003	457.77	9118.89	8432.49	686.41		1175.81	797.32	7087.32	37.07	21.37
2004	527.15	5598.08	5018.88	579.19		871.13	456.69	4210.77	49.97	9.52
2005	501.06	3637.68	3221.29	416.39		607.55	337.82	2667.95	16.07	8.29
2006	550.96	3838.79	2446.12	271.80	1120.87	481.63	403.32	2942.59	7.80	3.45
2007	649.76	3907.71	2738.52	118.67	1050.52	610.37	478.42	2790.17	7.99	20.76
2008	623.53	5353.74	3684.26	154.07	1515.41	782.11	850.77	3697.16	4.02	19.67
2009	636.26	6262.33	4156.29	226.34	1879.70	801.32	1002.56	4407.65	23.71	27.10
2010	666.17	5909.92	3872.76	195.95	1841.21	809.94	1110.90	3943.43	18.89	26.77
2011	733.45	5996.61	4065.69	196.93	1733.99	1019.32	1218.28	3688.83	36.81	33.38
2012	766.17	5595.79	3820.70	136.41	1638.68	774.40	1101.05	3650.84	41.15	28.35
2013	784.72	6100.06	4209.69	154.40	1735.97	1057.56	1233.68	3748.41	24.90	35.52
2014	901.96	5549.61	4052.91	108.06	1388.65	1092.35	1139.19	3238.66	36.95	42.46
2015 年①	781.79	7683.70	4362.60	128.40	2152.90					

注：根据造林技术规程（GB/T 15776-2006），本表自 2006 年起将无林地和疏林地新封山育林面积计入造林总面积。

①2015 年人工造林还包括退化林修复 739334 公顷、人工更新 300505 公顷。

专栏 7-1　十二五时期植树造林工作成就

大力开展植树造林，森林面积快速增长。“十二五”期间，全国完成造林 3000 万公顷，比“十一五”增加 500 多万公顷，增幅达 20%以上。全国义务植树 126 亿株，比“十一五”增加近 10 亿株。顺利完成“十二五”造林绿化目标任务，为实现在 2005 年基础上到 2020 年森林面积增加 4000 万公顷的发展目标奠定了坚实基础。

全面推进森林抚育，森林质量显著提升。“十二五”期间，全国完成森林抚育 4086 万公顷，比“十一五”增加近 1000 万公顷，增幅达 30%，有效减少了森林抚育的历史欠账，促进了森林结构改善，加快了森林资源增长，带动了就业增收，助推了区域经济发展，培养锻炼了队伍，树立了科学的经营理念。“十二五”确定的森林抚育任务超额完成，为提前实现在 2005 年基础上到 2020 年森林蓄积增加 13 亿立方米的发展目标做出了重要贡献。

协调推进部门区域绿化美化，建设步伐进一步加快。“十二五”期间，全国城市建成区绿化覆盖率达 40.22%，提升 2 个百分点。绿地率 36.29%，提升 2.1 个百分点。人均公园绿地面积 13.08 平方米，增加 2.4 平方米。实现公路绿化里程 238.7 万公里，比“十一五”增加 44.4 万公里。铁路绿化率达 81%，比“十一五”增加 6.6 个百分点。全国农垦系统新建农田林网 15.6 万公顷，水利系统完成湖泊、库区绿化面积 2 万公顷。全军完成军事区造林绿化超 15 万公顷，武警部队营区平均绿地率达 35%。校园绿化率达 34.5%。共青团中央等组织的“保护母亲河行动”建设青年林近 1 万公顷。妇联系统新建全国“三八绿色工程”示范基地 191 个。

积极发展经济林能源林，产业发展迈上新台阶。“十二五”前四年，全国完成新造经济林 706 万公顷，是“十一五”新造面积的 2 倍。2014 年，各类经济林产品总量达 1.58 亿吨，比 2010 年增长 25%。全国经济林种植与采集业年产值达 1.07 万亿元，占林业第一产业产值的 58%，种植经济林已成为国家精准扶贫的重要手段。林业生物质能源发展步入快速轨道，以企业为主建设能源林基地达 20 万公顷。林业生物质产业巨大潜力逐步显现。

7.2　义务植树

开展全民义务植树运动，是我国在发展林业和推进生态建设进程中的一项伟大创造，是充分发挥社会主义政治制度优越性的重要运用。党和政府一直将群众性植树运动作为解决生态问题的一个主要途径和重要手段，主要领导亲自倡导、组织、发动。早在建立江西赣南革命根据地和陕北延安抗战期间，我们党就组织发动群众每年春季植树造林，绿化当地荒山秃岭。1932 年 3 月，经毛泽东同志签署颁布了《中华苏维埃共和国临时中央政府人民委员会对于植树运动的决议》，发动苏区群众每年春季植树造林。抗战期间，毛泽东同志提出要制订群众植树计划，并号召延安人民每户种活 100 株树。

中华人民共和国成立后，党和政府对国土绿化事业更为重视，各界群众热情踊跃参加植树劳动，城乡造林绿化事业蓬勃开展，山川面貌日益改善。1981 年夏天，我国四川、陕西等地先后发生历史上罕见的特大洪涝灾害，给人民群众生命财产和国家经济建设造成巨大损失。为根治洪涝等自然灾害，加快生态建设步伐，在邓小平同志的亲自倡导下，同年 12 月 13 日五届全国人大四次会议通过了《关于开展全民义务植树运动的决议》。次年，国务院出台《关于开展全民义务植树运动的实施办法》，以国家法律形式将这项群众性植树活动确定下来。从此，全民义务植树作为各级党组织的政治任务和我国适龄公民的法定义务，以其特有的公益性、全民性、义务性、法定性在中华大地蓬勃开展起来，开创了我国国土绿化事业的新纪元。

坚持全国动员、全民动手，坚持各级领导率先垂范，坚持发动各界群众普遍参与，全民义务植树运动已经成为世界上参与人数最多、持续时间最长、影响范围最大的生态文明实践活动。坚持创新造林方式，出现了国家领导人植树、共和国部长植树、百名将军植树、地方四套班子植树，公益绿化宣传、认种认建绿地、认护认养古树名木、购买森林碳汇等多种造林形式。① 2002~2012 年，10 年间参加义务植树人数达 50.33 亿人次，植树 216.06 亿株。仅 2016 年，1 年就有 26 亿多人次参加义务植树。

表 7-3　历年参加义务植树人次与完成义务植树株数

	参加义务植树亿人次	完成义务植树亿株
2001	5.4	24.7
2002	5.4	23.0
2003	5.6	25.5
2004	5.4	23.0
2005	5.4	22.3
2006	5.5	21.6
2007	5.0	22.7
2008	5.4	23.1
2009	4.1	18.1
2010	5.9	26.0
2011	6.1	25.1
2012	6.0	26.0
2013	5.3	25.2
2014	4.9	23.2
2015	4.9	26.5

数据来源：历年中国林业发展报告，历年国土绿化公报，2015 年份数据由推算而得。

专栏 7-2　全民义务植树新变化②

一是尽责实现形式更加灵活，由直接参加种植树木的单一形式，发展到种植树木、抚育管护、认建认养、以资代劳等多种实现形式。

二是工作重点和主战场发生了变化，由主攻荒山荒地造林，发展到推进荒山荒地造林与推行

①林业十年：造林绿化十年成果，http://www.forestry.gov.cn。

②全民义务植树运动 30 年取得巨大成就。中国绿色时报，国家林业局政府网，http://www.forestry.gov.cn/2011 年 12 月 14 日。

“身边增绿”并重，改善城乡人居环境已成为义务植树的主战场。

三是组织发动方式日趋多样，由主要依靠行政部门组织推动，发展到行政组织推动与单位、个人主动参与并举，公众参与的自觉性普遍提高。

四是实现目标更加全面，由只注重造林绿化成果，发展到既注重造林绿化建设成果，又注重激发爱国热忱，培养低碳理念，强化生态意识。

7.3　造林与应对气候变化

以气候变暖为主要特征的全球气候变化问题，已经成为国际社会日益关注的热点，也是事关我国经济社会可持续发展的重大问题。我国政府高度重视应对气候变化问题，2007年6月发布实施了《中国应对气候变化国家方案》，并把林业纳入减缓和适应气候变化的重点领域。森林是一个复杂的生态系统，是陆地生态系统的主体，也是人类社会生存与发展的重要支持系统。森林与环境（特别是气候）是一种相互依存的关系。一方面，森林作为一种植物群落，环境条件直接影响着各种森林的地理分布范围和生产力时空分布格局，因此如果气候发生变化，森林生态系统必将受到影响；另一方面，森林本身可以形成特殊的小气候，由于森林改变了下垫面的反射率和热特性，使森林气候与海洋气候类似，气温变化和缓，森林和邻近地区较湿润。① 森林和大气环境的物质能量交换过程，如图7-1。

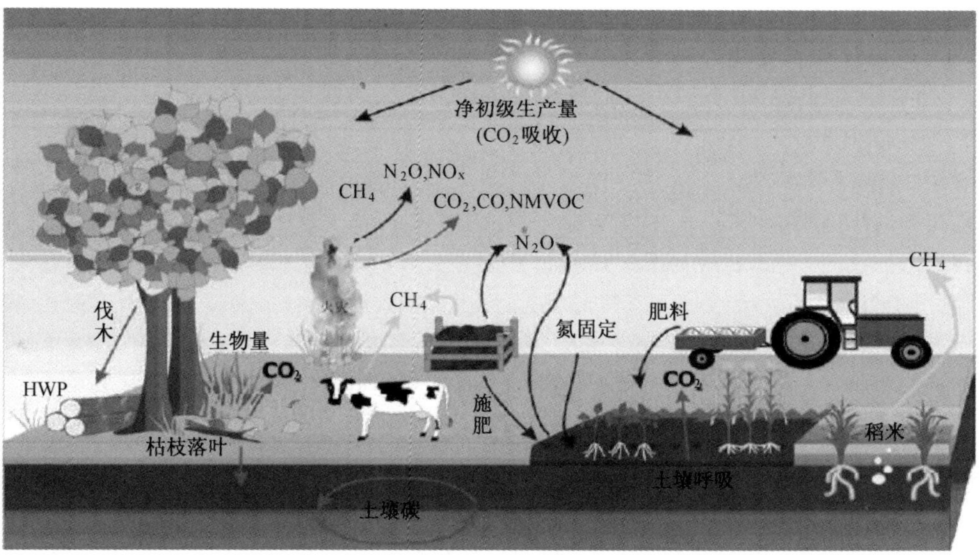

图7-1　森林和大气环境的物质能量交换过程

森林是陆地最大的储碳库和最经济的吸碳器。据IPCC估算：全球陆地生态系统中贮存了约2.48万亿吨碳，其中1.15万亿吨碳贮存在森林生态系统中。森林通过光合作用吸收二氧化碳，放出氧气，把大气中的二氧化碳固定在植被和土壤中，这个过程被称为碳汇。科学研究表明：林木每生长1立方米，平均约吸收1.83吨二氧化碳，放出1.62吨氧气。全球森林对碳的吸收和储量占全球每年大气和地表碳流动量的90%。森林的碳汇功能和其他许多重要的生态功能一样，

①李宏. 地球之肺—森林［M］. 北京：首都师范大学出版社，2014.

对维护全球生态安全、气候安全发挥着重要作用。历次全国森林资源清查森林蓄积室与碳储量见表 7-4。

表 7-4 历次全国森林资源清查森林蓄积量与碳储量

时 期	森林蓄积量（万立方米）	累计吸收 CO_2 量（亿吨）	森林碳储量（亿吨）
1949	1080000. 00	197. 64	53. 90
1960	1081100. 00	201. 75	55. 02
第 1 次全国森林资源清查（1973~1976 年）	865579. 00	158. 40	43. 20
第 2 次全国森林资源清查（1977~1981 年）	902795. 33	165. 21	45. 06
第 3 次全国森林资源清查（1984~1988 年）	914107. 64	167. 28	45. 62
第 4 次全国森林资源清查（1989~1993 年）	1013700. 00	185. 50	50. 59
第 5 次全国森林资源清查（1994~1998 年）	1126659. 14	206. 18	56. 23
第 6 次全国森林资源清查（1999~2003 年）	1245584. 58	227. 94	62. 17
第 7 次全国森林资源清查（2004~2008 年）	1372080. 36	251. 09	68. 48
第 8 次全国森林资源清查（2009~2013 年）	1513729. 72	277. 01	75. 55

数据来源：中华人民共和国成立初期和 60 年代数据参考林业部资源和林政管理司《当代中国森林资源概况（1949~1963）》和中国统计出版社《中国六十年统计资料汇编》计算整理而得，第 1~8 次森林清查数据森林面积、森林蓄积、森林覆盖率参考国家林业局《中国森林资源清查报告——第七次全国森林资源清查》（该报告将历年有林地面积、蓄积近似为森林面积、蓄积，本表中其他数据也做此近似处理）以及第八次全国森林资源清查结果和相应年份《中国统计年鉴》，人均森林蓄积参考历次森林清查报告，累计吸收 CO_2 按照森林每生长 1 立方米蓄积量约吸收 CO_2 量 1. 83 吨计算而得，碳储量按 C 与 CO_2 原子量换算而得。

2009 年 6 月召开的中央林业工作会议指出：在应对气候变化中林业具有特殊地位，并强调“应对气候变化，必须把发展林业作为战略选择。”国家林业局于 2009 年发布了《应对气候变化林业行动计划》，确定了五项基本原则、三个阶段性目标，实施 22 项主要行动。五项基本原则是：坚持林业发展目标和国家应对气候变化战略相结合，坚持扩大森林面积和提高森林质量相结合，坚持增加碳汇和控制排放相结合，坚持政府主导和社会参与相结合，坚持减缓与适应相结合。三个阶段性目标：一是到 2010 年，年均造林育林面积 400 万公顷以上，全国森林覆盖率达到 20%，森林蓄积量达到 132 亿立方米，全国森林碳汇能力得到较大增长。二是到 2020 年，年均造林育林面积 500 万公顷以上，全国森林覆盖率增加到 23%，森林蓄积量达到 140 亿立方米，森林碳汇能力得到进一步提高。三是到 2050 年，比 2020 年净增森林面积 4700 万公顷，森林覆盖率达到并稳定在 26%以上，森林碳汇能力保持相对稳定。实施 22 项主要行动：其中有林业减缓气候变化的 15 项行动，还有林业适应气候变化的 7 项行动。①

专栏 7-3　国家林业局办公室关于印发《林业应对气候变化“十三五”行动要点》的通知（节选）

办造字〔2016〕102 号

为贯彻落实《中华人民共和国国民经济和社会发展第十三个五年规划纲要》《国家应对气候变化规划（2014~2020 年）》《林业发展“十三五”规划》和《应对气候变化林业行动计划》，着力推进“十三五”期间林业应对气候变化工作，我局组织制定了《林业应对气候变化“十三五”行动要点》，现印发给你们，请结合本地区、本单位实际，认真抓好落实，确保各项任务圆满完成。

三、“十三五”工作思路

（一）指导思想。以党的十八大和十八届三中、四中、五中全会及习近平总书记系列重要讲话精神为指导，以建设生态文明和美丽中国为总目标，以落实国家应对气候变化总体部署和实现林业“双增”为总任务，以增加林业碳汇为核心，以制度创新为抓手，扎实推进造林绿化，着力加强森林经营，强化森林与湿地保护，扩面积、提质量、多固碳，不断增强林业减缓和适应气候变化能力，为维护生态安全、拓展发展空间、促进经济社会持续健康发展作出贡献。

（二）基本原则。坚持林业行动目标与国家应对气候变化战略规划相衔接。坚持减缓与适应协同推进。坚持增加林业碳吸收与减少林业碳排放同步加强。坚持国内工作与国际谈判互为促进。坚持政府主导与社会参与有机结合。

（三）主要目标。到 2020 年，林地保有量达到 31230 万公顷，森林面积在 2005 年基础上增加 4000 万公顷，森林覆盖率达到 23%以上，森林蓄积量达到 165 亿立方米以上，湿地面积不低于 8 亿亩，50%以上可治理沙化土地得到治理，森林植被总碳储量达到 95 亿吨左右，森林、湿地生态系统固碳能力不断提高。到 2020 年，林业应对气候变化组织管理体系、政策法规体系、技术标准体系、计量监测体系更加健全，基础能力和队伍建设有效夯实，林业服务国家应对气候变化工作大局的能力明显增强。

四、主要行动

（一）增加林业碳汇（二）减少林业排放（三）提升林业适应能力（四）强化科技支撑（五）加强碳汇计量监测（六）探索推进林业碳汇交易（七）增进国际交流与合作。

---

①林业减缓气候变化的 15 项行动包括：包括大力推进全民义务植树、实施重点工程造林、加快珍贵树种用材林培育、实施能源林培育和加工利用一体化项目、实施全国森林可持续经营、扩大封山育林面积、加强森林资源采伐管理、加强林地征占用管理、提高林业执法能力、提高森林火灾防控能力、提高森林病虫鼠兔危害的防控能力、合理开发和利用生物质材料、加强木材高效循环利用、开展重要湿地的抢救性保护与恢复、开展农牧渔业可持续利用示范。林业适应气候变化的 7 项行动，包括提高人工林生态系统的适应性、建立典型森林物种自然保护区、加大重点物种保护力度、提高野生动物疫源疫病监测预警能力、加强荒漠化地区的植被保护、加强湿地保护的基础工作、建立和完善湿地自然保护区网络。

专栏 7-4 国家林业局办公室关于印发《林业适应气候变化行动方案（2016-2020 年）》的通知（节选）

办造字〔2016〕125 号

二、总体要求

（一）指导思想。以党的十八大和十八届三中、四中、五中全会及习近平总书记系列重要讲话精神为指导，以建设生态文明和美丽中国为总目标，以落实应对气候变化总体部署和适应气候变化战略要求为总任务，科学造林、科学保护、科学经营，加强监测预警、加强风险管理、加强队伍建设，全面提升林业适应气候变化能力，为促进低碳发展对建设生态文明作出新贡献。

（二）基本原则。一是坚持对接国家战略的原则。林业适应气候变化行动目标要与国家适应气候变化战略和规划相衔接，突出林业适应行动特点，支撑国家适应气候变化工作。二是坚持适应与减缓并重的原则。优先采取具有减缓和适应协同效益的措施。三是坚持趋利避害的原则。积极利用气候变化带来的有利因素，采取科学措施，最大程度规避各种可能风险，使林业资源开发利用最优化、损失最小化，促进林业可持续发展。四是坚持主动适应、预防为主的原则。加强监测预报预警，确立有序适应目标，从适应技术到适应政策，提高各个层面林业适应气候变化能力。五是坚持促进全社会广泛参与的原则。加强绿色低碳发展、应对气候变化的理念传播与宣传引导，普及林业适应气候变化政策与知识，提高公众意识，探索社会参与机制，努力构建良好的社会氛围。

（三）主要目标。到 2020 年，林木良种使用率提高到 75%以上，森林覆盖率达 23%以上，森林蓄积量达 165 亿立方米以上，森林火灾受害率控制在 0.9‰以下，主要林业有害生物成灾率控制在 4‰以下，国家重点保护野生动植物保护率达 95%，湿地面积不低于 8 亿亩，50%以上可治理沙化土地得到治理，森林、湿地和荒漠生态系统适应气候变化能力明显增强。到 2020 年，林业适应气候变化工作全面展开，适应意识普遍提高，基础能力得到进一步加强，人才队伍初步建立，工作体系基本形成，服务国家适应气候变化工作的能力明显提升。

三、重点行动

（一）加快优良遗传基因的保护利用，大力培育适应气候变化的良种壮苗（二）适应气候条件变化，适地适树科学造林绿化。（三）运用近自然经营理念，积极推进多功能近自然森林经营（四）加强林业灾害监测预警，不断提升适应性灾害管理水平。（五）加强自然保护区建设和管理，严格保护生态脆弱区和相关物种（六）加大湿地恢复力度，努力提升湿地生态系统适应气候变化能力。（七）加快沙区植被恢复，努力提升荒漠生态系统适应气候变化能力。（八）强化林业适应气候变化科学研究。（九）深化林业适应气候变化国际合作。

7.4 问题挑战

新增造林：新的造林空间有限。当前我国的可造林面积、可造林地大多是在西北和西南地区，有 2/3 的是质量比较差的林地，50%是年降雨量在 400 毫米之下的干旱和半干旱地区。

义务植树：义务植树责任大任务重。《全国造林绿化十年规划纲要（2011～2020）》提出，我国今后10年要组织65亿人次参加义务植树、植树260亿株。如期实现这些目标，是林业建设的重大任务，也对义务植树提出了新的要求。①

林业应对气候变化：在推进林业碳汇计量监测体系建设，政策研究与制度建设、科技支撑、国际气候变化谈判及REDD+的实施机制等方面需要进一步加强研究。

①来源：全民义务植树运动30年取得巨大成就。中国绿色时报，国家林业局政府网，http：//www. forestry. gov. cn/2011年12月14日。

第8章　林业生态保护

新世纪以来，党中央、国务院确立林业“四个地位”、赋予“四大使命”；党的十八大将建设生态文明，作为关系人民福祉、关乎民族未来的长远大计，纳入“五位一体”的总体布局，要求我们必须树立尊重自然、顺应自然、保护自然的生态文明理念，把生态文明建设放在突出地位，融入经济建设、政治建设、文化建设、社会建设各方面和全过程，努力建设美丽中国，实现中华民族永续发展。调整人与自然的关系，核心是维护生态系统的稳定健康。实践证明，森林生态系统、湿地生态系统、荒漠生态系统和生物多样性，在维护地球生态平衡中发挥着基础性作用，

林业部门承担着保护建设好“三个系统一个多样性”的职责，即：建设和保护森林生态系统、管理和恢复湿地生态系统、改善和治理荒漠生态系统、维护和发展生物多样性。在“三个系统一个多样性”中，森林生态系统和湿地生态系统起着主导和决定的作用，改善和治理生态环境，最根本的是要建立比较完备的森林生态体系。① 荒漠化主要是因为森林植被不断遭受破坏而造成的，生物多样性主要是依赖森林生态系统和湿地生态系统而存在的。生物地理学家把森林生态系统喻为“地球之肺”，把湿地生态系统喻为“地球之肾”，把荒漠生态系统喻为地球顽疾，把生物多样性喻为“地球的免疫系统”。“三个系统一个多样性”是陆地生态系统的主体，相互间宛如人的机体，各自功能相对独立又整体统一，系统功能既依赖内部的平衡，又依赖外部的支持。从这个意义上讲，林业所做的工作正是护理地球之肺、调理地球之肾、治理地球顽疾、增强地球免疫功能，保护和修复自然生态系统，并协调系统内外关系，促进生态文明建设。②

8.1　森林防护

火灾对于森林资源的损害是严重的，特大火灾不仅对于森林，而且会对周边人民群众的生命和财产造成大巨大危害（表8-1）。1987年大兴安岭的火灾的教训是沉痛的，至今人们仍记忆犹新，痛心疾首。经过多年实践，全国逐渐形成了中央统一领导、地方分级负责、部门分工协作的中国特色的森林防火行政管理体系。利用网络、电视、广播、报刊等多种媒体，设置宣传标语标牌，发放宣传单、宣传短信，开展宣传周，表彰先进典型，我国森林防火形成了多渠道、全方位的宣传体系。此外，森林防火投资力度也不断加大，基础设施建设日渐增强，防火科技含量不断提高，森林防火史上第一部规划——《全国森林防火中长期发展规划》已经实施，森林防火信

---

①王焕良. 中国生态环境建设的实践与对策［J］. 林业经济，1998，01：50-55。

②贾治邦. 生态文明建设的基石——三个系统一个多样性［M］. 北京：中国林业出版社，2011.

息化、科学化、现代化水平有了显著提高。①

表 8-1　森林火灾、受害森林面积及损失林木

全国	森林火灾次数（次）				火场总面积（公顷）	受害森林面积（公顷）			损失林木	
	合计	一般火灾	重大火灾	特大火灾		合计	其中 天然林	其中 人工林	成林蓄积（立方米）	幼林株数（万株）
2015	2936	1676	6		33077	12940	1939	8611	228786	5558
2014	3703	2080	2	1	55340	19110	3710	12537	354655	1986
2013	3929	2347			42890	13724	820	11178	312490	1064
2012	3996	2397	1		43171	13948	1138	11306	283827	7703
2011	5550	2993	9		63416	26950	1696	23916	633601	6206
2010	7723	4795	22	4	116243	45800	20209	21049	740099	29228
2009	8859	4945	35	1	213636	46156	5124	36058	1125075	9454
2008	14144	5673	13		184495	52539	2922	45455	1207898	19388
2007	9260	3205	4		125128	29286	1591	23306	571938	14492
2006	8170	2691	7	5	562304	408550	333585	18900	10019700	13755
2005	11542	4949	16	3	290633	73701	30435	36306	1244403	73706

火灾的发生由人为因素或自然因素引起，人为因素可以通过加强防火管理加以控制，自然因素，可以通过科技应用降低发生率，完备的监测技术和科学的救火措施可以很大程度地降低火灾带来的损失。2015 年发生的森林火灾中，已查明火源的森林火灾 2468 起，占全部森林火灾次数的 84. 1%，未查明火源的森林火灾 468 起，占全部火灾次数的 15. 9%。在已查明火源的森林火灾中，人为因素引起的森林火灾占 94%，其中上坟烧纸 1044 起、烧荒烧炭 518 起、野外吸烟 108 起、电线引起 56 起、炼山造林 49 起，分别占已查明火源的森林火灾的 42. 3%、21%、4. 4%、2. 3%和 2%。2015 年森林火灾发生率为 1. 41，森林火灾控制率为 4. 41，森林火灾受害率为 0. 06‰（按全国森林面积 20769 万公顷计算）。

虽然近些年一般火灾不断、重大火灾时有发生。然而总体来说，呈现下降趋势。2015 年，全国共发生森林火灾 2936 起，其中一般森林火灾 1676 起、较大森林火灾 1254 起、重大森林火灾 6 起，未发生特别重大森林火灾。与 2014 年相比，火灾次数下降 767 起，降幅达 20. 7%，其中一般火灾下降 19. 4%，较大火灾下降 22. 6%，重大火灾上升 200%。2015 年全国森林火灾受害森林面积 12940 公顷，比前三年均值相比下降 2654 公顷，降幅达 17%。与 2014 年相比，下降 6170 公顷，降幅达 32. 3%；2015 年因森林火灾造成人员伤亡 26 人，比前三年均值减少 37 人，降幅为 58. 5%。与 2014 年相比，减少 86 人，降幅为 76. 8%。其中，轻伤 2 人、重伤 1 人、死亡 23 人，分别比前三年下降 89. 1%、89. 7%、33. 7%，分别比 2014 年下降 94. 9%、95%和 56. 6%。2015 年，全国扑救森林火灾共出动 36. 3 万个人工日，出动车辆 4. 4 万辆（台）次，分别比前三年均值下降 51. 2%和 28. 5%，比 2014 年下降 55. 6%和 41. 6%；出动飞机 121 架次，比前三年均值减少 69. 5%，比 2014 年减少 79%；投入扑救森林火灾经费约 4793 万元，比前三年均值减少

①林业十年·森林防火大事记，http：//www. forestry. gov. cn。

73%，比2014年减少51.6%。①

我国是世界上林业有害生物发生、危害最严重的国家之一，发生种类多、分布地域广、危害损失大（表8-2）。据统计，全国有林业有害生物8000余种，能造成危害严重的近300种，年均发生面积近1200万公顷，损失森林蓄积量2551万立方米、1100多亿元。林业有害生物严重影响着生态安全、森林食品安全、贸易安全及气候安全。2005年，林业有害生物灾害防治纳入《国家突发公共事件总体应急预案》《中国应对气候变化国家方案》《国家综合防灾减灾规划（2011~2015年）》。国家林业局先后发出了《关于进一步加强林业有害生物防治工作的意见国办发〔2014〕26号》《关于切实加强林业植物检疫工作的通知》《重大外来林业有害生物灾害应急预案》，组织制定了国家和行业防治技术标准近100项，印发了防治技术方案近20项。2011年，国家林业局联合国家发展改革委制定了《全国林业有害生物防治建设规划（2011~2020年）》，确定了林业有害生物防治的总体思路、主要目标和任务。总体思路：坚持“预防为主，科学治理，依法监管，强化责任”的方针，树立森林健康理念，强化为决策和生产“两个服务”，推进由重除治向重预防、由化学防治向无公害防治、由治标向治本的“三个转变”，完善监测预警、检疫御灾、防治减灾、支撑保障“四个体系”，通过落实政府责任制、深化目标管理、实施工程治理和联防联治等一系列“组合拳”，林业有害生物防治工作取得显著成效。工作目标。到2020年，林业有害生物监测预警、检疫御灾、防治减灾体系全面建成，防治检疫队伍建设得到全面加强，生物入侵防范能力得到显著提升，林业有害生物危害得到有效控制，主要林业有害生物成灾率控制在4‰以下，无公害防治率达到85%以上，测报准确率达到90%以上，种苗产地检疫率达到100%。主要任务：强化灾害预防措施，提高应急防治能力，推进社会化防治。②③

表8-2 历年森林病虫害发生面积与防治面积 单位：公顷

全国	合计		森林病害		森林虫害		森林鼠害	
	发生面积	防治面积	发生面积	防治面积	发生面积	防治面积	发生面积	防治面积
2015	12183504	8777692	1390506	977130.4	8466407	6209237	2148221	1501882
2014	12064467	7874333	1372778	867109	8412810	5995374	2116002	960292
2013	12230452	7668309	1391719	898787	8474600	5895589	2242530	829662
2012	11768988	7825928	1311633	842550	8462864	5729317	1994491	1254061
2011	11681424	7284974	1197227	792275	8459102	5465759	2025095	1026940
2010	11642430	8123614	1290648	895555	8523175	6286974	1828607	941085
2009	11419714	8193837	1031236	818753	8502993	6381447	1885485	993637
2008	11418377	7839583	1168315	904791	8431921	5902282	1818141	1032510
2007	12096832	8012038	1109467	858781	8877170	6045309	2110195	1107949
2006	11006671	7354682	1038669	718006	8298667	5572008	1669335	1064668
2005	9844202	6618676	1014022	706157	7492856	5196294	1337324	716225

①2016年国家林业局研究报告。

②2003~2011年，全国主要林业有害生物成灾率由5‰下降到4.7‰以下，无公害防治率由40%提高到80%以上，测报准确率由75%提高到85%以上，林木种苗产地检疫率由80%提高到98%以上，为保护森林资源、维护生态安全、促进绿色增长提供了有力保障。

③国务院办公厅《关于进一步加强林业有害生物防治工作的意见》（国办发〔2014〕26号）

随着国家经济实力的不断增强，中央加大了林业有害生物防治投入力度，2003~2012 年，10 年间中央财政投入 30 多亿元，全面加强了监测预警、检疫御灾、防治减灾、服务保障体系建设，取得了重大进展。截至 2012 年，全国已建立 2.8 万多个监测站点，专兼职测报员达 6.5 万人，基本建成了国家、省、市、县、乡五级监测预警网络体系，初步实现了对新传入的危险性有害生物及时发现、突发性病虫早期预警和常发性病虫准确预报，监测覆盖率达到了 100%，测报准确率达到 90%以上；组织开展了全国林业有害生物普查，查清了我国自 1980 年以来外来入侵林业有害生物 34 种、全国重要本土主要林业有害生物 251 种、全国发生面积超过百万亩的重要林业有害生物 70 种（类），提出了极度危险、高度危险以及中度危险林业有害生物种类；组织开展了松材线虫病、美国白蛾等危险性有害生物联防联治和执法联动，初步形成了跨区域、跨部门，多层次、多形式的联防联治机制，提高了整体防治效果；参与组织开展了“绿盾护林”、“蓝剑”等林业植物检疫执法专项行动，全国共查处检疫违法案件 5000 多起，有力地打击了林业植物检疫违法行为。大力推行森林健康和生态平衡理论，在林业有害生物防治中广泛应用天敌昆虫、生物制剂、信息素、害鼠不孕剂、植物源杀虫剂等生物防治措施，不仅实现了红脂大小蠹、椰心叶甲、松毛虫等重大有害生物的长期可持续控制，还有效地保障了生态安全、保护了生物多样性、降低了防治成本，生态效益和社会、经济效益十分显著。①

近些年，森林病虫害发生率有上升趋势，防治面积也随之不断扩大。2015 年，全国主要林业有害生物发生 1218.35 万公顷，比 2014 年增加 0.99%，整体偏重发生，局部成灾较重。其中，重度发生面积 80.89 万公顷，比 2014 年略有下降。森林病、虫、鼠害发生面积 139.05 万公顷、846.64 万公顷、214.82 万公顷，分别比 2014 年上升 1.29%、0.64%和 1.52%。2015 年，全年共采取各种措施防治 877.77 万公顷，主要林业有害生物成灾率控制在 4.5‰以下，无公害防治率达到 85%以上。

8.2　防沙治沙

荒漠化被称为“地球的癌症”，是全球生态领域的热点和难点问题。土地荒漠化是全球最重要的生态危机之一，是全球生态治理领域的热点和难点问题。全球荒漠化土地面积高达 3600 万平方公里，占陆地总面积的 1/4，110 多个国家和地区受到荒漠化危害。中国既是世界上的荒漠化危害大国，也是世界上的荒漠化治理大国，全国有 4 亿多人口直接或间接受到荒漠化影响（表 8-3 和表 8-4）。② 自 2000 年以来，全国荒漠化和沙化土地面积连续三个监测期保持“双减少”，荒漠化土地面积由上世纪末年均扩展 1.04 万平方公里转变为目前的年均缩减 2424 平方公里，沙化土地面积由上世纪末年均扩展 3436 平方公里转变为目前的年均缩减 1980 平方公里，实现了由“沙进人退”到“人进沙退”的历史性转变，为推进生态文明和美丽中国建设作出了积极贡献。同时，也为国际社会治理生态环境树立了标杆，贡献了“中国智慧”和“中国经验”。③

我国荒漠化、沙化土地面积已经连续三个监测期逐渐缩减，缩减速度不断加快。历时 20 多

①为了森林的健康——林业有害生物防治工作述评。国家林业局政府网，http：//www. forestry. gov. cn，2012-11-05。

②张永利在中国防治荒漠化成就展开幕式上的致辞。中国林业网 http：//www. forestry. gov. cn/2017 年 09 月 06 日。

③防治荒漠化 建设绿色家园。中国林业网 http：//www. forestry. gov. cn/2017 年 06 月 16 日，来源：人民日报。

年、5 次全国监测数据为这一趋势提供了有力支撑。2000 年以前，我国沙化土地呈扩展态势：第一个监测期（1994 年之前）年均扩展 2460 平方公里，第二个监测期（1995~1999 年）年均扩展 3436 平方公里。2000 年以后，我国沙化土地呈缩减趋势。第三个监测期（2000~2004 年）年均缩减 1283 平方公里，第四个监测期（2005~2009 年）年均缩减 1717 平方公里，第五个监测期（2010~2014 年）年均缩减 1980 平方公里。① 荒漠化土地动态变化情况：第 1 次监测 1994 年开始，当时荒漠化林地的改为 26220 万公顷。1999 年第二次监测结果显示，每年以 1.04 万平方公里的速度扩展。2004 年第三次监测结果显示，每年缩减 7585 平方公里。2009 年第四次监测结果显示，每年缩减 2491 平方公里。2014 年第五次监测结果显示，每年缩减 2424 平方公里（图 8-1 和图 8-2）。

表 8-3 全国荒漠化土地面积

省份	荒漠化土地面积（万平方公里）	县数（个）	省份	荒漠化土地面积（万平方公里）	县数（个）
北京	70.75	1	天津	106.64	2
河北	21364.65	110	山西	15787.24	39
内蒙古	617710.63	79	辽宁	5719.66	8
吉林	1991.91	1	山东	9675.01	27
河南	103.85	3	海南	349.91	3
四川	4679.44	3	云南	327.99	10
西藏	432698.22	41	陕西	29742.14	12
甘肃	192128.08	37	青海	191378.98	20
宁夏	28987.65	18	新疆	10	94
全国	2623713.14	508			

数据来源：中国荒漠化和沙化状况公报（第四次），2011 年发布，数据为 2009 年底数据。

表 8-4 全国沙化土地面积

省份	沙化土地面积（平方公里）	县数（个）	省份	沙化土地面积（平方公里）	县数（个）
北京	524.48	11	天津	153.52	6
河北	21252.89	75	山西	6177.79	18
内蒙古	414682.77	88	辽宁	5945.48	20
吉林	7080.13	14	黑龙江	4956.58	9
江苏	5844.07	23	浙江	0.56	1
安徽	1204.99	5	福建	414.67	19
江西	724.81	30	山东	7675.55	72
河南	6285.71	48	湖北	1899.49	34

①防治荒漠化 建设绿色家园——专访国家林业局局长张建龙。国林业网 http：//www. forestry. gov. cn/2017 年 06 月 17 日，来源：新华社。

（续）

省份	沙化土地面积（平方公里）	县数（个）	省份	沙化土地面积（平方公里）	县数（个）
湖南	587.76	20	广东	1002.53	31
广西	1948.87	9	海南	598.84	12
重庆	25.16	2	四川	9137.97	85
贵州	62.43	15	云南	442.39	31
西藏	216185.82	73	陕西	14132.15	9
甘肃	119224.29	25	青海	125035.25	18
宁夏	11622.61	16	新疆	746697.05	84
全国	1731076.61				

数据来源：中国荒漠化和沙化状况公报（第四次），2011 年发布，数据为 2009 年底数据。

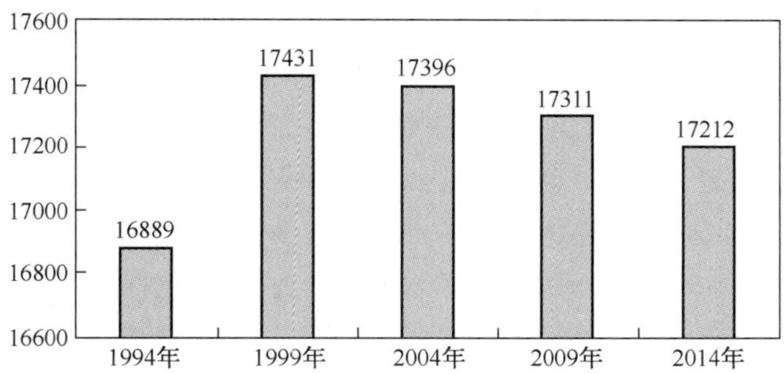

图 8-1　历次监测沙化土地面积（万公顷）

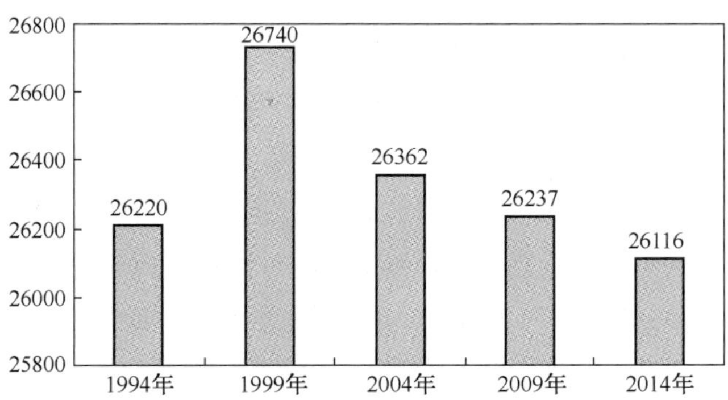

图 8-2　历次监测荒漠化土地面积（万公顷）

表 8-5　全国石漠化土地面积

单位	石漠化（万公顷）	县数（个）	单位	石漠化（万公顷）	县数（个）
湖北	109.1	56	湖南	143.1	83
广东	6.4	17	广西	192	76
重庆	89.5	35	四川	1002.53	45

（续）

单位	石漠化（万公顷）	县数（个）	单位	石漠化（万公顷）	县数（个）
贵州	302.4	78	云南	1948.87	65
全国	1200.2	455			

数据来源：中国石漠化状况公报（第二次），2012 年发布，数据为 2011 年底数据。

2015 年公布的第五次全国荒漠化和沙化监测结果显示：截止 2014 年，全国现有荒漠化土地面积 261.16 万平方公里，占国土总面积的 27.20%；沙化土地面积 172.12 万平方公里，占国土总面积的 17.93%。与 2009 年相比，5 年间荒漠化土地面积净减少 12120 平方公里，年均减少 2424 平方公里；沙化土地面积净减少 9902 平方公里，年均减少 1980 平方公里。

2012 年公布的全国岩溶地区第二次石漠化监测结果显示（表 8-5）：截至 2011 年年底，岩溶地区石漠化土地总面积为 1200.2 万公顷，占岩溶土地面积的 26.5%，占区域国土面积的 11.2%。与 2005 年（第一次石漠化监测信息基准年）相比，石漠化土地面积减少 96 万公顷，减少了 7.4%，年均减少面积 16 万公顷，年均缩减率为 1.27%；岩溶地区潜在石漠化土地总面积为 1331.8 万公顷，占岩溶土地面积的 29.4%，占区域国土面积的 12.4%。

"十二五"时期，随着京津风沙源治理、三北防护林建设和封禁保护区试点等重点工程项目的深入实施，生态保护和治理力度不断加大，我国土地沙化总体上已经实现从扩展到缩减的历史性转变；经过长期不懈的探索，我国防沙治沙已经形成了以《防沙治沙法》《国务院关于进一步加强防沙治沙工作的决定》《全国防沙治沙规划》《省级政府防沙治沙目标责任考核办法》等为主干的防沙治沙法律体系、政策体系、规划体系、考核体系以及工程建设体系、科研与技术推广体系、监测预警体系、履约与国际合作体系，在防治思路、政策机制、技术模式、组织发动、监督管理等方面初步走出了一条能够充分发挥社会主义制度优越性、具有中国特色的防沙治沙道路，为推进生态文明建设树立了样板，提供了经验，发挥了示范作用；2010 年，国家林业局下发了《关于进一步加快发展沙产业的意见》（林沙发〔2010〕278 号），大大推动了沙区生产方式转变和产业结构调整，初步形成了以特色沙产业为核心、上下游产业不断延伸完善的产业链条，为沙区农牧民增加了就业机会，拓展了增收渠道。沙区形成了以木材、饲料、中药材、经济林果、沙漠旅游等为重点的沙区特色产业，推动了农村产业结构调整，带动了加工、贮藏、包装、运输等相关产业发展，增加了就业机会，拓展了增收渠道，加快了农民脱贫致富步伐；防沙治沙宣传和生态文化传播力度不断加大，涌现出了一大批防沙治沙先进模范，成为展示生态文明的典型教材，激励人们与风沙抗争的强大动力。"治沙英雄"牛玉琴、石述柱，"时代楷模"苏和，他们的事迹可歌可泣，几十年如一日的艰苦奋斗，创造了变荒沙为林海，变沙漠为绿洲的奇迹；利用国际履约平台展示中国数据、分享中国经验，宣传中国实现荒漠化土地零增长成绩，树立了中国"生态、民生和经济"平衡驱动荒漠化防治的成功模式，获得了国际社会"世界履约看中国"的高度评价；支持荒漠化公约"里约+20"后续行动政府间工作组，推动全球荒漠化防治目标纳入 2015 年后联合国可持续发展议程，强化了我国在荒漠化防治国际规则制定中的话语权。"十二五"以来为亚洲和非洲 80 多个国家的近 300 人开展了荒漠化防治技术和政策培训，提出了《"一带一路"国家防治荒漠化共同行动构想》和优先领域框架，获得荒漠化公约秘书处和

"一带一路"区域国家广泛支持。①

8.3 湿地保护

中国湿地具有类型多、绝对数量大、分布广、区域差异显著、生物多样性丰富等显著特点。2003年我国完成了首次全国湿地资源调查，初步掌握了单块面积100公顷以上湿地的基本情况。国家林业局于2009~2013年组织完成了第二次全国湿地资源调查。按照《湿地公约》，第二次调查确定起调面积为8公顷（含8公顷）以上的近海与海岸湿地、湖泊湿地、沼泽湿地、人工湿地以及宽度10米以上、长度5公里以上的河流湿地，开展了湿地类型、面积、分布、植被和保护状况调查，对国际重要湿地、国家重要湿地、自然保护区、自然保护小区和湿地公园内的湿地，以及其他特有、分布有濒危物种和红树林等具有特殊保护价值的湿地开展了重点调查，主要包括生物多样性、生态状况、利用和受威胁状况等。

2014年1月公布的第二次全国湿地资源调查结果显示：全国湿地总面积5360.26万公顷（另有水稻田面积3005.70万公顷未计入），湿地率5.58%。其中，调查范围内湿地面积5342.06万公顷（表8-6）。自然湿地面积4667.47万公顷，占87.37%；人工湿地面积674.59万公顷，占12.63%。自然湿地中，近海与海岸湿地面积579.59万公顷，占12.42%；河流湿地面积1055.21万公顷，占22.61%；湖泊湿地面积859.38万公顷，占18.41%；沼泽湿地面积2173.29万公顷，占46.56%。调查结果显示：我国已初步建立了以湿地自然保护区为主体，湿地公园和自然保护小区并存，其他保护形式为补充的湿地保护体系。纳入保护体系的湿地面积2324.32万公顷，湿地保护率43.51%。其中，自然湿地保护面积2115.68万公顷，自然湿地保护率45.33%。

表8-6 全国各省（自治区、直辖市）湿地面积 单位：万公顷

省 份	面积（万公顷）	省 份	面积（万公顷）
青海省	814.36	河北省	94.19
西藏自治区	652.9	江西省	91.01
内蒙古自治区	601.06	福建省	87.1
黑龙江省	514.33	广西壮族自治区	75.43
新疆维吾尔自治区	394.82	河南省	62.79
江苏省	282.28	云南省	56.35
广东省	175.34	上海市	46.46
四川省	174.78	海南省	32
山东省	173.75	陕西省	30.85
甘肃省	169.39	天津市	29.56
湖北省	144.5	贵州省	20.97
辽宁省	139.48	重庆市	20.72
浙江省	111.01	宁夏回族自治区	20.72

①资料来源：林业"十二五"总结。

（续）

省　份	面积（万公顷）	省　份	面积（万公顷）
安徽省	104.18	山西省	15.19
湖南省	101.97	北京市	4.81
吉林省	99.76	合　计	5342.06

与第一次湿地调查相比，十年间，中国湿地资源呈现三个主要变化：同口径下湿地面积减少，湿地面积减少了 339.63 万公顷，其中自然湿地面积减少了 337.62 万公顷，减少率为 9.33%；湿地保护面积增加，湿地保护面积增加了 525.94 万公顷，湿地保护率由 30.49%提高到 43.51%。新增国际重要湿地 25 块，新建湿地自然保护区 279 个，新建湿地公园 468 个。

“十二五”期间，湿地保护已上升为党和国家战略，成为生态文明建设的主战场之一。法规制度建设加快推进，国家林业局《湿地保护规定》颁布实施，23 个省份出台了湿地保护条例或办法，完成了《湿地保护条例（送审稿）》并已报送国务院法制办。新建国家湿地公园 424 处，地方湿地公园 400 多处，新增湿地保护面积 183 万公顷，《国家湿地公园管理办法》《国家湿地公园验收办法》颁布实施；新建一批湿地自然保护区、保护小区等；保护体系不断完善，自然湿地保护率提高到 46.06%。

2011~2015 年，完成中央预算内基本建设投资 15 亿元，实施了湿地保护、湿地恢复与综合治理、可持续利用、能力建设等工程；按照 2009 年中央 1 号文件精神，2010 年中央财政建立了湿地保护补助政策，2010~2012 年，每年安排资金 2 亿元，2013 年补助资金增加到 2.5 亿元。2014 年又将该项政策完善为湿地补贴政策，原有的湿地保护补助项目调整为湿地保护与恢复项目，新增了 3 个支持方向：湿地生态效益补偿试点、退耕还湿试点、湿地保护奖励。同年，财政部、国家林业局出台的《中央财政林业补助资金管理办法》（财农［2014］9 号）对湿地补贴政策予以明确。2015 年，中央财政安排补贴资金 16 亿元。2010~2015 年，中央财政累计安排湿地补贴资金 40.5 亿元，支持实施各类补贴项目 965 个。项目覆盖了全国所有省份，涉及湿地 534 处，包括国际重要湿地 38 处、湿地自然保护区 138 处、国家湿地公园 358 处。通过项目实施，为基层保护管理机构新建了一批监测监控设施，包括监测和保护站点建设、巡护道路和围栏建设、小型保护设施设备购置等，使项目区 678 万公顷湿地得到更好保护。通过生态补水、疏浚清淤、栖息地恢复等，共恢复湿地 6 万公顷。补偿鸟类损害农作物面积 14.73 万公顷，完成退耕还湿 1.77 万公顷，对 140 个县进行了湿地保护奖励。从湿地周边社区聘用管护人员 10000 多人，涉及社区居民 10000 户，使他们从湿地保护中获得了新的生计，直接增收超过 2 亿元。

2016 年 11 月 30 日，国务院办公厅发布了《关于印发湿地保护修复制度方案的通知》，指出湿地在涵养水源、净化水质、蓄洪抗旱、调节气候和维护生物多样性等方面发挥着重要功能，是重要的自然生态系统，也是自然生态空间的重要组成部分。湿地保护是生态文明建设的重要内容，事关国家生态安全，事关经济社会可持续发展，事关中华民族子孙后代的生存福祉。湿地保护修复的基本原则：坚持生态优先、保护优先的原则，维护湿地生态功能和作用的可持续性；坚持全面保护、分级管理的原则，将全国所有湿地纳入保护范围，重点加强自然湿地、国家和地方重要湿地的保护与修复；坚持政府主导、社会参与的原则，地方各级人民政府对本行政区域内湿地保护负总责，鼓励社会各界参与湿地保护与修复；坚持综合协调、分工负责的原则，充分发挥林业、国土资源、环境保护、水利、农业、海洋等湿地保护管理相关部门的职能作用，协同推进湿地保护与修复；坚持注重成效、严格考核的原则，将湿地保护修复成效纳入对地方各级人民政府领导干部的考评体系，严明奖惩制度。湿地保护修复的目标任务：实行湿地面积总量管控，到2020年，全国湿地面积不低于8亿亩，其中，自然湿地面积不低于7亿亩，新增湿地面积300万亩，湿地保护率提高到50%以上。严格湿地用途监管，确保湿地面积不减少，增强湿地生态功能，维护湿地生物多样性，全面提升湿地保护与修复水平。此外，提出了完善湿地分级管理体系，实行湿地保护目标责任制，健全湿地用途监管机制，健全湿地监测评价体系，完善湿地保护修复保障机制等制度措施。

8.4　生物多样性保护

我国地域辽阔，气候多样，地形复杂，南北跨越热、温、寒三带，生态系统类型齐全，几乎囊括了全世界主要生态系统类型，物种多样性极为丰富。高等植物约有34000多种，其中，苔藓植物117科（苔类52科，藓类65科），506属（苔类144属，藓类362属），2541种，种数约占全世界总种数的11.25%；蕨类64科，221属，2275种，约占世界蕨类总种数的19.25%；中国是世界上裸子植物最丰富的国家，有12科42属245种，分别为世界现存裸子植物科、属、种总数的80%、51.22%和28.82%。被子植物243科、3182属、29230种，科、属、种数目分别占世界被子植物的61%、31%和12%。

我国也是动物物种非常丰富的国家，现已记录的脊椎动物共6588种，约占世界总种数的14%。其中，哺乳动物607种，约占世界总种数的14.1%；鸟类1332种，约占世界总种数14.6%，是世界鸟类种类最丰富国家之一，其中湿地水鸟271种，属国家重点保护的水鸟有56种。爬行动物452种，约占世界总种数4.6%；两栖类335种，约占世界总种数6.1%；鱼类3862种，其中内陆湿地鱼类已记录的种类有1118种，约占世界鱼类总种数的17.5%。

我国特有植物估计有15000~18000种，约占维管植物综述的50%~60%，在世界上处于第7位，特有高等脊椎动物在世界上处于第8位。①

根据2015年公布的全国第四次大熊猫调查结果：截至2013年年底，全国野生大熊猫种群数量达1864只，圈养大熊猫种群数量达到375只，野生大熊猫栖息地面积为258万公顷，潜在栖息地91万公顷，分布在四川、陕西、甘肃三省的17个市（州）、49个县（市、区）、196个乡镇。有大熊猫分布和栖息地分布的保护区数量增加到67处。第四次大熊猫调查结果呈现以下特点：一是野生种群数量稳定增长。二是栖息地范围明显扩大。三是圈养种群规模快速发展。四是保护管理能力逐步增强。②

加强野生动物保护，安排了近2000个项目加强朱鹮、虎、豹、金丝猴、长臂猿等160多种珍稀濒危野生动物野外种群及其栖息地监测和保护，60%以上的珍稀濒危野生动物野外种群稳中有升，还建立、完善各类野生动物救护繁育基地250多处，200多种珍稀濒危野生动物建立了稳

---

①中国林业概况2014。

②全国第四次大熊猫调查结果（2015年）。中国林业网，http：//www. forestry. gov. cn/，2015年03月02日。

定的人工种群，并不断扩大，为野化放归，重建和恢复野外种群奠定了基础。

加强野生植物保护，自 2001 年国家启动实施“全国野生动植物保护及自然保护区建设工程”，使野生植物资源破坏的势头得到遏制，苏铁、兰科等珍稀濒危野生植物的种群数量出现了上升趋势。同时，针对野生植物资源需求扩大的趋势，鼓励和引导野生植物资源的人工培育，使野外野生资源种群的生存压力得到一定程度的缓解。现在全国已建立野生植物种质资源保存和种源培育基地 500 多处，收集保存了珍稀兰科植物 800 多种和苏铁类植物 240 余种以及其他多种珍稀濒危野生植物。①

“十二五”时期，制定发布了《陆生野生动物收容救护管理规定》、《委托实施野生动植物行政许可事项管理办法》等部门规章，完成了《国家重点保护野生动物驯养繁殖许可证管理办法》《鸟类环志管理办法》等一批部门规章和规范性文件草案，积极配合全国人大修改《野生动物保护法》工作，会同农业部研究提出了《国家重点保护野生动物名录》调整方案，并共同研究起草了《国务院关于进一步加强野生动物保护的指导意见》。组织研究和起草了《极度濒危野生动物拯救保护实施方案》和《候鸟迁徙路线保护总体规划》草案，编制了《中国野生虎恢复计划》、《中国雪豹及生态系统保护行动计划》，并编制了东北虎、东北豹、亚洲象等重点物种保护规划。

启动了极小种群物种拯救保护行动和极小种群野生植物保护小区（点）建设试点工作，对东北、西北、西南地区受威胁珍稀濒危野生植物种群近 200 个保护点实施了迁地保护，已建的 400 多处全国野生植物种质资源保育基地，基本完成了苏铁科、棕榈科、兰科和木兰科等植物的收集与保存。于 2012 年正式启动了全国第二次重点保护野生植物资源调查工作。截至 2015 年，已有 26 个省（自治区、直辖市）外业调查结束。

8.5 自然保护区与保护性公园

国际自然保护联盟（IUCN）综合各国情况，提出了自然保护地概念，定义为“陆地和/或海洋的一片区域，特别用于生物多样性以及自然和相关文化资源的保护和维持，并通过法律或其他有效手段进行管理。”并按照管理目标和保护标准不同，将保护地分为 6 个大类（表 8-7）：

表 8-7 国际自然保护联盟保护地分类

类别		名称	目标
I	Ia	严格自然保护区	主要用于科学研究的保护地—拥有某些特殊的或具有代表性的生物系统、地理特征、自然面貌或/和独特物种的陆地或海洋，可用于科学研究及/或环境监测
	Ib	原野保护地	主要用于保护自然荒野的保护地—大面积未经改造或略经改造的陆地或海洋，仍保持其自然特色及影响，尚未有过永久或明显的人类居住史，通过保护和管理，保持其天然状况

①林业十年：自然保护工作十年成果。中国林业网 http：//www. forestry. gov. cn/。

（续）

类　别		名　称	目　标
Ⅱ		国家公园	主要用于生态系统保护及娱乐活动的保护地—天然的陆地或海洋，用于①为现代人和后代提供一个或更多完整的生态系统；②排除任何形式的有损于保护地管理目的的开发或占用；③提供精神、科学、教育、娱乐及参观的基地，所有上述活动必须实现环境和文化上的协调
Ⅰ	Ⅰa	严格自然保护区	主要用于科学研究的保护地—拥有某些特殊的或具有代表性的生物系统、地理特征、自然面貌或/和独特物种的陆地或海洋，可用于科学研究及/或环境监测
	Ⅰb	原野保护地	主要用于保护自然荒野的保护地—大面积未经改造或略经改造的陆地或海洋，仍保持其自然特色及影响，尚未有过永久或明显的人类居住史，通过保护和管理，保持其天然状况
Ⅲ		自然遗址	主要用于保护独特的自然特性的保护地—具有一个或多个自然或自然文化方面独特特征的区域，由于其固有的稀有特性、代表性、美学品质或文化意义而具有突出的或独一无二的价值
Ⅳ		栖息地/物种管制地	主要用于保护独特的自然特性的保护地—为了维护栖息地和满足特殊物种生存及发展需要而建立的，以积极干预手段进行管理的一片陆地或海洋
Ⅴ		景观保护区/海景	主要用于陆地/海洋景观保护及娱乐的保护地—人和自然在长期的和谐发展中形成的具有显著特色的陆地或包括海岸和海洋的陆地，它们具有独特的审美、生态和文化价值，并通常拥有很高的生物多样性。保障这种传统的相互关系的完整性对这个区域的保护、维持和进化具有重要价值
Ⅵ		管理资源保护地	主要以自然生态系统的可持续利用的保护地—主要以未经改造的自然系统为主，通过管理确保长期的生物多样性保护和维持，同时满足社区的需要，提供可持续的天然产品和生态服务功能的地方

我国自然保护区是一个广义概念，也是现行国家公园试点的地域依托和资源基础，几乎涵盖国际自然保护联盟划分的所有保护地类型。1956 年，国务院要求原林业部会同中国科学院等单位研究建立自然保护区问题，由此开启了我国建立保护区的篇章。经过近 60 年的发展，我国已经基本形成了以自然保护区为主体，以多部门指导、地方管理为主的保护区体系（表 8-8 和表 8-9）。到 2011 年底，以自然保护区、风景名胜区、地质公园和森林公园等为主体的各种特殊保护地已接近我国陆地国土面积的 20%。① 我国自然保护区分三大类九个类别，三大类分别是：自然

①王凤春. 建议整合各类保护区，研究建立统一管理机构［EB/OL］. http：//finance. sina. com. cn/roll/20140930/021120448159. shtml［EB/OL］. html，2014-09-30.

生态系统类、野生生物类、自然遗迹类；九个类别分别是：森林生态、草原草甸、荒漠生态、内陆湿地、海洋海岸、野生动物、野生植物、地质遗迹、古生物遗迹（表 8-10）。① 其中森林生态系统、湿地生态系统、荒漠生态系统（野生动物和野生植物）和生物多样性保护所涉及的自然保护区数量为 2355 个，占总数的 91%，保护面积为 14490.19 万公顷，占总面积的 96.96%（2014 年我国自然保护区 2669 处，约占国土面积 15.59%）。按管理定位划分，又分为国家级、省级、市级和县级，就保护面积而言，近 90%都是国家级和省级自然保护区。② 自然保护区一般分为核心区、缓冲区和实验区三大类。自然保护区内保存完好的天然状态的生态系统以及珍稀、濒危动植物的集中分布地，应当划为核心区，禁止任何单位和个人进入，也不允许进入从事科学研究活动，除依照《自然保护区条例》第二十七条的规定经批准外。核心区外围可以划定一定面积的缓冲区，只准进入从事科学研究观测活动。缓冲区外围划为实验区，可以进入从事科学试验、教学实习、参观考察、旅游以及驯化、繁殖珍稀、濒危野生动植物等活动。③

表 8-8 全国自然保护区分级统计表

	全国	国家级	省级	地市级	县级
数量（个）	2640	335	871	421	1014
占全国数量百分比（%）	100	12.68	32.98	15.94	38.39
面积（万公顷）	14976	9320	4152	472	1031
占全国面积百分比（%）	100	62.23	27.72	3.15	6.88

数据来源：中华人民共和国环境保护部数据中心，截止 2011 年底。

表 8-9 全国自然保护区分部门统计

部门	数量（个数）		面积（万公顷）	
	国家级	合计	国家级	合计
林业	251	1958	7495.24	11609.28
农业	9	99	106.00	256.68
国土	11	71	27.19	131.81
环保	47	253	1653.62	2252.57
海洋	13	103	30.15	510.24
水利	3	40	7.75	128.25
住建	0	10	0.00	9.83
其他	1	106	0.11	77.29
合计	335	2640	9320.07	14975.94

数据来源：中华人民共和国环境保护部数据中心，截至 2011 年年底。

①《自然保护区条例》

②赵树丛. 积极推动国家公园建设［N］. 科技日报，2014-07-29（024）.

③《自然保护区条例》

表 8-10　2010 年全国自然保护区分类型统计

类　型	数量（个）	面积（万公顷）
森林生态	1341	2925. 33
草原草甸	37	199. 51
荒漠生态	33	4092. 42
内陆湿地	295	2959. 07
海洋海岸	73	78. 55
野生动物	535	4288. 32
野生植物	151	225. 05
地质遗迹	91	120. 77
古生物遗迹	32	55. 04
合　计	2588	14944. 06

数据来源：中华人民共和国环境保护部数据中心，截至 2011 年年底。

截至 2015 年年底，林业已建各级各类自然保护区 2228 处，总面积达 1. 24 亿公顷，比上年增加 39 处，其中国家级自然保护区 345 处，面积为 8108 万公顷，林业自然保护区数量和面积占我国自然保护区的 80%以上。这些保护区有效保护着我国 90%的陆地生态系统类型、85%的野生动物种群和 65%的高等植物群落，涵盖了 20%的原生林、50. 3%的自然湿地和 30%的典型荒漠地区，对保护自然生态系统和生物多样性，促进经济社会可持续发展发挥了重要作用。

目前全国 1173 个林业自然保护区建立了管理机构，其中国家级自然保护区全部建立了专门的管理机构，477 个省级自然保护区已建管理机构，林业自然保护区专职管理人员 4 万多人，加上兼职管护人员，林业各级自然保护区工作人员达 5 万人左右。①

8. 6　问题挑战

防沙治沙：我国仍然是一个缺林少绿、生态脆弱，受荒漠化、沙化危害最严重的国家之一，境内分布有八大沙漠、四大沙地。全国荒漠化土地面积 261. 16 万平方公里，占国土面积的 1/4；沙化土地 172. 12 万平方公里，占国土面积的近 1/5。加快荒漠化治理步伐，努力实现到 2020 年使全国 50%以上可治理沙化土地得到治理这一目标，需要坚持不懈的努力。

湿地保护：湿地受威胁压力进一步增大。威胁湿地生态状况主要因子已从十年前的污染、围垦和非法狩猎三大因子，转变为现在的污染、过度捕捞和采集、围垦、外来物种入侵和基建占用五大因子，威胁因子出现频次增加了 38. 72%。主要威胁因素增加，影响频次和面积都呈增加态势。

野生动物保护：现行的《中华人民共和国野生动物保护法》发布于 1988 年，难以适应形势的发展与变化，在实际工作中，野生动物保护还未上升到国家战略地位，国家尚未对这项工作出台具体指导性意见，基层保护力量薄弱，甚至在不少野生动物重要栖息地还没有保护管理机构，

①林业“十二五”总结材料。

投入不足，无法达到保护目的。难以实施全面系统的保护。①

自然保护区：产权界定不清楚、规划设计不完善，人才队伍不健全；政府与市场边界模糊，不能有效发挥作用；中央地方事权财权不匹配，缺乏规范的投入渠道和稳定的经费来源；部门交叉管理，割裂现象严重；管理机构性质多样，行政级别设置不规范；法律法规滞后，《自然保护区条例》和《森林和野生动物类型自然保护区管理办法》是两部核心法律，分别制定于20世纪八九十年代初期；保护与开发利用矛盾突出，因工程建设、资源开发、城镇化等原因，对保护区进行调整，导致生态环境破碎化，生物多样性保护受到严重影响的事件时有发生等。

①我国87. 7%的野生动物种群因栖息地缩减、割裂、质量下降、由于人为活动干扰等原因，生存空间不断受到挤压，并且还有不少濒危物种的重要栖息地、鸟类集群活动区域及迁飞通道正面临着土地开发、农业开垦、环境污染等威胁，其前景令人担忧。

第9章　林业产业发展

林业产业涉及国民经济第一、第二和第三产业多个门类，涵盖范围广、产业链条长、产品种类多，是国民经济的重要组成部分，在维护国家生态安全，促进农民就业、带动农民增收、繁荣农村经济等方面，有着非常重要和十分特殊的作用。

林业产业是生态产业。大力发展以培育森林资源为主的第一产业，能够扩大森林资源，增加生态产品，满足人们的生态需求。以森林资源为原料的第二产业，是森林资源培育向加工业的延续，加工产品具有可降解性，不仅能够提高森林资源综合利用率和附加值，满足人们对林产品的刚性需求，而且能够拉动森林培育业的发展，实现越采越多、越采越好，其生态性也十分明显。以良好的生态环境和典型的森林景观为依托的第三产业，更是名副其实的生态产业。在生态产品十分短缺的大背景下，在人们热爱自然、亲近自然、回归自然、崇尚绿色的新趋势下，林业产业展现了其他产业无法比拟的市场空间和独特优势。

林业产业是碳汇产业。森林通过光合作用，吸收二氧化碳，放出氧气，被公认为陆地上最经济的“吸碳器”和最大的“储碳库”。科学研究表明：森林每生长1立方米蓄积量，平均可吸收1.83吨二氧化碳，释放1.62吨氧气。据联合国气候变化专门委员会估算，全球陆地生态系统约储存了2.48万亿吨碳，其中1.15万亿吨储存在森林生态系统中。同时，木制品也具有很强的储碳能力和直接减排功能。据日本《木材工业》报道，全球木制品碳储量每年约增加6000万吨。据国际能源机构测算，木结构单位能耗仅相当于钢筋混凝土结构的1/8。森林以其巨大的吸收、储存和替代功能，被确认为是减排二氧化碳、减缓全球气候变化成本最低、综合效益最大的主要途径，因此，森林碳汇被纳入国际规则并成为发达国家的通行做法。可见，林业产业是减排产业、碳汇产业，可以为节能减排、应对气候变化发挥特殊作用。

林业产业是循环产业。森林是陆地上面积最大、结构最复杂、生物量最大、初级生产力最高的生态系统，以森林资源为依托的林业产业是全球利用太阳能、利用土地资源生产生物量及林产品的规模最大的循环经济体。森林作为四大重要原材料之一，与钢材、水泥和塑料相比具有可再生、可降解、可循环利用的独特优势。煤炭、石油的加工副产品塑料袋，已成为严重的白色污染，被各国限制使用，而木材加工制成的纸袋、纸饭盒等可降解、可回收、可循环利用，受到了人们的青睐。发展林业产业，已成为发展循环产业、促进绿色增长、壮大绿色经济的重要途径。

林业产业是生物产业。森林是一个巨大的生物库、基因库、资源库和能源库。在森林中栖息着地球陆地上一半以上的生物物种，为发展生物产业奠定了重要基础。随着生物技术革命的产生和发展，生物质能源、生物质材料、生物制药已成为具有强大生命力的战略性新兴产业，成为继信息产业之后新的经济增长点和未来国际竞争的战略制高点。可以毫不夸张地说，“一个基因可以影响一个国家的兴衰，一个物种可以左右一个国家的经济命脉”。生物物种资源的拥有和开发利用程度已成为衡量一个国家综合国力和可持续发展能力的重要指标之一。①

21 世纪是绿色世纪。林业产业是绿色产业，是规模最大的绿色经济体。进入新世纪以来，在党中央、国务院的有力推动下，我国林业产业实现了跨越式发展。成为世界上林业产业发展最快的国家和世界林产品生产、贸易、消费第一大国，对 7 亿多农村人口脱贫致富做出了重大贡献，对“绿水青山就是金山银山”做出了最生动的诠释。林业产业既是传统产业，又是朝阳产业；既是基础产业，又是富民产业；既是生物产业，又是碳汇产业。林业产业以其基础性、循环性、碳汇性、多样性的特点和资源可再生、产品可降解的优势，以及涵盖范围广、就业容量大、产业链条长、产品种类多的发展潜力，受到世界上发达国家和发展中国家的高度重视。②

“十二五”时期，林业产业继续保持快速增长势头，产业规模不断扩大，产值不断增加，林产品贸易跃居世界首位。全国林业产业总产值由 2010 年的 2. 28 万亿元增长到 2015 年的 5. 94 万亿元，林业一、二、三产业结构由 2010 年的 39：52：9 调整为 2015 年的 34：50：16。林业主要产业带动就业人数 5247 万人。木材加工产能持续扩大，木材加工产能持续扩大，年均人造板产量 2. 4 亿立方米，木地板产量 6. 7 亿平方米。经济林快速发展，年均提供干鲜果品、木本粮油等特色经济林产品 1. 5 亿吨，年产值突破万亿元。建设国家储备林基地 1950 万亩。国务院办公厅印发了《关于加快木本油料产业发展的意见》，国家 5 年累计投入财政资金超过 200 亿元。确定了 200 个油茶产业发展重点县，5 年投入中央资金 10 亿元，油茶种植面积达到 365 万公顷，年产茶油 55 万吨，实现年产值 600 亿元。林业年均旅游与休闲达到 16 亿人次，实现旅游收入 5000 亿元。

9. 1 产业产值与结构

中华人民共和国成立后，我国林业产业快速发展。产业规模不断扩大，产业结构进一步优化，产值持续增加，林业总产值比重占 GDP 比重逐年升高。1955 年，我国林业总产值 37 亿元，到 20 世纪 90 年代有一个腾飞，1998 年后又有一个跨越，新世纪后继续保持快速上升并趋于稳定，全国林业产业总产值由 2001 年的 4090 亿元增加到 2010 年的 2. 28 万亿元，再到 2015 年的 5. 94 万亿元，15 年增长了 13. 5 倍，如表 9-1。

表 9-1 林业总产值及产业结构变动（1955~2015）

年 份	林业总产值（亿元）	第一产业比重（%）	第二产业比重（%）	第三产业比重（%）	林业总产值占 GDP 比例（%）
1955	37. 00				0. 04
1965	51. 90				0. 03
1975	98. 20				0. 03
1985	279. 50				0. 03
1993	994. 56				2. 87

①国家林业局. 发展现代林业 促进综合增长——学习胡锦涛主席在首届 APEC 林业部长级会议上的讲话精神体会文集［M］. 北京：中国林业出版社，2012.

②《林业产业十三五规划》

（续）

年份	林业总产值（亿元）	第一产业比重（%）	第二产业比重（%）	第三产业比重（%）	林业总产值占GDP比例（%）
1994	1337.55				2.86
1995	1577.24				2.70
1996	1707.76	0.69	0.25	0.06	2.52
1997	1918.24	0.72	0.23	0.05	2.58
1998	2727.85	0.70	0.26	0.04	3.48
1999	3187.73	0.67	0.29	0.04	3.88
2000	3555.47	0.67	0.29	0.04	3.97
2001	4090.48	0.66	0.30	0.04	4.20
2002	4634.24	0.63	0.32	0.05	4.41
2003	5860.33	0.60	0.34	0.06	5.00
2004	6892.21	0.56	0.37	0.06	4.32
2005	8458.74	0.51	0.41	0.07	4.60
2006	10652.22	0.44	0.49	0.07	5.00
2007	12533.42	0.44	0.48	0.08	4.83
2008	14406.41	0.44	0.47	0.08	4.76
2009	17493.73	0.41	0.50	0.09	5.13
2010	22779.02	0.39	0.52	0.09	5.82
2011	30596.73	0.36	0.55	0.09	6.25
2012	39450.91	0.35	0.53	0.12	7.30
2013	47315.44	0.35	0.53	0.13	7.95
2014	54032.94	0.34	0.52	0.14	8.39
2015	59362.71	0.34	0.49	0.16	8.62

注：按现价计算；林业总产值并非增加值，与GDP相比，只作为对照参考；因为四舍五入，会产生误差，一、二、三产业结构比例之和不一定为1。数据来源：《全国林业统计资料（1949～1987）》，《中国林业统计年鉴（1996～2008）》，2003年后，三次产业内容有了调整，木材采运业纳入第一产业。

2015年林业产业总产值达到5.94万亿元（按现价计算），比2014年增长9.86%，自2010年以来，林业产业总产值的平均增速达到21.1%，如图9-1。

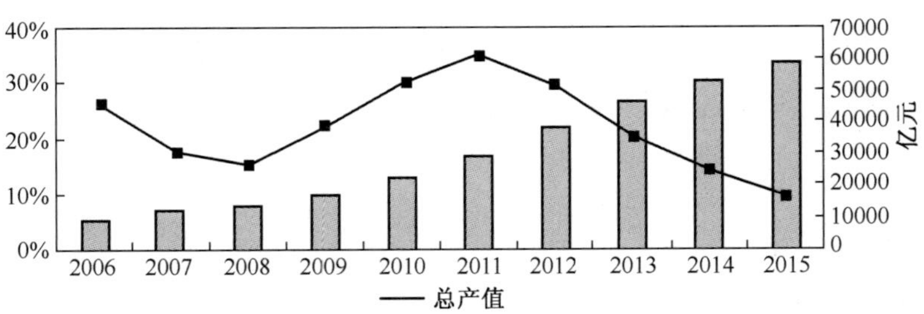

图9-1　2006～2015全国林业总产值及年增长率

分产业看，第一产业产值20207.32亿元，占全部林业产业总产值的34.04%，同比增长8.88%；第二产业产值29893.34亿元，占全部林业产业总产值的50.36%，同比增长6.43%；第三产业产值9262.06亿元，占全部林业产业总产值的15.60%，同比增长25.41%。

分地区看，东部地区林业产业总产值为28122亿元，中部地区林业产业总产值为13555亿元，西部地区林业产业总产值为12950亿元，东北地区林业产业总产值为4736亿元。中、西部地区林业产业增长速度最快，增速都超过15%。东部地区林业产业总产值所占比重最大，占全部林业产业总产值的47.4%。受国有林区天然林商业采伐全面停止和森工企业转型影响，东北地区林业产业总产值出现负增长。林业产业总产值超过3000亿元的省份共有8个，分别是广东、山东、广西、福建、江苏、浙江、湖南和江西。

林业三次产业的产值结构已由2010年的39∶52∶9，调整为2015年的34∶50∶16，以林业旅游与休闲为主的林业服务业所占比重逐年增大，产业结构逐步优化，如图9-2。

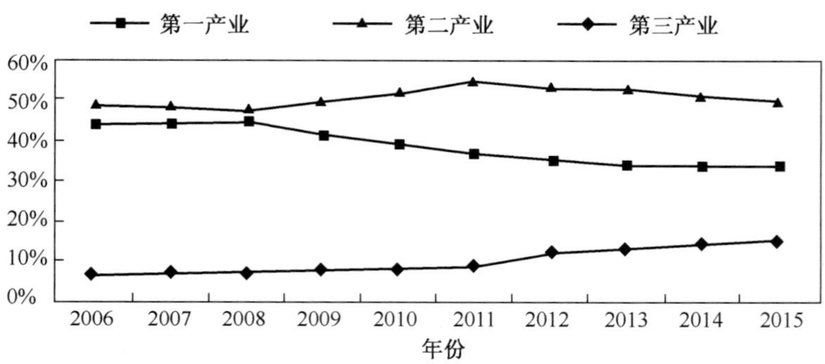

图9-2 2006~2015年林业三次产业产值结构变化

林业旅游与休闲服务业产值为6758.95亿元，有望成为第三个产值突破万亿元的支柱产业。2015年，超过万亿元的林业支柱产业分别是经济林产品种植与采集业和木材加工及木竹制品制造业，产值分别达到11948.81亿元和11495.30亿元。林业旅游与休闲服务业产值为6758.95亿元，有望成为第三个产值突破万亿元的支柱产业。

经济林产品种植与采集业产值占林业第一产业产值的近六成。包括干鲜果品、茶、中药材以及森林食品等在内的经济林产品种植与采集业产值为11948.81亿元，占第一产业比重为59.13%。

木材加工及木竹制品制造业产值占第二产业产值的近四成。包括锯材、人造板、地板等在内的木材加工及木竹制品制造业产值为11495.30亿元，占第二产业比重为38.45%。

林业旅游与休闲服务业产值占第三产业产值超过七成。林业旅游与休闲服务业产值为6758.95亿元，占第三产业比重最大，为72.97%，全年林业旅游和休闲的人数达到23亿人次。

9.2 木材产量与比重

1949年我国木材产量为567万立方米，随后增长迅速，到1952年为1233.22万立方米，到1958年跃升为3579.40万立方米，到1960年达到该时期的顶峰，木材产量为4129.30万立方米，然后逐渐下降。1962年为2374.60万立方米，以后开始回升，到改革开放之初的1978年达到5162.30万立方米。以后平稳上升，偶有下降。直到1982~1983年，木材产量水平保持与1978年相当，再往后，除1999~2004年略有下降外，其他时期基本上是稳步上升。如表9-2。

表9-2 1981~2005年木材、竹材、板材、松香产量

年份	木材（万立方米）	竹材（万根）	锯材（万立方米）	人造板（万立方米）				木竹地板（万平方米）	松香（吨）
				合计	其中				
					胶合板	纤维板	刨花板		
1981	4942	8656	1301	100	35	57	8		406214
1982	5041	10183	1361	117	39	67	10		400784
1983	5232	9601	1394	139	45	73	13		246916
1984	6385	9117	1509	151	49	74	16		307993
1985	6323	5641	1591	166	54	90	18		255736
1986	6502	7716	1505	189	61	103	21		293500
1987	6408	11855	1472	248	78	121	38		395692
1988	6218	26211	1468	290	83	148	48		376482
1989	5802	15238	1393	271	73	144	44		409463
1990	5571	18714	1285	245	76	117	43		344003
1991	5807	29173	1142	296	105	117	61		343300
1992	6174	40430	1119	429	156	144	116	375	419503
1993	6392	43356	1401	580	212	181	157	483	503681
1994	6615	50430	1294	665	261	193	168	697	437269
1995	6767	44792	4184	1685	759	216	435	1257	481264
1996	6710	42175	2442	1203	490	206	338	2294	501221
1997	6395	44921	2012	1648	758	276	360	1894	675758
1998	5966	69253	1788	1056	447	220	266	2643	416016
1999	5237	53921	1586	1503	728	391	241	3205	434528
2000	4724	56183	634	2002	993	514	287	3319	386760
2001	4552	58146	764	2111	905	570	345	4849	377793
2002	4436	66811	852	2930	1135	767	369	4977	395273
2003	4759	96867	1127	4553	2102	1128	547	8642	443306
2004	5197	109846	1533	5446	2099	1560	643	12300	485863
2005	5560	115174	1790	6393	2515	2061	576	17323	606594
2006	6612	131176	2486	7429	2729	2467	843	23399	915364
2007	6977	139761	2829	8839	3562	2730	829	34343	1183556
2008	8108	126220	2841	9410	3541	2907	1142	37689	1067293
2009	7068	135650	3230	11547	4451	3489	1431	37753	1117030
2010	8090	143008	3723	15361	7140	4355	1264	47917	1332798

（续）

年　份	木材（万立方米）	竹材（万根）	锯材（万立方米）	人造板（万立方米）				木竹地板（万平方米）	松香（吨）
				合　计	其　中				
					胶合板	纤维板	刨花板		
2011	8146	153929	4460	20919	9870	5562	2559	62908	1413041
2012	8175	164412	5568	22336	10981	5800	2350	60431	1409995
2013	8438	187685	6298	25560	13725	6402	1885	68926	1642308
2014	8233	222440	6837	27372	14970	6463	2088	76022	1700727
2015	7218	235466	7430	28680	16546	6619	2030	77356	1742521

数据来源：2016年中国林业发展报告。

2015年，全国商品材总产量为7200万立方米，比2014年减少12.5%，其中东北、内蒙古国有林区木材产量比上年减少209万立方米。此外，全国农民自用材采伐量733万立方米，农民烧材采伐量2228万立方米。历年森林工业主要产品的产量及结构，如图9-3。

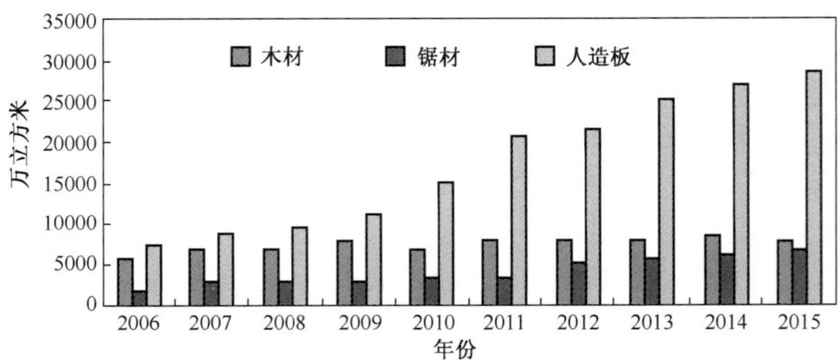

图9-3　2006~2015年全国森林工业主要产品产量

竹材产量：大径竹产量为23.5亿根，比2014年增长5.9%，其中毛竹13.6亿根，其他直径在5厘米以上的大径竹9.9亿根。竹产业产值达1923亿元。①

锯材与木片、木粒加工产品产量：锯材产量为7430万立方米，比2014年增长8.7%。木片、木粒加工产品4286万实积立方米，与2014年基本持平。

人造板产量：全国人造板总产量为28680万立方米，比2014年增长4.8%。其中胶合板16546万立方米，纤维板6619万立方米，刨花板产量2030万立方米，其他人造板3485万立方米（细木工板占60%），历年人造板（三板）比重，如图9-4。

木竹地板产量　2015年木竹地板产量为7.7亿平方米，与2014年基本持平。其中实木地板1.3亿平方米，实木复合地板2.4亿平方米，强化木地板（浸渍纸层压木质地板）2.9亿平方米，

①当前全国竹林面积601万公顷，约占森林面积的3%，其中毛竹林占我国竹林面积的74%，毛竹既可以是经济林，又可以作为用材林和防护林，福建、江西、湖南、浙江四省的毛竹面积约占全国的78%。竹林在我国一些地区是重要的传统产业，同时也是我国传统生态文化不可分割的一部分。目前全国竹藤产业年总产值近200亿美元，已经成为许多地方的支柱产业和农民就业增收的主要依靠。

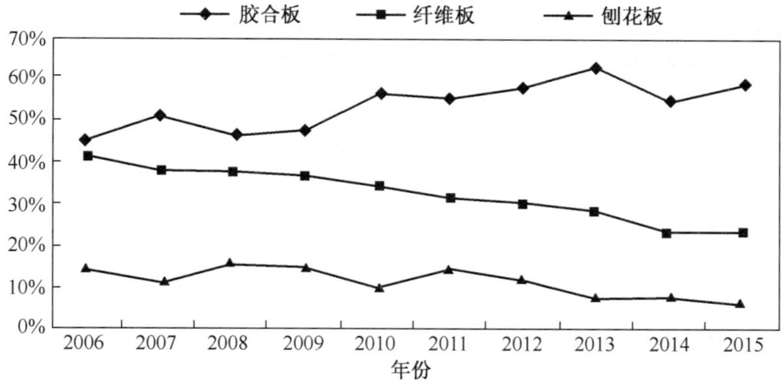

图 9-4　2006~2015 年人造板三板比重

竹地板 1.0 亿平方米。①

9.3　经济林与新兴产业

林业是绿色产业、生态产业、循环产业、碳汇产业、生物产业和富民产业，是绿色发展的优势和潜力所在。近些年，林业部门大力发展木材培育、木本粮油和特色经济林、森林旅游、林下经济、竹产业、花卉苗木、林业生物、野生动植物繁育利用、沙产业、林产工业等十大主导产业。

9.3.1　各类经济林产品与花卉生产

2015 年，全国各类经济林产品产量稳定增长，达到 1.74 亿吨，比 2014 年增长 9.5%。从产品类别看，水果产量为 1.46 亿吨，干果产量②为 1044 万吨，茶等林产饮料产品的产量为 216 万吨，林产调料产品的产量为 67 万吨，竹笋干、食用菌等森林食品产量为 423 万吨，杜仲、枸杞等木本药材的产量为 245 万吨，木本油料产量为 560 万吨，松脂、油桐等林产工业原料产量 188 万吨。

油茶产业：2015 年 14 个油茶发展省份定点苗圃共培育油茶良种苗木 6.83 亿株。全国油茶新造林 15.73 万公顷，改造低产林 15.2 万公顷，全国油茶林总面积发展到 381.67 万公顷，油茶籽产量 210.48 万吨。

花卉生产：2015 年花卉种植面积 129 万公顷，花卉苗木产业产值达到 2106 亿元。观赏苗木 100 亿株，切花切叶 184 亿支，盆栽植物 41 亿盆，草坪 4.0 亿平方米。花卉市场 4318 个，花卉企业 5.3 万家。花卉产业从业人员 506 万人，花农 135 万户。

林产化工产品：2015 年全国松香类产品产量 174.3 万吨，比 2014 年增长 2.5%。松节油类产品产量 26.3 万吨，樟脑产量 1.3 万吨，冰片产量 2002 吨，栲胶类产品产量 7584 吨，紫胶类产品产量 3344 吨。木竹热解产品产量 163 万吨。

---

①《2016 年中国林业发展报告》。

②2015 年起核桃由干果调整至木本油料分类中。

9.3.2 森林旅游产业

2015 年，全国森林旅游人数达 10.5 亿人次左右，同比增长 15%以上，创造社会综合产值超过 8000 亿元，同比增长约 25%。在全国森林旅游人数中，森林公园接待的人数约占 75%，湿地公园和林业系统自然保护区接待的人数超过 20%。各类森林旅游地总数达到 8600 处。森林旅游管理和服务人员数量超过 26 万人，其中导游和解说人员数量约 4 万人。森林旅游接待床位总数 170 万张，接待餐位总数 350 万个。

9.4 国际林产品贸易

当今我国已成为世界第一大木材进口国①，原木进口从 2006 年的 3216.29 万立方米跃升到 2015 年的 4456.90 万立方米（表 9-3）。木材出口是也不断增加，三板出口量较大，尤其是纤维板和家具的出口，纤维板出口由 2006 年的 196.83 万立方米到 2015 年的 301.49 万立方米，家具出口由 2006 年的 24814.97 万立方米到 2015 年的 32724.67 万立方米。贸易额方面，从 2006 年我国主要林产品出口总额由 263.77 亿美元，进口总额由 257.99 亿美元，贸易顺差为 5.78 亿美元。2015 年，受国内国际林产品需求低迷影响，林产品进出口贸易整体表现疲弱。根据海关统计数据汇总分析，全国林产品进出口贸易额为 1384.8 亿美元，其中，出口额 747.6 亿美元，进口额 637.2 亿美元，贸易顺差为 110.4 亿美元（表 9-4）。

主要林产品进口情况：2015 年原木进口量 4456.9 万立方米，金额 80.6 亿美元，分别比 2014 年减少 12.9%和 31.6%；锯材进口量 2660.0 万立方米，金额 75.1 亿美元，分别比 2014 年增长 3.3%和减少 7.1%；纸、纸板及纸制品进口量 298.6 万吨，金额 40.5 亿美元，分别比 2014 年增长 1.4%和减少 6.2%；纸浆进口量 1984.0 万吨，金额 127.6 亿美元，分别比 2014 年增长 10.4%和 5.7%；木家具进口量 1019.2 万件，金额 8.8 亿美元，分别比 2014 年增长 3.7%和减少 0.5%；木片进口量 983.0 万吨，金额 16.9 亿美元，分别比 2014 年增长 11.0%和 9.9%。

主要林产品出口情况：2015 年木家具出口量 3.3 亿件，金额 228.5 亿美元，分别比 2014 年增长 3.5%和 3.5%；纸、纸板及纸制品出口量 743.0 万吨，金额 150.3 亿美元，分别比 2014 年减少 3.0%和增长 5.4%；木制品出口额 59.8 亿美元，比 2014 年增长 8.7%；胶合板出口量 1076.7 万立方米，金额 54.9 亿美元，分别比 2014 年减少 7.8%和 5.6%；纤维板出口量 228.0 万吨，金额 14.3 亿美元，分别比 2014 年减少 10.8%和 12.6%；锯材出口量 28.8 万立方米，金额 2.1 亿美元，分别比 2014 年减少 29.5%和 30.6%。

---

①2009 年进口木材 40.86 亿美元，占世界份额 35.2%，远远高于第 2 大进口国印度 9.8%的市场份额。2001～2009 年间，中国林产品总进口额 50%以上的市场份额集中在美国、俄罗斯、印度尼西亚、马来西亚、泰国这 5 国；原木的进口更是依赖于俄罗斯、马来西亚、加蓬、巴布亚新几内亚、印尼等国；美国、日本、中国香港、韩国、英国、德国是中国林产品最主要的出口市场，前五大贸易伙伴占据了中国林产品出口近 50%的市场份额。

表 9-3　2005~2015 年全国主要林产品进出口数量

产品			单位	2005	2006	2007	2008	2009	2010	2011	2012	2013	2014	2015
林产品进出口数量														
原木	针叶原木	出口	立方米	742	113	66	100	851	174	41	0	0	2042	—
		进口	立方米	18270100	19717608	23270909	18577008	20302606	24274023	31465280	26769151	33163602	35839252	30059122
	阔叶原木	出口	立方米	6185	4169	3655	2725	11885	28208	14339	3569	13128	9702	12070
		进口	立方米	11097886	12435326	13861696	10992626	7756655	10073466	10860568	11123565	11995831	15355616	14509893
	合计	出口	立方米	6927	4282	3721	2825	12736	28382	14380	3569	13128	11744	12070
		进口	立方米	29367986	32152934	37132605	29569634	28059261	34347489	42325848	37892716	45159433	51194868	44569015
锯材		出口	立方米	682072	829990	763544	717475	561106	539433	544194	479847	458284	408970	288288
		进口	立方米	6054178	6153148	6557793	7181828	9935167	14812175	21606705	20669661	24042966	25739161	26597691
单板		出口	立方米	104091	143893	152746	146283	114327	158158	246914	205644	204347	255744	265447
		进口	立方米	151800	134002	130215	91894	72327	109517	200231	342983	599518	986173	998698
特形材		出口	吨	424922	518926	363790	310052	251560	302159	254144	247267	225281	212089	176867
		进口	吨	13127	16523	13755	12333	7953	10513	13442	14108	11818	16072	21624
刨花板		出口	立方米	95035	141658	179824	193171	124944	165527	86786	216685	271316	372733	254430
		进口	立方米	633972	541102	524918	374137	446543	539368	547030	540749	586779	577962	638947

（续）

产　品		单位	2005	2006	2007	2008	2009	2010	2011	2012	2013	2014	2015
			林产品进出口数量										
纤维板	出口	立方米	1376697	1968316	3056768	2382562	2031141	2569456	3291031	3609069	3068658	3205530	3014850
	进口	立方米	1137113	924481	702512	504505	452979	400071	306210	211524	226156	238661	220524
胶合板	出口	立方米	5583972	8303695	8715903	7185060	5634800	7546940	9572461	10032149	10263412	11633086	10766786
	进口	立方米	589120	413429	304098	293937	179178	213672	188371	178781	154695	177765	165884
木制品	出口	吨	2009708	2304919	2207534	1750049	1563994	1858712	1876915	1865571	1935606	2175183	2269553
	进口	吨	39018	47047	52585	60187	39734	43652	55484	198006	445186	670641	760350
家　具	出口	件	211601212	248149710	280364654	242633034	247470421	298327198	289157492	286991126	287405234	316268837	327246688
	进口	件	863112	1290094	2468740	3147981	3298999	4361353	5497244	6368316	7384560	9845973	10191956
木　片	出口	吨	880655	596242	214540	73014	7247	5342	5094	69	69	42	85
	进口	吨	871274	895437	1139607	1056387	2766012	4631704	6565328	7580364	9157137	8850785	9818990
木　浆	出口	吨	20456	32007	50781	10628	35045	14433	31520	19504	22759	18393	25441
	进口	吨	7520149	7881293	8383914	9460349	13578483	11299952	14354611	16380763	16781790	17893771	19791810
废　纸	出口	吨	30	24	108	4	220	621	2853	2067	923	661	631
	进口	吨	17036170	19623353	22562110	24205826	27501707	24352214	27279353	30067145	29236781	27518476	29283876
纸和纸制品	出口	吨	790907	1145650	1457278	1356450	4802753	5157993	5997827	6444274	7622315	8520484	8358720
	进口	吨	5465318	4604689	4208691	3735959	3495948	3536533	3477712	3254368	2971246	2945544	2986103
木　炭	出口	吨	37497	46652	42643	50976	54922	63398	67463	64192	75550	80373	74075
	进口	吨	43013	39406	75003	136266	156678	175518	188697	167655	209273	219758	172780

（续）

林产品进出口数量														
产品			单位	2005	2006	2007	2008	2009	2010	2011	2012	2013	2014	2015
松香		出口	吨	347455	367148	329214	276517	193291	249801	231148	167784	133136	122469	85322
松香		进口	吨	2345	2872	3122	1076	2927	3589	2659	9918	30413	11343	23357
水果	柑橘属	出口	吨	465623	435127	564471	862105	1113002	933089	901557	1082217	1041421	979882	920513
水果	柑橘属	进口	吨	61530	78931	74421	79946	91652	105275	131739	126154	128621	161833	214890
水果	鲜苹果	出口	吨	824050	804226	1019840	1153326	1174191	1122953	1034635	975878	994664	865070	833017
水果	鲜苹果	进口	吨	33204	31075	36396	42395	54116	66882	77085	61505	38642	28148	87563
水果	鲜梨	出口	吨	368298	375298	405189	446656	463159	437804	402778	409584	381374	297260	373125
水果	鲜梨	进口	吨	81	16	14	9	13	13	527	2479	3122	7379	7930
水果	鲜葡萄	出口	吨	21257	34293	55790	63303	100225	89359	106477	152292	105152	125879	208015
水果	鲜葡萄	进口	吨	57490	46021	42775	51613	89775	81744	122909	168409	185228	211019	215899
水果	山竹果	出口	吨	3	1	—	0	0	1	4	1	0	0	—
水果	山竹果	进口	吨	35200	17161	40404	41084	91719	90918	83573	101141	112945	82798	104480
水果	鲜榴莲	出口	吨	—	—	—	0	0	4	11	0	0	0	—
水果	鲜榴莲	进口	吨	75371	85220	105667	138929	196147	172205	210938	286510	321950	315509	298793
水果	鲜龙眼	出口	吨	3251	3150	3560	2221	945	1177	1704	1894	1892	1754	3915
水果	鲜龙眼	进口	吨	143375	168482	174625	196451	256037	291336	338846	323328	365227	326079	354149
水果	鲜火龙果	出口	吨				282	418	440	430	607	347	179	146
水果	鲜火龙果	进口	吨				118248	195044	218355	339710	469245	538542	603876	813480

（续）

林产品进出口数量

产品			单位	2005	2006	2007	2008	2009	2010	2011	2012	2013	2014	2015
坚果	核桃	出口	吨	32267	33617	28081	26179	10582	12086	17952	18024	18189	17571	13660
		进口	吨	3717	6290	7813	9033	21102	25918	22837	27801	28385	26409	13137
	板栗	出口	吨	37065	43379	45409	40920	46640	37002	37767	35081	39046	35594	34590
		进口	吨	13763	13343	11151	11890	10820	11983	9197	10666	11788	9874	6694
	松子仁	出口	吨	11655	9948	7882	4178	7862	7027	9633	11579	10683	11428	13444
		进口	吨	27	8	196	882	935	503	2481	2279	1948	3750	4228
	开心果	出口	吨	4992	3931	3953	7691	2469	3382	5178	11008	5193	3360	2596
		进口	吨	11965	9129	19290	29605	21545	52781	24952	28039	13651	10779	11348
干果	梅干及李干	出口	吨	663	484	736	475	551	954	1157	1522	1504	935	469
		进口	吨	503	1095	1372	1552	3034	5635	9065	8269	6838	1613	1171
	龙眼干、肉	出口	吨	250	287	254	222	232	283	264	248	193	216	297
		进口	吨	44385	58895	80996	76117	133616	62036	77370	58551	64471	35810	16203
	柿饼	出口	吨	11603	7122	8546	5660	5001	6505	4657	6080	5036	5492	3113
		进口	吨	59	123	7	0	0	0	0	0	0	0	—
	红枣	出口	吨	13080	9539	9496	7884	8668	7686	6873	8522	7784	7822	9573
		进口	吨	1	1	0	17	5	51	37	17	1	1	—
	葡萄干	出口	吨	13392	23392	25680	30620	41345	39850	47959	30633	36005	30201	25500
		进口	吨	11274	11109	12338	12570	11743	13855	20624	22358	20073	22592	34818

（续）

林产品进出口数量														
产　品			单位	2005	2006	2007	2008	2009	2010	2011	2012	2013	2014	2015
果汁	柑橘属果汁	出口	吨	3848	8984	11941	16895	20220	22563	20541	6102	5661	5265	5076
		进口	吨	60814	64454	65324	47566	65108	71364	78156	61904	70459	69701	64356
	苹果汁	出口	吨	648463	673047	1042326	692574	799505	788409	613912	591633	601490	458590	474959
		进口	吨	461	348	1028	2270	467	464	819	1034	1769	2747	4770

数据来源：2016 中国林业发展报告。

表 9-4　2005～2015 年全国主要林产品进出口金额　　单位：千美元

林产品进出口金额													
产　品			2005	2006	2007	2008	2009	2010	2011	2012	2013	2014	2015
总　计		出口	20574172	26377042	31930993	33488310	36316317	46316686	55033714	58690787	64454614	71412007	74262543
		进口	22102107	25798689	32360169	38439466	33902486	47506554	65299100	61948082	64088332	67605223	63603710
原木	针叶原木	出口	91	94	17	21	274	51	38	1724	0	289	—
		进口	1387979	1713618	2404879	2414186	2234430	3240796	4864608	7250935	5114048	5440581	3657984
	阔叶原木	出口	1950	1275	1194	965	4306	10475	6730	0	6656	7773	4140
		进口	1855561	2215648	2950955	2769073	1852088	2830298	3408524	3760576	4203304	6341506	4402247
	合计	出口	2040	1368	1211	986	4580	10526	6768	1724	6656	8062	4140
		进口	3243540	3929266	5355834	5183259	4086518	6071094	8273132	3490359	9317352	11782087	8060231
锯　材		出口	281431	356490	392669	412265	346344	342001	360493	331346	325737	298200	206795
		进口	1516885	1697715	1774871	2039427	2327863	3878172	5721322	5524195	6829924	8088849	7506603
单　板		出口	128529	171508	200086	243925	172678	210865	273559	234420	235983	276757	283714
		进口	121181	118163	135718	98504	63736	88064	118568	135155	142005	183822	162113
特形材		出口	557133	731094	519003	448662	371345	433189	377244	359769	334364	355706	293881
		进口	25099	27429	21636	19774	15547	19708	29668	30988	28193	35357	41178
刨花板		出口	18396	25183	34758	45873	32712	41387	56411	66454	93181	136337	114107
		进口	115461	101730	106352	91859	88913	114283	122232	116921	127891	141666	141018
纤维板		出口	396067	635782	1085801	1094538	884401	1114253	1435693	1613657	1523620	1630949	1425474
		进口	229268	195714	168916	140415	119570	124654	107114	93740	100575	110055	108396
胶合板		出口	1879039	2910501	3577941	3400530	2523949	3402140	4339929	4795625	5033698	5813258	5487696
		进口	276681	197174	170383	167469	89042	116042	119681	119546	103104	131966	121126
木制品		出口	3139195	3791812	3828644	3522246	3324597	4114612	4536235	4854951	5160484	5932432	6457198

（续）

产品		林产品进出口金额										
产　品		2005	2006	2007	2008	2009	2010	2011	2012	2013	2014	2015
	进口	49605	61572	70251	75033	84081	121953	156709	274723	500161	715093	763723
家　具	出口	6843165	8783827	10683050	11017339	12035202	16157214	17118709	18331201	19440770	22091885	22854641
	进口	87217	117585	220383	311952	297671	387711	546457	596047	707904	888821	884025
木　片	出口	92893	64321	25249	9034	887	558	726	30	57	21	102
	进口	122141	119140	158338	182490	353802	673817	1159600	1331814	1554275	1545100	1693669
木　浆	出口	10728	16480	27487	6916	22351	11344	34119	12694	14008	12433	16818
	进口	3694780	4354322	5498741	6660933	6795615	8774104	11852421	10904715	11316770	12004565	12701792
废　纸	出口	8	5	18	1	48	119	616	691	418	265	280
	进口	2457178	2748047	4041970	5556926	3796054	5352897	6967452	6275973	5930000	5347795	5283161
纸和纸制品	出口	1060777	1457284	1844016	2070567	6129326	7554688	10454553	11800706	14232066	15859260	17097590
	进口	4387339	4215202	4287379	4363240	3879784	4610590	5055272	4600238	4373700	4308915	4046869
木　炭	出口	22501	26111	20114	22979	26065	35748	39094	44428	64472	89129	108964
	进口	6070	5922	9914	14663	17552	22952	44877	58017	62857	62022	50057
松　香	出口	254515	365260	274265	271944	181729	486750	593328	268287	272145	296592	194439
	进口	4849	5815	6686	4739	6104	8830	8577	17549	47616	25367	40434
水果 柑橘属	出口	143383	161510	257633	437373	592697	615797	726457	971902	1155959	1170064	1258434
	进口	44859	54642	54670	67312	74224	106072	148576	150776	166152	229953	267179
水果 鲜苹果	出口	306313	372552	512645	698398	713518	831627	914326	959913	1030074	1027619	1031232
	进口	25428	25277	34674	45188	54108	75932	115830	92578	67465	46278	146957
水果 鲜梨	出口	122078	147713	161765	215087	220716	243263	285559	325154	361737	350656	442537
	进口	52	23	16	27	23	75	1043	3793	6041	10148	12935
水果 鲜葡萄	出口	9982	19234	32944	47437	85926	104943	162273	336036	268561	358756	761873
	进口	82385	69654	63180	95018	172077	189471	324280	425205	514608	602607	586628
水果 山竹果	出口	1	1	0	0	0	1	1	1	0	0	—
	进口	39547	25217	62230	69565	144383	147018	145837	196000	231455	158470	238200
水果 鲜榴莲	出口	0	0	0	0	0	1	4	0	0	0	—
	进口	47863	53929	71250	92850	124373	149562	234304	399762	543165	592625	567943
水果 鲜龙眼	出口	1348	2160	2718	2770	857	711	2451	2813	2158	3105	10187
	进口	73265	85219	98239	124192	157334	193182	314287	395965	448088	328267	341923
水果 鲜火龙果	出口				121	161	300	719	1093	736	329	345
	进口				55236	94538	105305	200154	326473	410163	529932	662882

（续）

林产品进出口金额													
产　品			2005	2006	2007	2008	2009	2010	2011	2012	2013	2014	2015
坚果	核桃	出口	46112	56691	53887	60224	19849	24536	47654	54660	63087	71524	60735
		进口	3767	6324	6218	12624	28502	48596	55204	73373	61000	62120	42335
	板栗	出口	49803	57404	62244	62981	68208	73434	75865	85864	84255	82517	77858
		进口	21993	20264	18304	18531	18108	22090	17893	26937	24578	18360	10504
	松子仁	出口	76324	103081	81610	47675	142974	159277	153902	174671	212315	234068	258135
		进口	154	63	1091	6955	7875	5619	21990	22467	26953	53440	64841
	开心果	出口	6403	5488	5906	13098	5622	7334	10889	35959	28830	13482	10306
		进口	19252	14664	43178	76554	77461	203136	116623	134940	80886	66195	75964
干果	梅干及李干	出口	1073	970	2136	1942	2311	3844	4943	6766	6479	4235	2294
		进口	591	1071	1500	1783	2865	4942	8274	9718	9745	4251	3267
	龙眼干、肉	出口	883	1079	1018	1005	1249	1742	1674	1868	1535	1657	2392
		进口	26933	32991	52849	53530	88737	64630	86455	82020	86062	56678	26565
	柿饼	出口	16314	12105	15983	10630	9098	13896	11100	16040	13476	14826	8830
		进口	43	37	18	0	0	0	1	0	0	0	—
	红枣	出口	11561	10717	10709	12187	17399	17447	22611	26808	24638	28535	35320
		进口	1	5	3	14	20	90	58	70	8	8	4
	葡萄干	出口	21762	30880	36329	47225	65311	69960	102067	73901	83392	74344	56891
		进口	15747	15695	17917	19686	18340	23010	34943	41525	37881	37952	50952
果汁	柑橘属果汁	出口	3974	7402	10525	14424	14218	16064	19946	11107	11209	10880	10914
		进口	62562	85830	122646	97790	106311	109036	172899	153505	155367	153185	124160
	苹果汁	出口	458169	594846	1243994	1130079	655526	747088	1081240	1142004	906622	638698	561250
		进口	412	297	1224	4634	718	606	1087	1383	2269	3209	4454
其　他		出口	4612272	5456183	6924636	8116983	7640042	9459801	11782556	11746517	13455234	14525425	15122709
		进口	5299957	7412689	9683594	7559270	6718656	9727522	23016281	14830100	10756768	19280066	18504906

数据来源：2016 中国林业发展报告。

9.5　产业基地

当前我国森林资源面积蓄积持续快速增长，进入历史上发展最快的时期，人工林保存面积居世界第一位，取得了举世瞩目的成就。但是，随着林业经营主体多元化、林业产业全球化深入发展，我国木材供需矛盾日益突出，木材安全形势十分严峻。原木锯材进口量超过全球贸易量的 1/3 以上，木材对外依存度已接近 50%。随着国际原木交易限制增多，原木进口难度越来越大，部分品种面临断供风险。我国用 18 亿亩耕地基本解决了 13 亿人的吃饭问题，然而 45. 6 亿亩林地却没有完全解决 13 亿人的用材需求，而且进口依存度会持续上升，木材结构性短缺的局面短期内难以改观。这就迫切要求我们必须立足当前，着眼长远，扎实推进木材战略储备基地建设。

2013 年，国家林业局编制印发了《全国木材战略储备生产基地建设规划（2013~2020）》。明确经过 8 年的努力，到 2020 年要在立地条件好、培育潜力大、目的树种丰富的 800 毫米等雨线以南地区，建设木材战略储备基地 2.1 亿亩。基地建成后，每年可新增木材 9500 万立方米以上，使我国木材自给率提高到 60%左右。在基地建设的基础上，进一步制定了《国家储备林建设试点方案》，探索建立契约管理、代储代管、动用轮换、动态监测的国家储备林制度。第一期选择划定符合条件的中近熟林资源 1500 万亩，经过 10~20 年的改造培育，实现年动用 1000 万立方米大径级木材的储备能力，木材储备率达到 10%~15%，具备可查可调可控的大径级立木资源调剂能力。此外，还制定了《国家重点林木良种基地管理办法》，加强国家重点林木良种基地建设及生产，并在政策和资金上予以扶持，加大人工林、工业原料林、用材林的培育，力求不断提高木材供给以满足国内日益增长的木材需求。①

国家储备林基地：2015 年完成国家储备林基地建设任务 14 万公顷，落实中央投资 4.5 亿元；印发了《国家储备林制度方案》。编制了《国家储备林建设规划（2016~2020 年）》，制定了国家储备林技术标准规程体系，对标准化建设需求进行了摸底和整理，启动了人工林可持续经营项目，

速生丰产林基地：2015 年完成速丰林工程建设各类造林 63.33 万公顷，其中荒山荒地造林 19.53 万公顷，更新造林 23.33 万公顷，非林业用地造林 2.13 万公顷；完成改培面积 18.34 万公顷。对珍稀大径材等特殊林木培育项目投资 4000 万元，完成建设任务 23333 公顷。②

9.6 林下经济

林下经济对于增加农民收入、巩固集体林权制度改革和生态建设成果、加快林业产业结构调整发挥着重要作用，发展林下经济可以提高农民经营森林的动力，提高林地利用率和产出率，实现林农不砍树也能致富，不出乡也能致富的愿望。《国务院办公厅关于加快林下经济发展的意见国办发〔2012〕42 号》指出，要努力建成一批规模大、效益好、带动力强的林下经济示范基地，重点扶持一批龙头企业和农民林业专业合作社，增强农民持续增收能力。林下经济的发展，为农民就业增收开辟了新的空间，对促进消费、拉动经济增长具有特殊重要的意义。③④

2015 年，全国林下经济产值达 5803.59 亿元，增长 7.18%。参与农户 5705.56 万户，其中森林人家 956.28 万户。印发了《全国集体林地林药林菌发展实施方案（2015~2020）》，重点布局发展林药、林菌 70 个品种，认定了第二批 128 家国家林下经济示范基地，安排林下经济中央财

---

①张建龙在国家木材储备战略联盟成立大会暨首届理事会上的讲话［EB/OL］. 中国林业网 http：//www. forestry. gov. cn，2014-08-28.

②《2016 中国林业发展报告》。

③统计数据表明：2012 年全国林下经济产值达 3601. 24 亿元，其中，林下种植 1668. 42 亿元，林下养殖 829. 70 亿元，森林景观利用 524. 29 亿元，林下产品采集加工 578. 83 亿元，参与林下经济的农户 4550. 13 万户。焦玉海. 林下经济对促进经济转型低碳发展意义重大［EB/OL］. http：//www. forestry. gov. cn，2013-04-22.

④在全国深化集体林权制度改革工作会议暨林下经济现场会上的讲话。赵树丛（2012 年 9 月 25 日），http：//lgs. forestry. gov. cn，2012-10-23。

政补助试点资金 1.55 亿元。①

9.7　林业产业规划

专栏 9-1　林业产业振兴规划（2010~2012 年）（节选）

指导思想：全面贯彻党的十七大精神，以邓小平理论和“三个代表”重要思想为指导，深入贯彻落实科学发展观，按照保增长、扩内需、调结构的总体要求，以中央林业工作会议精神和发展现代林业、建设生态文明、推动科学发展为统领，以林业产业战略性调整、提高林业产业竞争力和有效增加林产品市场占有为主线，以集体林权制度改革为契机，扩大国内城乡市场需求，以体制创新、政策创新和科技创新为动力，推动技术进步，加快自主品牌建设，淘汰落后产能，提升产业素质，完善标准体系，提高产品质量，开辟林业产业新的发展领域，稳定林业产业发展的总体规模，进一步发挥林业产业吸纳城乡劳动力就业、服务“三农”、促进国民经济健康发展的作用，巩固和提升林业产业在国民经济中的地位。

规划目标：2010~2012 年，林业产业调整和振兴的总体发展目标是：林业产业持续健康发展，产业结构得到优化，产业面不断扩大，产品质量显著提高，应用领域不断拓宽，进出口贸易稳定发展，为拉动内需、促进增长、增加就业、满足国计民生对林产品需求发挥更大的作用。林业产业总产值由 2008 年的 1.44 万亿元增加到 2012 年 2.26 万亿元，保持 12%左右的速度增长；其中人造板产量稳定在 1 亿立方米左右。2012 年我国林产品国际贸易总量达到 900 亿美元以上，其中出口增长基本恢复到 2007 年水平，出口总额达到或超过 500 亿美元。人造板、木地板、家具、木门等优势产品继续保持世界出口第一国地位。2012 年林业第二产业和以生态旅游为龙头的林业第三产业占林业总产值的比重分别增加到 50%以上和 18%以上；人造板为主的木材加工企业得到全面整顿；相关国家标准和行业标准得到修订（制订），落后产品及装备基本淘汰；名优林产品的形象得到树立，龙头企业带动作用突显，林产品质量基本满足社会需求。林区的各项社会事业得到较大发展，生态文化建设成就显著。2012 年林业产业就业人数由 2008 年的 4500 万人增长到 5700 万人，其中第一产业实现就业 3000 万人，第二产业实现就业 1100 万人，第三产业实现就业 1600 万人。2012 年各类工业原料林基地面积迅速扩大，国内木材及林产品供给能力得到提高；木材及制品（含纸类）进口渠道得到稳定，年均进口境外木材资源稳定在 1.6 亿立方米以上。

主要任务：结合国家对重点产业调整和振兴的总体要求，根据规划确定的目标，本次林业调整振兴的方向和重点为受金融危机冲击最严重的人造板等木材工业及其相关产业，确定的任务主要有以下七项：挖掘国内市场潜力，拉动国内消费需求；促进增长，稳定国际市场；推进林业品牌建设和市场准入，全面提升行业形象和产品质量；加大企业技术进步，促进林业产业升级；加强国际投资合作，有效利用境内外森林资源；加快各类工业原料林基地建设，增加国内林产品后备资源储备；大力发展生态旅游等第三产业，提升效益，促进就业。

①《2016 中国林业发展报告》。

专栏 9-2 林业产业十三五规划（节选）

指导思想：全面贯彻党的十八大和十八届三中、四中、五中、六中全会精神，深入贯彻习近平总书记系列重要讲话精神，牢固树立创新、协调、绿色、开放、共享的发展理念，持续推进林业产业供给侧结构性改革，以建立发达的现代林业产业体系为战略目标，以提高发展质量和效益为中心，以去产能、去库存、去杠杆、降成本、补短板为主线，以政策引导、示范引领、龙头带动为抓手，深化改革创新，营造公平竞争的市场环境，不断促进林业产业集约化、规模化、绿色化、信息化和品牌化发展，满足社会对林产品的多样化需要，着力推动绿色惠民和精准扶贫，为全面建成小康社会、建设生态文明和美丽中国做出新贡献。

总体目标：到 2020 年，实现林业总产值达到 8.7 万亿元的总体目标。林业产业结构进一步优化，第一、二、三产业结构比例调整到 27 : 52 : 21。森林资源支撑能力显著增强，林产品产量平稳较快增长，产业集中度和创新能力大幅提升，林业产业促进农民和林区职工增收贡献率明显提高，建立起适应市场经济的林产品生产、销售和服务的现代产业体系，形成有利于产业持续健康发展的政策、法规、标准体系和市场环境，实现林业产业发展模式由资源主导型向自主创新型、经营方式由粗放型向集约型、产业升级由分散扩张向龙头引领转变。

9.8 问题挑战

第一产业：产业基础薄弱，林业资源短缺加剧。一方面我国森林资源严重不足，木材市场对外依存度已接近50%；另一方面，森林资源利用率低，资源可采及率及木材综合利用偏低，两个方面的因素严重制约了以资源为主的林业产业发展。

第二产业：产业链条少，附加值低。企业规模小、技术水平低、产品质量差、花色品种少。林产工业尤其是精深加工业还没有形成规模，名特优新经济林、竹藤花卉产品、森林食品、珍贵树种和药材培植以及野生动物驯养繁殖等新兴产业才刚刚起步。

第三产业：产业发展滞后，发展不充分。由于受到林业传统生产经营观念的影响，林业产业的第三产业没有受到应有的重视，森林多种资源没有得到很好的开发利用，在产业结构调整中没有发挥出其应有的作用，以至造成以森林旅游、林区综合服务等产业发展体系严重滞后。

林产品贸易：对外贸易集中度高，对国外市场依赖性强。大多数企业是由家庭小作坊发展起来的民营企业，规模较小，层次低，在贸易谈判中处于劣势地位。加之技术含量不高，缺乏定价权。此外，中国林产品产业采取的是加工贸易型的出口导向型发展模式，这种两头在外的加工模式，使得林业产业对国际市场的依赖增加。①

木材战略储备：存在配套政策不完善、储备信息不畅通、专业人才缺乏、科技手段滞后等问题。

①近年来，我国林业市场化进程逐步加快，但市场化程度还很低。主要有三大制约因素：一是长期以来我国林业发展一直强调生产而忽视市场，计划经济思维在林业领域仍然广泛存在，导致林业各类要素市场发育迟缓；二是林业具有生产周期长、资金投入大等特点，部分林产品生产周期甚至超过一代人的寿命，传统融资方式与林产品生产周期不匹配，导致资金和人才不愿意进来，资本和技术积累缓慢；三是部分政策性限制影响林业市场发育，采伐难、评估难、抵押难、融资难等问题把一些市场主体挡在了林业之外。盘活林业资源资产，提升林业市场化水平，关键是要充分发挥市场在资源配置中的决定性作用，让各类生产要素的活力和潜力竞相迸发。赵树丛：主动适应新常态实现林业新发展为改善生态改善民生作出更大贡献—在全国林业厅局长会议上的讲话（2015年1月5日）。

第 10 章　林业民生贡献

“良好生态环境是最公平的公共产品，是最普惠的民生福祉”。

林业的首要功能就是满足人的生态需求、保障国家的生态安全。随着经济社会发展和生活水平提高，享受良好生态、宜居环境已经成为人民群众的新期待和新需求。在满足人民群众生产生活需求方面，林业大有可为。林业横跨一、二、三产业，可以生产出与人们衣食住行紧密相关的10 多万种产品，同时林业产业链条长、就业容量大，是现阶段最适合农民增收致富的产业。此外，森林具有社会功能，森林可以提供给我们休闲、康养以及美的享受，丰富多彩的森林文化产品，可以收到教育人、熏陶人、感染人、影响人的良好效果。①

10.1　林业就业

林业在增加就业方面做出了巨大贡献。据全球森林资源评估 2010 数据显示：我国 1990 年森林初级产品及服务的林业就业人数为 251.5 万人，占同期亚洲林业就业人数的 913.9 万人的 27.52%，世界林业就业人数 1099.8 万人的 22.87%；到 2000 年就业人数为 201.7 万人，相比 1990 年减少了 49.8 万人，占同期亚洲林业就业人数 830.8 万人的 24.28%，世界林业就业人数 1101.1 万人的 18.32%（表 10-1）。②

表 10-1　世界林业就业人数（1990、2000 年）

区　域	1990 年（千人）				2000 年（千人）			
	产品的初级生产	提供服务	未具体说明	总　计	产品的初级生产	提供服务	未具体说明	总　计
非　洲	222	23	55	301	465	305	100	870
亚　洲	5160	2953	1026	9139	4425	3008	875	8308

①必须科学认识并正确处理两者之间的关系，把改善生态和改善民生放在同等重要的位置，协同推进，互动双赢。一要始终坚持抓生态就是抓民生的思想。真正把生态建设放在林业的核心位置，努力为祖国大地披上美丽绿装，为科学发展提供生态保障，为人民群众提供良好的生产生活环境。二要牢固树立服务民生抓生态、改善生态惠民生的思想。既要把改善民生作为林业工作的出发点和落脚点，让人民群众充分享受林业建设成果，也要让绿色发展的理念深入人心，激发广大人民群众投身林业生态建设的热情。三要牢固树立以人为本、统筹兼顾、全面协调可持续发展的思想。坚决反对吃祖宗饭、断子孙路的野蛮掠夺式开发和生产，坚决反对漠视群众生活、损害群众利益的行为。资料来源：生态和民生：现代林业科学发展的使命，国家林业局政府网，http：//www. forestry. gov. cn/2012 年 09 月 04 日，来源：学习时报。

②从 1990 年与 2000 年比较看，林业就业水平在 1990 年至 2000 年期间略有下降，在区域一级，亚洲和欧洲也显示出同样的趋势，而其他区域则略有增加。就业方面的变化可以通过若干因素予以解释。大部分下降出现在初级产品的生产方面，这可能是由劳动生产率的提高（收获作业机械化程度的提高）所致。

（续）

区 域	1990 年（千人）				2000 年（千人）			
	产品的初级生产	提供服务	未具体说明	总 计	产品的初级生产	提供服务	未具体说明	总 计
其中：中国				2515	1499	26	492	2017
欧 洲	413	70	509	992	412	63	471	945
北美和中美洲	368	57	42	467	415	55	135	605
大洋洲	26	4	4	35	28	4	6	37
南美洲	44	20	0	64	215	20	9	245
世 界	6623	3128	1637	10998	5960	3455	1596	11011

资料来源：2005 年全球森林资源评估①

据全球森林资源评估 2015 数据显示：2010 年，在林业中就业的大约有相当于 1270 万的全日制员工，其中 79%在亚洲，主要在印度、孟加拉国和中国（表 10-2）。

表 10-2 1990～2010 年世界部分国家林业雇员情况

国 家	1990 年（千人）	2000 年（千人）	2005 年（千人）	2010 年（千人）
中 国	1870	1474	1219	1150
孟加拉国	1650	1520	1480	1500
加拿大	73	87	70	52
巴 西		406	497	513
芬 兰	39	24	22	22
印 度	6360	6053	6188	6257
日 本	108	67	47	69
马 里	135135	135	135	200
马达加斯加		554	679	243
蒙 古	267	77	61	64
尼泊尔	138	96	105	144
波 兰	131	57	58	64
德 国	65	51	41	43
法 国		42	35	30

①注：《全球森林资源评估》所采用就业定义是：“按照或口头合同所履行的任何类型的工作或服务，以换取现金或实物形式的工资或薪水。”然而，要求提供的就业信息只涉及森林初级产品生产及相关的服务，不包括木材和非木材林产品加工方面的信息。因此这些数字不能与林业部门整体就业状况的统计数据进行比较。

（续）

国　家	1990 年（千人）	2000 年（千人）	2005 年（千人）	2010 年（千人）
越　南	80	198	239	298
意大利	56	36	41	32
俄罗斯		201	170	74
乌克兰	62	105	98	70
土耳其	101	48	42	62
多　哥	86	136	186	236
瑞　典	39	20	23	30
南　非		66	107	63
马来西亚	76	66	125	63
罗马尼亚	79	71	60	41
美　国		75	70	55
英　国	17	16	14	20
澳大利亚		10	8	6
新西兰	6	8	8	6

数据来源：2015 年全球森林资源评估报告。就业包括林业和伐木业相当于全日制工人的数据。这里仅指在林区工作的劳动力，不包括整个林业部门（整个林业部门包括制造业及相关就业）。这些数据包括正式和非正式两种就业估计数。除了与林业和伐木业直接有关的就业外，就业也包括间接就业和衍生就业。间接就业指的是本部门外产生的就业机会，如设备制造业和支撑服务业。衍生就业指的是当员工在使用他们的收入购买消费品和服务时产生的工作岗位。监测并报告林业就业能提供农村林区中的工作岗位情况。

中国《林业产业振兴规划（2010~2012 年）》指出：由于林业产业是一个涉及国民经济第一、第二和第三产业多个门类，涵盖范围广、产业链条长、产品种类多的复合产业群体，不仅创造直接就业，还创造间接就业，不仅创造持久就业，还创造临时就业，不仅创造正规就业，还创造非正规就业。直接从事林业产业生产的人员遍及城市和乡村，2008 年总量已达 4500 万人。2012 年林业产业就业人数达到 5700 万人，其中第一产业实现就业 3000 万人，第二产业实现就业 1100 万人，第三产业实现就业 1600 万人。①

根据“林业与绿色经济研究”研究课题组的估算方法，即林业系统内就业，通过林业统计报表制度，采用全面调查方式，收集林业系统内各林业就业指标数据；林业系统外就业，采用系统外林业从业人员数=系统外产品产量/实物劳动生产率，其中，对于林业系统内与系统外实物劳动生产率差异不大的产品生产，采用林业系统内的实物劳动生产率替代计算系统外的从业人员；对于林业系统内与系统外实物劳动生产率差异较大的产品生产，采用抽样调查或典型调查方式对系统外的林业生产单位进行调查获取。林业就业统计分类，分别从营林、木材采运、木材加工、林产化学制造、木浆制造业、木竹家具制造业和林业第三产业等方面进行估算，结果表明：我国营林业就业人数从建国初期的 20 余万人发展到 2010 年的 458 万余人，木材采运就业人数从

①国家林业局、国家发展改革委、财政部、商务部、国家税务总局关于印发《林业产业振兴规划（2010~2012 年）》的通知，林计发〔2009〕253 号，2009 年 10 月 29 日。

建国初期的不到20万人发展到2010年的84万余人。2010年全国木材加工绿色就业规模达466.09万人。林产化学工业绿色就业规模较小，仅为1.14万人。全国木竹浆制造业绿色就业规模达228.11万人。木竹家具制造业绿色就业规模达252.48万人。第三产业就业规模不断扩大，到2010年时，就业总人数达到159.98万人。上述几项合计，2010年林业就业总人数合计约为1650.93万人。①

10.2 林农收入

从集体林材农来说，集体林权制度改革涉及1.50亿农户，5.40亿农民，其中贫困人口4387.08万人，占8.12%。据29个省（自治区、直辖市）不完全统计，2015年林改县农民人均年收入为11861.57元，比去年增加1099.62元，增长10.22%；其中来自林业的收入2315.40元，比去年增加756.95元，增长48.57%，来自林业的收入占总收入的19.52%，比去年增加3.33个百分点。②

从国有林区职工来说，“国有林区改革政策课题组”在对内蒙古、黑龙江重点国有林区1028户职工家庭调查显示：2015年重点国有林区职工家庭总收入的均值为58542.1元，比2014年名义增长9.3%，扣除价格因素影响，实际增长7.8%。控制家庭人口规模的影响后，2015年重点国有林区职工家庭人均收入的均值为20403.9元，比2014年名义增长2.8%，扣除价格因素影响，实际增长1.4%，然而与全国城镇居民人均可支配收入相比，重点国有林区职工家庭人均收入的增幅明显偏低；职工家庭的人均收入仍以工资性收入为主。2015年重点国有林区职工家庭的人均工资性收入为15497.3元，占76.0%，比2014年名义增加12.4%；人均经营性收入为1898.2元，占9.3%，比2014年名义增加47.7%；财产性收入为445.1元，占2.2%，比2014年名义增加87.1%；转移性收入为2401.6元，比2014年名义减少22.3%。分林区看，长白山森工林区职工家庭人均收入最高，为25055.3元，内蒙古森工林区职工家庭人均收入最低，为17685.9元；将人均家庭可支配收入由低到高分成5个组别，分别描述2015年重点国有林区职工家庭人均收入的水平和结构。收入最低的20%家庭的人均收入为9043.1元，收入最高的20%家庭的人均收入为39078.2元，是收入最低20%家庭的4.3倍。③ 高收入家庭和低收入家庭收入差距明显，相对来看，长白山森工林区职工家庭的收入差距最大，内蒙古森工林区职工家庭的收入差距最小。但与全国平均水平相比，重点国有林区职工家庭的收入差距并不大。

10.3 精准扶贫

消除贫困、改善民生、实现共同富裕，是现代化建设的本质要求，也是全面建成小康社会的关键所在。

全面建成小康社会的难点重点在山区林区沙区，这些地区属于集中连片特殊困难地区，也是

①王刚，胡明彤，等. 中国林业就业历史数据估算与分析［J］. 林业经济，2017，39（01）：62~70，92.

②《2016中国林业发展报告》。

③根据《中国统计年鉴》，2015年中国居民收入最高的20%家庭的人均收入是收入最低20%的10.4倍，龙江、黑龙江省大兴安岭、内蒙古、吉林和长白山森工林区，这个倍数分别是4.6、4.1、3.4、4.3和5.1倍。

重点生态功能区，依靠传统产业脱贫难。林业具有进入门槛低、产业链条长、就业容量大、收益可持续的优势，脱贫增收潜力巨大。这就要求，加强生态建设，发展生态产业，实行生态补偿，对生态特别重要和脆弱的实行生态保护扶贫，实现林业精准扶贫、精准脱贫，补齐短板。山区是林业生态建设的主战场，也是我国贫困人口的聚集区。我国60%的贫困人口分布在山区，广袤的林区、山区、沙区，有着丰富的自然资源，这些地区既是发展林业的重点地区，又是脱贫攻坚的主战场。根据林业特点和优势，国家林业局始终坚持“四精准”——生态护林员精准到人，退耕还林精准到户，金融扶持精准到利益分配机制，定点县精准到脱贫摘帽时限。①

国家林业局出台了《全国林业扶贫攻坚规划》及11个集中连片特困地区林业扶贫攻坚规划。2011~2014年，共安排14个片区中央投资1106亿元资金，实现了天然林资源保护、退耕还林等林业重点工程的全覆盖。“十二五”时期，林业棚户区改造累计安排中央投资240亿元，完成改造167万户，惠及500万人口。为解决天保一期一次性安置职工断保问题，中央财政安排社会保险补贴50.57亿元。天保工程森林管护费提高到每年每亩6元，社会保险补助测算基数由2008年天保工程所在省份社会平均工资80%提高到2011年所在省份社会平均工资的80%，中央财政新增补助资金31亿元。安排国有贫困林场扶贫资金17.4亿元，是“十一五”的1.7倍。大力推进林业生态保护扶贫。扶贫资金主要用于支持贫困林场改善生产生活条件、发展生产、人员培训等方面。②

专栏10-1　做好山水这篇大文章　探索生态脱贫新路子③

习近平总书记高度重视林业精准扶贫工作，明确指出：许多贫困地区一说穷，就说穷在了山高沟深偏远；其实，这些地方要想富，恰恰要在山水上做文章。这个重要论述，充分肯定了林业扶贫的重要作用，为有效推动精准扶贫和精准脱贫提供了一条重要路径。各级林业部门要深刻领会习近平总书记关于生态扶贫重要讲话精神，深入挖掘林业精准扶贫的巨大潜力，充分发挥林业精准脱贫的特殊作用和持久作用，为打赢脱贫攻坚战作出应有的贡献。

习近平总书记特别强调，贫困地区发展要宜农则农、宜林则林、宜牧则牧、宜开发生态旅游则搞生态旅游；让贫困地区的土地、劳动力、资产、自然风光等要素活起来，让资源变资产、资金变股金、农民变股东，让绿水青山变金山银山，带动贫困人口增收。我国90%的国家级贫困县分布在山区、林区和沙区，林业具有涵盖范围广、产业链条长、产品种类多、就业容量大等特点，在精准扶贫和精准脱贫中大有可为，也必将在巩固脱贫成果中大有作为。

林业扶贫是实现扶贫对象精准、措施精准、成效精准的有效途径。习近平总书记指出，扶贫要做到扶持对象精准、项目安排精准、资金使用精准、措施到户精准、因村派人精准、脱贫成效

①精准扶贫：是粗放扶贫的对称，是指针对不同贫困区域环境、不同贫困农户状况，运用科学有效程序对扶贫对象实施精确识别、精确帮扶、精确管理的治贫方式。

②积极推进林业精准扶贫 林业扶贫大有可为。中国林业网，http：//www. forestry. gov. cn/2017年03月22日，来源：人民网—环保频道。

③张建龙：做好山水这篇大文章 探索生态脱贫新路子。中国林业网 http：//www. forestry. gov. cn/2017年05月04日，来源：《求是》。

精准。林业发展的重点在山区、林区和沙区，林业干部职工与农牧民联系紧密，特别是在推进集体林权制度改革、实施退耕还林等林业重点工程中，他们通过走村入户、丈量退耕地、勘界确权等，摸清了贫困人口底数、贫困程度、致贫原因，摸清了林业市场状况等情况，在此基础上培育林业产业更容易让当地群众接受，项目安排更加适宜当地资源状况，扶贫措施更加符合地方实际，脱贫成效也将会更加精准。

林业扶贫是林农群众最易接受的就业手段。习近平总书记指出，一些贫困群众虽然生活艰难，但故土难离观念很重。要支持贫困地区农民在本地创业，这是短期内增收最直接见效的办法。林业是劳动密集型行业，资金、技术等就业门槛很低，可以为贫困林农提供大量的就业机会，让有劳动能力的贫困人口转成护林员等林业工人，实现就地就业。贫困林农长期生长生活在山区林区，对育苗、栽培、管护等林业生产，对林药、林果、林菜、林菌等林下种植业，对林蛙、林猪、林鸡、林兔等林下养殖业，都很熟悉。对他们来说，这种就业方式更容易、更直接、更可靠，不用背井离乡便能够实现就业创业。

林业扶贫是实现生态和脱贫双赢的根本之策。习近平总书记提出，要把生态补偿扶贫作为双赢之策，让有劳动能力的贫困人口实现生态就业，既加强生态环境建设，又增加贫困人口就业收入。贫困地区大多生态脆弱，生存条件较差，一方水土养不起一方人。在这些地区，大力发展林业，不仅可以生产更多更优质的无污染产品，不断增加林农收入，而且可以有效改善本地区生态环境，提升区域生态承载能力，推动贫困地区经济社会持续健康发展。近年来，中西部很多地区依靠当地自然资源，大力发展森林旅游、森林康养、沙漠旅游、沙区体育等，找到了一条建设生态文明和发展经济相得益彰的脱贫致富路子。

林业扶贫是持久巩固脱贫成果的平台载体。农村贫困人口如期全部脱贫，必须保持农民收入持续增长，否则可能导致重新返贫，甚至可能造成新的贫困人口。林地和林木是山区林区农民的重要资产和生产要素，是保持收入持续增长的源泉。自20世纪八九十年代以来，通过实施退耕还林、石漠化治理等工程，很多贫困地区种植了大面积的经济林果、木本粮油，发展了林下经济、竹藤花卉等适合当地的林业产业，甚至培育出了生物质能源和新材料等新业态。随着时间的推移，经济林果、木本粮油逐渐进入盛果期或高产期，林业新业态发展将会越来越精细。这是持久巩固脱贫成果的关键所在，也是增强贫困地区“造血功能”，确保不重新返贫的重要载体。

10.4　城市林业

“城市森林”的概念最早出现在1962年美国政府的户外娱乐资源调查报告中，国内外研究对城市森林还没有形成统一的界定。① 通常地，城市森林是指城市地域内以改善城市生态环境，促进人与自然协调，满足社会发展需求，由以树木为主体的植被及其所在环境所构成的森林生态系统，包括城区全部的绿地和各种水体，郊区的片林，防护林、河道林、农田防护林、水体等。②

---

①江泽慧. 加快城市森林建设走生态化城市发展道路［J］. 学会，2003（9）：4-11；王成，蔡春菊，陶康华. 城市森林的概念、范围及其研究［J］. 世界林业研究，2004，17（2）：23-27.

②彭镇华，等. 中国城市森林［M］. 北京：中国林业出版社，2014.

作为城市生态系统的核心组成部分，城市森林被认为是缓解和改善当前城市生态环境问题的关键。我国历届政府高度重视城市森林的建设与维护，先后出台了《中华人民共和国城市绿化条例》及其修订案、《国务院关于加强城市绿化建设的通知》《城市园林绿化评价标准》《关于促进城市园林绿化事业健康发展的指导意见》等政策法规，推动和促进城市绿化建设，特别是以城市森林为主体的生态体系的建设与维护，以实现城市环境的优化与改善。①

自2004年我国创建国家森林城市活动启动以来，“让森林走进城市、让城市拥抱森林”的理念深入人心，城市森林建设呈现出蓬勃发展的态势，取得了可喜的成绩，赢得了广大人民群众的衷心拥护，为促进经济社会可持续发展、提高人民群众福祉作出了重要贡献。② 深刻认识继续加强城市森林建设③④，是建设美丽中国的必然要求、增进民生福祉的重大举措，是推动绿色发展的重要抓手、实现森林发展目标的有效途径，也是加快城乡造林绿化和生态建设、实现全社会办林业的创新实践。在实践过程中，逐渐形成了中国特色的森林城市建设新理念。⑤⑥

截至2015年，全国有96个城市获得“国家森林城市”称号，170多个城市开展“创森”活动。根据对176个“创森”城市的统计，近两年每个城市年均完成新造林20万亩左右，是同期全国平均水平的2倍以上，调查市民对“创森”活动的支持率和满意度在98%以上。许多资源

---

①张亚鑫，田晓晖，刘珉. 城市森林价值评估方法研究综述［J］. 林业经济，2017（3）：64~72.

②贾治邦：发展城市森林是文明进步的重要体现。国家林业局政府网 http：//www. forestry. gov. cn/2011年06月21日，来源：中国绿色时报。

③一是加强城市森林建设是贯彻落实科学发展观的生动实践。森林具有巨大的生态和文化功能，加强城市森林建设，对于改善生态环境，提高生态承载力，增强人们的生态意识，促进人与自然和谐，具有十分重要的作用。二是加强城市森林建设是促进城市绿色增长的有效载体。加快发展城市森林，一方面可以增加城市的碳汇，抵消中和经济社会发展的碳排量，扩大城市的资源环境容量，提升经济发展空间；另一方面可以壮大以森林资源为依托的绿色产业，改变传统的产业结构和发展模式，促进城市转型升级和绿色增长。三是加强城市森林建设是满足人民生态需求的惠民之举。加强城市森林建设，有利于增加城市居民的绿色福祉，更加直接地享受到造林绿化带来的生态产品。四是加强城市森林建设是实现林业" 双增" 目标的迫切需要。通过加强城市森林建设和保护，可以为如期实现林业" 双增" 目标作出更大的贡献。五是加强城市森林建设是总结各地经验的重要举措。加强城市森林建设，就是要总结推广各地的成功经验，更好地推动全国城市生态建设，加快城乡绿化一体化进程。

④赵树丛：强调把更多更好的森林奉献给城市造福人民。国家林业局政府网 http：//www. forestry. gov. cn/，2012年07月11日，来源：中国绿色时报。

⑤着力开展森林城市建设 努力增进人民生态福祉，中国林业网 http：//www. forestry. gov. cn/2016年09月21日，来源：中国绿色时报。

⑥一是坚持森林惠民。要以人民群众的生态需求为出发点建设森林城市，要把以人为核心的思想贯穿到森林城市建设的全过程，把增进居民生态福祉的要求体现到规划编制、工程实施、督促检查、绩效考核等各方面，切实把森林城市建设办成顺民愿、惠民生、得民心的德政工程。二是坚持尊重自然。倡导以本地天然森林群落为参照，来选定造林树种、确定造林模式和管护措施，切实做到" 三化"：造林树种选择本地化，明确乡土树种的使用比重不得少于80%；森林绿地配置多样化，形成乔灌草复层结构和组团分布；管护措施近自然化，避免过度的人为干预。三是坚持综合治理。既要将发展森林作为中心任务，摆在最为重要的位置，又要统筹兼顾湿地保护、河流治理、防沙治沙和野生动植物保护等方面，使各种自然生态系统通过森林城市建设实现有机统一、协调发展。四是坚持城乡统筹。要切实消除造林绿化中的城乡二元结构，真正做到统一部署、统一推进，实现规划一体化、投资一体化、管理一体化。五是坚持共建共享。森林城市建设是一项改善民生、普惠百姓的公益事业，需要各个方面的关心、支持和参与，形成共建森林城市、共享美好家园的生动局面。

型城市和老工业城市通过开展国家森林城市建设，产业结构和发展模式发生了积极的变化。2015 年正在创建国家森林城市的 78 个城市，投入森林城市建设的资金近 700 亿元，其中一半来自于社会投入。①

专栏 10-2　森林城市发展历程③

回顾 13 年的森林城市发展历程，大体可分为三个阶段：

第一阶段，2004~2007 年，我们把森林城市建设定位为一项林业宣传实践活动，每年举办“中国城市森林论坛”来传播理念、凝聚共识。

第二阶段，2008~2012 年，制定了国家森林城市评价指标体系，颁布了相关技术标准和管理办法，把森林城市建设纳入科学化轨道。

第三阶段，2013 年到现在，随着我们党作出建设生态文明和美丽中国的重大战略部署，森林城市建设已进入到国家发展的战略层面。其重要标志有三：一是 2014 年开始实施的《国家新型城镇化规划》《国家中长期改革实施规划》等，都把森林城市建设作为内容予以明确；二是 2015 年 11 月党的十八届五中全会，正式把森林城市建设作为我国“十三五”规划的内容给予了强调；三是 2016 年 1 月 26 日召开的中央财经领导小组会议，习近平总书记特别强调要着力开展森林城市建设。

10.5　森林旅游

森林旅游是指在林区内依托森林风景资源以旅游为主要目的的多种形式的游览活动。森林旅游实现了森林保护与开发的合理结合，既能发挥森林的社会效益，为人民提供休闲娱乐的功能，又能弥补森林保护资金不足，为当地居民提供就业和收入，增加民生福祉。

森林公园是森林旅游的载体，1982 年 9 月 25 日，我国第一个森林公园——张家界国家森林公园正式建立，开启了我国森林公园发展新纪元。经过 30 年坚持不懈的探索与实践，我国森林公园从无到有、由小到大，走出了一条开发与保护并举、培育与利用齐抓、生态与经济双赢的发展之路，为促进我国经济社会发展和林业生态建设作出了重要贡献。2011 年 5 月 20 日，国家林业局公布《国家级森林公园管理办法》，自 2011 年 8 月 1 日起施行，对国家级森林公园的主体功能和经营活动进行了规定。截至 2011 年底，全国共建立各级森林公园 2747 处，其中国家级森林公园 746 处，范围遍布除港澳台的 31 个省、自治区、直辖市。②③

2015 年，林业旅游与休闲服务业产值占第三产业产值超过七成。第三产业中，林业旅游与休闲服务业产值为 6758.95 亿元，占第三产业比重高达 72.97%。全年林业旅游和休闲的人数达

①走具有中国特色的森林城市建设之路。中国林业网，http：//www. forestry. gov. cn/2016 年 09 月 23 日，来源：人民政协网。

②赵树丛：森林旅游发展大有空间。国家林业局政府网，http：//www. forestry. gov. cn/2012 年 12 月 05 日，来源：《经济》杂志。

③发展森林旅游是促进林业转型的重要举措。中国林业网，http：//www. forestry. gov. cn/2016 年 08 月 17 日，来源：中国绿色时报。

到23亿人次，其中森林旅游人数达10.5亿人次左右，同比增长15%以上，创造社会综合产值超过8000亿元，同比增长约25%。在全国森林旅游人数中，森林公园接待的人数约占75%，湿地公园和林业系统自然保护区接待的人数超过20%。各类森林旅游地总数达到8600处。森林旅游管理和服务人员数量超过26万人，其中导游和解说人员数量约4万人。森林旅游接待床位总数170万张，接待餐位总数350万个。

专栏10-3 国家级森林公园管理办法（节选）

第五条：国家级森林公园的主体功能是保护森林风景资源和生物多样性、普及生态文化知识、开展森林生态旅游。国家级森林公园的建设和经营应当遵循“严格保护、科学规划、统一管理、合理利用、协调发展”的原则。

第八条：国家级森林公园总体规划，应当突出森林风景资源的自然特性、文化内涵和地方特色，并符合下列要求：（一）充分保护森林风景资源、生物多样性和现有森林植被；（二）充分展示和传播生态文化知识，增强公众生态文明道德意识；（三）便于森林生态旅游活动的组织与开展，以及公众对自然与环境的充分体验；（四）以自然景观为主，严格控制人造景点的设置；（五）严格控制滑雪场、索道等对景观和环境有较大影响的项目建设。

第十八条：在国家级森林公园内禁止从事下列活动：（一）擅自采折、采挖花草、树木、药材等植物；（二）非法猎捕、杀害野生动物；（三）刻划、污损树木、岩石和文物古迹及葬坟；（四）损毁或者擅自移动园内设施；（五）未经处理直接排放生活污水和超标准的废水、废气，乱倒垃圾、废渣、废物及其他污染物；（六）在非指定的吸烟区吸烟和在非指定区域野外用火、焚烧香蜡纸烛、燃放烟花爆竹；（七）擅自摆摊设点、兜售物品；（八）擅自围、填、堵、截自然水系；（九）法律、法规、规章禁止的其他活动。

“十二五”期间，森林公园建设资金投入总额达2106.49亿元，是“十一五”期间投入的2.8倍，其中2015年各地森林公园共投入建设资金416.9亿元。截至2015年底，全国森林公园拥有职工17.23万人、游（步）道8.17万公里、车船3.55万台（艘）、床位92.8万张、餐位177万个，分别比“十一五”末增加职工3.7万人、游（步）道2.7万公里、车船1.03万台（艘）、床位30.14万张、餐位63.4万个。其中2015年全国森林公园共接待游客7.95亿人次，比上年增长12%，976处森林公园免收门票，有1.91人次游客免费享受到森林公园提供的公共生态福利。“十二五”期间，森林公园游客总数达31.1亿人次，是“十一五”期间的2.1倍，2015年森林公园直接旅游收入达705.6亿元，比上年增长23%，由此带动的社会综合产值据测算近7500亿元。“十二五”期间，森林公园旅游收入总额达2598.55亿元，是“十一五”期间的2.6倍。

10.6 问题挑战

林业就业：就业结构差，农村劳动力以老人、妇女和儿童为主；林业生产经营具有季节性的特点，造成林业就业稳定性差，存在隐性就业不足，林业就业还有很大提升空间。

林农收入：打工收入依然是农民的主要家庭收入，林业对增加农民收入的作用有限，经营性收入在总收入中的比重还有待于提高。

精准扶贫：扶贫致富项目供给不足，先进示范难以复制；扶贫机制以政府扶持为主，短期内难以实现由输血到造血机制的转变；贫困户教育、资金、技术缺乏，返贫现象时有发生。

城市林业：缺乏高起点、高标准、高水平的城市森林建设规划；缺乏广大市民了解、支持、参与城市森林建设；缺乏对城市森林文化的挖掘和利用。

森林旅游：保护与开发的矛盾依然存在；森林旅游景区基础设施需要进一步加强；经营理念和经营水平需要进一步提高。

第 11 章　林业法律法规[①]

11.1　中华人民共和国成立前[②]

我国历史上很多朝代都曾颁布过保护自然资源与生态环境的法令。史书记载西周以前“禹之禁”已经存在[③]，禁令中规定，在春季不能上山砍伐树木，是为了让树木能够自然生长；在夏天不可以下河捉鱼鳖，是为了保证鱼鳖生长。提出了既要尊重生命体的生长规律和自然本性，又要兼顾人的生产和生活，遵循气候变化的节律，创造各种财富。周文王时期曾颁布《伐崇令》，它被誉为“世界最早的环境保护法令”，法令中要求士兵在攻打崇侯的过程中，一定不能滥杀无辜，不能毁坏老百姓的房屋，不能填井，不能乱砍树木，不能随意宰杀牲畜，凡是不遵守这项法令的，就会被处死。[④] 此外，周代还制定了保护自然资源的《野禁》和《四时之禁》，[⑤] 其核心的立法思想是“法天时，兴地利，导人和”，遵循“春生夏长秋收冬藏”的农业生产规律。先秦时期，对自然资源管理，最具代表性的法令是“四时之禁”。“四时之禁”源于“禹之禁”，完善于战国末年，集中记载于《吕氏春秋》《淮南子》《礼记》等历史文献中。《礼记·月令》对“四时之禁”进行了比较详尽的规定，一年的 12 个月分别都有各自的禁令要求和侧重点，为当时的人们采伐狩猎提供了明确的行为规范，并为后世所沿用[⑥]。对于十二个月的具具体规定，《吕氏春秋》一书基本与《礼记·月令》相同。此外，在《淮南子》一中也记载了一些相关规范，大意是：打猎时不能把鸟兽捕杀殆尽，不能猎取幼兽，不要用排干水的办法把鱼一网打尽，

---

①本部分参考文献：樊宝敏. 中国林业思想与政策史［M］. 北京：科学出版社，2008；赵安启，胡柱志. 中国古代环境文化概论［M］. 北京：中国环境科学出版社，2008；张慕萍，贺庆棠，严耕. 中国生态文明建设的理论与实践［M］. 北京：清华大学出版社，2008；袁行霈，严文明. 北京：中华文明史（第一卷）［M］. 北京：北京大学出版社，2006.

②此节主要参考：赵安启，胡柱志. 中国古代环境文化概论［M］. 北京：中国环境科学出版社，2008.

③《逸周书·大聚解》，记载：“旦闻禹之禁，春三月山林不登斧，以成草木之长。夏三月川泽不入网罟，以成鱼鳖之长，且以并农力执成男女之功夫。然则有生而不失其宜，万物不失其性，人不失其事，天不失其时，以成万财。万财既成，放此为人，此谓正德。”（晋）孔晁注：《逸周书·大聚解》卷四，《四库全书》。

④《伐崇令》规定：“毋坏屋，毋填井，毋伐树木，毋动六畜，有不如令者，死无赦。”（汉）刘向：《说苑》卷十：丘，《四库全书》。

⑤“四时之禁”源于“禹之禁”，完善于战国末年，集中记载于《吕氏春秋》《淮南子》《礼记》等历史文献中。

⑥孟春之月：“命祀山林川泽，牺牲毋用牝，禁止伐木，毋覆巢，毋杀孩虫，胎夭飞鸟，毋麛，毋卵，毋聚大众，毋置城郭。”仲春二月：“是月也，安萌芽，养幼少，存诸…毋竭川泽，毋漉陂池，毋焚山林。”“季春三月……孟夏四月……仲夏五月……季夏六月……孟秋七月……仲秋八月……季秋九月……孟冬十月……仲冬十一月……季冬十二月……”。

不能用放火烧林的办法捕猎禽兽……。《秦律十八种》有一种法律称之为《田律》,① 关于农业生产的各项规定，陆地上的草木、山林中的鸟兽、水泽中的鱼鳖等各方面均有涉及。汉初刘邦入关，与父老约法三章："杀人者死，伤人及盗抵罪，余悉除去秦旧法。"但不久即感到三章之法不足以御奸，故命萧何作《九章律》包括盗律、捕律、杂律、厩律等。由于当时采取"约法省禁，轻田租，什五而税一"，还是比较宽松的政策，林业得到恢复和发展。至汉武帝时，律令逐渐增多，已达395章。王莽始建国二年，实行"六筦之令"，对林木及林产品行征税制度，"凡田不耕为不殖，出三夫之税，城郭中宅不树艺者为不毛，出三夫之布……诸取众物鸟兽鱼鳖百虫于山林水泽及畜牧者，……除其本，计其利，十一分之，而以其一为贡"。至东汉时期，律令更为繁多，仅处刑条文达4980余条。东汉古尼雅人曾规定：砍他人之树，非法，将活树连根砍断，罚马一匹；将活树树枝砍断，罚母牛一头。② 这堪称为世界上第一部森林法，这部法是古尼雅人在与风沙作斗争的过程中，为了生存在实践总结中制定的。隋唐时制定的《开皇律》，强调持平用法，依律断罪。以此为蓝本而制定的《唐律疏议》,③ 是中国封建时期一部空前成熟的法典，内容共有条文500条，包括民法与诉讼两个方面。之后又颁布了《唐六典》，对于兴修水利、水资源的保护等有明确的规定。宋代由于森林采伐较烈，故保护森林的法律和政令较多，《宋刑统》作为中国历史上第一部刊印颁行的法典，成为宋朝的代表法典。在《宋刑统·贼盗律》中以"贼盗罪"的罪名对盗草木、盗牛马等行为进行处罚，而对于毁坏树木的行为，则在《宋刑统·杂律》中规定比照盗窃罪进行处理。④ 辽崛起于北方的少数民族契丹族，在其统治期，所属地区也有一些保护森林的措施。如清宁二年（1065年）辽道宗有"方夏长养，鸟兽孳育之时，不得纵火于郊"的诏令；咸雍元年（1065年）有"严火禁"的诏令。⑤ 金人灭辽（1125年）、灭北宋（1127年）后，统一了北方，推行发展农林生产的政策，并实行新的林业法制，民垦与军垦并行，军垦称"猛安谋克户"。据《金史．食货志》载："凡桑枣，民户以多植为勤，少者必植其地十之三，猛安渫克户少者必课种其地十之一，除枯补新，使之不阙。"13世纪初，北方蒙古民族兴起于内蒙古草原，1234年灭金，1279年灭南宋，至元七年（1270年）颁农桑之制十四条，规定："县邑所属村疃，凡五十家立一社，……种植之制，每丁岁种桑枣二十株。土性不宜者，听种榆柳等，其数亦如之。种杂果者，每丁十株，皆以生成为数，愿多种者听。"⑥ 元朝时期比较完整系统的成文法典是《大元通制》，其重要构成部分是《大元通制条格》，设有19个

---

①《秦律》规定："春二月，毋敢伐材木山林及雍（壅）堤水。不夏月，毋敢夜草为灰，取生荔、麛（卵）彀，毋毒鱼鳖，置罔（网），到七月而纵之。唯不幸死而伐绾（棺）享（椁）者，是不用时。邑之（近）.皂及它禁苑者，麛时毋敢将犬以之田。百姓犬入禁苑中而不追兽及捕兽者，勿敢杀；其追兽及捕兽者，杀之。河（呵）禁所杀犬，皆完入公；其他禁苑杀者，食其肉而入皮。"

②东汉时，精绝国并入鄯善，后立都尼雅。《前汉书》曾记载："精绝国王，治精绝城，去长安八千八百二十里，户四百八十，口三千三百六十，胜兵五百人。"（汉）班固：《前汉书》卷九十六上，《四库全书》。

③《唐律疏议》记载："诸盗决堤防者，杖一百，若毁人家及漂失财物者，赃重者，坐赃论。"（唐）长孙无忌：《唐律疏议》卷二十七，《四库全书》。

④《宋刑统，贼盗律》："诸盗园陵内草木者，徒二年半。若盗他人墓茔树者，杖一百。"《宋刑统，杂律》："诸弃毁官私器物及毁伐树木，稼穑者，准盗论……"。

⑤《宋史·道宗本纪》

⑥《元史·食货志》

残目。在生态保护方面，主要体现在有关农桑种植、禁屠以及禁猎等方面的规定。在元代以法律的形式规定地方“正官”，要亲自负责官民种树，必须交派专人保护栽种的树木生长。同时，规定每一个周岁的男孩必须植 20 株桑树，或 20 株榆树、柳树，或种植 10 株果树，并且都须成活。①《大明律》关于对林木的保护，在有关农事耕种规定中有所体现，其中既谈到了不可以荒芜田地，而必须种植桑麻之类的作物，同时对于毁坏树木和庄稼的，处以盗窃罪。②《大清律例》是中国古代最后一部综合性封建成文法典，其中有明确规定：无论官民，均不得擅自砍伐林木，如果普通民众已经砍伐了树木的，则会被发配充军，如果只是砍了树，还没有得到这些林木的，就会受到一百棍的责罚和“徒三年”的处罚；如果是官员，擅自砍伐林木，不仅会被革职，而且会被处以监守自盗罪；对于故意放纵他人盗伐林木的，就会以渎职罪论处；对于取得砍伐许可证的商人，在砍伐林木的过程中，偷砍果松，也会受到严肃处理。③ 清末著名大实业家张謇，曾被任命为农林和工商两部（后两部合组为农商部）部长，辞职归乡期间，痛感我国少林之困境，力推法规条例的制定，倡植树造林与保护森林。在他的推动下，《森林法》《森林法施行细则》和《造林奖励条例》等相继出台④。

11.2 中华人民共和国成立后

1949 年以来，我国基本形成了以森林法为主体，其他相关林业法律、法规、规章相辅相成的林业法律体系。各项林业工作基本做到了有法可依、有章可循，为推动现代林业建设、促进林业部门依法行政发挥了重要作用。

林业法律：林业法律有 10 部，分别是：《中华人民共和国森林法》《中华人民共和国野生动物保护法》《中华人民共和国种子法》《中华人民共和国防沙治沙法》《中华人民共和国农业法》《中华人民共和国农业技术推广法》《中华人民共和国农村土地承包法》《中华人民共和国农民专业合作社法》《中华人民共和国农村土地承包经营纠纷调解仲裁法》和《第五届全国人民代表大会第四次会议关于开展全民义务植树运动的决议》。

---

①“官民栽植榆、柳、槐树，令本处正官提点本地分人护长成对。”“每丁周岁须要刨栽桑责贰拾株，或附宅栽种地桑贰拾株，早供蚁蠶食用。其地不宜栽桑枣，各随地土所宜栽种榆柳等树，亦及贰拾株。若欲栽种杂果者，每丁衮种壹拾株。皆以生成为定数。自愿多栽者听。”《大元通制条格·田令》第十六卷，北京：法律出版社，2001 年。

②《大明律》：“凡里长部内已入籍纳粮当役田地，无故荒芜及应深种桑麻之类而不种者，俱以十分为率，一分笞二十，每一分加一等，罪止杖八十”。张钧成. 中国林业传统引论［M］. 北京：中国林业出版社，1992.

③《大清律例》：“近边分守武职并府州县官员禁约，该管军民人等，不许许擅自入山，将应禁林木砍伐贩卖，若砍伐已得者，问发云贵两广烟瘴稍轻地方充军，未得者，杖一百徒三年；若前项官员有犯俱革职，计赃重者，俱照监守盗律治罪；其经过关隘河道，守把宫军知情纵放者，依知罪人不捕律治罪，分守武职并府州县官交部分别议处。”“盛京各处，山场商人领票砍伐木植，如有夹带砍果松者，按照株数多寡定罪：砍至数十根者，笞五十；百根者，杖六十；每百根加一等罪，止杖一百，徒三年，所砍木植变价入官。”

④张謇认为：保护林木，首先要“乞灵于法律”，着手制定林业法律。1914 年 11 月 3 日，《森林法》终于颁发，包括总纲、保安林、奖励、监督、罚款、附则共 6 章 32 款。次年又颁布《森林法施行细则》和《造林奖励条例》。规定了国有森林范围和权利；规定无论是国有、公有或私有森林，只要涉及预防水患、涵养水源、公众卫生、航行目标、利便渔业、防蔽风砂者，都要编为保安林。保安林非经该管地方官许可，不得樵采；鼓励私人承领山地造林，有成绩者予以奖励；而对于开垦滥伐、荒废、毁林、盗窃、放牧等，均应分别受到刑事处分和罚款。

林业行政法规：林业行政法规有 17 件，分别是：《森林法实施条例》《陆生野生动物保护实施条例》《野生植物保护条例》《自然保护区条例》《植物新品种保护条例》《森林防火条例》《植物检疫条例》《森林病虫害防治条例》《森林采伐更新管理办法》《国务院关于开展全民义务植树运动的实施办法》《森林和野生动物类型自然保护区管理办法》《退耕还林条例》《濒危野生动植物进出口管理条例》《城市绿化条例》《风景名胜区条例》《血吸虫病防治条例》《重大动物疫情应急条例》。

林业部门规章：林业部门规章 51 件，以及使用其他部门令号的联合部门规章 2 件，主要有：《林木和林地权属登记管理办法》《林业行政处罚程序规定》《林业标准化管理办法》《植物新品种保护名录（林业部分）》《引进陆生野生动物外来物种种类及数量审批管理办法》《林木种子生产、经营许可证管理办法》《森林公园管理办法》《国家级森林公园设立、撤销、合并、改变经营范围或者变更隶属关系审批管理办法》《林木种子质量管理办法》《主要林木品种审定办法》《林木种质资源管理办法》《开展林木转基因工程活动审批管理办法》《森林资源监督工作管理办法》《国家林业局产品质量检验检测机构管理办法》《营利性治沙管理办法》《突发林业有害生物事件处置办法》《湿地保护管理规定》等。

此外，还有地方人大、政府制定的地方性林业法规和地方政府林业规章 400 多件。①

当前，在我国现行法律法规中，由林业部门作为独立执法主体的法律有 3 部、法规多部，主要执法主体之一的法律有 6 部、法规多部。这些法律法规规定的林业执法监管职能多达几十个方面，涉及的执法行为多达上百种，林业部门从事林政执法的人员已达 20 多万人，森林公安人员有 5 万余人，还有相当数量的森林武装警察。②

11.2.1　国家法律

表 11-1　主要涉林法律

年　份	国家法律	主要相关内容
1950 年通过	中华人民共和国土地改革法	没收和征收的山林、鱼塘、茶山、桐山、桑田、竹林、果园、芦苇地、荒地及其他可分土地，应按适当比例，折合普通土地统一分配之。大森林，大水利工程、大荒地、大荒山、大盐田，和矿山及湖、沼、河港等，均归国家所有，由人民政府管理经营之。其原由私人投资经营者，仍由原经营者按照人民政府颁布之法令继续经营之
1979 年通过，2015 年通过《刑法修正案（九）》修正。	中华人民共和国刑法	盗伐林木罪、滥伐林木罪、非法收购罪、运输盗伐、滥伐林木罪，非法占用农用地罪等
1984 年通过，1998 年修正	中华人民共和国森林法	森林经营管理、保护，植树造林，森林采伐等
1985 年通过，2002 年修正	中华人民共和国草原法	草原权属、规划、建设、利用等

①《2015 年中国林业发展报告》。

②贾治邦. 新中国成立 60 周年重要林业文献选编［M］. 北京：光明日报出版社，2009.

（续）

年　份	国家法律	主要相关内容
1986 年通过，1987 年实施，1988 年、2004 年分别进行修订	中华人民共和国土地管理法	土地所有权和使用权，土地利用规划，耕地保护，建设用地，监督检查等
1989 年发布	中华人民共和国环境保护法	环境监督管理、保护和改善环境、防治环境污染和其他公害等
1989 年通过，1989 年实施	中华人民共和国野生动物保护法	野生动物保护、管理等
1991 年通过	中华人民共和国水土保持法	水土保持的预防、治理、监督和法律责任等
1991 年通过，1992 年实施	中华人民共和国进出境动植物检疫法	进境检疫、出境检疫、过境检疫、携带、邮寄物检疫、运输工具检疫等
1993 年通过	中华人民共和国农业技术推广法	农业技术推广体系、应用及保障措施等
1993 年通过，2000 年修正	中华人民共和国产品质量法	产品质量监督，生产者和销售者的权利义务，损害赔偿等
1998 年实施	中华人民共和国防洪法	防洪规划、治理与防护、工程设施管理、防汛洪、保障措施等
1999 年通过	中华人民共和国气象法	气象设施，气象探测，气象预报与灾害性天气警报及防御，气候资源开发利用和保护等
2000 年通过，分别与 2004、2013、2015 年进行第一、二、三次修订	中华人民共和国种子法	种质资源保护，品种选育与审定，种子生产、经营、使用、质量，进出口和对外合作，行政管理
2001 年通过	中华人民共和国防沙治沙法	防沙治沙规划、土地沙化预防、沙化土地治理等
2002 年通过	中华人民共和国环境影响评价法	规划的环境影响评价，建设项目的环境影响评价等，包括生态破坏相关内容
2002 年通过	中华人民共和国农村土地承包法	稳定和完善以家庭承包经营为基础、统分结合的双层经营体制，赋予农民长期而有保障的土地使用权，维护农村土地承包当事人的合法权益，促进农业、农村经济发展和农村社会稳定
2006 年通过，2007 年实施	中华人民共和国农民专业合作社法	合作社的设立和登记，成员，组织机构，财务管理，合并、分立、解散和清算，扶持政策等
2007 年通过	中华人民共和国物权法	所有物权、用益物权、担保物权、占有等
2009 年通过，2010 年实施	中华人民共和国农村土地承包经营纠纷调解仲裁法	农村土地承包纠纷，调解和仲裁，开庭和裁决等

11.2.2 行政法规

表 11-2　林业主要行政法规（节选）

年　份	行政法规	主要相关内容
1982 年通过	关于开展全民义务植树运动的实施办法	宣传全民植树、绿化祖国，规定相关义务等
1983 年发布，1992 年修订	植物检疫条例	检疫机构、检疫对象、检疫措施等
1985 年国务院批准，林业部发布	森林和野生动物类型自然保护区管理办法	自然保护区设立条件、分区及应当遵守的规定等
1987 年国务院批准，林业部发布	森林采伐更新管理办法	森林采伐、更新、罚则等
1989 年通过	森林病虫害防治条例	森林病虫害的预防、防治，奖励和处罚等
1990 年发布	中华人民共和国标准化法实施条例	标准化工作的管理，标准的制定，标准的实施与监督，法律责任等，含对林业产品的各种要求
1992 年通过	中华人民共和国陆生野生动物保护实施条例	野生动物保护、猎捕管理，野生动物驯养繁殖管理、经营利用管理，奖励与惩罚等
1994 年通过	中华人民共和国自然保护区条例	自然保护区建设、管理与法律责任等。
1996 年通过，1997 年施行	中华人民共和国野生植物保护条例	野生植物保护、管理及法律责任等
1997 年公布，2014 年修订	中华人民共和国植物新品种保护条例	品种权的内容和归属，授予品种的条件，品种权的申请和受理，审查与批准，期限、终止和无效，罚则
2000 年施行	中华人民共和国森林法实施条例	森林经营管理，森林保护，植树造林，森林采伐，法律责任等
2002 年颁布，2003 年实施	退耕还林条例	规划和计划，造林、管护与检查验收，资金和粮食补助，保障措施，法律责任等
2006 年通过	血吸虫病防治条例	预防、疫情控制、保障措施等
2006 年通过	中华人民共和国濒危野生动植物进出口管理条例	动植物进出口要求条件、相关程序、追究责任等
2008 年通过，2009 年施行	森林防火条例	森林火灾的预防、扑救、灾后处置等

11.2.3 部门规章

表 11-3 林业主要部门规章（节选）

年份	部门规章	主要目的
1994 年施行	植物检疫条例实施细则	森检人员的权利义务，引进单位和个人的要求等
1996 年通过	林业行政执法证件管理办法	持证者就具备条件及违法相关责任等
1996 年施行	林业行政处罚程序规定	实施机关与管辖，立案、调查与决定，送达与执行等
1996 年实施	林木林地权属争议处理办法	处理依据、处理程序、奖励和处罚等
1996 年施行	沿海国家特殊保护林带管理规定	划定、权属及管理等
1997 年施行	林木良种推广使用管理办法	组织协调、推广使用管理、监督与奖惩等
1998 年通过	国家林业局关于授权森林公安机关代行政处罚权的决定	授权条款，授权条件等
2000 年施行	林木和林地权属登记管理办法	林权登记提交材料及登记档案的规范等
2001 年施行	占用征收征用林地审核审批管理办法	规范占用、征收、征用林地的申请、审核和审批等
2002 年施行	林业行政处罚听证规则	申请和受理，听证主持人和参加人，听证准备，听证等
2002 年施行	林木种子生产、经营许可证管理办法	申请、审核与发放、监督管理等
2004 年通过	营林性治沙管理办法	从事营利性治沙单位和个人规范与责任等
2005 年发布	国家级森林公园设立、撤销、合并、改变经营范围或者变更隶属关系审批管理办法	审批管理要求及程序等
2006 年施行	开展林木转基因工程活动审批管理办法	安全等级分类，研究和实验单位应具备条件，申请程序等
2008 年通过	林业行政许可听证办法	听证范围，听证人员和听证参加人，听证程序等
2009 年印发	国家级森林公园监督检查办法	监督检查内容，实施措施、处理条款等
2013 年施行	集体林权制度改革档案管理办法	林改档案管理机构的工作职责等
2013 年施行	湿地保护管理规定	保护规划内容，湿地自然保护区与湿地公园的设定条件等
2013 年施行	陆生野生动物疫源病监测防控管理办法	监测防控区域设定，报告制度等
2013 年施行	国家林业局委托实施野生动植物行政许可事项管理办法	公示内容，委托实施要求等
2013 年施行	中华人民共和国植物新品种保护名录（第五批）	品种名录
2015 年通过	林业固定资产投资建设项目管理办法	项目建设程度和行为规范等

11.3　问题挑战

我国的《森林法》《野生动物保护法》《防沙治沙法》等林业主要法律实施时间较长，虽几经修订，但很多条款已经不符合实际情况，与建设生态文明的要求和集体林权制度改革、国有林区和国有林场改革不相适应。尤其是天然林保护、湿地保护、石漠化防治等方面还缺少法律约束。有法不依、执法不严、违法不究的现象时有发生。

我国现行《森林法》在林权制度、采伐管理、生态补偿、分类经营、公众参与等方面存在缺失，基本上还是一部关于植树造林、森林经营、采伐和运输管理的法律，对森林保护尤其是对生态环境保护重视不够。①

---

①李智勇，斯特芬·曼（德），叶兵. 主要国家《森林法》比较研究［M］. 北京：中国林业出版社，2009.

第 12 章　林业科技教育

12.1　中华人民共和国成立前

12.1.1　林业科技①

我国自古以来，就主张农为邦本。农本思想对林业发展影响很大，自古就是“农桑”并称、“种树”齐举。②

古代涉及林学及林业科技的重要经典不在少数，主要见之于《汜胜之书》《四民月令》《齐民要书》《四时纂要》《农桑揖要》《陈旉农书》《王祯农书》《群芳谱》《本草纲目》《农政全书》《便民图纂》《种树书》《豳风广义》《授时通考》等著作中。

《汜胜之书》是西汉晚期著名古代农学家汜胜之的一部重要农学著作，也是中国现存最早的一部农学专著。书中记载黄河中游地区耕作原则、作物（包括禾、黍、麦、稻、稗、大豆、小豆、枲、麻、瓜、瓠、芋、桑等十三种）栽培技术和种子选育等农业生产知识，对促进中国古代农业生产发挥了重要作用；《齐民要术》为北魏（公元 6 世纪）高阳太守贾思勰所著。该书详细记载了 20 余种树木的一整套种植技术，指出果树可通过培育实生苗、扦插、嫁接等方法培育优良品种等，详细介绍了季节、气候、和不同土壤与不同农作物的关系，强调要因时制宜、因地制宜。其中不少实用技术具有较高的科学价值，至今仍在林业生产上广泛应用。《四时纂要》约成书于唐末或五代初，书中记叙分为四季十二个月，是举农家应做事项的月令式农家杂录。农业生产是本书的主体，包括农、林、牧、副、渔，表现出以粮食、蔬菜生产为主的多种经营传统特色；《四民月令》是东汉大尚书崔寔模仿古时月令所著的农业著作，四民是指士、农、工、商，月令是一种文章体裁，叙述田庄从正月直到十二月中的农业活动，对古时谷类、瓜菜种植，野生植物收集，时令和栽种方法有所详述，部分篇章介绍当时的纺绩、织染和酿造、制药等手工业，亦有对当时经济和社会关系的论述；《农桑辑要》是中国元代初年司农司编纂的综合性农书，也是我国现存最早的官修农书。全书共 7 卷，6 万余字。内容以北方农业为对象，农耕与蚕桑并重，对当时精耕细作和栽桑养蚕技术的发展有很大帮助，特别对于经济作物如棉花和苎麻的栽培技术尤为重视，是一本实用性较强的农书；《陈旉农书》是南宋陈旉所著的农书，与《农桑揖要》相对应，是论述中国宋代南方地区汉族农事的综合性农书。全书 3 卷，22 篇，1.2 万

---

①此部分主要参考：张敬增，赵顷霖. 名人与林业［M］. 郑州：黄河水利出版社，2003.

②江泽慧，等. 中国现代林业［M］. 北京：中国林业出版社，2008.

余字。上卷论述农田经营管理和水稻栽培，中卷叙说养牛和牛医，下卷阐述栽桑和养蚕。指出耕稼是“盗天地之时利”，体现出与自然作斗争的精神；提出“法可以为常，而幸不可以为常”的观点，还提出了“地力常新壮”的理论，“用粪如用药”的合理施肥思想，在一系列农耕措施中，都有超越前人的新观点，也反映了中国古代汉族农业科学技术到宋代达到了新的水平；《王祯农书》是元代王祯所著的综合性农书，从全国范围内对整个农业进行系统研究，总结了中国农业生产的各方面经验，全书约 13 万余字，共 37 集本，内容包括 3 个部分，《农桑通诀》6 集，《百谷谱》11 集，《农器图谱》20 集，兼论南北农业技术，对土地利用方式和农田水利叙述颇详，并广泛介绍各种农具的使用，应用价值很高；《群芳谱》是明代王象晋编著和介绍栽培植物的著作，全书 30 卷，约 40 万字，内容按天、岁、谷、蔬、果、茶竹、桑麻、葛棉、药、木、花、卉、鹤鱼等十二谱分类，记载植物达 400 余种，每一种植物分列种植、制用、疗治、典故、丽藻等项目，其中观赏植物约占一半，对一些重要花卉植物收集了很多品种名称；《本草纲目》是明朝李时珍撰写的一部药学著作，五十二卷，全书共 190 多万字，载有药物 1892 种，除了记载植物，收集医方 11096 个，绘制精美插图 1160 幅，分为 16 部、60 类，是中国古代汉医集大成者。书中把植物分为草部、谷部、菜部、果部、本部五部，被誉为“东方药物巨典”，对人类近代科学以及医学方面影响最大，是我国医药宝库中的一份珍贵遗产；《农政全书》为明代徐光启所著，基本上囊括了中国明代农业生产和人民生活的各个方面，按内容大致上可分为农政措施和农业技术两部分，共 60 卷，50 余万字。12 目中包括：农本 3 卷，田制 2 卷，农事 6 卷，水利 9 卷，农器 4 卷，树艺 6 卷，蚕桑 4 卷，蚕桑广类 2 卷，种植 4 卷，牧养 1 卷，制造 1 卷，荒政 18 卷。全书虽然重点在生产技术和知识，但始终贯穿着一个基本思想，即治国治民的“农政”思想。其中“荒政”作为一目，有 18 卷之多，为全书 12 目之冠。目中对历代备荒的议论、政策作了综述，并对旱虫灾作了统计，对灾措施及其利弊作了分析；《便民图纂》是明代邝璠编著的反映苏南太湖地区农业生产的著作，全书共 16 卷。前两卷为图画部分：卷一“农务之图”，绘水稻从种至收 15 幅。卷二“女红之图”，绘下蚕、纺织、制衣 16 幅。卷四“桑蚕类”介绍栽桑和养蚕的技术。卷五、六为“树艺类”，书中记载了不少有关果树、花卉、蔬菜的实践经验，并常为此后的农书所引述；明初俞宗本的《种树书》是明清流传甚广的古农书之一，内容涉及果木、花药及蔬菜的栽培、培育、嫁接、施肥等多个环节，不少条目直接来源于当时的农业生产活动，具有较高的农业史价值；《豳风广义》是清代杨屾所著的一部地方性劝民植桑养蚕的农书，是一部以蚕桑丝绸为主要内容介绍北方地区的农副业生产的技术专著。全书以记养蚕、植桑、织帛为主，并附图五十余幅。共分三卷：第 1 卷讲桑的种植和栽培，第 2 卷讲蚕的饲养和缫丝，第 3 卷讲织纴和纺丝绵。第 3 卷附带介绍了养柞（槲）蚕和缫纺柞蚕茧的方法；《授时通考》是中国清代官修的综合性农书，除了辑录历代农书外，还征引了经、史、子、集中有关农事的记载达 427 种、插图 512 幅，全书共 78 卷，计 98 万字，内容以大田生产为中心，兼及林牧副渔各业，分天时、土宜、谷种、功作、劝课、蓄聚、农余和蚕桑 8 门。其中有不少资料十分珍贵，成书时除朝廷印制外，各省还奉旨复刻，故出版数量多，流传广；《聊斋志异》的作者、我国清代著名的文学家蒲松龄，也是一位对林业科学技术造诣颇深的农学家。他编写的《农桑经》及《农桑经残藁》，在农业生产上具有一定的指导意义，从而博得人民群众的喜爱①。

中华人民共和国成立前，林业科技工作非常薄弱。从机构看，早在1912年8月，北洋政府农林部在北京天坛设立“林艺试验站”（翌年设立北京西山分场，名为西山造林苗圃）；1939年以后又分别设立中央工业试验所木材试验馆、中央林业实验所、华北林业试验场和上海木材工程试验室等。当时林业科研人员总共不足200人，计算设备陈旧，试验场所有限，经费严重不足。②

12.1.2 人才培养③

1840年以前的整个历史时期，虽然未设立专门的林业教育机构，但是历代的史书，对林业生产方面的经验，对森林经营管理方面采取的措施，不乏文字记载。在周代以后，除各种农业书籍载有大量林业方面的经验总结以外，还有林业专著问世。这样就使人们学习和掌握生产技术知识的教育过程，逐渐从单纯的生产过程中分离出来。虽然传播方式简单原始，可以认为这是林业教育发展的雏形。

从1840年第一次鸦片战争开始，外国侵略势力打开了清政府闭关自守的大门，从此几千年来的封建社会，逐渐沦为半殖民地半封建的社会。从这时算起，一直到1949年中华人民共和国成立，是我国的近代史时期。这个时期的林业教育，分以下两个阶段：

（一）清朝末期的林业教育。清朝末期，为了培训各种军事人才，设立了各种军事学堂。随着民族经济的发展，教育机构的种类增多，林业教育作为农业教育的一部分而产生。④

（二）民国时期的林业教育。1911年辛亥革命胜利以后，中国新兴的资本主义开始发展，农林业生产逐步兴起。欧美、日本等林业教育的思潮传入中国，一些地方开始仿效欧美诸国，在农业学校里逐渐增设林学科或森林系。⑤

---

①蒲氏的《农桑经》七十一则中，详细论述了《桑经》《蚕祟书》及《种桑法》。特别是《种桑法》十则，从桑树苗的实生培育（种子繁殖）到“压条”“插条”“嫁接”等，都作了系统的介绍。至于《农桑经残藁》，内容所含，遍及五谷杂粮，四季果木，林副产品，药材花卉，瓜菌蔬菜，莲芡荇荄，牛马驴猪，羊鸡鱼蜂，计栽植种类104种，禽畜11种，花卉117种，真可谓是指导淄川一带农民进行多种经营的百科全书。特别应着重提及的是，蒲松龄对农林关系的构思，与现在提出的“生态农业”“立体林业”有相似之处。“种竹必养鸡，竹得鸡粪而茂。”“锄竹园，以稻糠或麦糠壅之。”竹园壅糠，即为繁殖昆虫、蚯蚓提供食料；竹下养鸡，林牧结合。

②黄鹤羽，刘效章. 中国林业科学技术50年［M］. 北京：中国环境科学出版社，1999.

③林业部教育司. 中国林业教育史［M］. 北京：中国林业出版社，1988.

④1903年（光绪二十九年）的“癸卯学制”，规定实业教育分为三类，即正式实业学堂、补习实业学堂和实业师范。正式实业学堂，又分为三级制，即高等、中等和初等。初等实业学堂有初级农业学堂、初等商业学堂和初等商船学堂三种；中等实业学堂分为中等农业学堂、中等工业学堂、中等商业学堂和中等商船学堂四种，高等实业学堂分为高等农业学堂、高等工业学堂、高等商业学堂和高等商船学堂四种。

⑤民国初年（1911年），在全国所有大学中，设林科最早的有两所。一所是北京农业专科学校，于民国3年（1914年）增设林科，后于民国12年（1923年）改为北京农业大学设森林系；另一所是由美国教会在南京办的金陵大学，于民国4年（1915年）在原农科的基础上增设林科，合称农林科，民国19年（1930年）改称农学院森林系。

12.2　中华人民共和国成立后

12.2.1　林业科技

中华人民共和国成立后，中国的林业科技在机构和人员方面得到很大发展。从部属机构看，在华北农业科学研究所森林系的基础上，1951 年开始筹建中央林业部林业科学研究所，并于 1953 年 1 月 1 日正式成立；1957 年 4 月成立森林工业研究所，在此基础上，于 1958 年 10 月 27 日正式成立中国林业科学研究院（以下简称中国林科院），下设林业、森工研究所，林业情报研究室。

据统计，截至 1965 年，部省属林业科学研究机构共 44 个，有职工 4000 人，其中科技人员 2000 余人，已基本形成全国林业研究体系，并有一支较强的科技队伍。

“文化大革命”开始后，科研工作几乎停顿。1969 年 9 月开始撤销机构，下放人员。1970 年 8 月中国林科院与中国农科院合并，成立中国农林科学院。不少地方的林业科研机构也层层下放，有的改行、合并，甚至撤销。很多林业科研机构被解体，科研工作处于瘫痪或半瘫痪状态，损失严重，教训惨痛。

改革开放以来，我国林业科技事业发展取得了显著成就。一大批重大科技成果为林业生态建设和产业发展提供了有力的技术支撑，大大提高了林业生产力；成果转化和技术推广成效显著，取得了良好的生态、经济和社会效益；林业标准体系基本形成，现有林业标准已基本覆盖了林业生产建设的全过程；林业植物新品种保护、生物安全管理和森林认证等工作取得重要进展；林业科技国际合作与交流形成了多渠道、宽领域、高层次的新格局，进一步提高了我国林业科技在国际上的影响力；林业科技体制改革不断深化，地方林业科技体制改革稳步推进。目前，我国林业科技已初步形成了具有一定功能和规模的林业科学技术研发体系、成果转化与技术推广体系、技术标准与质量监督体系和林业科技管理体系。①

1978 年召开了全国科学大会，迎来了科学的春天。就在这一年，经国务院批准恢复了中国林科院及其所属的大部分研究所。同年辽宁、吉林等省也恢复了林业科研机构。1978 年前基本上没有推广机构和专职推广人员。80 年代以来，推广机构和人员逐步发展壮大，到 1998 年年底，全国已建立林业科技推广机构 2428 个，其中省级 30 个，地级 328 个，县级 2070 个。拥有专职推广人员 30000 余人，其中科技人员 21500 人。全国还建立了区乡镇林业工作站（含有技术推广职能）约 2.4 万个，专职人员 15 万人。②

“十二五”期间，截至 2010 年年底，全国已建立地市以上级林业科研机构 232 个，省、市、县级林业科技推广机构 2638 个，全国林业标准化委员会 23 个，局级林业重点实验室 34 个，陆地生态系统定位研究站 79 个，国家级（局级）林业产品质量检验检测中心（站）26 个，取得重要科技成果 1036 项、专利 9569 件，林业科技进步贡献率达到了 43%，科技成果应用率超过 50%。③

---

①《林业科学和技术中长期发展规划（2006~2020 年）》

②黄鹤羽，刘效章. 中国林业科学技术 50 年［M］. 北京：中国环境科学出版社，1999.

③《2011 年中国林业发展报告》。

专栏 12-1 中华人民共和国林业科技发展阶段[④]

中华人民共和国的林业科学技术工作在党中央、国务院的正确领导下，已走过几十年的光辉历程，虽几经波折，但林业科技仍然有了很大发展，1949~2010 年来大体经历四个阶段：

第一阶段（1949~1966 年）是初创和发展阶段。主要是组建科研机构，总结群众经验，进行大规模的森林综合考察，开展有针对性的科学研究工作。此间，为保证科研工作的顺利进行，党中央颁发了《自然科学研究机构当前工作的若干问题》，即科研《14 条》，提出保证六分之五的时间用于科研工作，经过贯彻执行，推动了林业科技的发展。

第二阶段（1966~1976 年）是破坏停滞阶段。由于“文化大革命”的冲击，绝大多数科研单位被撤销，人员被下放、流失，科研工作被迫中断。

第三阶段（1976~1985 年）是恢复和重建阶段。科研机构得到了恢复和重建，科技人员陆续归队，并建立了各级科技管理机构，同时制定各类规章制度和编制各种科技计划和规划。1978 年在邓小平同志主持下，召开了全国科学大会，提出“科学技术是生产力”，知识分子是工人阶级的一部分的马克思主义论断，为我国制定科技发展方针奠定了理论基础。同年开始了落实知识分子政策，恢复技术职称晋升制度，改善了科研工作条件和生活条件，科技工作走上了健康发展的轨道。

第四阶段（1985~2000 年）是蓬勃发展阶段。以 1985 年中共中央做出的《关于科学技术体制改革的决定》为起点，全面进入改革阶段，通过改革加速了科技与经济的结合。1988 年 9 月，邓小平同志又精辟地指出：“马克思讲过科学技术是生产力，这是非常正确的，现在看来这样说可能不够，恐怕是第一生产力。”1991 年 4 月，邓小平同志题词：“发展高科技，实现产业化。”这些论述是对科学技术性质和作用认识的一次大飞跃。1995 年党中央提出“科教兴国”战略之后，又提出实施可持续发展战略，把科技工作的地位和作用提高到空前未有的高度。当前一个适应社会主义市场经济体制和科技自身发展规律的新型科技体制正在确立，科技全面支撑林业发展的新局面正在到来。

“十二五”期间：林业科技工作取得重要科技成果 4000 多项，获国家科学技术奖励 26 项，推广应用科技成果 2200 多项，发布国家、行业标准 661 项，主导制定的林业国际标准实现零的突破，林业专利达 3659 件，授权林业植物新品种 593 件，科技成果转化率达到 55%，林业科技进步贡献率由 43%提高到了 48%，林业科技的支撑和引领作用显著增强。①科技创新取得重大突破，推动林业快速发展。获得各类研究成果近 2000 项，强有力地支撑生态建设和产业体系发展。成功完成毛竹全基因组测序研究，填补了世界竹类基因组学研究的空白。成功构建森林资源核算理论方法体系，核算出全国林地林林价值和森林生态系统服务价值。②科技成果推广成效显著，加快兴林富民步伐。推广林木新品种 500 多个、新技术 1000 余项。选派林业科技特派员 13000 名，开展技术培训 60 多万人次，帮扶指导科技示范户 3 万余户。加快了广大山区林农脱贫致富的步伐。③标准化水平稳步提升，示范带动作用明显。制修订林业标准 1154 项，发布实施国家标准、行业标准 659 项，基本覆盖了林业主要领域。油茶、核桃等经济林形成了全链条标准生产，并建立了标准化示范区 161 个，认定标准化示范企业 69 个。国际标准化组织成立了国际竹藤标准化技术委员会，发布了 3 项国际标准，林业标准化工作国际化取得历史性突破。④科技法规逐步健全。印发了《林业科学和技术“十二五”发展规划》《加快科技创新促进现代林业发展意见》《贯彻落实〈中华人民共和国农业技术推广法〉的意见》和《进一步加强林业标准化工作的意见》等文件，出台了《林业植物新品种测试管理规定》，与国家认监委联合发布了推进森林认证工作的《指导意见》和《森林认证实施细则》，出台了《国家林业局善于贯彻实施(国家知识产权战略纲要）的指导意见》和《全国林业知识产权事业发展规划》，制定了《林业转基因生物安全监测管理规定》，起草了《转基因林木监测技术规程》行业标准。⑤平台建设全面加强，支撑能力大大增强。新建生态定位站、重点实验室、工程技术研究中心、质检中心等 180 余个，支撑科技创新、成果转化的能力显著提升。获批林木遗传育种国家重点实验室，实现了林业国家重点实验室零的突破。⑥科研团队领军人才快速发展，促科技工作上台阶。19 个团队科研成果获得国家科技进步二等奖，新增国家创新团队和人才培养示范基地各 1 个，新增国家科技创新人才 13 名。1 人获得国际木材科学院杰出贡献奖，2 人获得国际科学技术合作奖。①

2015 年，林业科技共投入资金 10. 3 亿元，其中主要包括，国家科技计划方面，新启动实施科技支撑计划 4 项，总预算经费达 1. 20 亿元。部门科技计划方面，新启动 948 项目 59 项、林业公益性行业科研专项项目 56 项，总经费达 2. 14 亿元；依托中央财政林业科技推广示范补贴资金，推广了林木良种、木本粮油、生态修复等七大类技术 440 多项，安排资金 4. 5 亿元；各类科研项目进展顺利，取得了一批重要研究成果，林业科技自主创新能力得到进一步增强。②

12. 2. 2 人才培养

中华人民共和国成立以后，从 1949～1983 年林业教育史大致分为四个阶段，见专栏 12-2。特别是改革开放以后，林业教育事业蓬勃发展。进入新世纪后，国家林业局先后制定并颁发了《林业人才工作“十一五”和中长期规划》《全国林业人才“十二五”及中长期发展规划》等指导性文件，在人才培养和职业教育等方面积极谋划，完善职能，开创了前所未有的新局面。

专栏 12-2 1949～1984 年林业教育史③

（一）基本完成社会主义改造的七年（1949～1956）

1950 年 10 月 9 日教育部指示：南京大学，金陵大学、武汉大学、中山大学、四川大学、北京农业大学、西北农学院等七院校设立森林专修科，学习年限定为两年，设造林、森林经营、林产利用三组。与此同时，其他有条件的农学院森林系也设置了专修科。

1952 年 7 月 4 日至 11 日，教育部召开全国农学院院长会议。会议讨论制订了高等农业教育的方针、任务，同时拟定了农林院校的调整方案和专业设置草案，根据林业生产的特点和原有的办学基础，调整了林业系科、专业的设置。合并了一些大学的森林系，成立了北京、南京、东北

---

①林业发展“十三五”规划；林业科技创新“十三五”规划。

②《2016 中国林业发展报告》。

③林业部教育司. 中国林业教育史［M］. 北京：中国林业出版社，1988.

三所直属高等教育部领导的林学院。

为了更全面地学习苏联，从1955年起，在三所独立的林学院中，还陆续聘请了有关造林、森林经理、森林昆虫、林业经济、林业机械，林产化工、森林生态等不同学科的苏联专家来校进行讲学，讲学时间2个月至3年不等。

毕业生人数来讲，1957年为824人，是1949年92人的9倍，在校学生人数，1957年为6065人，是1949年541人的65倍。

（二）开始全面建设社会主义的十年（1957~1966年）

这十年，是我国开始全面的大规模的社会主义建设的十年。林业教育事业虽然遭到过严重挫折，仍然取得了很大的成就。以1966年同1956年相比，高等林业院校的在校生增加了26%，毕业生增加了三倍。中等林业学校由22所增加到了40所。经过整顿，教育质量得到显著提高。但是，在这十年中，党的工作在指导方针上有过严重失误，经历了曲折的发展过程。

1957年夏至1958年春，在整风过程中，随着反右派斗争被严重地扩大化，一批知识分子、爱国人士和党内干部错为右派分子，造成了不幸的后果①

1958年党的八大二次会议通过的社会主义建设总路线及其基本点，虽然反映了广大人民群众迫切要求改变我国经济文化落后状况的普遍愿望，但是却忽视了客观的经济规律。

1958年10月5日至21日，林业部召开全国高等林业院校座谈会。根据中央《关于改进农林大专学校教育的指示》精神，确定把高等林学院系的全体师生下放农村锻炼一至二年，并将原有林学院系迁出大、中城市，在林业生产基地建校。于是各林业院校师生，离开课堂，下放到农村或林场，以参加生产劳动来代替课堂讲授。这些实践和尝试，为高等学校教育工作的改革，积累了经验，同时也带来了很多问题。比如“拔白旗，插红旗”、“红专辩论”、教育方针大辩论，一直发展到搞群众性的学术大批判，挫伤了许多知识分子的积极性。再就是一些过急的不切实际的改革，打乱了教学秩序，降低了教学质量。一些林业学校远在农村，师生分散，又无足够的教学设备，正常的教学秩序无法建立。

1960年，在“反右倾，鼓干劲”的口号下，又出现了大办教育的高潮。

1961年9月，中共中央批准试行《教育部直属高等学校暂行工作条例（试行草案）》（简称高教六十条）。这个条例，针对当时情况，着重解决以教学为主，努力提高教学质量等五个方面的问题。从1962年到1966年，随着国民经济领域得到了比较顺利地恢复和发展，对林业教育事业也有很大推动作用。

（三）“文化大革命”的十年（1966~1976年）

“文化大革命”开始以后，党的各级组织普遍受到冲击并陷于瘫痪、半瘫痪状。在十年动乱中，农林院校比别的院校更多受一层破坏，这就是下放搬迁。从1969年开始，一些高、中等林业院校相继搬出城市，学校迁出去以后，其原有校址被别的单位占用或瓜分。校舍被移作他用。教学实习林场、苗圃，还有那用心血经营多年的树木标本园，有的被毁掉，改种粮食或蔬菜，幸存的也无人抚育和管理。1970年起，部属北京、东北，南京三所林学院，在停止招生四年之后，才开始招收“工农兵学员”，不仅招生数量不如以前，学生的业务质量也大为下降。

①中国共产党中央委员会. 关于建国以来党的若干历史问题的决议［M］. 北京：人民出版社，1981.

（四）历史伟大转折（1976~1984年）

1977年夏，全国高等林业院校（系）开始恢复统一招生制度。同年11月，根据中共中央指示精神，进驻各级各类林业学校的工宣队全部撤出学校。1978年12月召开的十一届三中全会，是中华人民共和国以来我党历史上具有深远意义的伟大转折。确定了“解放思想、开动脑筋，实事求是、团结一致向前看”的指导方针。1978年，经国务院批准，东北林学院、云南林学院、湖南林学院重新上收，归林业部领导。1979年，经国务院批准，在西北农学院林学系的基础上建立西北林学院。至此，每一个大区均有一所部属林学院。

截至1983年，全国高等林业院校已培养出专业人才达六万余人。1983~1984年，在校本科、专科及研究生人数为13000多人，是1949年的24倍（留学生、进修生、干部培训班不包括在内）。

截至1984年，全国共设有高等林业院校（系）29所，其中部属林学院六所，省属林业院校五所（一所林业专科学校），其余为农学院林学系或园林系。

到2010年，全国林业系统已有各类经济单位46396个，林业系统在册职工总数170.24万人，林业从业人员总数达到4500万人。全国普通高等林业院校招收研究生和其他高等学校科研单位招收林科研究生共6663人，招收本专科生共61375人，博士、硕士毕业生3862人，本专科毕业生52803人，国家林业局举办领导干部及专业技术培训班128期，地方政府干部、林业领导干部和专业技术骨干近9000人次。① 全国林业系统林业人才约有82万人，具有本科以上学历的有19万人，占人才队伍的23.6%；具有高级职称的有4.3万余人，占专业技术人才队伍的12.0%。全国林业领域有16位中国科学院和中国工程院院士，有一大批享受国务院政府特殊津贴的专家和国家级、省部级有突出贡献的科技、管理专家；各级林业部门着力实施青年拔尖人才、骨干人才培养计划，一批拔尖人才和优秀青年人才迅速成长，成为林业事业发展的重要力量。各地都成立了人才工作领导机构，形成了组织人事部门牵头抓总、有关部门密切配合、多方力量广泛参与的林业人才工作新格局。②③

“十二五”时期，派驻地方的36个专员办和濒管办整合为15个监督监管机构，实现了对31个省份森林资源监督的全覆盖，进一步提高了林业维护国家生态安全能力。争取人社部批复新增事业单位岗位1800个，特别是新增高级岗位466个，解决了事业发展带来的岗位总量不足、高级岗位紧缺等矛盾。安排平均每年在地方挂职锻炼的司处级干部超过15人。创建高层次人才库，确定了首批300名党政人才、技术人才和经营管理人才。打造科技领军人才和战略专家队伍，组织实施了“百千万人才工程”省部级人选培养工程。每年培训地方林业干部都超过15000人次，有力提升了行业干部队伍综合素质。④

①《2011年中国林业发展报告》

②林业十年：林业人事教育十年成果［EB/OL］. 国家林业局政府网 http：//www. forestry. gov. cn/，2012-11-12.

③宋维明，李勇，陈建成. 我国高等林业教育规模的历史变化与趋势分析［J］. 高等农业教育，2006（2）：7-10.

④国家林业局“十二五”总结材料。

12.3 问题挑战

12.3.1 科　技

一是科技创新的内生动力不足。国家林业企业习惯于投资驱动，包括集体和农户在内的大多数林业生产单位习惯于依靠劳动要素生存发展，缺少围绕生产经营和产业链条布局的科技创新。

二是创新主体不够多元。林业科技创新以科研事业单位和高等林业院校为单一主体，企业作为林业创新主体还没树立起来，难以形成大众创业、万众创业的局面。

三是创新资源配置效率低下。科研基础设施和科研数据共享与利用不足，科技资源配置重复浪费，产出效率不高，科技创新成果转化不力，与市接对接不强。

四是创新激励机制尚未形成。缺少长期稳定的科技资源分配体制和内生激励机制，部分科技人员忙于争项目，不断换方向，而不是关注多出大成果、好成果。①

12.3.2 人　才

12.3.2.1 双高人才

一是高级林业专业技术人才较少，尤其是林业工程和科技推广一线高层次创新人才紧缺；

二是高技能人才队伍结构不合理，总量明显不足，我国林业技能人才分布呈现“两头低、中间高”的态势；

三是新兴领域林业两高人才紧缺，如森林资源资产评估、森林认证、生态监测、林业碳汇、森林旅游、林业企业经营管理等专业领域的人才供需缺口很大；

四是林业人才组织工作体制机制有待健全，林业人才开发资金投入严重不足，林业两高人才评价激励机制急待加强，林业两高人才服务保障体系有待完善。②

12.3.2.2 林业关键岗位

一是人才年龄结构断代断层现象严重；人员基础知识和专业技能欠缺；

二是知识技能与岗位需求不匹配；职位结构职数指标配置不合理；人才培训力度小缺口大；

三是基层人力资源建设规划不清晰、目标不明确，人才工作引进机制僵化，人才评价机制不够科学，人才奖惩机制不尽合理，人才市场管理机制不够完善。

---

①国家林业局“十二五”总结材料。

②国家林业局人才中心：林业两高人才队伍建设。来源：2012 年国家林业局林业重大问题调研报告。

第 13 章　林业重大改革

13.1　集体林权制度改革

中华人民共和国成立后，农地经营制度经历了“私有私用”的土地改革后时期（1950~1953年），“私有公用”的合作化时期（1951~1957年），“公有公用”的人民公社时期（1958~1978年）和“公有私用”的家庭承包制时期（1978年后）。① 林业产权制度如影随形，有着类似的经历，土地改革时期的“均山”“均林”式的所有权均等化，全国农业合作化运动和人民公社时期的林地、林木逐步集体化，家庭承包责任制实施初期的“三定”式“分山到户”的尝试。

改革开放之后，经营制度变迁经历了由浅至深、由局部到全面、由量变到质变的发展过程，对改革的实践和认识，也由知之不多走向知之较多，由知之不全走向知之较全，由摸索探路到逐步推开。农业经营形式经历了包产到组、包产到户，最终到包干到户，即“交够国家的，留足集体的，剩下的是自己的”，然后经历了两田制、返租倒包、小调整与大调整，最终到“增人不增地，减人不减地”。林业产权制度改革同样经历了林业“三定”，自留山与责任山，“两山并一山”，“四荒拍卖”，“分股不分山、分利不分林”，家庭承包等多种经营形式。

十一届三中全会之后，党中央审时度势，工作重心逐步转移到以经济建设为中心，小岗村18位农民以极大的勇气，在“包产到户”的责任状上按下了红手印，星星之火便有了燎原之势，农民要地种地的积极性大大提高，农民渴望以地致富、渴望改变现状的动力和活力在压抑了多年之后瞬间迸发，从此，农村经营制度改革的序幕正式拉开。农村家庭承包责任制的确立，大大提高了农业生产力，不断推进着农村社会进步，据估计，在20世纪70年代末到80年代中期的农业增长中，家庭联产承包责任制所做的贡献46.89%②。考虑到农业的重要性和基础性，农地经营制度改革，在确定了联产承包责任制后，基本上是稳定为先，摸着石头过河，边试点、边推进，由改革开放之初的激进改革逐步转变为渐进式的改革。③ 在家庭联产承包责任制实行之初，农地的承包经营权从农民集体土地所有权分离，实现了“一权变两权”，1984年中央1号文件规定“土地承包期限一般应在15年以上。”1993年11号文件又规定“在原定的耕地承包期到期之后，在延长30年不变。”2003年开始施行的《中华人民共和国农村土地承包法》和2007年颁布的《中华人民共和国物权法》，都做出规定：“农民有权将土地承包经营权采取转包、互换、转让等方式流转”。

---

①项继权. 我国农地产权的法律主体与实践载体的变迁［J］. 华中农业大学学报（社科版），2014，1（109）：5-14.

②林毅夫. 制度、技术与中国农业发展［M］. 上海：三联书店出版社，1992.

③姚洋. 土地制度和农业发展［M］. 北京：北京大学出版社，2004.

农业和林业经营制度都是在不断探索、不断实践中逐步走向成熟的，相互借鉴，相互促进，并不断发展，不断完善。整体而言，新中国成立初期，农业和林业经营制度受历史惯性、外部形势的影响，基本上是靠“运动”式的方式来推动，两者存在着相同或相似的历程。改革开放之后，林业和农业的经营制度变化是“大同小异”、“你追我赶”，有时甚至出现了明显的差异。

与农地经营制度不同的是：林地经营制度改革在农地改革之后，是在借鉴和吸收农地改革的基础上进行的，因此步子迈的更大，但是却在实施过程中出现了一些“意想不到”的波动，后期经过调整，又“轻装上阵”，通过制度创新，很多方面走在了农地改革的前面，如承包期限长、流转方式多样化、林权抵押、生产要素市场等。林地经营制度在改革开放之初，先是仿效农地改革，开始了“分山到户”的尝试，提出了“稳定山权林权、落实林业生产责任制”的林业“三定”政策。然而，这一轮改革忽视了森林经营与农业生产完全不同的几个属性，即投入多、周期长、正外部性等特点。尤其是在改革开放初期，农村居民对未来的政策变化有着不稳定的预期，当 1985 年 1 号文件中有关“集体林区取消木材统购、开放木材市场、允许林农和集体的木材自由上市，实行议购议销”的相关政策出台后，很快出现了严重的乱砍滥伐，最后，不得不在中央的“指示”下踩了“急刹车”，此轮改革趋于停滞。1993 年党的十四届三中全会后，林业部门推出了包括分类经营，推进森林资源资产化经营，林地林木有偿流转等措施。此次改革具有鲜明的“市场化改革”特征，其目标通过森林资源的“资本化”，来发挥市场机制的优化资源配置作用，促使社会资金流向林业部门，从而带动林业产业的全面发展，实现经济效益和生态效益的“双赢”。然而，由于缺乏私人投资和存在的委托——代理困境，事与愿违的是，这场改革出现了“市场”和“政府”的“双重失效”问题。① 由于缺乏投资和激励机制，1994~1998 年和 1999~2003 年集体林生产力水平分别相当于国有林生产力水平的 38.36%和 40.65%，都低于改革初期的 44.50%。② 改革没有达到农民致富、生态受保护的理想预期目标，改革利益在一定程度上被少数“大户”攫取。③④

2008 年《中共中央 国务院关于全面推进集体林权制度改革的意见》出台，要求“用 5 年作用实践，基本完成明晰产权、承包到户的改革任务。”包括明晰产权、勘界发证、放活经营权、落实处置权、保障收益权，以及落实责任。在这一次改革中将集体林地承包期确定为 70 年，并

---

①胡鞍钢，郎晓娟，沈若萌，等. 集体林权制度改革开启中国绿色改革之路［J］. 林业经济，2014，2（36）：3-10.

②温铁军. 我国集体林权制度三次改革解读［EB/OL］. http：//www. jjckb. xinhuanet. com，2009-08-12.

③李周. 私有林与中国林业发展［J］. 林业经济问题，2005，25（3）：129-136. 根据国际经验判断，私有林也应成为中国林业发展的选择。在现阶段发展私有林，需要改进林木采伐管制，确保采伐指标的公平分配，削弱森林部门征收税费的能力，相信农民的能力，并规范政府的行为。

④徐晋涛. 过去 10 年我林业最大变革是林权改革［EB/OL］. http：//www. sina. com. cn，2009-04-23. 集体林权改革历史上有两次大的改革，第一次是跟中国农村联合承包制基本同步 1981 年开始，到 1986 年是寿终正寝。实现了家庭联包的做法，但是反应比较强烈。到了 1986 年之后，乱砍滥伐的消息非常多，政府开始反复到了 1987 年出台了文件，基本上停止了这样的改革。第二次改革是 2003 年福建省出台了林权改革政策。以那个为契机这次中国国家林业主管部门态度跟 80 年代非常不同，非常积极非常支持。所以，积极推动中国大部分集体林区比较多的省也积极参加。所以到了 2008 年 6 月推动中共中央、国务院出台了集体林权改革的政策。

逐步开展了一些创新性的工作，作为改革深化措施，① 如林业产权交易平台、林业生产要素市场的建立，林业合作组织、林权抵押贷款、森林保险等机制的创新等。改革实现了三个突破，将产权量化给个人，农民的积极性被调动了起来；把林地承包期定为 70 年不变，"爷爷种树，让孙子来砍"，林区农民都安下心来了；林地和林木可以抵押，经济搞活了。这场改革具有重大而深远的影响，目前改革初步目标已基本实现，正在进一步完善阶段。②③

进入到 2014 年，中央 1 号文件和十八届三中全会都强调：要加快构建农业经营体系和赋予农民更多财产权利。其基本方向是构建以集体所有、家庭承包、多元经营为特征，所有权、承包权、经营权"三权分离"的新型农地制度。再一次推动农村生产力的大释放，农民积极性的大提高，农业生产力的大发展，其中的关键在于，这一次是将农地承包经营权的担保和抵押功能重新赋予农民，既是形势所然，也是在某种程度上也是学习和借鉴了林地经营制度改革的经验。

专栏 13-1　中共中央 国务院关于全面推进集体林权制度改革的意见（节选）

中发【2008】10 号

指导思想。以邓小平理论和"三个代表"重要思想为指导，以科学发展观为统领，全面实施以生态建设为主的林业发展战略，坚持农村土地基本经营制度和林业分类经营管理制度，坚持生态保护与产业发展并举，坚持国家、集体和个人三者价值取向协调一致，进一步明晰农村集体林地使用权和林木所有权，放活经营权，落实处置权，保障收益权，推进配套措施建设，解放和发展林业生产力，切实保障农民利益，调动农民的积极性，实现资源合理利用、林业健康发展、农民持续增收、农村和谐稳定，促进社会主义新农村建设。

总体目标："十一五"期间基本完成明晰产权、确立主体、放活经营、强化管理、保障收益等主体改革任务，不断深化配套措施建设。建立以家庭承包经营为基础、多种经营形式并存、权责利相统一的集体林经营管理体制，使"林有其主，主有其权，权有其责，责有其利"。构建

---

①深化集体林权制度改革是全面推进林业改革的重要内容，深化集体林权制度改革是推动林业发展的动力源泉，深化集体林权制度改革是提高林产品供给能力的迫切需要，深化集体林权制度改革是提升林业经营水平的必然选择，深化集体林权制度改革是促进农民就业增收的有效途径。张建龙：深化集体林权制度改革提升经营发展水平。http：//dangjian. people. com. cn，2015 年 11 月 16 日。

②主要体现在四个方面：一是这场改革是深化农村经营制度的一项重大变革。这是和前 30 年的农村改革相比的，前 30 年的改革解放了农村生产力，同时也取得了举世瞩目的成就。林权改革最初也是从农村发端的，所以它的意义是重大的，它必将进一步解放农村的生产力。二是它为 30 年来的农村改革赋予了新的内涵，对农村改革又是一个新的发展和丰富。这次集体林权制度改革通过家庭承包这么一个形式把林地的经营权和林木的所有权承包落实到户，确定农民是经营林地的经营主体。两权主要是林地经营权和林木所有权，具有物权性，既有独立性又有排他性。既明确了经营权，而且还保证了农民的处置权和收益权。还有一个就是长期性，这次林地承包权是 70 年。三是它有流转性，中央文件明确规定，林地的承包经营权可以租赁、抵押、转让，可以入股甚至可以作为合作的名义进行经营。这就肯定了它具有流转性。四是和当年的土地承包不一样，当年是把包田包产到户，现在是包山包林到户，这是一样的。但是不一样的就是林地的经营权承包后，林地上面的林木所有权也同时落实到位了。而且林地的树木量有几十亿方，这是进行直补的，如果变现就是货币，所以具有资产性的。

③厉以宁. 集体林改实现了三大突破［EB/OL］. http：//www. forestry. gov. cn，2012-01-05.

“产权归属清晰、经营主体到位、权责划分明确、利益保障严格、流转顺畅规范、监管服务有效”的现代林业产权制度，促进郊区林业增量、增质、增效、增收，实现生态好起来、林业兴起来、产品多起来、农民富起来。

专栏 13-2 中共中央 国务院关于稳步推进农村集体产权制度改革的意见（节选）
（2016 年 12 月 26 日）

为探索农村集体所有制有效实现形式，创新农村集体经济运行机制，保护农民集体资产权益，调动农民发展现代农业和建设社会主义新农村的积极性，现就稳步推进农村集体产权制度改革提出如下意见。

指导思想：以明晰农村集体产权归属、维护农村集体经济组织成员权利为目的，以推进集体经营性资产改革为重点任务，以发展股份合作等多种形式的合作与联合为导向，坚持农村土地集体所有，坚持家庭承包经营基础性地位，探索集体经济新的实现形式和运行机制，不断解放和发展农村社会生产力，促进农业发展、农民富裕、农村繁荣，为推进城乡协调发展、巩固党在农村的执政基础提供重要支撑和保障。

改革目标：通过改革，逐步构建归属清晰、权能完整、流转顺畅、保护严格的中国特色社会主义农村集体产权制度，保护和发展农民作为农村集体经济组织成员的合法权益。科学确认农村集体经济组织成员身份，明晰集体所有产权关系，发展新型集体经济；管好用好集体资产，建立符合市场经济要求的集体经济运行新机制，促进集体资产保值增值；落实农民的土地承包权、宅基地使用权、集体收益分配权和对集体经济活动的民主管理权利，形成有效维护农村集体经济组织成员权利的治理体系。

“十二五”期间，集体林地确权登记工作基本完成，配套改革深入推进。全国已确权集体林地 27.05 亿亩，发放林权证 1.01 亿本，明晰产权、承包到户的改革任务基本完成，深化改革稳步推进。全国共建立林业专业合作组织 11.57 万个，加入合作组织的农户 1372.10 万户，经营林地面积 3.82 亿亩。各地落实国家级生态公益林补偿面积 8.00 亿亩，中央补偿资金 110.33 亿元，地方配套 9.02 亿元，平均每亩补偿 14.92 元。有 26 个省建立了地方森林生态效益补偿基金制度，补偿地方公益林 3.88 亿亩，补偿金额 46.15 亿元。有 26 个省区市开展了林权抵押贷款工作，抵押贷款面积 7015.09 万亩，贷款金额 1166.00 亿元，平均每亩贷款 1662.13 元。有 24 个省开展森林保险，投保面积 13.64 亿亩，保险金额 6571.84 亿元，保费 17.20 亿元。各种社会工商资本也大量涌入，极大促进了集体林业发展。全国林下经济产值达 5415 亿元，参与农户 5911 万户。林业社会化服务体系健康发展，全国林业公共服务机构数量 6602 个（其中林权管理服务中心 1804 个），林业市场化服务机构数量 9122 个，森林资源评估机构 814 个，仲裁机构 1246 个（其中林业仲裁机构 539 个）。全国建立林业电子商务平台 1429 个，林业电子商务交易额 71.55

亿元。调处林权纠纷 116.84 万件，调处率 87.70%。①②

2015 年全国累积发生集体林地流转面积 2.83 亿亩，比 2014 年（下同）增长 2.05 个百分点。登记流转林地面积 1.62 亿亩，流转林地备案面积 1.08 亿亩。林权流转奖补资金 0.58 亿元。一是林业财政、金融稳步发展。全国集体公益林生态效益补偿面积为 9.94 亿亩，补偿资金为 276.42 亿元，平均每亩补偿 27.80 元。林权抵押贷款增长明显。全国有 28 个省（自治区、直辖市）开展了林权抵押贷款工作。抵押贷款面积 9895.11 万亩，贷款金额 2015.53 亿元，比 2014 年增加了 17.17%，平均每亩贷款 2127.85 元。森林保险快速发展。有 26 个省（自治区、直辖市）开展森林保险，投保面积 17.14 亿亩，比 2014 年（下同）增加了 14.14%，保险金额 8559.64 亿元，增加 17.01%；保费 28.94 亿元，其中政策性补贴 20.99 亿元，增加 13.81%；平均每亩保险金额 499.35 元，增长了 2.52%；平均每亩保费 1.69 元；保费费率 0.34%。林权担保收储起步发展。2015 年，全国林权担保收储机构数量 109 个，收储林地面积 282.99 万亩，担保金额 24.10 亿元，每亩担保金额 851.64 元。处置面积 8.42 万亩。二是林业社会化服务体系健康发展。全国林业公共服务机构数量 6602 个（其中林权管理服务中心 1804 个）林业市场化服务机构数量 9122 个，森林资源评估机构 814 个，仲裁机构 1246 个（其中林业仲裁机构 539 个）。全国建立林业电子商务平台 1429 个，林业电子商务交易额 71.55 亿元。三是增收贡献稳步提升。林改涉及 1.50 亿农户，5.40 亿农民，其中贫困人口 4387.08 万人，占 8.12%。据 29 个省（自治区、直辖市）不完全统计，2015 年，林改县农民人均年收入为 11861.57 元，比 2014 年增长 10.22%。其中，来自林业的收入 2315.40 元，比 2014 年增长 48.57%。③

13.2　国有林区改革

国有林区的形成是基于 1947 年通过的《中国土地法大纲》，1950 年公布的《中华人民共和国土地改革法》等相关规定，包括森林收归国有，建森工企业局“先生产、后生活”“先建企、后建政”等政策。国有林区分布于黑龙江、吉林、内蒙古、陕西、甘肃、新疆、青海、四川、云南 9 个省（自治区），共有 138 个国有林业局，其中在黑龙江、吉林、内蒙古 3 省（自治区）范围内的 87 个国有林业局组成了重点国有林区，其他 51 个国有林业局在非重点国有林区。全国国有林区林地面积 9.9 亿亩，在册职工 68.8 万人。

---

①国家林业局“十二五”总结材料。

②2009 年，中国人民银行等 5 部门联合出台了《关于做好集体林权制度改革与林业发展金融服务工作的指导意见》，中央财政森林保险保费补贴试点启动。财政部、国家林业局联合下发了《育林基金征收使用管理办法》，规定从 2009 年 7 月 1 日起，将育林基金征收标准由销售收入的 20%降低到 10%以下。财政部、国家林业局联合印发了《林业贷款中央财政贴息资金管理办法》，进一步扩大了贴息范围和贴息对象，贴息率由 2%提高到了 3%，非种植业林业贷款最长贴息期限延长至 3 年，林农个人造林贷款的贴息期限最长延长至 5 年。国家林业局下发了《关于改革和完善集体林采伐管理的意见》，出台了《关于促进农民林业专业合作社发展的指导意见》。2012 年，国务院办公厅下发《关于加快林下经济发展的意见》。2013 年，中国银监会、国家林业局联合印发《关于林权抵押贷款的实施意见》，明确规定林农和林业生产经营者可以用承包经营的商品林做抵押。2013 年，国家林业局下发了《关于进一步加强集体林权流转管理工作的通知》《关于加快林业专业合作组织发展的通知》。2014 年，国务院印发《关于创新重点领域投融资机制鼓励社会投资的指导意见》明确提出支持开展集体林权、集体土地承包经营权质押贷款等担保创新类贷款业务。

③《2015 中国林业发展报告》。

长期以来，国有林区存在严重的“三林”问题，即林业（资源残败）、林区（经济、社会滞后）、林业职工（属于低收入人群）。“林业”作为事关国家可持续发展的基础产业，地基不稳；“林区”已成为全面建设小康社会的薄弱环节；“林业职工”更是处于社会困难群体之列。“三林”问题突出表现：可采森林资源枯竭，生态功能严重退化，民生问题比较突出，森工企业债务负担沉重。①“三林”问题的根源：政府与企业、企业与资源、资源与政府、企业与社会的重重关系不顺。

2006 年 1 月 14 日，国务院正式批准伊春作为国有林区林权制度改革试点单位，进行国有林区林权制度改革的尝试。并开始加快探索在重点国有林区实施木材限伐减伐，产业转型政策，2014 年，龙江森工集团、大兴安岭林业集团公司开展天然林商业性伐停伐试点工作。根据停伐政策要求，停伐主要分三步走：扩大东北、内蒙古重点国有林区停止天然林商业性采伐试点；在此基础上，停止国有林场和其他国有林区天然林商业性采伐；全面停止天然林商业性采伐。到 2017 年全部停止天然林商业性采伐。

2015 年 2 月 8 日，中共中央、国务院印发《国有林区改革指导意见》，目的是解决国有林区管理体制不完善，森林资源过度开发，民生问题较为突出等问题，更好地发挥国有林区作为重要的生态安全屏障和森林资源培育战略基地的作用，更好地维护国家生态安全。②

专栏 13-3 国有林区改革指导意见

指导思想：深入实施以生态建设为主的林业发展战略，以发挥国有林区生态功能和建设国家木材战略储备基地为导向，以厘清中央与地方、政府与企业各方面关系为主线，积极推进政事企分开，健全森林资源监管体制，创新资源管护方式，完善支持政策体系，建立有利于保护和发展森林资源、有利于改善生态和民生、有利于增强林业发展活力的国有林区新体制，加快林区经济转型，促进林区森林资源逐步恢复和稳定增长，推动林业发展模式由木材生产为主转变为生态修复和建设为主、由利用森林获取经济利益为主转变为保护森林提供生态服务为主，为建设生态文明和美丽中国、实现中华民族永续发展提供生态保障。

---

①王月华. 国有林区改革面临四大突出问题［EB/OL］. http：//www. ocn. com. cn/chanye/201507/gmlov10083628. shtml，2015-07-10. 2013 年东北重点国有林区在岗职工年平均工资 2. 3 万元，仅相当于当地城镇非私营单位就业人员年平均工资的 51. 4%。特别是天保工程一期一次性安置职工 52 万人，约 50%的一次性安置人员目前生活困难，因无力缴纳社会保险费而“断保”。各重点国有林区累计拖欠金融机构债务 209. 9 亿元，其中无力偿还的金融机构债务 133. 1 亿元；国有林区现有在册职工 68. 8 万人，属于低收入人群，就业安置压力大。

②为贯彻《中共中央 国务院关于加快林业发展的决定》，2004 年，国家林业局启动了东北、内蒙古重点国有林区的森林资源管理体制改革试点。目的是要建立权责利相统一，管资产和管人、管事相结合的森林资源管理体制。2006 年 1 月 14 日，国务院正式批准伊春作为国有林区林权制度改革试点单位，进行国有林区林权制度改革的尝试。改革的主要内容是，在保证林地用途和重点国有林区国有森林资源主体地位不变的前提下，按照“远封近分”的原则，对浅山区林农交错、相对分散、零星分布、易于分户经营的部分国有商品林，根据一沟一系一坡的自然界限并结合森林经营区划，按每户 5~10 公顷的规模，由林业职工家庭承包经营，承包经营期限为 50 年。林地的经营权和林木的所有权可以流转。对 80%的大面积集中连片的公益林和远山区的商品林，仍由伊春林业管理局依法进行管理对国有林地进行有偿流转，建立活立木市场。通过把林木、林地资产变成资本，由资本进入市场的环节，实现活立木市场流转。

基本原则：坚持生态为本、保护优先；尊重自然规律，实行山水林田湖统筹治理；注重民生改善、维护稳定；促进政企政事分开、各负其责；强化统一规划、融合发展；坚持分类指导、分步实施。

主要任务：区分不同情况有序停止重点国有林区天然林商业性采伐，① 确保森林资源稳步恢复和增长；因地制宜逐步推进国有林区政企分开；逐步形成精简高效的国有森林资源管理机构；创新森林资源管护机制；创新森林资源监管体制；强化地方政府保护森林、改善民生的责任；妥善安置国有林区富余职工，确保职工基本生活有保障。

政策支持：加强对国有林区的财政支持；加强对国有林区的金融支持；加强国有林区基础设施建设；加快深山远山林区职工搬迁；积极推进国有林区产业转型。

"国有林区改革政策研究"课题组②针对国有林区政策进展，在重点国有林区针对国有森工局及职工家庭展开了调研。结果表明：改革进展方面，各森工集团分别制订了实施方案，在"停伐政策落实""政企分开""精简森林资源管理机构""创新森林资源管护机制""创新森林资源监管体制""民生改善""富余职工安置"等方面都有不同程度的进展，取得了一定成效；生态建设方面，森林资源状况明显改善、森林资源管护初见成效；经济发展方面，经济总量有所下降、经济结构有所优化、木材加工业生产萎缩；民生改善方面，国有林区职工家庭收入状况堪忧、林区职工家庭的居民消费支出有限、职工家庭就业困难、职工家庭社会保障等有待加强。

13.3　国有林场改革

中华人民共和国成立后，为了加快森林资源培育，保护和改善生态，在无林少林、荒山集中连片地区和重要水源地区由国家投资陆续建立起一批具有"公共事业"性质的国有林场。目前，全国有国有林场4855个，拥有林地面积8.7亿亩，占全国林地面积的19%；森林面积6.7亿亩，占全国森林面积的23%；森林蓄积量23.4亿立方米，占全国森林蓄积量的17%。国有林场对于森林资源保护及生态安全发挥着重要作用。从上世纪80年代开始，由于财力不足，国家对国有林场实行了"事业单位、企业化管理、自收自支"的体制。在这种体制下，国家许多政策难以覆盖到国有林场，使国有林场逐步陷入了"不城不乡、不工不农、不事不企"的尴尬境地。国有林场把主要精力放在了"找饭吃"上，无力全面承担生态保护与建设的繁重任务，导致大部分国有林场陷入困境，民生问题也十分突出。产生这一问题的根本原因是国有林场功能定位不清、管理体制不顺。

当前，我国已进入了建设生态文明的新时代，国有林场作为我国生态建设的骨干力量，在建设美丽中国的进程中肩负着越来越艰巨的任务。特别是绝大多数国有林场，都分布在江河源头、

①在2014年黑龙江重点国有林区（龙江森工集团、大兴安岭林业集团）停伐试点的基础上，停止天然林商业性采伐试点的基础上，从2015年4月1日起，停伐范围扩大到内蒙古、吉林重点国有林区，以及内蒙古岭南8局、吉林营林4局和大兴安岭范围内未纳入天保工程范围的100个国有林场，这标志着大小兴安岭、长白山林区的天然林全部纳入了停伐范围，宣告了100多年来向森林过度索取历史的结束，也标志着重点国有林区从开发利用转入全面保护发展的新阶段。

②国家林业局经济发展研究中心、东北林业大学联合调研组，王月华、曹玉昆、耿玉德、朱洪革、李薇、刘珉、张鑫、赵海兰、赵广帅等。

水库周围、风沙前沿、丘陵山区及城镇周边，是重要的基础设施和生态屏障。在全国4855个国有林场中，有3900多个分布在大江大河中上游、主要湖泊水库、各大风沙区和黄土高原等生态脆弱地区；同时以国有林场为基础建立了1300多个自然保护区和2500多个森林公园，在发挥生态效益、保障生态功能等方面发挥着越来越重要的特殊作用。①

2013年8月正式启动国有林场改革试点以来，江西、浙江、甘肃等3个试点省积极探索，大胆实践，相继完成了试点工作。

2015年2月8日，中共中央、国务院印发了《国有林场改革方案》，目的是解决国有林场功能定位不清、管理体制不顺、经营机制不活、支持政策不健全，林场可持续发展面临严峻挑战等问题，充分发挥国有林场的生态修复和生态建设建设重要作用，维护国家生态安全②。

2015年3月17日，国务院召开了全国国有林场和国有林区改革工作电视电话会议，这是首次以国务院名义召开的国有林场工作会议。按照会议部署，全国31个省（自治区、直辖市）按时编制上报了省级改革实施方案，并全部获得国家国有林场和国有林区改革工作小组批复。

专栏13-4　国有林场改革方案（节选）

指导思想：深入实施以生态建设为主的林业发展战略，按照分类推进改革的要求，围绕保护生态、保障职工生活两大目标，推动政事分开、事企分开，实现管护方式创新和监管体制创新，推动林业发展模式由木材生产为主转变为生态修复和建设为主、由利用森林获取经济利益为主转变为保护森林提供生态服务为主，建立有利于保护和发展森林资源、有利于改善生态和民生、有利于增强林业发展活力的国有林场新体制，为维护国家生态安全、保护生物多样性、建设生态文明作出更大贡献。

基本原则：坚持生态导向、保护优先；坚持改善民生、保持稳定；坚持因地制宜、分类施策；坚持分类指导、省级负责。

总体目标：到2020年，生态功能显著提升；生产生活条件明显改善；管理体制全面创新。

主要内容：明确界定国有林场生态责任和保护方式；推进国有林场政事分开；推进国有林场事企分开；完善以购买服务为主的公益林管护机制；健全责任明确、分级管理的森林资源监管体制；健全职工转移就业机制和社会保障体制。

---

①赵树丛. 国有林场改革要严守保生态保民生的底线［EB/OL］. 中国林业网 http://www. forestry. gov. cn，2015-03-26.

②2003年，《中共中央 国务院关于加快林业发展的决定》明确提出要推进国有林场改革。2010年国务院常务会议专题研究决定“国有林场改革试点先行，总结经验，稳步推进”。2011年1月，国家发展改革委办公厅、国家林业局办公室《关于印发开展国有林场改革试点的指导意见及组织申报国有林场改革试点工作的通知》。2011年10月，国家发展改革委办公厅、国家林业局办公室印发《关于开展全国国有林场改革试点工作的复函》，选取部分市县，开展全国国有林场改革试点，标志着全国国有林场改革试点工作正式启动。同年，国家林业局出台《国有林场管理办法》。2013年8月5日，经国务院同意，国家发展改革委和国家林业局正式批复了河北、浙江、安徽、江西、山东、湖南和甘肃7省国有林场改革试点实施方案。试点取得的成效：一是绝大部分国有林场已定性为公益服务事业单位，人员和机构经费纳入财政预算管理。二是根据所处区位、林地规模、管护难易程度等因素科学核定了国有林场事业编制。三是林场职工工资收入和社保参保率大幅提升。

政策支持：加强国有林场基础设施建设；加强对国有林场的财政支持；加强对国有林场的金融支持；加强国有林场人才队伍建设。

“国有林场改革研究”课题组①研究表明：绝大部分试点国有林场已定性为公益服务事业单位，人员和机构经费纳入财政预算管理。试点地区国有林场由832个优化整合为615个，减少26%。试点地区事业编制由45194个核减为29981个，较改革前精简34%。试点林场参加基本养老和医疗保险的职工占在职职工总数的比例均达到99%，分别比改革前提高15个和29个百分点，改革前拖欠的社保费用绝大部分已清除。在岗职工年均工资4.4万元，比改革前提高了81%。试点地区国有林场木材采伐量显著下降，森林资源得到有效保护。

“十二五”期间，对国有林场的投资不断加大，国有林场危旧房改造工程竣工45.6万户，新开工建设14104户，40万户林场职工喜迁新居。该项工程自2012年启动以来，经过四年的努力，林场职工人均住房面积从改造前的16平方米提升至27平方米，极大地改善了国有林场职工的居住条件，基本结束了国有林场职工住工棚的历史。②

13.4　问题挑战

13.4.1　集体林权制度改革

一是统到分的问题，即承包经营权问题。体现在承包经营权不稳定，收益处置权不充分。经营承包权到期后，林地是由集体经济组织收回统一经营还是维持原状，中央没有给出明确的政策；一些承包人分到山林后，不积极造林护林，造成资源闲置浪费。

二是分到统的问题，即规模经营问题。林地承包后经营后，单家独户经营效率较低，需要合理组合生产要素，优化市场配置，其中林地流转和合作组织的发展是其关键因素。然而当前由于市场不规范，比较收益低等因素，存在着林地流转率低、合作组织流于形式的状况。

三是政策支持问题。在林木采伐管理方面，国家林业局先后于2009年和2014年两次发文完善集体林的采伐管理，但仍未能改变“上边采伐指标用不完、下边采伐指标不够用”的现象。生态公益林补偿标准低，补偿资金少，对农民收入贡献不大，农民积极性不高。

四是金融扶持问题。林权抵押贷款政策，由于评估机构和信用缺乏，难以实现。森林保险政策，由于信息不对称，自然风险和道德风险较高，保险公司不愿涉入。

13.4.2　国有林场改革

一是国有林场基础设施依然薄弱。尽管在国家层面已经将国有林场纳入农村公路建设、电网改造升级、安全饮水等建设规划范围，但是由于体制等原因，国家安排的投资很难落实到国有林

---

①国家林业局经济发展研究中心夏郁芳、唐肖彬、曹露聪等。

②2015年中央财政安排山西、贵州等12个省（自治区）改革补助资金36.3亿元，截至2016年，中央财政已累计安排国有林场改革补助资金72.9亿元。

场。林场基础设施十分落后，民生问题突出。①

二是金融债务负担十分沉重。国有林场金融债务大多为承担国家政策性造林营林任务而形成的，现在大多已划为公益林不允许采伐，特别是改革后大多数国有林场被确定为公益服务事业单位，无力偿还银行贷款。

三是国有林场的法律法规处于空白区域。由于种种原因，国有林场的法律法规一直处于空白状态，致使国有林场管理长期处于无章可循、无法可依的状态，严重影响了国有林场的长期稳定可持续发展。②

13.4.3 国有林区改革

一是改革经济成本过高，停伐补助和天保资金不足以满足需求，具体包括森工企业历史债务负担较重，停伐两级管理费各地标准不一致，天保工程补助资金标准低，营林抚育规程滞后，营林防火、病虫害防治等基础投资不足。

二是改革转型阻力较大，停伐后林区传统木材加工产业面临困难，新兴替代产业发展缓慢，停伐造成职工分流下岗且富余职工再安置难，国有林区管理体制改革不彻底，而且政企分开存在争议。

三是公共服务面临困难，社会保障资金缺乏。全面停伐后，企业失去主财源，棚户区改造、取暖、供水供电、公共设施、道路维护等基础设施建设和管理资金无法保障，养老、医疗等五险补助不足。

---

①全国4855个国有林场中，仍有486个林场不通公路，170个林场不通电，1575个林场存在饮水安全问题。张建龙．加快推进林业现代化建设［EB/OL］．中国林业网 http：//www. forestry. gov. cn，2016-02-19.

②《2016年中国林业发展报告》。

第 14 章　林业合作交流

14.1　国际会议

专栏 14-1　重要涉林出访及国际会议（节选）

2002 年 5 月 26~31 日，第十二届国际水土保持大会在北京举行。大会的主题是：全球沙土资源保护与可持续发展。国务院副总理温家宝在开幕式上表示，通过加大投入、依靠科技、依法治理水土流失，到 21 世纪中叶，中国一定能够实现山川秀美的宏伟目标。

2006 年 4 月 5 日，中国—太平洋岛国经济发展合作论坛部长级会议在斐济群岛共和国楠迪举行。国务院总理温家宝，太平洋岛国论坛轮值主席、巴布亚新几内亚总理索马雷出席开幕式并分别发表演讲。国家林业局局长贾治邦发表了题为《携手共建美丽富饶的绿色家园》的演讲。

2006 年 6 月 17~28 日，国家林业局局长贾治邦率中国林业代表团访问南非、莱索托。期间，签署了《中国政府与南非政府关于林业合作的谅解备忘录》，正在南非访问的温家宝总理出席了签字仪式。

2007 年 4 月 8~14 日，国家林业局局长贾治邦率中国林业代表团访问韩国。4 月 10 日，国家林业局局长贾治邦和韩国环境部长官李圭用签署《中华人民共和国和大韩民国政府关于候鸟保护的协定》，正在韩国访问的温家宝总理和韩国总统卢武铉出席签字仪式。

2009 年 9 月 21 日，联合国环境规划署在联合国总部纽约举行“全球十亿棵树运动”特别仪式，宣布该运动已实现在全球植树 70 亿株的目标，其中中国植树 26 亿株，对该目标的实现发挥了决定性作用。国家林业局局长贾治邦出席特别仪式并发表题为《植树造林，造福人类》的演讲。

2009 年 1 月 30 日，在国务院总理温家宝和欧洲联盟委员会主席巴罗佐的见证下，国家林业局副局长祝列克与欧盟环境委员迪马斯在布鲁塞尔欧盟总部签署《中欧森林执法和行政管理双边协调机制》协议书。

2009 年 9 月 22 日，胡锦涛主席在联合国气候变化峰会开幕式上郑重承诺，为了应对气候变化，争取到 2020 年我国森林面积比 2005 年增加 4000 万 hm^2，森林蓄积量比 2005 年增加 13 亿 m^3（即“双增”目标）。

2011 年 9 月 6 日，首届亚太经合组织林业部长级会议在北京人民大会堂开幕。国家主席胡锦涛出席开幕式并发表题为《加强区域合作实现绿色增长》的致辞。并强调：亚太经济发展和区域合作正面临新的机遇，亚太经合组织各成员应该深化合作、携手共进，让森林永远造福人类，为亚太和世界人民创造更加美好的明天。

2012年2月8日，在国务院总理温家宝和加拿大总理哈珀的见证下，国家林业局局长贾治邦与加拿大外长约翰·贝尔德在人民大会堂签署《中华人民共和国国家林业局与加拿大公园管理局关于保护地事务合作的谅解备忘录》。

2012年6月20~22日，联合国可持续发展大会在巴西里约热内卢举行，联合国193个成员国近130位国家元首和政府首脑出席会议。国务院总理温家宝在会上发表了《共同谱写人类可持续发展新篇章》的演讲。

2015年9月22~25日，国家主席习近平应邀对美国进行国事访问。双方认识到打击野生动植物非法贸易的重要性和紧迫性，承诺采取积极措施应对这一全球性挑战。中美承诺在各自国家颁布禁令几乎完全停止象牙进口和出口，包括明显且及时限制象牙狩猎纪念物进口，采取明显且及时步骤停止各自国内象牙商业性贸易。

2015年11月30日，国家主席习近平在联合国气候变化巴黎大会上庄严承诺，到2030年我国森林蓄积量要比2005年增加45亿立方米左右。

2017年9月国6日，国家林业局局长张建龙6日在鄂尔多斯举办的《联合国防治荒漠化公约》第十三次缔约方大会上表示，中国已走出一条生态与经济并重、治沙与治穷共赢的防治荒漠化道路，国际社会必须进一步强化共同行动，采取更加有力和有效的措施，推进全球荒漠化防治取得新进展。

14.2 项目合作

20世纪80年代以来（到2012年），我国林业累计争取国际无偿援助资金超过8亿美元，项目近700个，对转变林业发展观念，推动我国林业发展发挥了重要作用。1990年5月29日世界银行董事会讨论并通过了中国国家造林项目，由国际开发协会提供3亿美元信贷，用于建设98.5万公顷速生丰产用材林基地，这是我国林业继“国家造林项目”之后又一世行贷款项目。仅2013~2012十年间，从德国、日本、澳大利亚等11个发达国家共争取到林业无偿援助（含技术合作）项目177个，资金高达4.23亿美元，项目数量和资金规模都达到了改革开放以来的最高峰。举办了38期同层次和专业的林业培训班，为来自亚、非、拉发展中国家培训了近1300名学员。①②

“十二五”时期，共签署了30多项双边协议，其中有13项协议在中外元首和政府首脑见证下签署。与美国、俄罗斯、德国、芬兰、韩国、澳大利亚、加拿大等形成稳定和活跃的合作平台，开拓了与肯尼亚、坦桑尼亚、南非等非洲国家，伊朗、蒙古等亚洲国家，秘鲁、阿根廷、墨西哥等拉美国家，斐济等南太平洋岛国的林业交往与合作，搭建了中日韩、中国-中东欧林业合作机制；向7个国家提供了7对大熊猫开展合作研究，制定了大熊猫出境管理原则，推行政府监管协议，做好大熊猫对外合作研究管理。中日、中韩朱鹮合作取得重要进展。大熊猫、朱鹮等珍稀物种已经成为对外友好使者，多次在国家重大外交活动中扮演重要角色，成为对外交往的亮丽

①林业十年：国际交流与合作情况综述［EB/OL］. 国家林业局政府网，http：//www. forestry. gov. cn/，2012-11-23.

②把林业国际合作提升到一个新水平——学习胡锦涛主席重要讲话体会之十二。

名片；共开展援外培训 67 期，面向 106 个国家达 1772 人次，对非洲提供林业和野生动物保护设备 1000 多万美元。在加蓬、刚果国开展森林资源经营，在乌干达开展竹藤培育和加工利用项目，积极筹划推进建立埃及荒漠化防治中心、中非野生动物保护合作、中蒙戈壁熊保护等援外合作项目。①②

14.3　公约履约

目前，由国家林业局牵头，代表国家加入并承担履约工作的国际与生态保护领域公约和协定有：《适用于所有类型森林不具法律约束力的国际文书》、《联合国关于在发生严重干旱或荒漠化的国家特别是在非洲防治荒漠化的公约》（UNCCD）、《关于特别是作为水禽栖息地的国际重要湿地公约》（RAMSAR）、《濒危野生动植物种国际贸易公约》（CITES）。同时，林业系统参与其他部门加入的国际公约并发挥重要作用的有：《联合国气候变化框架公约》（UNFCCC）、《生物多样性公约》（CBD）和《植物新品种保护公约》（UPOV）。③

近些年，国家林业局积极参与联合国可持续发展议程谈判及有关重要国际会议，特别是作为中方筹备组成部门之一，全程参加了于 2012 年在巴西举办的联合国可持续发展大会（Rio+20），在林业相关专题会议上发言，最终促使森林、生物多样性、荒漠化、土地退化和干旱以及山区发展等林业议题纳入了会议成果文件《我们憧憬的未来》；积极参与《2030 年全球可持续发展议程》的制定工作，把中国林业的主要工作反映在 2015 年 9 月联合国发展峰会通过的可持续发展目标之中，特别是目标 15“保护、恢复和促进可持续利用陆地生态系统、可持续管理森林、防治荒漠化、制止和扭转土地退化现象、遏制生物多样性的丧失”。④⑤

---

①国家林业局“十二五”总结材料。

②“十二五”时期，全力服务国家发展和外交大局，中美、中俄、中欧、中日韩林业合作继续加强，中非、中拉美、中阿、中亚、中东欧林业合作取得积极进展。5 年来，共签署政府和部门间协议 34 个，目前累计达 80 个。认真做好“一带一路”高峰论坛和金砖国家高层会晤中的林业活动，防沙治沙列入了“一带一路”国际合作重点。促进亚太森林组织发挥区域引领作用，推动在华设立全球森林资金网络，积极倡导并主导《联合国森林战略规划（2017~2030 年）》的制定。

③林业履行国际公约、协定［EB/OL］. 国家林业局政府网，http：//www. forestry. gov. cn，2012-11-05.

④2013~2015 年连续开展中美战略与经济对话框架下打击野生动植物非法交易对口磋商，连续三年开展代号为“眼镜蛇”的打击野生动植物犯罪国际专项执法行动，促进国际执法合作，彰显负责任大国形象，得到了国际社会的高度认可。2014 年 5 月，李克强总理与肯尼亚总统肯雅塔共同参观肯尼亚内罗毕国家公园焚烧象牙纪念地，向国际社会广泛传递“保护野生动物就是保护我们共有的家园，保护生物多样性就是保护地球的丰富多彩”的理念。2015 年 9 月和 10 月，习近平主席访美和访英期间均表示，中国在野生动植物保护和打击野生动物非法贸易方面取得了突出成绩，中国愿继续与世界各国一道加强野生动植物保护合作。

⑤主办联合国防治荒漠化公约第 13 次缔约方大会，推动落实《“一带一路”防治荒漠化共同行动倡议》。

表 14-1 涉林国际公约

公约名称	签署情况	基本内容
《濒危野生动植物种国际贸易公约》（CITES）	1973 年签署，1975 年生效。截至目前，全球共有 179 个国家成为该公约成员，管制物种范围达到 35000 多个种或种类。1980 年 6 月 25 日经国务院批准，我国加入该公约，1981 年生效	公约要求各国设立管理机构和科学机构，运用许可证、证明书及一系列管理及评估机制，力争确保国际贸易不致造成野生动植物种的濒临灭绝。公约文本对缔约国具有法律约束力，公约采取投票表决机制
《联合国防治荒漠化公约》（UNCCD）	1992 年联合国环境与发展大会决定启动《荒漠化公约》谈判，同年 12 月，根据联大 47/188 号决议，成立《荒漠化公约》政府间谈判委员会（INCD），经五轮谈判，于 1994 年 6 月 17 日通过公约文本。1996 年 12 月 26 日公约生效。我国全国人大于 1996 年 12 月 30 日批准加入公约。截止到 2013 年共有缔约方 194 个，是目前缔约方数量最多的联合国公约	其宗旨是构建全球合作伙伴关系，通过可持续土地管理措施，推动荒漠化的预防、治理和恢复，改善受影响地区人民生活和生态系统服务、为全球环境改善做出贡献
《湿地公约》（RAMSAR）	1962 年，由湿地国际（WI）、世界自然保护联盟（IUCN）和世界自然基金会（WWF）的奠基人霍夫曼等科学家倡导成立一个保护和管理湿地的网络。历经 8 年的协商和公约文本起草，最终 18 个国家的全权代表于 1971 年 2 月 2 日，在伊朗海滨城市拉姆萨尔镇签署《关于特别是作为水禽栖息地的国际重要湿地公约》，简称《湿地公约》或《拉姆萨尔公约》。该公约于 1975 年 12 月 21 日正式生效，成为全球第一个政府间多边环境公约。1992 年 7 月 31 日我国正式加入该公约。并确定黑龙江扎龙自然保护区等 7 个湿地型保护区为第一批国际重要湿地	公约规定缔约国的主要义务包括①在其领土内指定一定数量的国际重要湿地；②通过国家计划尽可能合理利用所有湿地；③建立湿地保护区，开展培训，加强湿地科研、管理和监测；④与其他国家相互协商，开展国际合作，尤其是跨界湿地、共享水资源及迁徙物种的合作保护。湿地的合理利用、国际重要湿地名录以及国际合作是湿地公约的三大支柱，体现了公约的核心理念，围绕三大支柱的各种议题是湿地公约的重点

（续）

《国际森林文书》	1992 年在里约热内卢召开的世界环境与发展大会通过了《关于森林问题的原则声明》。为继续推动国际森林问题谈判，联合国经社理事会于 1995～1997 和 1997～2000 年，在联合国可持续发展委员会下分别设立了政府间森林问题工作组（IPF）和政府间森林论坛（IFF），期间共召开了六次会议，就国际森林问题进行了磋商，最终形成了 270 条关于森林可持续经营的行动建议。2000 年 10 月，在联合国可持续发展委员会第八次会议的建议下，联合国经济和社会理事会第 2000/35 号决议通过了在其框架下成立联合国森林论坛（UNFF）。在 2007 年举行的 UNFF 第七次会议上，通过了《关于所有类型森林的不具法律约束力文书》（简称《国际森林文书》）	《国际森林文书》是各国政府推进森林可持续经营的政治承诺，也是国际森林问题谈判的里程碑和新起点，由 2007 年第 62 届联合国大会 62/98 号决议通过，目标是加强各方有效实施森林可持续经营的政治承诺和行动，实现全球森林的共同目标；增强森林对实现千年发展目标，特别是与脱贫和环境可持续性相关目标在内的国际发展目标的贡献；并为国家行动和国际合作提供框架。文书涉及所有类型森林，具有不具法律约束力的性质，确立了主权原则，增加新的额外的资金，提供技术转让、能力建设等原则；确立了全球林业发展目标；规定了国际社会和各成员国应采取的政策措施
《气候变化框架公约》（UNFCCC）	为了应对全球气候变化，1992 年在巴西召开的联合国环境与发展大会上，154 个国家签署了《联合国气候变化框架公约》（以下简称《公约》），1994 年正式生效。目前，《公约》涉及全球 190 多个国家和地区，是涉及范围最广的国际公约。然而，《公约》未能就温室气体减排问题做出具体规定。为此，经艰苦谈判，1997 年，149 个国家和地区参加了在日本京都召开的《公约》第 3 次缔约方大会，会议通过了《京都议定书》（以下简称议定书），明确了发达国家在 2008～2012 年第一承诺期内的量化减排指标，议定书于 2005 年正式生效，我国是《公约》缔结方与《议定书》的签署国。此后，在 2007 年底《公约》第 13 次缔约方大会上达成《巴厘行动计划》，围绕 2012 年后国际减排新协议展开了一系列谈判，谈判主要在《公约》	本公约以及缔约方会议可能通过的任何相关法律文书的最终目标是：根据本公约的各项有关规定，将大气中温室气体的浓度稳定在防止气候系统受到危险的人为干扰的水平上。这一水平应当在足以使生态系统能够自然地适应气候变化、确保粮食生产免受威胁并使经济发展能够可持续地进行

（续）

	和《议定书》“双轨制”下进行。2009年12月在丹麦首都哥本哈根举行的缔约方会议上，192个国家的谈判代表召开COP15会议，商讨《京都议定书》一期承诺到期后的后续方案。哥本哈根大会最后形成了《哥本哈根协议》，它虽然不是法律性公约，但为今后的谈判打下了基础。联合国坎昆气候大会于当地时间2010年2月11日凌晨闭幕，缔约方大会通过了《坎昆协议》，会议通过了两项应对气候变化的决议，推动气候谈判进程继续向前，国际社会对此予以积极评价。2012年多哈实现“气候通关”，就《京都议定书》第二承诺期做出了决定，发达国家在2020年前要继续大幅度减排。2013年华沙会议，虽然取得了一些进展，最终就德班平台决议、气候资金和损失损害补偿机制等焦点议题签署了协议，但争吵依然激烈，不得不延迟闭幕	
《生物多样性公约》（CBD）	1972年斯德哥尔摩人类环境会议之后，国际社会对环境与发展问题日益关注，并促使人们探讨达成一项生物多样性保护法律文书的必要性和可能性。世界环境与发展委员会于1987年6月向联合国大会提交的《我们共同的未来》的报告，进一步推动了这一进程。在联合国环境规划署理事会的要求下，经过生物多样性专家特设工作组三次会议的磋商，并经过生物多样性法律和技术专家特设工作组的多次谈判，《生物多样性公约》正式文本于1992年5月达成一致，于1992年6月5日在巴西里约热内卢的联合国环境和发展大会期间召开的《生物多样性公约》全权代表大会上开放签字，并于1993年12月29日正式生效。目前《生物多样性公约》已经有193个缔约方。我国政府于1992年6月11日在巴西召开的联合国环境与发展大会上签署了《生物多样性公约》，成为其第64个签约国	本公约的目标是按照公约有关条款从事保护生物多样性、持久使用其组成部分以及公平合理分享由利用遗传资源而产生的惠益；实现手段包括遗传资源的适当取得及遗传技术的适当转让，但需顾及这些资源和技术的一切权利，以及提供适当资金

（续）

《卡塔赫纳生物安全议定书》	2000 年 1 月 29 日达成谈判文本，2000 年 5 月 15~26 在联合国内罗毕办公室对国家和经济一体化组织开放签署，2000 年 6 月 5 日至 2001 年 6 月 4 日在纽约联合国总部继续供各国签署，《议定书》已于 2003 年 9 月 11 日生效。截至 2013 年 3 月，共有 193 个国家签署，已召开了 6 次缔约方会议。我国于 2000 年 8 月 8 日签署，2005 年 4 月 27 日获国务院批准后，我国政府于 2005 年 6 月 8 日将核准《议定书》的文件交存纽约联合国总部，并于 90 天后即 2005 年 9 月 6 日起对中国生效，从而使我国成为第 120 个缔约方。《卡塔赫纳生物安全议定书关于赔偿责任与补救的名古屋-吉隆坡补充议定书》（以下简称《补充议定书》）是关于转基因生物越境转移造成损害后的赔偿责任与补救的国际公约，2010 年 10 月 15 日获得通过，2011 年 3 月 7 日至 2012 年 3 月 6 日开放签署，现尚未生效	《卡塔赫纳生物安全议定书》（简称《议定书》）是在《生物多样性公约》（简称《公约》）下，为保护生物多样性和人体健康而控制和管理转基因生物越境转移的国际法律文件
《名古屋议定书》	《生物多样性公约》缔约方大会（COP）专门成立了 ABS（Access and Benefit Sharing，ABS）工作小组，工作小组经过多次协商，终于于 2010 年在日本名古屋达成了共识，通过了具有历史意义的《生物多样性公约关于获取遗传资源以及公正和公平地分享其利用所产生惠益的名古屋议定书》，简称“ABS 名古屋议定书”。到目前为止，已经有 92 个国家签署了该协议，其中有 19 个国家已批准。中国到目前尚未签署该协议	为了使资源拥有国与资源使用国公平分享遗传资源的使用惠益

（续）

《植物新品种保护公约》（UPOV）	为了保护植物育种者的权益，在育种业发达的西方国家首先尝试通过知识产权的形式进行植物新品种保护，经过半个多世纪的探索和实践，植物新品种保护国际公约于 1968 年生效，这标志着国际植物新品种保护联盟正式成立，同时也标志着国际植物新品种保护制度的建立。植物新品种保护国际公约从生效后，不断改进和完善，分别于 1972 年、1978 年和 1991 年在日内瓦进行了三次修订。截止 2013 年 4 月，UOPV 成员国共有 71 个国家，其成员主要包括美国、欧盟等育种技术十分发达的国家，还有一些亚非拉等发展中国家。其中 1991 年公约国有 52 个国家，占 73%，成员国由较早版本逐步转向 1991 文本；78 文本的公约国有 19 个国家，占 27%。1961 年公约（1972 年修改）国 1 个国家	该制度是以国际植物新品种保护公约为基础的保护制度，主旨在于保护育种者权利，促进植物育种事业的不断发展。植物新品种保护国际公约是联盟成员国必须遵守的统一的准则
《国际植物保护公约》（IPCC）	该公约是 1951 年联合国粮食和农业组织通过的一个有关植物保护的多边国际协议，1952 年生效，是国家之间为治理有害生物和防止其扩散而签署的国际协议。目前缔约方已有 181 个国家。中国于 2005 年 10 月 20 日加入 IPPC，是 IPPC 的第 141 个成员国	公约包括序言、宗旨和责任、范围、补充协定、国家植物保护机构、植物检疫证书、对进口物品的要求、国际合作、区域植物保护组织、争端的解决、代替以前的协定、适用的领土范围、批准和加入、修正、废约等 14 项条款和附件

14.4　国际组织

国家林业局代表中国政府加入了联合国森林论坛（UNFF）、蒙特利尔进程、湿地国际、国际竹藤组织、国际林联、东北亚及欧洲森林执法与行政进程、亚洲森林执法与行政进程和亚洲森林伙伴关系等。同联合国粮农组织（FAO）、联合国开发计划署（UNDP）、联合国教科文组织（UNESCO）、联合国工发组织（UNIDO）、世界粮食计划署（WFP）、世界银行（WB）、亚洲开发银行（ADB）、国际热带木材组织（ITTO）、全球环境基金（GEF）、国际农业发展基金（IF-AD）、国际竹藤组织（INBAR）、亚太经济合作组织（APEC）等国际组织建立了良好的合作关系。同时，同世界自然基金会（WWF）、世界自然保护联盟（IUCN）、保护国际（CI）、世界动物保护协会（WAP）、国际爱护动物基金会（IFAW）、野生救援（WildAid）、大自然保护协会（TNC）、国际林业研究中心（CIFOR）、森林管理理事会（FSC）等主要国际非政府组织也有着密切的合作。

目前中国发起成立的林业国际组织有两个：

（1）国际竹藤组织（INBAR）：在中国政府的大力推动和有关国家的积极参与下，近十年来该组织成员国从成立之初的 9 个发展到如今的 37 个，促使很多国家把发展竹藤作为减少木材消耗、保护森林资源、应对气候变化、发展农村经济和消除贫困的重要途径。①

专栏 14-2　国际竹藤中心

国际竹藤中心是立足国内、面向世界的以竹藤科学研究为主的科研、管理与培训机构，其主要职责和任务是：组建包括竹藤生物技术、材性及加工利用等在内的国家级重点开放实验室，建立世界竹藤基因库；开展有关竹藤资源保护、培育、材性研究、开发利用等方面的国际科技合作交流，建立开放型国际竹藤科研体系；与中国林业科学研究院合作组建研究生院，培养相关领域的高级专业人才；面向国际竹藤组织各成员国，制定和组织实施国际竹藤科学研究战略，开发推广高效竹藤综合利用技术；建立现代化的国际竹藤科技信息网络，为国内外提供相关科技咨询、论证、评估等服务；承担相关的国际培训、学术交流及宣传工作；负责国际竹藤组织总部大楼和国际竹藤网络中心重点开放实验室、培训中心的综合管理工作。在 2015～2030 年战略计划的指引下，国际竹藤组织的工作重点是与各国开展合作，支持竹藤作为可持续发展的战略资源，并关注各国绿色经济行动计划。

（2）亚太森林恢复与可持续管理网络（APFNet）：该组织的愿景是促进亚太区域森林面积的增加，提高森林生态系统质量，以多功能林业减缓气候变化，满足区域内不断变化的社会、经济和环境需求。②

专栏 14-3　亚太森林网络管理中心

主要职责是：在亚太森林恢复与可持续管理网络筹备部际协调小组和国家林业局的具体领导下，负责拟定亚太森林恢复与可持续管理网络运行方案、长远发展战略和网络融资计划并组织实

---

①国际竹藤组织（INBAR）：在 20 世纪 90 年代，为了推动全球竹藤业的研究和资源利用，推广我国竹藤产业发展经验和技术，在国家林业局的积极推动下，于 1997 年 11 月 11 日成立了第一个总部设在中国的非盈利政府间国际组织“国际竹藤组织”。

②亚太森林恢复与可持续管理网络（APFNet）：2007 年 9 月，在澳大利亚悉尼举行的亚太经合组织（APEC）第十五次领导人非正式会议上，胡锦涛主席提出了建立亚太森林恢复与可持续管理组织（以下简称“亚太森林组织”）的倡议，美国与澳大利亚作为共提方响应发起。倡议得到与会各方一致赞同，写入了领导人《悉尼宣言》。次年 9 月，中、美、澳三方在北京达成了指导亚太森林组织前期发展的框架文件，组织秘书处投入运行。经过初期的筹备和发展，2011 年 4 月亚太森林组织在中国正式注册为国际性组织。同年 9 月，在首届亚太经合组织林业部长级会议上，在回良玉副总理的见证下，中、美、澳三方和亚太经合组织代表正式为亚太森林组织揭牌。

施，承担网络相关工作的国内协调和对外磋商谈判，组织开展网络成员之间对话，承担森林恢复与可持续管理相关国际合作项目管理和组织实施，负责亚太森林恢复与可持续管理网络筹备部际协调小组和国家林业局交办的其他工作。

愿景：是促进亚太区域森林面积的增加，提高森林生态系统质量，以多功能林业减缓气候变化，满足区域内不断变化的社会、经济和环境需求。

宗旨：网络的宗旨是通过能力建设、信息共享、区域政策对话和开展试点项目等手段，促进和提高亚太地区的森林恢复与可持续管理水平。

目标：促进区域内森林恢复，开展造林和再造林，为实现“2020 年之前达到 APEC 区域内各种类型森林面积增长 2000 万公顷”的目标做出贡献；加强区域内森林可持续管理，提高森林质量，包括减缓和应对气候变化，增加碳吸收；提高区域内森林生态系统的生产能力，提高其社会经济效益，加强生物多样性保护。

14.5 问题挑战

一是受国际形势发展的影响，气候问题、荒漠化问题、生物多样性问题仍将作为世界关注的热点和焦点问题，既是机遇，也是挑战。

二是随着环境与发展问题交替升温，保护和发展森林已成为应对气候变化、保护生物多样性、保障粮食安全、减轻贫困、促进山区经济发展的重要途径，国际森林问题谈判长期无果。

三是随着全球化进程的加快，全球林产品贸易格局发生着深刻变化，世界林产品贸易一改以往发达国家进口原料和出口成品，转变为原料和成品在发达国家和发展中国家间的双向交流。随之而来，导致各国要求从全球范围配置资源、竞争资源的态势加剧，最突出的表现就是全球对减少毁林排放、打击非法采伐问题的关注。

四是不少发达国家出于自身利益考虑，已经开始通过碳关税、森林认证和木材合法性认定等手段，为林产品贸易设置绿色壁垒，这将成为资源竞争、产业竞争和经济利益竞争的新手段。

五是一些国家借助二氧化碳排放、木材非法采伐以及象牙、犀牛角、老虎、雪豹、高鼻羚羊等一系列国际社会高度敏感的生态问题和物种保护问题，诋毁我国形象，挑唆我国与发展中国家的矛盾，对我传统模式和产业也提出了挑战。

六是随着我国经济能力增强，在国际事务中承担更多责任的呼声越来越高，一些发展中国家想要借鉴我国经验，并期待向其提供资金、技术、能力建设等方面的资助。

第三篇

林业投资与工程

第 15 章　林业投资分析

林业投资和林业发展战略息息相关，我国林业发展大致经历了从粗放经营、采伐为主，到采育结合、永续利用，再到生态建设、绿色发展几个时期。相应地，林业投资是从以中央投入为主、森工投资为重点，到中央林业投入比重降低、多种投入方式相结合，森工、营林并重，再到中央财政提供全国性公共物品、大力支持林业重点公共工程，多种投入方式并存，以生态建设为中心的林业投资格局。

15.1　林业投资规模

林业总投资总的趋势是波动上升，1978 年改革开放后，总投资保持稳定快速增长；林业总投资中国家投资基本上和林业总投资保持同样波动上升趋势，1995 年后保持稳定快速增长，如表 15-1，图 15-1。

表 15-1　林业投资完成额及国家投资比重

年　份	林业投资完成总额（万元）	其中：国家投资（万元）
1981	140752	64928
1982	168725	70986
1983	164399	77364
1984	180111	85604
1985	183303	81277
1986	231994	83613
1987	247834	97348
1988	261413	91504
1989	237553	90604
1990	246131	107246
1991	272236	134816
1992	329800	138679
1993	409238	142025
1994	476997	141198
1995	563972	198678
1996	638626	200898
1997	741802	198908
1998	874648	374386

（续）

年　份	林业投资完成总额（万元）	其中：国家投资（万元）
1999	1084077	594921
2000	1677712	1130715
2001	2095636	1551602
2002 年	3152374	2538071
2003	4072782	3137514
2004	4118669	3226063
2005	4593443	3528122
2006	4957918	3715114
2007	6457517	4486119
2008	9872422	5083432
2009	13513349	7104764
2010	15533217	7452396
2011	26326068	11065990
2012	33420880	12454012
2013	37822690	13942080
2014	43255140	16314880
2015	42901420	16298683

资料来源：2016 年林业发展报告。

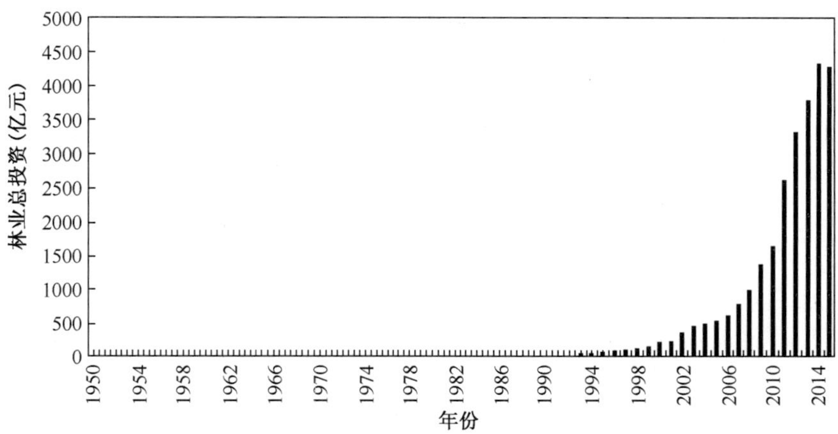

图 15-1　林业总投资规模

资料来源：根据国家林业局历年“林业统计年鉴”和“中国林业年鉴”整理计算而得。

林业总投资总的趋势是波动上升，1978 年改革开放后，总投资保持稳定快速增长，1995 年后保持稳定快速增长。林业总投资经历了几个波动周期，第一个周期为 1950~1961 年，林业总投资先是逐步上升，1950 年为 0. 10 亿元，到 1960 年达到最高点 8. 40 亿元，1961 年下降到 3. 43 亿元；第二个周期为 1962~1968 年，1962 年为 3. 93 亿元，然后逐步上升，1964 的达到最高点 8. 12 亿元，到 1968 年又下降到 4. 74 亿元；第三个周期为 1969~1977 年，1969 年为 5. 62 亿元，然后上升，1974 年达到最高点 9.93 亿元，到 1977 年又下降到 5.87 亿元；第四个周期为 1978~2010 年，1978 年为 10.57 亿元，除了 1987 年、1988 年间有一小的跳跃外，其他年间都呈稳步上升，到 2010 年为 1553 亿元，2015 年达到 4290 亿元（为了消除数量级影响，更好地观察投资周期，数据选取 1950~1990 年），如图 15-2。

“十二五”时期，中央林业投入保持高位运行，累计达 4924.2 亿元，是“十一五”的 1.65 倍。其中，中央财政资金 4092.2 亿元，是“十一五”的 1.64 倍；中央基本建设投资 832 亿元，是“十一五”的 1.74 倍；累计投入部门预算资金 294.62 亿元，是“十一五”同口径的 1.87 倍；农业综合开发项目完成中央投资 32.65 亿元，是“十一五”期间的近 3 倍。①

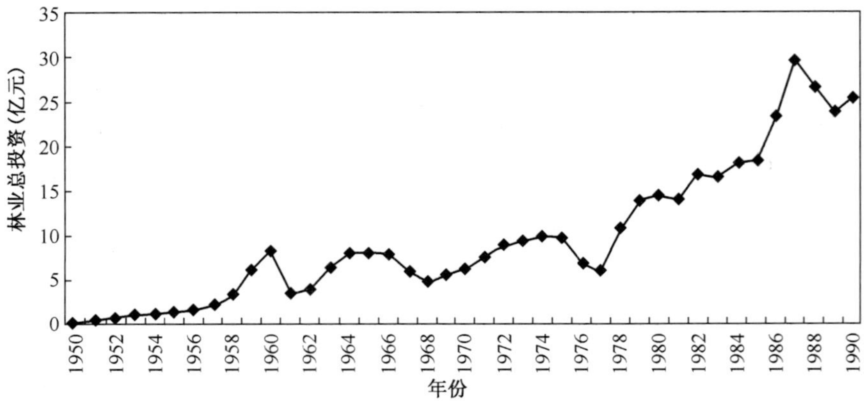

图 15-2 林业总投资变化趋势

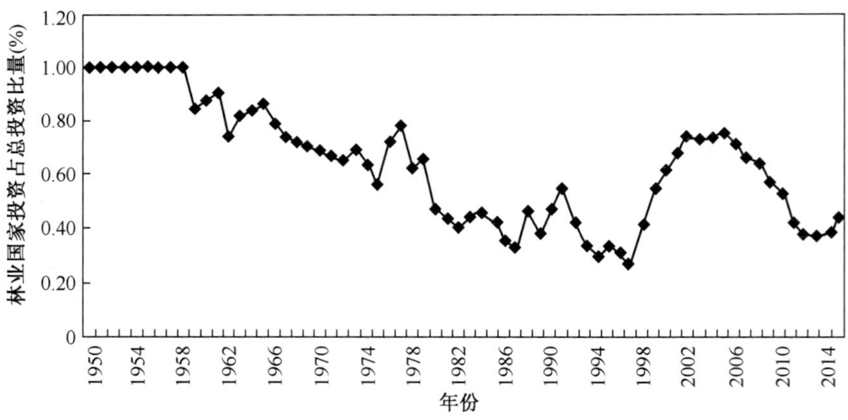

图 15-3 林业国家投资占总投资比重

林业总投资中央投资占林业总投资的比重也是历经波动，先下降再上升，总的来说所占比重曲线呈“U”形，局部呈“W”形变化。1950~1958 年所占比重都为 1，到 1959 年下降到 0.84，再经 1961 年的 0.91，1962 年 0.74，1965 年 0.86，经历了几次小的波动后，一直呈下降态势，直至阶段性的谷底 1987 年的 0.32，1988~1997 年间又经历了几次小的波动，到 1997 年下降到历年的最低点 0.26，1998 年开始回升，到 2005 年上升到了阶段性的波峰 0.75，大致相当于 1963

①国家林业局“十二五”总结材料。

年~1964 年的水平，2006 年后开始小幅回落，到 2010 年降为 0.54，2015 年为 0.45，如图 15-3。

15.2　林业资金来源

林业总投资资金来源有国家预算内资金、国内贷款、利用外资、自筹资金、其他资金几个渠道。三年恢复时期和“一五”时期，林业总投资全部由国家预算内资金提供，从“二五”时期开始，林业总投资中除了国家预算内资金外，有了其他资金的支持，总投资中国家预算内资金比重开始逐步下降，到“六五”时期下降到了 0.43。其他资金的比重开始逐步上升，到“六五”时期上升到了 0.57；从“七五”时期开始，林业总投资增加了国内贷款、利用外资、自筹资金几个渠道，国家预算内资金比重继续下降，直至“八五”时期的最低点 0.36，以后开始回升，达到了“十五”时期的 0.73。其他资金比重也开始下降，直至“十五”时期的 0.07；从“七五”时期到“十一五”时期，国内贷款、利用外资、自筹资金所占总投资比重大致都呈“倒 U”曲线规律变化，到“八五”时期达到较高点，然后慢慢回落，如表 15-2。

表 15-2　林业投资资金来源

时　期	国家预算内资金	国内贷款	林业利用外资	自筹资金	其他资金
三年恢复时期	1.00				
“一五”时期	1.00				
“二五”时期	0.95				
三年调整时期	0.85				0.15
“三五”时期	0.73				0.27
“四五”时期	0.64				0.36
“五五”时期	0.62				0.38
“六五”时期	0.43				0.57
“七五”时期	0.40	0.03	0.02	0.14	0.41
“八五”时期	0.36	0.21	0.06	0.27	0.10
“九五”时期	0.46	0.21	0.04	0.20	0.08
“十五”时期	0.73	0.06	0.03	0.11	0.07
“十一五”时期	0.62	0.07	0.03	0.13	0.16
“十二五”时期	0.45	0.10	0.01	0.35	0.09

资料来源：根据国家林业局历年“中国林业发展报告”和“林业统计年鉴”整理计算而得。

15.3　林业投资结构

从林业投资角度看，我国林业总投资逐年增加，且到“六五”以后呈快速增长趋势，三年恢复时期为 8199.2 万元，“一五”时期为 76897.6 万元，到了“十五”时期增加到 2164.82 亿元，“十一五”时期（至 2008 年）为 2431.34 亿元，从“一五”到“十一五”时期平均增长率为 85%，林业投资增长波动系数总体上由高到低再略有升高趋于稳定，林业总投资中中央投资比重也是由高到低再升高；林业重点公共工程投资逐步提高，从“八五”开始大规模投资以来，

“十五”已达到1481.96亿元，林业重点公共工程投资占林业总投资的比重也是逐步提高，由占林业总投资的18%到68%，重点公共工程中国家投资比重也是逐步提高，由31%提高到86%，如表15-3。

表15-3 林业总投资及重点工程投资

	林业总投资（万元）	波动系数	林业总投资中中央投资比重	林业重点公共工程投资合计	林业重点公共工程投资占林业总投资比值	林业重点公共工程中国家投资比值
三年恢复时期（1950~1952）	8199.2	0.89	1.00			
“一五”时期（1953~1957）	76897.4	0.27	1.00			
“二五”时期（1958~1962）	251652.3	0.44	0.87			
三年调整时期（1963~1965）	225680.3	0.14	0.85			
“三五”时期（1966~1970）	305680.6	0.19	0.73			
“四五”时期（1971~1975）	457821	0.10	0.64			
“五五”时期（1976~1980）	517087.5	0.38	0.62			
“六五”时期（1981~1985）	837291.2	0.10	0.43			
“七五”时期（1986~1990）	1284394	0.10	0.40			
“八五”时期（1991~1995）	2781839	0.43	0.36	505676	0.18	0.31
“九五”时期（1996~2000）	7499006	0.34	0.46	2811775	0.37	0.64
“十五”时期（2001~2005）	21648163	0.27	0.73	14819508	0.68	0.86
“十一五”时期（2006~2010）		0.39	0.60	26108823	0.48	0.80
“十二五”时期（2011~2015）		0.19	0.40	90068575	0.49	0.94

资料来源：根据国家林业局历年“中国林业发展报告”和“林业统计年鉴”整理计算而得，本文“十五”时期以前数据参见2006年林业统计年鉴，2007年后林业统计年鉴对个别数据做了修订。

15.4　林业投资效果①

就投资弹性而言，林业总投资相对于 GDP 的弹性“一五”时期维持在较高水平，为 4.302，“二五”时期达到最高点 11.369，以后始终处于波动变化之中；林业总投资对于林业总产值的弹性和林业固定资产投资对于林业总产值的弹性从“一五”到“六五”时期是相同的（因为该时期林业总投资以固定资产投资为主），它们的变化规律和林业总投资对于 GDP 的弹性相似，弹性在“二五”时期达到负的极值-5.552（因为该时期林业总产值的增长率为负，三年调整时期达到正的极值 4.154，而后处于波动之中；林业总投资相对于 GDP 的弹性、林业总投资对于林业总产值的弹性、林业固定资产投资对于林业总产值的弹性（三者）在“三五”时期的投资弹性都是负的，这是因为在该时期投资平均增长率为负数；从“八五”时期起，林业重点公共工程开始大规模实施，林业重点公共工程投资对于林业总产值弹性为 2.820，以后逐步下降，到“十一五”时期降为 0.259。

就贡献率而言，林业总投资对于 GDP 的贡献率“二五”时期达到最高值 0.030，然后振荡下降，“七五”时期达到最低值为 0.001，然后呈现再波动上升，到“十五”时期达到 0.003；林业总投资对于林业总产值的贡献率，林业固定资产投资对于林业总产值的贡献率（二者）的变化规律一致，“三年恢复时期”为历史最高点，分别为 0.32、0.32，“三五”时期达到负的极值点，分别为-4.685、-4.685，然后波动变化，“十五”时期达到了新的阶段极值点，也是历史第二高点，分别为 0.086、0.079；林业重点公共工程投资对于林业总产值的贡献率“八五”时期为 0.006，“十五”时期为最高值 0.067，然后回落，如表 15-4。

表 15-4　林业投资弹性及贡献率

	新增造林面积对投资的弹性	林业总产值对投资的弹性	投资对林业总产值的贡献率	投资对林业总产值的拉动率
“一五”时期	1.5738	0.3947	0.0120	0.0020
“二五”时期	-0.5776	-0.0938	-0.0385	0.0010
三年调整时期	1.5223	0.2042	0.1068	0.0065
“三五”时期	-1.0730	-0.2020	-0.9370	-0.0069
“四五”时期	0.5237	1.3778	0.0159	0.0022
“五五”时期	-0.1217	0.4909	0.0237	0.0016
“六五”时期	2.7919	3.0623	0.0054	0.0008
“七五”时期	-0.9318	0.2049	0.0945	0.0016
“八五”时期	0.0105	0.3802	0.0597	0.0070

①中华人民共和国成立以来，中央和地方财政对林业的直接投资为 6786 亿元，已获得了三个 10 万亿元的回报：一是林区为全社会木材消费提供了 140 亿立方米的森林资源，价值约 10 万亿元；二是在采伐利用之后，经过植树造林、森林经营，全国活立木蓄积量达到 149 亿立方米，这是一笔巨大的绿色资产，资产价值超过 10 万亿元；三是现有森林每年产生的仅六项生态服务价值达到 10 万亿元。此外，全国林业产业年总产值已达到 3.7 万亿元，林业产业还有巨大的发展潜力，要用战略思维来审视林业产业，充分发挥林业产业在绿色发展中的优势和潜力。赵树丛：中国林业发展与生态文明建设。来源：中国共产党新闻网，2013-06-20。

（续）

	新增造林面积对投资的弹性	林业总产值对投资的弹性	投资对林业总产值的贡献率	投资对林业总产值的拉动率
“九五”时期	-0.0057	0.5169	0.1417	0.0161
“十五”时期	-0.0241	0.7919	0.0863	0.0134
“十一五”时期	0.4486	1.0413	0.0715	0.0185
“十二五”时期	1.4606	4.7179	0.0717	0.0154

15.5 问题挑战

一是国家造林和抚育投入不足，与繁重的生态保护和修复任务不相称。2014 年，全国造林及森林抚育任务 1.95 亿亩，预算为 1000 亿元，而中央仅实际投入不到 200 亿元。其中湿地保护与修复项目仅投入 18 亿元，森林防火和有害生物防治项目合计不足 20 亿元。林区道路、退化林分修复、森林后备资源培育等项目，中央没有稳定的投入渠道，地方也很难筹措。

二是林区基础设施极为薄弱，有着巨大的投资需求。2014 年，中央财政投入林业的资金 1517 亿元，涉林贷款 2083 亿元。按照 46.5 亿亩林地计算，平均每亩只有 77.4 元，再加上 8 亿亩湿地和 39 亿亩荒漠化土地，平均每亩仅为 38.5 元。

三是真正的市场机制依然没有完全建立起来。社会资金投入规模小，较分散，公私合营的 PPP 运作模式还没有形成规模，由输血到造血的转换还没有完全实现，社会林业与参与式林业还没有完全深入人心，通过产权创新吸引社会资金和金融融资的机制还不成熟。

第 16 章　林业补助研究

16.1　林业税费

对山林收税古已有之，古代税收与林业有关的税种主要有山场租税、山林特产贡赋、竹木产品市税及关税。古代林业税收可分为实物、劳役和货币三种形式。古代林业税收政策的基本目标是敛财聚富，充实国库，几乎没有有目的运用税收工具来刺激林业生产。各个朝代对资源丰富的山林实行封禁，多是为了控制租税收入，与今天的森林保护概念有很大不同。开山弛禁，减免租税，也只是为了缓和社会矛盾，并不是真正为了林业的持续发展。①

党的十一届三中全会以后，党和国家对林业税收制度进行了一系列的改革。大致可以分为三个阶段。第一阶段是从 1983 年到 1987 年，国家逐步对林业开征农林特产税、② 所得税和产品税。第二阶段是从 1987 到 1994 年国家税收体制改革。这时开始开征增值税；将原木的农林特产税统一。第三阶段是以 1994 年税制改革为分界点。为了适应国家建立社会主义市场经济的需要，建立了以增值税为主体的流转税体系，并将农林特产税与产品税合并，改为农业特产税，重新开征所得税。③

1985 年初。国家决定开放南方集体林区市场，所产木材退出统购统销，允许在市场议价买卖，以及 1986 年北方国营林区木材调拨价上调 44%，推动了全国木材价上涨。④ 南方木材市场开放后，价格逐步放开而且上升幅度较大，木材价格背离价值现象已经基本解决，木材经营单位的经济状况也有一定程度的好转。但随之而来的各种税费增多，税率提高，同样加重了林业生产

---

①山场税是古代国家财政收入重要来源之一。山场税的实质是国家控制山林所有权，向开采山林者收取的租金。贡赋是一种原始的税收形式，具有不定量、不定率的特点。市税是对山林产品销售进行征税，关税是对山林产品出入关口征税，征税对象十分繁杂，主要木材、竹材漆茶叶、木竹制品、水果蔬菜、野生动物皮毛等。肖平，张敏新. 我国古代林业税收研究［J］. 林业经济问题，1998，6：36-39.

②农业特产税是涉及原木生产、林化产品原料生产、经济林产品生产、林区种植业和采集等方面的主要税种。以生产农业特产品的单位、个人为纳税义务人，规定对生产和收购原木、原竹的单位和个人均按《关于对农业特产收入征收农业税的规定》的统一税率 8%执行。

③赖日文，黄晓海 . 我国现行林业税收政策评价［J］. 林业经济问题，2004 ，24（3），143-145.

④首先，木材实行市场议价议销，是在“分林到户”背景上采取的。而“分林到户”客观上削弱了控制森林消耗的各种措施。农民在无偿分来的山林里砍运木材，没有计算培育林木支出，仓促开放木材市场，直接的后果就是鼓励农民多砍木材。其次，促使产材地方的工农商学兵政群团体各界积极经销木材，出现了比较严重的“寻租”现象。第三，在实行财政包干后，县、区、乡政府为了增加财政收入，对木材实行重复征税，征重税，甚至进行各项摊派。夺取木材价格提高为林业和农民带来的收益，因此对农民大量砍伐林木是加以鼓动而不是有效控制。侯知正，刘晓荫，马蕾. 中国木材的供应和需求［M］. 北京：中国科学技术出版社，1990.

经营单位的负担、经济危困的局面并没有根本转变（表 16-1）。①

表 16-1　1985 年黔东南自治州木材市场开放后各税、费统计表②

	项　目	说　明
征　税	1. 特产税	林农交纳，按林价 7%计征。榕江县为杉：12 元/立方米，松 6 元/立方米，森工企业代交。锦屏县每立方米 2 元，林农交。从江县杉 7 元。松 3 元/立方米，林工商代交
	2. 产品税	森工企业交纳，按销价 10%计
	3. 营业税	森工企业交纳，按购销差价的 9%计征，少数县有。从江县为销售收入 2%。榕江县为购销差价扣除林政费、育林基金、产品税的 10%
	4. 城市维护建设税	森工企业交纳，按产品税、营业税税额的 5%计
	5. 教育费附加	森工企业交纳，按产品税、营业税税额的 1%计
	6. 房屋车船税	视森工企业房屋、车船等固定资产规模征收
	7. 所得税	森工企业利润的 55%
收　费	1. 能源交通建设基金	森工企业税后留利的 15%，固定
	2. 育林基金	木材收购价格的 15%，森工企业交纳，部定
	3. 维简费（更改基金）	木材收购价格的 10%，森工企业交纳，部定
	4. 企业管理费	销售每立方米木材提 1 元，交省 0. 25 元，州留 0. 75 元，省定
	5. 林政管理费	销售价格的 3%，州定，榕江县为杉 9 元/立方米，松 10 元/立方米
	6. 市场管理费	森工企业木材销售收入的 2%，州工商局设。多数县未交，榕江县为杉 9 元/立方米，松 2 元/立方米，从江县为供方交销售额 2%. 需方交 1%
	7. 区、乡管理费	部分县收，锦屏按购价 20%，黎平按销价 5%，榕江县杉 20 元/立方米，松 10 元/立方米

①木材市场开放前，林业税收比较单一。在南方集体林区，如江西省规定的林业税有：（1）林农所得税，在木材收购环节由林农按林价的 5. 5%缴纳；（2）工商税，在木材产区由木材经营者缴纳就地销售的木材按地销价的 10%计算；（3）营业税，木材销区县（市）用于零售的木材按销售价的 3%由经营者缴纳；（4）森林工业系统的内部移库、调拨、购销均免交林业税。木材市场开放以后，林业税费增多，变化很大。仍以江西省为例，政府规定的林业税费有：（1）农林特产农业税，按林价的 5. 5%计算，由林农缴纳；（2）原木产品税，按收购价的 10%计算，由木材经营单位或个人缴纳；（3）营业税，林业部门收购的木材用于批发调拨的按批发调拨价的 1%缴纳，其他经营单位批发的木材按进销差价的 10%缴纳；（4）城市维护建设税，由木材经营者按产品税、营背业税的缴纳额征收，城市 7%，县镇 5%，乡村 1%，连同产品税、营业税同时缴交。（5）教育费附加，由木材经营厅按产品税、营业税缴交额的 1%连同产 . 品税、营业税同时缴交。可以看出：除原有林业税收外，按国家规定又增加了城市维护建设税和教育附加。在各项费用中，除原有国家规定的育林基金更改资金外，又增加了市场管理费、林区管理建设费、检尺费、林政管理费、护林防火费等，有的省份还增加了养路、养河费、排污费、江河资源费、商业网点费。孔繁文，高岚 . 我国林业税收问题及改革的思路[J] . 林业经济问题，1988，04：22-29.

②侯知正，刘晓荫，马蕾. 中国木材的供应和需求［M］. 北京：中国科学技术出版社，1990.

（续）

	项 目	说 明
收 费	8. 技术开发基金	黎平县设，按木材销价的 1%由森工企业交县财政
	9. 森林资源保护费	榕江县设，杉木 12 元/立方米，松杂 6 元/立方米，从江县设，为销价 5%
	10. 林区建设开发基金	锦屏县设，按销价 6%收取，用于八河电站集资
	11. 养河费	锦屏县设，每收购一立方米木材向林农扣 0.6 元
	12. 承包费	剑河县设，杉木 30 元/立方米，松杂 20 元/立方米，向不征所得税的单位计提
	13. 迹地更新费	榕江县设，杉木 20 元/立方米，松杂 10 元/立方米
	14. 发放采伐证手续费	不少区乡政府设，高者 20 元/立方米，低者 5 元/立方米，亦有借机发放国库券者

鉴于木材价格放开后，出现的森林资源乱砍滥伐和南方木材市场出现的混乱现象，1985 年 2 月 27 日，国务院批转国家计委等部门《关于解决南方集体林区木材放开后的价格和木材调拨问题的报告的通知》，针对南方木材放开后出现的问题，提出了四条处理意见，其中包括加强对南方集体林区木材价格的引导。南方木材放开以后，各地对木材价格要进行必要的引导，不能无限制地涨价。具体价格水平，由国家物价局同有关部门另行商定。1987 年 06 月 30 日，中共中央、国务院颁布了《关于加强南方集体林区森林资源管理坚决制止乱砍滥伐的指示》，规定：①严格执行年森林采伐限额制度；②坚决依法保护国有山林权属不受侵犯；③要完善林业生产责任制；④整顿木材流通渠道；⑤预留森林资源更新费；⑥合理调整林业税收负担，国营森工企业上交的所得税，应本着有利于限制森林过伐、保护发展森林资源的精神，在不超过 1986 年实际上交数的原则下，确定一个合理的基数定额上交；⑦整顿和调整林业费用负责；⑧充实林业基层管理机构，强化林业管理职能；⑨实行领导干部保护、发展森林资源任期目标责任制。

专栏 16-1 关于印发《育林基金征收使用管理办法》的通知（节选）

财综〔2009〕32 号

第二条 凡采伐林木的单位和个人应按照本办法规定缴纳育林基金。

第三条 育林基金按照最高不超过林木产品销售收入的 10%计征，具体征收标准由各省、自治区、直辖市考虑林业生产经营单位和个人的经济承受能力核定。具备条件的地区可以将育林基金征收标准确定为零。

第十一条 育林基金专项用于森林资源的培育、保护和管理。使用范围包括：种苗培育、造林、森林抚育、森林病虫害预防和救治、森林防火和扑救、森林资源监测、林业技术推广、林区道路维护以及相关基础设施建设和设备购置等。任何单位和个人不得截留或挪作他用。

专栏 16-2 山西省林业税收主要政策变化①

1992 年以前，山西省对林业采取了优惠、扶持、倾斜等政策，对自产自销的原木只征收 5%~10%的产品税，免征林副产品、多种经营和综合利用所得税，缓征农林特产税，林场各种税费占总收入的比例在 8%~9%之间，税负比较合理。当时主要税种有：

（1）产品税，税率为 5%~10%，包括规格材、非规格材、小杆三种。并按所交产品税额附加征收 1~5%的城市建设税，2%的教育费附加，2%的价格调控基金。

（2）营业税，税率 3%，包括商业经销、小材小料加工、运输及劳务。

（3）预算调节基金 10%和能源重点建设基金 5%，包括更新改造基金、生产发展基金、后备基金、职工福利基金、职工奖励基金。

1993 年，除执行原税种外，根据国务院《关于调整农林特产税率的通知》和山西省人民政府 29 号令重新颁发的《农林特产税征收管理办法》，取消了对全省国有林场销售自产自销原木暂缓征收农林特产税的规定，对原木收入征收 7%的农林特产和 10%的附加。这样，对原木收入征收了产品税 10%及农林特产税收 7. 7%的双重税，国有林场税收负担加重了。

1994 年后半年，根据国务院的有关规定及修订后的《山西省农业特产税征收管理办法》，即对生产、销售原木的国有林场，生产环节农业特产税的基础上，又增加收购环节农业特产税。由于当时正处于新旧税制转轨阶段，许多地方只向国有林场征收了生产环节的农业特产税，对当年林区经济影响不大。

1995 年，根据财政部《关于对征收原木、原竹农业特产税问题的通知》，对各个国有林场除征收生产环节 8%的农业特产税外，并由国有林场代征收购环节 8%的农业特产税，实际使国有林场销售原木征收了两个 8%，即 16%的农业特产税，从而造成国有林场税负急剧加重。

1995 年后，国有林场主要税种有：

（1）增值税，税率 6%~17%，包括小材、小料加工，商业经销。

（2）营业税，税率 3%~5%，包括运输业。

（3）农业特产税，税率为收购环节 8%，生产环节 8%，包括木材、种苗、种子。

（4）企业所得税、税率 33%。

（5）城建税，税率 1%~7%。以增值税、营业税为计税依据。

（6）土地使用税，税率 0. 40 元/ 平方米。

（7）房产税，税率 1. 2%。

（8）车船使用税，税率生产用车 24 元/吨，60 元/ 辆。

（9）印花税，税率为（固定资产+自有流动资产）的万分之一，账簿 5 元/ 本。

（10）教育费附加，税率 2%。

（11）资源税，税率 2~30 元/吨。

实践证明：以费为主的林业税费制度不利于森林资源的保护，以费为主的林业税费制度催生

①李海军．谈林业税收问题［J］．山西财税，2004（09）．

乱收费，① 以费为主的林业税费制度为容易出现管理漏洞。以往林业税收有不符合行业特点与产业政策方向，重复征收，未严格执行增值税抵税、减税标准，起不到激励作用等问题。随后，在工业反哺农业，多予少取的方针下，政府出台了一系列政策，开始减免税费，并逐渐转向补助。

专栏 16-3　财政部国家税务总局 关于林业税收政策问题的通知（节选）

财税［2001］171 号

（2001 年 11 月 1 日）

各省、自治区、直辖市、计划单列市财政厅局，国家税务局、地方税务局，新疆生产建设兵团财务局

为了加大对林业的扶持力度，促进林业生态建设，经国务院批准现将有关林业税收政策问题，通知如下：

（一）对森林抚育低产林改造及更新采伐过程中生产的次加工材小径材薪材（以下简称次小薪材），经省级人民政府批准，可以免征或者减征农业特产税。次小薪材的具体标准，由省、自治区、直辖市农业税收征收机关根据国家规定的技术标准确定。对东北内蒙古国有林区森工企业生产的次小薪材，十五期间继续按《财政部国家税务总局关于十五期间对国有森工企业减免原木农业特产税的通知（财税［2001］60 号）》的规定执行。

（二）自 2001 年 1 月 1 日起，对包括国有企事业单位在内的所有企事业单位，种植林木种子和苗木作物以及从事林木产品初加工取得的所得，暂免征收企业所得税。种植林木种子和苗木作物以及从事林木产品初加工的范围根据《财政部国家税务总局关于国有农业企事业单位征收企业所得税问题的通知（财税字［1997］49 号）》的规定确定。

抄送国务院办公厅国家林业局财政部驻各省、自治区、直辖市计划单列市财政监察专员办事处

16.2　林业补助

林木发挥多种功能，地位重要。林木是多年生的木本植物、枝叶繁茂，而且成林后可以多年受益，不仅具有提供木材和其他林产品的功能，还具有社会功能和维护生态、保护环境的生态功能。林业不仅在贯彻可持续发展战略中具有重要地位，在生态建设中具有首要地位，在西部大开发中具有基础地位。而且在应对气候变化中林业具有特殊地位。②

①林业税收制度存在的问题较多，集中体现在以下几个方面：第一、林业税费项目繁多。林业纳税集中表现在木材商品上，以林业税收来看，有国家税、地方税和其他税费。在南方集体林区木材生产收购结算价中，其税费项目就达十几项之多。第二林业税收计征环节混乱、不统一。农林特产税是以农业收入为课税对象，就木材而言，以林价为计税价格是比较合理、明确的。第三、有些林业税种计征税率标准不一致。根据国发［183］179 号《国务院关于对农林特产税收入征收农业税的若干规定》中规定，农林特产农业税的税率为 5%~15%，最高不超过 30%，各省可按获利情况分别规定不同的税率，致使在交界区出现争购抢购木材的现象，使林区山林纠纷案件增多。第四、从公平税负原则出发，林业税收负担差别大，同行业及林业同其他行业之间存在苦乐不均问题。第五、木材存在重复征税现象，国家一方面向林农和木材生产者征收特产税，另一方面向经营单位征收原木产品税。第六、林业税收制度偷税漏税现象，加剧国家资源和财产的大量流失。第七、林业税费分配层次多，征收的部门多，分配关系未理顺，一些部门为了利益，干扰林业正常生产经营活动，严重损害了林业的发展能力。郭郑植，管锦慧．新税制下林业税收制度改革探讨［J］．林业财务与会计，1994，3：11-13.

②2009 年“中央林业工作会议”温家宝总理讲话。

林木生长具有外部性和受约束性。森林在发挥生态效益功能时，存在正外部经济性；同时林地用途的选择要受到限制，经营者不能随意改变林地用途，林木何时采伐、采伐多少受到限额采伐计划的限制。

林业收益的低期望和高效价。林业生产周期长，资金需求量大，受外界影响因素多，不确定性和风险性大；林业产品加工形式多样化，产业链条长，附加值高。

林业施业的困难性和交易的复杂性。森林资源的变化性和不易观测性增加了林业核算的成本；林权包括林木以及林地的所有权、使用权、收益权及处置权，交易行为十分复杂。

林业具有基础性和弱质性的产业属性，林业具备公益性和外部性的生态属性，林业具有很强的社会性和政治性的政治经济特征，林业具备的这些公共产品属性及外部性特征，决定了对林业进行补助是必要的和明智的调控手段。①

2014 年 4 月 30 日，财政部国家林业局印发了《中央财政林业补助资金管理办法》的通知，制定管理办法的目的是为了深化改革，加强规范中央财政林业补助资金使用和管理，提高资金使用效益。具体补助项目及内容，如表 16-2。②

表 16-2 中央财政林业补助资金管理办法

补助类型	补助范围	补助标准
森林生态效益补偿	森林生态效益补偿用于国家级公益林的保护和管理； 森林生态效益补偿根据国家级公益林权属实行不同的补偿标准，包括管护补助支出和公共管护支出两部分； 国有的国家级公益林管护补助支出，用于国有林场、苗圃、自然保护区、森工企业等国有单位管护国家级公益林的劳务补助等支出。地方各级财政部门会同林业主管部门测算审核管理成本，合理确定国有单位国家级公益林管护人员数量、管护劳务补助标准。集体和个人所有的国家级公益林管护补助支出，用于集体和个人的经济补偿和管护国家级公益林的劳务补助等支出； 公共管护支出主要用于地方各级林业主管部门开展国家级公益林监督检查和评价监测等方面的支出	国有的国家级公益林平均补偿标准为每年每亩 5 元，其中管护补助支出 4.75 元，公共管护支出 0.25 元；集体和个人所有的国家级公益林补偿标准为每年每亩 15 元，其中管护补助支出 14.75 元，公共管护支出 0.25 元

①吴柏海，曾以禹. 林业补贴政策比较研究——基于部分发达国家林业补贴政策工具的比较分析［J］. 农业经济问题，2013，7：95-102.

②中央财政林业补助资金（以下简称林业补助资金）是指中央财政预算安排的用于森林生态效益补偿、林业补贴、森林公安、国有林场改革等方面的补助资金。

（续）

补助类型	补助范围	补助标准
林木良种培育补贴	分为良种繁育补贴、林木良种苗木培育补贴； 良种繁育补贴主要用于对良种生产、采集、处理、检验、贮藏等方面的人工费、材料费、简易设施设备购置和维护费，以及调查设计、技术支撑、档案管理、人员培训等管理费用和必要的设备购置费用的补贴；补贴对象为国家重点林木良种基地和国家林木种质资源库； 林木良种苗木培育补贴主要用于对因使用良种，采用组织培养、轻型基质、无纺布和穴盘容器育苗、幼化处理等先进技术培育的良种苗木所增加成本的补贴；补贴对象为国有育苗单位	良种繁育补贴补贴标准：种子园、种质资源库每亩补贴 600 元，采穗圃每亩补贴 300 元，母树林、试验林每亩补贴 100 元； 林木良种苗木培育补贴，除有特殊要求的良种苗木外，每株良种苗木平均补贴 0.2 元，各地可根据实际情况，确定不同树种苗木的补贴标准
造林补贴	对国有林场、农民和林业职工（含林区人员，下同）、农民专业合作社等造林主体在宜林荒山荒地、沙荒地、迹地、低产低效林地进行人工造林、更新和改造，面积不小于 1 亩的给予适当的补贴； 直接补贴是指对造林主体造林所需费用的补贴，间接费用补贴是指对享受造林补贴的县、局、场林业部门（以下简称县级林业部门）组织开展造林有关作业设计、技术指导所需费用的补贴； 享受中央财政造林补贴营造的乔木林，造林后 10 年内不准主伐	直接补贴补贴标准为：人工营造，乔木林和木本油料林每亩补贴 200 元，灌木林每亩补贴 120 元（内蒙古、宁夏、甘肃、新疆、青海、陕西、山西等省灌木林每亩补贴 200 元），水果、木本药材等其他林木、竹林每亩补贴 100 元；迹地人工更新、低产低效林改造每亩补贴 100 元
森林抚育补贴	森林抚育对象为国有林中的幼龄林和中龄林，集体和个人所有的公益林中的幼龄林和中龄林。一级国家级公益林不纳入森林抚育范围； 森林抚育补贴用于森林抚育有关费用支出，包括直接支出和间接支出。直接支出主要用于间伐、补植、人工促进天然更新、修枝、除草、割灌、清理运输采伐剩余物、修建简易作业道路等生产作业的劳务用工和机械燃油等，间接支出主要用于作业设计、技术指导等	森林抚育补贴标准为平均每亩 100 元。根据国务院批准的《长江上游、黄河上中游地区天然林资源保护工程二期实施方案》和《东北、内蒙古等重点国有林区天然林资源保护工程二期实施方案》，天然林资源保护工程二期实施范围内的国有林森林抚育补贴标准为平均每亩 120 元

（续）

补助类型	补助范围	补助标准
湿地补贴	湿地补贴主要用于湿地保护与恢复、退耕还湿试点、湿地生态效益补偿试点、湿地保护奖励等相关支出； 湿地保护与恢复支出指用于林业系统管理的国际重要湿地、国家重要湿地、湿地自然保护区及国家湿地公园开展湿地保护与恢复的相关支出，主要包括监测监控设施维护和设备购置支出、退化湿地恢复支出和湿地所在保护管理机构聘用临时管护人员所需的劳务费等；退耕还湿试点支出指用于国际重要湿地和湿地国家级自然保护区范围内及其周边的耕地实施退耕还湿的相关支出；湿地生态效益补偿试点支出指用于对候鸟迁飞路线上的重要湿地因鸟类等野生动物保护造成损失给予的补偿支出；湿地保护奖励支出指用于经考核确认对湿地保护成绩突出的县级人民政府相关部门的奖励支出	
林业国家级自然保护区补贴	林业国家级自然保护区补贴主要用于保护区的生态保护、修复与治理，特种救护、保护设施设备购置和维护，专项调查和监测，宣传教育，以及保护管理机构聘用临时管护人员所需的劳务补贴等支出	
沙化土地封禁保护区补贴	沙化土地封禁保护区补贴主要用于对暂不具备治理条件的和因保护生态需要不宜开发利用的连片沙化土地实施封禁保护的补贴支出。范围包括：固沙压沙等生态修复与治理，管护站点和必要的配套设施修建和维护，必要的巡护和小型监测监控设施设备购置，巡护道路维护、围栏、界碑界桩和警示标牌修建，保护管理机构聘用临时管护人员所需的劳务费等支出	
林业防灾减灾补贴	林业防灾减灾补贴根据损失程度、防灾减灾任务量、地方财力状况等因素分配。主要包括以下三个部分： （一）森林防火补贴指用于预防和对突发性的重特大森林火灾扑救等相关支出的补贴，包括开设边境森林防火隔离带、购置扑救工具和器械、物资设备等支出，租用交通运输工具支出以及重点国有林区防火道路建设支出等。补贴对象为承担森林防火任务的基层林业单位； （二）林业有害生物防治补贴指用于对危害森林、林木、种苗正常生长，造成重大灾害的病、虫、鼠（兔）和有害植物的预防和治理等相关支出的补贴。支出范围包括：购置药剂、药械、工具的开支，除害处理的人工费补贴，治理区发生检疫检验的材料费、小型器具费等。补贴对象为承担林业有害生物防治任务的基层林业单位；	

（续）

补助类型	补助范围	补助标准
林业防灾减灾补贴	（三）林业生产救灾补贴指用于支持林业系统遭受洪涝、干旱、雪灾、冻害、冰雹、地震、山体滑坡、泥石流、台风等自然灾害之后开展林业生产恢复等相关支出的补贴。补贴范围包括：受灾林地、林木及野生动植物栖息地、生境地的清理；灾后林木的补植补造及野生动植物栖息地、生境地的恢复；因灾损毁的林业相关设施修复和设备购置。补贴对象为因灾受损并承担林业生产救灾任务的基层林业单位	
林业科技推广示范补贴	林业科技推广示范补贴是指用于对全国林业生态建设或林业产业发展有重大推动作用的先进、成熟、有效的林业科技成果推广与示范等相关支出的补贴。补贴对象为承担林业科技成果推广与示范任务的林业技术推广站（中心）、科研院所、大专院校、农民专业合作社、国有森工企业、国有林场和国有苗圃等单位和组织。支出范围主要包括林木新品种繁育、新品种新技术的应用示范、与科技推广和示范项目相关的简易基础设施建设、必需的专用材料及小型仪器设备购置、技术培训、技术咨询等	
林业贷款贴息补贴	林业贷款贴息补贴是指中央财政对各类银行（含农村信用社和小额贷款公司，下同）发放的符合贴息条件的贷款给予一定期限和比例的利息补贴； 中央财政对符合以下条件之一的林业贷款予以贴息：林业龙头企业以公司带基地、基地连农户的经营形式，立足于当地林业资源开发、带动林区、沙区经济发展的种植业、养殖业以及林产品加工业贷款项目；各类经济实体营造的工业原料林、木本油料经济林以及有利于改善沙区、石漠化地区生态环境的种植业贷款项目；国有林场（苗圃）、国有森工企业为保护森林资源，缓解经济压力开展的多种经营贷款项目，以及自然保护区和森林公园开展的森林生态旅游贷款项目；农户和林业职工个人从事的营造林、林业资源开发和林产品加工贷款项目	对各省符合本办法规定条件的林业贷款，中央财政年贴息率为3%。对新疆生产建设兵团、大兴安岭林业集团公司符合本办法规定条件的林业贷款，中央财政年贴息率为5%； 林业贷款期限3年以上（含3年）的，贴息期限为3年；林业贷款期限不足3年的，按实际贷款期限贴息。对农户和林业职工个人营造林小额贷款，适当延长贴息期限。贷款期限5年以上（含5年）的，贴息期限为5年；贷款期限不足5年的，按实际贷款期限贴息。农户和林业职工个人营造林小额贷款是指贴息年度内（1月1日至12月31日，下同）累计额30万元以下的营造林贷款贴息补贴采取分年据实贴息的办法（上一年度1月1日至12月31日的林业贷款贴息）。对贴息年度内贷款期限1年以上的林业贷款，按全年计算贴息；对贴息年度内贷款期限不足1年的林业贷款，按贷款实际月数计算贴息

（续）

补助类型	补助范围	补助标准
森林公安补助	森林公安补助主要是用于森林公安机关办案（业务）经费和业务装备经费开支的补助。森林公安补助根据警力、地方财力状况、业务工作量、装备需求、森林资源管理等因素分配； 森林公安补助使用范围包括森林公安办案（业务）经费和森林公安业务装备经费。其中森林公安办案（业务）经费用于森林公安机关开展案件侦办查处、森林资源保护、林区治安管理、维护社会稳定、处置突发事件、禁种铲毒、民警教育培训等直接支出；森林公安业务装备经费用于森林公安机关购置指挥通信、刑侦技术、执法勤务（含警用交通工具）、信息化建设、处置突发事件、派出所和监管场所所需的各类警用业务装备的支出	森林公安办案（业务）经费、业务装备经费由中央、省级和省以下同级财政分区域按保障责任负担。森林公安补助对中西部地区的县级森林公安机关和省级直属的重点国有林区森林公安机关，以及维稳任务重、经济困难地区的地（市）森林公安机关予以重点补助；对东部地区县级森林公安机关予以奖励性补助。按照政法经费保障要求，省级财政部门应在做好本级森林公安经费保障的同时，依照不低于本省公安机关的标准安排省级森林公安转移支付资金； 森林公安补助主要用于市级以下森林公安机关，省级财政部门可预留不超过中央森林公安资金的10%，专项用于省级森林公安机关承办公安部、国家林业局部署的重大任务，直接侦办和督办重特大案件、组织开展专项行动、组织民警教育培训、处置不可预见的突发事件、装备共建或其他特殊原因所需经费补助等
国有林场改革补助	国有林场改革补助是指用于支持国有林场改革的一次性补助支出； 国有林场改革补助主要用于补缴国有林场拖欠的职工基本养老保险和基本医疗保险费用、国有林场分离场办学校和医院等社会职能费用、先行自主推进国有林场改革的省奖励补助等。中央财政安排的补助资金补缴国有林场拖欠的职工基本养老保险和基本医疗保险费用有结余的，可用于林场缴纳职工基本养老和基本医疗等社会保险以及其他与改革相关的支出	国有林场改革补助按照国有林场职工人数（包括在职职工和离退休职工）和林地面积两个因素分配，其中：每名职工补助2万元，每亩林地补助1.15元

16.3 问题挑战

一是林业补贴品种、补贴范围、补贴标准偏低，且比较分散，各种补贴下发的时间和下发的部门也不一致，交易成本较高，难以形成实际的生产力。

二是与种植面积、林业投入品相关的直接补贴少，补贴政策大多是价格支持政策，不符合国际社会认同和国际法认可的“绿箱”政策，且大多为非直接补贴，不能起到有效的激励作用。①

①吴柏海，曾以禹. 林业补贴政策比较研究——基于部分发达国家林业补贴政策工具的比较分析［J］. 农业经济问题，2013，7：95-102.

第 17 章　林业效率评估

17.1　主要经济效益指标

表 17-1　林业主要经济效益指标

（国有林区 135 个木材采运企业和 20 个重点营林局）

年　份	资产负债率（%）	成本费用利润率（%）	总资产贡献率	资本保值增值率	全员劳动生产率（元/人）	流动资产周转率	产品销售率
1998	71.6	-3.4	3.3	92.3	8364	0.8	96.6
1999	69.3	1.8	3.8	104.3	7972	0.6	98.1
2000	69.8	2.7	3.0	99.8	6875	0.6	102.0
2001	69.8	2.5	3.2	106.0	8634	0.4	96.2
2002	70.2	3.6	3.3	92.3	9138	0.8	96.6
2003	66.1	5.7	2.8	99.4	11669	0.6	102.3
2004	69.0	4.4	2.5	101.8	7420	0.6	94.7
2005	62.9	7.5	3.1	108.2	9062	0.6	91.8
2006	58.4	12.5	4.1	109.1	7274	0.6	98.0
2007	56.0	12.9	3.3	115.4	10129	0.6	91.1
2008	57.6	12.5	4.0	109.2	10231	0.8	81.4
2009	53.9	14.5	3.6	99.1	11187	0.7	92.2
2010	58.0	10.2	2.6	100.8	14443	0.6	87.9
2011	63.1	13.6	2.7	101.7	20582	0.6	86.9
2012	64.2	2.8	1.7	101.7	20668	0.5	77.1

资料来源：1998~2012 年林业统计年鉴，主要经济效益指标，采用国有林区 135 个木材采运企业和 20 个重点营林局的数据。

分析可知，林业经济效益指标，除了个别年份有波动外，资产负债率总体呈现下降趋势，成本费用利润率总体呈现上升趋势，全员劳动生产率总体呈现上升趁势，说明整体而言，林业的经济效率是逐步提高的。

17.2 投入产值比

表 17-2 林业投入产出比

	林业总产值与总投资比值	林业产值投资弹性
一五	27.34	0.39
二五	11.58	-0.09
三年调整	6.33	0.20
三五	7.93	-0.20
四五	9.38	1.38
五五	11.79	0.49
六五	14.14	3.06
七五	11.03	0.20
八五	7.50	0.38
九五	13.82	0.52
十五	13.28	0.79
十一五	13.57	1.04
十二五	12.56	4.72

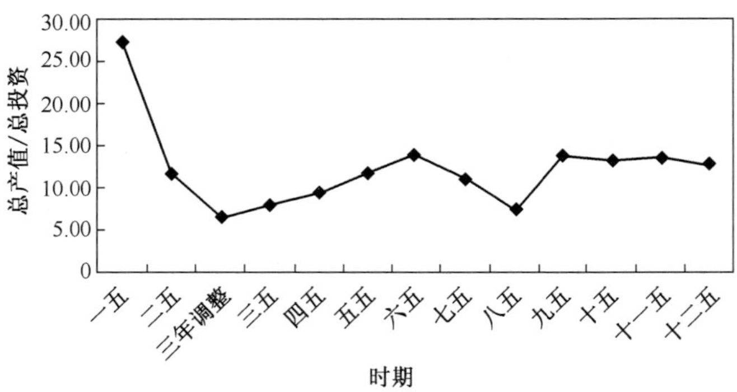

图 17-1 林业总产值与总投资比值变动

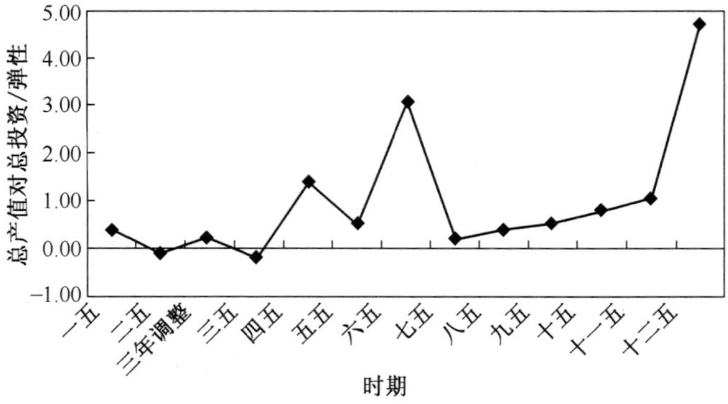

图 17-2 林业总产值对总投资弹性

17.3　林地利用效率

林地是国家重要的自然资源和战略资源，是森林赖以生存与发展的根基，在保障木材及林产品供给、维护国土生态安全中具有核心地位，在应对全球气候变化中具有特殊地位。林地是指成片的天然林、次生林和人工林覆盖的土地。林地包括郁闭度 0.2 以上的乔木林地竹林地，灌木林地疏林地，采伐迹地，火烧迹地，未成林造林地，苗圃地和县级以上人民政府规划的宜林地。目前我国存在林地总量不足，林地质量不高等问题。林地资源的改善包括森林数量的增长和森林质量的提高，森林数量的增长主要表现为森林覆盖率的增长等，森林质量的提高主要表现为森林公顷蓄积的提高等。

全国历年林地面积先轻微下降，再持续上升，如图 17-3。近期又有小幅降低。全国历年公顷蓄积变化则呈现波动变化趋势，如图 17-4。全国历次森林资源清查期间主要指标变化，如表 17-3。为了从森林资源变动的角度对林地利用效率进行研究，了解和掌握森林公顷变化规律，我们构建模型对森林公顷蓄积的影响因素展开分析。

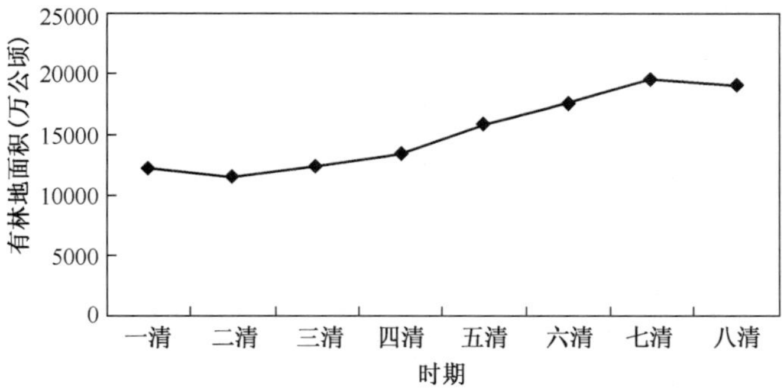

图 17-3　历次森林资源清查有林地面积变化

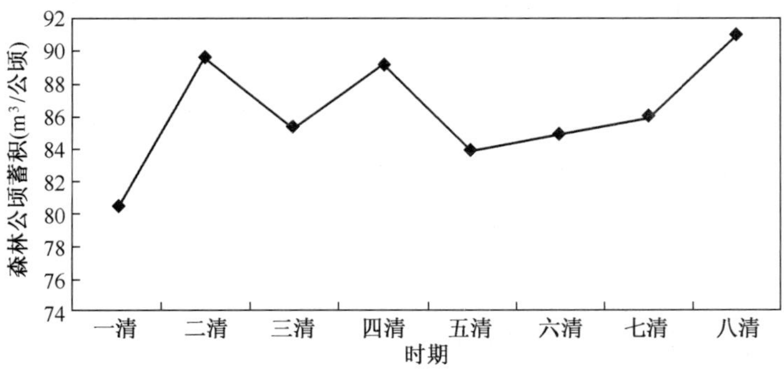

图 17-4　历次森林资源清查森林公顷蓄积变化

表 17-3　历次全国森林资源清查期间主要指标变化

森林清查期	森林面积（万公顷）	有林地面积（万公顷）	森林蓄积量（万立方米）	森林覆盖率（%）	森林公顷蓄积（立方米/公顷）	人均森林蓄积（立方米）
一次森清期间	12186	12186	865579	12.7	80.48	9.3

（续）

森林清查期	森林面积（万公顷）	有林地面积（万公顷）	森林蓄积量（万立方米）	森林覆盖率（%）	森林公顷蓄积（立方米/公顷）	人均森林蓄积（立方米）
二次森清期间	11527.74	11527.74	902795.3	12	89.66	9.1
三次森清期间	12465.28	12465.28	914107.6	12.98	85.23	8.4
四次森清期间	13370.35	13370.35	1013700	13.92	89.15	8.6
五次森清期间	15894.09	15894.09	1126659	16.55	83.85	9.1
六次森清期间	17490.92	17490.92	1245585	18.21	84.73	9.4
七次森清期间	19545.22	19545.22	1372080	20.36	85.88	10.2
八次森清期间	20768.73	19117.5	1513730	21.63	90.88	10.9

17.3.1 数据来源与变量选取

以公顷蓄积（代表森林资源的质量变动）作为因变量，对它们的影响因素分别进行计量分析，借鉴前人的成果和本研究分析，自变量（影响因素）包括自然因素、经济社会因素、政策和制度。

数据来源：森林公顷蓄积由全国历次森林资源清查间接计算得出，公顷蓄积由林分公顷蓄积做近似代替。制度（林业产权变动）、工程（林业十大工程）数据参考历年林业统计年鉴；人口、经济、日照、温度、降雨数据参考历年中国统计年鉴。

变量选取：因变量为公顷蓄积（GQXJ）。自变量选取人口密度（RKMD，每平方公里国土面积多少万人）、经济密度（JJMD，每平方公里国内生产总值）、日照（RZ，年平均日照时数）、温度（WD，年平均温度）、降雨（JY，年平均降水量）、制度［ZD，定类变量，即林业产权制度变动，一般文献认为林业产权变动出现在 1949 年（解放初期及土改时期）、60 年代初（合作化及人民公社后的政策恢复期）、1978 年（改革开放时期），以及 2008 年 10 号文件后的新一轮林权制度改革时期，所在年份有林权制度改革取 1，否则取 0，本文对几次改革效应做近似等同处理］、工程（GC，定序变量，主要是指国家林业局指导实施的“林业十大重点工程”，时间区间内每经历一次林业重大工程取 1，依次累加），人口、经济、日照、温度、降雨数据参考历年中国统计年鉴。

17.3.2 森林公顷蓄积的影响因素分析

结合上述分析和前人的研究成果，设计研究方程如下：$GQXJ = \beta_0 + \beta_1 RKMD + \beta_2 JJMD + \beta_3 ZD + \beta_4 GC + \beta_5 WD + \beta_6 JY + \beta_7 RZ + uit$。

首先，为了使方程整体表现平稳及消除异方差等的不利影响，采用对数到对数的回归方程形式进行回归；其次，通过固定效应和随机效应的比较（随机效应及 Hausman 检验略），选定固定效应更加有效；然后进行单位根的检验（检验结果略），结果显示，人口密度、经济密度存在自相关，所以用 EGLS 方法进行个体固定效应模型的校正（校正前结果略）；最后，对固定效应最终方程模型进行检验，如表 17-4。

表 17-4　森林公顷蓄积固定效应检验（EGLS）

截面固定效应检验				
变　量	系　数	标准差	t 统计量	P　值
C	5. 2654	1. 0336	5. 0938	0. 0000
人口密度	0. 1264	0. 0505	2. 5008	0. 0131
经济密度	0. 0468	0. 0133	3. 5180	0. 0005
日　照	−0. 0603	0. 0875	−0. 6894	0. 4912
温　度	−0. 0154	0. 2002	−0. 0771	0. 9386
降　雨	−0. 0068	0. 0472	−0. 1439	0. 8857
制　度	0. 0585	0. 0289	2. 0252	0. 0440
工　程	−0. 0096	0. 0118	−0. 8091	0. 4193
经过加权的评价统计量				
R^2	0. 9484	因变量均值	8. 2784	
校正 R^2	0. 9404	因变量标准差	5. 3198	
回归标准误	0. 4135	残差平方和	38. 4851	
F 值	118. 3963	D-W 值	1. 4470	
P 值	0. 0000			
未经加权的评价统计量				
R^2	0. 7275	因变量均值	3. 9283	
残差平方和	46. 5003	D-W 值	1. 0706	

结果显示：人口密度、经济密度、制度对森林公顷蓄积影响显著（显著性水平 0. 05），通过标准化校正，拟合优度与各种检验量标准都得到了优化，R^2 高达 94%。

结果显示：似然比（LR）检验显著，说明原假设固定效应是多余的不成立，固定效应模型检验通过，如表 17-5。

表 17-5　森林公顷蓄积固定效应方程检验

检验效应	统计量	自由度	P 值
截面 F 值	23. 8837	（28，225）	0. 0000

人口密度对森林公顷蓄积影响显著，说明随着人口密度增加，带来了人们对林产品的更多需求，进而促进了林业投资，促进了林地单位产出增加；

经济密度对森林公顷蓄积产生显著影响，可能是随着人们购买力的提高，人们更重视森林资源质量提高所能带来的产品供给能力；

制度对森林公顷蓄积产生显著影响，可能是制度变迁导致内生激励增强，除了投资，还会带来技术进步，从而提升了林地生产率。

17.4 全要素生产率①

17.4.1 指标选取、数据来源和数据处理

使用的投入产出数据来源于第3~8次全国森林资源清查数据，《中国林业年鉴（1949~1986）》、1987~2011年期间的历年《中国林业年鉴》，以及1998~2013年间的《中国林业统计年鉴》，在研究中，考虑到数据的可获得性问题，研究对象为港澳台地区之外的其他31个省级行政单位，同时将重庆和四川合并为一个地区来进行分析。

17.4.1.1 森林建设产出变量

使用的产出指标为第4~8个森林资源清查期获得的活立木蓄积量数据，与森林蓄积量相比，活立木蓄积量不仅包括了森林蓄积量，还包括了疏林蓄积、散生木蓄积和四旁树蓄积量，是林地上全部树木蓄积的总量。在研究中，使用DEA-Malmquist指数计算和分解全要素生产率，使用实物存量作为产出变量。

17.4.1.2 森林建设投入变量

本研究使用活立木蓄积量作为产出变量，而当期投入的资本和劳动力并不会立刻带来活立木蓄积量的增加，存在一定的滞后效应，因此，本研究将森林资源清查期之前五年内的劳动力投入均值与滞后3年的资本存量数据作为投入变量。

此外，实际影响到活立木蓄积量的除了投资和劳动力投入之外，当地自然条件、地理因素等变量，以及原有的森林资源存量同样会对当期的森林资源存量带来较大影响，因此，需要将上一次森林资源清查获得的该省活立木蓄积量数据作为影响当期该省活立木蓄积量的“投入”变量。

17.4.1.3 资本存量数据处理

根据Goldsmith（1951）开创的“永续盘存法”（perpetual inventory approach）来计算每年积累的固定资本存量，该方法通过资本存量的初始值和每年的实际净投资数来进行测算每年的固定资本存量，有：

$$K_t = \frac{I_t}{P_t} + (1 - \delta_t) K_{t-1}$$

其中，K_t和K_{t-1}分别为t年和$t-1$年的实际资本存量，P_t为固定资产投资价格指数，1991~2010期间的固定资产投资价格指数采用《中国统计年鉴》中提供的数据，而1953~1999期间的价格指数则根据张军等（2004）的推算方法进行计算。I_t为t年的名义投资，δ_t为t年的固定资产的折旧率。

对于基年初始的固定资本存量K_0的计算，有根据资本产出比和国民收入的乘积倒推计算、迭代估计以及采用某一个给定值作为分母去除初始年份的投资数据来估算等等不同的方法，然而，上述方法更多适用于国民经济问题分析中，已经有较多的文献和估算数据可以加以比较借鉴，而本研究对于林业绿色投资的固定资本存量估算，则并不适于直接给一个估算系数，此外，虽然可以通过森林资源清查获得的森林蓄积量数据得到森林资源的整体“存量”，但显然，与历

①郎晓娟，刘珉．绿色经济视角下我国森林建设全要素生产率研究［J］．林业经济，2015，8：19-24.

年的投资数据相比，这个“存量”的初始值过大，将使得对于历年绿色投资所积累的资本存量估算失去解释力。

不过，根据 Young（2000）的计算，当初始年份选择较早时，基年资本存量数据对近期资本存量的影响也会变得很小，因此本研究将遵循 Chou（1995）和 Wu（2000）的做法，利用现有的营林投资时间序列数据估算出基年的初始资本存量。假定基期的资本存量 K（1）是过去所有投资之和，则第一期的资本存量可以用如下式子代表：

$$K(1) = \int_{-\infty}^{1} I(t)\,\mathrm{d}t = \frac{I(0)e^{\theta}}{\theta}$$

这里 $I(t) = I(0)e^{\theta t}$，θ 和 $I(0)$ 可以通过 1952~1990 年时间序列的线性回归模型进行估计，即 $\ln I(t) = \ln I(0) + \theta t$。给定折旧率为 5%，可求得历年的资本存量，根据已经估算出的全国营林固定资产投资资本存量来推算出各省在 1991 年的固定资本存量，有：

$$K_{i,\ 1991} = \frac{I_{i,\ 1991} \cdot K_{1991}}{\sum I_{i,\ 1991}}$$

其中，$K_{i,1991}$ 为第 i 个省份 1991 年营林固定资产投资的资本存量，$I_{i,1991}$ 为该省 1991 年的营林固定资产投资，K_{1991} 为全国 1991 年营林固定资产投资的资本存量。接着测算分省的营林固定资产投资累积的资本存量，同样采用永续盘存法，利用公式：

$$K_{it} = \frac{I_{it}}{P_{it}} + (1 - \delta_{it})K_{it-1}$$

其中，K_{it} 为第 i 个省第 t 年的营林固定资本投资资本存量，I_{it} 为该省当年的营林固定资本投资投资，P_{it} 表示该省当年的固定资产投资价格指数。δ_{it} 为折旧率。

按照 2010 年不变价格计算分省的固定资产投资，价格指数来自历年的《中国统计年鉴》，部分省份的部分年份有缺失数据的，用全国的固定资产投资价格指数来代替。

17.4.1.4　劳动力投入指标

选取林业系统的从业人员数量来估算劳动力投入指标，则无法覆盖大量林业系统之外的农村劳动力，这些劳动力的投入对于我国森林建设同样发挥了重要作用。本研究根据北京林业大学“中国林业就业统计与历史数据估算”课题组的测算方法，结合历年人工造林面积以及造林所需工时等数据，估算了各省营林过程中的劳动力投入数据，并对每个森林资源清查期的劳动力投入取均值，作为投入指标。

17.4.2　中国森林建设全要素生产率分析

使用第 4~8 次全国森林资源清查获得的活立木蓄积量数据作为产出变量；投入变量包括滞后一次森林资源清查期的活立木蓄积量数据、前 5 年的劳动力投入平均值以及滞后三年的营林固定资产投资累积的资本存量数据。

使用 DEA-Malmquist 方法计算和分解全国森林建设不同时期里各省平均全要素生产率变化的结果如表 17-6 所示：

虽然总的来看，从第 4 次森林资源清查期（1989~1993）开始到第 8 次全国森林资源清查期（2009~2013），全国整体的森林建设全要素生产率的平均值小于 1，但从第 6~7 次森清期间开始，

表 17-6 第 4~8 次森林资源清查期间全国森林建设 TFP 的变化及分解

	TFP	TFP>1 省区	技术进步	技术效率	纯技术效率	规模效率
4~5 次森清时期	0.884	9	0.357	2.479	1.858	1.334
5~6 次森清时期	0.978	13	1.443	0.678	0.698	0.972
6~7 次森清时期	1.011	17	0.729	1.388	1.412	0.983
7~8 次森清时期	1.011	20	0.97	1.042	1.002	1.04
平均值	0.97	15	0.776	1.249	1.164	1.073

已经上升到大于 1 的情况。也就是说，从第 6 次森林资源清查期（1999~2003）到第 7 次森林资源清查期（2004~2008），全国平均的森林建设全要素生产率处于上升趋势，TFP 年均增长大于 1%；从第 7 次森林资源清查期到第 8 次森林资源清查期（2009~2013），全国平均的森林建设全要素生产率仍然处于上升趋势，TFP 年均增长大于 1%。

同时，随着时间推移，从不同省份的情况来看，在两次森林资源清查期之间，森林建设全要素生产率出现上升的省份数量也在持续增加，从 4~5 次森清时期的 9 个，增加到 7~8 次森清时期的 20 个，在 30 个省份样本（重庆、四川合并）中已占据 2/3。

进一步分解我国森林建设的全要素生产率可发现，在第 5 次森林资源清查（1994~1998）到第 6 次森林资源清查（1998~2003）期间，出现技术进步率的大幅度跃升，这一时期出现的最大制度变迁是 1998 年的第一次林业“绿色新政”，通过国家层面上开展大规模的生态投资，得以从根本上扭转林业发展方向，促进林业基要生产函数发生要素组合的“绿化”：一方面，“天保工程”的实施，通过加大投资力度来保护天然林资源，改变了过去通过砍伐天然林来获得经济收益的发展模式，通过物质资本对生态资本的替代效应，使自然要素从林业基要生产函数的“投入变量”转变为“产出变量”；另一方面，“退耕还林”工程的实施，则缓解了长期以来林粮争地的矛盾，使得土地要素能够更多投入到林业基要生产函数之中，同样有利于森林资源的积累和林业绿色发展质量的提升。

而在第 6 次森林资源清查期（1999~2003）到第 7 次森林资源清查期（2004~2008），对全国林业绿色经济全要素生产率提升贡献最大的技术效率的提升，其中纯技术效率的提高是林业绿色经济发展质量提高的关键。在这一时期，除了国家层面上继续加大对生态资本的投入力度之外，许多地区开始的林权制度改革也是有利于技术效率提升的制度创新。

从第 7 次森林资源清查期（2004~2008）到第 8 次森林资源清查期（2009~2013），技术进步变化率虽然仍然在下降，但下降幅度已经非常小，仅有 3%，而技术效率变化仍然处于上升趋势，尽管上升幅度较上一期有所下降，但从对技术效率变化的分解来看，在这一时期里，纯技术效率和规模效率都呈现上升态势，这与上一期纯技术效率大幅提升，但规模效率下降的情形不同，说明在深化林权改革等“绿色新政”的作用下，“绿色创新”对森林生态财富的积累效应仍在持续发挥作用。

17.5 问题挑战

主要经济效益指标：2006 年后资产负债率升高，负债比重在不断上升；流动资产周转率降低，资金周转变慢；产品销售率长期停滞，并有所下降；

投入产值比："九五"以后，尽管林业产值投资弹性增加，但林业总产值与总投资比值却变化不大。

林地利用效率：从全国森林资源清查 1~7 次的数据看，森林公顷蓄积人均森林蓄积增长缓慢，甚至还有反复现象。

全要素生产率：虽然技术进步变化率下降幅度较小，但仍然在下降；虽然技术效率变化总体处于上升趋势，但上升幅度有所下降且出现反复波动。

第 18 章　林业重点生态工程

18.1　林业重点生态工程概况

1978 年以来，国家先后以林业为基础，启动了 16 项重大生态修复工程，在国家生态修复工程中林业处于主导地位。一是自然保护类生态修复工程。对尚未遭受破坏的生态系统进行严格保护，实施好野生动植物保护及自然保护区建设等工程。二是自然恢复类生态修复工程。对遭受一定程度破坏的生态系统，加强保护，休养生息，实施好天然林资源保护、湿地保护与恢复等工程。三是人工促进自然恢复类生态修复工程。对很难自我恢复或需要漫长时间才能恢复的生态系统，通过人工辅助措施，加快恢复步伐，实施好三北防护林、京津风沙源治理等工程。四是人工重建类生态修复工程。对已完全破坏的生态系统，通过人工措施加以恢复重建，实施好退耕还林、石漠化治理、农田防护林等工程。①

18.1.1　天然林资源保护工程

1998 年长江、松花江、嫩江流域发生的世纪水灾，水位之高、水量之大、持续时间之长、受灾区域之广，是历史罕见的，造成的直接经济损失达 2000 亿元，重要原因之一就是这些河流上中游地区森林植被遭到严重破坏，森林调洪蓄水等生态功能大大削弱。对这种不断恶化的生态环境，党中央、国务院给予高度重视，② 决定在云南、四川等 12 个省（自治区）国有林区开展天然林保护试点。2000 年国务院批准了国家林业局、国家计委、财政部、社会保障部上报的《长江上游、黄河上中游地区天然林资源保护工程实施方案》和《东北、内蒙古等重点国有林区天然林资源保护工程实施方案》，天保工程一期全面实施。

一期工程（2000~2010 年），范围包括 17 个省（自治区）、直辖市的 734 个县和 163 个森工局。工程规划总投入 962 亿元，其中：中央补助 784 亿元，地方配套 178 亿元。③④ 主要原则：

---

①世界各国生态工程，包括美国“罗斯福工程”、前苏联“斯大林改造大自然计划”、加拿大“绿色计划”、日本“治山计划”、北非五国“绿色坝工程”、印度“社会林业计划”、法国“林业生态工程”等。李世东，陈幸良，李金华．世界重点生态工程与林业机构设置的关系研究［J］．世界林业研究，2003，16（3）：7-11.

②庄作峰．中国天然林资源保护工程——世纪之交的重大生态工程［J］．世界林业研究，2001（03）：47-54.

③屈红军，朱颖，张忠林，等．我国天然林保护工程一期实施效果概述［J］．林业科技开发，2012（06）：5-8.

④自一期天然林保护工程实施以来，累计少伐林木 2.2 亿立方米，减少森林资源消耗 3.79 亿立方米，有效保护森林资源 1.08 亿公顷，森林面积净增 1000 万公顷，森林覆盖率增加 3.7 个百分点，森林蓄积净增 7.25 亿立方米。国有林区职工年平均工资由 2000 年的 5178 元提高到 2008 年的 12294 元，增幅达 137.4%。职工基本养老、医疗保险参保率分别达 98%和 89%，初步解决了老有所养、病有所医的问题。资料来源：我国天然林资源保护工程建设取得巨大成效［Z］．新华网，2011.

坚持统一规划，突出重点，分期实施，稳步推进；坚持因地制宜，分类指导，实事求是，注重实效；坚持生态优先，生态、经济和社会效益相结合；坚持依靠科学技术，建立强有力的科技保障体系；坚持省级政府负全责和实行地方各级政府目标责任制。工程目标：通过工程的实施，使长江上游、黄河上中游地区的 91774 万亩森林得到切实保护，减少森林资源消耗量 6108 万立方米，相应调减商品材产量 1239 万立方米。到 2010 年预期新增林草面积 2. 2 亿亩，林草覆盖率由目前的 25. 87%提高到 32. 26%，增加 6. 39 个百分点。

二期工程（2011~2020 年），实施范围在一期原有范围基础上，增加了丹江口库区的 11 个县（区、市），规划总投入资金 2440. 2 亿元，其中：中央投入 2195. 2 亿元，地方投入 245 亿元。基本原则：坚持因地制宜，分区施策；坚持以人为本，保障民生；坚持政策引导，促进改革；坚持事权划分，分级负责。主要目标：到 2020 年，新增森林面积 7800 万亩、森林蓄积 11 亿立方米、碳汇 4. 16 亿吨；工程区水土流失明显减少，生物多样性明显增加，同时为林区提供就业岗位 64. 85 万个，基本解决转岗就业问题，实现林区社会和谐稳定。①

18. 1. 2　退耕还林工程

长期以来，我国水土流失一直十分严重。退耕还林就是从保护和改善生态环境出发，将水土流失严重的耕地，沙化、盐碱化、石漠化严重的耕地以及粮食产量低而不稳的耕地，有计划、有步骤地停止耕种，因地制宜地造林种草，恢复植被。退耕还林是减少水土流失、减轻风沙灾害、改善生态环境的有效措施，是增加农民收入、调整农村产业结构、促进地方经济发展的有效途径，是西部大开发的根本和切入点。1998 年 8 月修订的《中华人民共和国土地管理法》第三十九条规定：“禁止毁坏森林、草原开垦耕地，禁止围湖造田和侵占江河滩地。根据土地利用总体规划，对破坏生态环境开垦、围垦的土地，有计划有步骤地退耕还林、还牧、还湖。”同年 10 月，基于对长江、松花江特大洪水的反思和我国生态环境建设的需要，中共中央、国务院制定的《关于灾后重建、整治江湖、兴修水利的若干意见》，把“封山植树、退耕还林”放在灾后重建“三十二字”综合措施的首位，并指出：“积极推行封山育林，对过度开垦的土地，有步骤地退耕还林，加快林草植被的恢复建设，是改善生态环境、防治江河水患的重大措施。”1999 年，我国粮食产量继 1996、1998 年之后第三次跨过 1 万亿斤大关，粮食出现了阶段性、结构性、区域性供大于求的状况。特别是随着改革开放的不断深入，我国综合国力显著增强，财政收入大幅增长，为大规模开展退耕还林奠定了坚实的经济基础和物质基础。四川、陕西、甘肃三省率先开展了退耕还林试点工作，从此拉开了退耕还林试点工作的序幕。2002 年 1 月 10 日，国务院西部开发办公室召开退耕还林工作电视电话会议，确定全面启动退耕还林工程。

一期工程：建设范围包括北京、天津、河北、山西、内蒙古、辽宁、吉林、黑龙江、安徽、江西、河南、湖北、湖南、广西、海南、重庆、四川、贵州、云南、西藏、陕西、甘肃、青海、宁夏、新疆等 25 个省及新疆生产建设兵团，共 1897 个县（含市、区、旗）。工程建设任务主要安排西部地区以及一些中部地区。优先安排江河源头及其两侧、湖库周围的陡坡耕地以及水土流

①国家林业局权威解读天然林资源保护工程二期政策［Z］. 中央政府门户网站，2011.

失和风沙危害严重等生态地位重要地区的耕地，确定长江上游地区、黄河上中游地区、京津风沙源区以及重要湖库集水区、红水河流域、黑河流域、塔里木河流域等地区的 856 个县为工程建设重点县，占全国行政区划县数的 29.9%，占工程区总县数的 45.1%。工程建设的目标和任务是：到 2010 年，完成退耕地造林 1467 万公顷，宜林荒山荒地造林 1733 万公顷（两类造林均含1999~2000 年退耕还林试点任务），陡坡耕地基本退耕还林，严重沙化耕地基本得到治理，工程区林草覆盖率增加 4.5 个百分点，工程治理地区的生态状况得到较大改善。①

2014 年 8 月 2 日，五部委联合下发《关于印发新一轮退耕还林还草总体方案的通知》，总体规模：到 2020 年，将全国具备条件的坡耕地和严重沙化耕地约 4240 万亩退耕还林还草。其中包括：25 度以上坡耕地 2173 万亩，严重沙化耕地 1700 万亩，丹江口库区和三峡库区 15~25 度坡耕地 370 万亩。

18.1.3 京津冀风沙源治理工程

京津风沙源治理工程是党中央、国务院为改善和优化京津及周边地区生态环境状况，减轻风沙危害，紧急启动实施的一项具有重大战略意义的生态建设工程。前些年京津乃至华北地区多次遭受风沙危害，特别是 2000 年春季，我国北方地区连续 12 次发生较大的浮尘、扬沙和沙尘暴天气，其中有多次影响首都。其频率之高、范围之广、强度之大，为 50 年来所罕见，备受社会关注，引起党中央、国务院高度重视，指示："防沙止漠刻不容缓，生态屏障势在必建"，并决定实施京津风沙源治理工程。②

2000 年 6 月，国家启动了京津风沙源治理工程。按照国务院批复的《京津风沙源治理工程规划（2001~2010 年）》（以下简称"一期工程"），建设范围包括北京、天津、河北、山西及内蒙古等五省（自治区、直辖市）的 75 个县（旗、市、区）。到 2012 年一期工程结束，工程累计完成营造林 752.61 万公顷（其中退耕还林 109.47 万公顷）。一期工程的实施，极大地改善了京津地区生态环境质量，促进了区域经济平衡发展。

2012 年国务院通过了《京津风沙源治理二期工程规划（2013~2022 年）》，工程西起内蒙古乌拉特后旗，东至内蒙古阿鲁科尔沁旗，南起陕西定边县，北至内蒙古东乌珠穆沁旗，建设范围包括北京、天津、河北、山西、陕西及内蒙古 6 省（自治区、直辖市）的 138 个县（旗、市、区），工程区总国土面积 70.60 万平方公里，沙化土地面积 20.22 万平方公里。工程建设期为十年，分两个阶段，第一阶段为 2013~2017 年，第二阶段为 2018~2022 年。二期工程规划的林业建设任务为：现有林管护 730.36 万公顷，营造林 586.68 万公顷，工程固沙 37.15 万公顷。对 25

---

①我国退耕还林工程用 15 年时间完成了退耕地造林 1.39 亿亩、荒山荒地造林和封山育林 3.08 亿亩，这一伟大壮举推进了全国 1.24 亿农村人口解决温饱问题，以及在维护国土生态安全、推动农业产业结构调整、增加农民收入、拉动国内需求、应对全球气候变化等诸多方面发挥了重大作用。2012 年，退耕户人均纯收入 5963 元，与 2007 年相比，人均纯收入增加 2990 元，年均增长 14.9%，剔除价格因素影响，实际增长 10.9%。2012 年人均退耕地林产品总产值为 382 元、收益 54 元，比 2007 年分别增加 343 元、48 元，年均增长率分别为 56.8%、52.8%。资料来源：新一轮退耕还林启动全面深化改革又一重大突破［EB/OL］. 中国林业网，http：//www.forestry.gov.cn.

②京津冀风沙源治理工程概况［Z］. 人民网，http：//www.people.com.cn，2005.

度以上陡坡耕地和严重沙化耕地，实施退耕还林还草。①②

18.1.4　三北防护林工程

为了从根本上改变我国西北、华北、东北地区风沙危害和水土流失的状况，国务院批准上马了三北防护林防护工程。1978 年 11 月 3 日，国家计划委员会以［计（1978）808 号］文件批准国家林业总局《西北、华北、东北防护林体系建设计划任务书》。1978 年 11 月 25 日，国务院以［国发（1978）244 号］文件批准国家林业总局《关于在西北、华北、东北风沙危害和水土流失重点地区建设大型防护林的规划》，至此，三北防护林工程正式启动实施。

按照总体规划，三北工程的建设范围东起黑龙江的宾县，西至新疆的乌孜别里山口，北抵国界线，南沿天津、汾河、渭河、洮河下游、布长汗达山、喀喇昆仑山，东西长 4480 公里，南北宽 560～1460 公里。地理位置在东经 73°26′～127°50′，北纬 33°30′～50°12′之间。包括陕西、甘肃、宁夏、青海、新疆、山西、河北、北京、天津、内蒙古、辽宁、吉林、黑龙江 13 个省（自治区、直辖市）的 551 个县（旗、市、区）。工程建设总面积 406.9 万平方公里，占全国陆地总面积的 42.4%。

三北工程规划从 1978 年开始到 2050 年结束，历时 73 年，分三个阶段、八期工程进行建设。1978～2000 年为第一阶段，分三期工程。1978～1985 年为一期工程，1986～1995 年为二期工程，1996～2000 年为三期工程；2001～2020 年为第二阶段，分两期工程。2001～2010 年为四期工程，2011～2020 年为五期工程；2021～2050 年为第三阶段，分三期工程。2021～2030 年为六期工程，2031～2040 年为七期工程，2041～2050 年为八期工程。

三北工程规划造林 3508.3 万公顷（包括林带、林网折算面积），其中人工造林 2637.1 万公顷，占总任务的 75.1%；飞播造林 111.4 万公顷，占 3.2%；封山封沙育林 759.8 万公顷，占 21.7%。四旁植树 52.4 亿株。规划总投资为 576.8 亿元，建设任务完成后，使三北地区的森林覆盖率由 5.05%提高到 14.95%，风沙危害和水土流失得到有效控制，生态环境和人民群众的生产生活条件从根本上得到改善。③

---

①据统计，2000～2002 年北京市沙尘天气发生次数均在 13 次以上，减少到 2010～2012 年的 4 次、3 次、2 次，2014 年未发生沙尘天气。据第四次全国荒漠化和沙化监测，工程区固定沙地面积增加 9.5 万公顷，增加了 1.75%；流动沙地面积减少 10.29 万公顷，减幅达 30.68%。

②京津风沙源治理工程有关情况［EB/OL］. http：//www.forestry.gov.cn/，2015-6-17.

③截至 2010 年，到四期工程完成时，三北工程累计完成造林保存面积 2500 多万公顷，工程区森林覆盖率由 1977 年的 5.05%提高到 12.4%，森林蓄积量由 1977 年的 7.2 亿立方米增加到 14.4 亿立方米，在祖国北方构筑了一道坚实的绿色生态屏障，风沙危害和水土流失明显减轻；工程区 27.8 万平方公里沙化土地得到治理，沙化土地面积年均减少 1500 平方公里，长期扩展的趋势得到扭转；治理水土流失面积 38.6 万平方公里，黄土高原重点治理区治理程度达到 70%以上，水土流失面积和侵蚀强度开始“双下降”，入黄泥沙量年均减少 4 亿吨左右；营造农防林 253 万公顷，工程区农田林网化程度达 68%以上，2248 万公顷农田得到有效庇护，每年粮食因此增产 100 亿公斤；同时，工程区建成了一批用材林、经济林、薪炭林和饲料林基地，木材等林产品生产能力明显提升，种植业、养殖业、流通业和生态旅游业等蓬勃发展，一些地区农民涉林收入占到总收入的 50%以上。赵树丛. 三北工程是生态建设的伟大实践［EB/OL］. 国家林业局政府网，http：//www.forestry.gov.cn/，2012-09-13.

18.1.5 长江流域防护林体系工程

长江流域的生态状况，不仅关系到我国数亿人的生存与发展，还是我国实现经济、社会可持续发展的重要前提和保障。在党中央、国务院的领导下，1989~2000 年在 271 个县（市、区）实施了长江中上游防护林体系建设一期工程。1995~2000 年在 36 个县（市、区）实施了淮河太湖流域综合治理防护林体系建设工程。1995~2000 年在 36 个县（市、区）实施了淮河太湖流域综合治理防护林体系建设工程。2001~2010 年，在总结一期工程建设成效和经验的基础上，实施了长江流域防护林体系建设二期工程，二期建设范围扩大到整个长江流域、淮河流域及钱塘江流域，涉及 17 个省（自治区、直辖市）的 1033 个县。①

2011~2020 年，为三期工程，与二期工程建设范围相比，将福建省六江二溪源头 32 个县（市、区）和西藏雅鲁藏布江流域 28 个县（区）纳入建设范围，上海因林业生态建设需求减少，不再纳入工程区范围。规划到 2020 年，工程区增加森林面积 379.26 万公顷，森林覆盖率达到 39.3%。到 2020 年，工程区完成低效林改造面积 906.2 万公顷。不断提高林分质量，完善森林生态系统结构和功能，建设健康稳定的森林生态系统。

18.1.6 沿海防护林工程

我国大陆海岸线北起辽宁省的鸭绿江口，南至广西壮族自治区的北仑河口，长达 18340 公里，另有约 11159 公里的岛屿海岸线，涉及 11 个省（自治区、直辖市）和 5 个计划单列市。这些沿海地区是我国经济最发达、城市化进程最快、人口最稠密的地区，在我国国民经济和社会发展全局中具有举足轻重的地位和作用。由于特殊的地理位置以及气候条件的影响，沿海地区也是台风、风暴潮、灾害性海浪、赤潮、海啸等自然灾害发生频率最高，受害最严重的地区。据统计，1990~1999 年，沿海地区因风暴潮等自然灾害造成的直接经济损失高达 2134 亿元，严重影响着该区域乃至全国经济社会的发展。1988 年，原国家计委批复了《全国沿海防护林体系建设总体规划》(计经〔1988〕174 号)。1989 年，开始工程试点建设；1991 至 2000 年，原林业部把全国沿海防护林体系建设工程列入林业重点工程，在全国沿海 11 个省（自治区、直辖市）的 195 个县（自治市、直辖区）全面实施了沿海防护林体系建设工程。

2001 年，在全面总结上期工程建设经验基础上，国家林业局组织编制并实施了《全国沿海防护林体系建设二期工程规划（2001~2010 年）》(林计发〔2004〕171 号)。为吸取 2004 年底"印度洋海啸"的教训，根据中央领导指示精神，2005~2006 年，国家林业局对二期工程规划进行了修编，将建设期限延长至 2015 年，进一步扩大了工程建设范围，丰富了工程建设内容。2007 年 12 月经国务院批复，2008 年 1 月，国家发改委、国家林业局联合印发了《全国沿海防护林体系建设工程规划（2006~2015 年）》(发改农经〔2008〕29 号)。

---

①据统计，长江中上游防护林体系建设一期工程和淮河太湖流域综合治理防护林体系建设工程共投资 13567 万元，累计完成造林 703.50 万公顷；长江流域防护林体系建设二期工程共投资 941100 万元（其中中央投入 269800 万元，地方投资 671300 万元)，完成造林 352.3 万公顷（其中人工造林 162.8 万公顷，封山育 183.5 万公顷，飞播造林 6.0 万公顷)，低效林改造 22.1 万公顷。资料来源：《长江流域防护林体系建设三期工程规划》。

规划目标：到 2015 年，沿海地区森林覆盖率达到 37.3%，林木覆盖率 37.8%，基干林带达标率 92.3%，红树林恢复率 95.1%，造林成活率 85%以上，造林保存率 90%以上，农田林网控制率 85.0%，村屯绿化率 90.0%。红树林建设与保护取得重大进展，沿海防护林体系的生态防护功能进一步发挥，防灾减灾功能进一步增强，城乡人居环境得到明显改善，生态建设步入良性循环，在沿海地区率先实现林业现代化，促进区域社会经济的可持续发展。

规划范围：包括辽宁、河北、天津、山东、江苏、上海、浙江、福建、广东、广西、海南等沿海 11 省（自治区、直辖市）和大连、青岛、宁波、深圳、厦门 5 个计划单列市中的直接受海洋性灾害危害严重的 261 个县（市、区，下同），土地总面积为 44.71 万平方公里，占国土总面积的 4.7%。沿海防护林体系建设工程总投资为 99.84 亿元。建设内容：①以红树林为主的消浪林带建设；②海岸基干林带建设；③纵深防护林建设；④科技支撑体系建设。

为进一步加强沿海防护林体系建设、构筑沿海绿色生态屏障，促进沿海地区生态文明建设和经济社会可持续发展，国家林业局会同国家发展改革委联合编制了《全国沿海防护林体系建设工程规划（2016~2025 年）》。此次全国沿海防护林体系建设工程规划范围包括沿海 11 个省（自治区、直辖市）、5 个计划单列市的 344 个县（市、区），土地总面积 4276.99 万公顷，其中林地 1832.96 万公顷，占土地总面积的 42.86%。

规划期限：规划期限 2016~2025 年。其中：前期为 2016~2020 年，后期为 2021~2025 年。规划目标：通过继续保护和恢复以红树林为主的一级基干林带，不断完善和拓展二、三级基干林带，持续开展纵深防护林建设，初步形成结构稳定、功能完备、多层次的综合防护林体系，使工程区内森林质量显著提升，防灾减灾能力明显提高，经济社会发展得到有效保障，城乡人居环境进一步改善。至 2025 年，森林覆盖率达到 40.8%，林木覆盖率达到 43.5%，红树 林面积恢复率达到 95.0%，基干林带达标率达到 90.0%，老化基干林带更新率达到 95.0%，农田林网控制率达到 95.0%，村镇绿化率达到 28.5%。①

18.1.7　珠江流域防护林工程

珠江是我国七大河流之一，与长江干线并列为我国高等级航道体系的“两横”，是我国粮食和亚热带经济作物的主要产区和我国南方联结西部与东部的一条主要江河。长期以来，由于不合理的开发利用，珠江流域森林植被遭到破坏，生态状况日益恶化，中上游地区石漠化和水土流失面积逐年增加，洪灾、旱灾、泥石流等自然灾害频繁发生，且强度不断加大，不仅严重威胁着当地工农业生产和人民生命财产的安全，对下游发达地区经济社会的可持续发展造成很大威胁。②

一期工程（1993~2000 年），1996 年首批启动实施了 13 个县，1998 年国家实施积极的财政政策，加大了珠防建设的资金投入和支持力度，又先后试点启动了 34 个县。到 2000 年，一期工程建设共完成营造林 67.5 万公顷，其中人工造林 23.45 万公顷，飞播造林 2.76 万公顷，封山育林 28.19 万公顷。完成低效防护林改造任务 12.88 万公顷，四旁植树 1.7 亿株。

二期工程（2000~2010 年），建设范围包括：江西、湖南、云南、贵州、广西和广东 6 个省

①《全国沿海防护林体系建设工程规划（2016~2025 年）》.

②刘德晶. 关于珠江防护林工程建设的思考［J］. 林业建设，2015，4（2）：15-19.

(自治区)的187个县(市、区)。规划造林227.87万公顷,其中人工造林87.5万公顷,封山育林137.2万公顷,飞播造林3.1万公顷。规划低效防护林改造99.76万公顷。二期工程中,6省(自治区)累计完成营造林121.16万公顷,完成低效林改造105.87万公顷,工程区森林覆盖率由2000年的44%提高到51.5%,森林面积由2558万公顷增加到2970万公顷。工程区森林总蓄积量已达到13.1亿立方米,比工程实施前增加了3.25亿立方米。①

在前两期建设的基础上,2013年国家林业局又组织编制、实施了《珠江流域防护林体系建设工程三期规划》,将工程建设范围扩大到6个省37个市州,重点加强水土流失和石漠化的治理,并在保护现有植被的基础上,加快营林步伐,提高林分质量,增强森林保土蓄水功能。规划到2020年,工程区新增森林面积153万公顷,森林覆盖率提高到60.5%以上;森林蓄积由8.9亿立方米提高到9.2亿立方米;低效林得到有效改造,林种、树种结构进一步优化,森林保持水土、涵养水源、防御洪灾、泥石流等自然灾害的能力显著增强,水域水质有所提升。②

18.1.8 太行山绿化工程

太行山地处华北大平原西侧,是京津和华北大平原的天然屏障。它既可抵御西北寒潮的袭击,又可接纳东南暖湿气流,是海河水系的发源地及黄河中下游部分支流的上游。太行山同时又是华北平原地区旱涝灾害和京津水旱灾害的根源。森林覆盖率低,水土流失严重,旱、涝、洪、雹、冻等自然灾害频繁,生态环境恶化,经济发展落后。太行山绿化工程是在太行山石质山区营造水源涵养林、水土保持林,发展果木经济林,通过恢复和扩大森林植被,以提高山区的水土保持能力,并兼有较好的经济效益。

一期工程(1994~2000年),累计完成造林295.2万公顷,其中人工造林164.57万公顷,飞播造林30.63万公顷,封山育林100万公顷。此外,还完成四旁植树1.7亿株。工程区森林覆盖率从15.30%提高到了21.58%,增加了6.28个百分点。工程区林草植被覆盖度显著提高,活立木蓄积量增加了3000万立方米。工程区水土流失面积已由治理前的61149平方公里减少到49214平方公里,使水土流失面积占工程区总面积的比重由50%降到了40%。工程建设促进了当地群众脱贫致富和农村经济增长,太行山区国民生产总值由1994年的317亿元增加到(2000年)1389亿元,实现了翻两番的目标;林业产值由9.5亿元增长到27.5亿元,增加了2.9倍;林果收入由86元提高到了457元,提高了5.3倍。

二期工程(2001~2010年),建设范围包括:河北、山西、河南、北京三省一市73个县(市、区)。规划造林146.2万公顷,其中人工造林67万公顷,封山育林50.7万公顷,飞播造林28.5万公顷。规划低效防护林改造45.1万公顷。

为进一步推进太行山区生态建设,2013年国家启动实施了《太行山绿化三期工程规划》。建设范围涉及北京、河北、山西、河南4省市。规划到2020年,工程区新增森林面积79.6万公顷,森林覆盖率提升9.7个百分点。坚持不懈地实施好太行山绿化三期工程建设,将会为实现我

①珠江流域防护林体系建设二期工程综述[EB/OL]. 国家林业局政府网,http://www.forestry.gov.cn/,2011-08-22.

②解读长江珠江流域等防护林体系三期工程规划[EB/OL]. 中央政府门户网站,http://www.gov.cn,2013-07-10.

国森林面积、蓄积量“双增”目标，保障京津和华北地区生态安全，促进革命老区经济社会发展，提高太行山人民生产生活水平作出更大贡献。①

18.1.9　平原绿化工程

平原绿化工作经历了 20 世纪五六十年代的沙荒造林和四旁植树、七八十年代的农林间作和农田林网化建设、80 年代末期到 90 年代的平原绿化达标、高标准平原绿化试点和新时期的平原绿化工程等时期。全国平原绿化工程建设始于 1988 年的全国平原绿化达标。工程区涉及北京、天津、河北、山西、内蒙古、辽宁、吉林、黑龙江、上海、江苏、浙江、安徽、福建、江西、山东、河南、湖北、湖南、广东、广西、海南、四川、陕西、甘肃、宁夏、新疆等 26 个省（自治区、直辖市）的 957 个县（市、区、旗）。

按照《全国平原绿化“五、七、九”达标规划》，截至 2000 年年底，全国 920 个平原、半平原、部分平原县（市、旗、区）中有 869 个达到了部颁“平原县绿化标准”，占规划数的 94.5%。平原绿化取得了显著成效。全国平原绿化累计完成造林 698 万公顷，平原地区森林覆盖率由 1987 年的 7.3%提高到现在的 15.7%，增加了 8.4 个百分点。新造农田防护林 376.8 万公顷，保护农田 3256 万公顷，农田林网控制率由 1987 年的 59.6%增加到现在的 70.7%，提高了 11 个百分点；道路、沟渠、河流两岸绿化率达到了 85%以上。目前，平原地区有林地面积已达 1518 万公顷，活立木蓄积达 6.2 亿立方米。

二期工程（2001～2010 年），建设范围包括：北京、天津、河北、山西、山东、河南、江苏、安徽、陕西、上海、福建、江西、浙江、湖北、湖南、广东、广西、海南、四川、辽宁、吉林、黑龙江、甘肃、内蒙古、宁夏、新疆 26 个省（自治区、直辖市）的 944 个县（市、旗、区）。规划建设总任务 552.1 万公顷。其中新建农田防护林带折合面积 41.6 万公顷，荒滩荒沙荒地绿化 294.5 万公顷，村屯绿化 112.7 万公顷，园林化乡镇建设 30.4 万公顷，改造提高农田林网面积 72.9 万公顷。实际完成建设总任务 674.36 万公顷，森林覆盖率提高 2.6 个百分点。完成造林、低效林改造任务中，荒滩荒沙荒地等宜林地造林 303.46 万公顷，新建林带 155.10 万千米、折合 140.77 万公顷，改良低效林带 53.95 万千米、折合 49.99 万公顷，农林间作 74.18 万公顷，园林化乡镇 13.49 万个、面积 16.63 万公顷，村屯绿化 12.85 万个、面积 74.18 万公顷。②

三期工程（2011～2020 年），建设范围为：北京、天津、河北、山西、内蒙古、辽宁、吉林、黑龙江、江苏、浙江、安徽、福建、山东、河南、湖北、湖南、广东、广西、海南、四川、陕西、甘肃、宁夏、新疆 24 个省（自治区、直 辖市）平原县、半平原县和部分平原县，计 923 个县（市、区、旗）。在 923 个县中，平原县 615 个，半平原县 181 个，部分平原县 127 个。具体指标为：森林覆盖率增加 1.6%，达到 18.7%；林木绿化率增加 2.3%，达到 20.4%；基本农田林网控制率增加 20%，达到 95%以上。

---

①解读长江珠江流域等防护林体系三期工程规划［EB/OL］. 中央政府门户网站，http：//www.gov.cn，2013-07-10.

②数据来源：《全国平原绿化三期工程规划》。

18.1.10　野生动植物保护及自然保护区建设工程

保护自然资源和建设好生态环境，是我国实施可持续发展的一项重要战略任务。为从根本上有效的保护、发展和合理利用野生动植物资源，使人口、资源、环境、经济协调发展，根据《全国生态环境建设规划》（林业部分），特制定全国野生动植物保护及自然保护区建设工程规划，用于指导全国野生动植物、湿地保护和自然保护区建设。

分为三个阶段：近期为2001～2010年，中期为2011～2030年，远期为2031～2050年。

总体目标：通过实施全国野生动植物保护及自然保护区工程建设总体规划，拯救一批国家重点保护野生动植物，扩大、完善和新建一批国家级自然保护区、禁猎区和种源基地及珍稀植物培育基地，恢复和发展珍稀物种资源。到建设期末，使我国自然保护区数量达到2500个（林业自然保护区数量为2000个），总面积1.728亿公顷，占国土面积的18%（林业自然保护区总面积占国土面积的16%）。形成一个以自然保护区、重要湿地为主体，布局合理、类型齐全、设施先进、管理高效、具有国际重要影响的自然保护网络。加强科学研究，资源监测，管理机构，法律法规和市场流通体系建设和能力建设，基本实现野生动植物资源的可持续利用和发展。①

18.2　重点生态工程造林面积与投资

表18-1　全国历年林业重点生态工程完成造林面积

年　别	合计（万公顷）	天然林资源保护工程	退耕还林工程		京津风沙源治理工程	三北及长江流域等重点防护林体系工程
			小　计	其中：退耕地造林		
1979～1985年	1010.98					1010.98
“七五”小计	589.93					589.93
“八五”小计	1186.04				44.12	1141.92
1996年	248.17				16.50	231.67
1997年	244.94				21.60	223.35
1998年	271.80	29.04			23.16	219.60
1999年	316.95	47.76	44.79	38.15	21.16	203.25
2000年	309.90	42.64	68.36	32.84	28.03	170.88
“九五”小计	1391.76	119.43	113.15	70.99	110.43	1048.75
2001年	307.13	94.81	87.10	38.61	21.73	103.49
2002年	673.17	85.61	442.36	203.98	67.64	77.56

①《全国野生动植物保护及自然保护区建设工程总体规划》。

（续）

年　别	合计（万公顷）	天然林资源保护工程	退耕还林工程		京津风沙源治理工程	三北及长江流域等重点防护林体系工程
			小　计	其中：退耕地造林		
2003 年	824. 24	68. 83	619. 61	308. 59	82. 44	53. 35
2004 年	478. 06	64. 15	321. 75	82. 49	47. 33	44. 83
2005 年	309. 96	42. 48	189. 84	66. 74	40. 82	36. 82
“十五”小计	2592. 56	355. 87	1660. 66	700. 41	259. 96	316. 06
2006 年	280. 17	77. 48	105. 05	21. 85	40. 95	56. 68
2007 年	267. 83	73. 29	105. 60	5. 95	31. 51	57. 42
2008 年	343. 35	100. 90	118. 97	0. 22	46. 90	76. 58
2009 年	457. 55	136. 09	88. 67	0. 07	43. 48	189. 31
2010 年	366. 79	88. 55	98. 26	0. 03	43. 91	136. 06
“十一五”小计	1715. 68	476. 31	516. 55	28. 12	206. 77	516. 05
2011 年	309. 30	55. 36	73. 02	0. 01	54. 52	126. 40
2012 年	275. 39	48. 52	65. 53		54. 17	107. 18
2013 年	256. 90	46. 03	62. 89		62. 61	85. 36
2014 年	192. 69	41. 05	37. 86	0. 01	23. 91	89. 87
2015 年	284. 05	64. 48	63. 60	44. 63	22. 33	133. 64
“十二五”小计	1318. 32	255. 44	302. 90	44. 64	217. 53	542. 46
总　计	9805. 27	1207. 04	2593. 26	844. 16	838. 81	5166. 15

注：京津风沙源治理工程 1993~2000 年数据为原全国防沙治沙工程数据；自 2006 年起将无林地和疏林地封育面积计入造林总面积，2015 年起将有林地和灌木林地封育计入造林总面积；2016 年三北及长江流域等重点防护林体系工程造林面积包括林业血防工程 3. 67 万公顷造林面积。

表 18-2　全国历年林业重点生态工程实际完成投资及国家投资情况

指标名称		合计（万元）	天然林资源保护工程	退耕还林工程	京津风沙源治理工程	三北及长江流域等重点防护林体系工程	野生动植物保护及自然保护区建设工程
1979~1989 年	实际完成投资	62295				62295	
	其中：国家投资	35443				35443	
“八五”小计	实际完成投资	329683			17432	312251	
	其中：国家投资	147721			8501	139220	

（续）

指标名称		合计（万元）	天然林资源保护工程	退耕还林工程	京津风沙源治理工程	三北及长江流域等重点防护林体系工程	野生动植物保护及自然保护区建设工程
1996 年	实际完成投资	140461			15741	124720	
	其中：国家投资	51939			4506	47433	
1997 年	实际完成投资	186106			33782	152324	
	其中：国家投资	64741			12247	52494	
1998 年	实际完成投资	441717	227761		37741	176215	
	其中：国家投资	280338	206365		10176	63797	
1999 年	实际完成投资	713818	409225	33595	35477	235521	
	其中：国家投资	501534	351309	33595	8198	108432	
2000 年	实际完成投资	1106412	608414	154075	43102	300821	
	其中：国家投资	881704	582886	146623	15655	136540	
“九五”小计	实际完成投资	2588514	1245400	187670	165843	989601	
	其中：国家投资	1780256	1140560	180218	50782	408696	
2001 年	实际完成投资	1771124	949319	314547	183275	303066	20917
	其中：国家投资	1353311	887717	248459	59283	145743	12109
2002 年	实际完成投资	2519018	933712	1106096	123238	316711	39261
	其中：国家投资	2249185	881617	1061504	120022	157582	28460

（续）

指标名称		合计（万元）	天然林资源保护工程	退耕还林工程	京津风沙源治理工程	三北及长江流域等重点防护林体系工程	野生动植物保护及自然保护区建设工程
2003 年	实际完成投资	3307863	679020	2085573	258781	232083	52406
	其中：国家投资	2977684	650304	1926019	239513	136239	25609
2004 年	实际完成投资	3489682	681985	2142905	267666	352661	44465
	其中：国家投资	2981364	640983	1920609	261857	135782	22133
2005 年	实际完成投资	3600892	620148	2404111	332625	192556	51452
	其中：国家投资	3211855	584777	2185928	325408	91292	24450
“十五”小计	实际完成投资	14688579	3864184	8053232	1165585	1397077	208501
	其中：国家投资	12773399	3645398	7342519	1006083	666638	112761
2006 年	实际完成投资	3527084	643750	2321449	327666	179501	54718
	其中：国家投资	3254930	604120	2224633	310029	85398	30750
2007 年	实际完成投资	3470969	820496	2084085	320929	165879	79580
	其中：国家投资	3027545	666496	1915544	298768	91273	55464
2008 年	实际完成投资	4193747	973000	2489727	323871	337349	69800
	其中：国家投资	3625728	923500	2210195	310795	139275	41963
2009 年	实际完成投资	5075170	817253	3217569	403175	557076	80097
	其中：国家投资	4179436	688199	2886310	355377	209602	39948

（续）

指标名称		合计（万元）	天然林资源保护工程	退耕还林工程	京津风沙源治理工程	三北及长江流域等重点防护林体系工程	野生动植物保护及自然保护区建设工程
2010 年	实际完成投资	4711990	731299	2927290	382406	570888	100107
	其中：国家投资	3616315	591086	2499773	329166	138550	57740
“十一五”小计	实际完成投资	20978960	3985798	13040120	1758047	1810693	384302
	其中：国家投资	17703954	3473401	11736455	1604135	664098	225865
2011 年	实际完成投资	5319584	1826744	2463373	250395	664819	114253
	其中：国家投资	4342817	1696826	1949855	223978	394431	77727
2012 年	实际完成投资	5283825	2186318	1977649	356646	630274	132938
	其中：国家投资	4050116	1710230	1545329	321863	380467	92227
2013 年	实际完成投资	5361512	2301529	1962668	378669	569772	148874
	其中：国家投资	4378163	2020503	1557260	357304	354732	88364
2014 年	实际完成投资	6659502	2610936	2230905	106583	1512854	198224
	其中：国家投资	5448154	2204105	1916113	81217	1098931	147788
2015 年	实际完成投资	7056599	2983638	2752809	111595	954103	254454
	其中：国家投资	6299919	2838326	2520733	107268	637340	196252
“十二五”小计	实际完成投资	29681022	11909165	11387404	1203888	4331822	848743
	其中：国家投资	24519169	10469990	9489290	1091630	2865901	602358

（续）

指标名称		合计（万元）	天然林资源保护工程	退耕还林工程	京津风沙源治理工程	三北及长江流域等重点防护林体系工程	野生动植物保护及自然保护区建设工程
总　计	实际完成投资	68329053	21004547	32668426	4310795	8903739	1441546
	其中：国家投资	56959942	18729349	28748482	3761131	4779996	940984

注：三北及长江流域等重点防护林体系工程包括三北防护林工程、长江流域防护林工程、沿海防护林工程、珠江流域防护林工程、太行山绿化工程、平原绿化工程。

18.3　其他重点工程

除了“林业十大重点生态工程”，国家林业局还组织实施了一批其他林业生态工程。包括湿地保护与恢复工程，组织编写了《全国湿地保护工程规划（2004~2030 年）》及相应的实施规划；国家储备林建设工程，编写了《国家储备林建设规划（2016~2020）》，《全国木材战略储备生产基地建设规划（2013~2020 年）》；防沙治沙工程，编写了《全国防沙治沙规划（2011~2020 年）》；森林经营工程，编写了《全国森林经营规划（2016~2050 年）》；《“十三五”森林质量精准提升工程规划》；林业产业工程，编写了《全国林业产业发展规划纲要》（2004~2010），《林业产业振兴规划（2010~2012 年）》；木本粮油等特色经济林富民工程，编写了《全国优势特色经济林发展布局规划（2013~2020 年）》，《全国特色经济林产业发展规划（2011~2020 年）》；森林城市建设工程，从 2004 年起，全国绿化委员会、国家林业局启动了“国家森林城市”评定程序，并制定了《“国家森林城市”评价指标》和《“国家森林城市”申报办法》；森林旅游休闲康养工程，编写了《全国森林等自然资源旅游发展规划纲要（2013~2020 年）》；古树名木保护工程，编写了《城市古树名木保护管理办法》；森林防火有害生物防治及林业装备现代化建设工程，出台了《森林防火条例》《国务院办公厅关于进一步加强林业有害生物防治工作的意见》；林业基层支撑保障工程，发布了《国家林业局关于进一步加强乡镇林业工作站建设的意见》，林业科技创新工程，编写了《国家林业科技创新体系建设规划纲要（2006~2020 年）》，《林业科学和技术中长期发展规划（2006~2020 年）》；“互联网+林业”建设工程，出台了《中国智慧林业发展指导意见》，林业应对气候变化工程，编写了《应对气候变化林业行动计划》。

林业发展“十三五”规划，进一步提出，林业重点工程项目是推进山水林田湖生态保护和修复、维护生物多样性的基础，是实现绿色发展、推进林业现代化的战略途径，是有效解决长期困扰和阻碍我国经济社会可持续发展问题的发力点。“十三五”时期，实施一批、谋划一批、储备一批林业重点工程项目。包括在国家层面，谋划和实施对筑牢屏障和富国惠民作用显著、对经济发展和结构调整全局带动性强的 9 项林业重大工程，分别是国土绿化行动工程、森林质量精准提升工程、天然林资源保护工程、新一轮退耕还林工程、湿地保护与恢复工程、濒危野生动植物抢救性保护及自然保护区建设工程、防沙治沙工程、林业产业建设工程、林业支撑保障体系建设工程。①

18.4 小　结

“林业重点生态工程”的实施，对林业发展起到了巨大的推动作用。历年新增造林面积中，林业重点生态工程造林占了很大比例，② 占林业总造林面积比例分别为：七五时期22%、八五时期44%、九五时期61%、十五时期84%、十一五时期68%，十二五时期44%。③

十大重点生态工程累计完成造林9805.27万公顷，其中天然林资源保护工程1207.04万公顷，退耕还林工程2593.26万公顷，京津风沙源治理工程838.81万公顷，三北及长江流域等重点防护林体系工程5166.15万公顷。

十大重点生态工程累计实际完成投资6832.91亿元，其中天然林资源保护工程、退耕还林工程、京津风沙源治理工程、三北及长江流域等重点防护林体系工程、野生动植物保护及自然保护区建设工程分别完成投资1872.94亿元、2874.85亿元、376.11亿元、477.99亿元、94.09亿元。

---

①《林业发展“十三五”规划》。

②十大工程包括天然林资源保护工程（简称天保工程）、退耕还林工程、京津风沙源治理工程、三北及长江中下游地区等重点防护林工程（包括：三北防护林工程、长江流域防护林工程、沿海流域防护林工程、太行山绿化工程、平原绿化工程）、重点地区速生丰产用材林基地建设工程。

③我国自1978年开始启动、目前仍在实施的天然林保护、退耕还林、防沙治沙、湿地保护恢复、三北防护林、沿海防护林等16项重大生态修复工程，涉及森林、湿地、荒漠三大自然生态系统，约占国土面积的63%，覆盖范围之广、建设规模之大、投资额度之巨，堪称世界之最，在我国生态修复工程中处于主导地位。

第四篇

林业规划与发展

第 19 章　林业发展规划

19.1　林业五年规划

19.1.1　林业“九五”规划（1996~2000）

“九五”时期，国际上，在经济全球化趋势下，1997 年始发于泰国的金融危机迅速波及整个亚洲，对中国的出口、利用外资以及经济增长都带来了较大的冲击；在国内，“九五”前期，针对通货膨胀率过高的突出矛盾，国家把抑制通货膨胀作为宏观调控的首要任务。指导方针：牢牢把握“抓住机遇、深化改革、扩大开放、促进发展、保持稳定”的大局，正确处理改革、发展、稳定三者的关系。集中力量，重点解决关系全局的重大问题。① 根据国家“九五”规划，2000 年森林覆盖率达到 15.5%。

“九五”时期：为初步建立起比较完备的林业生态体系和比较发达的林业产业体系奠定了基础。林业发展取得了很大成就，然而在林业发展中还存在一些问题，如林业所有制结构单一，林业税费负担依然较重，多元投资结构尚未形成，林业经营机制和管理体制还需要进一步完善。②

专栏 19-1　林业“九五”时期发展成就

一是森林资源继续实现“双增长”。据第五次全国森林资源连续清查结果，1994~1998 年我国森林面积净增 1370.28 万公顷，其中人工林面积净增 1025.20 万公顷，森林面积达到 15894.09 万公顷，森林覆盖率 15.12%。全国活立木总蓄积量 5 年净增 5.39 亿立方米，林木年均净生长量为 4.58 亿立方米，年均净消耗量为 3.71 亿立方米。活立木总蓄积量达到 124.88 亿立方米，其中森林蓄积量 112.66 亿立方米；

二是林业重点工程建设速度明显加快。新启动了淮河太湖流域、珠江流域、黄河中游、辽河流域四大防护林体系建设工程，并与原先启动的三北、长江中上游、沿海防护林工程，全国防沙治沙工程，太行山绿化工程，平原绿化工程一并形成覆盖全国的十大林业重点生态建设工程；

三是林业产业迅速发展。由于天然林资源保护工程的实施，除木材产量有所调减外，其他主

---

①主要奋斗目标：全面完成现代化建设的第二步战略部署，到 2000 年，人口控制在 13 亿以内，实现人均国民生产总值比 1980 年翻两番；基本消除贫困现象，人民生活达到小康水平；加快现代企业制度建设，初步建立社会主义市场经济体制。为下世纪初开始实施第三步战略部署奠定更好的物质技术基础和经济体制基础。

②参见林业“九五”发展总结。

要林产品产量均有一定的增加，人造板产量已上升到世界第二位。林业第一产业增加值达到 3057.78 亿元，第二产业增加值 1162.54 亿元，第三产业中森林旅游发展迅速，据不完全统计，“九五”期间全国森林公园以门票为主的直接旅游收入约 45 亿元，是“八五”时期收入的 4.3 倍；

四是林业固定资产投资大幅度增加。中央增发长期国债定向用于基础设施建设，林业生态环境建设作为国家基础建设的重要组成部分，投入大幅度增加。“九五”期间，林业固定资产投资完成总额达到 501.69 亿元，比“八五”时期增长 144.5%，年均增长速度达到 24.4%，“九五”期间的投资相当于前 45 年的投资总和。

19.1.2　林业“十五”规划（2001~2005）

“十五”时期：国际上，世界多极化和经济全球化的趋势在曲折中发展，科技进步日新月异，综合国力竞争日趋激烈，世界经济仍保持温和增长；在国内，经济依然快速增长，人民生活水平继续提高，但是我国生产力和科技教育还比较落后，工业化还没有完成，产业结构还不尽合理。指导方针：坚持把发展作为主题，坚持把结构调整作为主线，坚持把改革开放和科技进步作为动力，坚持把提高人民生活水平作为根本出发点，坚持经济和社会协调发展。① 根据国家“十五”规划，2005 年森林覆盖率提高到 18.2%，城市建成区绿化覆盖率提高到 35%。

“十五”时期：林业发展着眼于经济社会发展全局来定位和运作，坚持重点工程带动，强调保护与发展并重，以改革促发展，依法治林，强化质量、资源和资金管理，取得了不菲的成就。然而在林业发展中还存在一些问题，如木材等林产品供需矛盾加剧，林业产业结构不尽合理，林业基础设施建设依然薄弱，林业科技和人才队伍支撑有待进一步强化，制约林业发展的体制性障碍尚未根本消除等。②

专栏 19-2　林业“十五”时期发展成就

一是林业六大工程进展顺利。2001~2005 年，全国造林面积 3933 万公顷，比“九五”提高了 34.1%。六大林业重点工程共完成造林面积 3303.2 万公顷，占全国造林总面积的 83.98%。全民义务植树运动不断深入，全国参加义务植树人数达 27.5 亿人次，植树 120 多亿株；

二是森林资源持续增长。据第六次全国森林资源清查结果，全国森林面积已达 1.75 亿公顷，森林覆盖率 18.21%，森林蓄积量 124.56 亿立方米。与第五次全国森林资源清查相比：森林面积持续增长，森林面积增加 1596.83 万公顷，森林覆盖率由 1998 年的 16.55%增加到 18.21%；森林蓄积稳步增加，森林蓄积量净增 8.89 亿立方米，年均净增 1.78 亿立方米；

三是森林质量有所改善。林分每公顷株数增加了 72 株，蓄积量增加了 2.59 立方米，林木平均生长速度加快；

---

①“十五”期间，国家宏观调控的主要预期目标是：经济增长速度预期为年均 7%左右，到 2005 年按 2000 年价格计算的国内生产总值达到 12.5 万亿元左右，人均国内生产总值达到 9400 元。五年城镇新增就业和转移农业劳动力各达到 4000 万人，城镇登记失业率控制在 5%左右。价格总水平基本稳定。国际收支基本平衡。

②参见林业“十五”发展总结。

四是防沙治沙取得了重大突破。根据2005年公布的第三次全国荒漠化和沙化监测结果，全国荒漠化土地263.62万平方公里，比1999年减少37924平方公里，年均减少7585平方公里；沙化土地173.97万平方公里，由年均扩展3436平方公里转变为年均缩减1283平方公里，实现了新中国成立以来的首次逆转；

五是主要林产品供给能力不断提高。2004年林业产业总产值达6892亿元，与2000年的3555.5亿元相比，年均增长18.1%。其中，林业第一产业3888亿元，占56.4%；第二产业2561亿元，占37.2%；第三产业443亿元，占6.4%。

19.1.3 林业“十一五”规划（2006~2010）

“十一五”时期：国际上，新科技革命推进全球性产业结构调整，世界经济正在走出持续数年的增速放缓阶段；在国内，城镇化继续快速发展，市场化改革仍处于攻坚阶段，生活方式转型升级和社会结构发生变化，社会利益关系更趋复杂多样。“十一五”时期经济社会发展的主要指标包括22个，包括有8个约束性指标，其中在人口资源环境类的8个指标中，森林覆盖率就是约束性指标之一，按照规划到2010年森林覆盖率要达到20%（2005年为18.2%），累积增长1.8%。实际上，在七次清查期间（2004~2008年），森林覆盖率已达到20.36%，累积增长达到了2.16%，超额完成了“十一五”规划目标（表19-1）。

“十一五”时期：林业以科学发展观为统领，确立了以生态建设为主的林业可持续发展道路，加速推进传统林业向现代林业转变。着力构建林业生态和产业体系，实施工程带动，深化体制改革，强化科技创新，深化集体林权制度改革。林业在重大国际林业问题上的话语权不断增强，我国提出的新增4000万公顷森林面积和13亿立方米森林蓄积的发展目标，纳入了应对气候变化行动，成为国际林业应对气候变化的重要风向标。然而在林业发展中还存在一些问题，如造林绿化难度加大。60%以上的宜林地集中在“三北”、南方石漠化及干热河谷等地区，造林难度大，成果巩固难；森林资源质量不高。7亿多亩中幼龄林亟待抚育，4亿多亩低产林亟待改造，生态系统整体功能亟待提高；木材供需矛盾加剧。木材及木制品进口折合成原木，已占国内总消费量的43.6%，木材安全形势日益严峻；林业改革任务依然艰巨。集体林权制度改革配套政策亟待完善，部分地区明晰产权质量有待提高。国有林场和国有林区改革尚未全面启动；林区民生问题突出。林区基础设施落后，经济社会发展滞后，生产生活条件亟待改善；林业发展方式粗放。

表19-1 林业发展“十一五”规划主要指标及实现情况

指　标	2005年	“十一五”目标	2010年
森林覆盖率（%）	18.21	20	20.36
森林蓄积量（亿立方米）	125	132	137
新增沙化土地治理面积（万公顷）		750	1081
有效保护自然湿地（%）	40	50	50
林业自然保护区面积占国土面积（%）	12.36	13	12.88
国家级公益林保护面积（万公顷）		5700	7000
林业产业总产值（亿元）	0.85	1.2	2.28

林业质量效益不高，自主创新能力不足，转变发展方式任重道远。①

19.1.4　林业“十二五”规划（2011~2015）

“十二五”时期：是全面建设小康社会的关键时期，是深化改革开放、加快转变经济发展方式的攻坚时期。从国际看，和平、发展、合作仍是时代潮流，世界多极化、经济全球化深入发展，世界经济政治格局出现新变化，科技创新孕育新突破，国际环境总体上有利于我国和平发展。同时，国际金融危机影响深远，世界经济增长速度减缓；从国内看，工业化、信息化、城镇化、市场化、国际化深入发展，人均国民收入稳步增加，经济结构转型加快，市场需求潜力巨大。同时，我国发展中不平衡、不协调、不可持续问题依然突出。主要表现在：经济增长的资源环境约束强化，投资和消费关系失衡，收入分配差距较大，科技创新能力不强，产业结构不合理，农业基础仍然薄弱，城乡区域发展不协调，就业总量压力和结构性矛盾并存，物价上涨压力加大，社会矛盾明显增多，制约科学发展的体制机制障碍依然较多。十二五”时期经济社会发展的主要指标包括 28 个，包括有 12 个约束性指标，其中在人口资源环境类的 12 年指标中，林业占了 2 个指标，森林覆盖率和森林蓄积量，而且都是约束性指标。按照规划到 2015 年森林覆盖率要达到 21.66%（2010 年为 20.36%），累积增长 1.3%；森林蓄积量要达到 143 亿立方米（2010 年为 137 亿立方米），累计增长 6 亿立方米。八次清查（2009~2013 年）结果显示，森林覆盖率达到 21.63%，累计增长 1.27%；森林蓄积量达到 151.37 亿立方米，累积增长 14.16 亿立方米，森林蓄积量增量目标已超额完成，超过了 8 亿立方米，森林覆盖率已达到设定目标的 99%，完成增量目标的近 98%（表 19-2）。

“十二五”时期：林业以发展现代林业、建设生态文明、推动科学发展为林业发展为主题，更加突出发展现代林业在生态建设中的主体作用，更加突出现代林业在人口资源环境协调发展中的关键作用，更加突出现代林业在发展循环经济和低碳经济中的重要作用，更加突出现代林业在应对全球气候变化、增强碳汇能力中的特殊作用。指导思想：坚持走以生态建设为主的林业可持续发展道路，紧紧围绕到 2020 年的“双增”奋斗目标，按照发展现代林业、建设生态文明、推动科学发展的总体要求，以加快现代林业发展为主线，以增资源、强功能为重点，以建设重点工程、加强森林经营、发展特色产业为抓手，依靠人民群众、依靠科技进步、依靠深化改革，实施生态屏障、固碳抵排、产业振兴、增绿惠民、繁荣生态文化五大战略，努力构建现代林业发展的基本框架，奠定生态文明建设的牢固基础，创建科学发展的良好环境，为全面建设小康社会做出新贡献。“十二五”林业发展目标是：完成新造林 3000 万公顷，开展中幼林抚育经营，到 2015 年森林覆盖率达到 21.66%，森林蓄积量达到 143 亿立方米，森林植被总碳储量在 2008 年基础上增加 4 亿吨左右，重点区域生态治理取得显著成效，国土生态安全屏障初步形成；林业产业总产值达到 2.8 万亿元，林业产业集群初步建立；生态文化体系初步构成，生态文明观念广泛传播。①

---

①《林业发展“十二五”规划》。

表 19-2 林业发展“十二五”规划主要指标及实现情况

指 标	十二五规划目标	2015 年
森林覆盖率（%）	21.66	21.66
森林蓄积量（亿立方米）	>143	151
新增沙化土地治理面积（万公顷）	1000	1000
林业自然保护区面积占国土面积（%）	13	13
林地保有量（亿公顷）	3.09	3.11
林业产业总产值（万亿元）	3.5	5.94

19.1.5 林业“十三五”规划（2016~2020）

“十三五”时期：从国际看，和平与发展的时代主题没有变，世界多极化、经济全球化、文化多样化、社会信息化深入发展。国际金融危机冲击和深层次影响在相当长时期依然存在，世界经济在深度调整中曲折复苏、增长乏力；从国内看，经济长期向好的基本面没有改变，发展前景依然广阔，但提质增效、转型升级的要求更加紧迫。经济发展进入新常态，向形态更高级、分工更优化、结构更合理阶段演化的趋势更加明显。国家“十三五”规划目标指标中包括林业的两个约束性指标，到 2020 年森林覆盖率达到 23.04%，森林蓄积量达到 165 亿立方米（表 19-3）。

“十三五”时期：林业发展指导思想：牢固树立创新、协调、绿色、开放、共享的发展理念，深入实施以生态建设为主的林业发展战略，以维护森林生态安全为主攻方向，以增绿增质增效为基本要求，深化改革创新，加强资源保护，加快国土绿化，增进绿色惠民，强化基础保障，扩大开放合作，加快推进林业现代化建设，为全面建成小康社会、建设生态文明和美丽中国作出更大贡献。主要目标：“十三五”时期，我国林业要加快推进功能多样化、经营科学化、管理信息化、装备机械化、服务优质化，为到 2050 年基本实现林业现代化奠定坚实基础。

表 19-3 林业发展“十三五”规划指标

指标名称	2015 年	2020 年	属 性
生态保护			
（1）森林覆盖率（%）	21.66	23.04	约束性
（2）森林蓄积量（亿立方米）	151	165	约束性
（3）林地保有量（万公顷）	31100	31230	约束性
（4）湿地保有量（万公顷）	5342	5342	约束性
（5）国家重点保护野生动植物保护率（%）	90	95	约束性
（6）新增沙化土地治理面积（万公顷）	1000	1000	约束性
（7）＊林业自然保护地面积占国土比例（%）	15	17	约束性
（8）混交林占比（%）	39	45	约束性
（9）单位面积森林蓄积量（立方米/公顷）	89.79	95	预期性
（10）＊生态服务价值（万亿元/年）	13.84	15	预期性
（11）森林植被碳储量（亿吨）	84.27	95	预期性

（续）

指标名称	2015 年	2020 年	属　性
经济民生			
（12）林业产业总产值（万亿元/年）	5.94	8.7	预期性
（13）林业就业人数（万人）	5247	6000	预期性
（14）林业在岗职工收入年增长率（%）	10	12	预期性
（15）国家森林城市数量（个）	96	200	预期性
（16）林业旅游休闲康养人次（亿人次/年）	23	25	预期性
基础保障			
（17）林业科技进步贡献率（%）	48	55	预期性
（18）林木良种使用率（%）	61	75	预期性
（19）森林火灾受害控制率（‰）	<1	<0.9	预期性
（20）林业有害生物成灾控制率（‰）	<4.5	<4	预期性
（21）林业信息化率（%）	62	80	预期性
（22）林业机械化率（%）	45	55	预期性

注：生态服务价值，现阶段特指森林生态系统每年提供的生态服务价值，包括涵养水源、保育土壤、固碳释氧、净化大气环境、森林防护、生物多样性保护、森林游憩 7 类生态服务价值；林业自然保护地，指林业系统建立的国家公园、自然保护区、森林公园、湿地公园、沙漠公园、沙化土地封禁保护区。

19.2 林业“十三五”规划解读

林业发展“十三五”规划，于 2016 年 5 月正式公开发布，分为 6 章 28 节，主要内容包括林业进入改革发展新阶段、“十三五”林业发展总体思路、战略任务、林业重点工程、制度体系、加强组织领导六个部分。

19.2.1 紧扣国家发展主线

19.2.1.1 围绕“全面建成小康社会” 国家发展目标

“十三五”时期是全面建成小康社会的关键期和决胜期，林业发展“十三五”规划，把“生态”和“扶贫”作为“关键词”和开展工作的“着力点”，积极为全面建成小康社会做出贡献。一方面，生态环境质量的总体改善是全面建成小康社会的基本要求，而发展林业则是全面建成小康社会的重要内容。另一方面，全面建成小康社会的核心在于“全面”，在于解决极端贫困人口，而林业在精准扶贫方面具有独特的重要作用。在第一章“林业进入改革发展新阶段”的“有利条件和机遇”一节，指出“全面建成小康社会提出了林业发展新任务”，认为林业要把保护生态环境、提供优质生态产品、增加生态福祉作为出发点和落脚点。要充分发挥林业的生态功能，建设美好家园；同时也认为，全面建成小康社会的难点重点在山区林区沙区，要加强生态建设，发展生态产业，实行生态补偿，对生态特别重要和脆弱的山区林区沙区，实行生态保护扶贫，实现林业精准扶贫、精准脱贫，补齐短板；在第二章“十三五林业发展总体思路”中的“指导思想”一节，指出要始终坚持把改善生态作为林业发展的根本方向，要始终坚持把做强产业作为林业发展的强大活力；在第三章“战略任务”的“发展生态公共服务”一节，专篇论述

“加快推进生态保护扶贫”，加大林业重点生态工程在贫困地区的实施力度，通过各种措施，帮助山区林区沙区实现精准扶贫、精准脱贫。

19.2.1.2 体现“创新、协调、绿色、开放、共享”国家发展理念

创新发展、协调发展、绿色发展、开放发展、共享发展，是“十三五”时期我国经济社会发展的总体思路，林业发展“十三五”规划，将五大发展理念视为基本要求，并将之贯穿于报告的全过程、各方面。在创新发展上，强调实施科技引领新战略，构建林业管理新模式，打造“互联网+”，突出产权模式创新、投融资模式创新；在协调发展上，要求统筹生态保护修复和做强林业产业的关系，促进城乡生态一体化，并针对京津冀协同发展、长江经济带建设、“一带一路”建设等国家战略，给出了对应的林业区域协调规划；在绿色发展上，提出增加生态空间，保障生产空间，提升生活空间，开展大规模国土绿化行动；在开放发展上，指出要大力推进林业国际履约、全球生态治理、野生动植物保护等方面国际合作，全面提升林业对外经贸水平，提高林业应对气候变化能力；在共享发展上，突出绿色惠民，构建生态公共服务网络，丰富优质生态产品供给，繁荣和弘扬生态文化，加大林业精准扶贫、精准脱贫工作力度。①

19.2.1.3 响应“生态文明建设”国家发展决策

“生态文明建设”是建设中国特色社会主义的主要内容，是国家发展重大战略决策。②③ 林业发展“十三五”规划，继续确立了以生态建设为主的林业发展战略，始终坚持把改善生态作为林业发展的根本方向，始终坚持把保护资源和维护生物多样性作为林业发展的基本任务。特别是在第五章“制度体系”，针对林业发展目标和实际情况，提出建立健全以自然生态保护为主体的林业制度体系，包括建立健全林业资源资产产权制度、建立健全林业资源用途管制制度、建立健全林业自然资源资产负债表编制制度、建立健全生态环境损害责任追究制度等，这些对应的制度在林业发展规划中的提出，是对“十八届三中全会”有关生态文明制度建设国家政策的积极响应，是林业部门展示绿化祖国伟大使命的制度体现，也体现了林业部门坚定履行生态建设与保护责任，与时俱进、改革创新的决心。

19.2.2 科学性 系统性 综合性

19.2.2.1 论证过程充分严谨，具有科学性

林业发展“十三五”规划，编制过程大致经历了四个阶段。第一阶段为前期研究准备阶段，国家林业局计财司组织相关科研单位，开展林业“十二五”目标完成情况评估、林业“十三五”

---

①《林业发展“十三五”规划》国家林业局解读，http：//gwy. yjbys. com/shizhengshenlun/shishizhengye/455992. html。

②党的十八大报告指出：要全面落实经济建设、政治建设、文化建设、社会建设、生态文明建设五位一体总体布局，把生态文明建设放在突出地位，融入到其他建设中去，努力建设美丽中国，实现中华民族永续发展。十八届三中全会在《中共中央关于全面深化改革若干重大问题的决定》中，针对“加快生态文明制度建设”提出了一系列制度建设设想，此后，《中共中央 国务院关于加快推进生态文明建设的意见》《生态文明体制改革总体方案》又提出了诸多有关生态文明建设的具体要求，林业部门全面参与了“意见”和“方案”的制定。

③林业关系生存安全、淡水安全、国土安全、物种安全、气候安全和国家发展战略大局，大力发展林业，保护和建设森林生态系统、管理和恢复湿地生态系统、改善和治理荒漠生态系统，维持和发展生物多样性，实现生态系统的平衡发展，是生态文明建设的重要举措。

面临形势分析、林业“十三五”时期发展布局、林业“十三五”时期重点任务等各个方面的研究；第二阶段为基本思路形成阶段，开展前期专题调研、重大问题分析，并与有关部门充分交流沟通，以国家发展规划思路为前提，形成林业发展规划的基本思路；第三阶段为初稿形成及专家研讨阶段，组织力量集中编写，形成《规划》初稿、征求意见稿，并广泛征求系统内外意见，对各方面的意见建议进行了认真梳理和借鉴吸纳；第四个阶段为正式编制及发布阶段，《规划》经国家林业局党组会审定，报批审核，正式发布印发。

19.2.2.2　逻辑框架清晰连贯，具有针对性

林业发展“十三五”规划，总体脉络沿着背景、思路、任务、保障这条线索有序展开。第一章“林业进入改革发展新阶段”作为发展规划的环境分析，重点阐述当前时期存在的机遇和面临的挑战，“十二五”建设成就部分作为当前发展背景出现；第二章“‘十三五’林业发展总体思路”为“十三五”林业发展指明方向，包括指导思想、规划目标、发展格局几部分；第三章“战略任务”将林业重大战略集中“打包”，提出了 10 个方面战略任务，涉及林业工作的方方面面，而整体上仍然是一个有机的整体；第四章“林业重点工程项目”延续了工程推动的思路，规划项目包括国家重大工程 10 大类 63 小类和区域重点生态保护修复项目 100 项；第五章“制度体系”从国家发展大局和林业实际工作出发，相应地提出了包括“建立健全林业资源资产产权制度”等 7 个方面的林业制度体系建设；第六章“加强组织领导”作为规划实施的保障措施，强调组织和管理的重要性，包括落实规划实施责任、健全林业机构队伍、强化规划实施监督三个方面。

19.2.2.3　报告内容综合归类，具有系统性

在“‘十三五’林业发展思路”一章，主要目标条理清晰，分为四个方面，包括国土生态安全屏障更加稳固、林业生态公共服务更趋完善、林业民生保障更为有力、林业治理能力明显提升。指标设计分类合理，分为三大类，包括生态保护（11 个）、经济民生（5 个）、基础保障（6 个），共计 22 个指标；在“战略任务”一章，汇总了林业各部门“十三五”时期的具体任务，共涉及十个方面的内容，把以前条块分割比较分散的内容聚拢在了一起；在“林业重点工程”一章，共设计了九大类“综合”工程，又细分为 63 个小类（分工程）。此外，还有区域重点生态保护修复项目 100 项，按主导功能分为涵养水源、保持水土、防沙治沙、生物多样性保护、森林质量提升、生态功能提升几个方面；在“制度体系”一章，除了与生态文明制度建设直接相关的“产权制度”、“用途管制制度”等五个方面的制度外，把一般意义层面上的“公共财政投入制度”和“金融保险服务制度”也一并归入；在“加强组织领导”一章，体现以“人”为本的原则，从管理角度出发，把实施责任、落实监督、人力资本揉在一起，强化实施保障。

19.2.3　积极客观的形势判断

19.2.3.1　“十二五”目标基本完成

“十二五”时期主要任务全面完成，约束性指标顺利实现，完成新造林 3000 万公顷（按预期），森林抚育经营 3968 万公顷（预期 3500 万公顷），森林覆盖率达到 21.66%（按预期），特别值得提出的是森林蓄积量 151 亿立方米和林业总产值 5.94 万亿元，远远超过预期的 143 亿立方米以上和 3.5 万亿元，超过预期增量 2 倍还多。然而也有个别指标由于客观困难及主观政策变化，没有按预期完成。生物多样性保护方面，由于管理方面的客观困难，“十二五”期间，“90%以上的国家重点保护野生动植物保护率和 80%以上极小种群野生植物种类得到有效保护”

的目标基本达到，然而，与联合国千年发展目标的要求还有一定差距。①② 商品材生产方面，由于国家政策调整和主观需要，“天保二期工程”的实施以及国家“6号文件”的出台，加大了天然林的保护力度，有序停止天然林商业性采伐，原定的“十二五”规划目标没有实现。③

19.2.3.2 当前形势机遇大于挑战

有利条件和机遇④：一是“五位一体”的建设总布局，即将生态文明建设与经济建设、政治建设、文化建设、社会建设一起，作为中国特色社会主义建设的总体布局，作为2020年如期全面建成小康社会目标的强有力保障；二是“三个自然”的提出，即树立尊重自然、顺应自然、保护自然的生态文明理念；三是“三个发展”的长远大计，即推进绿色发展、循环发展、低碳发展建设生态文明，是关系人民福祉、关乎民族未来的长远大计；四是“五化同步”的新高度，即协同推进新型工业化、城镇化、信息化、农业现代化和绿色化；五是“安全体系”的新观念，即国家安全体系集政治安全、国土安全、军事安全、经济安全、文化安全、社会安全、科技安全、信息安全、生态安全、资源安全、核安全等于一体。林业是国家安全的重要保障，在维护国家生态安全、物种安全、淡水安全、木材安全、能源安全和粮油安全等方面发挥着不可替代的作用；六是“五大发展理念”的确定，即创新发展、协调发展、绿色发展、开放发展、共享发展。

困难与挑战⑤⑥：一是资源基础薄弱，对经济社会发展的承载力不足；二是投入标准偏低，对

---

①联合国千年发展目标7B，减少生物多样性丧失、到2010年显著降低生物多样性丧失的速度。尽管我国加强了对生物多样性的保护力度，取得了不少的成绩，截至2015年年底，林业已建各级各类自然保护区2228处，总面积达1.24亿公顷，比上年增加39处，其中国家级自然保护区345处，面积为8108万公顷，林业自然保护区数量和面积占我国自然保护区的80%以上。这些保护区有效保护着我国90%的陆地生态系统类型、85%的野生动物种群和65%的高等植物群落，涵盖了20%的原生林、50.3%的自然湿地和30%的典型荒漠地区，对保护自然生态系统和生物多样性，促进经济社会可持续发展发挥了重要作用。但是，原有物种灭绝的速度正在加快，无论是种群数量还是分布范围都在减少，部分生态系统功能不断退化，物种濒危程度加剧，遗传资源不断丧失和流失的趋势依然存在。

②“十二五”规划的主要指标包括林业自然保护区面积比例稳定在13%左右，90%以上国家重点保护野生动物和80%以上极小种群野生植物种类得到有效保护。这个目标基本实现。实际情况显示：国家重点保护野生动植物保护率“十二五”期间完成90%，自然保护区面积达到预期为13%，85%的野生动物种群和65%的高等植物群落得到有效保护。

③“十二五”规划的主要指标包括商品材年产量达到1亿立方米左右，人工林商品材供应率达到70%左右。实际完成情况是，2011、2012、2013、2014、2015年木材产量分别是8145、8174、8438、8233、7200万立方米，我国木材需求的对外依存度已接近50%。

④林业发展“十三五”规划，分析了林业发展面临的有利条件和机遇，包括党中央、国务院高度重视林业发展，绿色发展赋予了林业发展新使命，全面建成小康社会提出了林业发展新任务，供给侧结构性改革明确了林业发展新要求，全球生态治理带来了林业发展新机遇。指出了林业发展面临的困难和挑战，包括生态修复难度增大、资源保护压力加大、体制机制缺乏活力、林业产品供给能力不足、基础设施装备落后、管理服务水平不高。

⑤林业发展“十三五”规划，指出了林业发展面临的困难和挑战，包括生态修复难度增大、资源保护压力加大、体制机制缺乏活力、林业产品供给能力不足、基础设施装备落后、管理服务水平不高。

⑥困难与挑战，具体而言：一方面，我国森林总量不足、质量不高的状况没有根本改变，难以维护国家生态安全和木材安全的需要，也难以满足人民群众对良好生态不断增长的巨大需求。同时现有造林地大部分在干旱半干旱地区，造林绿化越来越困难；另一方面，随着经济下行压力的加大，生态投入难以明显增加，林区水电路等基础设施薄弱，林业物质装备技术落后，生态建设难度增大；而且，随着工业化进程的推进和城镇化的迅速发展，占用林地的可能性增加，给生态资源保护和修复带来一定的压力；此外，体制机制缺乏活力，基层管理水平不高，职工生活十分困难，技术人才流失等现象仍然十分突出。这些问题都严重制约林业现代化进程。张建龙．深化改革创新 增进绿色惠民 全面开创林业现代化建设新局面［EB/OL］．http：//www.forestry.gov.cn，2016-03-18.

林业生态建设的扶持不够；三是产业效益低下，林业发展缺乏活力；四是科技支撑乏力，林业发展驱动力不足；五是治理能力较弱，林业制度保障不力；六是国际义务加重，对接政策有效性不强。①

总之，林业发展的内涵正在发生深刻变化，有利条件多于不利因素，林业正处于新的战略机遇期和黄金发展期，机遇大于挑战。

19.2.4　以林业现代化为主题

现代化是全面建成小康社会后的下一阶段目标，是实现中国梦的核心所在。② 林业作为国家事业发展的重要组成部分，虽然保持了多年持续快速发展，但仍然是国家现代化和全面小康社会建设的薄弱环节。推进林业现代化建设，既是围绕中心、服务大局的需要，更是林业转型升级的必然选择。③

林业发展“十三五”规划，是一部以林业现代化为主题的规划，也是一部以林业现代化为总体目标的规划，规划的指导思想是以五大理念为引领，坚持以生态建设为主林业发展战略，通过明确各类任务强化各种措施，加快推进林业现代化建设，最终为全面建成小康社会、建设生态文明和美丽中国做出更大贡献。

林业发展“十三五”规划，提出在“十三五”时期，我国林业要加快推进功能多样化、经营科学化、管理信息化、装备机械化、服务优质化，为到 2050 年基本实现林业现代化奠定坚实基础。明确提出了推进林业现代化建设的基本要求：始终坚持把改善生态作为林业发展的根本方向，始终坚持把做强产业作为林业发展的强大活力，始终坚持把保护资源和维护生物多样性作为林业发展的基本任务，始终坚持把改革创新作为林业发展的关键动力，始终坚持把依法治林作为林业发展的可靠保障，始终坚持把开放合作作为林业发展的重要路径。

19.2.5　目标清晰 指标可行

19.2.5.1　林业发展“十三五” 规划的主要目标

林业发展“十三五”规划主要目标，与“十二五”规划相比，具有如下特点：内容更加广泛，分类更加清晰。不仅关注森林、而且关注湿地、荒漠和生物多样性；不仅关注生态，也关注民生，不仅关注价值和服务，也关注治理能力和保障支撑。使林业多功能性得到了充分体现。目标分为四个方面：国土生态安全屏障更加稳固、林业生态公共服务更趋完善、林业民生保障更为

---

①国家林业局经济发展研究中心《林业发展“十三五”规划背景分析》。

②1979 年 12 月 6 日，邓小平同志在会见日本首相大平正芳时明确提出“我们要实现的四个现代化，是中国式的四个现代化。我们的四个现代化的概念，不是像你们那样的现代化的概念，而是‘小康之家’”。1984 年，他进一步补充说：“所谓小康，就是到本世纪末，国民生产总值人均达到八百美元。”习近平主席在谈治国理政时指出“在新的历史时期，中国梦的本质是国家富强、民族振兴、人民幸福。我们的奋斗目标是，到 2020 年国内生产总值和城乡居民人均收入在 2010 年基础上翻一番，全面建成小康社会。”之后，习近平主席 2013 年在十八届三中全会将全面深化改革总目标设定为“推进国家治理体系和治理能力现代化”。被称为是工业现代化、农业现代化、国防现代化、科学技术现代化后的第五个现代化。李克强总理 2015 年 7 月应邀在经济合作与发展组织总部发表主旨演讲时提到“到本世纪中叶，建成富强民主文明和谐的社会主义现代强国，实现中华民族伟大复兴的中国梦”。

③张建龙．深化改革创新 增进绿色惠民 全面开创林业现代化建设新局面［EB/OL］. http：//www.forestry.gov.cn，2016-03-18.

有力、林业治理能力明显提升。森林覆盖率提高到23.04%，森林蓄积量增加14亿立方米，湿地保有量稳定在8亿亩，林业自然保护地占国土面积稳定在17%以上，新增沙化土地治理面积1000万公顷；森林年生态服务价值达到15万亿元，林业年旅游休闲康养人数力争突破25亿人次，国家森林城市达到200个以上；林业职工和林农收入不断提高，生产生活条件逐步改善，吸纳就业能力不断增强，国内木材储备供应能力显著提高，林业产业总产值达到8.7万亿元；林业改革稳步推进，国有林区、国有林场成为绿化国土和林业建设的主力军，集体林业活力进一步释放，科技创新和依法治林进一步增强，基础设施和装备条件进一步改善，人才队伍进一步优化，林业制度体系更加健全。

19.2.5.2 林业发展“十三五”规划的主要指标

林业发展“十三五”发展规划主要指标，与“十二五”规划相比，具有如下几个特点：一是从指标数量上，有所增长。林业“十二五”指标共计11个（含目标分解指标合计20个），其中6个约束性指标，5个预期性指标；而林业“十三五”指标共计22个，其中8个约束性指标，14个预期性指标；二是在指标结构上，进行分类。将全部指标分为生态保护（11个）、经济民生（5个）、基础保障（6个）三大类；三是从指标分布上，增加了约束性指标的分量，增加了林地保有量（由以前的预期性变为现在的约束性）、国家重点保护野生动植物保护率，此外，自然湿地保护率更换为湿地保有量，去掉了国家级公益林面积，增设了混交林比例。

19.2.5.3 目标和指标变化趋势

从国家层面看，国家“十三五”时期经济社会发展规划，主要指标共计25个，其中资源环境指标10个，森林覆盖率和森林蓄积量作为约束性指标包含在内。从林业层面看，林业发展“十三五”规划，表现为目标和指标体系更加全面、更加严格、更加清晰，强调加强硬性约束，强调数量质量并重，强调实际完成效果，这些变化体现了林业发展方向正在朝着生态为主、整体保护，全面可持续经营管理转变，林业治理体系在不断完善，治理能力在不断提升。

19.2.6 区划新颖 布局合理

林业发展“十三五”规划，以国家“两屏三带”生态安全战略格局为基础①，以服务京津冀协同发展、长江经济带建设、“一带一路”建设三大战略为重点，综合考虑林业发展条件、发展需求等因素，按照山水林田湖生命共同体的要求，优化林业生产力布局，以森林为主体，系统配置森林、湿地、沙区植被、野生动植物栖息地等生态空间，引导林业产业区域集聚、转型升级，加快构建“一圈三区五带”的林业发展新格局。②

---

①林业发展“十三五”规划把原有国家主体功能区规划的北方防沙带三大块连接在了一起，其他基本上沿用原有国家规划的范围布局。

②“一圈”为京津冀生态协同圈，打造京津保核心区并辐射到太行山、燕山和渤海湾的大都市型生态协同发展区，增强城市群生态承载力，改善人居环境，提升国际形象。“三区”为东北生态保育区、青藏生态屏障区、南方经营修复区，作为我国国土生态安全的主体，是全面保护天然林、湿地和重要物种的重要阵地，也是保障重点地区生态安全和木材安全的战略基地。“五带”为北方防沙带、丝绸之路生态防护带、长江（经济带）生态涵养带、黄土高原-川滇生态修复带、沿海防护减灾带，作为我国国土生态安全的重要骨架，是改善沿边、沿江、沿路、沿山、沿海自然环境的生态走廊，也是扩大生态空间、提高区域生态承载力的绿色长城。

推进“一带一路”建设，防沙治沙和林业“走出去”是重要内容；① 推进京津冀协同发展，生态是要求率先突破的三个领域之一；② 推动长江经济带发展，要求把修复长江生态环境摆在压倒性位置，把实施重大生态修复工程作为优先选项。③

林业发展“十一五”规划，按照“东扩、西治、南用、北休”的总体布局和区域发展总体战略，进行林业生产力布局的优化配置，实行分区突破、分类指导，以区域林业的协调发展促进全国林业又快又好发展。④

林业发展“十二五”规划，综合考虑《全国主体功能区规划》《中国可持续发展林业战略研究》和《全国林业发展区划》成果，继续按照“西治、东扩、北休、南用”优化配置林业生产力布局，充分挖掘林业五大功能，紧密结合现代林业三大体系建设，重点突出“十大生态屏障、十大主导产业、重点生态文化基地”。⑤

与以往规划相比，林业发展“十三五”规划，最大的特点是定位高、覆盖面广。定位高体现在：与以往规划比，更加注重结合国家发展战略，服务国家发展大局，根据林业区划和发展特征⑥，融国家主体功能区规划⑦、国家三大发展战略（即京津冀协同发展战略、长江经济带发展战略、“一带一路”发展战略）于一体，经济、社会、生态规划全面考虑综合布局；覆盖面广体现在：与以往规划相比，不仅关注生态建设，而且关注相关的增长与民生问题，从而使规划融入

---

①《京津冀协同发展规划纲要》指出，推动京津冀协同发展是一个重大国家战略，核心是有序疏解北京非首都功能，要在京津冀交通一体化、生态环境保护、产业升级转移等重点领域率先取得突破。

②《推动共建丝绸之路经济带和 21 世纪海上丝绸之路的愿景与行动》表示：共建“一带一路”旨在促进经济要素有序自由流动、资源高效配置和市场深度融合，推动沿线各国实现经济政策协调，开展更大范围、更高水平、更深层次的区域合作，共同打造开放、包容、均衡、普惠的区域经济合作架构。共建“一带一路”符合国际社会的根本利益，彰显人类社会共同理想和美好追求，是国际合作以及全球治理新模式的积极探索，将为世界和平发展增添新的正能量。

③《国务院关于依托黄金水道 推动长江经济带发展的指导意见》（国发〔2014〕39 号）提出“江湖和谐、生态文明”的原则，并在第七部分，专题论述“建设绿色生态廊道”，切实保护和利用好长江水资源、严格控制和治理长江水污染、妥善处理江河湖泊关系、加强流域环境综合治理、强化沿江生态保护和修复。

④东扩：发展城乡林业，扩展林业产业链；西治：加速生态修复，实行综合治理；南用：发展产业基地，提高森林质量和水平；北休：强化天然林保育，继续休养生息。

⑤十大屏障：以重点工程为依托，加快在东北森林区、西北风沙区、沿海区、西部高原区、长江、黄河、珠江、中小河流及库区、平原农区、城市区等构筑十大生态屏障，形成维护国土生态安全的保障体系。十大主导产业：林产工业、木材及其他原料林培育、木本粮油和特色经济林产业、森林旅游、林下经济、竹产业、花卉苗木产业、林业生物产业、野生动植物繁育利用产业、沙产业。重点生态文化基地：以自然保护区、森林公园、湿地公园、植物园、学校、博物馆等生态景观或教育资源丰富的单位为基础，创建一批重点生态文明、生态文化教育基地。

⑥林业规划院的研究表明：“十三五”时期，西北生态修复区以风沙治理和生态修复为重点，东北生态保育区以天然林保护和培育为重点、西南以水土保持和水源涵养为重点，华北生态优化区以优化以首都为核心，将最终形成“修复、保育、涵养、优化、利用”的“十三五”林业发展新格局。

⑦国家主体功能区规划提出：青藏高原生态屏障，要重点保护好多样、独特的生态系统，发挥涵养大江大河水源和调节气候的作用；黄土高原-川滇生态屏障，要重点加强水土流失防治和天然植被保护，发挥保障长江、黄河中下游地区生态安全的作用；东北森林带，要重点保护好森林资源和生物多样性，发挥东北平原生态安全屏障的作用；北方防沙带，要重点加强防护林建设、草原保护和防风固沙，对暂不具备治理条件的沙化土地实行封禁保护，发挥“三北”地区生态安全屏障的作用；南方丘陵山地带，要重点加强植被修复和水土流失防治，发挥华南和西南地区生态安全屏障的作用。

了更多的经济社会元素。

19.2.7 战略长远 任务具体

19.2.7.1 战略导向明确

林业发展“十三五”规划，战略导向是推进林业现代化建设（为到2050年基本实现林业现代化奠定基础）。根据规划，战略推进的具体措施归纳如下：一是坚定方向，即生态优先、绿色发展；二是锐意进取，即改革创新、大胆突破；三是基础扎实，即夯实基础、促进产业；四是合理站位，即服务大局、着眼国际。

19.2.7.2 任务具体清晰

林业发展“十三五”规划，战略任务具体包括十个方面：加快推进国土绿化行动、做优做强林业产业、全面提高森林质量、强化资源和生物多样性保护、全面深化林业改革、大力推进创新驱动、切实加强依法治林、发展生态公共服务、夯实林业基础保障、扩大林业开放合作。

19.2.8 工程引导 重在落实

19.2.8.1 重视工程推动

林业发展“十三五”规划，为了确保林业发展的速度和质量，继续坚持大工程带动大发展。① 提出要实施一批、谋划一批、储备一批林业重点工程项目。在国家层面，谋划和实施对筑牢屏障和富国惠民作用显著、对经济发展和结构调整全局带动性强的九大林业重大工程。包括国土绿化行动工程、森林质量精准提升工程、天然林保护工程、新一轮退耕还林工程、湿地保护与恢复工程、濒危野生动植物抢救性保护及自然保护区建设工程、防沙治沙工程、林业产业建设工程、林业支撑保障体系建设工程。在区域层面，以实施国家林业重点工程为基础，按照主导功能，部署一批区域重点生态保护修复项目，将生态建设任务落实到重点区域，使发展目标和主要任务更加聚焦、更加明确、更加有针对性。

19.2.8.2 重在落实实施

林业发展“十三五”规划，是一部重在“落地”的规划。除了因地制宜、科学合理的长远战略布局外，林业发展“十三五”规划更加重视实施路线图，在附件中用大量篇幅列出了发展格局具体对应的从省（自治区、直辖市）到县（市、区、旗）的行政区划，还根据现实条件和林地生产潜力，进行了分省（自治区、直辖市）的任务分解。在第六章“加强组织领导”，要求各省林业主管部门要组织编制好省（自治区、直辖市）林业“十三五”规划，将规划任务逐级分解到各个地区，并且在规划附件专门列举了《营造林生产任务表》《森林蓄积量净增量任务表》《防沙治沙任务表》《天然林保有量任务表》《湿地保有量任务表》五个表格，公示各省（自治区、直辖市）任务量。此外，规划制定以后，国家林业局专门下发分工文件，对规划中的战略任务（明确到各项任务）、国家重点林业工程（明确到工程小类）、制度体系做出了明确而

---

①林业重点工程项目是推进山水林田湖生态保护和修复、维护生物多样性的基础，是实现绿色发展、推进林业现代化的战略途径，是有效解决长期困扰和阻碍我国经济社会可持续发展问题的发力点。张建龙．深化改革创新 增进绿色惠民 全面开创林业现代化建设新局面［EB/OL］. http：//www. forestry. gov. cn，2016-03-18.

又具体的分工，并对组织领导工作也都给出了详细安排。

世界未来学家约翰 . 奈斯比特及其妻子在《中国大趋势》一书中将“规划‘森林’，让‘树木’自由成长”作为中国新体制（指不同于西方国家）崛起的八大支柱之一。林业发展“十三五”规划的顺利制定，为林业进一步发展指明了方向，使林业在奔向现代化的道路上，找到了“过河”的“桥”和“船”，找到了正确处理生态与民生关系，正确处理政府和市场关系、正确处理“两个市场、两种资源”关系，正确处理发展完善及服务大局关系的基本原则和实现途径。林业发展“十三五”规划的顺利实施，必将为全面提升林业现代化水平，为建设生态文明社会和全面建成小康社会，为实现“两个一百年”的奋斗目标发挥积极作用。

19.3　小　结

从林业发展“九五”规划到林业发展“十三五”规划，规划目标由单一到多种，任务由简单到复杂，布局由局部到整体；发展战略实现了由围绕林业到服务大局的转变；规划指标由“九五”时期的森林覆盖率、森林蓄积量等几个指标到“十三五”时期的包括生态保护、经济民生、基础保障三类的 22 个指标，其中纳入国家“十三五”规划的指标由森林覆盖率 1 个扩大成了森林覆盖率和森林蓄积量 2 个；规划工程由几个到几十个，涉及的林业发展内涵越来越丰富，规划内容越来越详细，战略导向明确，任务具体清晰，重视工程推动，重在落实实施。

第 20 章　林业发展阶段

根据林业历史变迁、林业思想演进、林业投资、森林资源变动、国际比较 5 个维度，结合林业绿色生态空间研究及森林三大效益的变化，可将新中国林业发展具体划分为 3 个时期、6 个阶段。

3 个时期分别是林业体系初步形成期（1949~1962），开发利用时期（1963~1990），可持续发展时期（1991~）。第一个时期林业发展经历了采掘、护林，造林与合理采伐几个阶段。林业投资波动较大，且基本是中央投资，林业总产值占 GDP 的比重不足 0.1%，森林资源比较富足，人均森林蓄积 16.3m^3；第二个时期林业先后经历了人民公社、“文化大革命”的冲击和改革开放初期调整效应的影响，再到后来的大规模开发利用，忽视林业生态效益阶段。林业投资波动较小，林业总产值占 GDP 比重仍然较低，不足 0.1%，森林资源总体呈现“U”型变化趋势；第三个时期国家认识到了林业生态效益的重要性，逐步转向了以林业生态建设为中心的林业发展道路。林业投资波动较大，林业总产值占 GDP 比重迅速升高，90 年代以后，森林覆盖率、森林面积、森林蓄积量、人均森林蓄积 4 个指标才同时出现增长趋势，森林资源逐渐表现为净资产盈余。

6 个阶段分别是林业发展恢复阶段（1949~1962），林业发展波动阶段（1963~1977），林业发展改革阶段（1978~1990），林业发展调整阶段（1991~1997），第一次林业新政阶段（1998~2008），第二次绿色林业新政阶段（2009~ ）。

20.1　林业发展恢复阶段（1949~1962）

1949 年 9 月，中国人民政治协商会议第一届会议通过的《中国人民政治协商会议共同纲领》明确规定：“保护森林，并有计划地发展林业。”1950 年全国林业业务会议提出的林业工作方针是：“普遍护林，重点造林，合理采伐和合理利用”，以后又提出林业应保证供应国家建设，特别是工业用材。”这些政策是符合当时的林情的。同年中央人民政府委员会第八次会议通过《土地改革法》。其中第十八条规定：“大森林、大水利工程、大荒地、大荒山、大盐田和矿山及湖、沼、河、港等，均归国家所有，由人民政府管理经营之。其原由私人投资经营者，仍由原经营者按照人民政府颁布之法令继续经营之。”1954 年林业部颁发《育林基金管理办法》。《1956 到 1967 年全国农业发展纲要（草案）》中规定“在一切宅旁、村旁、路旁、水旁，只要有可能，都要有计划地种起树来。”1957 年林业部颁发《国营林场经营管理试行办法》。1958 年开始的“大跃进”及“人民公社”运动，使农村的林木权属更加混乱，乱砍滥伐现象严重，森林资源遭到破坏，群众植树造林、护林积极性严重受挫。在这种形势下，中共中央于 1960 年 11 月下达了《关于人民公社政策问题的紧急指示》，同年林业部提出贯彻“以林为主，林粮并举，综合利用，多种经营”的国营林场办场方针。1961 年颁布了《关于确定林权、保护山林和发展林业的若干政策规定》，1962 年颁布了《农村人民公社工作条例（修正草案）》纠正了“左倾”错误，指出集体所有的山林、水面和草原，凡是归生产队所有比较有利的，归生产队所有。生产队可以把零星的树木，交给社员专责经营，并且订立收益分配的合同，或者划归社员所有。承认农民的“自留山”“自留滩”“房前屋后”的林木所有权，明确规定“农民个人造林归农民个人所有”。

这一时期，林业投资以中央投资为主，平均 95%以上，投资波动较大，年均波动系数在 0.5 以上；该时期林业总产值占 GDP 比重 0.04；森林覆盖率大约 12.2%，人均有林地蓄积大约 $18m^3$，同期森林面积占世界森林面积比例大约 3.6%。

20.2　林业发展波动阶段（1963~1977）

从 1963 年开始国家经济建设进入了“三年调整时期”，为了恢复林业生产，使森林资源能够永续利用，1964 年中央提出了“以营林为基础，采育结合、造管并举、综合利用、多种经营”的林业建设方针，通过贯彻中央方针政策，林业经营上采育失调的情况有了明显好转，但是此后的政治运动（文化大革命）使林业经营受到巨大冲击，林地大面积减少，1966~1976 年，由于在农村推行了“以阶段斗争为纲”的左倾路线和政策，农民的四旁植树、多种经营等都被作为“资本主义的尾巴”割掉了。这一时期，各地无政府主义状况严重，林业机构也相继瘫痪，各地再次掀起了乱砍滥伐林木的歪风，一些地区农田防护林带和四旁树木受到了严重的破坏，平原地区森林资源再次遭到了劫难。从而使 1964 年提出的林业建设方针，这项具有科学发展思想萌芽的林业发展战略没有得到有效执行，在当时国内政治背景下也被迫让位于现实的破坏性的木材生产需求。从国民经济调整到“文化大革命”，经济建设的需求和社会的动荡对林业建设产生了巨大影响，这段时期既存在森林资源的严重破坏，也存着大规模的造林运动，虽然此段时期在认识上强调“保护森林，并有计划地发展林业”，实际上却不得不以木材生产为中心，担负起为国家建设和人民生活提供木材的任务。

这一时期，林业投资中央投资比重有所减少，平均大约 74%，投资波动大幅下降，年均波动系数大约 0.14；该时期林业总产值占 GDP 比重大约 0.03；森林覆盖率大约 12.3%，人均有林地蓄积大约 $12.8m^3$，同期森林面积占世界森林面积比例大约 2.6%。

20.3　林业发展改革阶段（1978~1990）

自中国共产党第十一届三中全会以来，党中央、国务院十分重视和关怀林业，将造林绿化定为基本国策，并作做出了一系列重大决策，使林业建设进入了一个新的发展阶段。一方面，改革开放和农村承包责任制的实施，落实了农民的经营权和收益权，解放了农村生产力，但同时毁林造田和乱砍滥伐的现象也愈演愈烈，1979 年国务院发布《关于保护森林，制止乱砍滥伐的布告》，制定了维护森林所有权、严禁乱砍滥伐、严禁毁林开荒、加强木材市场管理、健全护林防火组织和制度、大力提倡植树造林等 10 条规定；另一方面，“三北防护林建设工程”（1978 年）的实施，标志着生态建设开始成为我国林业建设的主要任务之一，也标志着林业建设走向商品林业和生态林业并举的时代。1979 年，第五届全国人大常委会第六次会议原则通过《中华人民共和国森林法（试行）》；同时，根据国务院的提议，决定 3 月 12 日为全国的植树节。1980 年，中共中央、国务院又发出《关于大力开展植树造林的指示》，提出了一系列发展林业的措施。

农村改革初期（1978~1980），林业投资中央投资比重持续下降，平均62%，投资波动有所上升，年均波动系数0.38；该时期林业总产值占GDP比重0.03；森林覆盖率大约12%，人均有林地蓄积大约9.1立方米，同期森林面积占世界森林面积比例大约2.6%。

1981年第五届全国人大第四次会议通过《关于开展全民义务植树运动的决议》，1983年林业部印发《关于建立和完善林业生产责任制的意见》，1984年3月中共中央、国务院《关于深入扎实地开展绿化祖国运动的指示》，1985年《中华人民共和国森林法》的修订颁布标志着我国林业建设开始了重大的转折，接着一些重要的法律、法规相继出台，如《森林采伐更新管理办法》《森林防火条例》《中华人民共和国野生动物保护法》《封山育林管理暂行办法》，同时为了扭转生态恶化的局面，继“三北”防护林工程后，国家开始陆续实施其他林业生态工程；1989年国家启动了“长江中上游防护林体系建设工程”；1990年启动了“太行山绿化工程”。

农村改革深化期（1981~1990），林业总投资中央投资比重继续下降，平均大约42%；林业投资波动系数0.10，达到历史最低点；该时期林业总产值占GDP比重大约0.7；森林资源方面森林覆盖率大约12.98%，人均有林地蓄积大约8.4立方米，达到了历史最低点，同期森林面积占世界森林面积比例大约3.2%。

20.4 林业发展调整阶段（1991~1997）

1991年，林业部印发《关于进一步加强林地管理的通知》，就切实加强休地管理，坚决制止随意侵占林地提出了具体要求，同年启动了“沿海防护林体系建设工程”。1992年国务院批准《陆生野生动物保护实施条例》，同年我国加入《关于特别是作为水禽栖息地的国际重要湿地公约》。1993年国务院发出《关于进一步加强造林绿化工作的通知》，要坚持全社会办林业、全民搞绿化，增加造林绿化投入，抓好重点工程，同年启动了“平原绿化工程”和“速生丰产林基地建设工程”。1996年林业部发出《关于开展林业分类经营改革试点工作的通知》，提出分类经营的思想，要求坚持统筹规划、分类指导、稳步推进的原则，大胆实践，勇于探索，为我国林业的加速发展奠定了理论基础，为林业绿色新政的实施积累了物质基础和实践依据。

这一时期，林业投资中央投资比重降至历史最低点，大约36%，投资波动又开始上升，年波动系数大约0.43，其中林业重点工程中央投资比重大约31%；该时期林业总产值占GDP比重大约2.7；森林覆盖率大约15.2%，人均有林地蓄积大约8.9立方米，同期森林面积占世界森林面积比例大约4.1%。

20.5 第一次林业新政阶段（1998~2008）

林业新政第一个时期是从1998~2008年，主要是完成了以木材生产为主向以生态建设为主的历史性转变，实现了由传统林业向现代林业的跨越式发展。

20世纪90年代后期，我国的生态环境恶化速度在加快，全国水土流失面积已达367万平方公里，占国土面积的38%，且以每年1万平方公里的速度在增长；每年新增荒漠化面积达3436平方公里，相当于吞噬一个中等规模面积的县，全国有近4亿人口生活在受荒漠化影响的地区；沙尘暴的发生频率呈上升趋势；有15%~20%的动植物物种濒临灭绝，高于世界10%的平均水平。毁林开垦、陡坡种植、围湖造田等人为活动破坏了生态环境，加重了自然灾害造成的损失。生态环境的恶化，严重影响了我国经济和社会的可持续发展。

1998 年的大洪水，是罕见的全国范围，全流域的大洪水，洪水持续时间之长，洪峰水位之高均为历史罕见，专家建言与生态环境的破坏不无关系，这更坚定了中央领导人对生态保护与建设的决心。1998 年 10 月 4 日，党的十一届三中全会《中共中央关于农业和农村工作若干重大问题的决定》中提出了在黄河、长江上中游地区、风沙区和草原区有计划、有步骤地还林、还草、还湖。1998 年 11 月 7 日，国务院发布了《全国生态环境建设规划》，提出治理水土流失，荒漠化土地，退耕还林，建立自然保护区等宏伟目标。国家林业局于 1999 年开始退耕还林还草试点。林业建设是生态建设的重要组成部分，1998 年天然林保护工程和 1999 年退耕还林工程的实施，是第一次绿色新政的标志性工程。2003 年《中共中央 国务院关于加快林业发展的决定》确立以生态建设为主的林业可持续发展道路，建立以森林植被为主体、林草结合的国土生态安全体系，建设山川秀美的生态文明社会，大力保护、培育和合理利用森林资源，实现林业跨越式发展，使林业更好地为国民经济和社会发展服务。提出抓好重点工程，推动生态建设；优化林业结构，促进产业发展；提出要进一步完善林业产权制度，要保持原有的承包关系稳定，要区别对待，分类指导，积极探索有效的经营形式。深化林业体制改革，增强林业发展活力等重要策略。《决定》对集体林权制度改革做出了总体部署，福建、江西、辽宁、浙江四省先行在全面试点，并取得了很多宝贵经验。2006、2007、2008 年的中央 1 号文件和全国人大通过的《中华人民共和国国民经济和社会发展第十一个五年规划纲要》，都将集体林权制度改革确定为深化农村改革的重要内容和重大举措。2008 年，为进一步解放和发展林业生产力，发展现代林业，增加农民收入，建设生态文明，出台了《中共中央 国务院关于全面推进集体林权制度改革的意见》，明确了集体林权制度改革指导思想、基本原则和总体目标，主要任务和政策措施。

这一时期，林业投资中央投资比重开始逐步提高，平均大约 62%，基本恢复到了第三阶段 (1978~1990 年）的水平，而投资波动却有所下降，年均波动系数大约 0.28，其中林业重点工程中央投资比重大约 72%，可见林业投资逐渐向林业重点公共工程集中；该时期林业总产值占 GDP 比重大约 4.4；森林覆盖率大约 19.3%，人均森林蓄积大约 9.8 立方米，同期森林面积占世界森林面积比例大约 4.8%。

这一时期，全国及各省森林资源发展迅速，全国森林覆盖率提高大约 4%，森林蓄积量增长率大约 22%。各省森林覆盖率增长速度有较大差异，增长幅度小于 3 的有天津、吉林、山西、福建、新疆，增长幅度大于 7 的有内蒙古、宁夏、河南、陕西、贵州、四川、北京、云南、广西，具体增长情况及排序，如表 20-1。

该时期也是林业各大工程快速推进的时期，以天保工程为例，1998 年实施天保工程以来，累计减少森林蓄积消耗量 4.26 亿立方米，按全国林分单位面积蓄积量，相当于少砍 7542 万亩森林面积。工程区森林面积净增 815.7 万公顷，森林蓄积净增 4.6 亿立方米，占全国森林蓄积增长量的 43%以上，实现了森林面积和森林蓄积同步快速增长。增加的森林蓄积折合木材 2.76 亿立方米，按每立方米木材 500 元计算，折合人民币 1380 亿元，相当于国家已投入工程建设资金的 2 倍，随着时间的推移，效益将更加显著（陈蓬，2009）。随着森林资源的增长，工程区内生物多样性明显增加，生态环境得到大幅提升，2007 年，40 个野生动植物监测样本保护区共保护着国家

表 20-1 第五、七次全国各省森林清查森林覆盖率变化

	森林覆盖率（R）增加量（%）			
	1<R<3	3≤R<5	5≤R<7	R≥7
省份（按顺序排列）	天津	安徽	湖北	内蒙古
	吉林	广东	甘肃	宁夏
	山西	黑龙江	上海	河南
	福建	山东	湖南	陕西
	新疆	青海	江苏	贵州
		辽宁	西藏	四川
		河北	浙江	北京
		江西		云南
				广西

一级野生动物 70 种，二级 231 种。截至 2007 年年底，165 个监测样本水土流失面积比 1997 年下降 14.48%，沙化面积下降 7.41%。2008 年与 1997 年相比，44 个天保县天保工程区有林地面积增加 102.74 万公顷，森林蓄积增加 5976 万立方米，71 个天保森工林场森林面积增加 13.29%，蓄积增加 17.34%。①

总之，第一次林业新政大大地促进我国森林资产大幅度增长、生态状况明显好转，进入到"森林盈余"的黄金时期。自 2000 年长江上游、黄河上中游地区和东北、内蒙古等重点国有林区全面实施天然林资源保护工程以来，取得明显成效。森林资源持续增长，累计少砍木材 2.2 亿立方米，森林面积净增加 1.5 亿亩，森林覆盖率增加 3.7 个百分点，森林蓄积净增加约 7.25 亿立方米。生态状况明显好转，水土流失减轻，输入长江、黄河泥沙量明显减少，生物多样性得到有效保护。国有林区管理体制改革积极推进，林区民生有效改善。②

20.6 第二次林业新政阶段（2009～2020）

以人为本、全面、协调、可持续发展是典型的绿色新政理念，林业绿色新政倡导人与自然和谐相处，以生态建设为主，经济效益、社会效益和生态效益密切结合，以市场机制为基础，市场与政府机制相配套，充分利用国际和国内两个市场，调动中央与地方两个积极性的全新发展理念。

第二次林业新政阶段从 2009 年开始，并以林业转型为主题，将跨越"十二五"时期和"十三五"时期。以 2009 年"中央林业工作会议"的召开及"林权改革"的深化为标志，国家林业局出台了《关于促进农民林业专业合作社发展的指导意见》《关于改革和完善集体林采伐管理的意见》，联合财政部印发《国家级公益林区划界定办法》的通知，《关于切实加强集体林权流转管理工作的意见》《林业产业振兴规划（2010～2012 年）》《全国林地保护利用规划纲要》等一

①《2009 国家林业重点工程社会经济效益监测报告》。

②中国将实施自然林资源保护二期工程，http：//www.news.cntv.cn，2010 年 12 月 30 日。

系列政策和规划。特别是 2010 年 12 月 29 日国务院常务会议做出决定，2011 年至 2020 年，实施天然林资源保护二期工程，实施范围在原有基础上增加丹江口库区的 11 个县（市、区）。力争经过 10 年努力，新增森林面积 7800 万亩，森林蓄积净增加 11 亿立方米，森林碳汇增加 4.16 亿吨，生态状况与林区民生进一步改善。林业两次绿色新政背景、定位、目标、重点都有所不同，成就了世界最大规模的林业投资、林业发展、林业就业以及绿色发展（如表 20-2，表 20-3）。

表 20-2　两次林业新政定性比较

<table>
<tr><th colspan="2"></th><th>第一次林业新政（1998~2008）</th><th>第二次林业新政（2009~2020）</th></tr>
<tr><td colspan="2">相　同</td><td colspan="2">以生态建设为主，发展现代林业，推动林业现代化</td></tr>
<tr><td rowspan="5">不　同</td><td>国际背景</td><td>世界经济全球化加深，亚洲金融危机影响尚未消除</td><td>国际金融危机，气候变化，经济全球化面临挑战</td></tr>
<tr><td>国内背景</td><td>国内生态环境恶化显现，投资、消费需求不足，为了刺激经济，国家实施积极财政政策，扩大内需</td><td>国内生态环境局部得到改善，就业、收入分配等问题进一步扩大，经济、社会转型、扩大内需任务迫切，经济新常态</td></tr>
<tr><td>定　位</td><td>以生态功能为主，综合林业三大效益，实行分类经营</td><td>林业四大定位，四大使命，五大功能，五大发展理念</td></tr>
<tr><td>目　标</td><td>森林净数量持续增长，生态环境恶化得到遏制</td><td>机制改变：如林权制度改革，国有林场与国有林区改革；内涵改变：森林数量增长和质量提高并重，绿色生态空间不断增加，创造就业</td></tr>
<tr><td>重　点</td><td>以大工程带动大发展</td><td>工程推动，社会参与</td></tr>
</table>

表 20-3　两次林业新政指标比较

	第一次林业新政（1998~2008）		第二次林业新政（2009~2020）	
	第一阶段（1998~2003）	第二阶段（2004~2008）	第一阶段（2009~2015）	第二阶段（2016~2020）
森林面积（万公顷）	17490.92	19545.22	20650.00	23545.00*
森林覆盖率（%）	18.21	20.36	21.51	24.50*
森林蓄积量（亿立方米）	124.56	137.21	143	150*
公顷森林蓄积量（立方米）	86.06	85.88	100	131
森林累积吸收 CO_2（亿吨）	227.95	251.09	261.69	274.50
林业总产值（万亿元）		1.44	5	8
就业规模（万人）		4500	5500	6000

资料来源：此表由课题组根据森林清查结果及计算、估测整理而得，第二次绿色新政第一阶段森林覆盖率、蓄积量由林业“十二五”规划拟定，森林面积由覆盖率推出；第二阶段标注＊的森林面积、蓄积量依据在联合国气候变化峰会上承诺得出，覆盖率由森林面积推出。公顷森林蓄积量为 2010 年世界平均水平；其他数值由趋势外推法计算而得。

林业新政第二个阶段，我们称之为更具广泛意义的更加深化的“绿色新政”。主要是林业发展充分发挥自身优势，全面向绿色发展转型，适应新时期的国际和国内背景，把林业转型紧紧和国家经济社会转型结合起来，用国家发展规划统领林业发展规划，使得林业多功能性更加凸显，不仅仅在应对国际金融危机、扩大内需和增加就业等方面发挥应有作用，而且在应对全球气候变化、生态危机、生物多样性保护等方面发挥特殊作用。该次新政重点是要结合国家整体规划，进行林业发展转型。

20.7 小　结

中华人民共和国成立后，林业发展经历了六个阶段。1998 年以前，分别为林业发展恢复阶段（1949~1962），林业发展波动阶段（1963~1977），林业发展改革阶段（1978~1990），林业发展调整阶段（1991~1997）。

中国林业发展的关键时期，是从 1998 年开始的林业新政。林业新政第一阶段（1998~2008），完成了以木材生产为主向以生态建设为主的历史性转变，实现了由传统林业向现代林业的跨越式发展；林业新政第二个阶段（2009~），我们称之为更具广泛意义的更加深化的“绿色新政”，林业更注重发挥自身特点和优势，全面向绿色发展转型。林业绿色新政是林业思想发展的又一次重大转变，是一场全新的具有现实意义的革命。

经过第一次林业新政（1998~2008），森林面积增加了大约 23%，森林覆盖率提高了大约 4%，森林蓄积量增加了大约 22%，森林资源碳汇能力净增碳当量 12 亿吨；这一时期林业总产值增长率明显高于 GDP 增长率，林业总产值占 GDP 的比重提高了大约 2%；从 1990 年到 2010 年，世界森林面积的增长率为-3.25%，中国为 31.64%，中国对世界森林增长的贡献率为 1.36%。这一时期中国的森林面积、森林蓄积量和碳汇能力有了大幅提高，林业产业成为了世界上最大的产业，森林生态效益持续快速增长，经济、社会效益同步增长并趋于稳定。

当前中国经济社会转型进入了关键时期，林业发展更是迎来了黄金机遇期，我们称之为第二次林业绿色新政时期（2009~）。林业转型的总体思路是：以中央林业工作会议精神和发展现代林业、建设生态文明思想为指导；以“自主贡献”和“全球生态系统治理”为发展动力，① 彰显林业系统五大功能的生态功能作用，给予林业全球化功能（如应对气候变化）以清晰的定位，提升我国林业的国际地位。

①2009 年，胡锦涛主席在联合国气候变化峰会上指出，中国力争到 2020 年森林面积比 2005 年增加 4000 万公顷、森林蓄积量比 2005 年增加 13 亿立方米。2015 年 11 月 30 日，习近平主席在在气候变化巴黎大会开幕式上的讲话中指出，中国在“国家自主贡献”中提出将于 2030 年左右使二氧化碳排放达到峰值并争取尽早实现，2030 年单位国内生产总值二氧化碳排放比 2005 年下降 60%~65%，非化石能源占一次能源消费比重达到 20%左右，森林蓄积量比 2005 年增加 45 亿立方米左右。

第 21 章　森林资源增长潜力

当前木材供需矛盾日益突出，木材安全形势十分严峻。2002 年中国消费木材 1.83 亿立方米，2013 年达到 5.22 亿立方米，十年增加近 3 倍。总产值也已由 2002 年的 4634 亿元增加到 2013 年的 4.46 万亿元，十年增长近 10 倍。随着林业经营主体多元化、林业产业全球化深入发展，原木锯材进口量已经超过全球贸易量的 1/3 以上。目前我国的木材（包括原木、板材刨花板、纤维板等纸浆综合折合）的年消耗量将近 5 亿立方米，随着国内民众生态意识的增强和国家森林保护力度的加大，在木材刚性需求增加的压力下，木材的对外依赖度达到了近 50%。据测算，到 2020 年，我国木材年需求量可能要达到 8 亿立方米，对大径材林木和珍贵用材树种需求也会大幅增加，木材供需的总量与结构性矛盾会更加突出。①

21.1　预测方法综述

森林资源事关一个国家或地区的外部生存基础和经济发展潜力，影响生态环境可持续发展的模式、途径和方式，是林业可持续发展的基础。林业具备多功能性，在生态文明与绿色发展的大背景下，生态优先的林业发展道路符合国家大局，然而林业作为基础性产业的地位仍不能忽视，林业现代化建设，离不开林业产业的大发展。当前中国木材需求对外依存度已接近 50%，随着木材需求的不断增加，按照目前的供需情况，估计 2020 年，木材进口率会达到 70%，到那时，我国木材需求将超过 7 亿立方米。木材大量进口，一方面已经引起国际社会的恐慌和指责，另一方面，不利于大国木材安全战略，也不利于培育木材竞争优势。研究林业生产潜力，建立林业预测体系，及时调控林业资源增长，对中国林业发展至关重要。

木材供需除了受到自然因素制约外，更重要的是受到市场价格调节，而价格机制的形成受制于政府管制、财政及金融政策等一系列内生变量影响。此外，国内木材市场供需还与国际木材市场息息相关。当前国内外对林地生产潜力的研究方法大致分为二大类：一类是传统的经济学预测方法，主要包括专家预测法、趋势外推法、定性时间序列预测方法（移动平均法、指数平滑法等）、随机型时间序列预测方法、马尔可夫链、灰色预测方法、建立计量方程测算预测等；另一类是考虑林业自然资源特点的模型分析方法，经历了从 Faustman 模型、Hartaman 模型，到加入更多经济社会因素的一般均衡模型，再到以动态变化为分析基础的二阶段模型和一般均衡动态均衡模型。结合林业特点，采用经济学方法预测林地生产力，国内学者做出了一些贡献（方精云，

---

①2009 年，胡锦涛主席在联合国气候变化峰会开幕式上郑重承诺，为了应对气候变化，争取到 2020 年我国森林面积比 2005 年增加 4000 万公顷，森林蓄积量比 2005 年增加 13 亿立方米（即“双增”目标）。2015 年，习近平主席在联合国气候变化巴黎大会上庄严承诺，到 2030 年我国森林蓄积量要比 2005 年增加 45 亿立方米左右。

1996；朴世龙、郭庆华等，2001；肖兴威，2005；王兵、魏江生等，2009；王效科、冯宗伟、欧阳志云，2010；李湘玲、陆屹、朱永杰，2013；赵敏、周广胜等，2014）。国际上也有不少研究成果（Newman and wear，1993；Brinkley et al.，1996；Prestemon and Wear，2000；Polyakov et al.，2010）。然而以市场和林价为基础，考虑各种政策因素和社会经济条件影响，运用一般均衡动态模型进行预测，国内研究的相对较少，国外这方面的研究较为深入，设计出了一些模型方法，如 The TAMM model（Adams and Haynes，1980），The Timber Supply Model（Sedjo and Lyon，1990；Sohngen et al.，1999；Sohngen and Mendelsohn，2003；Daigneault et al.，2008），Global Timber Model，Future Agriculture and Resource Model，Forest and Agricultural Sector Optimization 等。近些年木材生产潜力主要预测方法如下，见表 21-1。

表 21-1 木材生产潜力主要预测方法

研究范围	研究内容	研究方法
林业自然生产潜力	森林资源增长潜力	趋势外推法、灰色预测模型
	森林气候生产潜力	理论模型：Miami 模型、Thornthwaite 纪念模型、Josph 光和生产潜力模型、Chikugo 模型、综合自然植被气候生产力模型； 半理论半经验模型：内岛-筑后模型、气候的生物效益模型； 经验模型：Leith-BOX 模型、生物相对生产潜力模型； 趋势分析方法：平均差值法、最小二乘法、自回归滑动平均法
	林地质量	层次分析法、德尔菲法
	森林固碳潜力	连续生物量转换因子法、平均生物量法、碳密度-气候关系模型、反距离插值法、局部薄盘样条插值法
林业综合生产潜力		层次分析法、主成分法、因子分析

21.2 森林增长潜力

21.2.1 林地利用潜力

当前中国森林覆盖率 21.63%，远远低于全球 31%的平均水平，特别是人均森林面积我国只有 0.15 公顷，仅为世界人均（0.6 公顷）的 1/4。目前全国共有林业用地 45.6 亿亩，林地质量好的占 40%，主要分布在南方和东北东部；中等的占 38%，主要分布在中部和东北西部；差的占 22%，主要分布在西部。过去 60 多年，我国人工林保存面积 8 亿多亩，目前仍有宜林荒山约 10 多亿亩。此外，还有 8 亿亩可治理的沙地和近 6 亿亩湿地，三者合计相当于耕地总面积的 3 倍多，通过林地改造和沙化土地治理开发利用潜力巨大，增加森林面积前景广阔。

21.2.2 资源增长潜力

当前中国森林蓄积量森林蓄积 151.37 亿立方米，乔木林每公顷蓄积量我国仅为 89.79，只有世界平均水平（131 立方米/公顷）的 70% 左右，人工林的单位蓄积更低，为 52.76 立方米/公顷，仅为世界平均水平的 65.56%，而林业发达国家高达 200～360 立方米，人均森林蓄积（10.98 立方米）只有世界人均水平（78 立方米）的 1/7，林木平均胸径只有 13.6 厘米，龄组结构依然不合理，中幼龄林面积比例高达 65%，林分过疏、过密的面积占乔木林的 36%，林木蓄积（2009~2013）年均枯损量增加 18%，达到 1.18 亿立方米。总体森林质量好的占 19%，中等的占 68%，差的占 13%；通过森林质量提升工程，提高森林蓄积量潜力巨大。

21.2.3　市场需求潜力

目前我国的木材（包括原木、板材刨花板、纤维板等纸浆综合折合）的年消耗量将近 5 亿立方米，随着社会经济发展、人口增长和生活水平的提高，对林产品的需求正呈现不断增长之势，而同时随着国内民众生态意识的增强和国家森林保护力度的加大，森林采伐量受到一定限制，在木材刚性需求增加的压力下，木材的对外依赖度达到了近 50%。美国 3 亿人口，年消耗木材 5 亿立方米。我国 13 亿人口，年消耗木材 4.2 亿立方米，人均只有 0.3 立方米，远低于世界人均消费量 0.68 立方米的水平。我国要达到世界人均木材消费水平，每年需生产木材 8.8 亿立方米，约为我国现有生产量的 9 倍，为全球原木年贸易量的 7 倍。据测算，到 2020 年，我国木材年需求量可能要达到 8 亿立方米，木材进口率会达到 70%，对大径材和珍贵树种用材需求也会大幅增加，木材供需的总量与结构性矛盾会更加突出。

21.2.4　科技进步潜力

目前我国林业全要素生产率（TFP，2009~2013）为 1.011，其中技术进步变化率为 0.97，技术效率变化率为 1.042①，全员劳动生产率 20668 元（2012），林业科技进步贡献率 48%，林木良种使用率 61%，林业机械化率 45%，林业信息化率 62%，处于健康状态的乔木林面积占 75%，受火灾、病虫害等各类灾害影响的乔木林面积占 17%，森林火灾受害控制率小于 1‰，林业有害生物成灾控制率 4.5‰，木材综合利用率 65%，林业主要产品的一级品率达 70%。随着科技创新和技术进步的发展，从土地资源和森林资源的低效利用向科学、高效利用转变是必然的趋势，根据相关规划，今后 15 年，力争将林地利用率、林木生长率和木材综合利用率分别提高到 80%、4. 3%和 80%；今后 5 年，林业科技进步贡献率、林木良种使用率、林业机械化率、林业信息化率分别提高到 55%、75%、55%、80%；森林火灾受害控制率、林业有害生物成灾控制率分别要小于 0.9、4‰。

21.2.5　政策推动潜力

天然林禁伐：2009~2013 年全国第八次森林清查期间，全国天然林年均采伐量 1.79 亿立方米，到 2014 年，全国尚有近 5000 万立方米的天然林采伐量，按照天然停伐政策，② 今后几年将分“三步走”有序停止天然林商业性采伐。第一步就是国有林区 2015 年全面停止内蒙古、吉林等重点国有林区商业性采伐；第二步是国有林场，2016 年全面停止非天保工程区国有林场天然林商业性采伐；第三步是包括集体、个人、企业和其他所属产权的全部天然林，2017 年实现全面停止全国天然林商业性采伐。通过天然林停止采伐，加大封育力度，实施科学经营，使森林得

---

①清华大学“林业发展与绿色转型”课题组测算。

②《国家林业局关于严格保护天然林的通知》（林资发〔2015〕181 号），《国家林业局计财司、财政部农业司关于做好天然林资源保护工程区外天然林停伐工作有关问题的通知》（规行函〔2016〕222 号）。

到休养生息，逐步恢复森林资源。

基地建设：2012 以来，已在广西、福建、湖南和重庆等 15 个省（自治区、直辖市）实施了国家储备林基地建设项目。中央共安排资金 17.36 亿元，用于国家储备林造林、改培、抚育，完成建设面积 1950 万亩；在《规划》① 范围内划定国家储备林 1500 万亩，其中珍稀树种 330 万亩；截至 2015 年年底，累计完成速丰林基地建设 1134.26 万公顷，其中，2015 年当年完成速丰林工程建设各类造林 63.33 万公顷，其中荒山荒地造林 19.53 万公顷，更新造林 23.33 万公顷，非林业用地造林 2.13 万公顷；完成改培面积 18.34 万公顷。

21.3 森林覆盖率增长预测

植树造林对森林覆盖率的影响大致分为三个方面：成林年限影响、成林率影响、保留地影响。2015 年底，我国的森林覆盖率已经达到了 21.66%（森林面积 20793.6 万公顷），我们以 2020 年为目标年分析。

21.3.1 造林地的影响

现有未成林地 711 万公顷（1.07 亿亩），现有宜林地、疏林地、灌木林地等其他林地中，可用于造林并恢复森林植被的面积约 4946 万公顷（7.42 亿亩，其中国有 2.47 亿亩，集体 4.95 亿亩）。可用于造林的林地主要分布在北方省份，北方相对立地条件较差，很难成林；南方省份只有约可造林林地 2000 万公顷（占 35%）。未成林地、宜林地、疏林地、灌木林地等合计 5657 万公顷。

21.3.2 保留地的影响

考虑森林正常经营等因素，需保留未成林造林地、苗圃地和迹地面积约 1000 万公顷（参考第八次清查数据），这部分林地不能计入森林面积。

21.3.3 退耕还林与部门绿化的影响

根据《新一轮退耕还林还草总体方案》，对具备条件的坡耕地和严重沙化耕地等共计 670 万公顷（1 亿亩）实施退耕还林，根据《全国造林绿化规划纲要（2011~2020 年）》等相关规划，城乡、通道及部门需要绿化土地和矿区废弃地造林，（2015~2020 年）可增加森林面积（930 万公顷）1.4 亿亩，两项合计 1600 万公顷。

21.3.4 造林年限的影响

按照常规的造林方式，南方省份的成林年限一般为 3 年、北方省份的成林年限一般为 5 年。

第一种情况：如果将造林任务提前集中安排，即不考虑造林年限影响，所有造林都能在 2020 年末成林，相应“十二五”期间所造林面积也不计入在内，则到 2020 年末预计成林面积为 8275 万公顷。

---

①《国家储备林制度方案》《国家储备林建设规划（2016~2050 年）》。

第二种情况：如果造林任务平均按年分配，到 2020 年末可计入的成林面积，南方为前 3 年造林面积，北方为第 1 年造林面积，针对“十二五”期间所造林面积，南方后 2 年造林面积，北方为第 2~5 年造林面积，则到 2020 年末预计成林面积为 7867.38 万公顷。

21.3.5　成林率的影响

根据第八次清查结果测算的人工造林综合成林率为 53%。如果将综合成林率提高到 75% 测算，

按 53%计算，第一种情况 8275×0.53＝4385.75 万公顷；第二种情况 7867.38×0.53＝4169.71 万公顷。

按 75%计算，第一种情况 8275×0.75＝6206.25 万公顷；第二种情况 7867.38×0.75＝5900.53 万公顷。

21.3.6　生长采伐的影响（忽略）

21.3.7　征占用林地的影响（忽略）

21.3.8　总体预测

到 2020 年末，森林面积增长最大潜力：6206.25 万公顷，总的森林面积为 6206.25+20793.6＝26999.85 万公顷；森林覆盖率为 28.12%；森林面积增长最小潜力 4169.71 万公顷，总的森林面积为 4169.71+20793.6＝24963.31 万公顷；森林覆盖率为 26.00%，如果考虑部分林地立地条件差，不能完全利用，如果森林生长采伐控制不好，征占用林地控制不力，增长潜力会进一步下降，估计会下降 1~3 个百分点，在 23%左右。

综上所述，在其他条件不变的情况下，到 2020 年，我国森林覆盖率的最大增长潜力为 6.46 个百分点。加上目前的森林覆盖率 21.66%，最大森林覆盖率为 28.12%，这与本世纪初《中国可持续发展林业战略研究》提出的森林覆盖率 28%的长远目标是基本一致的。

21.4　森林蓄积量增长预测

影响森林蓄积量的因素大致分为三个方面：森林自然生长量、生长采伐枯损量、其他影响。当前中国森林蓄积量为 151.37 亿立方米，我们以 2020 年为目标年分析。

21.4.1　森林自然生长力的影响

根据第八次森林清查结果，森林平均年均生长量为 4.23 立方米/公顷，以此次森林清查的森林蓄积量 151.37 亿立方米、森林面积 20768.73 万公顷为基数，开展运算。

第一种情况：森林覆盖率每年增加 1 个百分点计算，则 5 年后森林蓄积增加量将达到 9.76 亿立方米。

第二种情况：森林覆盖率每年增加 0.4 个百分点计算，则 5 年后森林蓄积增加量将达到 9.15 亿立方米。

21.4.2 森林采伐枯损的影响

（1）森林采伐量，根据《国家林业局关于切实加强“十三五”期间年森林采伐限额管理的通知》，“十三五”时期全国森林采伐限额为2.54亿立方米（25403.6万立方米），其中国有5450万立方米，国有林场3283万立方米，集体林19953.6万立方米；商品林19932.3万立方米，公益林5471.3万立方米；天然林4950.1万立方米，商品林20453.5万立方米。

（2）枯损量，（2009~2013年第八次森清期间）林木蓄积年均枯损消耗量11788.55万立方米，年均枯损量消耗率0.76%。假设“十三五时期”枯损量保持不变，也为1.18亿立方米。

21.4.3 其他方面的影响

林分起源结构的影响，考虑到有序停止天然林商业林采伐的影响，各地生态文明及生态省建设的需求，采伐指标可能出现用不完的现象，估计可减少森林采伐0.5亿~1亿立方米。

森林经营抚育的影响，考虑到森林抚育经营的深入和森林质量提升工程的推进，森林质量低的状况会不断改善。目前我国森林林龄结构不合理，幼龄林、中龄林、近熟林、成熟林、过熟林分别占乔木林面积（1.65亿公顷）的32%、33%、15%、13%、7%，林木平均胸径目前只有13.6厘米，乔木林每公顷蓄积量我国仅为89.79立方米/公顷，只有世界平均水平（131立方米/公顷）的70%左右，天然林104.61立方米/公顷，人工林的单位蓄积更低，为52.76立方米/公顷，估计可增加森林蓄积量5亿~20亿立方米。

森林病虫害的影响，目前我国森林处于健康状态的乔木林面积占75%，受火灾、病虫害等各类灾害影响的乔木林面积占17%，森林火灾受害控制率小于1‰，林业有害生物成灾控制率4.5‰，如果这种状况能够得到改善，估计可减少森林枯损量0.5亿~1亿立方米。

林业科技的影响，目前林业科技进步贡献率48%，林木良种使用率61%，林业机械化率45%，林业信息化率62%，如果这种状况能够得到改善，估计可增加森林蓄积量5亿~7亿立方米。

21.4.4 总体预测

到2020年末，乐观估计，森林蓄积量增长最大潜力为34.04亿立方米；保守估计，森林蓄积量增长最小潜力为16.43亿立方米。

综上所述，在其他条件不变的情况下，我国森林蓄积量的最大增长潜力为34.04亿立方米，即到2020年末森林蓄积保有量将达到185.41亿立方米；我国森林蓄积量的最小增长潜力为16.43亿立方米，即到2020年末森林蓄积保有量将达到167.8亿立方米。

21.5 木材市场供需预测①

木材作为国民经济的基础原材料，环境友好的绿色原材料，正在重新受到越来越多的国家青

①侯治溥，李式樵，侯知正，钟懋功，等．我国林业发展问题的综合研究［R］．北京：中国林科院林业经济研究所，1988.

睐。与钢材、水泥等相比，木材具有可再生、可降解、可循环利用的独特优势，据国外研究项目“雅典计划”分析，钢材、水泥在生产阶段的能源消耗分别是木材的 1.9 倍和 1.5 倍，造成的水污染分别为 120 倍和 1.9 倍，空气污染分别为 1.44 倍和 1.69 倍，固体废弃物数量分别为 1.37 倍和 1.95 倍①。

在以生态建设为主的林业发展战略下，我国启动了一批林业重点生态工程，在天然林保护的同时，大力发展人工林种植，而且在商品林采伐政策改革的引导下，森林采伐正在逐步由天然林向人工林转移。

第八次全国森林清查结果显示：我国用材林面积 6724 万公顷（其中可及面积、可采面积分别占用材林面积的 31%、13%），占森林面积的 33%，用材林蓄积 46.02 亿立方米，占森林蓄积的 31%（其中可及蓄积、可采蓄积分别占用材林蓄积的 50%、23%）。

21.5.1　木材需求量的预测

木材需求量并非由人们的主观意愿决定的，它受许多因素的影响。首先受森林资源条件的制约。此外，受工农业生产发展速度和产品结构的变化和国家基本建设的规模、节约木材的措施，代用材料的数量、经济政策、人口增长和人民生活水平的提高等因素影响。

预测木材需求量，可以从工农业总产值的增长与木材消费量关系预测木材需求量（据几十年来我国木材各项用途的数量及其在分配总量的比重可知，生产维修、基本建设和农业三项占总分配量的 80%左右）；也可以用从木材主要消费内容预测（包括坑木、造纸材、建筑用材、家具用材、农业用材、燃料用材、车辆及造船材、枕资、胶合板材、包装材及其他）；还可以用从历史上木材消耗增长速度来预测，也可以采用按人口平均消费量来预测，考虑到木材需求不仅会受到人口增长的影响，同时社会经济发展水平不同会引发木材需求量和需求结构的变化。因此，综合以上几种方法，采用人均工农业产值的单位木材消耗量进行预测，涵盖多种信息，增加预测精度，具体如下：

从 2004~2013 年，国内人均木材消耗量，由 0.17 立方米增长到 0.37 立方米，年平均增长速度为 0.09%；每亿元工农业单位产值木材消耗量由 0.24 立方米下降到 0.17 立方米，年平均增长速度为-0.04%；每人均单位产值木材消耗量，由 0.03 立方米下降到 0.02 立方米，年平均增长速度为-0.04%。到 2020 年末，国内木材总需求，估计为 6.14 亿立方米，考虑到统计误差因素，实际需求量应该在 6 亿~7 亿立方米。

综合上述分析，到本世纪末年木材需求量大约在 6 亿~7 亿立方米，这个需求量，实质上是木材市场控制下的年求量，而且建筑材等需要大量使用替代材料。到本世纪末年人均木材需求量大致在为 0.5~0.7 立方米。

21.5.2　木材生产量预测

用材林通常可分为一般用材林、速生丰产林和短轮伐期林，全国第八次森林清查数据显示：用材林面积 6724.41 万公顷，其中一般用材林、速生丰产林 6236.44、短轮伐期林分别是 81.46、

①刘东生. 经济社会发展转型与林业［J］. 绿色中国，2010，5：60-63.

406.51 万公顷。

影响木材生产量的主要因素：①现有用材林资源；②营林生产发展；③经营管理水平；④政策因素等。以此为依据，预测 2020 年木材生产量。

21.5.2.1 从现有资源预测木材可产量

根据国家森林可持续经营理念，遵循以下原则，确定木材产量：①坚持采伐量不超过年生长量，争取年年有结余；②坚持更新一定要跟上采伐的森林经营原则；③因地制宜确定采伐方式，采伐方式应以利于更新为前提。

从现有资源预测木材可产量估算木材产量，可以采用实际轮伐期的方法计算（考虑不同树种、不同林种、不同林龄等因素），也可以按现有生长量及生长率的方法计算。按生长量确定年可采伐量如下：

据前面预测可知，“十二五”时期，森林蓄积量增长的最大潜力是 36.04 亿立方米，最小潜力是 16.43 亿立方米，假设用材林存量的比重与增长量的比重一致，且保持不变（参考八次森清）为 31%，则用材林的最大增长潜力为 36.04×0.31 = 11.17 亿立方米，最小增长潜力为16.43×0.31 = 5.09 亿立方米，用材林的可及率及可采率保持不变（参考八次森清）为 50%、23%，出材率统一按 70%计算。

按照两种情况估计，第一种情况可采及率为 50%，第二种情况可采及率为 23%，则

第一种情况，最大潜力为 3.88 亿立方米，最小潜力为 1.79 亿立方米；

第二种情况，最大潜力为 1.54 亿立方米 ，最小潜力为 0.82 亿立方米。

此外，防护林（54%）和四旁树（5%）的最大潜力 21.26 亿立方米和最小潜力 9.81 亿立方米，可及率 10%计算，出材率按 70%计算，则最终最大潜力和最小潜力分别为 1.49 和 0.69 亿立方米。

薪炭林（1%），4169 最大潜力为 6206×0.01 = 62.06 万公顷，最小潜力为 4169×0.01 = 41.69 万公顷，每公顷出材 7.5 立方米，则最终最大潜力和最小潜力分别为 465.45 万立方米和 312.68 万立方米。

以上三项合计，2015-2020 年，总出材量最大潜力为 3.88+1.49+0.05 = 5.42 万立方米，年出材最大潜力为 1.08 万立方米；出材量最小潜力为 0.82+0.69+0.03 = 1.54 万立方米。

21.5.2.2 开发新资源的可产量

从现有资源可采量来看，难以满足国民经济建设和人民生活的需要。为解决木材供需矛盾，除提高木材综合利用、节约木材消耗量外，还需开辟新的森林资源，增加木材产量弥补缺口。

（1）速生丰产林建设。每年估计增加木材产量 0.18 亿立方米（每年平均建设规模 50 万公顷，50 立方米/公顷，出材率 70%，1750 万立方米）。

速生丰产林建设是在自然条件比较优越的地区，选用经济价值较高的速生树种造林，通过集约经营，能够取得速生、丰产、优质效果的人工林。从 1986 年开始，每年营造速生丰产林几十万公顷。其中 2015 年，完成速丰林工程建设各类造林 63.33 万公顷，其中荒山荒地造林 19.53 万公顷，更新造林 23.33 万公顷，非林业用地造林 2.13 万公顷；完成改培面积 18.34 万公顷。对珍稀大径材等特殊林木培育项目投资 4000 万元，完成建设任务 23333 公顷。

（2）国家储备林建设。每年估计增加木材产量 1.5 亿立方米。根据《国家储备林建设规划（2016~2020 年）》，到 2020 年我国将建设国家储备林基地 2 亿亩，建成后每年可新增木材供应能

力 1. 5 亿立方米，全面实现由采伐天然林向采伐人工林的历史性转变。其中 2015 年，落实中央投资 4. 5 亿元，完成国家储备林基地建设任务 14 万公顷。

以上二项合计，木材生产每年最大潜力为 0. 18+1. 5 = 1. 68 亿立方米。①

综上所述，到 2020 年，现有资源可产量和开发新资源的可产量总计，最大木材生产潜力为 3. 22 亿立方米，最小木材生产潜力为 1. 99 亿立方米。

现有木材生产每年约为 4. 33 亿立方米（2015 发展报告，三材相加），即到 2020 年，每年木材最大供给能力为 4. 33+3. 22 = 7. 55 亿立方米，最小木材供给能力为 4. 33+1. 99 = 6. 32 亿立方米。

21. 5. 3　木材供需状况

到 2020 年，中国国内木材需求在 6 亿～7 亿立方米，国内木材供给在 6. 32 亿～7. 55 亿立方米，供需基本能实现自给与平衡。

21. 6　小　结

当前用材林资源状况：一是分布不均，集中在偏远地区；二是生长量和出材率低；三是天然林仍然占有较大比重；四是成熟林面积较低；五是可利用资源少，大径材林木和珍贵用材树种更少。

面对供需矛盾，解决问题途径：一方面，要节流，严格控制采伐量，提高木材利用率，扩大木材代用材料；另一方面，扩大森林资源，加强现有林经营强度，提高林木生长量。主要从五方面因素考虑：一是每年保持一定造林面积，更新必须跟上采伐并扩大荒山造林；二是加速营造速生丰产林和木材战略储备林；三是科学控制皆伐择伐面积；四是加强对中幼林的抚育，提高林木生长量；五是严格控制森林火灾和病虫害的发生。

①速生丰产林建设与国家储备林建设，一定程度上，规划选林地存在重复。

第 22 章　林业发展环境

从国际上看，随着生态环境问题的日益突出，国际社会对保护森林、改善生态的呼声逐渐升高，发展林业已成为各国应对气候变化和全球生态治理的有效手段，联合国将保护、恢复和促进可持续利用陆地生态系统、可持续地管理森林、防治荒漠化，纳入了未来可持续发展目标。

从国内来看，首先，生态文明建设已写入党章，纳入中国特色社会主义事业“五位一体”总体布局，党的十八届五中全会提出包括绿色发展在内的五大展理念，被列入国家“十三五”经济和社会发展规划之中，为此中央之前专门出台了《关于加快推进生态文明建设的意见》和《生态文明体制改革总体方案》，赋予了林业推动生态文明建设的重大使命。其次，林业已成为实施国家战略的重要保障，推进“一带一路”建设，防沙治沙和林业“走出去”是重要内容；推进京津冀协同发展，生态是要求率先突破的三个领域之一；推动长江经济带发展，要求把修复长江生态环境摆在压倒性位置，把实施重大生态修复工程作为优先选项。

林业发展转型可以借鉴 SWOT 分析工具，在使命、目标确定的前提下，分析环境，发现机会和威胁，了解组织的资源和能力，识别机优势和劣势，构造战略并实施，并在随时间变化的动态背景下考查各种变量及结果，如图 22-1 所示。

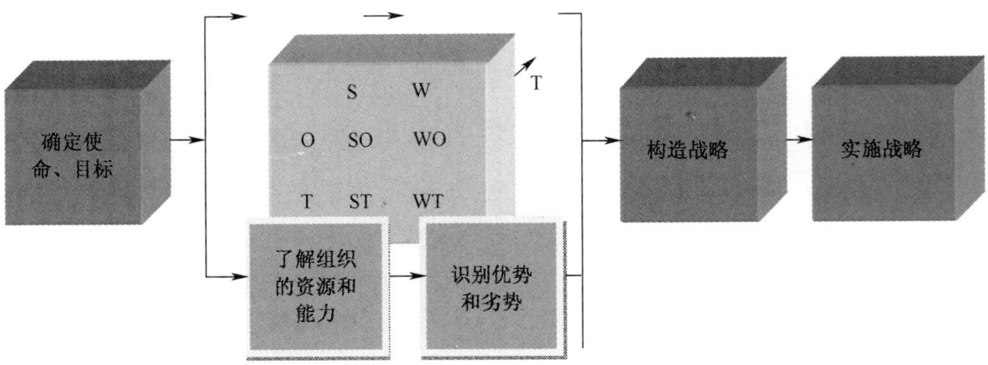

图 22- 1　林业发展转型 SWOT 分析

22. 1　国际背景

联合国秘书长潘基文 2008 年在为联合国气候变化大会高级别会议致开幕词时积极赞扬①：

---

①http：//www. un. org/chinese/sg/2008/poznan. shtml。

中国等国积极应对气候变化，做出了示范性作用。他同时还提出“绿色新政”（Green New Deal）概念，呼吁全球领导人在投资方面，转向能够创造更多工作机会的环境项目，在应对气候变化方面进行投资，促进绿色经济增长和就业，以修复支撑全球经济的自然生态系统。中国是世界上最大的发展中国家，也是温室气体排放增速和排放量均居世界第一的国家。预计到 2020 年，中国温室气体排放量将超过欧盟和美国总和，占世界总排放量的 40%~45%，人均排放量将与欧盟持平并超过许多发达国家。美国等发达国家多次强烈要求中国承担减排义务，施以巨大舆论和外交压力。林业在应对气候变化中具有特殊作用，森林具有巨大的储碳功能，科学造林就是固碳，绿化等同于减排。研究表明：林木每生长 1 立方米，平均吸收 1.83 吨 CO_2，放出 1.62 吨氧气。从现实来看，在加快转变经济发展方式，努力降低单位 GDP 能耗和排放的同时，充分发挥“森林碳汇”功能，选择间接减排，是明智的选择。①

联合国可持续发展目标，17 个目标中多次提到林业相关的领域，包括减贫、应对气候变化、水资源管理等，其中目标 15，保护、恢复和促进可持续利用陆地生态系统，可持续地管理森林，防治荒漠化，制止和扭转土地退化，阻止生物多样性的丧失，涉及 15 个分目标，主要包括：到 2020 年时，根据国际协议规定的义务，养护、恢复和可持续利用陆地和内陆的淡水生态系统及其便利，特别是森林，湿地，山麓和旱地；到 2020 年时，推动对所有各类森林进行可持续管理，制止森林砍伐，恢复退化的森林，大幅度增加全球的植树造林和重新造林；到 2030 年时，防治荒漠化，恢复退化的土地和土壤，包括恢复受荒漠化、干旱和洪涝影响的土地，努力建立一个不再发生土地退化的世界；到 2030 年时，养护山地生态系统，包括其生物多样性，以便提高它们产生可持续发展不可或缺的相关惠益的能力，这些内容，基本涵盖了林业各方面的主要关切，目标的制定和实现。

22.2　国内背景

一方面，在 960 万平方公里土地上，涉及十几亿人口的“新五化”（工业化、城镇化、知识信息化、国际化以及基础设施现代化）建设是中国发展的基本特征，也是中国未来发展的主要动力。从发展水平看，中国将从下中等收入国家到中等收入国家；按照购买力平价，中国人均 GDP 将超过世界平均水平，并总体上达到西欧国家 20 世纪 60 年代末和 70 年代初的水平。从恩格尔系数变化看，中国 30 年经历了一个从绝对贫困到温饱、再到富裕的全面小康社会的发展过程，人民的生活水平得到了全面改善和全面变迁。

另一方面，我国处于经济结构（注重数量一质量；黑色一绿色）转变的关键期，能源资源紧缺，环境资源危机，资源节约和环境友好型社会理念不断深化。从生态角度看，当前土地沙

①1981~2000 年，以森林为主体的中国陆地植被碳汇抵消了我国同期工业二氧化碳排放量的 14.6%~16.1%，其中森林植被净吸收了约 58 亿吨二氧化碳当量，相当于同期我国工业、能源温室气体排放总量的 12%左右。2009~2013 年，5 年间森林植被总碳储量增加了 6.15 亿吨，等同于增加 CO_2 吸收 22.55 亿吨，大约相当于吸收了同期与能源相关的中国 CO_2 排放总量（约为 380 亿~400 亿吨）的 5.8%。

化①、石漠化加剧，水土流失严重②；生物多样性锐减③；天然湿地萎缩④、功能下降，水资源安全受到严重影响；森林资源状况堪忧，资源和生态承载能力不强⑤；水旱灾害、气象灾害、地质灾害等频繁不断，很多灾害与生态破坏互为因果，严重影响和制约着我国社会经济良性发展。

22.3 有利条件

一是“五位一体”的建设总布局。将生态文明建设与经济建设、政治建设、文化建设、社会建设一起，作为中国特色社会主义建设的总体布局，作为2020年如期全面建成小康社会目标的强有力保障；

二是“三个自然”的提出。提出牢固树立尊重自然、顺应自然、保护自然的生态文明理念；

三是“三个发展”的长远大计。提出积极推行绿色发展、循环发展、低碳发展，建设生态文明，是关系人民福祉、关乎民族未来的长远大计；

四是“五化同步”的新高度，协同推进新型工业化、城镇化、信息化、农业现代化和绿色化；

五是“安全体系”的新观念。国家安全体系集政治安全、国土安全、军事安全、经济安全、文化安全、社会安全、科技安全、信息安全、生态安全、资源安全、核安全等于一体。林业是国家安全的重要保障，在维护国家生态安全、物种安全、淡水安全、木材安全、能源安全和粮油安全等方面发挥着不可替代的作用；

六是“五大发展理念”的确定。创新发展、协调发展、绿色发展、开放发展、共享发展。

22.4 面临挑战

虽然林业发展存在很多外部有利条件，但同时也面临着一些严峻挑战：资源基础薄弱，对经

---

①全国沙化土地面积174万平方公里，占国土面积的18.1%，全国还有近32万平方公里土地具有明显沙化趋势；我国南方岩溶地区8省（自治区、直辖市）有石漠化土地面积12.96万平方公里，中度和重度石漠化面积占到石漠化总面积的72.53%，还有近13万平方公里的潜在石漠化面积。

②全国每年流失土壤45亿多吨，损失耕地6万多公顷。

③过去半个世纪，中国有233种脊椎动物面临灭绝的威胁，到2007年，中国哺乳动物濒危物种增加到83种，鸟类濒危物种增加到86种。

④中国湿地面积约6594万公顷（其中还不包括江河、池塘等），占世界湿地的10%，位居亚洲第一位，世界第四位。随着长期以来的盲目围垦改造、生物资源过度开发、水资源不合理利用、工业污染加剧、海岸侵蚀等，我国天然湿地急剧减少，湿地功能和效益不断下降。

⑤我国森林覆盖率只有全球平均水平的2/3，我国每公顷森林蓄积量不到90立方米，只有世界平均水平的70%；每公顷森林年均生长量只有4.23立方米；结构完整的森林只占63.5%，原始林或接近原始状态的森林只占4%；人工林树种单一，纯林多、混交林少。

济社会发展的承载力不足；①② 投入标准偏低，对林业生态建设的扶持不够；产业效益低下，林业发展缺乏活力；科技支撑乏力，林业发展驱动力不足；治理能力较弱，林业制度保障不力；国际义务加重，对接政策有效性不强。

生产领域：林业生产与农业生产在地、水，肥、资金等方面的矛盾，林业生产中森林资源的采伐与培育之间的矛盾，林木年生长量与资源年消耗量之间的矛盾，林种结构的合理要求与不合理的现状之间的矛盾，等等；

流通领域：木材及其制品的供应与需求在数量、品种、规格、质量等方面的矛盾，林木产品统一经营管理的客观要求同多头领导、多家经营之间的矛盾，木材的合理价格及其与相关产品的合理比价要求同木材价格低而乱的现实之间的矛盾，等等；

分配和消费领域：等量资金获取等量利润的原则同林业与其他部门的利润额分配之间的矛盾，林业生产内部营林、森工及林木产品销售各部门利润分配的矛盾，合理加工及利用林木产品同不合理使用之间的矛盾，等等。③ 涉及的问题包括森林资源管理不善；木材利用率很低；森林经营始终未能被摆上日程，等等。④⑤

专栏22-1　现阶段我国林业发展呈现出八个基本特征

第一，森林资源增长与木材供应不足并存，木材供需矛盾十分突出，对森林资源压力日益加大。清查结果显示，我国森林覆盖率由20.36%提高到21.63%，森林面积由29.31亿亩增加到31.15亿亩，森林蓄积量由137.21亿立方米增加到151.37亿立方米。同时，我国木材消费量急剧增长，由2002年的1.83亿立方米猛增到2012年的4.95亿立方米，木材对外依存度超过45%，这种态势还将继续发展。

第二，森林资源总量提升与森林粗放经营并存，提高森林质量潜力巨大，加强森林经营势在必行。清查结果显示，我国每公顷森林蓄积量和年均生长量均有所增加，分别达到89.79立方米、4.23立方米。近成过熟林和混交林比例分别上升3个百分点和2个百分点。同时，我国森林

①中国的森林资源总量仍然十分有限，生态安全存在巨大的压力。巨大的人口压力，经济的高速增长造成森林资源的巨大消耗并形成更大的压力。据历次全国森林资源清查，从新中国成立到20世纪末的50年，全国共消耗森林资源100亿立方米，相当于我国现有森林蓄积量112.7亿立方米的88.73％。仅按现在年均森林消耗量3.7亿立方米计，新世纪开始后的50年，我国森林资源消耗量至少需要185亿立方米，这一数字是我国现有森林总量的1.6倍。而且边治理边破坏现象严重，在一些地区已将森林视为重要的生态资源和社会资源的同时，另一些地区仍以牺牲森林资源来换取粮食增产、经济增长，对森林资源的经济依赖度仍然相当高，并造成林地大量流失。我国生态环境恶化的趋势尚未得到根本扭转，必须加快林业发展，才能够与经济、社会发展相适应。张建龙．深化改革创新 增进绿色惠民 全面开创林业现代化建设新局面——在全国林业厅局长会议上的讲话［EB/OL］．中国林业网 http：//www.forestry.gov.cn，2016-03-18.

②当前用材林中可采面积仅占13%，可采蓄积仅占23%，八次清查森林面积增量只有上次清查的60%，现有未成林造林地面积比上次清查少396万公顷，仅有650万公顷。同时，现有宜林地质量好的仅占10%，质量差的多达54%，且2/3分布在西北、西南地区，立地条件差，造林难度越来越大，造林投入越来越高。

③陈培源，李周，李利亚．试论我国林业的主要矛盾［J］．林业经济问题，1984，2：1-6.

④张建国．中国式林业现代化道路的初步讨论［J］，林业经济问题，1982，12：36-50.

⑤江泽慧，等．中国现代林业［M］．北京：中国林业出版社，2000，1：173-227.

65%是中幼林，单位面积蓄积量不到世界平均水平的70%，森林经营、森林质量和林地生产力均处于较低水平。

第三，生态改善与生态退化并存，自然生态系统依然十分脆弱，生态资源总量依然严重不足。清查监测结果显示，全国森林植被总碳储量达到84亿吨，森林、湿地的生态服务功能年价值量分别超过13万亿元和10万亿元，湿地保护面积3.5亿亩，沙化、石漠化土地分别减少8587平方公里、9600平方公里，国家重点保护野生动植物数量稳中有升。同时，质量好的森林不足20%，自然湿地严重萎缩、功能退化，土地沙化和石漠化危害依然严峻，野生动植物依然面临严重威胁。

第四，生态需求增加与资金投入不足并存，资金短缺依然是林业生态建设重要的瓶颈制约。我国林业肩负着近80亿亩林地、湿地、沙地的治理保护任务。林业投入大幅度增加，但依然严重不足，平均每亩每年投入不足20元，与实际需要差距较大。

第五，林业产业快速发展与林区民生问题突出并存，发展绿色富民产业、改善林区民生的任务仍然十分艰巨。林业产业快速发展，促进了农民就业增收。但林区职工、林农群众收入低，林区基础设施落后，民生问题突出。

第六，社会高度关注与生态破坏严重并存，增强生态意识、遏制生态破坏依然任重道远。生态问题日益受到重视和关注，生态系统也受到经济活动的巨大影响。我国侵占林地、破坏湿地的现象十分严重。清查结果显示，5年间已有1.2亿亩林地转为非林地，每年流失林地高达2418万亩。

第七，林业科技进步与生产技术落后并存，提升林业发展质量效益还有很大空间。进入新世纪以来，我国林业取得了近万项科技成果，但林业生产技术水平仍然很低，林业科技进步贡献率仅为43%，林地平均产出率只有耕地的一半左右。

第八，战略机遇与严峻挑战并存，用好机遇、应对挑战已成为各级林业部门面临的重大考验。我国林业发展条件日益优化，林业国际化程度日益增强，但也面临着严峻挑战和巨大压力。

上述八个“并存”的基本特征表明，我国林业正处于恢复发展阶段。森林总量不足、质量不高、功能不强、分布不均的基本林情没有根本改变，生态资源不足与日益增长的生态民生需求之间的矛盾仍然十分突出。①

22.5 小 结

综合国际国内发展形势，林业发展的内涵正在发生深刻变化，有利条件多于不利因素，林业

①创新治理体系 提高治理能力 科学把握我国林业发展新特征［EB/OL］. 中国林业网 http：//www.forestry.gov.cn，2014-03-13.

正处于新的战略机遇期和黄金发展期，机遇大于挑战。①

当前我国正处于经济结构（注重数量—质量；黑色—绿色）转变的关键期；能源资源紧缺，环境资源危机，资源节约和环境友好型社会理念不断深化；正在筹划优化生态系统格局，构建“两屏三带”为主体的生态安全战略格局。② 发展必然引起转型，转型也是发展。当今中国社会主题已经是“转型是硬道理”，已经从“加快发展速度”转向“加快发展方式转变”。

我们正处在发展的“十字路口”，是继续沿着“高投入、高消耗、高排放、低效率”，“重工业优先传统模式”的路径依赖地走下去呢？还是根本转变发展模式，转向“低消耗、低排放、高附加值、高效率”新型工业化的新路径之中。建立资源节约和环境友好型社会，发展低碳经济，应对气候变化，既是中国实现经济发展模式转型的国际压力和重要契机，也是基本方向和重要动力。绿色发展将是 21 世纪中国创新发展的重要方向，符合中国基本国情，更符合中国国家利益。

①林业正在成为我国展示负责任大国形象的舞台，同时也正成为国际热点敏感问题的焦点，一方面，习近平主席在气候变化巴黎大会上庄严承诺，到 2030 年我国森林蓄积量要比 2005 年增加 45 亿立方米左右。另一方面，中国即将成为全球最大的林产品进口国和消费国，除低档人造板、低档纸及纸制品、松香和少数品种的经济林产品供求大体平衡外，多数林产品供求存在较大的缺口，木材及林产品结构性短缺严重，供求矛盾呈不断加剧之势，面临着越来越大的国际压力；同时，木材非法采伐、象和老虎等野生动物保护已成为国际热点敏感问题，必须积极妥善应对。森林的可持续发展日益受到各国的关注，今后原木的出口将面临更多的生态约束。在全世界对木材的进口需求以年均-3. 1%的速度增长的背景下，中国对木材的进口在 2005~2009 年间以年均 5. 9% 的速度增长，对木材的大量进口在一定程度上加速了世界森林资源减少的趋势，因此中国承受着巨大的国际舆论压力，西方国家纷纷指责中国进口大量的原木资源不仅破坏了其他国家的森林，而且间接鼓励了非法采伐。“中国木材威胁论”是中国在林产品贸易领域遭遇的新贸易保护主义，成为贸易摩擦的一个重要诱因。

②《全国主体功能区规划（2009~2020）》。

第 23 章　林业热点关注

23.1　国际林业热点

国际林业热点问题产生背景，基于四个方面：政治背景——气候政治给林业带来了新的机遇和挑战；经济背景——森林等自然资源成为可持续发展的基础；环境背景——工业文明发展遇到了严重的环境制约；社会背景——快速增长的世界人口正在挤压着森林空间。

森林可持续经营的宗旨，就是保证森林持续、有效地满足当代人的物质、文化、精神需求，同时又不危害后代人享受这些利益的基础。全球林业在森林可持续经营这一主题下，在生态管理方面，产生了应对气候变化、热带林保护、次生林经营、荒漠化防治、湿地保护等热点问题；在林业经济方面，出现了人工林发展、开发生物质能源、打击非法木材贸易等热点问题；在森林管理方面，出现了森林价值评估、森林认证、改革林业决策方法、构建生态伦理等热点问题。另外，反贫困、景观修复、城市林业、森林旅游发展等也成为各国和国际组织关注的热点①。

23.2　林业经济学

林业经济研究工作同整个林业建设的关系是何等密切！三十年的经验证明：什么时候按自然规律和经济规律办事，我国的林业就能发展，就能前进；否则，我们羸会受到惩罚，林业事业就会停滞不前，甚至倒退。因此，我们要搞好林业建设，加快林业现代化的步伐，就必须坚定不移地自觉地按客观经济规律办事。这里就有一个发现、认识、利用经济规律，自觉按经济规律办事的问题。林业经济工作者的历史任务，就是要有计划地研究林业经济工作中的重大理论和实际问题，不断揭示林业的经济规律，推动林业现代化建设。②

当前，林业经济学研究，主要集中在营林经济学、投资经济学、核算经济学和政策经济学四个方面。林业经济问题包括森林资源及其经济评价、森林资源再生产、林业计划、信息及预测、林业劳动和劳动报酬、林业资金和经济核算、营林产值计算、林价理论和方法、木材流通与市场结构等。③ 详见表 23-1。

---

①徐斌，张德成. 世界林业觌点问题［M］. 北京：科学出版社，2011.

②雍文涛. 林业建设问题研究［M］. 北京：中国林业出版社，1985.

③廖士义. 林业经济学导论［M］. 北京：中国林业出版社，1987.

表 23-1　林业经济学关注内容

著作名称（年度）	主　编	主要内容
林业经济管理学（1983）	吴静和	（1）林业在国民经济中的地位和作用；（2）我国社会主义林业的发展；（3）林业现代化；（4）森林资源合理利用；（5）林业生产结构和专业化；（6）林业的计划工作；（7）林业中的劳动报酬；（8）林业的物质基础；（9）林业资金；（10）林价和林产品结构；（11）林业的经济核算（12）林业技术经济效果评价；（13）林业经济管理体制
中国林业经济问题（1984）	张建国	（1）把林业经营的指导思想建立在生态平衡的基础上；（2）社会主义林业制度的建立和发展；（3）中国林业的现代化；（4）林业部门结构；（5）森林资源；（6）林业计划和森林资源再生产；（7）林业生产力诸要素的利用和发；（8）森林评价；（9）林产品交换和林产品价格；（10）林业经济核算和预算；（11）林业生产技术经济效果评价；（12）中国的集体林业经济；（13）林业经济管理体制
林业经济学（1986）	东北林业大学	（1）林业的地位和作用；（2）林业经济的形成和发展；（3）林业经济结构；（4）我国林业所有制；（5）森林资源及其再生产；（6）林业生产布局和林业区划；（7）林业生产的集中化、专业化和联合化；（8）林业科学技术进步；（9）林业计划和市场调节；（10）林业基本建设；（11）林业劳动和人才培养；（12）林业资金及其利用；（13）林产品价格与林价；（14）木材流通与消费；（15）林业生产经济效果
林业经济管理学（1986）	北京林业大学	（1）我国社会主义林业的建立和发展；（2）森林资源及其再生产；（3）林业生产结构与布局；（4）林业经济管理体制；（5）林业经营管理；（6）林业计划管理；（7）林业劳动管理；（8）林业技术管理；（9）林业物资供应和林产品销售；（10）林业资金管理；（11）林产品成本、价格、盈利和林价；（12）林业经济核算和经济活动分析；（13）林业技术经济效果原理；（14）林业技术经济效果的分析和评价方法
林业经济学导论（1987）	廖士义	（1）林业及其特点；（2）中国林业历史概况；（3）新中国林业经济建设；（4）国家对林业的管理；（5）森林资源及其经济评价；（6）森林资源再生产；（7）林业计划、信息及预测；l8）林业劳动和劳动报酬；（9）林业资金和经济核算；（10）木材流通与市场结构；（11）林价理论和方法；（12）营林产值计算
中国林业经济学（1992）	张建国	（1）林业在社会经济发展中的地位与作用；（2）把林业经营的指导思想建立在生态平衡的基础上；（3）森林资源及其再生产；（4）林业的所有制与经营方式；（5）林业部门结构与产业政策；（6）林业区划与林业布局；（7）林业发展长远规划；（8）林业宏观管理；（9）林业经济的运行环境与运行机制；（10）林业生产要素的配置；（11）木材及其他林产品市场与价格；（12）木材流通与消费；（13）林业税收的调节与管理；（14）林业的收入分配；（15）环境性林业资源供求的国家政策和地区协调；（16）林业成本利润与产值核算；（17）林业经管综合效益评价；（18）林产品国际贸易；（19）林业的国际交流、协调与发展
林业经济学（1998）	邱俊齐	（1）世界和中国林业；（2）森林资源经济评价；（3）林业经营；（4）林业资源配置；（5）林产品贸易和市场；（6）非木材产品经济；（7）政府对林业的宏观调控；（8）PRA 方法在林区社会经济调查中的应用

（续）

著作名称（年度）	主 编	主要内容
林业经济管理（2005）	高 岚	（1）我国林业发展历程与发展战略；（2）森林资源经济评价；（3）林业经营；（4）林业企业管理基础；（5）林业企业要素管理；（6）林业企业市场；（7）林业经济效益评价；（8）林业项目可行性研究
林业经济管理学（第四版）（2009）	高 岚	（1）我国林业发展历史及趋势；（2）中国林业经济发展概论；（3）中国林业制度；（4）森林资源及其价值评价；（5）林业经营；（6）林业企业管理基础；（7）林业企业要素管理；（8）林产品市场营销；（9）林业经济效益评价；（10）林业项目可行性分析
林业经济学（2011）	沈月琴、张耀启	（1）绪论；（2）林业生产要素；（3）林业产出；（4）林产品市场；（5）林业产业和产权；（6）林业政策；（7）林业与区域发展；（8）林业发展新趋势；（9）林业经济调查研究方法
林业经济学（2013）	Daowei Zhang and Peter H. Pearse	第一部分 市场、政府和林业投资分析（1）绪论；（2）市场经济与政府管理；（3）林业投资分析；第二部分 林业行业：土地、木材各无价格的森林价值。（4）木材供给、需求和价格；（5）无市场价格的森林价值；（6）土地配置和多边利用；第三部分 营林经济学（7）最佳森林采伐期；（8）采伐限额和采伐速度；（9）林业长期发展趋势和造（营）林投资经济学；第四部分 林业政策的经济学（10）产权；（11）森林税费；第五部分 全球视野下的林业经济学（12）林产品贸易；（13）全球森林资源与环境

23.3 林业经济问题

20世纪80年代，改革开放初期，一些专家学者就对我国林业经济的一些问题进行了冷静思考：为什么年年造林不见林？为什么林业建设三十多年后，大量荒山秃岭依然如故。沙漠面积没有控制住，而且仍在继续扩大？为什么国家统计数字建国以来森林覆被率由8%提高到12.7%，即提高42%，而水土流失不仅没有减少，而且还有增加？为什么社会上木材非常紧张、短缺，而森林资源却大量浪费？为什么我们要求必须按自然规律和经济规律办事，而违背自然规律和经济规律的事情却非常严重？为什么三十年来我国的气候越来越不正常？新中国成立后，林业经济建设，有哪些是科学的符合客观规律的，因而给大好河山锦上添花，增加光彩，有哪些是不科学的，违背客观规律的，从而使破碎的河山更破碎？新中国成立后，国家对林业经济建设是重视、支持还是不重视、不支持?①

除了专家学者，同时期林业部领导也在思考研究，林业经济工作面临的新任务、新课题。包括：林业在国民经济中的地位和作用问题；农、林、牧的结合问题；什么是林业现代化？如何既加强林政管理，又改变目前林产品统得过死，管得过严的情况；如何在国家计划指导下，实行计划调节和市场调节相结合，采用经济手段管理林业；针对林业企业的特点，如何扩大企业自主

①仲星帆. 谈谈对林业经济问题的一些看法［J］. 林业经济问题，1982，12：1-9.

权，如何改革目前的产品结构；林业生产专业化和协作问题；关于林业再生产理论的研究；关于林业生产合理布局问题；林价和木材价格问题；林业工商问题，是否可以使营林、采伐、加工、销售更好地结合，互相促进，实现以林养林？是否可以达到以林保工，以工养林，紧密结合，以加快林业生产建设步伐，较快较好地改变林区的落后面貌？①

几十年过去了，现在经济社会背景发生了很大变化，过去林业经济面临的一些矛盾和问题，已经不复存在，然而还有一些基本问题没有改变，几十年前提出的问题现在还不同程度地存在，有些矛盾甚至更加严重。②

当前我国林业经济问题思考：森林需要分类经营吗，木材需求需要抑制吗，森林价值核算有意义吗，森林对环境的影响显性吗，放开采伐限制可行吗，森林碳汇有前途吗，保生态与促民生能兼顾吗，集体林改统分结合的逻辑成立吗，义务植树质量能保证吗，野生动植物保护有效吗，国有林区改革是甩包袱吗，天然林禁伐要一刀切吗，林业工程能自下而上吗，生态为主能忽视林业产业吗，部门能不为争权而存在吗，林业能回归到以森林为主吗，森林能回归到以培育为主吗，服务大局与生态建设冲突吗，城市林业与乡村林业能协调统一吗，近自然林业在中国可行吗，通过产权创新能增加植树造林吗，全社会办林业能够实现吗，全球生态治理机制能有效协调吗？

---

①雍文涛. 林业建设问题研究［M］. 北京：中国林业出版社，1985.

②William F. Hyde 2014 年提出了未来林业经济需要解决的 12 个问题，分别是：费斯曼方程；宏观经济与林业经济的联系；林产品的技术改进，林业与森林保护；森林（功能）延伸与技术转移；（收入）分配特性；公共森林机构的履职与绩效；（伴随需求的）休闲（功能）供给；基于森林资源需求的各种森林工业的差异性；非产业化的私有林林主；有森林的环境库兹涅兹曲线吗？林地产权与集体林管理；荒野地－城市干扰。William F Hyde. Twelve Unresolved Questions for Forest Economics-and Two Crucial Recommendations for Forest Policy Analysis［J］. Handbook of Forest Resource Economics，2014.

第 24 章　林业十大关系

24.1　人与自然的关系

大自然是生命的摇篮，是人类赖以生存与发展的基础。大自然是一种特殊的资产，它为人类提供各种服务，包括提供生命支持系统，以维护人类生存与发展。人与自然关系的演变是一个极其漫长的历史过程，也是一个极其复杂的认识发展过程，一部人类的发展史，就是一部人与自然的关系史。①

马克思指出："人靠自然界来生活。这就是说，自然界是人为了不致死亡而必须与之不断交往的人的身体。所谓人的肉体生活和精神生活同自然界相联系，也就等于说自然界同自身相联系，因为人是自然界的一部分。""从理论领域说来，植物、动物、石头、空气、光等等，一方面作为自然科学的对象，一方面作为艺术的对象，都是人的意识的一部分，是人的精神无机界，是人必须事先进行加工以便享用和消费的精神食粮。""不以伟大的自然规律为依据的人类计划，只会带来灾难。""劳动首先是人与自然之间的过程，是人以自身的活动来引起、调整和控制人与自然之间的物质变换过程。"②

恩格斯也说："我们连同我们的血、肉和头脑都是属于自然界和存在于自然之中的。""我们不要过分陶醉于我们对自然界的胜利。对于每一次这样的胜利，自然界都报复了我们。每一次胜利，在第一步都确实取得了我们预期的结果，但是在第二步和第三步却有了完全不同的、出乎预料的影响，常常把第一个结果又取消了……因此我们必须时时记住：我们统治自然界，决不像征服者统治异民族一样，决不像站在自然界以外的人一样，——相反，我们连同我们的肉、血和头脑都是属于自然界，存在于自然界的。""政治经济学家说：劳动是一切财富的源泉。其实，劳动和自然界在一起它才是一切财富的源泉，自然界为劳动提供材料，劳动把材料转变为财富。"③

人与自然关系的认识过程经历了三个阶段：④ 第一个阶段人是自然的奴隶，人是被动的，人的一切活动都受到自然的控制。第二个阶段人试图成为自然界的主宰，人类无度地向自然界索取。这一阶段既是人类进入工业化、城市化、现代化的黄金时期，也是人（需求与消耗）与自然（承载与供给）之间差距不断扩大，资源环境与发展矛盾凸显期。这是典型的"先污染、

①牢固树立中国特色社会主义生态观［EB/OL］. 中国林业网，http：//www. forestry. gov. cn，2014-09-01.

②中共中央马克思恩格斯列宁斯大林著作编译局．马克思恩格斯全集．第一卷［M］. 北京：人民出版社，2002.

③中共中央马克思恩格斯列宁斯大林著作编译局．马克思恩格斯全集．第二卷［M］. 北京：人民出版社，2002.

④胡鞍钢，等. 中国自然灾害与经济发展［M］. 武汉：湖北科技出版社，1997.

后治理”的黑色发展模式。第三个阶段人不再是自然界的主宰，而是自然界的朋友，自然生态系统与社会经济系统形成良性循环的关系，进入到新型的“人与自然和谐”的绿色发展模式。

中国的自然国情是人均资源少，① 生态环境极度脆弱，自然灾害频繁，与此同时中国正处在工业化、城镇化、国际化的加速时期，有限的自然资源和脆弱的生态环境承受了空前、持久、巨大的人口压力和发展压力，这是中国从传统的农业社会向现代的工业社会转变过程中难以避免的重大挑战。

我们一直对人与自然之间的关系以及对中国自然国情缺乏全面认识与深刻理解，更大规模地加剧了人与自然之间的差距，进一步拉大了长期以来的生态赤字。② 资源、能源供需矛盾不断尖锐；生态破坏趋势不断恶化；全球气候变化大大地改变了中国发展的自然环境，我国是世界上自然灾害最为严重的国家之一，③ 异常气候频繁大面积发生，不断地冲击正常的经济发展和人民生命财产安全。直到 20 世纪 90 年代中期领导人才将人口、资源、环境与发展关系视为中国社会主义现代化建设的重大关系，首次提出了“可持续发展”战略，“决不吃祖宗饭、断子孙路，走浪费资源和先污染、后治理的路子”，④ 中国开始进入生态建设和自然恢复期。⑤ 至此，建设生态文明开始成为全面建设小康社会的五大任务之一，⑥ 这意味着中国开始从生态赤字进入生态盈余的时代。

实现人与自然和谐相处，需要全社会共同呵护我们的生存家园，共同建设生态文明的社会。经济增长和社会消费水平提高不能超越资源环境承载力，不能以浪费资源、破坏环境和威胁生态安全（尤其是气候安全）为代价，在发展过程中不但要尊重经济规律，更要尊重自然规律。实现人与自然的良性循环，实现代际公平和永续发展。21 世纪上半叶中国的现代化任务不只是达

---

①中国是一个人均资源相对贫乏的国家，耕地、原煤储量、水能资源储量、石油储量和天然气储量的人均占有量分别相当于世界平均水平的 33%、55%、80%、10%和 4%。

②建国初期，我国森林蓄积量降到历史最低点，为 108 亿立方米；1973~1976 年又进一步下降至 86.56 亿立方米，减少了 20%，这一时期是“森林赤字期”；直到 20 世纪 1989~1993 年才超过中华人民共和国成立初期的水平，达到 101.37 亿立方米；而后才开始进入“森林盈余期”，1999~2003 年为 124.56 亿立方米，盈余进一步扩大。

③我国灾害种类多、分布地域广、发生频率高、造成损失重。70%以上的城市、50%以上的人口分布在气象、地震和海洋等自然灾害严重的地区。有关研究表明：全球气候变暖与自然灾害加剧的关系已对我国产生严重影响。（《国家综合减灾“十一五”规划》，2009 年 1 月 14 日）。

④江泽民．正确处理社会主义现代化建设的若干重大关系．//江泽民文选．第一卷［M］．北京：人民出版社，2006.

⑤1999~2008 年，我国累计投资 1918 亿元，退耕还林 2687 万公顷，占国土面积的 2.8%（国家林业局，2009 年 9 月 14 日）。

⑥中共十七大提出：“建设生态文明，基本形成节约能源资源和保护生态环境的产业结构、增长方式、消费模式。循环经济形成较大规模，可再生能源比重显著上升。主要污染物排放得到有效控制，生态环境质量明显改善。生态文明观念在全社会牢固树立。”胡锦涛．高举中国特色社会主义伟大旗帜　为夺取全面建设小康社会新胜利而奋斗——在中国共产党第十七次全国代表大会上的报告［M］．北京：人民出版社，2007.

到中等发达国家水平，① 还要实行绿色发展战略，建设绿色中国，实现绿色现代化。

就林业发展而言，林业所取得的显著成就正是树立了科学的生态文明观，建立了以人为本、全面、协调、可持续的发展理念，顺应了人与自然的和谐相处关系。这一点可以从领导人理念的变化和林业发展战略的变迁上得到证实。

中华人民共和国成立后，以毛泽东同志为核心第一代中央领导集体对森林问题极为重视。1955 年，毛泽东同志向全国人民发出了“绿化祖国”“实行大地园林化”的号召。1958 年，他又进一步指出：“要看到林业、造林，这是我们将来的根本问题之一。”这一时期，中国政府确定了“普遍护林、重点造林”的方针，有力推动了森林资源发展。

1978 年，以邓小平同志为核心的第二代中央领导集体，在领导中国人民进行改革开放的同时，带领中国人民开展了一场规模浩大的植树造林运动。1979 年，五届全国人大常委会第六次会议通过了《中华人民共和国森林法（试行）》，并决定 3 月 12 日为中国植树节。1981 年 12 月，在邓小平同志的倡导下，五届全国人民代表大会第四次会议做出了《关于开展全民义务植树运动的决议》。从此，从中国最高领导人到亿万民众持续 30 多年，年年履行植树义务，截至 2012 年，参加义务植树人数累计达 133 亿人次，义务植树 614 亿株。著名林学家理查德·迈克尔评价说：中国的义务植树，为全世界树立了光辉的榜样。

1991 年后，以江泽民同志为核心的中央领导集体又发出了“全党动员、全民动手、植树造林、绿化祖国”“再造祖国秀美山川”的号召，进一步动员全国人民植树造林、保护森林。1998 年全国人大修订了《中华人民共和国森林法》，颁布了世界上首部《防沙治沙法》。随后，中国政府制定了《全国生态环境建设规划》，明确提出：“建设祖国秀美山川，是把我国现代化建设事业全面推向 21 世纪的重大战略部署。”2001 年，刚刚走进小康的中国毅然决定，在今后十几年内，投资几千亿元，实施天然林资源保护、退耕还林、京津风沙源治理等六大林业重点工程。

进入新世纪，如何实现全面协调可持续发展、人与自然和谐发展，以胡锦涛同志为总书记的新一届中央领导集体，在继承的基础上，继续带领中国人民进行着创新和发展。2003 年 6 月，中共中央、国务院做出了《关于加快林业发展的决定》，明确提出：“确立以生态建设为主的林业可持续发展道路，建立以森林植被为主体、林草结合的国土生态安全体系，建设山川秀美的生态文明社会。”2005 年 9 月，中国政府又做出了《关于进一步加强防沙治沙工作的决定》，发出了《关于加强湿地保护工作的通知》，制定了《中国湿地保护行动计划》，从而在全国形成了建设森林生态系统、保护湿地生态系统、改善荒漠生态系统、全面推进生态建设的基本格局。温家宝总理在 2009 年 6 月 22 日召开的中央林业工作会议中说：“2003 年《关于加快林业发展的决定》中，中央明确了林业的定位，即在贯彻可持续发展中林业具有重要地位，在生态建设中林

---

①1987 年邓小平提出中国现代化“三步走”战略设想，即：到 20 世纪末，中国人均国民生产总值将达到八百至一千美元，看来一千美元是有希望的，那时人口是十二亿至十二亿五千万，国民生产总值就是一万至一万二千亿美元了。我们社会主义制度是以公有制为基础的，是共同富裕，那时候我们叫小康社会，是人民生活普遍提高的小康社会。更重要的是，有了这个基础，再过五十年，再翻两番，达到人均四千美元的水平，在世界上虽然还是在几十名以下，但是中国是个中等发达的国家了。那时，十五亿人口，国民生产总值就是六万亿美元，这是以一九八〇年美元与人民币的比价计算的，这个数字肯定是居世界前列的。邓小平：会见香港特别行政区基本法起草委员会委员时的讲话，1987 年 4 月 16 日，来源：《邓小平文选》（第三卷）［M］. 北京：人民出版社，1993.

业具有首要地位，在西部大开发中林业具有基础地位，这 3 句话我始终没有忘记，我还要加上一句，就是在应对气候变化中林业具有特殊地位。”① 回良玉副总理也在中央林业会议中指出：“总的来看，现在的林业与过去的林业已大不相同，社会对林业的需求日趋多样，林业的内涵日益丰富，林业的多种功能空前凸显。过去林业主要是保障木材等林产品供给，现在正在向开发生物产业、森林观光、保健食品等多元化发展；过去林业主要是发挥防风固沙、水土保持等作用，现在正在向森林固碳、物种保护、生态疗养等新领域延伸；过去林业主要是着眼发展经济，现在正在向改善人居、传承文化、提升形象等高层次推进”。②

进入新时代，习近平总书记对林业工作高度重视，多次研究林业重大问题，多次视察林业林区工作，多次关心林业职工生活，多次参加义务植树活动，多次作出重要指示批示，对林业改革发展提出了许多新思想新观点新要求，涉及林业改革、造林绿化、生态保护、产业发展等各个方面。习近平总书记指出，要把生态环境保护放在更加突出的位置，像保护眼睛一样保护生态环境，像对待生命一样对待生态环境；既要绿水青山，也要金山银山，绿水青山就是金山银山；保护生态是林业的主要职能，要全面保护天然林，保护好每一寸绿色；森林是国家、民族最大的生存资本，关系生存安全、淡水安全、国土安全、物种安全、气候安全和国家外交战略大局；林业建设是事关经济社会可持续发展的根本性问题；发展林业是全面建成小康社会的重要内容，是生态文明建设的重要举措。2016 年 1 月 26 日，习近平总书记在主持召开中央财经领导小组第十二次会议专题研究森林生态安全问题时明确要求，要着力推进国土绿化，着力提高森林质量，着力开展森林城市建设，着力建设国家公园。这些重大战略思想内涵丰富、博大精深、融为一体，为林业改革发展指明了方向，提出了新的更高要求。践行绿色发展理念，核心是深刻理解习近平总书记关于林业和生态文明建设系列重大战略思想，更好地指导林业改革发展。

24.2　生态和产业的关系

生态与产业的关系问题，是林业发展一直在不断争论的一个话题。森林是陆地生态系统的主体，以生态为主的林业发展战略自然而然，同时，民生需求是发展的归宿，产业发展所带来的就业和收入能满足基本民生需求。围绕生态与产业的关系，无非存着三个情况，产业为本、生态至上、生态③与产业④相结合。当前生态与产业结合的林业发展思路占据主流，然而关键是如何结合，谁主谁次、孰重孰轻？实际上二者并不矛盾，林业产业本身就是生态产业、低碳产业、循环

---

①温家宝：2009 年中央林业工作会议讲话“高度重视林业的改革与发展”。来源：《求是》，2009 年 8 月 16 日第 16 期。

②回良玉：2009 年中国林业工作会议讲话“全面推进集体制度改革，切实加强生态文明建设”。来源：《求是》，2009 年 8 月 16 日第 16 期。

③全面实施以生态建设为主的发展战略，充分发挥林业在生态保护与建设中的主体功能，要以林业重点生态工程为依托，以防范和减轻风沙、山洪泥石流等灾害为重点，加强森林资源保护与经营，大力开展植树造林，深入开展全民义务植树运动；强化野生动植物和湿地保护，加强自然保护区建设，构筑十大绿色生态屏障，努力形成维护国土生态安全的保障体系。

④在全面提升林业生态功能的同时，大力发展木材及其他原料林培育产业、林产工业、木本粮油和特色经济林产业、森林旅游产业、林下经济产业、竹产业、花卉苗木产业、林业生物产业、野生动植物繁育利用产业、沙产业等十大绿色富民产业，努力实现生态效益、经济效益和社会效益多赢。

产业，发展产业本身也是生态贡献，如果一味追求生态而忽视产业，生态的可持续性就会受到损害，就难以长久维持。林业的资源基础在山区，而山区人民也把发展林业作为脱贫致富的有效途径，如何实现兴林富民结合、保护开发融合是关键点，虽然发展经济林、林下经济都是不错的选择，然而现实中却因缺乏必要的投入和市场需求，效果大打折扣，因此从根本上讲，做好规划监督，打破分类经营的限制，适度放开商品林经营至关重要，从某种意义上，秉承生态效益与经济效益兼顾的思想，是实现林业长期良性持续发展的基础。①

林业有多种功能、有多重效益，决定了林业在满足人们的生态、经济和文化等需求中，能够发挥重要而独特的作用。保护生态、改善民生是林业转型升级的最基本、最重要、最核心的任务和职责。生态和民生是林业的一体两翼，保护生态和改善民生是当前林业转型升级的重要课题。要把改善生态和改善民生放在同等重要的位置，协同推进，互动双赢。具体而言：一要始终坚持抓生态就是抓民生的思想。真正把生态建设放在林业的核心位置，努力为祖国大地披上美丽绿装，为科学发展提供生态保障，为人民群众提供良好的生产生活环境。二要牢固树立服务民生抓生态、改善生态惠民生的思想。既要把改善民生作为林业工作的出发点和落脚点，让人民群众充分享受林业建设成果，也要让绿色发展的理念深入人心，激发广大人民群众投身林业生态建设的热情。②

24.3 政府和市场的关系

围绕政府与市场关系，西方公共财政理论，经历了自由资本主义时期、垄断资本主义时期、经济“滞胀”时期、当代西方公共财政理论时期等几个阶段后。出现了许多新的理论，如“市场增进型政府”理论、“市场强化型政府”理论、“发展型国家”理论等等。市场机制是资源配置的基础方式，“市场之手”在资源配置、有效竞争、激励创新、以价格杠杆调节供需等方面发挥基础作用，然而市场配置资源的作用无法覆盖社会的所有领域，在公共物品、外部性、不完全竞争、不完全信息等存在下，就难以达到社会资源的有效配置。在这些市场失灵的情况下，“政府之手”通过宏观调控，纠正市场失灵，促进各类市场资源有效率配置，保障宏观经济稳定，实现基本公共服务均等化，发挥对市场领域干预职能，包括提供公共物品，保持宏观经济稳定；使经济外部性内在化，限制垄断，调节收入和财富分配等方面。发挥“两只手”各自的优势，相互结合、相互补充、相互促进，避免或减少相互制衡、相互对冲、相互抵消。处理政府与市场的关系要避免市场本身由于资本逐利所带来的自发性、盲目性，从而对社会利益、集体利益、国家利益造成危害；同时也要避免政府过度干预市场，基于本位主义所带来的获取或掠夺经济利益

---

①新世纪林业发展要以天然林资源保护、退耕还林、三北及长江流域等重点。防护林体系建设、京津风沙源治理、野生动植物保护及自然保护区建设、重点地区速生丰产用材林基地建设等六大林业工程为框架，构建“点、线、面”结合的全国森林生态网络体系，即以全国城镇绿化区、森林公园和周边自然保护区及典型生态区为“点”；以大江大河、主要山脉、海岸线、主干铁路公路为“线”：以东北内蒙古国有林区，西北、华北北部和东北西部干旱半干旱地区，华北及中原平原地区，南方集体林地区，东南沿海热带林地区，西南高山峡谷 地区，青藏高原高寒地区等八大区为“面”。实现森林资源在空间布局上的均衡、合理配置。

②赵树丛．生态和民生 现代林业科学发展的使命［EB/OL］. http：//theory. people. com. cn/n/2012/0903/c49169-18900373，2012-9-14.

的冲动。①

随着以生态建设为主林业发展战略的实施，我国已初步建立了林业公共财政支持政策体系。中央林业投入由改革开放初期的每年5亿多元增加到2013年的1450亿元，政府在推动林业发展中发挥了重大作用。然而，市场在林业资源配置中的决定性作用却还没有得到充分发挥。② 处理政府与市场关系时，一方面，通过引导支持提供生态补偿弥补“市场失灵”，体现其客观性、公正性和公益性；另一方面，要加快林业市场化进程步伐，更加注重用市场手段推动林业发展。转变林业发展过多依赖政府的传统思维，深入挖掘技术、资本、劳动力、土地等要素的潜力，大力培育林业要素市场，逐步完善林产品价格形成机制，积极采用政府购买公共服务的方式，引入市场竞争提升生态服务产品的品质和效率，积极探索林业资产化管理模式，完善市场服务和监管体系。③ 在国家和地方政府投资的基础上，积极吸纳多种社会投资最终形成以国家投入为导向、地方投入为配套、社会投资为主体的多元投资格局，大家齐抓共管、社会共同参与，绿化祖国、人人有责的良好发展局面。④

24.4　中央和地方的关系

中国是一个人口众多、地域辽阔、发展极不平衡的大国，也是世界上实行单一制的十几亿人口大国，基本行政架构为“条块”并存、以“块”为主。这就使得中央与地方关系面临两个不对称性。第一是信息的不对称性，中国作为一个地域大国，人口大国，政府机构层次有共有“五级半”（包括副省级），层次越多，信息不对称性、信息不完全性、信息不确定性就越明显，治理国家的难度就越大。第二是权力不对称性，既有条条行政过度集权、集中的突出问题，也有块块行政过分分权，分散的突出问题；既有“高高在上，官僚主义”的问题，也有“上有政策，下有对策”的问题。解决“两个不对称性”问题需要建立激励相容机制，充分发挥中央、地方的“两个积极性”，⑤ 发挥“两个积极性”要实现集权和分权的相对平衡，发挥“两个积极性”要明确中央与地方的职能分工。凡涉及宏观调控、国防外交等全国性公共物品，由中央集中提供；涉及生态安全等全国性公共物品，由“中央出钱、地方出力”混合方式提供；属于地方性公共物品，要发挥地方积极性，利用本地信息优势，主要由地方提供，当地方提供能力不足，且要实现全国基本公共服务均等化目标，则由国家出钱（财政补助或转移支付）“雪中送炭”。大型交通、电力、通讯基础设施、大江大河上下游治理、区域一体化战略等跨区域公共物品，以地

---

①胡鞍钢．如何理解“两只手”优于“一只手”——中国政治经济语境中的政府与市场关系［J］．人民论坛·学术前沿，2014（20）：62-80.

②赵树丛．创新治理体系 提高治理能力 为生态林业民生林业建设注入强大动力［EB/OL］．中国林业网 http：//www.forestry.gov.cn，2014-02-28.

③赵树丛．主动适应新常态 实现林业新发展 为改善生态改善民生作出更大贡献——在全国林业厅局长会议上的讲话，2015年1月5日。

④林业部门政府与市场的关系，林业工程的推动是发挥了政府的主导作用，林权制度改革则是产权方向市场过渡的尝试，生态效益补偿是政府为了解决市场失灵状况下的适度干预。

⑤毛泽东在1956年在《论十大关系》中提出，我们的国家这样大，人口这样多，情况这样复杂，有中央和地方两个积极性，比只有一个积极性好得多。毛泽东：论十大关系，1956年4月。来源：毛泽东文集．第七卷［M］．北京：人民出版社，1999.

方为主，中央出面制定规划、组织协调，由中央和地方共同提供。地方各级政府也要有相应的分工，总体上形成中央决策、国家规划、部门指导、省级政府负总责、地市级和县市级政府实施的分工合作体系和激励相容机制。①

中央与地方关系的实质是财权与事权的匹配。传统的财政分权理论兴起于 20 世纪 50 年代，其代表人物是蒂布特（Tiebout））、奥茨（Oates）和马斯格雷夫（Musgrave），三者的观点共同形成了以 TOM 模型为代表的传统财政分权理论，也称财政联邦主义。其核心思想是，地方政府更接近辖区居民，具有信息优势，由地方政府提供本地公共产品、中央政府提供全国性公共产品，利于提高经济效率和改进社会福利。第二代财政分权理论，也称市场维护型财政联邦主义，在政府间财政关系的讨论中引入了政治因素和机制设计等观念。认为政府官员如同企业经理一样，存在寻租行为，因此需要有效的政府治理结构实现地方居民福利与官员利益之间的激励相容。在多层级政府管理体制下，如何合理划分各级政府的职能，明确各自的收益和支出责任，是最基本的和具有广泛意义的研究问题。财政分权理论的目标和政府治理的优先选项当然是各级政府既能各司其职，高效提供公共服务，又能避免相互推诿和恶性竞争。合理划分各级政府职能要注重三个原则：一是外部性原则，假如某事项受益和受损方在同一区域之内，就交给这个地方政府来管理；假如是跨区域的，就适于更高区域层级的政府管理。二是信息处理的灵活性原则。假如信息越复杂、越可能造成信息不对称的问题，越应发挥地方政府的优势，让地方政府管理。相比之下，中央政府处理更宏观的、信息更透明的全国性事务。三是激励相容原则。各利益相关方既能按照自己的利益准则做事，又能实现整体利益最大化。②

24.5 需求和供给的关系

林业的功能分为经济、社会和生态三大功能。经济功能包括木材生产、非木质林产品生产；社会功能包括生物多样性价值和保护、文化和游憩保健、科普与教育、山区脱贫、社会就业等；生态功能包括固碳释氧、调节小气候（温度、湿度、风速）、保持水土、防风固沙、涵养水源、净化空气等。③

林业的三大功能需求：在第 1 阶段，林业的木材生产及非木质林产品起着主导作用，经济功能需求高于社会需求和生态功能需求；在第 2 阶段，由于经济发展到一定阶段，人们的收入水平有了很大程度的提高，木材及非木质林产品也有了更多的替代品，而经济结构调整和社会公平则成了重要矛盾，社会功能的需求迅速增加，经济功能的需求减缓，生态功能的需求仍处于“沉睡”状态；在第 3 阶段，由于经济发展的加速，由此带来严重的环境和生态问题，制约了经济的发展，气候变化问题也成为全球的挑战，林业在应对气候变暖方面有着独特的作用，生态功能不

①胡鞍钢：论新时期的“十大关系”。http：//www.qstheory.cn/jj/jjggyfz/201108/t20110831_106930.htm，2011.08.31。来源：《清华大学学报》。

②楼继伟．中国政府间财政关系再思考［M］．北京：中国财政经济出版社，2013；楼继伟．财政改革发展若干重大问题研究［M］．北京：经济科学出版社，2014.

③将社会功能需求可以解分为两部分，一部分是社会功能的生物多样性价值和保护、文化和游憩保健、科普与教育需求，此部分需求和林业生态功能需求的变化趋势一致；另一部分是社会功能的山区脱贫解困、社会就业需求图中等所示为社会综合需求。

再是可有可无的需求，由经济社会发展的外生变量变为了重要的内生变量①，生态功能的需求迅速增加；在第 4 阶段，当林业发展到一定阶段，森林、湿地、草地等生态资源达到了一定存量，可以满足大众的生态和社会的基本需求，人们对林业的生态和社会功能需求减缓。由于追求自然，回归自然的需要，人们对木材及其产品的需求意识可能被“激发”，而这一次不再是简单的物质需求，一定程度上是精神状态的满足，经济功能的需求可能再次增加；在第 5 阶段，由于外部环境和经济社会发展的不断磨合，相互适应，逐渐形成了人与自然和谐统一的自适应系统，林业三大功能需求暂时处于稳定状态。林业三大系统就是在人的需求和外部环境的影响下，周而复始，不断变化，在调整中波动前行，如图 24-1。

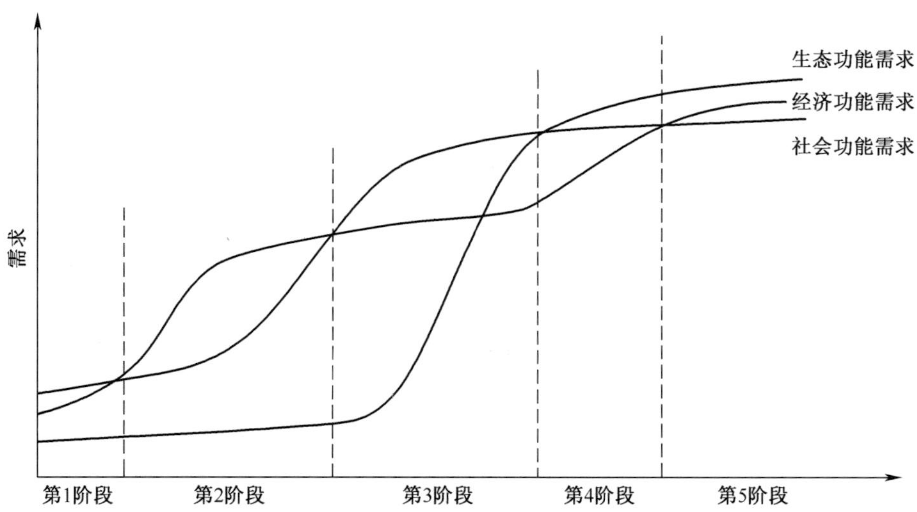

图 24-1　森林功能需求变动趋势

林业的三大功能的供给：设定用实际供给量（替代变量）表示，林业的经济功能供给用林业产值表示②，用年均蓄积消耗量变化来表示；社会功能用天然林面积变化和经济林面积变化表示；生态功能用防护林面积和森林蓄积量表示。供给曲线随时间的变动，如图 24-2。

供给与需求随时间变动的平衡：随着时间的变化，林业经济功能最早出现供需平衡点，社会功能次之，生态功能的供需平衡点最后出现，这在很大程度上，符合森林生长规律及社会需求规律，如图 24-3。

①祝列克，王爱民. 林业经济论［M］. 北京：中国林业出版社，2011.

②林业产值中包括一、二、三产业，第二产业产值一部分是和其他行业的结合，不在林业产业范围内讨论，第三产业产值一部分主要对应林业的生态功能。

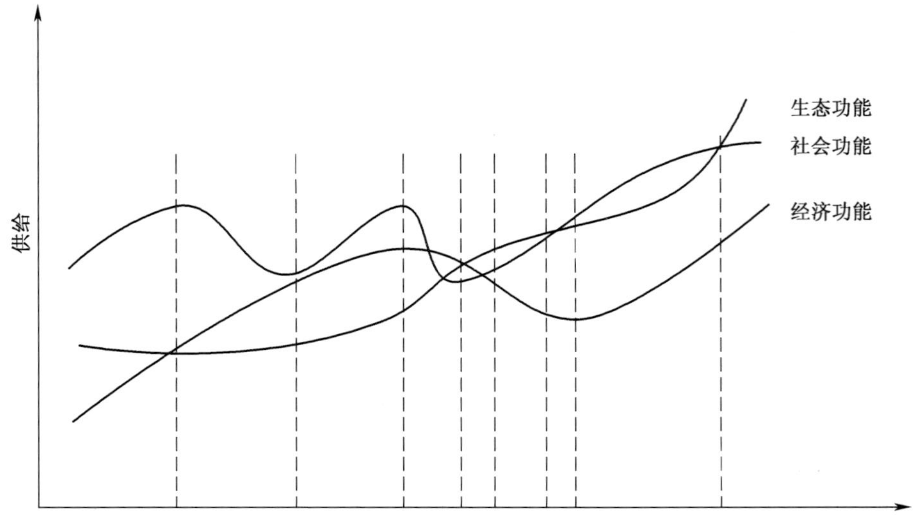

图 24-2 森林功能供给变动趋势

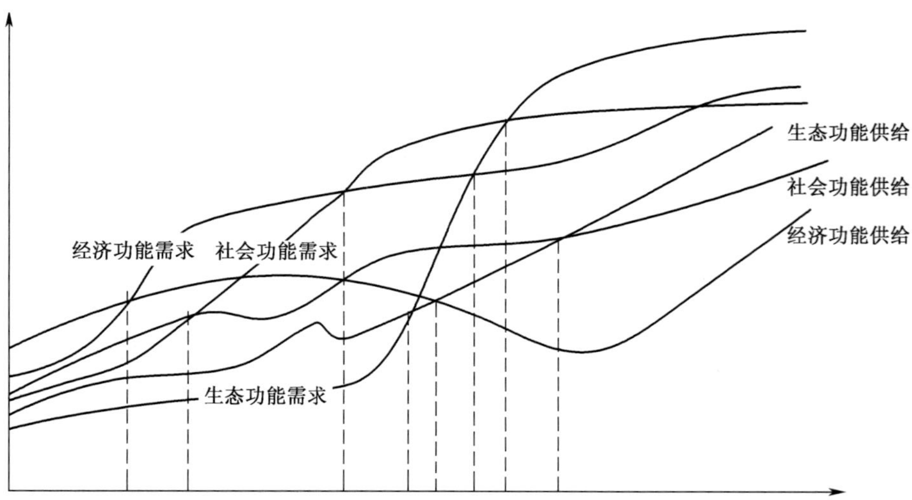

图 24-3 森林功能需求、供给变动平衡

24.6 部门与外部的关系

部门与外部的关系，主要体现在三个方面：部门与中央的关系，部门之间的关系，部门与社会的关系。部门与中央的关系，就是部门与服务大局的关系。“不谋全局者，不足以谋一域”；部门之间的关系，如果关系处理不好，容易造成多头管理的形象，有时是该管的都不管，有时是不该管的都去管，深层原因是权力和利益问题；① 部门与社会的关系，不是传统意义的管理主体与客体的关

①以自然保护区为例，自然保护区分别归属林业、环保、建设、国土等多部门各自管理，还有的自然保护区由所在地区的行政主管部门直接管理，多头管理忽视了各种保护区生态系统的整体性，也滋生了保护区管理部门的矛盾，人、财、事相分离的弊端也造成了管理的低效和混乱。

系，而应该是休戚与共的利益共同体。

处理好部门与外部的关系，就是要坚决贯彻落实党中央的决策，围绕国家发展主线，谋好局、做好事；就是要从大局出发，协调好部门之间的关系，齐心协力，共谋发展；就是要积极引导社会大众，参与生态建设与保护，参与祖国绿化事业，逐步形成全民关心林业、全社会办林业的大好局面。

24.7　中国与世界的关系

中国是世界的中国，世界也是中国的世界。近些年，中国与世界的关系发生了历史性转变，① 中国已经是世界经济强国，仅次于美国。② 中国的角色与地位也发生了根本性变化：从利用国内资源转向更大范围的配置国内、国际两种资源；从经济全球化边缘化者转变为最大的参与者受益者；从世界性工业化与现代化的落伍者转变最大的追赶者成功者；从世界事务的被领导者转变为领导者；从全球公共产品的搭车者到提供者。这些转弯既为中国带来了挑战，也带来了更大的机遇。中国的前途命运日益紧密地同世界的前途命运联系在一起，"一荣俱荣，一损俱损"。创造更长时期的国际和平环境和周边睦邻友好环境，促进世界和平、稳定、和谐，也符合中国的最大国家利益。③

正确处理好中国与世界的关系，要求林业部门要从战略高度统筹国内、国际两个大局，既能引进来，也要走出去，充分利用国际国内和两种资源，国内和国际两种市场。实行全面开放的、互利共赢的国际战略，在更大范围内积极参与全球事务。主动提供全球性公共产品，积极推动全球贸易自由化、投资自由化和服务业便利化。积极参与国际组织，利用国际机制妥善解决各种摩擦。主动谋划组织重要国际会议，在联合国气候变化大会、世界林业大会、联合国森林论坛会议、APEC 林业部长级会议等机制方面发挥更大作用。④

24.8　改革与发展的关系

发展离不开改革，改革是为了更好发展，改革是推动事业发展的最大动力。⑤ 发展是目的，改革是动力，稳定是前提。发展是硬道理"，解决我国所有问题靠发展、增强国家综合实力靠发展、改善人民生活水平靠发展。改革是发展的动力和手段，发展必须依靠改革创新来推动。

---

①中华人民共和国成立以来，由向美国开放向仅向苏联开放"一边倒"（50 年代）；之后既反美、又反苏，陷入"文化大革命"的自我封闭、充当世界革命中心（60 年代）；再打破中美僵局，决定向西方世界开放（70 年代），其间伴随经济全球化，从世界边缘化大国向半开放大国的转型；进入 21 世纪后，中国成为一个全面开放的大国。

②到 2015 年，中国将要成为世界第二大经济体，成为货物出口贸易第一大国，货物进口贸易第二大国，外汇储备第一大国；科技人力资源第一大国，成为全球新兴的 R&D 中心之一，主要科技指标位居世界前列。

③胡鞍钢：中国与世界的关系。http：//finance. ifeng. com/opinion/hqgc/20100314/1924610. shtml，2010 年 03 月 14 日。

④国家林业局：《中国林业发展报告》，2010、2011 年。

⑤改革与开放的关系，是改革与发展关系的体现，开放也是为了发展，开放可以推动改革。改革是经济和社会发展的强大动力，是社会主义制度的自我完善和发展，是解决国内各种矛盾的基本手段。开放是中国敞开国门，拥抱世界的胸怀，是经济全球化的必然趋势。改革是开放的条件，开放是改革的外部推动力。

推动林业发展必须全面深化改革，改革的过程存在着一些质疑是正常的，但不能因为存在着一些不同声音就停止发展。集体林权制度改革主要是产权问题、统与分的争论问题；国有林区改革主要是资源管理效率问题，是委托——代理人问题；国有林场改革主要是市场竞争问题，是管理机制问题。当前不是讨论要不要改革的问题，而是管怎么实现改革的强制性制度变迁与诱致性变迁相结合，自上而下的制度变迁与自下而上的制度变迁相结合，更好地全面深化改革，更快地顺利推动改革。

24.9 眼前与长远的关系

眼前与长远的关系，核心是先发展、后治理，还是边发展、边治理？对林业而言，处理好眼前与长远的关系，就是要处理好开发利用与永续发展的关系，追求林业可持续发展，坚持生态、社会和生态效益的有机统一。一味追求经济产量忽视生态环境的承载力，所造成的惨痛教训，如今人们仍记忆犹新。20 世纪世界环境八大公害仍使人心有余悸，① 希望灾难不会再度发生，高生产、高消费、高排放、高污染的生活方式难以为继。在应对气候变化和生态保护方面，人类社会应该保持良好沟通与合作，构建人类命运共同体、共同维护全球持续繁荣与稳定发展。

24.10 公有与非公有的关系

改革开放以前，我国以公有制经济为主，实行计划经济管理。改革开放以后，我国非公有制经济得到了长足发展，成为国民经济发展的重要增长点。2013 年十八届三中全会《决定》提出，混合所有制经济是我国基本经济制度的重要实现形式。我国混合所有制经济，是在渐进式的改革过程中不断探索、不断实践并逐步成熟的，经历了一个由公为主到混合经营的过程。1997 年，党的十五大报告指出："公有制实现形式可以而且应当多样化。一切反映社会化生产规律的经营形式和组织形式都可以大胆利用。要努力寻找能够极大促进生产力发展的公有制实现形式。" 2003 年，党的十六届三中全会通过的《中共中央关于完善社会主义市场经济体制若干问题的决定》提出："大力发展国有资本、集体资本和非公有制资本等参股的混合所有制经济，实现投资主体多元化，使股份制成为公有制的主要实现形式。" 2007 年，党的十七大报告再次强调 "以现代产权制度为基础，发展混合所有制经济"。2013 年，党的十八届三中全会通过的《中共中央关于全面深化改革若干重大问题的决定》指出："公有制为主体、多种所有制经济共同发展的基本经济制度，是中国特色社会主义制度的重要支柱，也是社会主义市场经济体制的根基。国有资本、集体资本、非公有资本等交叉持股、相互融合的混合所有制经济，是基本经济制度的重要实现形式"。积极发展混合所有制经济，有利于国有资本放大功能、保值增值、提高竞争力，有利于各种所有制资本取长补短、相互促进、共同发展。

就林业而言，处理好公有和非公有的关系至关重要。我国的林地为国有和集体所有，统称为林地公有，而森林则有国有林、集体林和私有林之分。集体林权改革，农民通过林地承包取得了

①让我们记住那些令人心痛的事件，马斯河谷烟雾事件、洛杉矶烟雾事件、美国多诺拉事件、伦敦烟雾事件、日本水俣病事件、四月市哮喘病事件、爱知县米糠油事件、富山痛痛病事件。

林地的经营承包权，然而林地的所有权并没有改变，仍然为集体所有，农民拥有林木的所有权和经营权；国有林区改革，职工家庭通过公共服务购买形式获得森林的管护权，林地的所有权同样也没有改变，仍然为国家所有，承包管护者拥有部分经营权。公有林和非公有林都是林业发展的重要组成部分,① 特别是近些年，非公有制经济在木材供给和增加就业方面发挥着非常重要的作用。所有制可以分开，但森林的功能却不能分开，不论公有与否，森林同样都不同程度地发挥着经济、社会和生态效益。

①当前我国森林面积中，国有占39%，集体所有占19%，个体所有占42%。森林蓄积中，国有占63%，集体所有占15%，个体所有占22%。

第五篇

林业现代化与展望

第 25 章　林业现代化

25.1　现代化与林业现代化理论

"现代化"（modernization）一词，大约出现在 18 世纪中叶的西方，20 世纪初被我国翻译引入。目前大致有三层解释和六层含义。现代化三层解释分别是基本词义、理论解释和政策解释。基本词义英文是具有现代特征的行为和状态；理论解释当前无统一说法，大致出现过经典现代化理论、① 后现代化理论、生态现代化理论、反思现代化理论、多元现代化理论、第二次现代化理论、依附理论、世界体系理论、全球化理论、继续现代化理论等；政策解释是指国家相关政策中的"现代化"解释，包括推进现代化的各种战略和措施等，不同的时期国家的现代化有不同的政策；现代化六层含义分别是一种变化、一种竞争、一种状态、一种行为、一个过程、一种转型。

现代化包括不同时期、层次、领域、部门、方面的现代化，从过程和行为角度看，分为四个方面，分别是现代化的过程、结果、动力和模式；包含四个要素，分别是行为、结构、制度和观念的现代化。从政策角度看，国家现代化主要目标有两个。其一是国家进步目标：提高生产力和生活质量，促进社会公平进步，人的全面发展、人与自然互利共生等。其二是国际地位目标：追赶、达到或保持世界先进水平，即发达国家是保持世界领先水平，发展中国家是追赶和达到世界先进水平。②

中国现代化的提出，始于 20 世纪五六十年代。1954 年 9 月，周恩来在一届人大一次会议所作的《政府工作报告》中提出："如果我们不建设起强大的现代化工业，现代化农业，现代化的交通运输业和现代化的国防，我们就不能摆脱落后和贫困，我们的革命就不能达到目的。" 1957 年，毛泽东在《关于正确处理人民内部矛盾的问题》中提出：要把我国建设成一个"具有现代工业，现代农业和现代科学文化的社会主义国家"，后来又加上了"国防现代化"。1964 年 12 月 21 日，周恩来在三届全国人大一次会议上郑重地向全国人民宣布："关于今后发展国民经济的主要任务，总的说来，就是要在不太长的历史时期内，把我国建设成为一个具有现代农业、现代工业、现代国防和现代科学技术的社会主义强国，赶上和超过世界先进水平。为了实现这个伟大的

---

①经典现代化理论大致分为六个分支理论和六个学术流派：分别是经济现代化、社会现代化、政治现代化、文化现代化、人的现代化和比较现代化等分支理论；结构功能学派、过程学派、行为学派、实证学派、综合历史党派和未来学派等学术流派。

②中国现代化战略研究课题组，中国科学院中国现代化研究中心．中国现代化报告［M］．北京：北京大学出版社，2010，2011.

历史任务，从第三个五年计划开始，我国的国民经济发展，可以按两步来考虑。第一步，建立一个独立的比较完整的工业体系和国民经济体系；第二步，全面实现农业、工业、国防和科学技术的现代化，使我国经济走在世界的前列”。① 继 1964 年中国提出“四化”之后，邓小平又于 1979 年对中国的现代化发展目标进行了重新定位，提出了到 21 世纪中叶基本实现国家的现代化。他在 1979 年 12 月同日本首相大平正芳的谈话中提出：“我们要实现的四个现代化，是中国式的四个现代化。我们的四个现代化的概念，不是像你们那样的现代化的概念，而是‘小康之家’。”“小康”的目标后来在 1980 年 11 月召开的五届人大四次会议上得到确认。中共十二大根据邓小平的这一设计，首次把“翻两番”“实现小康”作为全党、全国人民的战略目标提出来。即：从 1981 年到 20 世纪末的 20 年，经济建设总的奋斗目标是，在不断提高经济效益的前提下，力争全国工农业总产值翻两番，达到“小康水平”。2012 年党的十八大提出“新四化”，“坚持走中国特色新型工业化、信息化、城镇化、农业现代化道路，推动信息化和工业化深度融合、工业化和城镇化良性互动、城镇化和农业现代化相互协调，促进工业化、信息化、城镇化、农业现代化同步发展。”继“新四化”后，在 2013 年在十八届三中全会，习近平总书记将全面深化改革总目标设定为“推进国家治理体系和治理能力现代化”，被称为是“工业现代化、农业现代化、国防现代化、科学技术现代化”后的第五个现代化。

中央明确提出要加快推进生态文明建设和生态文明体制改革，坚持绿色发展、绿色富国、绿色惠民，实施“一带一路”建设、京津冀协同发展、长江经济带建设等国家战略，这些绿色理念和国家战略赋予了林业伟大的使命，我国林业迎来了又一个黄金发展期。但是，在经济发展新常态下，林业的体制机制需要继续改革创新，发展活力和吸引力有待进一步增强。同时，我国森林总量不足、质量不高的状况没有根本改变，难以维护国家生态安全和老百姓对良好生态的需求；现有造林地大部分在干旱半干旱地区，造林绿化越来越困难；林区水电路等基础设施薄弱，林业物质装备技术落后，基层管理服务水平不高；职工生活十分困难，技术人才大量流失。面对新的形势和任务，林业必须创新发展理念，完善发展举措，补齐发展短板，加快推进林业现代化建设。②

进入新世纪后，中国林业现代化理念的形成经历了三个阶段：生态林业——现代林业——林业现代化。这三个阶段并非是对立的而是统一的，并非是直线递进的，而是相互交融的，只不过是审视的角度不同，关注的重点有别而已。生态林业侧重生态为主的林业，现代林业则是具备现代特征的林业，而林业现代化则是从服务大局出发，把林业放在更宏观的尺度去考量，放在国家战略的高度去谋划，追求的是国家现代化进程中的生态文明建设和绿色发展。

生态林业：为了实现林业跨越式发展，加速中国林业实现可持续发展的进程。2001 年 6 月，温家宝副总理在全国林业科技大会上提出了加强对林业发展重大战略问题研究的建议。国家林业局成立了“中国可持续发展林业战略研究”课题组，并相应建立了项目领导小组、项目专家领导小组和首席专家制度，邀请、组织了包括近 60 位两院院士和资深专家在内的、涉及 40 多个学科的 300 多人的高素质研究队伍，积极开展林业发展战略研究。经过 8 个月的紧张研究，完成了

①四个现代化“是怎么提出来的？中直党建网，www. zzdjw. org. cn，2014-07-01。

②张建龙．加快推进林业现代化建设［EB/OL］．中国林业网，http：//www. forestry. gov. cn，2016-02-19.

阶段性成果，提出了新世纪林业可持续发展的指导思想、基本目标、战略布局等。指导思想：新时期的林业发展必须实现由以木材生产为主向以生态建设为主的历史性转变，这是我国林业发展进程中的一项带有根本性的重大转变；总体战略思想：确立以生态建设为主的可持续林业发展道路；建立以森林植被为主体的国土生态安全体系；建设山川秀美的生态文明社会；核心："三生态"，即生态建设，生态安全，生态文明；战略指导方针：严格保护，积极发展，科学经营，持续利用；① 战略布局：以六大林业工程为框架，构建"点、线、面"结合的全国森林生态网络体系；战略目标：经过 50 年的不懈努力，到本世纪中叶，全国适宜治理的荒漠化土地基本得到治理，适宜的土地基本绿化，典型森林、湿地与荒漠生态系统和国家重点保护野生动植物种群得到有效保护，森林覆盖率达到并稳定在 28% 以上。全国生态环境明显改善，基本实现中华大地山川秀美。基本建成资源丰富、功能完善、效益显著、生态良好的现代林业，满足国民经济与社会发展对林业的生态、经济和社会需求，实现我国林业可持续发展。并根据不同地区对林业发展的要求和影响生产力发展的主导因素，按照"东扩、西治、南用、北休"② 的总体布局和区域发展战略，实行分区指导。③

现代林业：围绕现代林业，专家学者做过一些卓有成效的研究，④ 江泽慧（2000）将现代林业的内涵概述为：以可持续发展理论为指导，以生态环境建设为重点，以产业化发展为动力，以全社会共同参与和支持为前提，广泛地参与国际交流与合作，实现林业资源，环境和产业协调发展，环境效益、经济效益和社会效益高度统一。概括地说，现代林业是以满足人类对森林需求为主，多效益利用的林业。⑤ 现代林业是以建设生态文明社会为目标，以可持续发展理论为指导，

---

①周生贤. 中国林业的历史性转变［M］. 北京：中国林业出版社，2004.

②东扩：发展城乡林业，扩展林业产业链，主要指我国中东部地区和沿海地区。西治：加速生态修复，实行综合治理，主要指我国西部的"三北"地区、西南峡谷和青藏高原地区，是林业生态建设的主战场，也是今后提高我国森林覆盖率的重点地区。南用：发展产业基地，提高森林质量和水平，主要指我国南方的集体林区和沿海热带地区，是今后一个时期我国林业产业发展的重点区域。北休：强化天然林保育，继续休养生息，主要指我国东北林区。

③中国可持续发展林业战略研究项目组. 中国可持续发展林业战略总论［M］. 北京：中国林业出版社，2003.

④所谓现代化，就是用现代科学技术和现代工业装备来武装林业，用现代管理经济的科学方法来组织和管理林业，从而导致林业劳动生产率的大幅度提高，使森林和林业更好地为满足我国广大人民群众不断增长的物质和文化生活需要服务。林业现代化，一般包括如下几方面内容：生产手段的现代化，单位面积采伐量（小于生长量），木材利用率，林道密度（一般林业发达国家都在 6 米/公顷以上），劳动生产率，土地生产率。所谓现代林业，即在现代科学认识基础上，用现代技术装备的和现代工艺方法生产以及 用现代科学方法管理的，且可持续发展的林业。现代林业的理论基础——森林生态经济生产力。现代林业是以森林生态经济生产力水平来表示的。森林生态经济系统是生态系统和经济系统的耦合，是一个动态的开放系统。在这一系统运动的过程中，森林产出的目标（三大效益）的诱导，使森林投入合理化，由此推动生产力的发展。现代林业的经营目标——持续林业。持续发展的本意是既满足当代的需要，又不对后代满足其需要的能力构成危害；持续发 展的本质是运用生态经济学原理，增强资源再生能力，引导技术变革，使再生资源替代非再生资源成为可能。并制定行之有效的政策，使发展要素的利用趋于合理化。现代林业的基本经营模式——生态林业。现有林经营如何逐步转上生态林业生产的轨道，工业人工林要纳入生态林业的生产轨道。现代林业的社会组织形式一社会林业。其目的在于通过一定的社会组织形式，协调社会中人与自然、生产与自然环境的关系，借以保障人的生存环境和工农业生产环境的质量，维持在有利于生存和生产的状态。张建国：现代林业。来源：中国林学会，加拿大林学会 . 面向 21 世纪的林业国际学术讨论会论文集［R］. 1997.

⑤江泽慧，等. 中国现代林业［M］. 北京：中国林业出版社，2000.

用多目标经营做大林业，用现代科学技术提升林业，用现代物质条件装备林业，用现代信息手段管理林业，用现代市场机制发展林业，用现代法律制度保障林业，用扩大对外开放拓展林业，用高素质新型务林人推进林业，努力提高林业科学化、机械化和信息化水平，提高林地产出率、资源利用率和劳动生产率，提高林业发展的质量、素质和效益，建设完善的林业生态体系、发达的林业产业体系和繁荣的生态文化体系。现代林业的基本特征：公益性、市场性、协调性、高效性、开放性。① 贾治邦（2006）指出：现代林业，就是科学发展的林业，以人为本、全面协调可持续发展的林业，体现现代社会主要特征，具有较高生产力发展水平，能够最大限度拓展林业多种功能，满足社会多样化需求的林业。同时，从发展理念，经营目标、科学技术、物质装备、管理手段、市场机制、法律制度、对外开放、人员素质等 9 个方面论述了建设现代林业的基本要求，这一论述较为全面地概况了现代林业的基本内涵。赵树丛（2012）指出：发展现代林业，必须坚持以科学发展为主题、以转变林业发展方式为主线、以构建林业三大体系为目标，用先进理念指导林业，用科学技术武装林业，用信息手段管理林业，用市场机制推动林业，用法律制度保障林业，用对外开放拓展林业，用新型务林人经营林业，不断开发林业的多种功能，充分满足社会的多样化需求。② 加快建设现代林业，必须紧紧围绕生态文明和民生需求，坚持依靠群众、依靠科技、依靠法制、依靠改革，大力发展开放林业，大力发展民生林业，大力发展科技林业，大力发展法制林业，大力发展生态林业。③

林业现代化：加快推进林业现代化建设，就是要紧紧抓住当前各种有利条件，全面提升林业可持续发展水平，切实增强生态产品和林产品综合生产能力，努力满足社会对林业的多样化需求。这是一项艰巨的任务和一个漫长的过程，既要坚持好的做法，常抓不懈，久久为功，又要坚持问题导向，改革创新，补齐短板。必须牢固树立创新、协调、绿色、开放、共享的发展理念，深入实施以生态建设为主的林业发展战略，以维护森林生态安全为主攻方向，以增绿增质增效为基本要求。④⑤ 加快林业现代化建设，要着力抓好以下六项重点任务：以改革创新破解发展难题，以加强保护落实生态优先，以加快绿化增加资源总量，以共建共享增进绿色惠民，以强基固本推动协调发展，以开放合作拓展发展空间。⑥

25.2 生态文明建设——一个理念

25.2.1 生态文明的内涵外延

生态一词常用来描述自然环境与生物生存状态及其相互关系，文明一词更多出现在意识形态

---

①江泽慧，等．中国现代林业［M］. 北京：中国林业出版社，2008.

②赵树丛．全面开创现代林业发展的新局面——学习胡锦涛主席重要讲话的体会之十三［EB/OL］. http：//www. forestry. gov. cn，2012-01-16.

③赵树丛．紧紧围绕生态文明和民生需求加快建设现代林业［EB/OL］. 中央政府门户网站，http：//www. gov. cn，2012-06-18.

④张建龙．深化改革创新 增进绿色惠民 全面开创林业现代化建设新局面——在全国林业厅局长会议上的讲话［EB/OL］. 中国林业网，http：//www. forestry. gov. cn，2016-03-18.

⑤张建龙．为实现中华民族永续发展筑牢生态基础［EB/OL］. http：//www. forestry. gov. cn，2016-06-01.

⑥张建龙．加快推进林业现代化建设［EB/OL］. http：//www. forestry. gov. cn，2016-02-19.

和上层建筑领域。生态文明，则是存在于自然与社会状态之间，被人们理解为与原始文明、农业文明、工业文明相比较更高级的一种文明形式，是经济发展方式与自然社会相调适和匹配的一种理想模式。在国内，与绿色发展、循环发展、低碳发展近义，国际上，与绿色经济、可持续发展同类。针对概念的探讨常常是在一定的语景之下，一般有广义和狭义之分，并非非此即彼、泾渭分明，过度纠结无太大必要，关键是对生态文明的理解不要固化，生态文明更多是一种理念，不同时期、不同人、不同行业可以有不同的诠释。研究生态文明重要的是，我们要知道生态文明要达到的最终目标是什么？——是生态稳定环境良好，民生改善福祉提高。

生态文明建设是中国共产党人的创新，是中国人民的创新，是科学发展、绿色发展的主要内容，是中国特色社会主义的重要组成部分，是全面建设小康社会，实现共同富裕的基本要求。党的十七大报告指出，要建设生态文明，基本形成节约能源资源和保护生态环境的产业结构、增长方式、消费模式，发展循环经济，使可再生能源比重显著上升，主要污染物排放得到有效控制，生态环境质量明显改善，生态文明观念在社会牢固树立。党的十八大报告进一步提出，建设生态文明，是关系人民福祉、关乎民族未来的长远大计。面对资源约束趋紧、环境污染严重、生态系统退化的严峻形势，必须树立尊重自然、顺应自然、保护自然的生态文明理念，把生态文明建设放在突出地位，融入经济建设、政治建设、文化建设、社会建设各方面和全过程，努力建设美丽中国，实现中华民族永续发展。在随后有关治国理念的论述中，习近平总书记有关生态文明建设有着很多光辉论断，“生态兴则文明兴、生态衰则文明衰”，“保护生态环境就是保护生产力，改善生态环境就是发展生产力”，“良好生态环境是最公平的公共产品，是最普惠的民生福祉”。建设生态文明是实现中华民族伟大复兴的根本保障，建设生态文明是发展中国特色社会主义的战略选择，建设生态文明是推动经济社会科学发展的必由之路，建设生态文明是顺应人民群众新期待的迫切需要。①

从理论上讲，中国不乏生态文明历史渊源，我们甚至可以追溯到四五千年以前。《易经》《礼记》、先秦诸子学说都有记载，古代中国儒、道、佛思想理念也都有体现。《易传》说：“天地之大德曰生……生生之谓也……天地感而万物化生，圣人感人心而天下太平……”《礼记·祭义》记述：“曾子曰：树木以时伐焉，禽兽以时杀焉；夫子曰：断一树，杀一兽不以其时，非孝也。”我们还可以举出很多近现代的例子，……孙中山在《实业计划》中的论述“多种森林便是防水灾的根本方法”……实际上以上所言，只能算是生态文明的萌芽，对当代生态文明理念影响重大的还是我们的国情背景：长期以来，由于人类对自然生态系统的影响，全球出现了森林大面积消失、土地沙漠化扩展、湿地不断退化、物种加速灭绝、水土严重流失、严重干旱缺水、洪涝灾害频发、气候变暖等八大生态危机，对人类生存发展构成了巨大威胁。我国生态脆弱地区总面积达60%以上。多年以来，我国加强森林资源保护、荒漠化治理、湿地保护、野生动植物及生物多样性保护，取得了巨大成就。但是，由于多种原因和因素，我国生态问题仍然突出，生态依然形势严峻。当前，中国与世界发达国家的差距，主要体现在生态方面。生态差距是中国和发达国家之间的最大的差距，生态资本是中国最稀缺的资本，生态危机是中国最突出的危机，生态问

---

①赵树丛. 全面提升生态林业和民生林业发展水平 为建设生态文明和美丽中国贡献力量——在全国林业厅局长会议上的讲话（2012年12月27日）。http：//www. forestry. gov. cn，2013年01月10日。

题依然是中国可持续发展最突出的问题之一，生态产品已成为当今社会最短缺的产品之一。① 工业化、城镇化加速以后，所造成的资源约束、生态破坏、环境压力，以及由此带来的经济成本上升，社会矛盾与不满，人们对未来的不可知和恐惧，对可持续发展的期望是促使经济发展转型、生态文明理念形成的根本原因。一方面是人均资源有限，生态环境脆弱，自然灾害频繁，另一方面是工业化、城镇化、国际化的加速推进和深化，有限的自然资源和脆弱的生态环境承受了空前、持久、巨大的人口压力和发展压力。从 1990 年到 2007 年，全世界因为气候变化引起的自然灾害受灾人口平均每年大约 2. 1 亿人，而中国占到了其中的 1. 1 亿人，相当于全世界受灾人口的 52. 4%。在 20 世纪 50 年代全国每年因灾害造成的直接粮食减产是 380 万吨，相当于当时每年粮食总产量的 2. 1%。到了上个世纪 90 年代平均每年的直接粮食减产就达到了 3290 万吨，相当于同时期年均粮食总产量的 7. 0%。从 2001 到 2008 年，中国年均经济增长率与前一个阶段（1996 ~2000 年）相比只提高了 1. 6 个百分点，但是资源代价和污染代价都是巨大的，例如能源消费的增长率就比前一阶段提高了 8. 3 个百分点，达到 9. 4%。因此我们称之为“高代价的高增长”。如今食物安全、土壤污染、固体废弃物污染、水污染、空气污染开始日益受到人们关注，邻避现象、十面霾伏等环境污染引起的恐慌逐渐成为社会焦点。不可持续的发展，必须改变，路就在我们脚下，目标与蓝图已经确立，就是我们讨论的主题：生态文明建设。

生态文明观包含以下几个方面的内容：第一，高度发达的先进生产力是生态文明存在的前提；第二，人与自然和谐发展是生态文明遵循的核心理念。第三，积极改善和优化人与自然关系是实现生态文明的根本途径。在中国特色社会主义的自我完善与发展中，生态文明已经成为中国特色社会主义政治空间拓展的主要资源。推进生态文明建设，既有利于改善中国自身发展的质量、结构和效益，又为中国方案的国际应用预留了足够的政治空间。生态文明观，既可以作为自主发展的策略和路径，又可以作为处理对外关系的有力手段，在倡导绿色发展、可持续发展的生态价值观传播中，实现中国叙事的宏大展开。②

---

①主要表现在六个方面：一是自然生态系统十分脆弱。我国森林生态系统十分脆弱，湿地生态系统退化、土地荒漠化十分严重。我国森林覆盖率为 20. 36%，不到历史最高时期的 1/3，成过熟林仅占森林面积的 14. 3%，森林生态功能等级较好的仅占 11. 31%，平均每公顷森林蓄积量不到日本的 1/2。全国 5. 43 亿亩自然湿地中尚有一半未得到有效保护，有沙化土地 173 万平方公里，石漠化土地 12 万平方公里。二是生态破坏十分严重。目前全国每年因改变用途或征用占用而损失的林地 2500 多万亩，因矿产开采破坏或影响的林地 2 亿多亩。到 20 世纪末，全国围垦的湖泊损失调蓄容积 350 亿立方米，因围垦而消失的天然湖泊近 1000 个。目前全国年均超限额采伐森林 7554 万立方米，滥伐林木、乱捕滥猎野生动物等案件 30 多万起。林业有害生物和森林火灾对森林损毁严重。三是生态产品十分短缺。近年来，我国对木材及林产品的需求急剧增长，2002 年全国消费木材总量为 1. 83 亿立方米，2011 年猛增到 4. 99 亿立方米，其中进口木材及其产品折合木材达 44. 8%。森林吸收二氧化碳、制造氧气、涵养水源、调节气候等生态产品的生态服务价值为其木材价值的 10 倍左右。日本单位面积和人均享受的森林生态服务价值分别是我国的 4. 69 倍和 6. 43 倍。四是生态差距巨大。我国森林覆盖率排在世界第 136 位，人均森林面积和蓄积量不足世界的 1/4 和 1/7，生态差距已成为我国与发达国家最大的差距之一。五是生态灾害频繁。我国是世界上洪涝、干旱、泥石流等生态灾害最频繁、最严重的国家之一，森林退化是导致生态灾害的重要因素。六是生态压力剧增。我国已成为二氧化碳排放第一大国，今后我国将加快经济发展，对生态、资源、能源等的需求必将构成新的巨大压力。赵树丛：林业夯实生态文明根基。中国林业网，http：//www. forestry. gov. cn，2013 年 09 月 05 日。

②张永利 . 生态文明与中国特色社会主义政治空间拓展［EB/OL］. 中国林业网，http：//www. forestry. gov. cn，2017-06-12.

生态文明的发力点在什么地方？在于全社会生态文明意识的确立，生态文明制度框架的建造，节能减排循环利用，产业结构的优化升级，个人良好生活消费方式的形成。换句话说，就是要提倡绿色发展，包括绿色文化、绿色行政、绿色经济、绿色消费等。生态文明的基础是建立良好的自然生态系统，生态文明的核心是确立人与自然和谐、平等的关系，反对人类破坏自然、征服自然、主宰自然的理念和行动，倡导尊重自然、保护自然、合理利用自然并主动开展生态建设的理念和行动。①

25.2.2　生态文明建设中，应关注几个重要问题

（1）防止泛生态文明建设，反对伪生态文明建设。防止泛生态文明建设，要解决现实问题与实际关切，不是花拳绣腿，不是花架子，不是实实在在走过场，不是认认真真搞形式，生态文明建设目标要具体，内容要有针对性；反对伪生态文明建设，一是反对借他人之言办私已之事，以他人之名行自己之实；二是杜绝方向性错误，方向错了，步子越大，走得更远，甚至会差之一步，失之千里。这两种倾向都要引起重视，如果说前者损失的是效率，后者损失的可能是正义和公平。

（2）生态文明建设与其他几大文明互生共存。从纵向看，生态文明是在人类对其他传统文明形态，特别是工业文明反思的基础上产生的，是人类文明理念的发展和创新。其特点是可持续性，追求人与自然的和谐统一，更加顺应自然规律和社会规律，表现为更级别的文明意识形态；从横向上看，没有生态文明，人类不可能有更高的物质享受、政治享受和精神享受。生态文明建设自党的“十七大”的提出，到国家“十二五”规划的强调，再到党的“十八大”纳入五大建设，在中国特色社会主义实践中，生态文明理念从无到有，从提及到重视，从一般讲述到重点强调，从意识形态到具体实践，最终成为贯穿政治、经济、文化、社会、生态文明“五位一体”的中国强国梦想的核心支柱。

（3）生态文明建设与环境保护既有区别又有联系。环境保护是以人为出发点来看待问题，生态文明建设则体现了生态系统整体视角。环境问题暴露的是表象，涉及的常常是某一方面，生态问题涉及的是本体，常与系统共生与协同有关联，牵一发而动全身。生态文明建设中，既要关注环境问题，更要关注生态问题，二者相互关联，又不完全相关，可能在某些方面有因果关系，但并非都是直接因果关系。换句话说，环境问题不一定是由生态问题引起，生态问题也可能与环境问题无关，因此，不能单方面夸大某个领域的作用，言过其实，也不要陷入不可知论的旋涡，不能自拔。

（4）生态文明建设不会自然发生，需要强化投资与加快改革。既定社会运行轨迹下，生态文明不会自然发生，环境治理与生态保护，都具有一定的外部性，在市场条件下，成本与收益不对称，市场供需不能达到均衡，会出现市场失灵现象，因此，政府必须积极作为，一是加大公共投资或金融引导，弥补市场缺陷，充分发挥看得见的手与看不见的手的合力，推动生态文明建设；二是要加快改革，就是打破不合理的，束缚文明进步的原有体制框架，建立新秩序，新制度，新模式。以十一届三中全会为改革契机，紧紧围绕保护生态与改善民生，建立健全生态资源产权制度，生态资源监管制度，自然生态系统保护制度，生态修复制度，生态监测评价制度，生态资源市场配置和调控制度，生态补偿制度，创新和完善治理体系。

①贾治邦. 履行建设生态文明重大使命 推进现代林业又好又快发展［J］. 林业经济，2008，1：3-7.

25.2.3 加强生态文明建设

森林、湿地、海洋等自然生态系统，维系着地球的生态平衡和人类的生存发展，是生态文明建设的关键与基础。林业生态文明建设是生态文明建设的发动机、转化器和调节器，① 我国林业承担着森林、湿地、荒漠三个生态系统和野生动植物及生物多样性保护的管理职责，是保护自然生态的主力军。发展林业是建设生态文明的重要基础，发展林业是建设生态文明的重要途径，发展林业是建设生态文明的重要任务。② 建设生态文明是时代赋予林业的新的历史使命，迫切要求林业发挥更大的作用，切实承担起建设生态文明的光荣使命：要承担起保护自然生态系统的重大职责，要承担起实施重大生态修复工程的重大职责，要承担起构建生态安全格局的重大职责，要承担起促进绿色发展的重大职责，要承担起建设美丽中国的重大职责，要承担起为全球生态安全作贡献的重大职责。着力构建生态文明建设五大体系：着力构建国土生态空间规划体系，着力构建重大生态修复工程建设体系，着力构建生态文明建设的政策支持体系，着力构建维护生态安全的法制体系，着力构建生态文化体系。③ 合理划定自然生态保护红线，④ 深入实施十大生态修复工程，⑤ 加快构筑十大生态安全屏障，⑥ 大力发展十大绿色富民产业。⑦⑧ 建立健全适应生态文明建设的林业制度，创新和完善生态林业、民生林业治理体系。⑨⑩

具体地讲，加强生态文明建设既要注重文化层面的宣传、意识形态的引导，还要注重制度建

---

①陈绍志，周海川. 林业生态文明建设的内涵、定位与实施路径［J］. 中州学刊，2014，211（7）：91-96.

②党中央、国务院一直以历史和世界眼光审视着我国的林业建设，把发展林业列为建设生态文明的重中之重。联合国指出，森林这一主题对经济发展和维持各种形式的生命是必不可少的。要拯救地球的生态环境，必须拯救地球的森林。森林是陆地生态系统的主体，处于主导和支撑地位。要处理好人与自然的关系，必须处理好人与森林的关系。

③赵树丛. 发挥林业作用 建设生态文明［EB/OL］. http：//www. forestry. gov. cn，2012-11-26.

④一是森林红线：全国林地面积不低于46. 8亿亩，森林面积不低于37. 4亿亩，森林蓄积量不低于200亿立方米。二是湿地红线：全国湿地面积不少于8亿亩。三是荒漠植被红线：全国治理宜林宜草沙化土地、恢复荒漠植被不少于53万平方公里。四是物种红线：各级各类自然保护区严禁开发，现有濒危野生动植物得到全面保护。

⑤深入实施天然林资源保护、退耕还林、三北防护林、京津风沙源治理、野生动植物保护及自然保护区建设、湿地保护与恢复、平原绿化、长江防护林、沿海防护林、重点地区速生丰产用材林基地建设等十大生态修复工程，尽快恢复我国遭受破坏的自然生态系统。

⑥根据国家主体功能区战略确定的“两屏三带”为主体的生态安全战略格局，加快推进东北森林屏障、北方防风固沙屏障、东部沿海生态屏障、西部高原生态屏障、长江流域生态屏障、黄河流域生态屏障、珠江流域生态屏障、中小河流及库区生态屏障、平原农区生态屏障、城市森林生态屏障等十大生态屏障，构建我国科学合理的生态安全格局。

⑦在全面提升林业生态功能的同时，大力发展木材及其他原料林培育产业、林产工业、木本粮油和特色经济林产业、森林旅游产业、林下经济产业、竹产业、花卉苗木产业、林业生物产业、野生动植物繁育利用产业、沙产业等十大绿色富民产业，努力实现生态效益、经济效益和社会效益多赢。

⑧赵树丛. 为实现中国梦创造更好生态条件——深刻领会习近平同志关于生态文明建设的重要讲话精神［EB/OL］. http：//www. forestry. gov. cn，2013-09-12.

⑨包括建立健全生态资源产权制度，建立健全生态资源监管制度，建立健全自然生态系统保护制度，建立健全生态修复制度，建立健全生态监测评价制度，建立健全森林经营制度，建立健全生态资源市场配置和调控制度，建立健全生态补偿制度，建立健全财税金融扶持制度。

⑩赵树丛. 加快林业治理体系和治理能力现代化 充分发挥生态林业民生林业强大功能——在全国推进林业改革座谈会上的讲话［EB/OL］. 中国林业网 http：//www. forestry. gov. cn，2014-08-01.

设和重点领域的实践，包括以下几个方面：

（1）深化生态安全意识，树立生态文明观念。人类是自然界的朋友，社会经济系统与自然生态系统形成良性循环的关系，才能可持续发展。中国的自然国情是人均资源少，① 生态环境极度脆弱，自然灾害频繁，与此同时中国正处在工业化、城镇化、国际化的加速时期，有限的自然资源和脆弱的生态环境承受了空前、持久、巨大的人口压力和发展压力，这是中国从传统的农业社会向现代的工业社会转变过程中难以避免的重大挑战。思想意识对生态文明实践有重要引导作用，我们一直对人与自然之间的关系以及对中国自然国情缺乏全面认识与深刻理解，更大规模地加剧了人与自然之间的差距，进一步拉大了长期以来的生态赤字。② 资源、能源供需矛盾不断尖锐；生态破坏趋势不断恶化；全球气候变暖，异常气候频繁大面积发生，这些状况大大地改变了中国发展的自然环境，不断地冲击正常的经济发展和人民生命财产安全。③ 直到 20 世纪 90 年代中期领导人才将人口、资源、环境与发展关系视为中国社会主义现代化建设的重大关系，首次提出了“可持续发展”战略，“决不吃祖宗饭、断子孙路，走浪费资源和先污染、后治理的路子”，④ 中国开始进入生态建设和自然恢复期，开始逐步从生态赤字进入生态盈余的时代。⑤ 实现人与自然和谐相处，需要全社会共同呵护我们的生存家园，共同建设生态文明的社会。经济增长和社会消费水平提高不能超越资源环境承载力，不能以浪费资源、破坏环境和威胁生态安全（尤其是气候安全）为代价，在发展过程中不但要尊重经济规律，更要尊重自然规律，深化生态安全意识，并有所作为，才能实现人与自然的良性循环，实现代际公平和永续发展。深化生态安全意识，树立生态文明观念。一方面要在国家局面上形成生态安全共识。十七大报告指出要让“生态文明观念在全社会牢固树立”，是反思了人与自然关系后正确的总结，目前生态文明建设已经成为全面建设小康社会的五大任务之一，⑥ 我国主体功能区规划，正在筹划优化生态系统格局，总体布局是以国家限制开发的生态地区为重要支撑，以点状分布的国家禁止开发区域为重要组成部分，构建“两屏三带”为主体的生态安全战略格局，⑦ 这是我国深化生态安全意识的重大战略，将会对我国生态安全从国家规划层面上起到很好的引导作用；另一方面要在全社会大力宣

---

①中国是一个人均资源相对贫乏的国家，耕地、原煤储量、水能资源储量、石油储量和天然气储量的人均占有量分别相当于世界平均水平的 33%、55%、80%、10%和 4%。

②中华人民共和国成立初期，我国森林蓄积量降到历史最低点，为 90.28 亿立方米；1973~1976 年又进一步下降至 68.6 亿立方米，减少了 24.0%是“森林赤字期”；直到 1984~1988 年才超过中华人民共和国成立初期的水平，达到 91.4 亿立方米；而后才开始进入“森林盈余期”，1999~2003 年为 124.3 亿立方米。

③我国灾害种类多、分布地域广、发生频率高、造成损失重。70%以上的城市、50%以上的人口分布在气象、地震和海洋等自然灾害严重的地区。有关研究表明：全球气候变暖与自然灾害加剧的关系已对我国产生严重影响。（《国家综合减灾“十一五”规划》，2009 年 1 月 14 日）

④江泽民．正确处理社会主义现代化建设的若干重大关系．//江泽民文选．第一卷［M］．北京：人民出版社，2006.

⑤1999~2008 年，我国累计投资 1918 亿元，累计退耕还林 2687 万公顷，占国土面积的 2．8%（国家林业局，2009 年 9 月 14 日）。

⑥中共十七大提出：“建设生态文明，基本形成节约能源资源和保护生态环境的产业结构、增长方式、消费模式。循环经济形成较大规模，可再生能源比重显著上升。主要污染物排放得到有效控制，生态环境质量明显改善。生态文明观念在全社会牢固树立。”胡锦涛．高举中国特色社会主义伟大旗帜　为夺取全面建设小康社会新胜利而奋斗——在中国共产党第十七次全国代表大会上的报告［M］．北京：人民出版社，2007.

⑦《全国主体功能区规划纲要（2010~2020）》。

传和提倡生态文明观念，增强全体社会成员的生态文明意识。培育有利于生态文明观念树立的文化氛围，通过教育、文学、艺术等形式，运用广播、电视、报纸和互联网等多种手段，树立尊重自然的价值观和道德观，从而使生态文明观念深入人心。

（2）建立生态优先政绩观，健全生态文明制度。生态文明建设需要地区间的合作，需要部门间的合作，需要政府职能的转变，制度是实现合作共赢、转变政府职能的根本保证。建立生态优先政绩观，健全生态文明制度。一方面要转变政府职能，建立生态优先的政绩观。过去偏重经济增长指标的绩效考核体系，导致一些地方片面追求经济增长速度和当前利益，忽视资源环境成本和长远利益，忽视经济发展的质量和效益。环境问题缺乏有效的问责机制，使经济发展难以抑制低水平扩张和无序竞争，造成资源浪费和环境污染。应改变以经济总量和速度指标为中心的考核方法，综合考虑经济发展、社会和谐、环境改善等问题，将节约资源和保护环境等列入考核内容，并规范这些指标的统计监测方法和考核办法，提高考核质量。同时，建立健全监督机制，实现对政府权力部门和决策机关的有效监督，强化责任追究，防止短期行为①；另一方面要协调各部门、各区域关系，健全生态文明制度。生态建设不仅是发展和改革委员会关注的事，也不完全是林业部门和环保部门的事，涉及多个部门，多个领域，要改变生态建设主要由林业部门独立承担的状况，整合林业、水利、环保、农业等部门，探索跨部门、跨地区、多流域的合作机制。把资源培育、环境保护、节能减排等与绿色发展相关的法律、法规、条例、规定加以梳理和整合，下位法要符合上位法，部门法规之间要相互协调，相得益彰，而不是相互推诿、争权夺利。

（3）加大生态建设投资，推动生态文明实践。生态建设投资能产生巨大的生态效益，投资回报率高，而且可以扩大内需和增加就业。首先，要分发挥中央、地方的“两个积极性”,② 发挥“两个积极性”要明确中央与地方的职能分工。全国性公共物品，由“中央出钱、地方出力”混合方式提供;③ 地方性公共物品，要发挥地方积极性，利用本地信息优势，主要由地方提供。当地方提供能力不足，且要实现全国基本公共服务均等化目标，则由国家出钱（财政补助或转移支付）“雪中送炭”；跨区域公共物品，以地方为主，中央出面制定规划、组织协调，由中央和地方共同提供；其次，明确责、权、利关系，鼓励社会多元投入。总体上形成中央决策、国家规划、部门指导、省级政府负总责、地市级和县市级政府实施的分工合作体系和激励相容机制。遵循“国家政府支持，省级政府负责，地市政府实施”的原则。以转移支付等政策支持为主，补偿基于历史遗留问题的欠账，制定财政援助的客观标准，在财政资金的投向上最大限度地体现客观性、公正性和公益性。在国家和政府投资的基础上，积极吸引多种社会投资形式，形成以国家投入为导向、地方投入为启动、社会投资为主体的多元投资格局。

---

①诸大建. 生态文明与绿色发展［M］. 上海：上海人民出版社，2008。

②毛泽东在 1956 年在《论十大关系》中提出：我们的国家这样大，人口这样多，情况这样复杂，有中央和地方两个积极性，比只有一个积极性好得多。毛泽东．论十大关系．//毛泽东文集．第七卷［M］．北京：人民出版社，1999.

③对林业提供的国家重要生态产品，以国家财政购买国家重要生态公共产品的投入原则不能变，在运行模式上，运用“财政买单，成本分摊，中央为主”的机制，比如重点公益林生态产品增量部分经科学核算其价值后由政府财政出资全额购买，出资比例上以中央政府为主，可参照天然林保护工程的做法，中央政府负担 80%，地方政府分摊 20%。

25.3　森林质量经营——一个核心

林业的根本出路在于发展生产力，森林生产力集中体现在生物量的增加，核心是提高森林质量，以适应最大限度的多功能性发挥。完备的林业生态体系的基本特征是功能齐全①、均衡适度、结构稳定②、布局合理。③

我国森林当前存在的突出问题是森林总量不足、质量不高、分布不均、自然提升缓慢。当前我国森林面积位居世界第 5 位，森林蓄积位居世界第 6 位，人工林面积继续保持世界首位，约占世界人工林面积的 70%。全国森林覆盖率 21.63%，远远低于全球 31%的平均水平，特别是人均森林面积我国只有 0.15 公顷，仅为世界人均（0.6 公顷）的 1/4，人均森林蓄积（10.98 立方米）只有世界人均水平（78 立方米）的 1/7，森林公顷蓄积量我国仅为 89.79 立方米，只有世界平均水平（131 立方米）的 70%左右，只有欧美主要林业国家平均水平的 52%。④ 人工林的公顷蓄积更低，为 52.76 立方米，只有天然林的一半。平均胸径 12 厘米，比天然林低 2.1 厘米，多数人工林为小径组林木。树种组成单一，85%为纯林，生态系统稳定性差。全国森林面积中，质量好的仅占 19%。乔木林每公顷年均净生长量 3.56 立方米，远低于新西兰、德国、瑞士等林业发达国家 10~20 立方米。林木平均胸径只有 13.6 厘米。乔木林面积中，中幼龄林比例高达 65%，过密中幼龄林、过疏的中龄林和近成过熟林占 36%，龄组结构不合理、密度适宜林分少。森林每公顷年生态服务价值仅相当于日本等国的 40%，森林生态功能低效化。自 20 世纪 70 年代

---

①比较完备的森林生态体系应能持续发挥涵养水源、保持水土、防风固沙、净化空气、调节气候、改善生态环境、维护生物多样性等生态防护功能；要不断地为社会提供一定的木材及其他林产品，为农村、特别是贫困地区提供薪材，满足人民群众的物质生活需要，发挥其经济效益；以森林生态系统为依托的自然保护区、森林公园等，要为社会提供森林旅游等景观效益，满足人民群众的文化需要；要以其丰富的物种群为人类提供宝贵的基因库，持续地发挥巨大的社会效益。

②结构决定其功能的发挥，稳定的系统结构以生物多样性为基础能保证最大限度地发挥系统的功能。组成比较完备的林业生态体系的各种类型的森林生态系统，必须具有较高的生物多样性和林地生产力以及系统恢复能力、较强的抗病虫害和预防火灾的能力，良好的森林景观和防护功能，以保证其持续发挥最优的生态、经济和社会效益。

③中国可持续发展林业战略研究项目组. 中国可持续发展林业战略总论［M］. 北京：中国林业出版社，2002.

④国际数据，来自《Global Forest Resources Assessment 2010》，按 FAO 定义，森林为面积在 0.5 公顷以上、树木高于 5 米、林冠覆盖率超过 10%，或树木在原生境能够达到这一阈值的土地。不包括主要为农业和城市用途的土地。如果按同一同一时间标准比较，相对指标可能会有不同。

末以来，全国森林面积增幅达 70%，同期乔木林每公顷蓄积量提高 14%，森林质量提升缓慢。①②③

从我国森林经营的现状看，全面科学持续推进森林经营，还存在一些制约因素：造林绿化空间有限④，抚育经营严重滞后⑤，森林采伐利用不合理⑥，经营主体经营意识不强⑦，森林经营

---

①天然林低质化明显。全国天然林面积中，94%为经采伐或森林灾害后形成的次生林和过伐林。由于母树留存不当、次生林种群遗传品质低劣等，次生林发生逆向演替，形成大面积目的树种缺乏、结构不稳定，林相差、功能低的残次林。大小兴安岭等国有林区，因过度采伐和后期经营措施未跟上，部分落叶松等天然针叶林，演替为以白桦、黑桦、山杨等先锋树种为建群种的次生阔叶林。次生阔叶林面积占天然乔木林的 43%，森林生态系统自我恢复能力减弱，林分产量下降、材质变差，森林功能稳定性降低，生产功能和生态机能衰退。

②北方防护林纯化老化衰退严重。三北地区大面积营造的防风固沙林是防治荒漠化、阻止沙化，保障人民生产和生活空间的绿色基础设施。华北、西北地区人工防护林面积中，纯林占 99%，其中 36%为杨树林，松毛虫、天牛、枯梢病、黑斑病等森林病虫害风险高，林木受害严重。20 世纪六七十年代以来区域内营造的防护林，已进入成过熟期，成过熟林面积达 102.73 万公顷，生理衰老、生长停滞，加之旱灾频发、地下水位下降，出现大面积的长势衰退，树形弯曲、树心焦黄、材质差，森林抵御病虫害、防风固沙能力下降。

③南方林地土壤退化、低效林多。南方集体林区人口密集，大部分林地是容易发生水土和养分流失的山坡地。为改善生态环境，20 世纪 80 年代以来南方各省通过飞播、植苗造林，营造了大量的纯林，纯林面积占人工林面积的 83%。受林木种源、后期管护经营不到位、周期性炼山等影响，成林不成材、小老头树多，稀疏、过密林比重大，生态系统稳定性差，固土保肥、防灾御灾等生态功能脆弱。此外，多代连作且过度纯林化的杉木、马尾松等速生丰产林，土壤肥力下降，地力严重退化，制约了林地生产力，亟待实施林分修复或更新改造。

④我国的可造林面积、可造林地大多是在西北和西南地区，有 2/3 的是质量比较差的林地，50%是年降雨量在 400 毫米之下的干旱和半干旱地区。

⑤林业建设长期以来“重两头轻中间”，导致过密过疏林分多、密度适宜林分少，纯林多、混交林少，森林结构不合理、质量差，生态功能低。全国现有大面积的中幼龄林抚育严重滞后、历史欠账多，急需加大抚育经营力度，释放林木生长空间。但是，通过森林经营调整优化森林结构、提升森林质量是一个长期过程，短期难以奏效。

⑥森林采伐利用仍以轮伐、皆伐等为主，经营方式简单粗放；甚至对未成熟林分采取主伐作业，采大留小、采好留坏、急功近利。第八次全国森林资源清查结果表明，全国森林采伐消耗蓄积的 64%来自中幼龄林，中幼龄林超强度采伐作业的面积比例高达 45%，严重影响了森林正常生长和质量提升。

⑦森林经营的激励机制缺乏，经营主体权责利不明晰，自觉经营、自主经营的意愿不强，社会力量参与度低，经营方式简单粗放。“望天长”现象比较普遍，补植、抚育等措施未跟上。一些地方“拔大毛”思想严重，采大留小、采好留坏。

短期行为严重①，林道等基础设施落后②，资金投入不足③，人才科技缺乏④。⑤

国家林业局于2005年编制并发布了《中国森林可持续经营指南》，2007年9月，国家林业局颁布了《中国森林认证森林经营》和《中国森林认证产销监管链》两项标准，2010年10月，发布了《国家林业局关于加快推进森林认证工作的指导意见》，并先后下发了《全国森林资源经营管理分区施策导则》《森林经营方案编制与实施纲要》《县级森林可持续经营规划编制指南》《森林经营方案编制及实施规范》和《简明森林经营方案编制技术规程》等一系列指导性文件。2011年，国家林业局在全国200个单位开展以森林采伐管理改革为核心的森林资源可持续经营管理试点。2012年，国家林业局在各类森林经营试点示范的基础上，选择确定了15个中国森林经营样板基地和12个履行《适用所有类型森林的不具法律约束力的文书》的示范基地，为更好地履行与森林问题相关的国际公约树立良好负责任大国形象，同时为国际森林可持续经营积累宝贵经验。2015年，习近平总书记在气候变化巴黎大会上明确指出“中国2030年森林蓄积量比2005年增加45亿立方米左右”，这就要求林业在全球生态治理格局中扮演更加重要角色。在2016年1月26日中央财经领导小组第十二次会议上，习近平总书记强调，森林关系国家生态安全，要加强森林生态安全建设，着力推进国土绿化，着力提高森林质量，着力开展森林城市建

---

①一些地方忽视“以营林为基础”，不按作业设计施工，超强度抚育或者以出材为目的，以长养短。甚至存在以低效林改造名义将天然林改造为人工林、毁林造林、破坏森林资源的现象，造成森林逆向演替、林分质量下降，导致局部区域森林生态系统严重退化。

②林区道路等营林基础设施建设严重落后，林区路网、森林经营作业道密度低、等级差。目前，全国林区道路网密度平均每公顷只有1.8米，处于较低水平。奥地利、德国的林区道路网密度达到89~100米，美国、澳大利亚、英国等国达到10~30米。德国、日本、美国等发达国家各级政府投入林道等基础设施建设的资金比例达到60%~80%，而我国尚没有专门的资金投入渠道。先进森林经营技术和营林机械设备难以有效推广，经营装备落后、作业工具简单，营林生产作业条件差、成本高、效率低，严重制约了森林经营活动正常开展和防火防虫应急反应能力。

③中央财政森林抚育补贴规模小、标准低、范围窄，每年安排的森林抚育补贴面积只有350多万公顷，远不能满足全国急需的中幼龄林抚育任务需要。绝大多数地方财政森林抚育补贴政策缺失。除了少数经济发达地区能出台支持政策，大部分地区由于地方财政困难，难以落实配套资金。林业投融资体制改革推进缓慢，社会资本和各种社会主体参与森林经营的机制尚未建立。山区林区经济发展落后，林区职工和林农经济困难，大多无力筹措森林抚育等生产经营资金。森林采伐管理、公益林管理等相关政策与森林抚育经营生产实践不相适应。

④森林经营科研、教学、生产等领域专业人才缺乏，各级林业部门特别是基层单位森林经营人才队伍严重断档，专业化队伍建设滞后，难以将先进的森林经营理念和技术有效转变为现实生产力。森林经营数表图表资料缺乏，林地立地质量评价等基础研究薄弱，困难立地造林、低效林改造、森林作业法体系等关键技术研究滞后，尚未建立符合中国国情林情的森林经营理论与技术体系。森林经营实用科研成果转化率、普及率低，技术储备不足，与推进森林多功能经营等先进经营理念、技术要求不相适应。

⑤参考来源：国家林业局，《全国森林经营规划（2016~2050）》，2016年6月；国家林业局，《“十三五”森林质量精准提升工程规划》，2017年3月。

设，着力建设国家公园。① 4月5日，习近平总书记在参加首都义务植树活动时指出，发展林业是全面建成小康社会的重要内容，是生态文明建设的重要举措；要多种树、种好树、管好树，让大地山川绿起来，让人民群众生活环境美起来。

2016年6月，国家林业局出台了《全国森林经营规划（2016~2050年）》。指导思想：牢固树立绿色发展理念，以转变林业发展方式为主线，以提高森林质量效益、充分发挥森林多种功能、实现森林可持续经营为目标，以多功能森林经营理论为指导，尊重林业自然规律和经济规律，分类经营、分区施策，创新政策和管理机制，完善科技支撑体系，加强基础能力建设，全面提升森林经营水平，促进培育健康稳定优质高效的森林生态系统，增强森林的供给、调节、服务、支持等功能，持续获取森林生态产品，为建设生态文明和美丽中国、实现中华民族永续发展创造更好的生态条件做出积极贡献。规划原则：坚持多功能经营、多效益统筹，以生态建设为主；坚持统筹规划、合理布局，稳步推进；坚持造抚并重、保育结合，突出森林抚育；坚持分类经营、分区施策，突出主导功能；坚持政府扶持、市场驱动，激励经营主体自觉经营。规划目标：到2020年，森林经营取得重大进展，中国特色的森林经营理论、技术、政策和管理体系基本建立，森林可持续经营全面推进；②③ 到2050年，中国特色的森林经营理论、技术、政策、法律和管理体系全面建成，中国森林经营进入世界先进国家行列。④

2017年3月，国家林业局出台《“十三五”森林质量精准提升工程规划》。指导思想：牢固

①要着力推进国土绿化，坚持全民义务植树活动，加强重点林业工程建设，实施新一轮退耕还林。要着力提高森林质量，坚持保护优先、自然修复为主，坚持数量和质量并重、质量优先，坚持封山育林、人工造林并举。要完善天然林保护制度，宜封则封、宜造则造，宜林则林、宜灌则灌、宜草则草，实施森林质量精准提升工程。要着力开展森林城市建设，搞好城市内绿化，使城市适宜绿化的地方都绿起来。搞好城市周边绿化，充分利用不适宜耕 作的土地开展绿化造林；搞好城市群绿化，扩大城市之间的生态空间。要着力建设国家公园，保护自然生态系统的原真性和完整性，给子孙后代留下一些自然遗产。要整合设立国家公园，更 好保护珍稀濒危动物。要研究制定国土空间开发保护的总体性法律，更有针对性地制定或修订有关法律法规。

②森林总量和质量持续提高。全国森林覆盖率达到23. 04%以上，森林蓄积达到165亿立方米以上。每公顷乔木林蓄积量达到95立方米以上，每公顷乔木林年均生长量达到4. 8立方米以上。混交林面积比例达到45%以上，珍贵树种和大径级用材林面积比例达到15%以上。森林植被总碳储量达到95亿吨以上，森林每年提供的主要生态服务价值达到15万亿元以上。森林经营示范区每公顷乔木林蓄积量达到150立方米以上，每公顷乔木林年均生长量达到7立方米以上。重点林区森林质量达到同期世界平均水平。森林生态系统稳定性显著增强，森林的生态服务、林产品供给和碳汇能力明显提升。

③森林经营支撑体系基本建成。建立森林经营规划制度，全面编制和执行全国、省级、县级森林经营规划和国有林区、国有林场森林经营方案；完善国家、行业和地方标准，构建比较完备的森林经营技术标准体系；优化主要树种经营技术模式，基本建成以森林作业法为核心的经营技术体系；建设森林经营人才培训制度和培训体系，培养造就一支数量充足、结构合理、素质良好，适应林业发展要求的森林经营专业技术队伍、管理人员队伍和施工作业队伍。

④森林经营对增加森林总量、提高森林质量、增强森林效能的贡献持续提升。全国森林覆盖率稳定在26%以上，森林蓄积达到230亿立方米以上。每公顷乔木林蓄积量达到121立方米以上，每公顷乔木林年均生长量达到5. 2立方米以上。混交林面积比例达到65%以上，珍贵树种和大径级用材林面积比例达到40%以上。森林植被总碳储量达到130亿吨以上，森林每年提供的主要生态服务价值达到31万亿元以上。森林经营示范区每公顷乔木林蓄积量达到260立方米以上，每公顷乔木林年均生长量达到8. 5立方米以上。全国森林质量超过同期世界平均水平，重点林区森林质量达到同期同纬度林业先进国家水平。建成健康稳定优质高效的森林生态系统，基本满足国家生态保护、绿色经济发展和林区充分就业的需求。

树立新发展理念，以精准提升森林质量、增强生态功能和优质生态产品供给为主攻方向，以多功能森林经营理论为指导，坚持目标引领、示范推动，分区、分类、因林施策，全面保育天然林、科学经营人工林、复壮更新灌木林，完善政策支撑机制，创新经营技术模式，培育“结构合理、系统稳定，功能完备、效益递增”的森林生态系统，为维护森林生态安全、筑牢国家生态安全屏障、推进林业现代化建设作出新的贡献。基本原则：坚持保护优先，自然修复为主；坚持数量和质量并重，质量优先；坚持优化结构，补齐短板；坚持突出重点，精准施策；坚持政府引导，社会参与。通过建设森林质量精准提升的支撑体系，建立森林质量精准提升工程建设标准，实施精准作业、精准管理和精准监测，着力推进全国天然林保育、人工林经营和灌木林复壮。“十三五”期间，基本完成各级森林经营规划和森林经营方案编制，全国林木良种使用率达到 75%以上，科技进步贡献率达到 55%以上，林业机械化率达到 55%以上。完成新造林 2333 万公顷，森林抚育 4000 万公顷，退化林修复 1000 万公顷。①

25.4　经济社会生态——三大交融

25.4.1　三大系统的交融

森林生态系统、湿地生态系统、荒漠生态系统三个生态系统以及依附于它们存在的生物多样性构成了陆地生态系统的主要组成部分。森林是陆地生态系统的主体，森林被称为“地球之肺”；湿地能够分解、净化环境物，起到“排毒”、“解毒”的功能，因被称为“地球之肾”；荒漠生态系统尽管被称为“地球之脆弱地带”，但它同样也在缓解气候变暖、防风固沙、涵养水源、保持水土、净化空气以及维护生物多样性等方面具有重要作用。三个生态系统之间相互依存、相互影响，任何单一生态系统都不能满足社会发展的需要，只有保护和建设好“三个系统一个多样性”，才能更好地发挥生态系统的服务功能，支撑人类社会生存发展。“三个系统一个多样性”作为一个新系统，除了具备物质循环、能量流动、信息传递等一般生态系统的功能外，还具有生态系统服务功能，特别是生物多样性作为地球的免疫系统对维护生态系统平衡稳定具有重要作用。进一步讲，系统外部有一定的环境，系统与外部环境又组成一个更大的系统，它们所构成的陆地生态系统的功能更复杂多样，整体功能更加完备。此外，作为不可分割的整体又与人类经济社会构成更加庞大的经济—自然—社会复合生态系统，这些一层层子系统构成的多层复合生态系统整体结构和功能会大大超越独立的系统个体，这就是系统论中经常提到的协同增效效应，它们之间协同发展是实现人与自然和谐的基础。

25.4.2　三次产业的交融

欧美一些发达国家非常重视林业产业的融合发展，一、二、三产业的互补互动。一方面，高

---

①到 2020 年，全国森林覆盖率提高 1.38 个百分点，森林蓄积量增加 14 亿立方米。乔木林每公顷蓄积量达到 95 立方米以上、年均生长量达到 4.8 立方米以上。混交林面积比例达 45%以上，珍贵树种和大径级用材林面积比例达到 15%以上。森林年生态服务价值达 15 万亿元以上，森林植被碳储量达 95 亿吨以上。全国森林生态资源持续增加，国土生态安全屏障更加稳固，优质生态产品和林产品更加丰富，加速推进林业现代化建设，为全面建成小康社会提供更好的生态条件。

度重视森林经营培育，提高国内木材供给率。同时注重森林的文化教育功能，倡导森林旅游和休闲康养；另一方面，在国际市场，积极推销先进的林业机械。同时大量进口原木，加工外销。以森林培育保护带动森林旅游休闲，以林业机械产业带动国内木材产业，从而使林业产业链条加长，推动产业升级和收益增值，因此林业能在其经济和对外贸易中占据着重要地位。以德国和奥地利的林业产业为例，我国国土面积和人口分别是奥地利的近 150 倍，是德国的 27 倍和 15 倍，然而年木材产量却与德国基本相当，更出人意料的是，奥地利则是除了我国之外的世界第二大原木进口。通过供给侧改革实现三产融合发展，促进发展新动能，是我国林业创新升级的必由之路。2016 年，我国林业产业总产值达到 6.49 万亿元（按现价计算），比 2015 年增长 9.30%，自 2007 年以来，林业产业总产值的平均增速达到 20.08%。然而当前林业产业还存在着地区发展不平衡，产业结构不协调等问题，林业产值增加还有很大的潜力。2017 年中央一号文件“关于深入推进农业供给侧结构性改革 加快培育农业农村发展新动能的若干意见”，指出农业结构性矛盾的主要方面在供给侧，要壮大新产业新业态、拓展农业产业链价值，倡导三产融合发展。借鉴发达国家林业产业需求导向和产业融合的经验，新的时期，我们要把提升林业综合生产能力作为推进林业供给侧结构性改革的根本任务，按照《林业产业“十三五”规划》制定的蓝图，以建立发达的现代林业产业体系为战略目标，以提高发展质量和效益为中心，以去产能、去库存、去杠杆、降成本、补短板为主线。在保护生态和社会效益的前提下，科学利用林业资源，努力壮大林业机械、林产品加工等传统林业产业，积极发展林下经济、森林旅游等新兴林业产业，进一步提升林业绿色优质产品生产能力，满足市场对林产品的巨大需求，人民群众对林业的多功能需要。实现林业产业发展模式由资源主导型向自主创新型、经营方式由粗放型向集约型、产业升级由分散扩张向龙头引领转变。

25.4.3 三大功能的交融

德国林业可持续经营思想已经有上百多年的历史，林业发展的定位是实现林业的多功能性。在日益增长的森林需求和营林效益之间，创造适宜的平衡，实现森林生态、经济、社会功能的统一，以适应未来的需求。德国有 1/4 的森林被划入自然公园，1/3 的森林被划入景观保护区。森林除了给国家、社会、个人带来直接的经济利益之外，其更重要的意义在于保护自然和生态环境。森林被视为保持土壤、水、空气和改善气候不可缺少的因素，是野生动物的庇护所，也是可再生木材资源的供应源以及人们向往的休憩地。作为我国林业现代化的指导方针，绿色发展倡导低碳、循环、包容、以人为本，因此林业经济、社会、生态三大功能的整合、多功能性的发挥也必然是我们的经营目标。在经济特征目标方面，林业追求建立产品投入产出的良性循环机制，即在科学规划的前提下，增加净产出的同时，也要保持存量的增长，保证森林等自然资源的数量和质量的不断提高。在社会特征目标方面，林业追求满足人们较高层次社会文化需求，同时为林区农民提供就业机会与生存条件，为林农脱贫致富提供条件。在生态特征目标方面，现代林业追求森林生态系统的完整与稳定，努力从生态赤字转向生态盈余。从本质上讲，现代林业追求的目标和绿色发展所倡导的理念是一致的，现代林业是绿色发展的一部分，现代林业是绿色发展的先行者。

25.5 林业工作重心——三大环节

生态林业、民生林业、社会林业是全面开创现代林业发展的新局面的工作重心和三大环节。

25.5.1 生态林业

生态是人类生存之本、发展之基，是林业的核心。森林是陆地生态系统的主体，林业的首要功能就是满足人的生态需求、保障国家的生态安全。坚持保护优先是中央确定的生态文明建设基本方针，坚持生态优先是实施以生态建设为主的林业发展战略的应有之义。推进林业现代化建设，必须始终坚持保护优先、生态优先，把保护放在更加突出的位置，全面保护天然林，全面保护湿地，全面保护野生动植物。组织实施国家生态安全屏障保护修复、天然林资源保护、湿地保护与恢复、濒危野生动植物抢救性保护等重点工程，加大保护力度，严守生态红线，构筑十大绿色生态屏障，努力形成维护国土生态安全的保障体系，全面增强并充分发挥林业生态功能。

一是加快造林绿化步伐。提高营造林中央投资补助标准。推进义务植树和部门绿化，丰富实现形式，进一步拓宽公民参加义务植树的有效途径，加快培育珍贵树种和能源林、碳汇林。

二是抓好林业重点工程。推进退耕还林工程、天然林保护工程、三北工程丝绸之路经济带生态屏障、国家储备林基地，加快建设京津冀地区成片森林带。加强长江防护林体系建设和岩溶地区石漠化治理。

三是加强森林资源管理。加强森林资源监测与清查工作，严厉打击毁林开垦、非法占用林地等行为，适度提高森林生态效益补偿标准。

四是加强森林质量经营。抓好森林经营样板基地、示范林场、履约示范单位试点建设，加强森林抚育质量监管。编制重点国有林区中长期森林可持续经营方案，适当增加森林抚育任务。

五是全面保护天然林。扩大天然林保护范围，全面停止国有林场天然林商业性采伐，完善天然林保护政策，提高补助标准，巩固停伐成果。加强后备资源培育，恢复天然林生态功能。

六是全面保护湿地。开展湿地生态效益补偿试点、退耕还湿试点，新指定一批国际重要湿地，建立一批国家湿地公园，严厉打击破坏湿地行为。

七是全面保护野生动植物。对东北虎、豹和亚洲象等濒危野生动物及其栖息地进行综合保护，严厉打击破坏野生动植物资源的违法行为。

八是加强荒漠植被保护。强化防沙治沙政府目标责任考核，抓好沙化土地封禁保护区补贴试点和国家沙漠公园建设，探索建立荒漠生态补偿制度和防沙治沙奖励补助机制。

25.5.2 民生林业

党中央、国务院高度重视民生，将保障和改善民生作为一切工作的根本出发点和落脚点。林业是造福人类的公益事业，是国民经济的基础产业，是惠民富民的民生产业。林业要满足人民群众的新期待、新需求，必须加快推进林业产业，提供更加丰富的林产品，解决林产品的突出供需矛盾。同时，林区基础设施建设严重滞后，行路难、饮水难、用电难、就医难、上学难等问题也十分突出，社会保障严重滞后于社会平均水平。我国山区占国土面积的 69%，山区人口占全国人口的56%，山区林区成为全面建设小康社会的重点和难点。①

一是以国家储备林基地为依托，加大用材林基地建设规模，在适宜区域，通过集约人工林培育、现有人工林改造等措施，培育后备森林资源，增加木材有效供给。注重"次小薪"材加工利用技术开发，加强大径级珍贵树种的培育，促进竹产业的发展。

二是强化技术进步和技术创新，提高木材综合利用率。利用木材采伐、加工剩余物、"次小薪"材、废弃木材和沙生灌木等生产林产品，节省林木资源。

三是加快发展果树、木本粮油等特色经济林，发展竹藤花卉、森林食品、珍贵树种和药材培植以及野生动物驯养繁殖等新兴产业。

四是发展林下经济。充分利用森林资源，推动林下资源合理利用。发展林下经济基地，通过林果、林草、林菌、林药、林禽、林畜、林菜、林蜂等形式，打造发展新模式，探索"不砍树也致富"的路子。

五是发展森林旅游。以森林、湿地、野生动物等特色资源为依托，以自然保护区、森林公园、湿地公园建设为载体，开发森林生态观光、森林休闲度假、森林探险、森林科考和生态旅游村等产品。

六是完善林产品市场机制。大力发展林产品电子商务，规范林权交易市场，推进森林碳汇交易。制定行业规划和产业政策，引导市场有序发展。建立预测预警信息系统，规避市场风险

七是继续加大对国有林区的公共设施投入，完善公共服务体系，落实社会保障措施，确保职工民生福利持续改善。进一步整合各种惠林资金，加大对林区公共设施的投入，继续支持棚户区改造项目、生态移民工程，进一步改善国有林区职工家庭住房、教育、医疗状况，落实"五险一金"国家政策、最低生活保障和无保及低保户的补助政策，解决影响民生的最基本问题，保障重点国有林区职工能够享受改革"红利"，在改革与发展大潮中"不掉队"、"不落伍"，民生福祉得到持续提高。

八是对生态特别重要和脆弱地区的贫困人口实行生态补偿脱贫，加大林业重点生态工程在贫困地区的实施力度，通过森林湿地管护和沙化土地封禁补助、退耕还林补助、营造林投资补助、生态补偿等林业补贴方式，让有劳动能力的贫困人口就地转为护林员、防火专业队员等生态保护人员，增加参与林业建设的贫困人口的收入，实现精准扶贫。

25.5.3 社会林业

林业是一项公共事务，是一项公益事业，要大力发展城市绿化和乡村绿化，植树造林、绿化祖国，责任重大、使命光荣。

---

①在新的历史条件下，我国林业产业发展基本思路可以概括为：在产业结构上，按照继续加强第一产业的基础地位，大力提升第二产业的素质，积极发展第三产业的理念，合理调整产业结构、产品结构、区域结构，促进林业一、二、三产业的协调发展。在发展模式上，以商品林特别是工业原料林的大发展，促进林产工业的大发展；以林产工业的大发展，带动资源培育的集约化、定向化、林纸和林板一体化；以特色经济林和竹林的大发展，促进绿色产业的建设；以森林旅游的大发展，带动林业综合服务 业的全面进步。在发展重点上，积极发展林产工业尤其是精深加工业，延长产业链，提高附加值：重点强化对传统产业的升级改造，发展高新技术产业和新兴产业，扶持名牌产品。锻造优势企业。郝燕湘，付健全，刘璨．我国林业产业发展战略及政策初探［J］．中国林业产业，2004（01）：1-11.

一是科学规划。要利用城市有限的土地最大限度地增加森林绿地面积，积极发展以林木为主、便民实用的街心公园、小游园、小绿地，增加市民休闲活动空间。要采取屋顶、墙体、桥体等立体绿化方式，拓展城市绿化空间，增添绿色景观效果。

二要生态优先。要构建完善的城市森林生态网络，坚持近自然造林、乔灌草搭配、乡土树种为主，增强森林生态系统的稳定性、可持续性。要广泛运用各种先进实用的造林技术，努力扩大森林面积，提高森林质量，提升森林生态功能。要循序渐进，注重实际，确保城市森林建设始终沿着科学的方向发展。

三要依靠群众。要强化宣传教育，服务引导广大市民了解、支持、参与城市森林建设，探索形成一种良好的共建共享机制，既能吸引群众积极参与林业建设，又能确保群众公平分享发展成果。让市民既是城市的主人，也能成为城市森林建设的受益者，又是城市森林的建设者和管理者。

四是义务植树。要加强组织领导，进一步落实地方各级人民政府和有关部门的责任。丰富实现形式，进一步拓宽公民参加义务植树的有效途径。突出建设重点，进一步发挥全民义务植树的重要作用。完善组织管理，进一步促进义务植树活动广泛深入开展。持之以恒，义务植树是一项只有起点没有终点的长期任务。

五是加强森林文化建设，提升生态文明意识。要建立健全森林博物馆、标本馆、科普长廊、生态标识等生态文化基础设施，为城乡居民了解森林、享受森林提供方便。要深入挖掘竹文化、花文化、茶文化、古树名木文化的内涵，大力开展森林文学、音乐、书画、摄影等创作活动。要广泛开展市树市花评选、树木认养认建等群众参与式、体验式活动。真正把城市森林建设的过程变成普及林业知识、弘扬生态文明理念的过程，让建设和保护城市森林成为人民群众的共同意愿与自觉行动。

六是推进城市周边绿化，打造环城森林带。要加强城市周边自然山体、水体的生态保护和修复，因地制宜建设森林公园、湿地公园、郊野公园和树木园，形成环城森林绿地系统。要加强城市周边公路、铁路两旁以及沿江、沿河两岸的群落式林带建设，形成林路相依、林水相依的生态景观林带。要加强城市周边荒山荒地、矿区废弃地以及城乡结合部不宜耕作土地的绿化造林，建设大尺度的环城片林，着力提升城市森林的绿肺和休闲功能。

七是推进乡村绿化，打造乡土森林村镇。要利用道路和水系两侧、房前屋后，见缝插绿添彩，提高村镇绿化水平。要结合村头巷尾的空地、村镇周边的林地和湿地，规划建设村镇公园，增加公共生态休闲空间。要保护好大树古树和传统围村林、风水林、景观林，传承乡村自然风貌。要发展以森林为依托的种植、养殖、旅游、休闲、康养、饮食等森林生态产业，促进农民增收致富。

八是推进城市群绿化，发挥森林区域功能。要依托山脉、水系、路网、林地等要素，通过生态廊道建设和城市绿化，实现区域自然生态系统的互联互通。要重点推进京津冀、长三角、珠三角等六大国家级森林城市群建设，在城市之间着力打造成片的森林、湿地，为城市群可持续发展提供坚实的生态保障。

25.6　林业绿色施政——六大重点

在新的时期，林业发展战略应继续与国家发展方向息息相关，在全球化背景下也要与世界经济发展紧密相连，把绿色发展和绿色创新作为林业发展的主要原则，推行六大施政重点。一是国家公园。设立国家公园是我国生态文明制度建设的重要内容，对于推进自然资源科学保护和合理利用，促进人与自然和谐共生，推进美丽中国建设，具有极其重要的意义；二是特色新兴产业。发展特色新兴产业是以林业特色资源为依托，以市场作为配置资源的基础作用，挖掘林业潜力，加强绿色产业转型，增加林业发展新动力的需要；三是绿色就业。增加林业就业是在国际经济增长乏力和国内经济新常态的中国国情下，今后一段时期我国经济工作优先考虑的领域，林业在增加就业方面做出了很大贡献，但仍然还存在着很大潜力空间；四是绿色碳汇。为了应对气候变化这一当今世界重要议题，国家非常重视林业在应对气候变化中具有的特殊地位，发展林业碳汇，可以使我国在世界经济发展舞台具有更多的话语权和主动权，为中国引领以绿色发展为基础的第四次工业革命做出贡献；五是绿色生物质能源。通过合理种植能源树木和开发利用林业“三剩物”使之转化为可再生能源，在一定程度上能缓解我国能源危机问题，还能实现产业与生态共赢，提高农民收入。发展林业生物质能源是对国家绿色发展理念的积极响应；六是绿色生态旅游。森林旅游我国林业绿色新政以来林业发展的施政重点，是林业生态文明建设的重要组成部分，打破条条框框，划定适当试点区域，将森林旅游资源的保护和市场适度开发适度结合，因地制宜，立足地方特色，根据市场需求进行生态旅游项目开发，是在当前经济新常态背景下林业生态建设的现实选择，是现代林业不可缺少的重要内容。

25.6.1 国家公园建设

根据国际自然保护联盟（IUCN）统计，全球共建立 10.2 万处各类保护区（地），覆盖地球 12.65%，可分为六大类。① 国家公园属于保护区的类型之一，面积约占保护地的 26%。已有 200 多个国家或地区建立了 3880 多个国家公园，面积超过 400 万平方公里。1872 年，美国国会通过了《设立黄石国家公园法案》，规定此片土地为国有，将这片土地定性为“供人民游乐和造福大众的保护地”，美国总统格兰特签署了该项法案，世界上第一个公认的国家公园从此诞生了。1920~2015 年，美国国家公园体系旅游人数从 100 万人增加到 3.07 亿人。当前，我国以自然保护区、风景名胜区、地质公园和森林公园等为主体的各种特殊保护地已接近我国陆地国土面积的 20%左右，分三大类九个类别，三大类分别是：自然生态系统类、野生生物类、自然遗迹类；九个类别分别是：森林生态、草原草甸、荒漠生态、内陆湿地、海洋海岸、野生动物、野生植物、地质遗迹、古生物遗迹。其中森林生态系统、湿地生态系统、荒漠生态系统（野生动物和野生植物）和生物多样性保护所涉及的自然保护区数量为 2355 个，占总数的 91%，保护面积为 14490.19 万公顷，占总面积的 96.96%。②

我国的自然保护区存在着产权界定不清楚、规划设计不完善，人才队伍不健全；政府与市场边界模糊，不能有效发挥作用；中央地方事权财权不匹配，缺乏规范的投入渠道和稳定的经费来

①类型 1，严格的自然保护区及荒野区；类型 2，国家公园；类型 3，自然遗迹；类型 4，生境/物种管理区；类型 5，陆地/海洋保护景观；类型 6，资源管理保护区。

②赵树丛. 积极推动国家公园建设［N］. 科技日报，2014-07-29.

源；部门交叉管理，割裂现象严重；管理机构性质多样，行政级别设置不规范等问题，① 国家公园建设是为了理顺当前自然保护区的管理矛盾和问题，规范中央和地方关系，打破条块分割，加强保护地管理，合理保护与利用国家绿色财富的需要。2017 年 9 月，中共中央办公厅、国务院办公厅印发了《建立国家公园体制总体方案》，总体要求是：严守生态保护红线，以加强自然生态系统原真性、完整性保护为基础，以实现国家所有、全民共享、世代传承为目标，理顺管理体制，创新运营机制，健全法制保障，强化监督管理，构建统一规范高效的中国特色国家公园体制，建立分类科学、保护有力的自然保护地体系。基本原则是：坚持生态保护第一，坚持国家代表性，坚持全民公益性。目前我国已经确定了包括三江源国家公园、大熊猫国家公园、东北虎豹国家公园等 10 个国家公园试点。国家林业局作为国家生态保护与建设的主体单位，应该在国家公园建设中发挥更大作用。

25.6.2　林业新兴产业

近些年，林业新兴产业发展迅猛，已成为林业产业新的经济增长点。森林食品、森林康养、森林碳汇、特色经济林、竹藤产业、苗木花卉、野生动植物繁育与利用、林业物联网等林业新兴产业快速发展，林业生物质能源、生物质材料、生物制药等林业战略性新兴产业蓬勃兴起。

“十二五”时期，全国林业产业总产值由 2010 年的 2.28 万亿元增长到 2015 年的 5.94 万亿元。经济林产业快速发展，年均提供干鲜果品、木本粮油等特色经济林产品 1.5 亿吨，年产值突破万亿元。2015 年，全国森林食品种植业产值 1087.74 亿元；特色经济林产品种植与采集产值 1.19 万亿元，其中油茶种植面积达 382 万公顷，年产茶油 55 万吨，实现产值 633 亿元；野生动植物繁育与利用产值 551.08 亿元。

“十三五”时期，在自然条件适宜地区和东北、内蒙古重点国有林区，建设国家储备林和木材战略储备基地。加强林业资源基地建设，加快产业转型升级，促进产业高端化、品牌化、特色化、定制化，满足人民群众对优质绿色产品的需求。建设一批具有全国影响力的花卉苗木示范基地，发展一批增收带动能力强的木本粮油、特色经济林、林下经济、林业生物产业、沙产业、野生动物驯养繁殖利用示范基地，加快发展和提升森林旅游休闲康养、湿地度假、沙漠探秘、野生动物观赏产业，加快林产工业、林业装备制造业技术改造、自主创新，打造一批竞争力强、特色鲜明的产业集群和示范园区，建立林业产业和全国重点林产品市场监测预警体系。

“十三五”时期特色经济林产业发展目标：力争到 2020 年，特色经济林新增种植面积 810 万公顷，经济林总面积比 2010 年增加 24%，达到 4100 万公顷；新增产量 5000 万吨，其中，木本粮食新增 1350 万吨，木本油料新增 1100 万吨，总产量比 2010 年增长 40%，达到 1.76 亿吨，木本油料占国内油料产量比重提高到 10%；实现总产值在 2010 年基础上翻一番，达到 1.6 万亿元以上；良种使用率达到 90%以上，优质产品率达到 80%以上；重点县农民来自经济林收入大幅增加，累计提供就业机会 40 亿个工日。

---

①刘东生，夏郁芳，等. 我国自然保护区管理体制问题调研报告［A］. //国家林业局 . 林业重大问题调研报告［C］. 北京：中国林业出版社，2012。

25.6.3 林业绿色就业

就业是世界性难题，特别是在国际经济增长乏力和国内经济新常态的中国国情下，就业问题就愈显重要，也是今后一段时期我国经济工作优先考虑的领域，林业产业门类多、涉及范围广、产业链条长，在增加就业方面做出了很大贡献，仍然还存在着很大潜力空间。据全球森林资源评估数据：1990 年中国森林初级产品及服务的林业就业人数为 251.5 万人，2000 年为 201.7 万人，分别占同期可比世界林业就业人数的 22.87%和 18.32%① 2010 年，在林业中就业的大约有相当于 1270 万的全日制员工，其中 79%在亚洲，主要在印度、孟加拉国和中国。②

据《林业与绿色经济研究》课题组研究表明：2010 年我国林业产业就业总人数为为 1650.93 万人（包括系统内和系统外，分别从营林、木材采运、木材加工、林产化学制造、木浆制造业、木竹家具制造业和森林旅游等方面进行估算）③，进而从就业结构分析做出初步判断，林业第一产业依然是吸纳就业人员的主体，而二、三产业吸纳就业的潜力巨大。随着经济的发展，我国林业及其相关产业每年可以创造 50 万~120 万人的就业岗位，占全国每年新增劳动力 1/10。

25.6.4 林业绿色碳汇

气候变化是当今世界的重要议题，国家非常重视林业在应对气候变化中具有的特殊地位，森林碳汇可以有效地捕捉大气中的二氧化碳，降低温室效应，改善气候。发展林业碳汇，可以使我国在世界经济发展舞台具有更多的话语权和主动权，为中国引领以绿色发展为基础的第四次工业革命做出贡献。森林作为陆地生态系统的主体，以其巨大的生物量储存着大量的碳，森林植物中的碳含量约占生物量干重的 50%。全球森林生物量碳储量达 282.7GtC，平均每公顷森林的生物量碳贮量 71.5tC，如果加上土壤、粗木质残体和枯落物中的碳，每公顷森林碳贮量达 161.1tC。④可见，森林生态系统是陆地生态系统中最大的碳库，其增加或减少都将对大气 CO_2 产生重要影响。采用蓄积-生物量扩展系数（BEF）的方法，计算的森林植被碳密度在 31.04~45.75 tC 公顷，⑤ 根据全国第八森林资源清查数据计算，我国森林植被总碳储量 84.27 亿吨。

为减缓全球气候变化，保护人类生存环境，1992 年在巴西里约热内卢召开的联合国环境与发展大会上，各国签署了《联合国气候变化框架公约》（UNFCCC）。1997 年通过的《京都议定

---

①从 1990 年与 2000 年比较看，林业就业水平在 1990 年至 2000 年期间略有下降，人数减少了约 100 万（或 10%）。在区域一级，亚洲和欧洲也显示出同样的趋势，而其他区域则略有增加。就业方面的变化可以通过若干因素予以解释。大部分下降出现在初级产品的生产方面，这可能是由劳动生产率的提高（收获作业机械化程度的提高）所致。

②《全球森林资源评估 2015》。

③国家林业局重大问题调查研究“林业与绿色经济研究”，2012~2015 年。

④据 IPCC 估计，全球陆地生态系统碳贮量约 2477GtC，其中植被碳贮量约占 20%，土壤碳约占 80%。占全球土地面积约 30%的森林，其森林植被的碳贮量约占全球植被的 77%，林土壤的碳贮量约占全球土壤的 39%。单位面积森林生态系统碳贮量（碳密度）是农地的 1.9~5 倍。

⑤李海奎，雷渊才. 中国森林植被生物量和碳储量评估［M］. 北京：中国林业出版社，2010.

书》首次为 41 个工业化国家（附件 I 国家）规定了具有法律约束力的 CO_2 减排目标①，中国人均 CO2 排放量远远低于发达国家，相当于世界平均水平的 66%，但 1997 年 CO_2 总排放量约为 $8.17\times10^8 \sim 8.53\times10^8$ 吨，占全球的 13.7%，仅次于美国。2007 年中国首次超过美国，成为世界第一大（与能源相关的）二氧化碳排放国，占世界排放总量的 22%左右。因此未来数年我国将面临着很大的减排压力，同时也存在着巨大的森林碳汇市场机遇。

碳汇是"抵消"或"中和"工业排放的二氧化碳最主要的途径。森林碳汇交易是碳交易的重要组成部分，通过碳汇交易，不仅能降低企业减排成本，为企业进行技术改造赢得时间，还可以增加森林资源、促进社会就业、增加农民收入。② 国内碳汇交易可以尝试先在国内十大温室气体排放企业（主要能源企业）与国家林业局整体交易，具体交易框架和交易方式应灵活多样，项目要设计合理，先试点再逐渐推开，必要时可设立森林碳基金等其他配套方式；国际交易方面，我国也在森林碳贸易方面做了一些有益的尝试，③ 应不断探索，争取在国际交易与标准制定方面争得先机。④

25.6.5　林业生物质能源

生物质能是世界上重要的新能源，在应对全球气候变化、能源供需矛盾、保护生态环境等方面发挥着重要作用，是全球继石油、煤炭、天然气之后的第四大能源，成为国际能源转型的重要力量。生物质能源主要包括以下几个方面：生物质发电、生物质成型燃料、生物质燃气、生物液体燃料。我国生物质资源丰富，能源化利用潜力大。全国可作为能源利用的农作物秸秆及农产品加工剩余物、林业剩余物和能源作物、生活垃圾与有机废弃物等生物质资源总量每年约 4.6 亿吨标准煤。截至 2015 年，生物质能利用量约 3500 万吨标准煤。木材作为重要原材料之一，与钢材、水泥相比具有可再生、可降解、可循环利用的独特优势，具有生产过程能耗低，使用阶段的

---

①即在 2008～2012 年，工业化国家的温室气体排放量要在 1990 年的基础上平均削减 5%。《京都议定书》不但规定了工业化国家的温室气体减排指标，还引入了联合履约（JI）、排放贸易（ET）和清洁发展机制（CDM）（统称为京都机制）。排放贸易指已经达到减排目标的国家把温室气体的排放权出卖给他国的"排出权贸易"，限于发达国家之间；联合履约和清洁发展机制是指两个或多个国家之间项目级合作的履约机制，其中联合履约主要针对附件 I 国家共同实现减排目标而制定；清清洁发展机制是指发达国家把帮助发展中国家削减的排放量算作本国的削减量，是针对发达国家与发展中国家的 JJ 履约机制。

②2011 年全球碳市场交易额达到 1700 多亿美元，森林碳汇市场份额从 2008 年到 2011 年，年均增长率为 88%，增势强劲，潜力巨大。

③如广西珠江流域治理再造林项目，内蒙古自治区敖汉旗防治荒漠化造林项目，云南腾冲小规模再造林景观恢复项目等。

④实施《国家应对气候变化规划（2014～2020 年）》和《国家适应气候变化战略（2013-2020 年）》，增加森林和湿地碳汇，大力发展林业生物能源，支持发展绿色清洁能源，倡导木质林产品绿色生产和绿色消费，减少林业碳排放。建立健全林业碳汇计量与监测体系，开展林业碳汇调查和连续动态监测，完善森林、湿地、木质林产品各类碳库现状及动态数据库，加强林业碳汇计量监测中心基础设施建设，完善林业碳汇技术标准体系，开展国家自主贡献林业目标进展评估。积极推进林业碳汇项目减排量交易试点，促进林业融入国家碳排放权交易体系。开展林业适应气候变化试点，鼓励社会资本参与碳汇林业建设，指导开展碳汇造林。加强林业应对气候变化研究和培训、宣传及人才队伍建设。深化林业应对气候变化国际合作交流，积极推进"减少毁林和森林退化造成的碳排放，并通过森林保护、森林可持续管理增加森林面积而增加森林碳汇"（REDD+）项目试点。

能效高的特点,① 合理开发利用林业生物质能源是林业生态建设的重要组成部分，利用宜林荒山荒地发展能源林，把林业“三剩物”转化为可再生能源不仅在一定程度上能缓解我国能源危机问题，而且可以实现产业与生态共赢，提高农民收入。

我国现有森林面积 2.08 亿公顷，生物质总量超过 180 亿吨，林业生物质能源发展潜力巨大。我国可利用的林业生物质能源资源主要有三类：一是木质纤维原料。包括薪炭林、灌木林和林业“三剩物”等，总量约有 3.5 亿吨。二是木本油料资源。我国林木种子含油率超过 40%的乡土植物有 150 多种，其中油桐、光皮树、黄连木等主要能源林树种的自然分布面积超过 100 万公顷，不仅具有良好的生态作用，还可年产 100 万吨以上果实，全部加工利用可获得 40 余万吨的生物柴油。三是木本淀粉植物。如栎类果实、菜板栗、蕨根、芭蕉芋等，其中栎类树种分布面积达 1610 万公顷，以每亩产果 100 公斤计算，每年可产果实 2415 万吨，全部加工利用可生产燃料乙醇约 600 万吨。这些丰富的林业生物质资源，不仅可以为林业生物能源可持续发展提供良好的物质基础，而且可利用空间很大，可为缓解国家能源危机、调整和优化能源结构、实现能源可持续供给提供有力的资源保障。②

25.6.6 林业生态旅游

现代社会的高度城市化导致人类追求自然，返璞归真，寻根求源。森林旅游是工业化后发展起来的新兴产业，是生态保护与开发相结合的好路子，是 21 世纪新时尚产业，是现代林业不可缺少的重要内容。③ 我国的森林类型旅游区有超过 95%地处农区、山区、林区，有近 50%处在贫困地区、生态脆弱地区，森林旅游发展与我国农村发展和农民收入息息相关，森林旅游资源保护和市场适度开发应该有机结合。④

当一个国家的人均 GDP 达到 1000 美元时，国内旅游就会兴旺起来；达到 3000 美元时，就会出现到周边国家旅游的热潮；达到 5000 美元时，人们就会更多地追求周游世界。我国目前人均 GDP 已经超过 3000 美元，而由于经济发展的不平衡，有些地区的人均 GDP 已经达到超过 5000 美元，所以，我国森林旅游业的发展已经具备了一定的经济基础。目前世界发达国家年人均旅游为 5~7 人次/年，其中美国每年参加户外旅游的人数为 20 亿人次，是其总人口的 10 倍，法国参加森林旅游的人数达每年 6 亿人次，德国每年森林旅游人数达 10 亿人次，英国也达到 1 亿人次，而我国年人均仅为 1 人次/年，假如我们每年人均也为 5~7 人次/年，那么我们每年旅游人次将达到 60 亿~80 亿人次，这将是一个巨大的市场。

在过去 30 多年中，我国森林旅游业从无到有、从小到大，以森林公园、湿地公园、沙漠公园为代表的各类森林旅游地数量超过 9000 处，2016 年森林旅游游客量达到 12 亿人次，占国内旅游人数的 27%，创造社会综合产值 9500 亿元。森林旅游已成为最具增长潜力的朝阳产业、绿色

---

①刘东生．林业与经济社会发展转型［EB/OL］. http：//www. forestry. gov. cn，2010-06-09.

②全国绿化委员会办公室. 发展林业生物质能源助力绿色发展［EB/OL］. 中国林业网 http：//www. forestry. gov. cn，2017-03-21.

③江泽慧. 中国森林资源与可持续发展［M］. 北京：科学出版社，2007.

④国家林业局. 生态文明之旅［M］. 北京：中国言实出版社，2008.

产业和富民产业，也是最受公众青睐的健康产业和休闲产业。① 预计到 2020 年，全国国家森林公园数量将达到 4500 处（各类森林旅游地近万处），总面积约 2600 万公顷。发展生态旅游，潜力巨大，应因地制宜，立足地方特色，根据市场需求进行合理开发。

25.7　林业系统思维——六大观念

25.7.1　树立森林财富观

2014 年全球财富报告指出：自 2000 年以来，中国内地人均财富几乎翻了两番，从 5670 美元升至 2014 年的 2.13 万美元。研究表明：我国林地林木资源资产总价值 21.29 万亿元，森林生态服务总价值量为 12.68 万亿元/年，也就是说，我国人均拥有林地林木资源财富 1.57 万元，拥有森林生态服务财富 0.93 万元/年。② 按照类比口径计算，当前我国的人均森林财富大约相当于我国人均财富总额的 18%。③ 树立森林财富观，从国家层面：可以与十八届三中全会倡导的绿色核算及自然资源负债表编制接轨，推动生态文明建设；从行业层面：可以宣传生态林业、民生林业，完善林业治理体系，推动森林可持续经营；从民众层面：可以让森林更加贴近普通大众生活，使森林的功能和作用更容易被认知和理解，推动社会参与全社会办林业。

然而，在现实中，依然有一些地区的政策决策者、森林财富受益者和森林经营管理者未能真正认识到森林资源的巨大财富价值，也未能树立起正确的“森林财富观”，④ 在政策制定、执行和生产、经营过程中，更重视“看得见”的物质财富和经济发展，忽视甚至牺牲了“看不见”的生态财富，这显然不利于整个国家生态文明建设的推动和绿色发展目标的实现。而要扭转这一局面，需要重新思考国家财富观，从国家财富、国民福利、生态安全三个视角树立“森林财富观”，并在全社会形成共识。这不仅有利于改善人们对森林财富的认知、经营和管理，也有助于在实践中进一步促进森林财富的积累和增值，从而为促进“生态文明”建设目标的实现做出贡献。

25.7.1.1　基于经济基础视角的森林财富

森林及其具有的经济功能是国家重要的物质财富。森林在地球生物圈的能量转换和物质循环中起着关键作用，森林把太阳能转化为化学能，把无机物质转变为有机物质，生产出各种木材和满足人类基本生活需要的木制品和林产品；森林能源在日常生活中发挥着重要的作用，煤是原始森林的产物，一些石油也能直接从树木中提取，森林还能提供丰富的工业原料，如油脂、淀粉、纤维、树脂、树液等；森林不仅是陆地生态系统的主体，而且是人类的一个巨大的可再生自然资源库，森林虽仅占陆地 1/3 的面积，但森林的年生长量却占全部陆地植物年生长量的 65%。森林

---

①张永利在 2017 中国森林旅游节开幕式上的致辞，中国林业网 http：//www. forestry. gov. cn，2017 年 09 月 25 日。

②数据来源：中国森林资源资产核算与绿色经济评价项目（戴广翠等）。2013 年末我国人口 13. 60 亿人，汇率按美元：人民币为 6. 22 计；森林资源数据来自最近发布的中国森林资源核算研究成果，森林财富仅以林地林木、生态效益两项计，时点为 2014 年；全球财富报告是个人实际财富统计，森林核算为社会全口径。

③财富为各种资产价值总和（世界银行，2000），资产是一种价值贮存手段，它代表在一定时期内经济所有者持有或使用资产能获取的经济利益（联合国，2003），本报告将特指的价值、资产与财富类同对待，统一以财富表述。

④侯元兆. 用森林铺就绿色发展的万世基业［EB/OL］. http：//www. greentimes. com，2012-03-09.

在人民生活与社会生产中提供的丰富物质产品，是其他资源无法替代的。①

25.7.1.2 基于社会福利视角的森林财富

森林及其具有的社会功能是提升国民福利的重要渠道。森林社会福利是指森林提供给广大社会成员以利于提高生活水平的社会服务，森林游憩和森林的科学、文化、历史价值是森林社会效益的主要评价内容。植树造林，能重新唤起人民群众对我国传统文化之人与自然和谐相处的美好向往，是对以掠夺为中心的黑色发展模式的有力回应；植树造林，可以创造山青水绿的美好人居环境，在提高人民生活福利水平和幸福感的同时，也使得社会更加和谐稳定；植树造林，直接与间接提供大量的就业机会，林业产业是一个典型的就业密集型、劳动密集型产业，正在成为吸纳城镇低收入人群和农村劳动力就业的重要“蓄水池”。

25.7.1.3 基于生态安全视角的森林财富

森林及其具有的生态功能是国家重要的生态资产。当前，全球正面临应对气候变化的严峻挑战，2007 年中国首次超过美国，成为世界第一大（与能源相关的）二氧化碳排放国，占世界总排放量比重的22%左右，预计到 2030 年中国的温室气体将达到 128 亿吨碳当量，占世界排放总量比重将达到 30.5%，这是中国崛起对世界造成的最大的负外部性，是中国在国际上“软实力”的最大负债，成为世界上“中国威胁论”的重要来源和依据。② 森林是“地球之肺”，是陆地上最大的碳储库和最经济的吸碳器，通过光合作用，吸收大气中的二氧化碳，放出氧气，维护着地球碳平衡和人类生存，减少森林损毁、增加森林碳汇是应对气候变化的有效途径。目前我国森林植被总碳储量 84.27 亿吨，按可比当量，近 5 年间，森林吸收了同期与能源相关的二氧化碳排放总量（约为 380 亿~400 亿吨）的 5.8%，为国家生态安全做出了重要贡献。随着全球气候变化、环境恶化和生物多样性的下降，人们对森林生态系统的认识也在不断深化，除了固碳释氧、调节气候，森林还在涵养水源、保持水土、维持生物多样性等方面发挥着巨大的生态作用。③

25.7.2 树立绿色空间观

随着生态文明和绿色发展理念的兴起，“五位一体”的中国特色社会主义事业总体布局逐渐展开。建设美丽中国，加快推进生态文明制度建设，落实全国主体功能区规划，健全国土空间开发、资源节约利用、生态环境保护制度，形成人与自然和谐发展的现代化国家已成为当前我国的大政方针。当前在全面建成小康社会的实践过程中，生态优良、环境友好成为了不可或缺的重要元素，而生态安全、生态文明与生态建设的物质承载基础正是绿色生态空间。绿色生态空间泛指森林、草地、湿地的面积总和。经计算，当前我国的绿色生态空间面积为 634765.2 千公顷。④

当前，绿色空间的增长存在一定困难。一方面，随着生态建设工程的持续实施，自然资源增长的条件开始受限，增速开始放缓；另一方面，随着城市化、工业化进程的加速，一些地区绿色

---

①张颖. 绿色财富：森林社会效益评价与核算［M］. 北京：中国环境科学出版社，2007.

②胡鞍钢. 绿色转型的中国图景［EB/OL］. http://www.chinareform.org.cn，2015-03-03.

③森林财富的实现途径：向科技要潜力，增加森林财富；让公众多参与，认识森林财富；籍评价作工具，监管森林财富；以生态为中心，保护森林财富；以市场为基础，流通森林财富；以改革为动力，盘活森林财富。

④根据国家资源清查结果的最新数据推算，其中森林面积不含香港、台湾、澳门；湿地面积不含水稻田，而且经过调整，减去可能与森林面积重复部分；草地面积包括天然草地和人工草地。

生态空间不断地被挤压。严守生态红线，维护国家生态安全底线的压力日益加大。

森林方面：从八次森林资源清查的数据看，森林总量持续增长。森林面积由 1.95 亿公顷增加到 2.08 亿公顷，净增 1223 万公顷；森林覆盖率由 20.36%提高到 21.63%，提高 1.27 个百分点。然而与全球平均 31%的森林覆盖率水平相比，我们仍然还是一个缺林少绿的国家，人均森林面积仅为世界人均水平的 1/4。森林面积增速开始逐步放缓已是不争的事实，制约森林增长的瓶颈并没有完全消除。现有宜林地 2/3 分布在西北、西南地区，立地条件差，造林难度越来越大、造林成本越来越高。各类建设违法违规占用林地事件时有发生，局部地区毁林开垦问题依然突出。①

湿地方面：从二次湿地调查的结果看：全国湿地总面积 5360.26 万公顷，湿地面积占国土面积的比率（即湿地率）为 5.58%。两次调查期间，虽然湿地保护率由 30.49%提高到现在的 43.51%，然而调查对象同比湿地面积却减少了 339.63 万公顷，减少率为 8.82% 。其中自然湿地面积减少了 337.62 万公顷，减少率为 9.33%。从重点调查湿地对比情况来看，湿地生态状况的主要威胁因素增加，影响频次和面积都呈增加态势。主要因子已从 10 年前的污染、围垦和非法狩猎三大因子，转变为现在的污染、过度捕捞和采集、围垦、外来物种入侵和基建占用五大因子，威胁因子出现频次增加了 38.72%。②

草地方面：全国草原监测报告显示：我国拥有各类天然草原面积近 4 亿公顷，覆盖着 2/5 的国土面积，是我国面积最大的陆地生态系统。我国北方和西部各省区是天然草原的主要分布区，南方地区草原则以草山、草坡为主，大多分布在山地和丘陵。当前影响草地发展的制约因素主要包括降水、草地结构特征、过度利用等方面。具体而言，我国草原多分布在干旱地区，年降水总量少，年际间、季节间波动大。与森林相比，草原生态系统动植物种类更少，群落结构也更简单，种群和群落结构容易发生剧烈变化。过去几十年的过度利用和气候变化等因素，已经造成我国草原出现了大面积的退化、沙化、盐渍化。③

绿色生态空间森林、草地、湿地三个系统之间是相互渗透、相互补充的关系。不能割裂开看待它们之间的关系。保护和发展绿色生态空间，不能忽视立地条件和气候因素，宜树则树、宜草则草、宜湿则湿，对于树木而言，则是宜乔则乔、宜灌则灌、宜封宜封、适地适树，重视乡土树种。保护和发展绿色生态空间，更不能部门利益至上，九龙治水、各自为战、治而趋利、相互掣肘。树立绿色生态观念，保护和修复自然生态系统、建设美丽中国和绿色中国，使祖国的天更蓝、水更绿、山更青，生态更文明，人民更幸福，是国家生态建设部门的职责，也是每个公民的义务，前途美好、责任重大、使命光荣。

25.7.3　树立城乡统筹观

随着现代化建设的推进，城市化的发展，城镇化率的提高，人口数量的激增，环境污染和热

①国家林业局. 中国森林资源报告［M］. 北京：中国林业出版社，2014.

②国家林业局. 第二次全国湿地资源调查新闻发布会［EB/OL］.http：//www. shidi. org/zt/2014xwfbh，2014-01-13.

③农业部. 2014 年全国草原监测报告［EB/OL］.http：//www. moa. gov. cn/zwllm/jcyj/zh/201504/t20150414_ 4526567. htm，2015-04-14.

岛效应等问题也开始出现，人们对生态环境、休闲娱乐的需求也在不断增长，城市居民渴望回到优美的森林环境之中，呼吸新鲜空气，放松心情。发展城市林业，营造森林城市，才能改善城市生态环境，保障城市经济社会与环境的可持续发展。①

要把“四个着力”作为林业现代化建设的重中之重，加快建设森林城市和森林乡村，努力构建完备的城市森林生态系统，完善森林生态服务设施，传播生态文明理念。

按照规划，到2020年，森林城市建设全面推进，基本形成符合国情、类型丰富、特色鲜明的森林城市发展格局，初步建成6个国家级森林城市群、200个国家森林城市、1000个森林村庄示范，城乡生态面貌明显改善，人居环境质量明显提高，居民生态文明意识明显提升。

林业部门将围绕增强居民对森林城市建设的获得感，建设遍及城乡的绿道网络和生态服务设施。积极推进各类公园、绿地免费向公众开放，建设遍及城乡的绿道网络和生态服务设施，方便公众进入森林、享用森林。依托森林发展种植、养殖、游憩等生态产业，促进农民增收致富。②

25.7.4 树立社会林业观

十八届三中全会《决定》提出“混合所有制经济是基本经济制度的重要实现形式”，“允许更多国有经济和其他所有制经济发展成为混合所有制经济”。不仅要发挥国有经济的主导作用，不断增强国有经济活力、控制力、影响力；也要毫不动摇鼓励、支持、引导非公有制经济发展，激发非公有制经济活力和创造力。

《中共中央关于制定国民经济和社会发展第十三个五年规划的建议》提出：要创新公共服务提供方式，能由政府购买服务提供的，政府不再直接承办；能由政府和社会资本合作提供的，广泛吸引社会资本参与。加快社会事业改革。2015年5月8日，国务院批转发改委《关于2015年深化经济体制改革重点工作意见》的通知，提出积极推广政府和社会资本合作（PPP）模式，出台基础设施和公用事业特许经营办法，充分激发社会投资活力。

新一轮集体林权改革，明晰了产权，盘活了资产，解放了生产力，从制度上扫清了集体林发展道路上的障碍。集体林业的进一步发展已经具备了很好的产权基础，资源基础，随着改革的不断推进，也将更加具备生态潜力和市场潜力。包括国有林场、国有森工企业、国有林产品加工企业等在内的国有经济体完全可以利用自身的技术优势、规模优势，通过租用、合作等方式，投资集体林业，或与林农及其合作组织展开灵活多样的合作，取长补短，进行资源优化配置，实现共赢。

中共中央、国务院印发《国有林场改革方案》和《国有林区改革指导意见》明确指出：国有林场从事的经营活动要实行市场化运作，对商品林采伐、林业特色产业和森林旅游等暂不能分开的经营活动，严格实行“收支两条线”管理。鼓励优强林业企业参与兼并重组，通过规模化经营、市场化运作，切实提高企业性质国有林场的运营效率。国有林场公益林日常管护要引入市场机制，通过合同、委托等方式面向社会购买服务。在保持林场生态系统完整性和稳定性的前提下，按照科学规划原则，鼓励社会资本、林场职工发展森林旅游等特色产业，有效盘活森林资

①中国林学会．我国城市森林正在崛起［EB/OL］. http：//lxh. forestry. gov. cn，2004-10-19.

②走具有中国特色的森林城市建设之路［EB/OL］. http：//www. forestry. gov. cn，2016-09-23.

源。企业性质国有林场经营范围内划分为公益林的部分，由中央财政和地方财政按照公益林核定等级分别安排管护资金。鼓励社会公益组织和志愿者参与公益林管护，提高全社会生态保护意识。鼓励社会公益组织和志愿者参与公益林管护，提高全社会生态保护意识。创新林业生产组织方式，造林、管护、抚育、木材生产等林业生产建设任务，凡能通过购买服务方式实现的要面向社会购买。除自然保护区外，在不破坏森林资源的前提下，允许从事森林资源管护的职工从事林特产品生产等经营，增加职工收入。积极推动各类社会资本参与林区企业改制，提高林区发展活力。

社会资本进入林业是林业规模化、产业化、集约化、现代化的必然路径，应大力支持。植树造林具有社会公益性、资金密集性、效益多样性的特点，需要发挥财政资金的引导作用、土地资本的吸附作用，绿色资本的整合作用，吸引社会资本参与植树造林。南方集体林区一些地方通过创新产权方式，诸如租赁、股份合作等形式，增加植树造林的做法，值得肯定和推广。要充分发挥市场在资源配置中的决定性作用，以集体林地所有权、承包权、经营权“三权分置”和国有林区、国有林场改革为重点，全面推进各项配套改革措施的推进和政策创新，努力构建以政府投入为导向、全社会投入为基础的资金机制，引导各类社会主体参与植树造林的热情，形成多主体投入、多层次支持、多形式参与的社会林业格局，推动我国国土绿化事业的健康快速发展。

25.7.5　树立综合治理观

2013 年 11 月，习近平总书记在十八届三中全会上指出：“我们要认识到山水林田湖是一个生命共同体，人的命脉在田，田的命脉在水，水的命脉在山，山的命脉在土，土的命脉在树”。这一重要论述，立足山水林田湖这个生命共同体，强调自然生态系统的协同作用，是可持续发展思想的重要体现，是治理自然生态系统应坚持的基本原则。是解决我国复杂生态问题的根本出路。①

在山水林田湖这个生命共同体中，森林是处在顶层的生态系统，对土、山、水、田、人的生态安全起着决定性作用。健康稳定的生态系统是一个开放的、动态的系统，破坏森林资源会对湿地生态系统造成巨大的负面影响。森林资源减少会导致降雨量大部分转化为地表径流，地表的泥土被雨水冲击到下游，抬升河道，增加了洪水发生的危害。同样，森林植被受到破坏，森林生态系统积蓄水分的能力将降低，过多的水分直接形成了地面径流，没有形成有效的地下径流，这将导致临近的湿地生态系统缺乏长期可靠的水分供应，进而影响湿地生态系统的稳定和功能的发挥。由于森林植被稀少，全国水土流失面积高达 295 万平方公里，年均土壤侵蚀总量达 50 亿吨；由于山川土壤严重侵蚀和森林及土壤的蓄水功能削弱甚至丧失，全国每年流失的雨洪资源达 1. 6 亿立方米，而且有 2. 7 万多条河流已经消失，对国家水安全构成了严重威胁；而我国林、土、

---

①根据著名生态学家马世骏的理论，森林、湿地、荒漠和人类社会是一个复合生态系统。森林、湿地、荒漠和生物多样性作为陆地生态系统的基石有着完整的结构和功能，人类社会作为社会经济系统具有自身的结构功能。复合生态系统的各子系统之间物质、能量和信息相互交流，只有协同发展，相互协调，才能最终实现人与自然和谐发展的目标。任何只追求单一目标的发展都不符合复合生态系统的发展目标，特别是过分追求经济利益的发展，将会受到自然界的报复。

山、水出现的严重问题，又造成了地力衰退、严重干旱，直接影响到耕地生产力的可持续发展，进而影响到人的生存与发展。①②

林业部门承担着46亿亩林地、8亿亩湿地和39亿亩荒漠化土地的治理重任，对维护山水林田湖这个生命共同体的安全负有重要责任。牢固树立中国特色社会主义生态观，从维护山水林田湖这个生命共同体的安全出发，坚持系统思维，遵循自然规律，一方面，要高度重视森林生态系统建设，充分发挥森林对维护这个生命共同体的特殊作用；另一方面，在林业部门管理的范围内要始终坚持山水林田湖统筹治理，处理好森林、湿地、荒漠生态系统及其生物多样性等重大生态要素之间的关系，统筹推进造林绿化、湿地保护、防沙治沙和野生动植物保护等工作，努力做到各项生态建设之间协调发展。③

25.7.6 树立全球生态观

综观国际形势，能源、环境、生态等全球性发展问题日益成为世界瞩目的焦点，作为一种特殊的意识形态和政治争论，这些问题单靠个别国家的努力已无法解决，各国再也不能闭关锁国，

---

①1998年，大洪水共使全国29个省、自治区、直辖市遭受了不同程度的损失。据统计，农田受灾面积达2229万公顷，成灾面积1378万公顷，死亡4150人，倒塌房屋685万间，直接经济损失2551亿元。以长江流域为例，洪水流量低于1954年水平，洪水水位高于1954年。主要原因是上游森林植被破坏，毁林开荒导致的水源涵养能力下降下游，森林生态系统调节径流的功能下降，降水直接形成地表径流，引发洪水泛滥。同时，围湖造田造成湿地面积减少、湿地的洪水调蓄能力降低。

②森林关系淡水安全。习近平总书记指出："如果破坏了山、砍光了林，也就破坏了水，山就变成了秃山，水就变成了洪水，泥沙俱下，地就变成了没有养分的不毛之地，水土流失、沟壑纵横。"据专家研究，林地平均最大蓄水能力是荒地的30~40倍。我国现有森林生态系统每年涵养水源量达5807亿立方米，相当于近15个三峡水库设计库容。保护森林就是保护水资源，破坏森林必然导致水资源短缺。习近平总书记关于森林关系淡水安全的深刻论述，指明了我国维护淡水安全的根本之策；森林关系国土安全。习近平总书记指出，山水林田湖是一个生命共同体，人的命脉在田，田的命脉在水，水的命脉在山，山的命脉在土，土的命脉在树。由于历史上森林大面积消失，我国已成为世界上水土流失、土地沙漠化、石漠化、盐渍化等国土生态安全问题最严重的国家之一。据监测，我国沙化土地面积达173.11万平方公里，占国土面积的18.03%；全国水土流失面积达295万平方公里，占国土面积的30.7%。习近平总书记关于森林关系国土安全的深刻论述，为我国加大水土流失、荒漠化和石漠化治理力度，维护和拓展中华民族的生存空间指明了方向；森林关系物种安全。森林是"物种之家"。保护物种，关键是要保护森林，保护物种的栖息地。由于森林退化，我国已成为世界上濒危物种数量最多的国家之一。物种是人类食物和药物的基本来源，是人类可持续发展的重要标志。物种一旦消失就不可复生，人类就将永远失去这些基因。习近平总书记作出森林关系物种安全的深刻判断，并亲自对保护濒危物种资源多次作出具体部署，充分表明了保护最珍贵自然遗产的战略眼光和战略定力；森林关系气候安全。森林是陆地上最大的储碳库和吸碳器。全球陆地生态系统大约储存了2.48万亿吨碳，其中1.15万亿吨储存在森林生态系统中。联合国已将增加森林碳汇列为应对气候变化的战略举措。习近平总书记在全球气候变化巴黎大会上庄严承诺，到2030年我国森林蓄积量要比2005年增加45亿立方米左右。这充分体现了中国对维护全球气候安全高度负责的精神，受到了国际社会的高度评价；森林关系生存安全。习近平总书记指出，森林是陆地生态系统的主体和重要资源，是人类生存发展的重要生态保障。长期以来，人类对森林的破坏不断加剧，造成并加剧了全球生态危机。科学家预测，如果森林从地球上消失，陆地的生物、淡水、固氮将减少90%，生物放氧将减少60%，人类将无法生存。我们必须从保障人类文明和生存安全的高度，切实维护森林生态安全，扩大森林面积，提高森林质量，增强生态功能，保护好每一寸绿色。张建龙. 为实现中华民族永续发展筑牢生态基础［EB/OL］. 中国林业网 http：//www. forestry. gov. cn，2016-06-01.

③牢固树立中国特色社会主义生态观［EB/OL］. 中国林业网 http：//www. forestry. gov. cn，2014-09-01.

越来越多的国家实行对外开放政策，加强合作、占据先机，争取国际关系的主导或优势地位。一个国家要谋求自身发展，必须也让别人发展；要谋求自身安全，必须也让别人安全；要谋求自身过得好，必须也让别人过得好。各国必须坚持以合作的胸怀、创新的精神、负责任的态度，积极树立双赢、多赢、共赢的新理念，摒弃你输我赢、赢者通吃的旧思维，与其他国家同舟共济、共谋发展，成为国际体系的积极参与者、建设者、贡献者，以发展求安全，以平等求安全，以互信求安全，以合作求安全，以创新求安全。

从国际上看，由于森林在应对气候变化、保护生物多样性、解决贫困问题和改善人居环境方面的特殊作用，林业已成为国际社会关注的焦点、国际交流合作的重点、重大外交活动的热点。这就要求我们要建立全球政治思维，尊重自然、绿色转型，坚持全人类共同利益优先的原则，全面树立负责任大国形象；树立全球问题意识，主动应对林业重点难点问题，回应各方重大关切，妥善处理涉林热点敏感问题；引进全球治理方式，民主协商、服务大局，完善国际生态治理规则，健全林业治理体系。

25.8　林业发展保障——九大响应①

林业绿色发展转型，实现现代化，需要国家层面的推动，社会各方面的参与，更需要林业部门的创新和开放的姿态，引入长效机制，巩固各项保障，推动九大响应。②

25.8.1　深化改革

我国林业改革整体滞后，国有林区林场改革刚刚起步，集体林权制度需要继续完善，林业体制机制创新水平依然很低，已经成为制约林业现代化的最大瓶颈。解决国有林区林场产权虚置、责权利不一致问题，创新森林资源管护机制和监管体制，需要大力推进改革。完善集体林权制度，提升林业发展活力和效益，需要继续深化改革。深化改革就是要继续全面推进集体林权制度改革，国有林区改革和国有林场改革，为现代林业发展提供制度保障和内在激励，探索增加农民收入、解决农村富余劳动力就业，实现国有资源保值升值、加速林业生态建设步伐的新路子。

25.8.1.1　加快推进国有林区改革

认真细化落实省级改革实施方案，抓好改革试点工作，理顺森林资源管理监督职能。按照“卸包袱、保生存、求发展”的要求，剥离企业承担的社会职能，化解森工企业金融机构债务，推进全面停伐后的产业转型，妥善分流安置企业职工，确保职工基本生活有保障、林区社会和谐

---

①张建龙．深化改革创新 增进绿色惠民 全面开创林业现代化建设新局面——在全国林业厅局长会议上的讲话［EB/OL］．中国林业网 http：//www. forestry. gov. cn，2016-03-18；赵树丛．林业夯实生态文明根基［EB/OL］．中国林业网 http：//www. forestry. gov. cn，2013-09-05；赵树丛．创新治理体系 提高治理能力 科学把握我国林业发展新特征［EB/OL］．中国林业网．http：//www. forestry. gov. cn，2014-03-13.

②加快推进林业现代化建设，就是要紧紧抓住当前各种有利条件，全面提升林业可持续发展水平，切实增强生态产品和林产品综合生产能力，努力满足社会对林业的多样化需求。这是一项艰巨的任务和一个漫长的过程，要着力抓好以下 6 项重点任务：以改革创新破解发展难题，以加强保护落实生态优先，以加快绿化增加资源总量，以共建共享增进绿色惠民，以强基固本推动协调发展，以开放合作拓展发展空间。张建龙．深化改革创新 增进绿色惠民 全面开创林业现代化建设新局面——在全国林业厅局长会议上的讲话［EB/OL］．中国林业网 http：//www. forestry. gov. cn，2016-03-18.

稳定。具体措施：一是确保全面停伐落实到位。全面停伐，关键是要停下来，这既是目标，也是底线，是研究其他一切问题的前提。坚决守住停止天然林商业性采伐这条警戒红线，确保天然林商业性采伐停得下、稳得住。认真贯彻落实国家全面停止天然林商业性采伐政策，严格伐区设计审批管理、采伐作业监管、木材运输销售监管、森林抚育经营管理和违法违规采伐责任追究。科学编制长期森林经营方案，增加森林资源总量、提高森林资源质量、优化森林资源结构、增强森林生态系统功能，推动森林可持续经营管理；二是实行政事企分开、各负其责。明晰森林资源所有权、管理权、经营权和处置权，建立健全管理机构，形成当地政府、企业、事业等职责清晰、功能定位明确、人员精简高效的林区管理新体制，继续剥离森工企业社会管理职能和公共服务职能，实现 政府、企业和社会各司其职，各负其责，确保国有资产不流失；三是继续剥离企业的社会管理职能。按照政事分开、事企分开的原则，进一步厘清原森工集团尚未剥离的社会管理和公共服务职能，森工企业承担的消防、环卫及“三供一业”等职能，按照成熟一个剥离一个的要求，全部移交当地政府或相关部门。在地方政府财力较强的地区，一步到位移交属地政府及相关部门；暂不具备条件的，先行在内部分开，暂由重点国有林管理机构代管，待条件成熟后移交；四是妥善安置职工，确保职工基本生活有保障。按照“老人老办法、新人新制度”的原则，妥善安置现有职工和转岗人员，确保职工利益不因改革而受损。在职职工转入重点国有林管理机构的，直接进行身份转换，保留原有职级；从事造林、森林抚育、森林管护、森林防火、有害生物防治、木材采集运贮销等林业生产的职工，进入专业服务队伍。新参加工作人员进入重点林管理机构的，按照行政作人员有关规定办理。落实好国家对森林管护、人工造林、中幼龄林抚育和森林改造培育支持政策，创造就业机会。在保证企业依法为职工参 加社会保险并缴纳相关费用的前提下，鼓励职工自主创业、灵活就业。做好绿色富民产业发展基础设施建设和职工技能培训，通过开发特色养殖种植、林木种苗等，由职工个人经营，搭建就业平台；五是建立健全森林资源监管体制。国务院林业行政主管部门代表国家行使所有权、履行出资人职责，负责管理重点国有林区的国有森林资源和森林资源资产产权变动的审批，制定重点国有林区森林资源监督管理法律制度措施。建立健全林地保护制度、森林保护制度、森林经营制度、湿地保护制度、自然保护区制度、监督制度和考核制度，建立国有森林资源离任审计制度和森林资源损害责任终身追究制度，建立以林地保有量、森林覆盖率、森林蓄积量、征占用林地 定额、森林质量、森—林防火、有害生物防治为主要指标的林区绩效管理和考核机制，完善森林资源有偿使用制度和生态效益补偿机制；六是创新森林资源管护机制。根据森林分布特点，针对不同区域地段的生产季节，采取行之有效的管护模式，核定管护人员，实行远山设卡、近山巡护。鼓励社会公益组织和志愿者参与森林管护工作。加强高新技术设备、高技术手段及现代交通工具等装备的应用，强化森林资源管护，实现重点国有林区管护全覆盖。按照“因养林而养人”的原则，由重点国有林管理机构组建专业服务队伍，以开展承包林业生态建设工程为主要运营方式，做好森林资源管护工作。森林资源管护、抚育、经营、造林、防扑火等林业生态保护建设任务，凡能通过购买服务方式实现的，要面向专业服务队伍购买服务，逐步过渡到向社会购买服务；七是加大国家层面的政策扶持力度。妥善处理历史债务，以通过一定程序豁免森工企业金融债务，在未豁免期间，可先期实行停息挂账，如不能停息挂账，给予利息或亏损补贴，逐步解决林区金融债务负担。给予木材加工企业适度扶持政策。现有木材加工企业与国有森工企业有着千丝万缕的联系，木材停伐对加工企业的影响最大。应该加大对林区绿色食品、生态旅游、健康养老、文化和仓储物流等接续产业扶持力度，在产业引导资金，项目立项和审批等方面重点倾斜，并根据实际情况对关停并转木材加工业企业和下岗职工给予一定政策补贴。通过对天保工程补助提标扩面来加大财政支持政策，提高天保二期工程社会保险补助费的财政补助标准，增加政策性专项补助金标准，提高林区医疗卫生机构、政策性人员和公益性岗位人员经费补助标准，并随着社会平工资标准的提高给予适当增加。将林区职工住房公积金、御寒补贴、取暖费、城镇运营和维护费、城镇居民养老保险、医疗保险配套资金以及森工国有退休人员医疗保险补助资金纳入天保补助范围，补助标准和补助比例有待研究。适度提高管护费标准，并随经济发展水平逐步提高，科学合理制定与分配管护任务，避免各林业局分配管护费差别较大。适度提高森林抚育补助标准，根据工资和物价标准动态调整，并适度增加森林抚育量。适度调整停伐两级管理费补助标准，减少国家重点森工企业之间的相互差距。

25.8.1.2　全面实施国有林场改革

认真落实省级改革实施方案，编制国有林场森林资源保护培育专项规划，制定国有林场森林资源监管办法，协调落实基础设施建设等支持政策。具体措施：一是形成保护生态资源的制度体系。建立要抓紧建立国家所有、中央政府委托省级人民政府行使所有权、承担主体责任并实行地方政府分级管理的体制。健全林地保护制度、森林保护制度、森林经营制度、湿地保护制度、沙地封禁保护制度、监管制度。特别要改革完善对国有林场的考核机制，对森林资源保护管理情况进行量化考核，切实强化林场场长的森林资源保护责任，加快推行生态资源离任审计。实行严格的林地用途管制制度，建立最严格的林地征占用审批制度，实行定额管理，确保国有林场林地面积不减少、林地用途不改变；二是严防国有资产流失。对国有林场各种资产和负债进行认真清理核查，准确掌握资产家底。在改革方案制定和实施过程中，要把防止国有资产流失放在突出位置，既要坚决守住森林资源，又要依法依规处置经营性资产；三是理顺国有林场投入机制。加大政策支持力度，妥善化解林场各类债务，确保改革顺利推进。根据国有林场功能定位及事权划分原则，建立健全地方政府承担投资主体责任的国有林场资金投入机制。国家对公益林建设与保护管理、基础设施建设给予合理补助。国有林场从事的商品林采伐、林业特色产业和森林旅游等经营性活动的，要严格实行“收支两条线”管理；四是着力保障和改善民生。根据财力状况和林场实际，切实解决好职工就业、社会保障、住房、子女教育等职工最关心、最直接、最现实的利益问题，不断提升林场公共服务水平，切实改善职工生产生活条件，确保林场和谐稳定。特别要高度重视富余职工转岗就业和社会保障问题，坚持以人为本，按照“内部消化为主，多渠道就业”的原则妥善安置富余职工，不搞强制性买断。要依托森林资源积极开发公益性岗位，发展森林旅游、林业特色产业等生态产业，加强职业技能培训，确保富余职工稳定再就业。要按照应保尽保的原则，将所有富余职工纳入城镇职工社会保险范畴，确保富余职工就业有着落、基本生活有保障。①

25.8.1.3　继续深化集体林权制度改革

出台完善集体林权制度的意见，进一步放活经营权。积极培育家庭林场、股份合作林场、专

---

①赵树丛．国有林场改革要严守保生态保民生的底线［EB/OL］．中国林业网 http：//www．forestry．gov．cn，2015-03-26．

业合作组织等新型经营主体，健全林业社会化服务体系，促进多种形式的适度规模经营。具体措施：一是继续探索推行集体林地三权分置，坚持农村土地集体所有，实现所有权、承包权、经营权三权分置，落实集体所有权，稳定农户承包权，明确经营权权能。完善集体林权制度改革，最根本的任务就是巩固农民的承包经营权，强化农民对林地承包经营权的物权保护，完善土地承包经营权能，依法保护农民对其承包经营权的占有、使用、收益、流转及林权的抵押、担保权利；二是引导土地经营权有序流转，鼓励林权流转，规范林权流转行为，建立利益共享机制，积极推进多种形式的适度规模经营。建立林权流转市场主体信用监管制度，各地可以采取财政奖补、税费减免等措施，引导农户流转承包林地、实现规模经营。加快合作经济组织建设，不断培育壮大新型经营主体。鼓励龙头企业与农户或家庭林场或林业合作社以股份式、合作式、托管式、订单式等运作模式建立紧密的利益联结机制，让农民分享产业链增值收益；① 三是大力发展林下经济，促进农民就业增收。大力发展林下经济富民产业，完善财政激励机制，实现国家得生态、农民得实惠的集体林业发展目标；四是更好地发挥政府的作用，为改善生态、改善民生注入强大的活力。加强林地资源保护，包括做好林业发展规划及林地保护利用规划，特别要严格林地资源保护，加强用途管制。建立公开的林权交易平台，发现价格，服务林农，让市场主体公平交易。建立森林资源价值评估组织，建立林业融资担保机构，建立林权收储机构，制订适合农户家庭经营的森林可持续经营方案。落实好党和政府的惠林政策。把生态补偿、造林补贴、抚育补贴、政策性森林保险、林区基础设施建设等政策落实到位。②

25.8.2 投资补贴

25.8.2.1 投 资

林业投资能产生巨大的经济、社会和生态效益。从公共产品和综合效益角度来看，以国家财政购买国家重要生态公共产品的投入原则不能变，投入机制要制度化，长期保持下去，持续发挥财政资金的引导作用，同时创新产权，积极探索 PPP 模式，吸引社会资本参与。在绿色发展背景下，不仅大规模的“绿色投资”本身能够有效增加我国森林资源储蓄，创造“绿色财富”，更重要的是这种大规模投入背后的理念变化和“绿色创新”，能够进一步带来林业发展效率的提升和森林绿色盈余的增加。

（1）林业投资有助于林业产业发展及至于国民经济的绿色增长，应继续保持林业投资的稳定性和高速增长的趋势。

（2）林业投资与生态文明建设战略息息相关，应继续坚持中央林业投资围绕生态建设的中心，遵循国家财政购买国家重要公共产品的原则。

（3）林业投资有助于民生福祉的提高和人民生活的改善，应继续加大对山区林区的投资力度，创新产权，鼓励多种林业投入方式，鼓励混合所有制经济。

25.8.2.2 补 贴

补贴能对林产品供给和生态建设产生显著的激励作用。发达国家根据各自经济社会发展和全

①张建龙．深化集体林权制度改革提升经营发展水平［EB/OL］．中国林业网 http：//www. forestry. gov. cn，2015-09-15.

②赵树丛．做好完善集体林权制度改革这篇大文章［EB/OL］．中国林业网 http：//www. forestry. gov. cn，2015-01-21.

球林业趋势的情况，逐步对林业补贴政策进行从投入主导型补贴到产出主导型补贴的调整。这一调整体现了林业的多种功能特征，同时也是坚持市场化的方向，取得了成效。

（1）建立完善与种植面积、林业投入品等挂钩的直接补贴制度。继续完善对种苗、肥料、林业机械、林业能源等生产型投入品专项补贴制度，扩大补贴品种、补贴范围和补贴规模，提高补贴标准。加大对林业保险保费补贴的力度，建立重大灾害补偿制度，切实分担林业生产的自然风险。不断健全林业生态效益补偿制度，适时采取“亲环境”的投入品补贴政策。

（2）尽快探索制定新型林业补贴政策。根据林业发展和实际情况的需要，适时推出新型的林业补贴政策。构建价格支持与直接补贴、综合补贴与专项补贴、生产性补贴与收入性补贴有机结合、功能互补、衔接配套的林业补贴政策体系。将林业补贴政策与新农村建设尤其是与扶贫开发结合起来，增强各项补贴政策的指向性和有效性，发挥政策的协同作用。①

25.8.3　依法治林

依法治国是社会主义民主政治建设的基本方略，依法治林是林业建设的基本要求。加强林业立法，修订完善林业法律法规；加强林业执法，切实保护好林地、湿地、森林、野生动植物资源；加强林业普法，使广大群众知法、懂法、守法，真正形成有法可依、有法必依、执法必严、违法必究的林业法制环境。②

（1）完善林业法律法规体系。修改完善我国《森林法》《野生动物保护法》，配合制定《湿地保护条例》，推动制修订《天然林保护条例》《国有林场条例》《森林病虫害防治条例》等法规。出台全面推进林业法治建设的实施意见。

（2）提升林业执法水平。加强执法人员培训，规范行政执法行为，实现公正文明执法。推进林业综合行政执法，提高执法效率和规范化水平。适应行政诉讼由审查制改为登记制的变化，认真做好行政复议和诉讼应诉工作。

（3）加强林业普法宣传。重视林业法律、法规、规章、制度的宣传，弘扬社会主义法治理念，营造良好的林业法治氛围，增强基层林业干部、群众法制观念，做好事前工作，将林业违法犯罪行为消除在萌芽阶段。

25.8.4　科技创新

科技是强林兴林之基，科技兴则林业兴，科技强则林业强。科学技术进步，不仅显著提升了造林、营林、护林水平，促进了生态状况改善、生态服务增强，而且显著提升了林业资源开发利用水平，促进了林区人民生活改善、民生福祉增加。创新驱动发展战略是党中央综合分析国内外大势、立足我国发展全局作出的重大战略抉择，是指导林业和林业科技工作的总体目标导向，当前新一轮科技革命和产业变革正在孕育兴起，经济发展方式转型正在趋于加速，必须抓住这一历

---

①吴柏海，曾以禹．林业补贴政策比较研究——基于部分发达国家林业补贴政策工具的比较分析［J］．农业经济问题，2013，7：95-102.

②赵树丛．全面开创现代林业发展的新局面——学习胡锦涛主席重要讲话的体会之十三［EB/OL］．国家林业局政府网，http：//www．forestry．gov．cn，2012-01-16.

史性交汇的重大战略机遇，深化林业科技体制改革，加快实现林业发展从要素驱动、投资驱动发展为主向创新驱动发展为主转变。

（1）加强林业科技创新。实施林业科技创新驱动战略，深化林业科技体制改革，优化科技资源配置，增强科技创新能力。启动“十三五”林业科技创新工程，争取在重点领域和关键技术上取得突破。

（2）搭建科技创新平台。组建协同创新团队和产业技术创新战略联盟，完善林业科技创新体系。加强生态定位站、工程技术研究中心、重点实验室、质检中心、科研实验基地等平台建设，加强政产学研用相结合。

（3）强化科技成果推广应用。出台加强林业科技推广工作的指导意见，健全林业科技推广体系，实施百项重大科技成果推广计划，推进林业科技特派员科技创业行动。

（4）完善林业标准和质量监管体系。健全林业标准化技术机构，开展林产品质量提升行动，抓好林业专利产业化试点。加强植物新品种和林业知识产权保护。

（5）加强绿色技术创新。加大林业生物技术、信息技术、测量技术、能源技术等领域的科技创新力度，加快推进成果推广体系、质量标准体系和科技人才队伍体系，攻克技术瓶颈，加速科技进步，提升自主创新能力，为林业转变发展方式、践行绿色发展提供强力支撑。

（6）完善林业科技分类评价办法。以用人制度、分配制度改革为重点，建立相应的科技人员和科研项目的评价办法、指标体系和监督机制，构建公开透明的国家林业科研资源管理和项目评价机制，提升林业科技资源科学化管理水平和高效利用效率。

25.8.5 人才教育

人才保障主要包括林业教育招生就业、人才培训与开发等。加快林业发展，必须把人才资源开发作为关键举措。① 要利用各种机会渠道，切实抓好人才培养工作，解决实际待遇问题，调动各类林业人才的积极性。同时加强人才队伍的作风建设，转变职能、转变作风，服务大局、服务基层，以人为本，促进林业治理能力的现代化。

（1）重视人才资源的开发，加强人才资源能力建设。努力建设与林业发展相适应的高素质的人才队伍，促进各层次、各类型人才的协调发展，突出科技人才和基层实用人才队伍建设。提高林业育才、聚才、引才能力，鼓励、引导社会与林业相关的优秀人才为林业发展服务，化人力资源为人才优势。

（2）加强各级人才管理和培训机构。成立林业人才工作协调领导小组，明确职责和议事规则，整合充实人才管理机构职责，增加其指导行业人才队伍建设的职能。建立考核制度，将人才队伍建设情况纳入各单位负责人的年度述职范围。

（3）加快实施重大林业人才工程，带动林业“两高”人才队伍壮大发展。实施林业优秀人才计划工程、科技领军人才工程、急需紧缺人才培养引进工程、青年英才培育工程、专业技术人才知识更新工程、高技能人才培养工程等人才重点工程。完善科技人才培养、评价、选拔、使用机制，努力培养一批国际一流的科技拔尖人才和领军人物。

---

①回良玉副总理在首届林业科技重奖颁奖大会暨全国林业人才工作会议上的讲话，2004。

（4）建立以公共财政投入为主的机制，优先保障林业人才公共服务经费。建立稳定的人才服务经费投入机制，将各级林业人才公共服务开发项目经费纳入财政预算，足额保障并逐年优先加大投入。多渠道争取社会力量的投入，资助开展多种形式的专项活动。

（5）推动关键岗位持证上岗制度，设置专项经费实施人才知识更新工程。涉及重大生态安全与关乎民生切身福祉的岗位应该优先持证上岗，制度推行阻力小的岗位优先持证上岗，有培训经费列支的林业重大工程岗位优先持证上岗。逐步建立一套完善的资格认证工作管理体系。

25.8.6　合作交流

推进林业现代化建设，必须牢固树立开放发展理念，全面提升林业对外开放水平。要积极推动我国与世界各国和政府间国际组织、国际公约、国际非政府组织在林业领域的合作与交流，学习林业发达国家的先进经验，认真履行国际公约。积极推动林业国际贸易和产业合作，走的出去、引的进来，用好两个市场、两种资源，发挥比较优势，提升市场竞争力。

（1）积极参与全球生态治理。加强“一带一路”建设林业合作，推动召开首届中国—中东欧林业合作机制会议，共同举办首届大中亚地区林业部长级会议。做好中美战略与经济对话下林业对口磋商，加强与非洲在野生动植物保护、荒漠化防治、竹资源产业开发等方面的合作。

（2）认真履约国际公约，妥善应对热点敏感问题。推动协同履约，不断提升整体履约能力，为我国林业发展营造宽松的外部环境。严厉打击老虎、象牙、犀牛角等野生动植物非法交易和木材非法采伐等犯罪活动，逐步停止国内象牙商业性利用。

（3）做好应对气候变化工作。高度重视林业应对气候变化工作，认真落实应对气候变化分工方案，完成土地利用变化与林业碳汇计量监测，全面增强森林、湿地碳汇功能，如期实现国家方案中的林业目标。积极推进林业碳汇项目减排量交易试点，促进林业融入国家碳排放权交易体系。开展林业适应气候变化试点，鼓励社会资本参与碳汇林业建设，指导开展碳汇造林。

（4）拓展对外合作平台。支持国际竹藤组织发展，落实各种组织项目，推进亚太森林组织积极参与 APEC、亚欧会议等高层合作机制。

（5）重视国际项目援助。根据国家经济在国际上的总体地位和区域间的不平衡以及世界各国对我国林业国际合作的需求，一方面要继续积极争取国际金融机构、国际组织、发达国家的项目支持，全面提升国内林业发展质量，特别是加强西部地区的生态建设；另一方面要充分利用现有途径不断开辟新的渠道，对发展中国家提供力所能及的支持，与广大的发展中国家共享我国林业发展成果。

（6）提升林业对外贸易水平。创新林产品贸易方式，优化林产品对外贸易结构。促进林业出口产品由初级产品、低附加值为主向精深加工产品、高附加值转变，加快推进多元化贸易战略，加强林产品国际贸易预警体系建设，建立健全安全有效的林产品对外贸易体系。

（7）实施“走出去”战略。支持支持国内企业走出去，转移和利用国内木材加工、林业机械制造等优质产能，建成一批集森林资源采伐、加工、贸易与物流于一体的境外木材加工园区。

（8）以更开放的态度促进国际非政府组织参与我国林业建设。充分利用国际非政府组织专业性强、信息来源广、传播能力强的优势，在规范合作的基础上，加强交流，在不断引进国外的先进理念的同时，推动我国林业建设成果走向世界。进一步完善合作制度，依法规范合作，消除合作顾虑。

（9）以更大的力度加快林业国际合作复合型人才培养。培养复合型的国际合作人才，全面提升林业国际合作质量，促进我国林业的外向型发展。高度重视并严肃对待林业国际问题，将国际问题和国内问题联系起来研究，将国际法和国内法结合起来实施。

25.8.7 机构建设

稳定完善、保障有力的林业组织管理体系，既是林业治理体系的重要内容，也是林业治理能力的坚实基础。

（1）健全各级林业行政机构。优化内部结构，使之适应创新林业治理体系的要求。要强化林业议事协调机构功能，充分发挥各部门的优势和作用。明确基层林业站所公益性职能，切实提升政策执行力。

（2）转变政府职能、创新管理方式。进一步减少行政审批事项，建立权力清单，公开权力运行流程。加强取消和下放事项的事后监督，提升管理水平。

（3）发挥事业单位功能。加快事业单位分类改革，健全事业单位法人治理结构，强化林业事业单位公益属性，充分发挥公共服务职能。

（4）完善林业社会组织。鼓励发展专业性林业社会组织，加快推进社会组织与行政机关脱钩，支持社会组织承接政府转移职能，充分激发社会组织活力。

（5）完善基层林业治理机制。加快发展新型林业微观组织，鼓励林业合作组织进行工商登记，享受小微企业优惠政策。允许财政资金直接投向林业合作组织。①

25.8.8 防灾减灾

防灾减灾是森林资源健康生长的保障，林业灾害主要包括森林火灾、森林病虫害、暴风、冰雹等极端天气影响导致的灾害。

（1）狠抓森林防火。坚持“预防为主、积极消灭”的工作方针。按照“科学分区、分类施策”的治理原则，推进传统防火和科学防火相结合、风力灭火和以水灭火相结合、人力灭火和机械灭火相结合的综合防治方法。加强森林消防和航空消防队伍建设，深化遥感、定位、通信技术全面应用，构建天空地一体化监测预警评估体系，推进林区装备现代化，引进无人机等先进设备，实行动态监控，严防重特大森林火灾发生。

（2）强化有害生物防治。严格执行突发林业有害生物事件处置办法和灾害责任追究认定标准，加强美国白蛾、松材线虫等林业有害生物防控。大力推行森林健康、工程治理、无公害防治等治理措施，积极应对突发林业生物灾害，压缩主要林业有害生物发生范围和危害程度，控制危险性有害生物扩散蔓延。

（3）加强野生动物疫源疫病监测防控。推进疫源疫病主动预警，开展监测防控标准站建设，强化野外监测，确保第一时间发现疫情，第一现场控制疫情。研究建立系统科学、准确快捷的生

---

①赵树丛．加快林业治理体系和治理能力现代化 充分发挥生态林业民生林业强大功能——在全国推进林业改革座谈会上的讲话［EB/OL］．中国林业网 http：//www. forestry. gov. cn，2014-08-01.

态监测评价标准，为推行生态政绩考核和生态损害责任追究制度提供科学依据。

（4）妥善处置沙尘暴、冰雹等灾害。加强沙尘暴高发期监测和冰雹等灾害的气象预报，完善监测预警机制，科学布局监测站（点），不断拓展监测网络平台，及时发布相关预警信息，制订应急预案，加强必要的应急防治设备、药剂储备。定期开展防治技能培训和应急演练，提高应急响应和处置能力，妥善处理应急事件。

（5）加强目标责任管理。落实森林防火地方行政首长责任制，进一步健全重大林业有害生物防治目标责任制，将林业有害生物成灾率、重大林业有害生物防治目标完成情况列入政府考核评价指标体系。

（6）推进社会化防治。从事森林、林木经营的单位和个人要积极开展有害生物防治。通过政策引导、部门组织、市场拉动等途径，扶持和发展多形式、多层次、跨行业的社会化防治组织。鼓励林区农民建立防治互助联合体，支持开展专业化统防统治和区域化防治，引导实施无公害防治。开展政府向社会化防治组织购买疫情除治、监测调查等服务的试点工作。

（7）加强部门协调，各有关部门要切实加强沟通协作，各负其责、依法履职。农业、林业、水利、住房城乡建设、环保等部门要加强所辖领域的林业有害生物防治工作。

（8）健全联防联治机制。相邻省份要加强协作配合，建立林业有害生物联防联治机制，健全值班值守、疫情信息通报和定期会商制度，并严格按照国家统一的技术要求联合开展防治作业和检查验收工作。①

25.8.9　制度考核②

建设生态文明，加快林业发展，必须建立系统完整的相关制度体系，实行最严格的源头保护制度、损害赔偿制度、责任追究制度，完善环境治理和生态修复制度，用制度保护生态环境。

（1）健全自然资源资产产权制度和用途管制制度。对水流、森林、山岭、草原、荒地、滩涂等自然生态空间进行统一确权登记，形成归属清晰、权责明确、监管有效的自然资源资产产权制度。建立空间规划体系，划定生产、生活、生态空间开发管制界限，落实用途管制。健全能源、水、土地节约集约使用制度。

（2）划定生态保护红线。执照《国家林业局推进生态文明建设规划纲要》要求：全国林地面积不低于46.8亿亩，森林面积不低于37.4亿亩，森林蓄积量不低于200亿立方米；湿地红线，全国湿地面积不少于8亿亩；沙区植被红线，全国治理和保护恢复植被的沙化土地面积不少于56万平方公里；物种红线，确保各级各类自然保护区严禁开发，现有濒危野生动植物得到全面保护。

（3）完善责任追究制度，建立离任审计制度。建立领导干部任期生态文明建设责任制，完善节能减排目标责任考核及问责制度，实行终身追责。对履职不力、监管不严、失职渎职的，要依纪依法追究有关人员的监管责任。探索编制自然资源资产负债表，构建水资源、土地资源、森

---

①《国务院办公厅关于进一步加强林业有害生物防治工作的意见》（国办发〔2014〕26号）。

②《中共中央关于全面深化改革若干重大问题的决定》《中共中央 国务院关于加快推进生态文明建设的意见》《生态文明体制改革总体方案》。

林资源等的资产和负债核算方法，建立实物量核算账户，明确分类标准和统计规范，定期评估自然资源资产变化状况。对领导干部实行自然资源资产离任审计。建立生态环境损害责任终身追究制。

（4）健全政绩考核制度。建立体现生态文明要求的目标体系、考核办法、奖惩机制。把资源消耗、环境损害、生态效益等指标纳入经济社会发展综合评价体系，大幅增加考核权重，强化指标约束，不唯经济增长论英雄。完善政绩考核办法，根据区域主体功能定位，实行差别化的考核制度。国家“十三五”规划纲要已将森林覆盖率和森林蓄积量作为约束性指标，列入了对地方政府综合考核评价的十项指标之一。

（5）实行资源有偿使用制度和生态补偿制度。加快自然资源及其产品价格改革，全面反映市场供求、资源稀缺程度、生态环境损害成本和修复效益。坚持使用资源付费和谁污染环境、谁破坏生态谁付费原则，逐步将资源税扩展到占用各种自然生态空间。稳定和扩大退耕还林、退牧还草范围，调整严重污染和地下水严重超采区耕地用途，有序实现耕地、河湖休养生息。

（6）改革生态环境保护管理体制。建立陆海统筹的生态系统保护修复和污染防治区域联动机制。健全国有林区经营管理体制，完善集体林权制度改革。及时公布环境信息，健全举报制度，加强社会监督。完善污染物排放许可制，实行企事业单位污染物排放总量控制制度。对造成生态环境损害的责任者严格实行赔偿制。

第 26 章　总结与展望

联合国开发计划署（UNDP）每年出版《人类发展报告》公布人类发展指数，将人类发展量化为三个决定因素：追求长久而健康的生活、获取知识、能够获得一种体面生活的资源。能够获得一种体面生活的资源的计算法则是由人均 GDP（PPP 法）变形计算得出的。这里的 GDP 并没有扣除自然资源的耗竭和环境污染所引起的为人类福利的损失和为防治环境污染而投入的成本，更没有估计由此而带来的自然系统的综合症——生态危机，而资源耗竭、环境污染和生态危机对生产率和经济增长的不利影响是显而易见的。

纵观历史，原始文明经历了上百万年时间，农业文明则有几千年的历史，而工业文明还是近二三百年的事，工业文明在不到三百年的时间里虽然创造了“比过去一切世代创造的全部生产力还要多”的辉煌成就，但是也对自然造成了“比过去一切世代的破坏还要多”的改变。进入工业文明后，伴随着社会的巨大进步，出现了生活过度消费、资源过度消耗、污染过度排放的现象。由此导致的后果，是全球环境污染危机、全球能源资源危机、全球生态系统危机、极端异常气候变化等带来的人类发展困境、甚至是倒退，人类社会发展始终面临着前所未有的最大挑战就是人与自然之间的关系急剧恶化。

作为世界上人口最多的国家，中国始终是人类文明的代表者，尤其是在农业文明时代，相当长的历史阶段中，中国农业劳动生产率和土地生产率都领先于世界，不仅是世界最大的农业生产国，更是世界供养人口最多的国家。

到了近代，西方国家发动了第一次、第二次工业革命，引领世界进入工业化时代，中国则成为工业文明的落伍者，也成为工业殖民主义、帝国主义的挨打者。20 世纪上半叶中国经济下滑到了历史的最低点，占世界经济总量比重从 1840 年的三分之一降至 1950 年的不足二十分之一，成为世界最贫穷人口大国。

进入 20 世纪下半叶，先行工业化国家开始进入后工业化时代，成为破坏人与自然之间关系的最大推手。中国为代表的南方国家开始进入工业化时代，成为后来者、追赶者、成功者，但也不可避免地持续扩大了人与自然之间的怨隙。

进入 21 世纪，人类文明面临着巨大的挑战，也面临着关键性的选择。首先，北方国家高度发达、高消费、高消耗、高排放且低速发展，处在走向何方的十字路口上。其次，南方国家迅速崛起，不断追赶，同时也面临着新的选择：是追随、模仿、照搬北方国家的发展模式，如传统工业化、工业文明，还是独辟蹊径，创新和选择新型工业化、生态文明。

当世界进入所谓后工业化时代，却不知走向何方。中国不仅实现跨越式现代化经济发展，而且还创新绿色现代化，实现了从生态赤字走向生态盈余。不仅基本实现新型工业化，而且还能够成为第四次工业革命的创新者、推动者、领导者。正因为如此，我们提出中国将开创社会主义生态文明新时代，不仅为南方国家现代化作出榜样，并将引领人类进入生态文明新时代。

这让人不得不想起英国著名科学史专家李约瑟在其巨著《中国科学技术史》中曾提到：中国在技术上相对于西欧的明显优势一直持续到17世纪，甚至“在很多方面领先欧洲差不多14个世纪”，那么中国又是如何“没能独自孕育出近代科学”呢？这就是我们所说的“李约瑟之谜”。李约瑟将其中的“阻碍因素”归结为地理的孤立性、数学思想和符号体系的联系或缺失、实验方法的应用、官僚体制等。时过境迁，当今国际国内环境发生了巨大的变化，我们具有了雄厚的经济基础、丰富的人力资源资源、先进的科学技术基础、牢固的政治执政基础，已经跨越了“起飞阶段”，走向“成熟阶段”，同时也正处于美国经济史学家罗斯托称之为的“追求生活质量阶段”，各方面生机勃勃，各领域蓄势待发，正在追寻中国梦的道路上大步向前。然而，相对而言，我们的生态环境方面却还是短板，生态环境产品还是最稀缺的产品，生态环境差距还是我们与发达国家之间的最大的差距，中国能否追回失去的年代，弥补工业革命落后的缺憾，新的历史时期，开创并将引领人类进入生态文明新时代？我们是乐观的，也是积极的，更是有事实基础的。综合来说，中国正处于有史以来现代化发展条件最佳的时代，处于绿色发展的黄金机遇期。从文明理念看，“生态文明”被纳入“五位一体”的国家发展战略，被认为是中国特色社会主义的重要组成部分；从人与自然的关系看，中国是世界上人与自然矛盾较为突出的大国，也是自然灾害频发的大国；从社会现实看，人们对于生态环境的认识有着极高的共识，对于解决环境问题、建设美丽中国的需求前所未有的强烈；从全球的范围来看，中国是能源使用和排放的大国，也是有责任有担当的大国。这些因素将决定：中国必将开创并将引领人类进入生态文明新时代！

自然、社会、经济系统是一个有机的整体，生态文明绝不是孤立存在的，生态文明建设也决不能孤军奋战。文化、制度、资源、技术等因素构成了完整的包容系统，通过它们的协同作用与相互影响，促进了经济增长和社会发展。生态文明是以自然资源和保护与利用为基础建立起来的一种新型文明形态，主张资源节约、环境友好、低碳、循环、绿色发展。针对当前不平衡、不充分的社会主要矛盾，做好资源节约和环境友好工作，既要利用开放的世界格局，通过国际贸易等措施来解决资源短缺问题，也要防止资源经济所带来的“荷兰病”和“资源诅咒”问题。同时努力创造条件实现“库兹涅茨曲线”的“隧穿”与“跨越”，加快生态文明建设的步伐。

中国怎样在实现工业化进程中，转向开启社会主义生态文明新时代？①

客观地说，中国改革开放就是为了找回“失去的二百年”不仅加速工业化，补上第一次工业革命、第二次工业革命的课，还要面对第三次工业革命的追赶，即工业化加上信息化，与此同时加速城镇化，补上农业现代化的课。如同习近平总书记所言：我们要后来居上，把“失去的二百年”找回来，决定了我国发展必然是一个“并联式”的过程，工业化、信息化、城镇化、农业现代化是叠加发展的。

进入21世纪，当中国从“两化”（新型工业化与信息化）同步发展到“四化”（新型工业化、信息化、城镇化、农业现代化）同步发展，就开始酝酿、发动、开启生态文明新时代。2002年，党的十六大报告明确提出推动整个社会走向生态发展、生活富裕、生态良好的文明发展道

①胡鞍钢，2017年12月5日参加中国林学会论坛主办的《2017现代林业发展高层论坛新时代：林业发展新机遇新使命新征程》的主旨发言稿。

路。2007 年，党的十七大报告提出建设生态文明，基本形成节约能源资源和保护生态环境的产业结构、增长方式、消费模式。2012 年，党的十八大报告把生态文明建设纳入“五位一体”总体布局，提出大力推进生态文明建设，努力建设美丽中国，实现中华民族永续发展。

党的十八大以来，我国生态文明领域发生历史性变革，生态文明观念深入人心，生态文明建设前所未有，生态环境效益明显改善。从国内看，“十二五”规划规定的资源环境指标均超额完成，“十三五”规划开局良好；从国际上看，中国在应对气候变化方面做出的承诺获得国际社会高度评价，成为推动应对全球气候变化的创新者、领导者。

党的十九大报告指出：中国特色社会主义进入新时代。习近平总书记创造性地提出了生态文明观，强调坚持人与自然和谐共处。将建设生态文明视为中华民族永续发展的千年大计。明确提出建设美丽中国的愿景与目标，为人民创造良好生态环境，为全球生态安全做出贡献。这不仅意味着开创了中国特色社会主义生态文明新时代，也意味着中国将引领人类发展进入生态文明新时代。

26.1　林业发展回顾

中华人民共和国成立以来我国林业发展并非是一个笔直大道，甚至是不自觉地走了一条令人痛心的弯路，大致经历了忽视森林资源价值，视森林为农业发展障碍的阶段，追求森林资源的木材生产经济效益最大化阶段，追求林业生态、经济和社会效益综合发展阶段，可持续发展林业阶段。中国一直在探索并将继续探索一条适合自身国情的中国特色社会主义现代化道路。中国之路是中国最大的创新，作为迄今为止世界上最成功的经济转轨模式，中国的经济改革是一场渐进革命，是强制性制度变迁和诱发性制度变迁的结合，是一个不断学习与实践的过程。中国林业的发展也不例外，也是一条具有中国特色的向着现代化不断迈进之路，是一条不断摸索、不断总结、不断改进创新之路。

林业建设的根本任务，是满足不断增长的经济发展和人民生活对林业的多种需求，林业发展的关键是提高林地生产力。从 20 世纪 50 年代到 70 年代末期，中国林业处于以木材利用为中心的阶段，当时林业的首要任务是生产木材，木材与钢材、水泥合称为“三大材”；从 20 世纪 70 年代末期到 90 年代后期，随着社会对改善生态环境的要求日趋迫切，国家林业局提出了建立完备的林业生态体系和发达的林业产业体系的目标，开始实施了以三北防护林建设工程、天然林保护工程、退耕还林工程等为代表的生态工程；进入新世纪，改善生态环境日渐成为社会对林业的主导需求。

经过林业的第一次绿色新政，林业实现了“五大转变”，即以木材生产为主到以生态建设为主的转变、以采伐天然林为主到采伐人工林为主的转变、以毁林开荒到退耕还林的转变、以森林生态效益无偿使用到有偿使用的转变、以部门办林业到全社会办林业的转变，逐步走向了现代林业之路。①

经过十几年的努力，上述转变目标基本或大部分已经实现。新的时期，林业发展出现了一些新情况、新变化：诸如森林采伐由指标不够用到用不完的变化，从要国家补贴到地方主动补贴的

---

①周生贤. 中国林业的历史性转变［M］. 北京：中国林业出版社，2002.

变化，从工程强制到自主保护的变化，从经验主义到科学编制经营方案的变化，从木材利用到林下经济的变化等等。

林业第二次新政，林业的多功能性更加凸显，不仅仅在应对国际金融危机、扩大内需和增加就业等方面发挥应有作用，而且在应对全球气候变化、生态危机、生物多样性保护等方面将发挥特殊作用，是一条全面转型、绿色发展之路。顺应形势，与时俱进，新时期林业发展坚持“五个方向”，一是站在国家战略高度谋划林业发展。坚持生态文明与绿色发展理念①，主动与国家经济社会重大发展战略②对接，服务大局、服务大众；③ 二是深化改革突破创新激励林业发展。坚持改革开放，通过集体林权制度改革、国有林区和国有林场改革，创新体制机制，增强发展活力；④ 三是以生态资源为基础巩固林业发展。林业发展的基础是提高林地生产力，丰富和提升森林、湿地、荒漠生态系统功能和保护生物多样性；⑤ 四是满足民生需求出发保障林业发展。坚持保生态、增收入、促就业、惠民生，生态和民生并重，兴林与富民并举，推进小康社会建设；⑥ 五是理顺政府市场关系推动林业发展。坚持市场在资源配置中起着决定性作用，政府宏观调控，

---

①党的十八届五中全会提出了“创新、协调、绿色、开放、共享”的五大发展理念，集中反映了党对经济社会发展规律认识的深化，极大丰富了马克思主义发展观。

②中国经济发展已经进入了由高速增长转向中高速增长的新常态，以“一带一路”建设、京津冀协同发展、长江经济带建设为引领的区域国家发展战略正在逐步形成。林业已成为实施国家战略的重要保障。推进“一带一路”建设，防沙治沙和林业“走出去”是重要内容；推进京津冀协同发展，生态是要求率先突破的三个领域之一；推动长江经济带发展，要求把修复长江生态环境摆在压倒性位置，把实施重大生态修复工程作为优先选项。

③党的十八大提出：着力推进绿色发展、循环发展、低碳发展。推进绿色发展的优势在林、潜力在林。林业是巨大的绿色资源宝库，具有可循环可再生的独特优势，是发展绿色经济、低碳经济、循环经济的潜力所在。

④近年来，通过深化林业改革，创新了体制机制，增强了发展活力。集体林权制度改革“明晰产权、承包到户”的任务基本完成，配套改革正在全面推进；国有林区和国有林场改革思路已经明确，全面改革已经正式启动。

⑤严格守住森林、湿地、沙区植被、物种4条生态保护红线。深入实施十大生态修复工程。深入实施天然林资源保护、退耕还林、三北防护林、京津风沙源治理、野生动植物保护及自然保护区建设、湿地保护与恢复、平原绿化、长江防护林、沿海防护林、重点地区速生丰产用材林基地建设等十大生态修复工程，尽快恢复我国遭受破坏的自然生态系统。加快构筑十大生态安全屏障。根据国家主体功能区战略确定的“两屏三带”为主体的生态安全战略格局，加快推进东北森林屏障、北方防风固沙屏障、东部沿海生态屏障、西部高原生态屏障、长江流域生态屏障、黄河流域生态屏障、珠江流域生态屏障、中小河流及库区生态屏障、平原农区生态屏障、城市森林生态屏障等十大生态屏障，构建我国科学合理的生态安全格局。赵树丛．为实现中国梦创造更好生态条件［EB/OL］．中国林业网 http://www.forestry.gov.cn，2013-09-12.

⑥广大人民群众由过去“求生存”到现在“求生态”，由过去“盼温饱”到现在“盼环保”，由过去“要硬化”到现在“要绿化”。这就要求，林业建设要把保护生态环境、提供优质生态产品、增加生态福祉作为出发点和落脚点，充分发挥涵养水源、化水质、保持水土、固碳释氧、吸霾滞尘、调节气候、美化环境、休闲游憩、健康养生等强大生态功能，努力为人民群众营造天蓝、地绿、水净的美好家园。全面建成小康社会的难点重点在山区林区沙区，这些地区属于集中连片特殊困难地区，也是重点生态功能区，依靠传统产业脱贫难。林业具有进入门槛低、产业链条长、就业容量大、收益可持续的优势，脱贫增收潜力巨大。这就要求，加强生态建设，发展生态产业，实行生态补偿，对生态特别重要和脆弱的实行生态保护扶贫，实现林业精准扶贫、精准脱贫，补齐短板。

市场决定价格，互相补充，共同发挥作用。① 遵循五大发展方向，进一步转变林业经济增长方式，实现“新的五大转变”②，一是从偏重速度到提高经济效益转变（从重视造林和采伐到重视森林培育转变，从重视森林数量到提升森林质量转变）；二是从偏重依靠资源、资金、劳动力基本生产要素到依靠科技进步和提高劳动者素质转变（从土地资源和森林资源的低效利用向科学、高效利用转变，提高林地利用率、林木生长率和木材综合利用率；从高原料消耗、低劳动效率向低原料消耗、高劳动效率转变，提高林业企业的全员劳动生产率）；三是从单纯追求数量、产值的生产企业型，向以市场需求为导向，以供给侧改革为重点，注重产品质量、性能、品种和市场占有率的生产经营型转变；四是从单纯追求生态效益，重建设、轻巩固，重造林、轻利用，向以生态效益为主，多目标兼顾、多效益有机统一的转变；五是从小而全、无序化的林业产业向规模化和有序化林业产业转变，从传统加工林业产业向特色新兴产业转变。

目前，中国林业已经实现或将要实现世界上五个之最，即最大产业，最大投资，最大就业，最大新增森林面积，最大新增碳汇，创造了中国绿色奇迹。为什么中国能够实现林业的大发展，做到五个最大，实现绿色奇迹？如果结合全国经济发展对林业系统的绿色奇迹做一个总结的话，至少有六个方面的原因：一是领导人理念的变化和发展战略的变迁，正确处理了人与自然的关系；二是规划优先，正确处理了发展与转型的关系；三是工程推动、市场参与，充分利用政府和市场两只手，正确处理了政府和市场的关系；四是充分调动了中央和地方两个积极性，正确处理了中央和地方的关系；五是引导需求、调节供给，实现供需平衡，正确处理了需求和供给的关系。六是加大投入、充分发挥生产要素的能动性，正确处理了发展和保障的关系。通过上述六方面有机的结合，达到了林业生产要素的合理配置，使得林业发展符合了人类社会进步的潮流，顺应了国际社会发展的步伐，适应了国家总体经济发展阶段的特征，也因此使得林业总的需求和供给在一定外部环境的条件下达到了平衡，从而促进了林业的大发展。

中国林业的转型与发展，与领导人如何认识中国林情，以及林业的产业特征是非常有关系的。林业发展战略从林粮并举、毁林开荒，到采育结合、永续利用，再到生态建设、绿色发展，伴随着这个认识过程，林业有了新的定位，新的使命。通过先行规划，反复论证，全社会参与，设计蓝图，体现了民主决策的制度化、科学化、民主化，从林业“九五”规划到“十三五”规划，林业实现了以生态建设为主的发展战略转变，实现了林业发展转型与绿色新政的伟大转变。在林业发展中，充分利用政府和市场两只手，推动各项生态工程顺利开展。政府和市场互不否

---

①市场通过“无形之手”保持经济自动运行，政府则通过宏观调控，纠正市场失灵，保障宏观经济稳定，实现基本公共服务均等化；一方面，林业部门坚持用市场手段推动林业发展的理念，着力培育多元化市场主体，逐步完善林产品价格形成机制，积极探索林业资产化管理模式，不断完善市场服务和监管体系，推动了我国林业市场化进程加速迈进，为林业大发展奠定了良好基础。另一方面，林产品具有公共产品的属性，林业是具有公共属性的行业，森林、湿地、生物多样性及荒漠生态系统既是优质的生态资源，也是巨大的生态资产。对于公共产品的管理，容易出现市场失灵，政府在纠正市场失灵方面也发挥着不可或缺的作用，在保障生态资产的保值升值，促进就业和民生需求，对市场经济和个人活动起催化、促进和补充作用。就林业发展而言，林业部门正确处理政府与市场的关系，林业工程的推动是发挥了政府的主导作用，林权制度改革则是产权方向市场过渡的尝试，生态效益补偿是政府为了解决市场失灵状况下的适度干预。

②李育才. 转变林业经济增长方式战略研究［M］. 北京：中国林业出版社，1997.

定，政府的作用是补充市场，而不是替代市场；政府的作用是对市场友好，而不是排斥市场。改革开放以来，随着向社会主义的市场经济转型，我国逐步实现了由计划一手硬，到市场计划两手都硬的转型，正是这种具有中国特色的体制，强有力地推动国家生态工程的实施，保障了中国林业的快速发展。在林业发展中，充分调动中央政府和地方政府两个积极性，国家在财政资金的投向上最大限度地体现了客观性、公正性和公益性。遵循“国家政府支持，省级政府负责，地市政府实施”的原则，即国家政府层面在政策和资金上大力支持，省级政府层面要对森林资源保护和增值担负责任，地方政府层面制定和组织实施具体的经营方案，逐步实现由国家财政购买国家重要生态产品，“财政买单，成本分摊，中央为主”的机制；同时，执行有力也是中国模式成功的关键。中国独特的政治体制可以使其高效地追求长远目标，以实现人民和国家的长远利益最大化，避免政纲变动和推倒重来，这在很大程度上推动和加速了林业发展转型。

26.2 发展之路展望

26.2.1 国际方面

人与自然是命运共同体，人类只有一个地球，各国共处一个世界。生态无国界，生态安全是公共产品，关系到全人类的切身利益。党的十九大提出，坚定走生产发展、生活富裕、生态良好的文明发展道路，建设美丽中国，为人民创造良好生产生活环境，为全球生态安全作出贡献。呼吁各国人民同心协力，构建人类命运共同体，建设持久和平、普遍安全、共同繁荣、开放包容、清洁美丽的世界。

从国际看，气候变暖是全球面临的最大挑战，为了应对气候变化，习近平总书记在气候变化巴黎大会上讲话指出“中国2030年森林蓄积量要比2005年增加45亿立方米左右”，这是掷地有声的承诺，更是负责任大国的义务担当，表明我国在关乎人类生存与发展的大是大非问题上行动是积极的，贡献是突出的。2015年联合国召开可持续发展峰会，形成了纲领性文件《改变我们的世界：2030年可持续发展议程》，世界各国一道设计了未来发展的美好愿景，制定了联合国可持续发展目标。其目标15整合了林业提供的各项服务功能，提出保护、恢复和促进可持续利用陆地生态系统，可持续地管理森林，防治荒漠化，制止和扭转土地退化，阻止生物多样性的丧失。习近平总书记在大会上倡议“要努力实现经济、社会、环境协调发展。实现人与社会、人与自然的和谐相处”。彰显了我国愿意与其他国家同舟共济、共谋发展，成为国际生态治理体系的积极参与者、建设者、贡献者，表明我国在关乎世界未来前途的可持续发展进程中态度是鲜明的，意志是坚决的。

国际森林问题经过20多年的艰苦谈判，在2015年5月召开的联合国森林论坛第十一届会议上，全球森林治理的许多机构和机制等关键问题的谈判都取得了重大进展。会议讨论了未来全球森林治理体系的构建，通过了《我们憧憬的国际森林安排》部长宣言和《2015年后国际森林安排决议》（以下简称《决议》）成果文件。过去20年，中国在UNFF这一平台上实现了由作为旁观者“跟着走”，到作为当事者“参与谈”，再到作为引领者“主动推”的角色转变。如今，中国已经成为国际森林问题谈判中不可或缺的重要力量。① 2017 年，第 71 届联合国大会审议通过了《联合国森林战略规划（2017~2030 年）》，中国在规划中发挥了建设性作用，这是首次以联合国名义做出的全球森林发展战略，彰显了国际社会对林业的高度重视。《战略规划》的核心是 2030 年要实现的六大全球森林战略目标和 26 项具体目标。通过森林可持续管理，扭转全球森林覆盖下降的趋势，并努力防止森林退化，应对气候变化。②

2016 年 9 月，第十届国际湿地大会在中国举行，来自 72 个国家和地区的约 800 位国内外专家学者参会。此次大会为研讨湿地生物多样性保护、湿地生态系统管理等热点问题提供了交流共享的平台，为实现湿地的可持续保护和利用，起到了很好地推动作用，为已有 169 个缔约国签署的《湿地公约》履约，发挥了积极影响。之后，2016 年 11 月，国务院办公厅发布了《关于印发湿地保护修复制度方案的通知》，制定了未来的目标任务。实行湿地面积总量管控，即到 2020 年，全国湿地面积不低于 8 亿亩，其中，自然湿地面积不低于 7 亿亩，新增湿地面积 300 万亩，湿地保护率提高到 50%以上。严格湿地用途监管，确保湿地面积不减少，增强湿地生态功能，维护湿地生物多样性，全面提升湿地保护与修复水平。③

中国是世界上荒漠化面积最大、受影响人口最多的国家之一。经过不断探索和不懈奋斗，采取行之有效的科学方法，全国荒漠化土地面积自 2004 年以来已连续三个监测期持续净减少，初步遏制了荒漠化扩展的态势，在此基础上，国家专项规划进一步确定了到 2020 年 50%可治理沙化土地得到治理的目标，为全球荒漠化防治工作做出了典型示范，绘制了崭新蓝图。2017 年 9 月，《联合国防治荒漠化公约》第十三次缔约方大会期间，中国与联合国防治荒漠化公约秘书处共同发布《“一带一路”防治荒漠化共同行动倡议》，同有关国家共同达成了《“一带一路”防治荒漠化合作机制》，不但有力地支持了全球促进土地退化零增长目标的实现，而且把“一带一路”沿线国家的人们更紧密地联系在一起。

2020 年，《生物多样性公约》第十五次缔约方大会举将在中国举行，这也是中国首次主办《生物多样性公约》缔约方大会，届时我们将与其他国家一起，总结经验教训，探讨保护方案，与各缔约方和秘书处共同努力，为推动全球生物多样性保护这一共同目标作出贡献。

国际承诺和共同行动的倒逼约束作用，中国经验和合作机制的引领带动作用，将给我国林业带来强大的正向激励和内生动力，将给我国林业带来广阔的交流合作空间，有利于我国林业统筹国际国内两个大局，积极推动走出去、引进来战略，在国际舞台上占据主动，积极而为，树立负责任大国形象，贡献中国智慧和中国力量。

26.2.2　国内方面

站在“两个一百年”交汇的历史阶段，中国社会的主要矛盾逐渐转变，人们的需求和社会

①联合国森林论坛第十一届会议《2015 年后国际森林安排决议》解读［EB/OL］. 中国林业网 http://www.forestry.gov.cn，2015-09-29.

②林业局办公室关于印发《联合国森林战略规划（2017~2030 年）》的通知［EB/OL］. 中国林业网 http://www.forestry.gov.cn，2017-08-31.

③国务院办公厅关于印发湿地保护修复制度方案的通知［EB/OL］. 中国政府网 http://www.gov.cn/，2016-12-13.

的发展方向都产生了重大变化，良好的生态环境日益成为发展的主要目标。党的十九大报告指出：中国特色社会主义进入新时代，我国社会主要矛盾已经转化为人民日益增长的美好生活需要和不平衡不充分的发展之间的矛盾。随着粮食产量十三年连增，中国人民已经彻底告别了追求温饱的阶段，总体上实现小康。名义 GDP 自从 2010 年超过日本，成为世界第二大经济体后，增速平稳，2016 年已经接近 12 万亿美元，是日本的两倍还多，稳居世界第二。中国特色社会主义进入新时代，意味着近代以来久经磨难的中华民族迎来了从站起来、富起来到强起来的伟大飞跃，我们要解决的主要矛盾已经不再是人民日益增长的物质文化需要同落后的社会生产力之间的矛盾，供给方面看，社会生产力水平总体上显著提高，社会生产能力在很多方面进入世界前列；需求方面看，人民美好生活需要日益广泛，不仅对物质文化生活提出了更高要求，而且在民主、法治、公平、正义、安全、环境等方面的要求日益增长，美丽中国已经成为我们追求的现代化目标。新时代，是生态文明的新时代，是人与自然和谐共生的新时代，生态文明建设作为国家五大建设的主要内容，正是这一新时代的最重大的任务之一，生态文明的发展正是新时代需要补齐的不平衡“短板”，正是新时代需要挖掘的不充分“潜力”。广大人民群众对清新空气、清澈水质、清洁环境等生态产品的期望越来越高，对森林、湿地、荒漠、和野生动植物等生态系统的保护和修复越来越重视，对可再生、可降解的木质产品和非木质林产品的需求越来越大，对健康安全的木本粮油和清洁绿色的林业生物质能源的利用越来越追捧。在全面建设社会主义现代化国家新征程中，随着人民收入水平的提高，消费偏好向美好生活的转移，需求层次开始升级，消费结构开始优化，替代效用开始转变，自然财富价值日增，生态环境弥足珍贵，人们希望实现库兹涅茨曲线的隧穿效应，在社会主义初级阶段不断增加生态盈余，享受生态产品和服务带来的巨大的正外部效应。为了补齐“木桶效应”的短板，为了挖掘“资源增长”的潜力，为了满足人民群众日益增长“生态需求”，为了实现社会主义现代化强国的“美丽中国梦”，国家必将集中优势，加大对林业的投资力度，正如过去反哺农业一样，加大对林业的补助补贴。各种生产要素也必将进一步向林业聚集，社会资本也会更加青睐于生态领域，生态价值核算有望进一步得到推广，生态产品的交易机制有望早日实现，市场配置资源的基础地位将得到进一步加强，全社会办林业的局面将会蓬勃兴起，林业生态建设的强大活力正在逐步展现。

26.3 生态文明新时代

中国在应对环境挑战的过程中，率先开启了社会主义生态文明时代，并将成为后工业时代的生态文明引领者。

党的十九大报告绘制了全面建设社会主义现代化宏伟蓝图。报告提出我们既要全面建成小康社会、实现第一个百年奋斗目标，又要乘势而上开启全面建设社会主义现代化国家新征程，向第二个百年奋斗目标进军。为此提出，从 2020 年到本世界中叶可以分两个阶段来安排，第一个阶段，从 2020 年到 2035 年，在全面建成小康社会的基础上，再奋斗十五年，基本实现社会主义现代化。第二个阶段，从 2035 年到本世纪中叶，在基本实现现代化的基础上，再奋斗十五年，把我国建成富强民主文明和谐美丽的社会主义现代化强国。

实现社会主义现代化，生态是短板，但不能一直是短板，林业生态建设，最好能成为基本实现社会主义现代化过程中的追赶者、保持者，能成为实现现代化强国建设过程中的先行者、引领者。最起码在本世纪中叶在实现中国特色社会主义现代化的强国梦时，林业没有掉队，或略有领先。

根据林业发展“十三五”规划，森林覆盖率 2015 年 21.66%，2020 年 23.04%；森林蓄积量 2015 年 151 立方米，2020 年 165 立方米；单位面积森林蓄积量 2015 年 89.79 立方米，2020 年为 95 立方米；林业就业人数 5247 万人，2020 年 6000 万人；林业旅游休闲康养人次 2000 年 23 亿人次，2020 年为 25 亿人次。根据全国森林经营规划（2016~2050 年），到 2050 年，全国森林覆盖率稳定在 26%以上，森林蓄积达到 230 亿立方米以上。每公顷乔木林蓄积量达到 121 立方米以上。森林植被总碳储量达到 130 亿吨以上，森林每年提供的主要生态服务价值达到 31 万亿元以上。

森林资源方面，从世界范围看，目前全球森林面积约为 40 亿公顷，森林覆盖率约为 30.6%，森林蓄积量 4310 亿立方米，公顷蓄积量平均为 131 立方米。中国森林面积位居世界第 5 位，森林蓄积位居世界第 6 位，人工林面积继续保持世界首位。中国约占世界森林面积的 1/20，森林蓄积的 3.5%，乔木林公顷蓄积的 70%。到 2050 年中国林业如果不掉队，想要达到（假定不变）世界平均水平，森林覆盖率就要达到 30%左右，森林公顷蓄积量就要达到 130 立方米左右，这基本上也是美国的水平，略高于欧洲的水平（美国森林覆盖率 32%，森林公顷蓄积量 131 立方米；欧洲森林覆盖率平均为 30%，森林公顷蓄积量平均 122 立方米）。到那时，中国的森林面积将是 2.88 亿公顷，森林蓄积量（假定乔木林占森林面积比例不变）将是 326 亿立方米；应对气候变化方面，森林的碳汇功能将会大大增加，森林植被的碳储量约为 180 亿吨，累计吸收 CO_2 会达到 596.58 亿吨，应对气候变化的能力也将大大增强，森林的生态服务价值也将得到大幅提升，达到 40 万亿元以上；就业方面，到 2050 年，林业产业带动就业人数会接近 1 亿人（参照 2015~2020 年，假定就业增长速度不变），占农村人数的比重大约在 40%左右（假定人口 13.88 亿，城镇化率 80%），占全部就业人数的 15%（预计 2015 年就业人数 7.9 亿）；森林旅游方面，2050 年，林业旅游休闲康养人次每年将会超过 80 亿人次（参照目前世界发达国家标准，人均旅游为 5~7 人次/年），旅游收入将超过 2.5 万亿元。其中森林旅游人次将会达到 40 亿人次，创造社会综合产值约 3 万亿元。

美丽中国是新时代林业的宏观蓝图，也是义不容辞的光荣使命；林业是建设美丽中国的主要支柱，也是绘制美丽彩卷的绿色基础。中国生态文明进入新时代，林业发展也进入了黄金发展的新时代。这就需要抓住和创造战略机遇期，开好局、谋好篇，一展宏图，一张蓝图绘到底。第一，要确定林业现代化的核心目标，到 2050 年实现社会主义现代化强国时，林业现代化的核心目标是什么？2017 年林业产值将突破 7 万亿元，已经跃居世界前列。到本世纪中叶，林业应该是世界上最大的一、二、三产业融合发展的新型产业，是充分利用了信息技术和电商技术的现代产业。第二，到 2050 年中国将成为世界科技强国，也要求林业能为推动科技强国作出贡献，不仅成为林业科学技术创新者，更要成为全社会科学技术创新的最大应用者。第三，林业要成为中国重要的旅游产业，这就是将绿水青山变为金山银山。2016 年林业旅游人数已经突破了 26 亿人次，超过了林业发展“十三五”规划的 2020 年目标。以森林、湿地、荒漠生态系统为基础的林业旅游与休闲，是潜在的独特的“财政转移支付”方式，通过林业旅游，财富直接从城市居民转向农民，从富裕地区转向贫穷地区。第四，林业是一、二、三产业相融合的大产业，又是全国吸纳几千万人的就业部门，具有极大的就业带动效应，发挥林业劳动密集型、要素聚集型的特点和潜力，对社会稳定和民生福祉将起到支撑和保障作用。第五，要开发和建立世界最大的森林碳汇市场，国家正在探索在各地碳交易试点工作的基础之上建立全国统一的碳市场，利用市场机制使生态产品具有市场价值，开展全国范围内交易，将来还可以参与全球或地区碳交易市场。

新的时期，必须牢固树立和贯彻落实创新、协调、绿色、开放、共享的新发展理念，深入实施以生态建设为主的林业发展战略，以维护森林生态安全为主攻方向，以增绿增质增效为基本要求，深化改革创新。加强资源保护，加快国土绿化，增进绿色惠民，强化基础保障，扩大开放合作，加快推进林业现代化建设。

林业发展转型与林业绿色新政，不仅使林业发展与国家经济、社会发展息息相关，而且使中国林业在国际舞台上有了更大的施展空间和话语权，将引领中国林业逐步走出一条世界领先的、中国特色的、绿色发展之路，为全面建成小康社会、建设生态文明和美丽中国作出更大贡献。